A Mais Alemã das Artes

Coleção Estudos
Dirigida por J. Guinsburg

Equipe de realização – Tradução: Rainer Patriota; Revisão técnica: Ibaney Chasin; Edição de texto: Mariana Munhoz; Revisão: Marcio Honorio de Godoy; Produção: Ricardo W. Neves, Sergio Kon, Lia Marques, Luiz Henrique Soares e Elen Durando.

Pamela M. Potter

A MAIS ALEMÃ DAS ARTES
MUSICOLOGIA E SOCIEDADE DA REPÚBLICA DE WEIMAR AO FIM DA ERA NAZISTA

Título do original em inglês
Most German of the Arts

Copyright © 1998 by Yale University Press

CIP-Brasil. Catalogação na Publicação
Sindicato Nacional dos Editores de Livros, RJ

P893m

Potter, Pamela Maxime
    A mais alemã das artes : musicologia e sociedade da República de Weimar ao fim da era nazista / Pamela Maxime Potter ; tradução Rainer Patriota. - 1. ed. - SP : Perspectiva, 2015.
    528 p. ; 23 cm. (Estudos ; 327)

    Tradução de: Most German of arts
    Apêndice
    Inclui bibliografia e índice
    ISBN 978-85-273-1035-2

    1. Musicologia. 2. Música - Alemanha - História e crítica. I. Título. II. Série.

15-24198   CDD: 780.943
                                                       CDU: 780.943

29/06/2015   29/06/2015

Direitos reservados em língua portuguesa à
EDITORA PERSPECTIVA S.A.

Av. Brigadeiro Luís Antônio, 3025
01401-000 São Paulo SP Brasil
Telefax: (011) 3885-8388
www.editoraperspectiva.com.br

2015

Sumário

Agradecimentos.................................... IX

Nota Prefacial..................................... XIII

Introdução XVII

1. O Cenário: A Música e a Sociedade Alemã, 1918-1945 1
2. O Papel dos Musicólogos na Moderna Sociedade Alemã 49
3. Organização e Reorganização dos Estudos Musicológicos................................... 93
4. A Musicologia na Universidade.................. 145
5. Novas Oportunidades Fora da Universidade, 1933-1945 207
6. O Formato das Novas Metodologias.............. 273

7. Tentativas de Definir "Germanidade" em Música................................. 327

8. A Desnazificação e o Legado Musicológico Alemão 385

POSFÁCIO:
O Mais Abstrato dos Mundos: Sobre Música e Musicologia – *Ibaney Chasin* 433

Bibliografia... 465

Abreviações 481

Índice Remissivo.................................... 485

Agradecimentos

Este livro é resultado de uma pesquisa desenvolvida, inicialmente, com verba do Programa Berlinense para Estudos Germânicos e Europeus Avançados (Volkswagen-Stiftung and Social Science Research Council). Sou extremamente grata a esse programa por ter financiado, durante dois anos, minha pesquisa na Europa, propiciando uma atmosfera estimulante de interação acadêmica. Na sequência, outras instituições aportaram recursos: John F. Enders Research Assistence Grant, Andrew W. Mellon Postdoctoral Fellowship in the Humanities, Hewlett Summer International Research Grant. Um agradecimento especial vai para o Campus Research Board da Universidade de Illinois, que apoiou este projeto em suas diversas etapas de diferentes formas: recursos para pesquisadores assistentes, equipamentos, criação de um banco de dados, programas de qualificação e subvenção à publicação.

Gostaria de agradecer às seguintes bibliotecas e arquivos, juntamente com seus funcionários, pela cooperação e assistência generosas: Berlin Document Center (Sr. Simon, Dr. Marwell e Sr. Fehlauer); Bundesarchiv Koblenz (Sra. Booms); Universitätsarchiv München (Sra. Spin e Dr. Böhm); Universitätsarchiv Köln (Sra. Schütz); Universitätsarchiv Berlin (Dr.

Schulze); Universitätsarchiv Leipzig (Prof. Schwendler); Universitätsarchiv Freiburg (Sra. Klaiber); Universitätsarchiv Bonn (Dr. Schmidt); Universitätsarchiv Heidelberg; Staatsbibliothek zu Berlin – Preussischer Kulturbesitz (Dr. Hertin-Loeser); Niedersächsisches Staatsarchiv Bückeburg (Dr. Poschmann); Zentrales Staatsarchiv Potsdam; Geheimes Staatsarchiv Berlin-Dahlem (Sra. Brandt); o arquivo da Gesellschaft der Musikfreunde; Staatliches Institut für Musikforschung Preussischer Kulturbesitz (Prof. Reinecke); Arquiv der Universität Wien; o Arquivo da Universidade de Nebraska, em Lincoln; e a Biblioteca de Música da Universidade da Califórnia, em Berkeley (Judy Tsou). Um agradecimento especial vai para o Dr. Horn da Bayerische Staatsbibliothek, em Munique, por sua disposição em catalogar, a meu pedido, os papéis de Adolf Sandberger e Otto Ursprung. Também gostaria de agradecer à Escola de Música e ao Departamento de História e Estudos Alemães da Universidade de Wisconsin por terem me disponibilizado um escritório durante o verão e um afastamento de minhas atividades, o que possibilitou condições confortáveis e tranquilas para que eu pudesse pensar e escrever.

Durante as fases de redação deste livro, vários colegas reservaram uma parte generosa de seu tempo à leitura atenta e crítica dos manuscritos. Meu sincero reconhecimento a Joan Evans, Michael Kater e Karen Painter pela leitura criteriosa de todo o manuscrito, bem como pelas preciosas sugestões de melhoria. Alguns capítulos também se beneficiaram da competência de Celia Applegate, Peter Fritzsche e Bruno Nettl, cujos *insights* foram de enorme valia. Doris Bergen, Geoffrey Giles e Alan Steinweis me fizeram atentar à importante pesquisa em seus campos de investigação; Paul Heiser dedicou incontáveis horas à criação de um banco de dados que permitisse o acesso a informações arquivísticas; e Patricia Sandler usou seu benévolo senso crítico à avaliação de questões mais polêmicas. Sou grata, sobretudo, à minha assistente, Anna Schultz, que assumiu a trabalhosa missão de ler as provas, checar todas as referências e me auxiliar na compilação final do texto.

Minha relação com o ambiente musical da Alemanha nazista foi primeiramente inspirada e motivada pelo trabalho que pude realizar com Christoph Wolff e Reinhold Brinkmann durante meus estudos na Universidade de Harvard e em Berlim. Minhas inquirições sobre o papel da musicologia alcançaram seus primeiros resultados numa dissertação para o Departamento de Música da Universidade Yale sob a orientação de Reinhard Strohm, a quem sou grata pelo incansável encorajamento e interesse. Também gostaria de agradecer a Harry Kaskell, da Yale University Press, por sua fé no projeto e pelas sugestões no curso de todo o processo de redação; a Eliza Childs, por seu meticuloso trabalho de revisão; e a Phillip King, pela orientação e cuidado durante os preparativos finais deste livro. Minha gratidão mais profunda vai para meu marido, Robert Radwin. Dele recebi todas as formas possíveis de apoio, inclusive nos momentos mais estressantes desse empreendimento. Sou-lhe grata pela paciência infinita e incentivo incondicional.

Nota Prefacial

Com a publicação de *A Mais Alemã das Artes: Musicologia e Sociedade da República de Weimar ao Fim da Era Nazista*, da renomada e premiada pesquisadora estadunidense Pamela Potter, a editora Perspectiva – numa parceria com a UFPB – traz ao leitor brasileiro mais uma obra de referência e prestígio internacional. Tal como *A Orquestra do Reich: A Filarmônica de Berlim e o Nacional-Socialismo*, do canadense Misha Aster, saído em 2012, também numa parceria editorial entre a Perspectiva e a UFPB, a presente edição visa a contribuir para uma compreensão mais informada e crítica das complexas relações entre música e ideologia que, desde sempre, configuraram um quadro singular na história da Alemanha. Porém, enquanto na obra de Aster o eixo temático era a rotina, a trajetória e os dilemas dos músicos dessa importante instituição musical que foi a Orquestra Filarmônica de Berlim, adquirida em 1933 pelo Ministério da Propaganda de Joseph Goebbels, nesta a investigação, cingida ao mesmo recorte temporal dos sinistros anos de preparação, ascensão e queda do regime nazista, se abre num foco consideravelmente mais amplo e nebuloso – o das especulações e empreendimentos da musicologia alemã.

Publicado originalmente em 1998 pela Yale University Press, *A Mais Alemã das Artes* é um estudo de fôlego, guarnecido de vastíssima documentação arquivística e sólida cultura bibliográfica. Escrito com o rigor e a objetividade da melhor tradição acadêmica, o livro não deixa de ser impactante e, em certos momentos, perturbadoramente dramático, pois não se ocupa apenas de questões teóricas e institucionais, mas também de seres humanos concretos, isto é, daqueles indivíduos que vivificaram e corporificaram com seus destinos pessoais – muitos, os judeus, como vítimas trágicas – as entidades musicológicas de uma nação condenada a mergulhar na mais inominável barbárie e a arrastar consigo, em seu redemoinho fatídico, todos os setores da sociedade, inclusive os mais intelectualizados. Teoricamente imparcial, o texto de Pamela Potter, por isso, não deixa de ser moralmente engajado. Como não sê-lo? Afinal, a ciência musical alemã, a *Musikwissenschaft*, não foi apenas um programa teórico comprometido com sonoridades musicais, dados históricos, catalogação e edição de partituras, processos perceptivos etc., mas também um programa ideológico orientado à propagação de valores nacionalistas e raciais, inclusive quando estes adquiriram as tonalidades macabras dos anos hitleristas, pactuando com suas mentiras, suas manipulações demagógicas, seus crimes e seu alarmante desprezo pelos mais sagrados valores humanos.

A Alemanha é conhecida por sua portentosa cultura, sobretudo por sua filosofia e sua música. No entanto, os alemães não são apenas tardios em seu desenvolvimento político e econômico, mas também especialmente problemáticos no processo de consolidação de sua identidade nacional. O século XIX, o século de ouro da Alemanha, seria o século do romantismo, um movimento espiritual que trazia em seu âmago o germe de uma relação conflituosa – permeada de orgulho e ressentimento – com os fundamentos civilizatórios do Renascimento e do Iluminismo. Desde o começo, democracia e racionalidade pareciam contrariar a essência de uma cultura que, segundo seus porta-vozes, teria suas raízes em fontes supostamente mais puras e verdadeiras: as fontes da intuição, do sentimento, da comunidade orgânica e ancestral. A razão, com sua avidez analítica, era uma profanação; a democracia e seu individualismo debilitavam e corrompiam as forças motoras da ação e da vontade. A verdadeira alma alemã, segundo os românticos, não se mede pelo esquadro tacanho da civilização ocidental, mas por parâmetros que apenas o povo germânico é capaz de compreender e descortinar.

O ideal romântico, a princípio inofensivo e poético, pouco a pouco se faz ríspido e patriótico, tornando-se antissemita e xenófobo, para finalmente se tornar nazifascista. Goethe e Heine, nos primeiros tempos da agitação romântica, tiveram pressentimentos que a história não desmentiria. Pressentimentos que outro gigante da literatura alemã, Thomas Mann, mais de um século depois, numa visão retrospectiva, transporia literariamente para o seu *Doutor Fausto* como uma realidade já consumada: a tragédia de uma nação que vende a própria alma em troca de conquistas realizadas por meios satânicos. E não é uma escolha arbitrária que nesse romance a música figure como o grande símbolo e vetor da tragédia nacional. Na história da formação da Alemanha moderna, a música – com sua linguagem sonora pura e livre de toda restrição semântica, "absoluta" e "infinita", na linguagem hiperbólica dos românticos – torna-se o modelo e a prova da supremacia espiritual alemã. Como demonstra Ibaney Chasin no posfácio à presente edição, o romance de Thomas Mann é uma obra crucial para a compreensão da história da música alemã – e, consequentemente, de toda a história musical dos dois últimos séculos.

A grandeza da tradição musical alemã confunde-se com o próprio conceito de "música clássica". E nesse sentido, a sua influência se tornou tão natural, cravando-se tão fundamente em nosso inconsciente, que muitos ainda hoje não se dão conta da necessidade de conhecer seus pressupostos e avaliar criticamente o conjunto de suas proposições. A dicotomia entre música séria e música ligeira, ideias como genialidade musical, música autônoma, profundidade musical etc. ainda fazem parte do modo como ouvimos, pensamos e valoramos a música.

Donde a importância capital do livro de Pamela Potter, que mostra que a celebração da "grande música alemã" não é apenas a expressão de um juízo estético, do bom gosto de ouvidos experimentados, mas também a meta bem-sucedida de um programa ideológico que, desde o último terço do século XVIII, foi se disseminando na Alemanha *pari passu* com a escalada nacionalista e o recrutamento de artistas e intelectuais românticos e pós-românticos para suas hostes – alguns com a boa consciência e a bossa de vanguardistas.

Talvez o leitor se espante em saber que a musicologia do século XIX – desde sempre elitista e germanocêntrica – pavimentou o caminho para a musicologia nazista, que entre elas há mais continuidades que descontinuidades, que o trânsito inicial daquela para esta será suave e indolor para os alemães puro-sangue, beneficiados com o novo aparelhamento estatal e a embriaguez patriótica instrumentalizada pelo nacional-socialismo em prol de seus tenebrosos projetos de dominação. A Alemanha como a pátria da música! E o que torna essa música superior às demais? Sua profundidade. Profundidade é a palavra que tudo explica, embora numa linguagem incompreensível e desconcertante. Os alemães devotariam à noção de profundidade alemã uma grande reverência. A *Kultur* é profunda, ao contrário da *civilisation*.

A história da musicologia alemã contada por Pamela Potter neste livro resulta num quadro elucidativo, abrangente e de enorme importância para pesquisadores e amantes da música. Mais que isso, sua leitura pode ser transformadora, dada a força com que nos expõe à realidade sombria de uma ciência que, munida de um conjunto de refinadas tecnicidades, acabou por obedecer a fins pouco ilustrados, para dizer o mínimo.

Rainer Patriota

Introdução

Em 1878, Richard Wagner proclamou que a essência alemã encontrava-se na música. Sessenta anos depois, em 1938, na abertura do maior encontro musical do Terceiro Reich, o ministro da propaganda, Joseph Goebbels, reafirmou, frente à multidão, que a música era a arte mais gloriosa do patrimônio cultural alemão. Até hoje, o mito da Alemanha como a "pátria da música" toma o mundo. O catecismo da música clássica requer familiaridade com os três "B's" – Bach, Beethoven, Brahms, todos alemães; as salas de concerto perpetuam os nomes dos grandes mestres alemães em seus repertórios; a história da música, basicamente, é ensinada como uma progressão rumo à autorrealização alemã; e até hoje, Alemanha e Áustria continuam a atrair estudantes e *experts* em música, da mesma forma que os governos desses países não param de investir na preservação de suas impressivas instituições musicais, bem como em eventos e projetos na área musical. A percepção popular da música ocidental assume que os alemães sempre estiveram no centro do enriquecimento da arte musical. O musicólogo Albrecht Riethmüller nos fala de um encontro em 1992 em que um jovem professor de tecnologia observava de modo indagativo, "A música é alemã, não é"[1]?

De fato, a música ocupou um lugar de honra na história da cultura alemã e foi um componente crucial na plasmação da identidade alemã. A ideia de um Estado-nação alemão teve de superar uma longa história de fragmentação política e diferenças regionais, enquanto a música representava uma forma de expressão artística que todos os alemães podiam partilhar. Em todas as regiões de fala alemã, a aristocracia e o mecenato estatal mantiveram, por muito tempo, pródigas instituições musicais, alavancando a carreira de alguns dos mais influentes compositores, maestros e intérpretes. Assentados nesse rico legado musical, escritores, filósofos, críticos e compositores do século XIX tomaram a música como um componente central para a definição do caráter e da identidade do povo alemão. A ideia da força musical alemã ganhou impulso com a campanha pela unificação política, maturada na primeira metade do século XX, e foi exportada para o mundo na percepção da nação alemã como a "pátria da música".

Desse modo, a música passou a representar uma das mais importantes contribuições da Alemanha à cultura ocidental, impressionando o resto do mundo pela reputação de superioridade e se convertendo em uma fonte de orgulho nacional, especialmente em períodos de insegurança e baixa estima. Foi o que ocorreu no final da Primeira Guerra Mundial, tempo de conflitos, contradições e inseguranças. A República de Weimar teve um início violento, repleto de insurreições sangrentas e assassinatos, ressentindo-se das falhas de um sistema demasiado frouxo para manter a lei e a ordem social. O Tratado de Versalhes, em 1919, a ocupação do Ruhr (Reno), em 1923, e uma hiperinflação nesse mesmo ano aumentaram ainda mais a desmoralização e a revolta de variados setores do país combalido, fragmentando o eleitorado alemão em numerosas facções políticas e diminuindo as expectativas de sobrevivência da República, uma situação que perduraria com a melhora da situação durante o período de estabilização e prosperidade, entre 1924 e 1929. A Grande Depressão de 1929 acirrou os conflitos sociais

---

1 Riethmüller, *Die Walhalla und ihre musiker*, p. 23. Ver também "Musik, die 'deutschte' Kunst".

e políticos, criando um estado de emergência e um aumento da desordem e do desemprego. É o marco inicial do declínio da República de Weimar.

Os conflitos e as incertezas da sociedade de Weimar afetaram, igualmente, os setores culturais. Reações antirromânticas inspiraram uma onda de experimentações selvagens e iconoclastas nos campos da arte, da música e da literatura, fazendo dessa época uma das mais excitantes e estimulantes da história cultural alemã. Ao mesmo tempo, o surgimento de uma cultura proletária deu origem à demanda por uma arte acessível e compreensível, comprometida mais com o prazer e o entretenimento do que com provocações intelectuais. Os efeitos da urbanização na vida cultural também viriam a ser tanto inspiradores quanto perturbadores. O crescimento das cidades impôs novos direcionamentos à arquitetura e novas formas de entretenimento popular, mas o processo de urbanização foi tão rápido que logo se deparou com resistências. O estilo de vida moderno tinha de competir com a nostalgia de épocas mais simples, a exaltação neorromântica da natureza e a rivalidade dos rituais folclóricos, além da rejeição ao cosmopolitismo e à "cultura do asfalto".

Culturalmente, a tecnologia também era uma faca de dois gumes. Ela ampliou as artes com os avanços da produção em massa e da comunicação, destravando as portas às tendências estrangeiras, especialmente à estadunidense. Apesar de serem consumidas avidamente e em grande escala, os alarmistas condenavam as produções mecânicas e as influências estrangeiras, acusando-as de fazerem parte de uma conspiração insidiosa dos antigos inimigos da Alemanha para se infiltrarem e destruírem a verdadeira arte alemã. A clara disputa entre a *Kultur* alemã e a *civilisation* ocidental recrudesceu durante a guerra, e a posterior submissão política e econômica da Alemanha aos poderes "intelectualmente inferiores" acirrou ainda mais a retórica venenosa do período de guerra. Além do mais, a busca por um bode expiatório dentro das fronteiras da Alemanha alimentou tremendamente o estereótipo do judeu como o grande inimigo. Pouco a pouco, os judeus foram responsabilizados por todos os problemas contemporâneos, fossem estes ligados ao capitalismo ou ao comunismo.

Em meio a tantos conflitos inquietantes, muitos alemães encontravam consolo na atividade musical. A música oferecia um abrigo diante das tribulações cotidianas e a lembrança da força cultural da Alemanha. A despeito de ter perdido a guerra, e da consequente turbulência econômica dos anos de 1920, o país ainda ostentava um número invejável de orquestras, casas de ópera em atividade, grupos de câmera, além de uma série de solistas e regentes de renome mundial. Na Alemanha, o "poder da música" era a fonte inexaurível de reconhecimento internacional e de orgulho patriótico. A crença de que a música poderia curar os males sociais era muito fomentada; tanto mais essa fé se difundia quanto mais a população se engajava em atividades musicais amadoras, frequentemente pondo de lado suas diferenças políticas e sociais para viver a experiência da solidariedade propiciada pela música. As atividades corais, em particular, cresceram em escala sem precedentes, e o fato de que coros formados por trabalhadores fossem receptivos a cantores e regentes da classe média provava que a música podia borrar as fronteiras de classe e posição social. Enquanto a situação econômica piorava, as práticas musicais amadoras constituíam uma fonte de entretenimento quase sem custos.

Em meio a esses acontecimentos, a musicologia se consolidava como um campo específico de conhecimento. Disciplina ainda jovem, o avanço mais significativo no estudo musicológico anterior à guerra provém das escolas alemãs e austríacas. Os efeitos nocivos da guerra sobre o intercâmbio internacional alienou os estudiosos alemães de seus colegas estrangeiros, fazendo-os focar mais sobre as fontes musicais da própria tradição alemã. A economia do pós-guerra, as sublevações políticas e as mudanças demográficas forçaram os estudiosos a refletir acerca da utilidade de sua profissão na sociedade alemã moderna. Com o fim da Primeira Guerra Mundial, os musicólogos passaram imediatamente a elaborar projetos para explorar a música alemã e para preencher o hiato entre a academia e o público. Eles organizaram sua própria sociedade de estudos e um instituto musicológico central com tal agenda nacionalista e populista em mente. Incapazes, durante a República de Weimar, de exercer influência significativa nas diretrizes da política musical ou sobre a reforma educacional, eles perceberam que se estabelecessem relações fecundas com os movimentos musicais amadores, poderiam fazer de seu trabalho instrumento de um esteio patriótico, do estímulo à economia e da educação do público em geral. Embora o governo de Weimar não houvesse desencorajado o desenvolvimento da vida musical e da musicologia, carecia de recursos para nutri-las, canalizando melhorias apenas na educação musical. As idiossincrasias regionais da administração cultural nos anos de Weimar deixavam muitas instituições entregues à própria sorte. Em 1933, a crise econômica forçou a desativação de casas de ópera e orquestras, bem como de vários empreendimentos musicológicos.

O governo nazista, ao perceber a centralidade histórica da música para o revigoramento do orgulho alemão, buscou capitalizar o papel da música para vários fins. Os nazistas se deram conta da popularidade crescente das práticas musicais amadoras, integraram as atividades musicais em suas organizações partidárias e militares e subsumiram as associações amadoras à sua administração. Eles também solucionaram alguns velhos problemas que afligiam os músicos desde o colapso do sistema de mecenato nobiliárquico e avançaram muito em assegurar à classe estabilidade econômica e profissional. Acima de tudo, os líderes nazistas exploraram a reputação internacional da Alemanha como "a pátria da música" ao construir a imagem de uma potência global. Eles investiram em instituições musicais de fama mundial em dificuldades no intuito de mitigar as indignadas acusações estrangeiras de que os nazistas cometiam atrocidades e fomentavam a barbárie.

Os ideólogos nazistas, ao promover seus conceitos pseudocientíficos de superioridade racial, viram a importância de tomar a música como prova incontestável dessa superioridade e exploraram, assim, a utilidade dos estudos musicais. E para além de dar suporte às atividades musicais, os musicólogos podiam promover, por meio da música, a ideia da superioridade alemã, com o que ajudavam a racionalizar a supressão e erradicação de elementos "inferiores". Ambiciosos projetos musicológicos iniciados durante a República de Weimar e interrompidos pela crise econômica foram reanimados e expandidos pelo Ministério da Educação nazista. O Ministério da Propaganda também apoiava aventuras musicológicas, enquanto as organizações culturais de Heinrich Himmler e Alfred Rosenberg assim distinguiam e registravam as atividades dos musicólogos: pesquisa, propaganda e serviços especiais em tempos de guerra.

A musicologia não foi a única disciplina especializada a tirar proveito do regime nazista. Porém, sua história é peculiar. Primeiramente, os musicólogos estavam encarregados de desvendar os mistérios de uma arte tida como centralíssima na cultura alemã. Em segundo lugar, pode-se dizer que a musicologia é uma disciplina essencialmente alemã, repousando amplamente no trabalho pioneiro dos estudiosos alemães e austríacos. Finalmente, por ser uma ciência relativamente jovem nos anos de 1920 e 1930, a musicologia tinha de lutar para obter o reconhecimento da academia, compelindo os musicólogos a assumir uma série de atividades colaterais no mundo musical. Por atuar no jornalismo e se envolver na performance e na composição, os musicólogos forjaram a posição inusual de poder se movimentar livremente entre a torre de marfim e a comunidade.

Em função desse último motivo, os musicólogos não se adequavam à imagem da elite acadêmica do pós-guerra, que se opunha à República e resistia a mudanças. Aqueles que se abrigavam sob o porto seguro da universidade gozavam de privilégios especiais desde os inícios do século XIX: desfrutavam de segurança econômica como servidores públicos e ainda exerciam completo controle sobre suas próprias atividades. A burocracia governamental de Weimar pressionava as universidades para que se aproximassem das necessidades práticas do público em geral, mas os intelectuais conservadores dessas instituições repudiavam semelhantes atentados à sua autonomia. Os musicólogos, porém, sentiam-se menos ameaçados diante das demandas – vindas tanto dos social-democratas quanto dos nacional-socialistas – em servir às necessidades da nação. Uma breve comparação com disciplinas afins ilustrará como a musicologia, mesmo partilhando experiências comuns com todas as humanidades, distinguia-se de outros campos de forma muito significativa.

Nem a musicologia, nem os estudos de literatura alemã sofreram qualquer alteração metodológica significativa com as tribulações políticas do período². A musicologia percorreu vias metodológicas quase idênticas às da literatura, oscilando entre os princípios da *Geistesgeschichte* e do neopositivismo, buscando modelos teóricos no campo das ciências e, no decorrer dos anos de 1930, concentrando-se em definir uma essência alemã presente em todos os períodos da história³. Nacionalismo, teoria racial, glorificação do *Volk* e antissemitismo, elementos tão proeminentes nos anos de 1930, deitam suas raízes nos séculos XVIII e XIX, tanto na literatura alemã quanto na musicologia⁴. Com o estabelecimento do Estado nazista, esses dois campos encontraram uma oportunidade de chamar a atenção para si, posto um regime empenhado em reeducar as massas. No campo da literatura alemã, por exemplo, a revista *Euphorion* trocaria seu nome humanístico pelo nacionalista *Dichtung und Volkstum* (Poesia e Povo). No gesto, o claro interesse em estreitar laços com as necessidades da nação alemã⁵. Depois, em 1936, os musicólogos publicariam uma revista completamente nova, a *Deutsche Musikkultur*, que preencheria o vácuo entre especialistas e público.

Tanto os filólogos quanto os musicólogos alemães deram continuidade à antiga prática de usar a língua e a música alemãs, respectivamente, como parâmetros para definir a nação alemã. Ambos, gradualmente, enfatizaram o papel da Alemanha como líder cultural entre as nações e fomentaram seus respectivos temas como a fonte da essência alemã⁶. No entanto, os germanistas eram limitados pela língua alemã, de modo que, na melhor das hipóteses, podiam estender sua campanha para os países germanófonos. Os musicólogos tinham a habilidade de embeber a linguagem da música – especialmente a não textual música absoluta – com manifestações de imaginada germanidade, que poderiam cruzar as barreiras da linguagem.

Musicólogos e germanistas respondiam igualmente a fatores sociológicos similares, isto é, disponibilizavam-se a servir a nação como educadores, demonstravam interesse em tópicos e

2   Vosskamp, "Kontinuität und Diskontinuität", p. 140-162.
3   Hermand, *Literaturwissenschaft und Kunstwissenschaft*, p. 11-15, 21-23, 34-42, 45-48.
4   Schnauber, "Introduction ", p. vii-xxii.
5   Oellers, "Dichtung und Volkstum", p. 246-248.
6   Lämmert, "Germanistik – eine deutsche Wissenschaft", p. 76-91

métodos politicamente pertinentes em função do oportunismo da carreira e gostavam quando o governo dava atenção às suas contribuições[7]. Porém, diferentemente de outras disciplinas, a musicologia gozava de um maior direito para cumprir sua missão educacional dada sua imediata conexão com a prática viva. Na medida em que os musicólogos mantinham um forte elo com as atividades musicais amadoras dentro e fora da universidade, sua própria atividade se desenvolvia em pulso mais ativo. Eles não eram apenas os guardiões da chama do lendário passado musical alemão, mas se aventuravam fora dos muros da academia, oferecendo diretrizes para um uso adequado da música, promovendo edições de música antiga alemã e canções folclóricas que podiam ser utilizadas nas atividades do dia a dia; durante a Segunda Guerra Mundial, olhando para frente, os musicólogos se viam como os futuros líderes ativos da vida musical de um Império Alemão expandido pela maior parte da Europa.

Os musicólogos alemães possuíam não apenas os meios para servir à nação e ao Estado, mas também o desejo de fazê--lo – muitos deles demonstrariam um compromisso sincero com as tarefas que lhe seriam delegadas pelo regime. O crescente interesse pela pesquisa da música folclórica, durante os anos de 1930, emergiu de uma geração de estudiosos empenhados em resolver o conflito entre seu árido treinamento filológico e suas experiências fora da universidade – com os movimentos militar e da juventude –, o que lhes permitiu testemunhar, em primeira mão, o poder da música na "construção comunal". Eles perceberam que a pesquisa da música folclórica, concentrada sobretudo nas mãos dos germanistas, consistia em análises áridas e abstratas do material tomado, para não falar da miopia em relação aos textos e da completa negligência em relação ao aspecto musical. Esses musicólogos insistiam em que a nova metodologia da pesquisa da música folclórica envolvia um contato íntimo com as comunidades que preservavam uma prática viva. A tarefa desses especialistas não se restringia à coleta de textos e à transcrição de melodias, mas implicava também sua imersão nos rituais folclóricos e no estilo de vida

---

7 Schnauber, op. cit., p. ix-xii

do povo, assim como o uso de seu saber técnico para a educação desse mesmo povo[8].

A avidez dos musicólogos para compreender o povo, de um lado, e seu compromisso especial de disseminar a cultura alemã entre as pessoas comuns, de outro, tornam-se realmente mais evidentes por meio de uma comparação com os folcloristas. Os estudos da disciplina de folclore no Terceiro Reich consideram esse campo o mais suscetível à "nazificação", devido à atração por ele exercida sobre os ideólogos nazistas. Não obstante, os folcloristas não gozavam da mesma credibilidade que os musicólogos como missionários do regime nazista. Himmler selecionou estudiosos dos diversos ramos das humanidades para atuar em áreas ocupadas no norte da Itália, delegando-lhes não só a tarefa de pilhar tesouros culturais, mas também de estabelecer relações de trabalho com as populações autóctones e "educar" os alemães étnicos na visão de mundo nacional-socialista. Os folcloristas, ao que parece, ignoravam essa última parte de suas atribuições e se concentravam mais na apropriação de objetos materiais[9]. Os musicólogos, ao contrário, mostravam-se mais rigorosos em suas instruções "político--culturais". O vasto trabalho que faziam para Himmler envolvia uma documentação febril de práticas folclóricas e o contato com as populações nativas. Em toda a região, organizavam palestras educativas sobre música folclórica, cursos de danças populares e encontros de música folclórica[10].

Um dos propósitos deste livro, então, é explorar a relação entre a musicologia e a sociedade alemã, uma relação que, por suas particularidades, não encontra paralelo em outras disciplinas acadêmicas. Não se trata de uma história geral da musicologia alemã, nem de um exame das significativas contribuições alemãs aos estudos musicais desse período. Embora tal exame pudesse ser útil, o testemunho das notáveis realizações dos musicólogos do período encontra-se em toda parte: nos estudos posteriores que se apoiam em suas obras, nos trabalhos de referência que cuidadosamente acentuam as realizações positivas desses estudiosos e nos anais que posteriormente os

---

8   Ver infra, p. 313-321.
9   Oesterle, "Office of Ancestral Inheritance", p. 211-212, 218-219, 225-227, 230-232.
10 Ver infra, p. 231-232.

homenageiam por suas carreiras. Antes, meu propósito é olhar para além da literatura musicológica convencional e descobrir a relação que a musicologia cultivou com o Estado, o Partido e o povo alemão. Sua relevância não é imediatamente clara nos escritos especializados, mas sobrevive vigorosamente na abundante literatura escrita por alguns dos mais respeitados musicólogos e dirigida a um público não iniciado – um *corpus* bibliográfico que normalmente passa despercebido. Ademais, uma rica documentação em arquivos públicos, arquivos universitários e coletâneas de artigos reconstrói vivamente as atividades da musicologia dentro e fora da academia. Todas essas fontes proveem um vislumbre das ações e preocupações musicológicas à luz do desenvolvimento econômico, político e social da Alemanha durante um dos seus períodos mais conturbados. Elas também nos ajudam a compreender, sob um novo ângulo, alguns dos empreendimentos acadêmicos mais celebrados do período, explicando, por exemplo, as razões pelas quais a pesquisa da música folclórica alemã avançou de forma tão impressionante nos anos de 1930.

Outro propósito deste livro é situar a musicologia do Terceiro Reich num contexto histórico. Por muitos anos, os historiadores da era nazista evitaram lidar com a música e os estudos musicais, apesar (ou em virtude) da centralidade da música na cultura e na sociedade alemãs. Aqueles que discutiram a musicologia de um modo mais sistemático e abrangente isolaram-na de seu contexto histórico ao rotulá-la como "musicologia nazista", ilustrando tal designação através de escritos polêmicos extraídos de uma coleção de críticos musicais e de não especialistas, todos chamados de "musicólogos". Neste livro, começo pelo ano de 1918 – quando surgem o Instituto Alemão de Pesquisa Musicológica, a Sociedade Científica e duas revistas especializadas –, e concluo com o final dos anos de 1950. Ao se olhar para o período nazista através do contexto precedente e do seguinte, pode-se notar que certas tendências, por mais ideologicamente orientadas que fossem, não se originaram na carregada atmosfera de 1933, nem se evaporaram após 1945.

Esse livro examina, pois, os escritos e as atividades dos musicólogos de formação, sem se dispersar por outras profissões correlacionadas. Embora a linguagem dos musicólogos genuínos possa ser menos extrema do que a dos textos sobre música de críticos e diletantes, seu sentimento de modo algum é seco ou alheio ao ambiente político e ideológico. Líderes de renome internacional como Heinrich Besseler, Friedrich Blume, Karl Gustav Fellerer, Helmuth Osthoff, Heinrich Husmann, Arnold Schering e Hans Joachim Moser, de um modo geral, foram eficazes ao trabalhar entusiasticamente para o regime nazista e endossar seu programa de fortalecimento da identidade do povo alemão por meio da música.

A organização dos capítulos, com exceção do final – sobre a desnazificação –, não é cronológica, mas temática. Isso ajuda a elucidar a continuidade existente entre a era de Weimar e o regime de Hitler. A mudança do papel da música na sociedade alemã após a Primeira Guerra Mundial é o assunto do primeiro capítulo. Ele fornece o cenário à compreensão dos novos desafios da musicologia e da necessidade de uma reavaliação e redefinição de sua função na Alemanha do pós-guerra que são examinadas no segundo capítulo. Os três capítulos seguintes reconstroem o desenvolvimento institucional e profissional que redefine as tarefas dos musicólogos. O terceiro capítulo faz um levantamento das instituições que surgiram ao fim da Primeira Guerra Mundial, analisando suas agendas nacionais, seus esforços para obter suporte financeiro do governo nazista e os efeitos negativos trazidos pelo nacionalismo à musicologia alemã, que se isola do resto do mundo. No quarto capítulo, examino a universidade alemã do pós-guerra e da era nazista, a transformação do ensino superior e o lugar da musicologia dentro dele. O quinto capítulo investiga as oportunidades de carreira não acadêmica para musicólogos, especialmente após 1933, com foco especial na pesquisa e nas oportunidades oferecidas, durante o período da guerra, pelos setores culturais das organizações de Himmler e Rosenberg.

Nos dois capítulos subsequentes, a temática abordada toma mais detidamente os escritos musicológicos. A crise metodológica vivida por todas as disciplinas humanísticas após a guerra e a experimentação de novos modelos; a tentativa de aplicação da teoria racial e da Questão Judaica à música; e os incentivos para que houvesse concentração no desenvolvimento da pesquisa sobre a música folclórica alemã são assuntos discutidos no sexto capítulo. Os comentadores que avaliaram os objetivos da musicologia na era nazista pareciam unanimemente concordar sobre a necessidade urgente em se explorar a essência alemã na música, dando crédito aos líderes nazistas enquanto promotores da música alemã. Não obstante, isso foi uma preocupação crescente que pode ser rastreada já no século XVIII, como examinado no sétimo capítulo. Generalizações vagas, como a de que a força dos alemães repousa na habilidade para adaptar modelos estrangeiros, persistiram sem muita alteração, malgrado todas as tentativas de encontrar traços musicais alemães mais tangíveis na música folclórica, nos estudos regionais e no canto gregoriano. Ganhos territoriais durante a Segunda Guerra inspiraram os musicólogos, de certo modo, a "anexar" as conquistas musicais dos países subjugados e apresentá-las como alemãs.

Os musicólogos colheram benefícios substanciais pelo apoio do governo nazista e do Partido, lançando as fundações para empreendimentos em grande escala que sobreviveriam ao regime de Hitler. *Die Musik in Geschichte und Gegenwart* – obra de referência editada em vários volumes –, e o desenvolvimento e expansão das edições de música antiga alemã – conhecidas, hoje, como *Das Erbe deutscher Musik* –, remontam ao patrocínio nazista. No período da desnazificação pós-guerra, foi necessário minimizar esse e outros benefícios. Daí o tema do capítulo 8: mostrar como os líderes da musicologia do pós-guerra ressuscitaram o sistema de patrocínio nazista e elegeram alguns indivíduos como os únicos representantes do verdadeiro "nazismo", conseguindo, com isso, desviar a atenção da proeminência continuada, na Alemanha do pós-guerra, de indivíduos, ideias e metodologias que medraram sob o governo de Hitler.

A musicologia alemã tem exercido uma profunda influência sobre a musicologia mundial. Dada, especialmente, a tendência genérica da musicologia em salientar o componente alemão – normalmente em detrimento de outras tradições musicais –, não se deve ignorar que ela surge e se desenvolve dentro de um clima político e cultural que buscava enfatizar a natureza da música alemã. A musicologia – e não apenas a alemã – só lentamente tem considerado que temas não alemães – como a ópera francesa e italiana do século XIX, a música inglesa e a música popular estadunidense – sejam objetos investigativos sérios. Logo, examinar como uma disciplina respondeu a um período cheio de convulsões políticas, econômicas e sociais põe na ribalta a responsabilidade moral dos pesquisadores e silhueta os desafios e armadilhas que se poderiam encontrar sob circunstâncias que tais. Embora o período nazista se afigure como um cenário de extremos, ilustra também como as atividades acadêmicas, nos períodos de transição política e intelectual, devem responder ao anti-intelectualismo, às restrições orçamentárias e à invasão de ideologias populares no discurso científico. As questões exploradas neste livro mostram como tais fatores podem distorcer o conhecimento científico e perverter sua missão.

1. O Cenário:
A Música e a Sociedade Alemã, 1918-1945

Antes que a profissão musicologia encontrasse seu nicho na sociedade alemã, foi preciso que se familiarizasse com o novo papel da música na Alemanha weimariana do pós-guerra e com a mudança na hierarquia musical. Percebendo como a cultura musical alemã, historicamente poderosa, enfrentara os desafios da guerra e da crise econômica, os contemporâneos embeberam a música de um milagroso poder: curar as feridas de uma população desmoralizada e dividida. O crescimento, sem precedentes, das práticas musicais amadoras – através da formação de sociedades-corais e das atividades do movimento da juventude – era um testemunho da crença em que a música poderia criar uma solidariedade nacional e social.

Mas a participação dos amadores, ao lado das novas formas de entretenimento (o rádio, o fonógrafo, o *vaudeville*, o cabaré e o jazz), e o interesse crescente pela música folclórica, foi gradativamente afastando o público do legado musical dos tempos do mecenato nobiliário. Instituições veneráveis, como a orquestra sinfônica e a casa de ópera, viviam sob a ameaça de extinção, e a carreira dos músicos de concerto, naturalmente, também corria perigo. O governo de Weimar deu apoio às atividades amadoras e melhorou as condições da educação, mas esforços efetivos para atender aos interesses dos músicos profissionais e das instituições da alta cultura tiveram de esperar pelo regime nazista, que deu alta prioridade à introdução de salvaguardas para os profissionais e ao subsídio de orquestras e casas de ópera em dificuldades. Apesar da retórica antimodernista, os nazistas não se empenharam em impor uma política ideologicamente pensada para controlar o gosto musical. Seu maior impacto na vida musical alemã aconteceu sob a forma dos expurgos em massa, cujas principais vítimas foram os judeus, mas a complexidade imanente da proliferação da música numa sociedade industrial tornava inútil censurar algo como música "indesejável". Ao invés de apoderar-se de um controle absoluto, o regime nazista permitia mudanças no âmbito da produção e do consumo musical para seguir adiante, explorando, sempre que possível, a eficácia da música para seus propósitos ideológicos. No que concerne à vida musical, pois, houve mais continuidade que ruptura no processo de transição entre a República de Weimar e o Terceiro Reich.

A MÚSICA ALEMÃ DEPOIS DA PRIMEIRA GUERRA: RELATO DE UMA TESTEMUNHA OCULAR

O período Weimar é frequentemente romantizado como o apogeu da experimentação artística e das ideias progressistas. Peter Gay, numa retrospectiva da cultura de Weimar num livro de 1968, reforçou a crença de que a República de Weimar promoveu a libertação do expressionismo e do modernismo, deixando a impressão de que seus equivalentes na composição musical – atonalismo, dodecafonismo, neoclassicismo, primitivismo e expressionismo musical – dominaram o gosto musical dessa época[1]. Todavia, um exame mais atento da vida musical revela que os canais de produção e consumo da música não estavam ao alcance dos compositores contemporâneos, experimentalistas etc., e que o gosto musical conservador, resistente a experimentações, surgia de todas as facções políticas e sociais.

---

1   Gay, *Weimar Culture*.

Os efeitos da rápida industrialização, da urbanização, de uma economia instável e da guerra perdida invocaram uma hoste de demônios nas formas de tecnologia, de classe operária, dos interesses usurpadores do capital estrangeiro e, *last but not least*, da figura cada vez mais ameaçadora do judeu. Diante de uma sociedade clivada em numerosas facções sociais e políticas e degradada pela derrota militar, muitos alemães mergulharam na nostalgia de tempos mais simples. Na visão de alguns contemporâneos, também a música, supostamente, foi vitimada pelas forças negativas do pós-guerra, embora também oferecesse soluções para os problemas contemporâneos. O musicólogo Hans Joachim Moser – testemunha ocular muito citada quanto à vida musical sob o fantasma da Primeira Guerra – deu voz a muitas dessas preocupações. Nascido em 1889, Moser era filho do violinista Andreas Moser e afilhado de Joseph Joachim. Estudou canto e composição paralelamente à musicologia, e frequentemente se apresentava como solista, compositor e até romancista, ao mesmo tempo que produzia um surpreendente número de publicações no âmbito da musicologia. Depois da Primeira Guerra, Moser assumiu postos acadêmicos em Halle, Heidelberg e Berlim, cidade na qual se tornou, em 1927, diretor da Academia Nacional de Música de Igreja e Escola (Staatliche Akademie für Kirchen- und Schulmusik). Moser limitou sua pesquisa quase exclusivamente à música alemã, mas seu conhecimento do assunto era vasto, abrangendo todos os períodos da música artística e folclórica.

Concluindo seu extenso e detalhado levantamento histórico da música alemã, Moser observa o quanto as mudanças políticas, sociais, tecnológicas e econômicas do pós-guerra foram funestas para ela. Por outro lado, ele não deixa de reconhecer o potencial da música para reerguer da confusão e da desordem seus conterrâneos angustiados[2]. Para Moser, a nova economia industrial e a expansão do intercâmbio estrangeiro haviam comprometido seriamente a força musical alemã. O velho conflito entre a *Kultur* alemã e a *civilisation* francesa (segundo suas palavras, a versão moderna da luta entre Deus e o Diabo) decorria dos novos perigos do capitalismo e da

---

2 Moser, *Geschichte der deutschen Musik*, 2. ed., v. 3, p. 513-514.

tecnologia, isto é, da "americanização" (*Amerikanisierung*) da vida musical alemã[3]. Problemas que poderiam remontar às origens da "arte pela arte", quando a música começou a se extraviar do público, e que se agravou com a urbanização. O crescimento das cidades implicou o desaparecimento da cultura popular tradicional e abriu as portas para o "enegrecimento" (*Vernegerung*) da canção e da dança populares. Moser, igualmente, estava muito preocupado com o declínio da música sacra, atribuível à separação da Igreja e do Estado, separação ainda mais destrutiva que a tão ruidosa divisão social entre trabalhadores e patrões. Moser acusou o empresário norte-americano, em conluio com os judeus, de transformar a música em capital. No entanto, a solução para o problema judeu ocorreria tão logo a saudável cultura musical alemã fosse restaurada[4].

Moser também notou a crescente insegurança entre os músicos profissionais. A dissolução das instituições culturais de patronagem nobiliária deixou os profissionais a mercê de uma economia instável. Na ausência de um padrão de controle de qualidade no mercado *freelance*, em que o profissional agora disputa com o músico amador as oportunidades de trabalho na performance e no ensino, Moser temia que os músicos de orquestra se proletarizassem. Ademais, os avanços tecnológicos – o rádio, a pianola e o disco – possibilitavam que o prazer musical da performance fosse desfrutado sem os serviços do *performer*. Alguns músicos buscavam a proteção de organizações profissionais, mas os concertistas poderiam ainda ser vítimas de agentes inescrupulosos. Diante da diversidade e volume de atividades musicais na Alemanha, Moser reclamava a criação de uma organização guarda-chuva, algo como a Câmara de Música do Reich (*Reichsmusikkammer*)[5]. Esse termo seria empregado mais tarde pelo Ministério da Propaganda Nazista, que reestruturou a administração cultural e a alocou sob sua jurisdição. Provavelmente, Moser tomou o conceito emprestado dos profissionais da área jurídica e de engenharia, que naquele tempo mobilizaram-se corporativamente no intento

---

3   Ibidem, p. 453.
4   Ibidem, p. 474, 497-502.
5   Ibidem, p. 453, 468-469, 476.

de formar câmaras profissionais e então poder discutir seus problemas a partir de uma ampla base nacional[6].

A despeito desses problemas, a música mantinha-se como a grande promessa para reavivar o patriotismo na esteira da derrota militar. Moser sustentou que a música era e – como tentou demonstrar em sua obra – sempre foi central para a cultura alemã. Essa força especificamente alemã tornara-se ainda mais evidente no estado atual de crise. Para ele, seria uma grande fonte de orgulho que a Alemanha possuísse um número maior de instituições musicais *per capita* que qualquer outro país, malgrado a guerra e a hiperinflação. Moser vangloriava-se da existência de cinquenta casas de ópera, aproximadamente, e "talvez 150 orquestras de nível" que o Estado ajudava a manter; uma indicação clara da importância da música para a nação alemã. Além dos grupos apoiados pelo Estado, regentes de fama internacional estavam "resgatando o valor da nossa nação desde 1918", ao mesmo tempo que a expressiva oferta de música *freelance* – cem quartetos de cordas, cinquenta piano-trios, 25 grupos camerísticos de sopros, ao menos quinze quartetos de oratório e grupos madrigalescos, pequenos grupos vocais e inúmeros cantores solistas – dava, conjuntamente, a "medida precisa da cultura musical alemã"[7]. A música era o melhor meio para que a Alemanha derrotada conquistasse seu lugar ao sol, pois

se a Alemanha possui uma área e uma profissão de absoluta influência, a despeito de toda a inimizade e distância que temos com o mundo, trata-se da música e dos compositores alemães (atrás [em influência] apenas da nossa ciência); não se pode permitir que essa arma nobre e verdadeiramente pacífica enferruje por falta de uso[8].

Ademais, a música também tinha o potencial de suavizar as segregações sociais e políticas. As sociedades corais amadoras haviam passado por um rápido crescimento nos anos pós-guerra, juntamente com organizações *collegium musicum*, orquestras amadoras e os corpos musicais militares, mas nenhum deles, como assegura o autor aos seus leitores,

---

6 Jarausch, *Unfree Professions*, p. 48.
7 Cf. Moser, op. cit., p. 467, 469-470.
8 Ibidem, p. 477.

ameaçava as orquestras profissionais. Moser acreditava que o melhor remédio para as feridas de uma sociedade cindida era a educação musical, no sentido mais amplo desse termo. Se todo cidadão alemão pudesse ser musicalmente alfabetizado e ativo, então um verdadeiro sentimento de comunidade e pertencimento podia ser restaurado aos patamares da era pré-industrial. Através da educação, a música alemã se manteria sadia e as iniciativas musicais do movimento da juventude e dos compositores da "música para uso" (*Gebrauchsmusik*) poderiam perpetuar uma próspera cultura musical amadora, capaz de remediar os problemas sociais do país[9].

A MÚSICA COMO SOLUÇÃO PARA O DISSENSO SOCIAL: A REVOLUÇÃO DOS AMADORES

Conquanto as abordagens de Moser fossem tingidas pelas apreensões da classe média em relação à democracia e à classe operária, muitas de suas observações captam com sagacidade certas tendências estruturais. No final dos anos de 1920, orquestras amadoras, música de câmara e, especialmente, o canto coral tornaram-se passatempos imensamente populares, transpassando todas as barreiras sociais e políticas. Numa época em que a Alemanha parecia cada vez mais politizada e segregada, a prática musical da comunidade prometia fomentar a solidariedade. Acreditava-se que a participação não só instigaria o espírito comunal e a boa vontade, mas também restauraria o poder unificador da música, perdido na era burguesa.

A prática musical amadora já havia cumprido a missão de fortalecer o senso de identidade alemã quando a campanha pela unificação da Alemanha encorajara um sentimento de pertencimento mais nacional em detrimento das lealdades regionais. Dos anos de 1870 aos anos de 1920, diversas organizações guarda-chuva para grupos musicais amadores empenharam-se em promover a música alemã, patrocinando festivais tanto em casa quanto no exterior[10]. O movimento dos coros amadores

9   Ibidem, p. 453-454, 470-473, 499-513.
10 *MGG*, 1. ed., s.v., "Gesellschaften und Vereine".

esteve especialmente comprometido com o projeto de fortalecer a identidade alemã. Os cantos corais secular e sacro tinham se tornado quase exclusivamente uma atividade de amadores nos inícios do século XIX[11], predominantemente expandindo sua função litúrgica à medida que as sociedades de oratório ganhavam popularidade. Em 1862, a Liga dos Cantores Alemães (Deutscher Sängerbund) foi criada para unificar o crescente número de coros masculinos alemães ao redor do mundo. Seu estatuto referia o objetivo nacionalista de "proliferação e refinamento do canto coral masculino alemão e a promoção do sentimento alemão [...] Através do poder unificador do canto alemão [a organização] espera preservar e elevar a consciência nacional alemã e o sentimento de solidariedade entre as etnias alemãs"[12].

Em 1929, a Liga dos Cantores (Sängerbund) reunia mais de 13 mil coros só no Reich alemão, contando com pelo menos 1,3 milhões de membros. Logo apareceriam novas agremiações corais: em 1896, surge a Sociedade Alemã de Coros (Deutsche Sängerschaft), que representava os grupos corais alemães em universidades da Alemanha, Áustria, Danzig e Tchecoslováquia; em 1909, a União dos Professores Alemães de Coral (Vereinigung deutscher Lehrer-Gesangvereine); e, em 1924, a Associação do Reich de Coral Misto da Alemanha (Reichsverband der gemischten Chöre Deutschlands), representando os interesses artísticos e econômicos de coros mistos, femininos e infantis independentes. Uma organização de coros masculinos independente, dedicada à música folclórica alemã, fora criada nos anos de 1920, embora a maior parte de seus grupos também pertencesse à Sängerbund[13].

A participação amadora no canto coral cresceu significativamente quando grupos informalmente afiliados ao Partido Social Democrata e ao Partido Comunista adotaram a atividade como meio adequado para instilar uma consciência de classe entre os trabalhadores. Entre 1892 e 1900, o número de

---

11   MGG, 1. ed., s.v., "Gemischter Chor".
12   Extraído do parágrafo introdutório da carta de 1927, citado em Kestenberg, *Jahrbuch*, p. 19. Essa e todas as outras traduções são do próprio autor, salvo indicação em contrário.
13   Ibidem, p. 19-28.

membros na federação informal dos grupos de canto dos trabalhadores passou de aproximadamente 10 mil para cerca de 100 mil e, em 1908, é fundada a organização nacional conhecida como Liga dos Cantores-Trabalhadores Alemães (Deutscher Arbeiter-Sängerbund ou DASB). Apesar de certa queda durante a guerra, a DASB se recuperou rapidamente, contando com 230 mil membros em 1920 e 440 mil em 1928. Os grupos de trabalhadores ilustram como a participação musical conseguia apagar as fronteiras sociais. Desde 1890, o Partido Social Democrata buscou promover uma cultura operária distinta daquela da burguesia, mas, diferentemente de suas outras atividades, como o esporte, os grupos corais, pouco a pouco, foram priorizando os objetivos musicais em relação à solidariedade de classe. No final dos anos de 1920, muitos deles tinham se tornado virtualmente indistinguíveis de seus correlatos burgueses e, na tentativa de elevar seu padrão musical, contratavam regentes profissionais e membros que não pertenciam à classe trabalhadora. O repertório musical era formado principalmente por canções folclóricas e populares, ao lado de algumas obras mais ambiciosas para coro do período clássico e romântico alemão – para o desespero dos puristas socialistas e comunistas, que rejeitavam a natureza transigente do DASB e encorajavam um repertório ideologicamente mais adequado[14].

Com base na estatística do *Jahrbuch der deutschen Musikorganisationen 1931*, de Leo Kestenberg, estima-se que o número de cidadãos alemães participantes de atividades corais aproximava-se de 2 milhões, e que o número de corais não vinculados à Igreja (designados como sociedades de oratórios, coros mistos, coros masculinos, coros femininos, coros infantis, sociedades de madrigal, *Liedertafel*, coros de trabalhadores e grupos vinculados à associações, profissões e fábricas) somava, aproximadamente, 19 mil organizações[15]. A participação no canto

14 Guttsman, *Worker's Culture*, p. 4, 61, 155-176.
15 O *Jahrbuch* inclui uma seção sobre as organizações de música do Reich, seguido de um capítulo sobre cada cidade, com um capítulo especial sobre a cidade de Berlim. O material dedicado às organizações do Reich fornece o número total de associados do DASB, do *Deutscher Sängerbund*, e do *Reichsverband der gemischten Chöre Deutschlands*. Nos capítulos subsequentes, Kestenberg listou todas as igrejas e grupos de canto coral secular, fornecendo, quando possível, a cifra total de seus associados.

coral se espalhou tão rapidamente pelo Reich que, entre 1927 e 1929, quatro organizações de coros coligaram-se no Grupo de Interesse para o Canto Coral Alemão (Interessengemeinschaft für das Deutsche Chorgesangewesen), criando assim um fórum para tratar das questões financeiras das sociedades-coral[16].

A revolução dos amadores também teve impacto sobre a música instrumental, porém é mais difícil mensurar sua participação real. O *Jahrbuch* de Kestenberg lista aproximadamente cinquenta orquestras e grupos camerísticos (nove orquestras só em Berlim) integrados à União das Orquestras Alemãs do Reich (Reichsbund deutscher Orchestervereine), mas nomeia apenas uma pequena quantidade de grupos militares ou uniformizados (Kapellen), embora o número deva ter sido bem maior. Também não há como estimar o número de cidadãos engajados numa música feita em casa (*Hausmusik*), cuja popularidade era visivelmente crescente nesse período, como demonstra o fato de que, entre 1918 e 1932, tenham sido fundados mais de uma dúzia de periódicos sobre esse gênero[17].

Por razões óbvias, o canto coral era, de longe, a atividade musical amadora com os índices mais rápidos de crescimento dentro da Alemanha. Ela requeria menos treinamento e proficiência técnica do que as demais atividades musicais; podia se adaptar a distintos níveis de habilidade técnica – do canto em uníssono das cantigas familiares a oratórios e composições contemporâneas; e ainda oferecia um ambiente amistoso de interação social, capaz de esmaecer diferenças políticas e econômicas. Consequentemente, o canto coral tornou-se o foco das atividades musicais do movimento da juventude alemã.

O movimento da juventude alemã (*Jugendbewegung*) nasce por volta da virada do século XIX para o XX, com um grupo

16 Kestenberg, p. 19.
17 Entre eles: *Die Lauter: Monatsschrift zur Pflege des deutschen Liedes und guter Hausmusik; Die Gitarre; Zeitschrift zur Pflege des Gitarren- und Lautenspiels und der Hausmusik; Lauten-Almanach: Ein Jahr- und Handbuch für alle Lauten- und Gitarrenspieler; Muse des Saitenspiels: Fach- und Werbe-Monatsschrift für Zither-, Gitarren- und Schossgeigenspiel; Münchener Zither-Zeitung: Fachblatt für Zitherspiel; Die Volksmusik; Die Zupfmusik; Der Lautenspieler; Schallkiste: Illustrierte Zeitschrift für Hausmusik; Bundeszeitung des Deutschen Mandolinen- und Gitarrenspieler-Bundes; Der Blockflötenspiegel: Arbeitsblatt zur Belebung historischer Instrumente in der Jugendund Hausmusik*; e *Collegium Musicum* (rebatizado como *Zeitschrift für Hausmusik*).

conhecido como Wandervogel (pássaros migratórios): jovens da classe média espontaneamente organizados que andavam pelo campo, invocavam fantasias nostálgicas do passado medieval alemão e buscavam camaradagem através de caminhadas, retiros e atividades culturais extraclasse. A emergência espontânea de uma cultura jovem nessa época geralmente é associada ao processo de rápida industrialização e urbanização das cidades. Entre os jovens da burguesia havia um clima de desilusão, decorrente da ausência de consenso político, do caráter restritivo da cultura guilhermina e seu ideal burguês de família, da persistência de um sistema educacional à moda antiga e das incompatibilidades entre a era tecnológica e as necessidades pessoais de expressão. Com suas roupas não convencionais, seu culto à natureza e um novo ideal pedagógico, o movimento da juventude lutava por uma nova identidade e um senso de comunidade (*Gemeinschaft*). Seu ideal de educação serviu, em última instância, como inspiração para as reformas educacionais que incorporaram mais música, arte e atividades culturais à grade curricular[18]. O culto à juventude se alastrou para além da classe média e, no decorrer dos anos de 1920 e começo dos anos de 1930, praticamente todos os partidos políticos e grupos religiosos organizados patrocinavam seu próprio movimento de juventude[19].

A música sempre fez parte dos movimentos de juventude[20]. Em agosto de 1923, formou-se uma federação autônoma de grupos de juventude conhecida como Bündische Jugend[21], e duas dissidências musicais distintas daí emergiram: a Musikantengilde, sob a liderança de Fritz Jöde, e a Finkensteiner Bund, mais nacionalista e folclorística, sob a direção de Walter Hensel. Genericamente referidas como "movimento musical da juventude" (*Jugendmusikbewegung*), essas organizações promoviam uma cultura musical alternativa para nutrir o ideal de

---

18 Stachura, *German Youth Movement*, p. 13-21, 54-55; Laqueur, *Young Germany*, p. 12-14.
19 Stachura, op. cit., caps. 3 e 4.
20 Laqueur afirma que, enquanto os produtos artísticos e literários do Wandervogel eram seriamente procurados, "havia um campo no qual um grande trabalho era feito. O movimento da juventude, provavelmente, fez mais do que qualquer outro movimento da época pelo amplo desenvolvimento da cultura musical" (op. cit., p. 18-19).
21 Treziak, *Deutsche Jugendbewegung*, p. 12.

comunidade (*Gemeinschaft*). Excluíam tudo o que entendessem ser uma manifestação musical do individualismo burguês, a exemplo da arte pela arte e do culto do gênio. Em vez disso, perseguiam um tipo de música "objetiva", isto é, aquela que pudesse irmanar toda a comunidade, alguma coisa para além das convenções burguesas e da emergente cultura operária, que pudesse revelar uma "cultura musical comunal" (*Gemeinschaftsmusikkultur*), que exploraria, assim, o "poder de construção comunal da música" (*gemeinschaftsbildende Kraft der Musik*)[22].

Os líderes do movimento musical da juventude desenvolveram suas próprias categorias rígidas do musicalmente aceitável e não aceitável. As formas aceitáveis – aquelas que exploravam o poder de construção comunal da música – incluíam as canções folclóricas, a música coral (de preferência a polifonia anterior a 1700) e as obras modernas escritas explicitamente para o movimento da juventude. Inaceitáveis eram todos os tipos de música considerados comerciais ou alienantes. Seus líderes repudiavam o jazz, a "grande sensação financeira judaico-americana", a "força demoníaca" da música moderna, a "indústria" de virtuoses, sustentada pelo dólar norte-americano, e todas as formas de música ligeira (opereta, jazz e *hits* populares eram condenados como "a ruína de nossa gente"). Ao eliminar a participação direta do músico, todo e qualquer meio tecnológico de recepção musical priva a música de seu valor educativo e o concerto tradicional, dizia-se ainda, promovia uma experiência passiva que suprimia a autoexpressão, convertendo-se num ramo lucrativo da indústria capitalista. Até a *Hausmusik* se tornava suspeita por se enraizar no isolamento familiar burguês, e também pelo fato de que boa parte de seu repertório exigia um piano, condição que, naturalmente, limitava seu alcance a determinados ambientes e classes sociais. E o movimento musical da juventude ia ainda mais longe em sua cruzada ao negar todo tipo de profissionalismo musical. A distinção traçada entre profissional e amador havia levado a música a se afastar do povo. O virtuose, símbolo maior do individualismo burguês, fazia da música um meio para exibir sua técnica, adquirir fama e fazer dinheiro[23].

22 D. Kolland, *Die Jugendmusikbewegung*, p. 12-13, 29-32.
23 Ibidem, p. 32, 38, 40, 51, 56s, 65-69, 75, 86-87.

O movimento musical da juventude enfatizava a participação direta, a despeito do grau de habilidade. Assim, era natural que o coração de suas atividades musicais fosse o canto coral. O movimento patrocinava encontros de canto semanais (*Singwochen*) e também sessões noturnas (*Abendsingwochen*), para acomodar-se a todos os cidadãos. A Finkensteiner Bund patrocinava sociedades informais de canto (*Singgemeinde*) no intuito de promover a camaradagem. Fritz Jöde organizava eventos abertos de canto (*Offene Singstunde*) para agrupar indivíduos de todas as origens sociais e desenvolveu uma linguagem visual com as mãos visando integrar pessoas que não soubessem ler música. Às vezes, porém, as práticas não eram muito fiéis aos ideais declarados pelo movimento. Jöde levou as Singstunden para o rádio (*Rundfunksingstunden*), embora o movimento rejeitasse formalmente toda e qualquer produção musical tecnológica. Com relação a muitas das maiores atividades corais, os líderes perceberam que a completa erradicação do formato concerto, que subentende a distinção entre artista e público, seria virtualmente impossível[24]. No quesito repertório havia também certa fratura entre teoria e prática. O *Jugendmusikbewegung* rejeitava formalmente toda música artística produzida desde o período clássico, acusada de alargar o fosso entre a música e o povo. Em lugar disso, encorajava a *Gemeinschaftsmusik*, incluindo nessa rubrica um amplo espectro da música anterior à divisão social de classe e obras contemporâneas compostas segundo os ideais do movimento[25]. Ainda assim, a música artística dos séculos XVIII e XIX entrou para o repertório do movimento[26]; música de câmara e orquestral eram aceitas desde que não ultrapassassem certo nível mediano de domínio técnico, e até a música para o tão criticado piano obteve aceitação[27].

24 Ibidem, p. 58-65, 75-76.
25 Hensel, "Von Gregorianischer Melodien", *Frankensteiner Liederbuch*, n. 1, 1928, rpt. em *DJ*, p. 337-338; Jöde, "Alte Madrigale und andere A capella-Gesänge aus dem 16, und 17. Jahrhundert", *Hausmusik*, 14/16, 1921, rpt. em *DJ*, p. 329; Thomas, "Lied im Alltag", *Die Singgemeinde*, 2/29, rpt. em *DJ* , p. 352-354.
26 Os vários volumes da antologia de música para o movimento, intitulada *Der Musikant*, de Jöde, estão concentrados na polifonia antiga e um volume inteiro é dedicado à música de J.S. Bach, mas um dos volumes, construído a partir de uma pesquisa histórica da música vocal, inclui uma seção sobre "os classicistas". D. Kolland, op. cit., p. 87-88.
27 Ibidem, p. 93-94.

A popularidade do movimento da juventude alertou o estado para a importância da educação e conduziu a amplas reformas de base. Como consultor musical do Ministério Prussiano das Ciências, Artes e Educação (Preussisches Ministerium für Wissenschaft, Kunst und Volksbildung), Leo Kestenberg, que mantinha relações muito estritas com Fritz Jöde, empreendeu uma reforma completa na educação musical das escolas públicas, inscrevendo seu nome como autor da contribuição provavelmente mais significativa e duradoura da República de Weimar à vida musical alemã. Kestenberg foi um músico prático que se engajou na burocracia, um social-democrata comprometido com a ideia de república e com o ideal de fazer da música uma esfera amplamente acessível. Porém, ele era mais realista do que aqueles que simplesmente punham sua fé nos poderes divinos da música para curar os males sociais. Ele via a escola como a melhor instituição niveladora para levar a cabo uma "musikalische Volksbildung", isto é, para disseminar em toda a população o mais alto gosto pela música. Kestenberg enfrentou a resistência dos conservadores, que não queriam abrir mão do estreito vínculo entre as escolas e a música sacra, mas, em 1922, ele abriu caminho a reformas massivas. Ao padronizar as qualificações do educador musical e redefinir a inserção curricular da música do jardim de infância ao nível superior, Kestenberg transformou o trabalho dos educadores musicais em profissão[28].

O ESTADO E AS PROFISSÕES MUSICAIS NA REPÚBLICA DE WEIMAR E NO TERCEIRO REICH

Em 1928, Moser expressou uma grave preocupação com a "proletarização" dos músicos profissionais, e Kestenberg, na esteira da depressão econômica, alertou para a necessidade premente de combater o aumento incontrolável do desemprego entre os músicos[29]. Na Alemanha, o conceito "profissional" não era

---

28 Holtmeyer, "Schulmusik und Musiklehrer", cap. 6, p. 112-117, 120-130.
29 Para Kestenberg, esse era o problema central na vida musical contemporânea: "Não se trata mais de uma opção: a precariedade cotidiana cada vez maior no padrão do músico profissional pressiona-o implacavelmente a se ocupar de processos econômicos e fatos políticos, das demandas e ofertas do mercado musical". *Jahrbuch*, p. ix.

aceito de modo tão unívoco quanto em outros países, abrangendo uma grande diversidade de remuneração e *status* dentre as diferentes profissões na Alemanha imperial e na República de Weimar[30]. Os músicos foram especialmente lentos para desenvolver uma identidade profissional uniforme. A ambiguidade entre a condição de "amador" e "profissional" colocou aqueles que pretendiam viver exclusivamente da música ou da educação musical em situação competitiva com *performers* e professores menos qualificados. Excetuando os músicos efetivados em instituição pública, beneficiados com a estabilidade e outras garantias trabalhistas, os demais tinham uma condição indefinida após a Primeira Guerra, a despeito das muitas décadas de campanha por representação e proteção econômica[31].

Ademais, o colapso do sistema de mecenato nobiliário deixara em aberto a questão do patrocínio musical. O governo central da República de Weimar não assumia, potencialmente, qualquer responsabilidade pela proteção das instituições musicais, deixando boa parte da organização da vida musical ao sabor da burocracia local e das empresas privadas. O único ramo do governo que desempenhava algum papel no setor da cultura era o Ministério do Interior do Reich. Havia um fundo destinado a financiar organizações musicais do Reich e outro reservado para "garantir" eventos e empreendimentos de importância nacional e ocasionalmente fornecer subsídios "numa dosagem limitada". Seja como for, o apoio estatal para o setor musical era "relativamente pequeno"[32]. Além disso, um pequeno, semioficial Instituto Central para Educação e Instrução (Zentralinstitut für Erziehung und Unterricht) coordenava grupos oficiais e privados do Reich na organização de festivais nacionais, conferências e eventos comemorativos, e publicações daí decorrentes[33].

Por outro lado, várias instituições culturais estavam submetidas à jurisdição de seus estados (*Länder*) e cidades. Na maioria dos casos, teatros, casas de ópera, orquestras e conservatórios estaduais recebiam subsídios tanto dos cofres estaduais – que

---

30 Jarausch, op. cit., cap. 1, 2 e 3.
31 Newhouse, "Artists, Artisans, or Workers?".
32 Cf. Kestenberg, op. cit., p. 3.
33 Ibidem, p. 3-6.

entravam com aproximadamente um terço dos subsídios governamentais –, quanto dos municipais, que inteiravam o valor[34]. Embora o governo central do Reich tentasse minimizar a autonomia regional, a diversidade em termos de recursos econômicos e propósitos entre as províncias engendrava um panorama de política cultural matizado[35], criando, inevitavelmente, grandes desigualdades para o músico profissional de um local a outro. Alguns governos de estados podiam negligenciar completamente as instituições musicais, enquanto outros poderiam ter um forte interesse em financiar projetos musicais e musicológicos a fim de promover uma cultura de sabor local ou produzir atrações exclusivas[36]. As políticas relativas ao ensino musical

34 De acordo com as estatísticas de Kestenberg, de 1930 a 1931 o Landestheater, em Baden, recebeu 438 mil marcos do Estado e 779 mil da cidade de Karlsruhe, enquanto o Nationaltheater em Mannhein recebeu somente 23 mil marcos do Estado e 1, 1 milhão de marcos da cidade (p. 1033-1035). O governo de Hesse similarmente deu 540 mil marcos ao Landestheater, enquanto a cidade de Darmstadt contribuiu com 650 mil (p. 1131-1132). O governo da Bavária, no entanto, contribuiu com mais de 2 milhões de marcos para o Bayerisches Staatstheather, duplicando a quantia doada pela cidade de Munique, além de subsidiar a Staatliche Akademie für Tonkunst e o Staatskonservatorium Würzburg de modo exclusivo (p. 819-820); já o governo saxão contribuiu duas vezes com esse valor (2 milhões de marcos) para o Staatstheater, tal como a cidade de Dresden (p. 907-910). As somas oscilavam e os governos renegociavam suas contribuições informalmente sempre que as necessidades mudavam a cada ano fiscal, com a notável exceção da Turíngia, que formulou uma lei explícita estabelecendo que as prefeituras deveriam cobrir vinte por cento do déficit dos teatros e orquestras estaduais localizadas em seus municípios (p. 1091).
35 Düwell, "Kultur und Kulturpolitik", p. 78-79.
36 O governo da Pomerânia deu contribuições para os Arquivos de Música Popular Pomerana da Universidade para a publicação do Denkmäler Pommerscher Musik e para o Festival de Música da Pomerânia. O governo saxão e a administração de Leipzig contribuíram cada um com 60 mil marcos para que o departamento de musicologia da universidade investisse na compra da coleção de Heyer, e o governo renano liberou verba para que o Arquivo Beethoven, localizado em Bonn, comprasse materiais de arquivo e para que a biblioteca estadual e municipal de Düsseldorf adquirisse manuscritos de Schumann (Kestenberg, op. cit., p. 292, 685, 907-908). As grandes discrepâncias nas políticas regionais aconteciam devido ao tamanho e ao grau das organizações burocráticas. Os negócios culturais estavam tradicionalmente vinculados às áreas da educação e da Igreja e ficavam sob a jurisdição de seus respectivos ministérios. Em estados como Baden, Bavária, Hesse, Oldenburg, a região do Sarre, e Württemberg, todos os negócios culturais eram administrados por seus respectivos ministérios, geralmente com um especialista em música designado para o cargo; Mecklenburg-Strelitz e a Turíngia adotavam um ministro específico para a educação geral (Volksbildung) ou artes, e Hamburgo tinha seu próprio comitê para as artes. Às vezes, esses ministérios eram subsumidos ao Ministério do ▶

privado também variavam, tornando difícil para professores qualificados competir com amadores que, em estados sem uma regulamentação estrita, demandavam menor remuneração.

Essa situação de precariedade pavimentou o caminho para que vários grupos, a partir de seus interesses particulares, fizessem *lobby* pela proteção econômica e legal das profissões musicais. Kestenberg, em seu *Jahrbuch* de 1931, enumerou cerca de trinta organizações, muitas delas existentes desde 1919, que representavam todos os âmbitos da atividade musical. Havia associações para músicos de igreja, críticos musicais, professores privados, compositores, músicos de orquestra, regentes, solistas, profissionais teatrais, produtores, e até uma organização para proteger os interesses dos antigos músicos militares. A maior parte dessas organizações tinha objetivos inteiramente práticos: assegurar proteção econômica, instituir seguro-saúde e seguro-desemprego, divulgar vagas de emprego, padronizar os salários, instituir padrões profissionais (algumas organizações requeriam prova de qualificação para seus membros), facilitar treinamento e mediar as relações entre empregador e empregado nos casos de contrato e disputas trabalhistas. Organizações de *performers* e compositores também tratavam do direito autoral, cuja situação havia se complicado nos últimos anos em virtude da reprodução mecânica das performances musicais. O caráter fragmentário dos interesses dos grupos profissionais era apenas mais uma manifestação da cisão na sociedade de Weimar. As filiações variavam de centenas a mais de 20 mil[37], porém muitas organizações partilhavam agendas quase idênticas, o que gerava competição e redundância.

Com a ascensão de Hitler ao poder, em 1933, o governo nazista imediatamente reconheceu esses problemas, prestando mais atenção que seus precursores à regulamentação da atividade musical a partir da ampla base do Reich. Uma ação marcante

▷ Interior, e, em casos raros, o Ministério da Economia podia assumir a responsabilidade pela esfera cultural. Mas um grande número de províncias (Anhalt, Brandenburgo, Bremen, Hanover, Hesse-Nassau, Lübeck, Mecklenburg-Schwerin, Mecklenburg-Strelitz, Baixa Silésia, Alta Silésia, Prússia Oriental, Posen-Prússia Ocidental, Schleswig-Holstein e Westfália) não possuía esse tipo de corpo administrativo e a representatividade local do Conselho de Educação supervisionava alguns aspectos da educação musical.

37 Kestenberg, op. cit., p. 58-86.

com vistas a esse fim foi a fundação da Câmara de Cultura do Reich (Reichskulturkammer), que estava sob o comando do ministro da propaganda Joseph Goebbels. Sua gênese e desenvolvimento foram cuidadosamente investigados por Alan Steinweis. A primeira tarefa cultural do governo nazista era eliminar discrepâncias regionais. A questão da centralização e da uniformidade era de grande importância para Hitler, que insistia na ideia de que "não havia cultura *Anhältisch* ou *Hessisch*, mas somente uma cultura alemã universal, determinada não pelos ministros, mas pela ideologia"[38]. Joseph Goebbels trabalhou para projetar uma organização nacional guarda-chuva para as profissões culturais, convencendo Hitler – que se proclamava artista – a criar a Câmara de Cultura do Reich e colocá-la sob sua direção. A Reichskulturkammer forneceu os meios para que a condução das atividades culturais estivesse sob a supervisão de um organismo do Reich exclusivamente voltado ao amplo espectro das questões culturais. A Câmara de Cultura do Reich compreendia sete subcâmaras: música, teatro, artes visuais, literatura, cinema, rádio e imprensa. Essas subcâmaras tornaram-se as associações obrigatórias para todos os profissionais da cultura, no mais amplo sentido. A Câmara de Música do Reich (Reichsmusikkammer), por exemplo, incluía os departamentos específicos de composição, solistas, orquestras, música de entretenimento, educação musical, música coral, música sacra, agências de concerto, direito autoral, fornecedores de partituras e instrumentos, assuntos financeiros e jurídicos, além de 31 escritórios regionais[39]. A cultura não era mais o mero enteado do Ministério do Interior, nem estava mais sujeita às inconsistências da administração regional. Ao menos em princípio, as relações culturais podiam florescer dentro de práticas uniformes e com a promessa de apoio financeiro.

A segunda tarefa consistia em atender as demandas dos diferentes grupos de interesse. Um objetivo primário da política cultural nazista era obter a cooperação dos profissionais da cultura. Para isso, procurou atenuar suas preocupações com a sobrevivência e ceder a certas reivindicações por segurança financeira e profissional. Goebbels trabalhou em ligação estreita com as organizações profissionais já existentes,

---

38 Steinweis, *Art, Ideology, and Economics*, p. 42.
39 Hinkel, *Handbuch der Reichskulturkammer*, p. 95-123.

concedendo-lhes certo grau de autonomia ao conservar as antigas associações profissionais (*Berufsverbände*) e grupos específicos de interesse (*Interessengemeinschaften*), como a Fachverbände, incorporando-as nas respectivas subcâmaras. Isso punha fim à antiga competição da época da República de Weimar entre os grupos dissidentes que partilhavam objetivos afins, ao mesmo tempo que atraia um número considerável de artistas proeminentes que, de outro modo, não se sentiriam motivados a engrossar as fileiras do movimento nazista[40].

A Câmara de Música poderia receber créditos pelo expressivo número de medidas práticas efetivadas dentro de um espaço de tempo relativamente curto: a fixação dos valores salariais para músicos profissionais, a regulamentação dos certificados profissionais, restrições ao trabalho remunerado de amadores (inicialmente controlado por meio de batidas policiais em estabelecimentos de entretenimento, vigilância que seria depois relaxada quando se descobriu que os mais afetados eram músicos da SA), a introdução de exames e cursos de treinamento para instrutores de música privada, e um plano de pensão para idosos. O sistema de previdência social criado na época de Bismarck não era extensivo aos artistas, mas a estrutura autoritária do regime nazista podia introduzir eficazmente a cobertura para artistas, tornando-a compulsória[41].

A MÚSICA AMADORA NO ESTADO NAZISTA

Embora o governo mobilizasse novos recursos para assegurar as condições dos profissionais da cultura, o envolvimento massivo dos cidadãos alemães na prática musical amadora não escapou à percepção dos administradores nazistas, que logo vislumbraram uma oportunidade para lucrar com essa popularidade. A Câmara de Música era considerada uma entidade exclusivamente profissional, mas, ao assumir o controle da Deutsche Sängerschaft e da Reichsverband der gemischten Chöre Deutschlands, passou a cobrar uma anuidade de oito centavos (pfennigs) de cada

---

40 Steinweis, op. cit., p. 45-49.
41 Ibidem, p. 80-88, 94, 98-102.

membro amador, valor que, dada a imensa filiação, provia 80 mil marcos por ano às operações da Câmara[42]. As orquestras amadoras e outros conjuntos também estavam sob a jurisdição da divisão de educação da Câmara de Música, o que se constituiu enquanto uma força-tarefa especial da *Hausmusik*[43].

A Deutsche Arbeitsfront-DAF (Frente de Trabalho Alemã), uma concorrente no controle dos profissionais da cultura antes da consolidação do poder da Câmara de Cultura do Reich, estava inteiramente consolidada[44] e planejava capitalizar a cena da música amadora. Em 1935, tornou-se a patrocinadora da Orquestra Sinfônica Nacional-Socialista do Reich, que, fundada em 1931 para absorver músicos desempregados, era convidada para se apresentar em diversos eventos de relevância política[45]. O ímpeto para encorajar a educação de adultos, particularmente os da classe trabalhadora, ganhou força ao longo dos anos de 1920 e a DAF cuidou do processo de incorporação das atividades educacionais dos sindicatos e escolas noturnas à sua organização nacional-socialista Kraft durch Freude-KdF (Força Através da Alegria)[46]. Além da divisão Schönheit der Arbeit (beleza do trabalho), que se ocupava das condições estéticas e de segurança dos locais de trabalho, a divisão da KdF conhecida como Kulturgemeinde (comunidade cultural) cobria uma vasta quantidade de atividades culturais, com seus escritórios para recreação pós-expediente (Amt "Feierabend"), educação de adultos (DeutschesVolksbildungswerk), confrarias militares (Amt "Wehrmachtheime"), esporte (Sportamt) e planos de férias (Amt für Reisen, Wandern, und Urlaub)[47].

Vários desses escritórios incluíam atividades musicais em seus programas. A divisão Feierabend tinha dois objetivos ligados à música: as atividades musicais coletivas (seções abertas de canto em grupo, encontros musicais, programas de rádio) e audição de grandes obras. Ela organizava reuniões recreativas para congregar profissionais e amadores, encorajar

---

42 Hinkel, op. cit., p. 101; Steinweis, op. cit., p. 69-70.
43 Brandes, "Die deutschen Laienorchester", em Stumme (org.), *Musik im Volk*, 1. ed., p. 152-164; Hinkel, op. cit., p. 100.
44 Ver Steinweis, op. cit., p. 38-44.
45 Kater, *Twisted Muse*, p. 33-34.
46 Fischer; Scholtz, "Stellung und Funktion", p. 156-158.
47 Hübbenet, *NS-Gemeinschaft "Kraft durch Freude"*, p. 14-18.

a proliferação de música e dança folclóricas, bem como fomentar a consciência sobre a musicalidade da "raça"⁴⁸. Também custeava jovens talentos, mas era conhecida, sobretudo, pelo seu serviço de assinatura para teatros e concertos, proporcionando ingressos a preços mais acessíveis para eventos culturais, incluindo o festival de Bayreuth⁴⁹. Nessa mesma linha, a divisão de educação de adultos advogava por uma maior solidariedade racial através da educação de adultos e oferecia diretrizes à instrução musical em todos os níveis⁵⁰. Ainda, realizava palestras e promovia aulas de música em suas próprias escolas de música e em outras instalações da educação adulta, recrutando músicos tanto para festas quanto para corpos musicais de cerimoniais cívicos, além de identificar talentos para estudos avançados⁵¹. Além disso, a KdF patrocinava concertos de grandes orquestras em grandes cidades, em comunidades mais remotas e em fábricas (dispondo as apresentações durante os intervalos)⁵².

As organizações militares e paramilitares do Terceiro Reich também patrocinavam atividades musicais. A SA e a SS organizavam suas próprias orquestras e grupos de câmara, cujos concertos públicos eram feitos com repertório novo ou convencional. A Waffen-SS e o Wehrmacht, por sua vez, montaram seus próprios conservatórios de música⁵³. Muitas dessas atividades visavam contra-atacar a influência crescente da música popular, defendendo a dimensão cerimonial da música e encorajando o uso de certos timbres – especialmente metais e órgão – em detrimento de outros. Os incentivadores das bandas de metais estimulavam grupos jovens e músicos amadores adultos a se dedicarem a um instrumento de metal e participar de eventos de massa, a exemplo dos comícios do Partido, na esperança de que fossem inspirados a emular a música militar e com isso evitar o "mal uso"

---

48 Nowottny, "Volksmusikalische Praxis in der NS-Gemeinschaft 'Kraft durch Freude'" em Stumme (org.), op. cit., p. 112-121; Nowottny; Hannemann, "Volksmusikalische Arbeit in der NS-Gemeinschaft 'Kraft durch Freude'" em Stumme (org.), *Musik im Volk*, 2. ed., p. 174-183.
49 Ottich, "Die Musikarbeit der NS-Gemeinschaft 'Kraft durch Freude'", em Hase, *Jahrbuch der deutschen Musik*, p. 61-62.
50 Goslich (org.), *Musikalische Volksbildung*.
51 Ottich, "Die Musikarbeit der NS-Gemeinschaft", em Hase, op. cit., p. 63.
52 Hübbenet, op. cit., p. 16-18, 35-36.
53 Prieberg, *Musik im NS-Staat*, p. 256-259. Ver também Bunge, *Musik in der Waffen-SS*.

dos metais nas bandas de jazz[54]. O órgão também assumiu novos significados como um instrumento cerimonial. Em decorrência do *revival* do órgão – campanha promovida por grupos relativamente pequenos de organistas, compositores, musicólogos, e construtores de órgãos –, o instrumento passou a ser considerado o mais alemão dos instrumentos, então o mais apropriado para acompanhar as cerimônias políticas do país[55]. Ele foi utilizado no comício do Partido em Nuremberg, em 1936, e na cerimônia em memória dos veteranos da Primeira Guerra, em 1938[56]. Seu potencial para funções cerimoniais tornou-se o foco de uma força-tarefa especial da Liderança Jovem do Reich (Reichsjugendführung)[57]. Incluir o órgão em eventos políticos poderia capitalizar sobre o poder de devoção, associado a seu uso nas igrejas, bem como servir como um antídoto à sua utilização mais popular no cinema e em outros locais de entretenimento[58].

O movimento musical da juventude propriamente dito desapareceu em 1933, mas o trabalho de seus líderes continuou, embora de outra forma. O movimento da juventude começou a se desintegrar em 1933, quando a Juventude Hitlerista (uma referência para todas as atividades jovens promovidas pela Liderança Jovem do Reich) tornou-se a única organização jovem legal[59]. No fim daquele ano, a maioria dos grupos jovens preexistentes findou ou jurou lealdade à Juventude Hitlerista, cujo número de membros voluntários, em 1936, alcançou 5, 4 milhões. Como 4 milhões de jovens alemães ainda estavam

54 Wulf, *Musik im Dritten Reich*, p. 257-261.
55 Stumme, "Musik in der Hitler-Jugend", em Stumme (org.), op. cit., 2. ed., p. 30-31. Sobre o movimento organístico dos anos de 1920, ver Williams, "Idea of *Bewegung*". Sobre as atividades desse movimento no Terceiro Reich, ver Kater, *Twisted Muse*, p. 171-174.
56 Riethmüller, "Bestimmung der Orgel", p. 40-44.
57 Stumme, "Musik in der Hitler-Jugend", em Stumme (org), op. cit.,2. ed., p. 30-31.
58 Riethmüller, op. cit., p. 36, 50-51.
59 As organizações da juventude nazista se distinguiam pela prolixidade de nomes (por exemplo, *Deutsches Jungvolk,* Hitler-*Jugend, Jungmädel, Bund Deutscher Mädel*). Estes eram inventados para descrever as diferentes faixas etárias dos grupos, bem como gêneros e níveis hierárquicos nas organizações. Essas organizações estavam espalhadas por todo o Reich em mais de quarenta distritos (denominados *Gebiete* para os grupos de rapazes e *Obergaue* para os grupos de moças). Cada distrito possuía aproximadamente vinte subdistritos (*Banne* e *Untergaue*, respectivamente, e cada subdistrito era subdividido entre quatro a seis unidades, por sua vez, também com subdivisões. A terminologia precisa das organizações e suas divisões é fornecida por Klönne, *Jugend im Dritten Reich*, p. 42-43.

fora da organização, a filiação à Juventude Hitlerista se tornaria compulsória em 1939[60].

A Juventude Hitlerista diferia do movimento da juventude pelo tamanho, pela organização centralizada e pelo compromisso com a ideologia de partido único e com o objetivo de moldar cidadãos ideais para o Terceiro Reich[61]. Depois de 1945, alguns estudiosos tentaram moldar uma ruptura histórica entre o movimento da juventude dos anos de 1920 e a Juventude Hitlerista[62], e minimizaram todas as semelhanças recíprocas então entendidas como meros "sinais exteriores"[63]. Porém, é impossível ignorar seus compartilhados objetivos fundamentais. O movimento da juventude mostrava fortes traços de nacionalismo, antirrepublicanismo, antissemitismo e autoritarismo, ora levados a cabo pela Juventude Hitlerista[64]. O movimento da juventude é filho do desapontamento da juventude burguesa com o fracasso da geração precedente em alcançar estabilidade política, e a Bündische Jugend unificava grupos jovens sob os princípios do compromisso com a comunidade, fé na liderança de figuras carismáticas, atos altruísticos pela pátria e crença no novo homem, inspirado mais no soldado-herói do que no ideal acadêmico do medieval errante do Wandervogel[65]. Similarmente, a Juventude Hitlerista lutava por retificar as falhas políticas do passado recente, criar o "novo homem" baseado na pessoa do soldado-herói e promover o dever patriótico e a confiança em líderes que possuíam mais carisma do que saber ou habilidade.

---

60 A maior parte das organizações da juventude *völkisch* e direitistas se dissolveram por conta própria; os grupos de jovens filiados a partidos políticos debandaram quando esses partidos foram considerados ilegais; os grupos confessionais cederam depois que um simpatizante nazista foi eleito pontífice do Reich e entregou todos os grupos protestantes ao *Reichsjugendführer* Baldur von Schirach, e quando o pacto entre Hitler e o vaticano ganhou a simpatia de grupos católicos. Von Schirach obteve um grande controle através da cooperação de outros oficiais nazistas: os grupos de jovens filiados ao comércio e à indústria, à agricultura e ao esporte foram colocados sob a jurisdição da Juventude Hitlerista pelo chefe da Frente dos Trabalhadores Alemães, o Ministério da Agricultura do Reich e o Líder do Esporte do Reich, respectivamente. Stachura, op. cit., p. 113-116, 122-134.
61 Ver Kater, *Twisted Muse*, p. 135-146.
62 Kater, "Bürgerliche Jugendbewegung", op. cit., p. 127-129.
63 Laqueur, op. cit., p. xii; Stachura, op. cit., p. 59s., 117.
64 Kater, "Bürgerliche Jugendbewegung", op. cit., p. 133-144
65 Stachura, op. cit., p. 12-14, 45-51.

Os elementos musicais do movimento da juventude mostraram uma inconfundível continuidade no interior da Juventude Hitlerista, talvez mais do que qualquer outra de suas atividades. Essa continuidade não existiu, meramente, nos "sinais exteriores" das semelhanças das práticas performativas e do repertório, mas no compromisso óbvio da Juventude Nazista com a filosofia musical esposada pelo *Jugendmusikbewegung*. Certamente, não se pode ignorar as diferenças fundamentais decorrentes do compromisso resoluto da Juventude Hitlerista com o Nacional-Socialismo e com o claro foco no treinamento ideológico, mas também é preciso reconhecer que algumas diferenças são apenas expressão do estágio mais avançado de desenvolvimento das ideias plantadas pelo *Jugendmusikbewegung*.

A diferença mais gritante entre as práticas musicais do movimento da juventude pré-1933 e a Juventude Hitlerista é o grau de organização. Enquanto o *Jugendmusikbewegung* sofria com a fratura prática e ideológica entre a Musikantengilde e a Finkensteiner Bund, a Juventude Hitlerista instituiu um vasto e uniforme sistema de unidades musicais especiais por todo o Reich. Em 1944, cada divisão regional (*Bann*) da Juventude Hitlerista possuía unidades musicais de algum tipo: coros, tropas de cantores (*Singscharen*), orquestras, *ensembles* instrumentais, unidades de metal (*Bläserkameradschaften*), unidades cerimoniais de caráter mais militar (*Musikzüge, Spielmannzüge, Fanfarenzüge*) e grupos musicais de shows teatrais e de bonecos (*Laienspielscharen, Puppenspielscharen*), o que perfazia mais de novecentas unidades musicais através do Reich[66]. Outra diferença significativa foi a atenção que a Juventude Hitlerista deu à prática da música instrumental. A Juventude Hitlerista, como o *Jugendmusikbewegung*, tinha no canto, especialmente no de música folclórica, o centro de sua atividade musical. O canto era favorecido por ambos os movimentos devido à sua acessibilidade e capacidade para promover sentimentos de camaradagem e identidade nacional[67]. No entanto, diferentemente do

---

66 Stumme, "Musik in der Hitlerjugend", em Stumme (org.), op. cit., 2. ed., p. 21.
67 D. Kolland, op. cit., p. 130-140; Gössler, "Verantwortung und Aufgabe einer Jugendstimmerziehung", em Stumme (org.), 1. ed., p. 45-55; 2. ed., p. 53-62; Roedemeyer, "Deutsche Stimm- und Sprechbildung", em Stumme (org.), op. cit., 1. ed., p. 176-182; 2. ed., p. 338-344.

Jugendmusikbewegung, as unidades de música da Juventude Hitlerista conferiam atenção similar às atividades que envolviam música instrumental, especialmente às bandas de metais[68]. Os líderes da Juventude Hitlerista destacavam as apresentações cerimoniais das bandas (*Feiergestaltungen*), afirmando que a cerimônia era a "função primeira da música"[69].

Por outro lado, a Juventude Hitlerista deu continuidade e desdobramento à atitude do *Jugendmusikbewegung* em relação à música de concerto, à *Hausmusik*, e ao rádio. De início, o *Jugendmusikbewegung* rejeitava essas formas de atividade musical, mas por fim teve de reconhecer sua inevitabilidade na sociedade moderna, utilizando-as a seu favor. A Juventude Hitlerista deu um passo à frente: seus líderes consideravam as unidades da Juventude Hitlerista como um bom campo de treinamento para a *Hausmusik* e para as orquestras amadoras. Assim, organizavam excursões a teatros, óperas e concertos, formando uma estreita colaboração com programadores de rádio, de modo a garantir que os grupos radiofônicos (*Rundfunkspielscharen*) da Juventude Hitlerista se apresentassem regularmente, pois o rádio se constituía em um meio poderoso para que a juventude participasse e tomasse conhecimento da música folclórica e das obras dos mestres alemães[70].

E o mais importante: a Juventude Hitlerista e o *Jugendmusikbewegung* partilhavam a mesma filosofia sobre educação musical. Os textos pedagógicos produzidos pelo *Jugendmusikbewegung* estabeleceram metas que seriam perseguidas pelos pedagogos da Juventude Hitlerista, a saber, pôr fim ao divórcio entre a música e o povo, purificar e recriar um novo ser humano e promover sentimentos de solidariedade nacional[71]. Ambos os movimentos consideravam que a educação acontecia

---

68 Majewski, "Neugestaltung deutscher Blasmusik", em Stumme (org.), op. cit., 1. ed., p. 31-45; Idem, "Wesen und Formen der Blasmusik", em Stumme (org.), op. cit., 2. ed., p. 31-43.
69 Stumme, "Musik in der Hitler-Jugend", em Stumme (org.), op. cit., 2. ed., p. 30.
70 Ibidem, 1. ed., p. 25-26; ibidem, 2. ed., p. 23, 26, 30.
71 Fritz Jöde falou sobre a criação de um "*neuen Mensch*" através da educação e declarou: "O objetivo das novas organizações voltadas ao trabalho de educação musical, neste sentido, não é nada menos que resgatar a presença ativa da música em todas as camadas de nosso povo". (D. Kolland, op. cit., p. 113); Flitner enfatizou "a transmissão do sentimento de pertencer a um povo" (D. Kolland, op. cit., p. 114).

fora da sala de aula e envolvia jovens e adultos. Um elo indestrutível entre os dois movimentos concretizou-se nos planos para a construção de escolas de música extracurriculares e, especialmente, para o treinamento de educadores musicais que deveriam executá-los[72]. Jöde elaborou tais planos em seu livro *Musikschulen für Jugend und Volk*, do qual os líderes musicais da Juventude Hitlerista extraíram não apenas sua terminologia, mas também suas diretrizes. Na época em que ocupara um cargo de professor na Akademie für Kirchen- und Schulmusik[73], Jöde tinha desenvolvido um currículo especial para a formação de instrutores destinados às instituições do *Jugendmusikbewegung*. Embora acusado de inclinações marxistas, volatilidade política e indiscrição sexual, o que lhe acarretou a demissão da academia em 1936, Jöde foi reabilitado em 1940[74] e seus objetivos educacionais continuaram a se aproximar da plena realização sob o regime de Hitler. Ao fim, ele estava apto a participar ativamente da elaboração do currículo destinado a treinar os instrutores musicais da Juventude Hitlerista e foi convidado para contribuir com um capítulo para a segunda edição do manual de música da Juventude Hitlerista, o *Musik im Volk*[75]. Isso não era uma mera coincidência: Wolfgang Stumme, chefe da divisão de música da sede central da Liderança da Juventude do Reich e editor do manual, havia estudado com Jöde no seminário antes mencionado[76]. Em 1944, as Musikschulen für Jugend und Volk (Escolas de Música para a Juventude e o Povo) da Juventude Hitlerista giravam em torno de 160, e, nos mínimos detalhes de sua grade curricular, mantinham-se fielmente

72 A partir do *Jugendmusikbewegung* surgiram as instituições da *Jugendmusikschule* para a educação infantil, da *Volksmusikschule* para jovens e adultos e outros centros semelhantes de educação de jovens e adultos, como a *Musikheim* em Frankfurt/Oder. Em 1922, Fritz Jödel criou o primeiro *Volksmusikschule* em Hamburgo e o primeiro *Jugendmusikschule* em conexão com o "Seminar für Jugend und Volksmusik" em Berlim, em 1925. Ver D. Kolland, op. cit., p. 117-118.
73 D. Kolland, p. 117-118; Fischer-Defoy, *Kunst Macht Politik*, p. 47-48.
74 Kater, *Twisted Muse*, p. 146-150.
75 Jöde, "Die Musik im Kindesalter", em Stumme (org.), op. cit., 2. ed., p. 79-92; Fischer-Defoy, op. cit., p. 99.
76 Fischer-Defoy, op. cit., p. 98; Prieberg, op. cit., p. 250. Prieberg obteve a informação de uma testemunha ocular de que Jödel realmente pediu para seus associados entrarem nas organizações da Juventude Hitlerista, vendo nisso "a única possibilidade de continuarmos nosso trabalho com a música". Carta de Herbert Napiersky para Prieberg, citada na p. 244.

alinhadas aos planos iniciais de Jöde, mesmo se originalmente tivessem sido considerados completamente destoantes da política educacional da Juventude Hitlerista[77].

A filosofia do ensino da música da Juventude Hitlerista desviava-se da do *Jugendmusikbewegung* apenas por sua visão da sociedade alemã, adotando o conceito nacional-socialista da "comunidade do povo" (*Volksgemeinschaft*) e da idealização da raça alemã. Consequentemente, a Juventude Hitlerista enfatizava as noções de pureza racial, insistindo sempre sobre o mau do judaísmo e sobre a necessidade de erradicar suas formas de manifestação musical (como o jazz e a escola "judaica" de composição) da vida alemã[78]. A Juventude Hitlerista também traçava uma clara distinção entre a educação do público e a produção de uma classe de líderes. Jöde quis colocar suas escolas de música a serviço de todos, mas Stumme sublinharia, adicionalmente, a importância da música para formar a elite nazista. Nas escolas de Adolf Hitler, onde os jovens mais promissores e racialmente puros eram selecionados cuidadosamente, educados e adestrados para a liderança, apreender um instrumento era necessário (diferentemente do que se passava nas Jugendschulen, em que isso era opcional) por conta de sua utilidade na formação do caráter e no fortalecimento da disciplina[79].

TEORIA E PRÁTICA DO IDEAL MUSICAL NAZISTA

Várias instituições governamentais e organizações partidárias do Terceiro Reich idealizavam a música como um veículo para o fortalecimento da nação e da raça, consagrando seu valor cerimonial, educativo e disciplinar. Porém, quando era preciso especificar que tipo de música estava mais apto a servir a essas finalidades, ou antes, que tipo de música devia ser recusado, as lideranças musicais eram evasivas. Na melhor das hipóteses, emitiam proscrições ocasionais contra a música tida como

---

77 Stumme, "Die Musikschule", em Stumme (org.), op. cit., 2. ed., p. 53-62. Compare com o currículo de Jöde apresentado em D. Kolland, op. cit., p. 118-119.
78 Stumme, "Musikpolitik als Führungsaufgabe", em Stumme (org.), op. cit., 2. ed., p. 11-12.
79 D. Kolland, op. cit., p. 118-120; Stumme, "Musik in der Hitler-Jugend", em Stumme (org.), op. cit., 1. ed., p. 23-24; 2. ed., p. 25-26.

indesejável. De fato, nos doze anos de regime nazista, nunca foram definidos métodos precisos para identificar e suprimir esse tipo de música. O governo nazista falhou ao tentar estabelecer um critério estético consistente para a boa ou a má música, e, a despeito de todos os alaridos ruidosos contra o judaísmo, o bolchevismo e o americanismo em música, o sistema não conseguiu implementar medidas efetivas nem mesmo para eliminar a mais imediatamente perceptível descendência do jazz ou da atonalidade. No entanto, teve sucesso em extirpar e silenciar muitos músicos "degenerados", especialmente judeus, alvejando figuras proeminentes e liquidando sistematicamente, por meio da emigração, deportação ou assassinato, os atores "indesejáveis" na Alemanha.

A manifestação pública mais coerente de toda a estética musical nazista foi a exposição Música Degenerada (Entartete Musik), de 1938. A exposição era parte de um grande festival de música do país – Dias da Música do Reich (Reichsmusiktage) –, em Düsseldorf, organizado conjuntamente pela Câmara de Música do Reich e a KdF. O propósito declarado do evento era promover a comunicação entre os criadores de música e o público, de sorte que foi organizado um fórum para que compositores, *performers*, burocratas, educadores e acadêmicos pudessem apresentar suas realizações à "comunidade do povo", pois "não existe cultura musical a não ser a cultura do povo"[80]. As festividades duravam oito dias e se espalhavam por toda a cidade, e o evento apresentava concertos em fábricas locais patrocinados pela KdF, além de sediar os campos de música da Liderança da Juventude do Reich e da Liga dos Estudantes Nazistas, bem como a conferência especial "Cantar e Falar" e a primeira conferência musicológica no novo Reich[81]. Os pontos altos do festival incluíam a produção da ópera *Arabella*, de Richard Strauss, sob a regência do próprio compositor, a *première* de suas *Festliches Vorspiel*, composta para a ocasião, um discurso de Goebbels, uma apresentação do *Von deutscher Seele*, de Pfitzner, e a execução da Nona de Beethoven pela Filarmônica de Berlim com

---

80 Heinz Drews do RMK, mencionado em Schwerter, "Heerschau und Selektion", p. 113.
81 Program rpt. em Dümling; Girth (eds.), *Entartete Musik: Eine kommentierte Rekonstruktion*, p. 105-110.

o Kittel Choir. Os Reichsmusiktage deviam acontecer todo ano, celebrando Düsseldorf como a "Cidade da Música do Reich", mas existiram apenas por dois[82].

Havia a expectativa de que os Reichsmusiktage pudessem afigurar uma distinção precisa entre a "boa" e a "má" música, como as exposições paralelas de arte – "Arte Alemã" e "Arte Degenerada" -- ocorridas no ano anterior em Munique haviam efetivado. No entanto, a música se revelava muito mais indefinida em seu caráter do que as artes visuais, o que contribuiu para que Goebbels decidisse focar sua política não na música, mas em outras artes e mídias[83]. É duvidoso que os participantes do festival tenham saído com uma noção clara de como implementar uma política musical nacional-socialista. Mesmo Goebbels, orador magistral, fora extremamente vago na exposição de seus "dez mandamentos" para a criação musical alemã. Ele proclamou que "a natureza da música repousa sobre a melodia" e não tanto em construções teóricas; "nem toda música é adequada a qualquer pessoa"; que a música está enraizada no povo, requer empatia mais que racionalidade, afeta profundamente o espírito do homem e é a mais gloriosa arte da herança alemã; e que os músicos do passado deviam ser respeitados[84]. A concomitante exposição Música Degenerada, um possível tutorial para que as influências musicais destrutivas fossem reconhecidas e extirpadas do novo Estado, não passou de ataque aleatório a uma miscelânea de tendências e indivíduos, padecendo de grandes contradições.

O catálogo impresso da exposição consistia de um longo ensaio de Hans Severus Ziegler, diretor do Teatro Nacional de Weimar, e de reproduções de alguns painéis exibidos no salão. Sua capa era a caricatura de um saxofonista negro contra um fundo vermelho, usando uma estrela de Davi na lapela – uma imagem que sugeria, nitidamente, o conluio de todos os inimigos simbólicos da cultura alemã: o jazz americano, subsidiado pelos judeus, com o bolchevismo e o internacionalismo espreitando

---

82 Schwerter, op. cit., p. 112, 122.
83 Kater, *Twisted Muse*, p. 189-190.
84 Gobbels, "Zehn Grundsätze deutschen Musikschaffens", *Amtliche Mitteilungen der Reichsmusikkammer*, n. 5, 1938, facsímile em Dümling; Girth (eds.), op. cit., p. 123; algumas partes em Ellis, "Music in the Third Reich", op. cit., p. 127.

num segundo plano. A maioria das outras ilustrações ridicularizava judeus proeminentes na música (compositores, maestros, críticos), bem como seus associados, e vilipendiava o jazz, a opereta e a composição atonal. Ernst Krenek, embora não fosse judeu, foi apresentado com destaque devido a sua opereta *Jonny spielt auf*, cuja personagem principal havia sido claramente utilizado como modelo para a ilustração da capa. Uma fotografia de Anton Webern, que também não era judeu, trazia a seguinte legenda: "o 'maior aluno' de Arnold Schoenberg esmera-se em seu adestramento até no tamanho do nariz". Franz Schreker e Ernst Toch são apresentados como "dois escribas judeus" e, a despeito da grande popularidade de Schreker, ele é citado em função de sua "confusão patológico-sexual". Mesmo a opereta, uma forma de entretenimento popular consistentemente enraizada, é mencionada em virtude do sucesso dos compositores judeus Leo Fall e Oscar Straus, ilustrados aqui em caricaturas depreciativas, mas sem qualquer referência justificante. As ilustrações também exibiam excertos de duas colaborações de Brecht e Weill, *A Ópera dos Três Vinténs* e *Mahagonny*, ambas expostas como prova da aquiescência de seus autores com a cupidez e o capitalismo, ilustrações, assim, que ocultavam completamente o sarcasmo proposital de ambas as obras. A seu turno, o regente judeu Otto Klemperer é marcado como um "judeu contra Wagner" por suas produções wagnerianas mais recentes e controversas, exibidas na Casa de Ópera Kroll. O catálogo fecha com um epílogo aparentemente desatado: uma fotografia de Hindemith e sua "esposa judia", e uma crítica, moderadamente repreensiva, da *première* de 1929, em Baden-Baden, da *Lehrstück*, uma colaboração entre Hindemith e Brecht.

Ziegler, sem instrução musical, construiu seus comentários decisivamente apoiado na exposição Arte Degenerada, ocorrida no ano anterior. Admitindo que o fenômeno da degeneração é muito mais fácil de ser detectado nas artes visuais do que na música[85], Ziegler, sempre que possível, tentou relacionar estas duas formas de arte. O catálogo publica retratos de dois "proeminentes veteranos do bolchevismo musical" – os críticos Heinrich Strobel e Adolf Weissmann (o último designado

---

85 Ziegler, *Entartete Musik*, p. 14-16.

como um judeu) –, tomando o cuidado de observar que ambas as reproduções eram da autoria de artistas judeus. Outra ilustração mostra o cenário concebido pelo *designer* Oskar Schlemmer, da Bauhaus, para "a fantasia do hospício", da obra *Die glückliche Hand*, de Arnold Schoenberg. A ilustração explora o tema central da exposição de arte de 1937, que relacionava o expressionismo à insanidade, e justapunha pinturas e esculturas expressionistas a supostamente indistintos esboços de pacientes mentais. Por fim, uma ilustração com a legenda "Arte Degenerada e Música Degenerada de Mãos Dadas" exibia duas pinturas expressionistas com temática musical: "Jazz Band", de Karl Hofer e "Musical Comedy", de Paul Klee.

Todas essas imagens recebiam pouca ou nenhuma explicação no texto de legenda, nem o ensaio tenta estabelecer diretrizes para que se possa identificar a música inaceitável. Ziegler afirma, com todas as letras, que a intenção não é "escrever prescrições ou circunscrever leis para a nova formação da vida musical alemã", mas educar a juventude[86]. Devido à óbvia relutância e falta de competência de Ziegler para discutir questões musicais, o ensaio entrega-se à polêmica contra a democracia, o bolchevismo e os judeus, com mais ênfase sobre escritores judeus do que sobre músicos. Todas as discussões a respeito de música são superficiais. A única interseção significativa entre texto e ilustração fica por conta das referências a Schoenberg. Um retrato nada lisonjeiro do compositor é legendado com a descrição de seu trabalho por outro judeu sobre sua obra, caracterizando-o como um experimentador que "toma os sons da angústia e da histeria e os transforma em música". Outras passagens do texto referem-se a Schoenberg como o inventor da atonalidade que tentou minar a essência da expressão musical alemã – a tríade[87].

A exposição Música Degenerada não se constitui nem numa diretriz para a prática musical, nem reflete a política musical presente ou futura. Por mais chocante que os constantes ataques aos experimentos de Schoenberg possam parecer, é improvável que semelhantes violações morais tivessem causado muita surpresa nessa época, pelo menos não em 1938, e talvez nem mesmo no período anterior a 1933. Antes da Primeira

---

86 Ibidem, p. 6.
87 Ibidem, p. 13, 22-24.

Guerra, Schoenberg havia construído seu nome com o sucesso de obras como *Pelleas und Melisande* (1910), *Pierrot lunaire* (1912) e *Gurrelieder* (1913), mas no final dos anos de 1920, a recepção crítica de suas obras foi se tornando cada vez menos entusiasta. Muitos compositores jovens atraíam a atenção dos críticos para a *Gebrauchsmusik* e a *Zeitopern*, num esforço de forjar uma melhor relação entre a música e o grande público. Assim, as últimas criações de Schoenberg cairiam na obscuridade. Mesmo um crítico musical sofisticado como Alfred Einstein colocaria em dúvida a eficácia de Schoenberg ao descrever seus trabalhos recentes como um "armário secreto do qual apenas ele possui a chave"[88]. Na *première* de 1930 de *Von heute auf morgen*, Einstein criticou Schoenberg por sua tentativa vacilante de compor uma obra para as massas; o compositor escolhera uma história com amplo apelo, mas submetendo-a a um entalhe dodecafônico, demonstrava uma "seriedade fanática e uma opressiva falta de humor", cujo resultado era uma obra de "pura autogratificação", "antissocial e inumanamente difícil"[89]. Leo Kestenberg, em 1925, havia indicado Schoenberg para dirigir a prestigiosa *master class* de composição da Academia Prussiana, e a humilhação pública de Schoenberg, e sua resignação em 1933, chamara muita atenção. O fato de Schoenberg ser judeu e recentemente ter decaído em popularidade forjava uma coincidência conveniente a ser explorada pela propaganda racista em nome de seus propósitos ideológicos.

Outro alvo central da exposição foi o jazz, mas este, igualmente, guardava uma história recente de rejeição pelo *Jugendmusikbewegung* e críticos conservadores. Como Michael Kater observa em seu estudo exaustivo sobre o jazz na Alemanha nazista, a intensa campanha contra o jazz ocorrida durante a depressão econômica fora alimentada pelo medo dos músicos alemães em competir com os músicos estrangeiros de jazz, cujo afluxo no país havia sido propiciado pela estabilização econômica de 1923. Aos finais da República de Weimar, o público

---

88 Einstein, "Opera in Breslau: Schönberg's *Die glückliche Hand* [*The Favoured Hand*], Handel´s *Joshua*, and Ballet", *Berliner Tageblatt*, 26 mar. 1928. resenhas traduzidas em Dower (ed.), *Einstein on Music*, p. 50.

89 Einstein, "Arnold Schönberg: *Von heute auf morgen* (World première in Frankfurt)", *Berliner Tageblatt*, 3 fev. 1930. resenhas traduzidas em Dower (ed.), op. cit., p. 104-105.

perdera o interesse no jazz e gravitava em torno de estilos mais antigos de entretenimento musical[90]. Parte desse declínio pode ser atribuída a que, com exceção de um pequeno número de especialistas, o público e os compositores alemães, de um modo geral, tinham acesso apenas a versões aguadas do jazz. Isolada dos Estados Unidos e de parte da Europa nos anos que se seguiram à Primeira Guerra, a Alemanha cultivava uma noção muito distorcida, de segunda-mão, do jazz norte-americano, estando limitada a partituras que vinham de fora, alguns poucos discos de bandas de baile brancas (como a de Guy Lombardo), e a manuais domésticos de autores alemães sobre como tocar e compor "jazz"[91]. Ironicamente, o jazz desfrutou de um grande sucesso durante a Segunda Guerra[92]. É possível que o jazz tenha alcançado popularidade à medida que os alemães foram tendo acesso a uma maior diversidade de jazz genuíno.

Muitos outros ataques da exposição e do catálogo também foram ineficazes. A lista Ziegler de composições de judeus e não judeus que "insultavam o público alemão" faz referência à *Histoire du soldat*, mas não cita o compositor, Igor Stravínski[93]. Na época da exposição, a música de Stravínski vivia um breve momento de reabilitação, subsequente aos ataques pré-1933 contra seu "bolchevismo musical" e ao escândalo provocado pela apresentação de *Le Sacre du printemps*, em 1934. De 1936 até a eclosão da guerra, uma economia mais sólida e um clima político mais tranquilo criaram as condições para que a obra de Stravínski gozasse de um sucesso considerável[94]. Por outro lado, apesar da crítica mais contundente contra os "destruidores" do tonalismo "alemão", obras atonais e dodecafônicas continuavam a ser ouvidas e criadas no Terceiro Reich[95].

Enquanto a erradicação da música indesejada esbarrava na insensatez ou na impossibilidade de seu programa, a erradicação dos indivíduos indesejados seguia em frente. O expurgo nazista de artistas vitimava ciganos, não europeus e "transviados" no sentido político, social e sexual. De qualquer modo, os judeus

90   Kater, *Different Drummers*, p. 26-28.
91   Robinson, "Jazz Reception".
92   Kater, *Different Drummers*, caps. 1 e 2.
93   Ziegler, op. cit., p. 18-20.
94   Evans, "Die Rezeption der Musik Strawinskys".
95   Prieberg, op. cit., p. 126, 298-306; Kater, *Twisted Muse*, cap. 5.

permaneceram como o alvo central[96]. A polêmica criada por Richard Wagner, em 1850, contra o judaísmo musical, havia trazido aos compositores alemães o desafio de extinguir a "música judaica", mas o malogro na identificação de uma essência musical, ou de seus traços, converteu o desafio estético wagneriano numa política de exclusão física de "músicos judeus". Nos anos que precederam a ascensão de Hitler ao poder, a retórica antissemita no discurso musical armou-se mais por estereótipos políticos e econômicos do que por generalizações musicais abstratas. Caracterizações remanescentes dos *Protocolos dos Sábios de Sião* sugeriam que os capitalistas judeus, comandados por sua raça, controlavam o comércio musical, enquanto os críticos de música judeus manipulavam o gosto do público. Por sua vez, apavorada com a expansão do movimento dos trabalhadores, a classe média atava os judeus aos bolchevistas através de Karl Marx. Associar os judeus tanto aos capitalistas quanto aos comunistas levava a contradições inevitáveis. Em seus escritos de 1920, Hans Joachim Moser, de um lado, elogia Mendelssohn como um grande compositor alemão, ao mesmo tempo que, de outro, o castigava ao relacioná-lo com Gustav Mahler, Franz Schreker, Schoenberg e Satan[97]. Moser, ainda, divulgava a imagem clichê do judeu enquanto empreendedor capitalista, mas em outros momentos rotulava o desenvolvimento da educação musical como destrutiva "experimentação judaico-comunista"[98].

A proliferação das teorias raciais logo produziria "achados científicos" à tese de que os judeus constituíam uma raça biológica e por isso eram incapazes de uma assimilação total. A "desjudificação" (*Entjudung*) da vida musical no estado nazista seguiu, inicialmente, por uma série de medidas de longo alcance para banir judeus proeminentes e seus apoiadores, e, adiante, através da exclusão burocrática de todos os judeus da Câmara de Música do Reich. No primeiro estágio, Schoenberg foi impelido a renunciar a seu posto na Academia Prussiana, Bruno Walter foi ameaçado e constrangido a cancelar seus compromissos na Alemanha, e Richard Strauss,

---

96 Steinweis, p. 126-132; Kater, *Different Drummers*, p. 30, 38.
97 Moser, op. cit., p. 401.
98 Ibidem, p. 501; idem, "Die Stellung der Musik im deutschen Geitesleben der Gegenwart", *DMJb* 2-3, 1925, p. 120-121.

um compositor ariano e presidente da Câmara de Música do Reich, tornou-se temporariamente um pária, por sua recusa em romper a colaboração com o autor judeu Stefan Zweig. De fato, a desjudificação acabou afetando mais concretamente os profissionais da cultura menos proeminentes, pois a Câmara de Cultura do Reich começou a requerer atestado de linhagem ariana. Os judeus que haviam conseguido ligar-se à Câmara de Música anteriormente foram expulsos de forma sistemática a partir de 1936. Em 1937, o governo começou a proibir os judeus de assistirem a eventos culturais públicos, uma medida generalizada apenas em 1941, quando os judeus foram obrigados a usar a estrela amarela de Davi como crachá. Embora impossível realizar um expurgo completo de todos os artistas judeus, visto que muitas exceções se davam por motivos políticos, a remoção de todos os judeus da esfera cultural era, não obstante, a prioridade cultural maior do governo nazista[99].

Indubitavelmente, a desjudificação da indústria cultural aumentou as oportunidades de emprego para os "verdadeiros alemães", mas também criou uma considerável classe de músicos judeus desempregados. Apreensivo com as sérias implicações econômicas desse súbito aumento do desemprego, e também interessado em criar uma imagem pública de assistência à comunidade judaica, o governo nazista decidiu permitir que os judeus administrassem seus próprios programas culturais. A Liga de Cultura Judaica (Jüdischer Kulturbund) começou em Berlim e lá se desenvolveu, vindo a reunir três grupos de teatros, um conjunto operístico, duas orquestras sinfônicas, um teatro de câmara, vários grupos vocais e conjuntos de câmara. A Liga também patrocinava palestras, exposições, filmes, espetáculos de cabaré e danças[100]. As deportações e emigrações rapidamente exauriram a equipe e, em 1941, atuando já quase no vermelho, foi dissolvida pela Gestapo.

O trabalho da Liga de Cultura Judaica ilustra, ademais, a tarefa infactível de estabelecer critérios para o aceitável e inaceitável em música. As tentativas de distinguir entre a música

---

99 Steinweis, op. cit., cap. 5; Kater, *Twisted Muse*, p. 75-85, 88-91.
100 Sponheuer, "Musik auf einer Insel", p. 111-112; Freeden, *Jüdisch Presse*, p. 84-85; Steinweis, op. cit., p. 120-121; Kater, *Twisted Muse*, p. 97-101; Jelavich, *Berlin Cabaret*, p. 232-233.

alemã e a judaica datam do polêmico escrito de Wagner, que também vacilou sobre os procedimentos para varrer a influência judaica da composição alemã. Os oficiais nazistas que supervisionavam a Liga de Cultura Judaica viram-se diante de um conflito semelhante. Eles encorajavam a performance de obras judaicas, permitiam obras estrangeiras desde que seu conteúdo não fosse antialemão e faziam restrições a obras alemãs. No começo, o veto a obras alemãs não era estritamente aplicado, mas endureceu à medida que o regime buscou alargar o fosso entre a chamada arte alemã e a arte judaica: Beethoven foi banido em 1937, e Mozart em 1938, após a anexação da Áustria. E mesmo quando as pressões para que houvesse concentração exclusivamente sobre a música judaica aumentaram, os censores nazistas toparam com dificuldades. Em certa ocasião, rejeitaram a solicitação da Liga para interpretar Mahler porque um oficial inexperiente insistiu que o compositor de "The Wayfarer's Song" devia ter sido ariano. Em 1936, numa conferência nacional da Liga de Cultura Judaica, realizada com a presença de representantes da Câmara de Música e da Gestapo, um grupo de músicos, críticos, educadores e estudiosos debateram os parâmetros para definir música judaica. Chegaram a um consenso sobre as cantilenas sinagogais e a música folclórica judaica, mas, como burgueses alemães cultos, os judeus da Liga sentiram que esse tipo de música não pertencia às salas de concerto. No final, os programas da Liga consistiam, basicamente, da música artística do século XIX, concedendo muitas audições dos "racialmente" judeus Felix Mendelssohn-Bartholdy, Giacomo Meyerbeer, Jacques Offenbach e Mahler, com alguma atenção também a compositores judeus contemporâneos[101].

OS LIMITES DA CENSURA

Ainda que as autoridades estivessem aptas a desenvolver parâmetros claros para a definição do aceitável e do inaceitável em música, nada garante que poderiam ter sido implementados.

---

101 Steinweis, op. cit., p. 122; Sponheuer, "Musik auf einer 'Kulturellen und physischen Insel'", p. 115-131; Kater, *Twisted Muse*, p. 101-103.

Em primeiro lugar, os oficiais alemães haviam aprendido, por experiências recentes, que a censura devia ser empregada com cuidado extremo. Até 1918, os teatros alemães tinham de submeter todos os *scripts* à polícia encarregada de triá-los de obscenidade, blasfêmia, lesa-majestade. Na maioria dos casos, porém, a política era surpreendentemente liberal. As autoridades reconheciam, por um lado, que a sátira política e maliciosa propiciava aos cidadãos descontentes uma descarga pacífica da tensão. De outro, o escândalo da censura podia ser um tiro pela culatra, atraindo, indevidamente, a atenção para a performance[102]. Além do mais, a censura musical foi se tornando cada vez mais impraticável, se não impossível, devido à variedade e abundância de estabelecimentos musicais fora do controle do governo ou da polícia. As atividades musicais amadoras irradiaram-se para além da igreja e das escolas, penetrando o movimento da juventude, as organizações amadoras, e a educação de adultos. A *Hausmusik*, que prosperou nas condições econômicas desfavoráveis da República de Weimar e continuava a se expandir no Terceiro Reich, era idealmente realizada na privacidade do lar. O rápido desenvolvimento das tecnologias de gravação e transmissão radiofônica, incluindo o acesso às rádios estrangeiras, estava tornando o consumo de música uma questão predominantemente privada, fora do alcance do controle da censura.

Steinweis descreveu a censura às artes no Terceiro Reich como improvisada e "amorfa", e observou que a censura musical era especialmente difícil de ser imposta devido à natureza descentralizada das práticas musicais[103]. No nível local, os comissários designados pela Câmara de Música do Reich atuavam, primordialmente, como coordenadores das temporadas de concerto. Aprovavam pedidos de reservas e resolviam conflitos de agendas, mas não possuíam autoridade para intervir na programação[104]. Outros agentes eram igualmente limitados

---

102 Jelavich, op. cit., p. 34-35.
103 As artes performativas das instituições públicas podiam ser supervisionadas de maneira muito mais eficaz que as atividades amadoras, mas Steinweis se refere a casos em que um oficial aprovou a apresentação de óperas e concertos de Mendelssohn e Offenbach, enquanto outro insistiu que no mínimo uma ópera alemã nova tinha de ser apresentada a cada temporada. Steinweis, op. cit., p. 132, 134-138.
104 Ellis, op. cit., p. 142-143.

no exercício da censura. Hitler designou Alfred Rosenberg, um ideólogo nazista, como "deputado do Führer para a supervisão de toda a formação e educação intelectual e ideológica do Partido Nazista" (*Beauftragter des Führers für die Überwachung der gesamten geistigen und weltanschaulichen Schulung und Erziehung der* NSDAP). Rosenberg usava sua autoridade como um olho vigilante sobre os eventos culturais e educacionais, mobilizando a imprensa nazista à agitação sempre que ele ou sua equipe percebia algum tipo de transgressão ideológica. O Bureau Rosenberg (Amt Rosenberg) possuía seu próprio setor de música (Amt Musik), chefiado pelo musicólogo Herbert Gerigk. Essa divisão parece ter exercido mais poder do que outros departamentos sob a direção de Rosenberg, mas seu poder de censura estendia-se somente às atividades musicais da Deutsches Volksbildungswerk na KDF[105]. A estrutura centralizada da administração da igreja certamente propiciava um maior controle sobre a performance da música sacra. Contudo, mesmo entre os Cristãos Alemães (Deutsche Christen) – o movimento luterano dedicado a "purificar" a liturgia e tornar-se a igreja oficial do Estado nazista –, tentativas de purgar os hinos de seus termos hebraicos e melodias tidas por judaicas se defrontava com a resistência de congregantes indesejosos de renegar canções conhecidas e familiares[106].

No caso do jazz, a política do Terceiro Reich obedecia ao seguinte princípio: melhor a leniência do que a restrição, com o que se evita a rebeldia. Apesar de algumas punições violentas impostas pelas autoridades locais, as medidas do governo central contra o jazz eram especialmente experimentais[107]. Embora a rádio tenha sido submetida à supervisão do governo, o jazz acabou prosperando nas ondas radiofônicas da Alemanha. A transmissão radiofônica havia se convertido num instrumento do Estado durante a depressão, e as reformas regulatórias sob von Papen permitiram a Goebbels realizar a aquisição de todas as companhias de rádio. De início, o jazz fora banido pelas autoridades nazistas, mas no decorrer da guerra ficou evidente que o ouvinte interessado em jazz procuraria por ele nas rádios

---

105 Bollmus, *Amt Rosenberg*, p. 107-108.
106 Bergen, *Twisted Cross*, p. 164-171.
107 Kater, *Different Drummers*, p. 52, 104.

estrangeiras e, inevitavelmente, acabaria ouvindo o noticiário internacional. Isso levou as autoridades a evitar qualquer veto radiofônico ao jazz. Os programas de rádio começaram a tocar obras de Louis Armstrong, Duke Ellington e Benny Goodman, mas ocultavam seus nomes, insistindo que não se tratava de "jazz negro e judeu", mas sim de uma "música relaxada, fortemente rítmica" apreciada pelos soldados[108].

A indústria fonográfica conseguia burlar o controle do governo ainda mais eficazmente do que as rádios, viabilizando um consumo sub-reptício da música proíbida na privacidade das casas. A indústria fonográfica sofreu significativos reveses durante a depressão, mas teve um assombroso *revival* sob o regime nazista. O governo não esboçou nenhum gesto para assumir o controle da indústria e as companhias alemãs manifestavam ostensivamente sua adesão voluntária à política racial. Elas eliminavam os compositores e intérpretes judeus de seus catálogos domésticos e inundavam o mercado alemão de marchas militares, clássicos suaves e música para filme. Em seus negócios com o exterior, porém, continuavam a vender produtos "degenerados"[109]. O comércio internacional também possibilitava a entrada constante de discos de jazz na Alemanha. Kater documenta um afluxo contínuo nesse sentido (de início, por vias legais, depois por contrabando). O comércio internacional era importante para as gravadoras alemãs, especialmente quando havia demanda por moeda estrangeira. Quando Goebbels, em 1938, proibiu as gravadoras alemães de comercializarem produtos não arianos, vários itens interditos continuaram a ser obtidos legalmente, pois não havia ainda informações sobre quais artistas norte-americanos e britânicos eram judeus ou negros. Apesar do recrudescimento das restrições, em função do ingresso dos EUA na guerra, os soldados alemães assentados em território ocupado conseguiriam gravações proibidas e as levariam para casa[110].

A cena dos clubes noturnos era outro entretenimento usual difícil de controlar, em parte porque se espraiava por uma vasta gama de espaços de performance. O controle desses clubes

---

108 Drechsler, *Funktion der Musik*, p. 24, 33, 42, 131.
109 Elste, "Zwischen Privatheit und Politik", p. 107-111.
110 Kater, *Different Drummers*, p. 49-51, 86-87, 138-146.

havia sido tarefa exaustiva para os censores guilherminos. Os empresários burlavam tanto as concessões de licença quanto a censura ao organizar seus espetáculos picantes em clubes fechados com acesso exclusivo para convidados[111]. Na Alemanha nazista, as formas musicais banidas também conseguiram prosperar nos clubes noturnos. Muitos clubes de jazz contratavam porteiros para detectar espiões como também instalavam sofisticados mecanismos de segurança e despistes em casos de batidas por oficiais da Câmara de Música. Alguns desses clubes eram frequentados por oficiais da SS e da SA que apreciavam jazz[112].

Os cabarés, que geralmente exibiam *sketches*, danças e canções de teor político, sofriam uma vigilância maior do que outras casas de espetáculo: Goebbels era particularmente avesso a eles e a Gestapo cuidava de apurar cuidadosamente seu conteúdo político. Porém, mesmo as restrições explícitas de Goebbels aos cabarés políticos não podiam ser implementadas facilmente. Em 1937, ele proibiu todo tipo de referência à política, religião e ao Estado em teatros, shows de variedade e cabarés, mas seu próprio ministério abria tantas exceções que Goebbels teve de reeditar a ordem em 1939 e em 1940, novamente sem sucesso. A controvérsia prosseguiu até o momento em que um decreto final de março de 1941 transformou os shows de cabarés em shows de variedade formados por uma série de inofensivos e desconexos números musicais[113].

Por muitos anos após o fim da Segunda Guerra, a música na Alemanha nazista foi comumente entendida como uma dieta estritamente controlada de marchas militares, óperas wagnerianas e sinfonias de Beethoven, privada da música atonal, jazz ou qualquer outro remanescente da "cultura de Weimar". Essa concepção totalitária da política cultural nazista, um subproduto das tendências historiográficas iniciais, que tentaram delinear um paralelo entre a Alemanha nazista e a União Soviética, só recentemente foi posta em cheque[114]. Mesmo a política musical soviética pré-stalinista demonstrou, nos quinze anos

---

111 Jelavich, op. cit., p. 86-95.
112 Kater, *Different Drummers*, op. cit., p. 64, 101.
113 Jelavich, op. cit., p. 230-257.
114 Ver Kershaw, *Nazi Dictatorship*, cap. 2.

subsequentes à revolução, abertura face a critérios musicais, chegando até a encorajar o experimentalismo e o contato com o modernismo ocidental[115]. Da mesma forma, não há nenhuma evidência de que o controle absoluto sobre a produção musical tenha sido uma prioridade para os legisladores da política cultural nazista nos doze anos do Reich. Mesmo quando a Câmara de Cultura do Reich impôs medidas mais diretas às artes, após 1935, a censura da Câmara de Música não foi muito longe: além de algumas poucas listas publicadas e não publicadas proscrevendo alguns não arianos (Mendelssohn não estava entre eles), existia a regulamentação de que comerciantes e editores só podiam lançar obras de emigrantes com a permissão do Estado. A implementação de tais medidas, no entanto, excederia os meios da equipe de quatro integrantes do Escritório de Avaliação Musical do Reich (Reichsmusikprüfstelle), um braço do Ministério da Propaganda criado em 1935[116]. Por sua vez, certas restrições à música dos países inimigos foram se tornando mais bem definidas à medida que a guerra progredia, mas eram motivadas por boicotes econômicos e leis de direito autoral, e provavelmente não se limitavam apenas à Alemanha[117].

O ENTRETENIMENTO POPULAR E O DESTINO DA ALTA CULTURA

Mesmo num sistema como o nazista, que objetiva o controle da opinião pública, a escolha da oferta musical acabaria tendo de ceder aos desejos populares. Desde a virada do século, o gosto musical vinha se distanciando das tendências ao monumental e artisticamente refinado, isto é, de tendências românticas. O maior acesso às culturas estrangeiras fomentava o gosto pelo exótico, o público ansiava por novas formas de entretenimento popular, e a tecnologia vinha transformando inteiramente a natureza do consumo musical. Todos esses fatores impulsaram mudanças na hierarquia das instituições musicais ao longo dos anos da República de Weimar e do Terceiro Reich,

---

115 Schwarz, *Music and Musical Life*, p. 7, 41-140.
116 Steinweis, op. cit., p. 138-141; Ellis, op. cit., p. 129-130.
117 Ellis, op. cit., p. 130- 134.

influenciando a política e a produção musical, e engendrando profundas alterações nas importâncias relativas entre cultura popular e alta cultura.

A melhor ilustração da concessão política feita ao gosto do público e da importância crescente da música popular aparecem na programação das emissoras de rádio. No começo do rádio, os organizadores exploravam, acima de tudo, seu potencial para ensinar o público a apreciar a música artística e as obras contemporâneas[118], mas, já ao longo dos anos de 1920, os programas de música passaram a oferecer um cardápio cada vez mais popular[119]. O aumento proporcional da música de entretenimento (*Unterhaltungsmusik* ou *U-Musik*) em relação à música séria (*ernste Musik* ou *E-Musik*) foi uma tendência que permeou os dois regimes. Os formuladores de políticas do Estado nazista e os diretores de programação também divisavam a educação das massas através do rádio, mas, com o tempo, acabariam por entender que a função primordial do rádio era, e continuaria sendo, proporcionar diversão. Em 1942, o comitê que dirigia a programação das rádios definiu seis categorias de música popular e apenas duas de música séria ("a música séria mas em geral compreensível", e "a música clássica, difícil por ser pouco familiar"). A música popular era referida como "pão preto", ou a dieta básica da programação musical, e a música clássica como a "torta"[120]. O público simplesmente queria consumir mais música popular que clássica. Numa publicação oficial da Reichs-Rundfunk-Gesellschaft, em 1934, afirmava-se que "não seria o [comportamento] nacional-socialista da rádio alemã que, a partir de uma visão elevada de 'educação', ousaria invadir o tempo livre dos seres humanos produtivos"[121].

O rádio não apenas difundia eficazmente a música popular como também desviava o público dos concertos e das óperas. Como a economia flutuava, formas mais alternativas – e geralmente mais baratas – de diversão popularizavam-se, incluindo o rádio, o disco, a *Hausmusik*, o *vaudeville*, o cabaré e o cinema.

118 Hailey, "Rethinking Sound"; Amzoll, "Zur Rolle des Rundfunk".
119 Amzoll, "Aufstieg und Verfall".
120 Drechsler, op. cit., p. 30, 35-36, 41-43, 86-95; Kater, *Different Drummers*, op. cit., p. 47.
121 *Mitteilungen der Reichsrundfunkgesellschaft*, 1 fev.1934 apud Drechsler, op. cit., p. 121.

As grandes casas de *vaudeville* representavam a maior ameaça ao público de ópera e de concerto no começo do século XX. Os críticos até sugeriram que os criadores da alta cultura mudassem de atitude a fim de atrair de volta o público, que debandara devido aos recentes experimentos esotéricos: "Se as casas de ópera e de concerto continuarem a negar ao público o que ele pede e deseja, ele se voltará para os *vaudeville* e operetas"[122]. O cinema cresceu em popularidade nos anos de 1920, desbancando o *vaudeville* como forma predominante de entretenimento e impelindo os empresários a montar shows mais elaborados para atrair mais audiência[123].

Tanto diretores de ópera quanto compositores estavam conscientes do impacto do entretenimento popular sobre a venda de ingressos. Em função disso, muitos compositores enfrentaram o desafio de reformar a ópera para reconquistar antiga audiência perdida. Strauss construiu sua ópera *Intermezzo* em sequências curtas, semelhantes a um filme, e Kurt Weill, incorporando a pantomima, emulou com o cinema mudo em *Der Protagonist* e *Royal Palace*[124]. O evento que mais sacudiu o mundo da ópera nos anos de 1920 foi a "opera-jazz" *Jonny spielt auf*, de Krenek, que alcançou uma audiência estimada em meio milhão, com um total de aproximadamente quinhentas apresentações entre 1926 e 1929[125]. À época foi posto em dúvida se a austera casa de ópera seria o local mais apropriado para a encenação de obras como *Jonny*, "óperas motion-pictures", como *Maschinist Hopkins*, de Max Brand, e obras no estilo de revistas como *Der Aufstieg und Fall der Stadt Mahagonny*, de Weill e Brecht. O sucesso dessas montagens provou que sim[126].

A concorrência com o entretenimento popular não era o único problema enfrentado pelas orquestras e casas de ópera.

---

122 Jelavich, op. cit., p. 22-26; Haan, "Oper und Brettl", *Signale für die musikalische Welt*, 13 mar. 1901, p. 322, citado e transcrito em Jelavich, op. cit., p. 26.
123 Jelavich, op. cit., p. 168.
124 Gilliam, "Stage and Screen".
125 Robinson, "Jazz Reception", p. 108.
126 Em resenhas de óperas para a *Berliner Tageblatt* de 1927 a 1930, Alfred Einstein fez um elogio sarcástico à tentativa de Krenek de atingir o público falando sua linguagem e expressou grande admiração pela *Satuala* de Reznicek, mas condenou ambos a um sucesso de pouca duração. E, embora tenha rendido alguns elogios a *Mahagonny* e a *Maschinist Hopkins*, Einstein fez objeções em classificá-las como óperas (resenhas traduzidas em Dower, op. cit., p. 37-41, 54, 108-113).

Muitas instituições de alta cultura na República de Weimar dependiam do suporte financeiro de seus estados e municípios. Mas geralmente as injunções econômicas e políticas davam prioridade aos programas sociais em detrimento de entidades que, majoritariamente, eram tidas como empreendimentos de luxo. Quando a Filarmônica de Berlim apelou ao Parlamento Municipal por apoio, por exemplo, encontrou a maior resistência entre os membros dos partidos de centro e de esquerda. Estes se opuseram a desperdiçar recursos numa instituição com forte teor esnobe, inacessível à classe média e à classe trabalhadora, e alegaram que o dinheiro podia ser mais bem gasto em serviços sociais[127].

Mesmo em estados conhecidos por seu generoso apoio a empreendimentos culturais, o aperto econômico se mostrou muito sério durante a depressão para que fossem mantidos os subsídios culturais. Na Prússia, o fortemente organizado Ministério da Ciência, Arte e Educação Pública manteve, por muitos anos, o apoio a uma série de atividades musicais. O Estado prussiano concedeu subsídios para os principais conservatórios e institutos de educação musical e contribuiu com quase 8 milhões de marcos, em 1929, para os Teatros Estatais Prussianos. O Estado ainda mantinha o prestigioso seminário de composição da Academia Prussiana das Artes, bem como escolas satélites para o treinamento de compositores, a comissão de canções folclóricas, a comissão de história da música (responsável pela publicação do Denkmäler Deutscher Tonkunst), um comitê para a supervisão de direitos autorais e publicação de música e cursos regulares para regentes corais[128]. Mesmo na

---

127 O conselheiro da cidade Hoffmann-Gwinner refere-se ao fato de que os maestros famosos nunca regem concertos populares, que os preços das entradas são sempre muito altos e que a casa de concertos Philharmonie nunca permite a cobertura e transmissão por rádio dos concertos que sedia. O Partido do Centro aderiu à oposição por razões nacionalistas provavelmente porque o alto salário de Furtwängler estava em desacordo com a profunda depressão econômica. *Stenographische Berichte*, mtg. de 1 dez. 1927, p. 998s.; mtg. de 9 set. 1929, p. 753s. Em 1931, C.A. Lange, membro do conselho da cidade e fervoroso defensor da orquestra, disse ter ficado atônito com a decisão de corte nos fundos da Filarmônica, supondo como explicação o fato de se acreditar que a orquestra estava infestada de nacional-socialistas; no entanto, a causa mais provável foi o desapontamento da esquerda quando Furtwängler se recusou a reger os concertos públicos. Lange, *Gross-Berliner Tageblatt*, p. 164.
128 A maioria das questões sobre a execução das obras eram endereçadas à divisão de artes; grupos de musicologia e de estudantes de música eram ▶

Prússia, a pressão econômica resultante da depressão impediu que o Estado continuasse a dar apoio a três casas de ópera, de modo que a menos viável financeiramente, a Casa de Ópera Kroll, foi obrigada a fechar suas portas em 1930.

O olhar impiedoso para as instituições da alta cultura mudou com a chegada de Hitler ao poder. Decididos a combater uma imagem de barbarismo e a se projetarem como baluartes da cultura, os chefes de Estado nazistas fizeram um esforço especial para apoiar instituições culturais agônicas. O nazismo era o primeiro regime a estabelecer uma extensa burocracia estatal para a condução da cultura, de sorte que o Estado possuía uma infraestrutura que lhe permitia absorver e apoiar instituições (processo normalmente referido como *Gleichschaltung*, ou "unificação"). Sem tais intervenções, algumas das instituições musicais mais famosas poderiam ter desaparecido.

A situação das orquestras de Berlim é um ótimo exemplo. A Filarmônica de Berlim, uma corporação privada desde 1882, driblou as dificuldades financeiras durante toda a sua existência. Em 1922, o quadro assumiu proporções ameaçadoras, e desde lá contaria com uma pesada ajuda do governo municipal. Sobrecarregado não só com uma, mas com duas orquestras em crise (a Filarmônica de Berlim e a Orquestra Sinfônica de Berlim), o conselho da cidade fracassou várias vezes no intento de sensibilizar os governantes do Reich e da Prússia a conceder uma ajuda extra a esses organismos, mas, em 1922, o governo foi obrigado a dissolver a menos prestigiosa das duas orquestras, a Sinfônica de Berlim. Em tal contexto, nem mesmo a existência futura da Filarmônica estava assegurada. A criação do Ministério da Propaganda se mostraria, pois, um acaso feliz: em 1934, após uma série de negociações, o Ministério da Propaganda assumiu a total responsabilidade financeira pela Filarmônica. Cada membro da orquestra recebeu 600 marcos por sua quota acionária na corporação, tornando-se assim um servidor público, a Filarmônica ganhou a designação oficial de Orquestra do Reich, e

---

▷ supervisionados pela divisão universitária; educação musical, pedagogia e educação para adultos eram distribuidos em três divisões separadas; e a manutenção dos orgãos da igreja e dos sinos das torres estavam sob a supervisão de outra divisão do ministério. Kestenberg, op. cit., p. 115-120.

Hitler determinou que seus membros fossem inseridos numa categoria especial de salários, em consideração "a seus êxitos artísticos e sua especial importância político-cultural"[129]. A despeito da perda de autonomia fiscal e da participação obrigatória em alguns eventos oficiais, o novo papel da orquestra como entidade governamental não afetou de modo significativo seu repertório. A orquestra, há muito, privilegiava uma dieta sinfônica conservadora, com Beethoven no centro, e não havia demonstrado nenhuma iniciativa, antes ou depois da *Gleichschaltung*, em promover um repertório experimental[130].

Bayreuth foi outra instituição salva da crise pelos interesses nazistas. A onda wagneriana havia esmorecido antes de 1933; as montagens das obras de Wagner nas casas de ópera da Alemanha caíram dramaticamente após 1926, perdendo para as de Verdi, Puccini, Mozart e Lortzing, e o público do Festival de Bayreuth diminuía a uma velocidade constante. Certos fragmentos de *"hits"* de Wagner eram aproveitados como trilha sonora nos filmes propagandísticos de Leni Riefenstahl e em filmes recentes, além de anúncios radiofônicos, o que, naturalmente, não era suficiente para reavivar o interesse pela música wagneriana[131]. Hitler, porém, um ávido wagneriano desde a juventude, tornou-se não apenas um convidado de honra em Bayreuth, mas seu benfeitor. Todo ano gastava dezenas de milhares de marcos com ingressos, provendo meio milhão de marcos para cada nova produção. Em 1936, transformou o festival anual num evento bienal, e contribuiu com mais meio milhão de marcos para manter o festival funcionando em 1940[132]. Hitler também evitou o cancelamento do festival durante a guerra ao organizar apresentações para soldados e disponibilizar fundos governamentais[133]. Não se tratava de um gesto de boa vontade para com soldados ávidos por cultura, mas, sim, um esforço coordenado para manter o legado de

---

129 Potter, "Nazi 'Seizure'".
130 A lista relativamente completa de concertos, desde a criação da orquestra até o seu centenário, pode ser encontrada no terceiro volume de Muck, *Einhundert Jahre Berliner Philharmonisches Orchester*.
131 Kolland, "Wagner-Rezeption", em Mahling; Weismann (eds.), *Berlicht übr den internationalen*, p. 498-502; Bair, "National Socialism and Opera", p. 130.
132 Prieberg, op. cit., p. 307; Kater, *Twisted Muse*, p. 35-39.
133 Karbaum, *Bayreuther Festspiele*, p. 91-93.

Richard Wagner vivo e cultivar a imagem dos líderes nazistas como patronos da alta cultura.

Em adição ao apoio direto do governo para salvar as instituições artísticas em crise, organizações que vendiam ingressos por assinatura, como a NS-Kulturgemeinde e a KdF, tiveram um impacto decisivo nessas instituições culturais, tendo crescido muito além do tamanho das agências da era Weimar. Ao comprar grandes quantidades de ingressos para eventos culturais, populares ou elitizados, que então eram vendidos com desconto para seu grande grupo de associados[134], essas organizações de massa aportavam um capital muito necessário às instituições artísticas. Assim, às vezes usavam esse poder para influenciá-las. Em Munique, por exemplo, as orquestras e casas de ópera fizeram-se bastante dependentes da Kulturgemeinde e da KdF, que, na época, tentaram forçar a popularização do repertório para torná-lo mais acessível a seus assinantes[135].

O governo nazista entendia a ressurreição de instituições culturais em crise como vantajosa para a sua política interna e externa. Assim, rebateria as declarações dos detratores internacionais de que os líderes nazistas eram filisteus, bem como reforçaria o orgulho nacional pela preservação do legado musical alemão. Como Moser proclamou em 1928, a música era a maior fonte de orgulho nacional para a Alemanha e a arma mais potente contra as outras nações. Porém, a centralidade da música na cultura alemã não existiria sem trágicas ironias: a incapacidade, a impossibilidade da burguesia judaica culta, aglutinada na Liga de Cultura Judaica, em desatar-se de sua música, que era predominantemente música alemã; e, mais perverso, a ubiquidade da música nos campos de concentração, onde conjuntos musicais entretinham as tropas da SS com valsas, *lieder* e sinfonias, acompanhavam os trabalhos forçados, humilhavam os prisioneiros e abafavam os gritos de horror durante as execuções[136].

Ao invés de considerarmos a vida musical nazista como uma total clivagem em relação à República de Weimar, como sugeriria a noção de uma "cultura de Weimar" e uma "cultura nazista",

---

134 Steinweis, op. cit., p. 75-76.
135 Ellis, op. cit., p. 203-208, p. 246-252.
136 John, "Musik und Konzentrationslager", p. 1-36.

é importante reconhecer, de um sistema para outro, as transições inconsúteis na vida musical. Os propagandistas nazistas alimentavam os estereótipos negativos já existentes sobre a América, os comunistas e os judeus ao invés de criar novos. A ação de aproximar a música do público, eliminar o "intelectualismo" e o virtuosismo, encorajar a participação em massa e ceder diante das forças da tecnologia e do entretenimento popular teve impulso durante a República de Weimar, persistindo até 1933. No fim, os administradores culturais do nazismo fizeram mais do que seus predecessores para satisfazer a inteira gama constitutiva da comunidade musical alemã – do músico de orquestra ao fã de Louis Armstrong.

Não se trata aqui de atenuar os crimes do regime nacional-socialista, mas, antes, plasmar um cenário para o exame das respostas dos artistas e intelectuais aos objetivos nazistas. É preciso modificar as imagens de repressão totalitária, de censura e de coerção – oferecidas pelas testemunhas em pânico nos tribunais de desnazificação – pela evidência de que muitos alemães ativos na vida musical continuaram a medrar e até prosperaram sob Hitler. O que daí surge é a imagem de um clima cultural menos intolerável do que se imagina para aqueles que conseguiam escapar da perseguição política e racial. O governo nazista proclamava a importância da música para a raça alemã e canalizava recursos para a sua preservação. Aqueles que atuavam como músicos profissionais, educadores musicais, empresários da música, e mesmo na nobre atividade intelectual da musicologia poderiam encontrar na agenda cultural nazista aspectos de convergência com suas próprias crenças. Aparentemente, isso também os levava a ignorar mais facilmente o fanatismo e as atrocidades que recaíam sobre seus colegas e vizinhos perseguidos.

2. O Papel dos Musicólogos na Moderna Sociedade Alemã

Era mesmo inevitável que a transformação da vida musical subsequente à Primeira Guerra Mundial afetasse a profissão do musicólogo, pois muitos dividiam seu tempo entre o estudo teórico da música e a prática musical, lidando, assim, em primeira mão, com as questões atinentes ao fazer musical amador, bem como ao ensino e à cadeia da produção, consumo e administração da música. Por outro lado, aqueles que estavam restritos à carreira acadêmica enfrentavam tanto a crescente acusação de viverem numa torre de marfim quanto a pressão das universidades para demonstrarem sua utilidade na nova democracia. As oportunidades acadêmicas para musicólogos continuaram a se expandir durante a República de Weimar, mas, em contrapartida, esperava-se dos acadêmicos uma atuação mais ativa na sociedade.

Ao perceberem que a sua profissão estava em crise, os musicólogos se mobilizaram e começaram a reavaliar a disciplina. Enquanto continuavam criando seu espaço no mundo acadêmico, sondavam novas maneiras de servir ao público. Alguns se tornaram especialistas nas questões políticas e musicais de seu tempo, mas suas análises e comentários não tinham impacto nas políticas de Weimar. Outros se deram conta de que a combinação entre experiência acadêmica e prática musical seria uma oportunidade única de servir à comunidade dos músicos amadores na função de agentes da *Volksbildung* – da educação, no sentido mais amplo do termo. Esse papel social permitiu que os musicólogos, enquanto educadores incumbidos de esclarecer o povo alemão acerca de sua herança e força musicais, tivessem uma transição confortável na passagem do sistema de Weimar para o sistema nazista. Apesar da grande ambição política de alguns indivíduos (e houve quem se destacasse por uma fervorosa adesão à agenda governamental), os musicólogos nunca conseguiram assumir o papel de arquitetos da política musical em nenhum dos dois regimes.

A AMBÍGUA IDENTIDADE DA MUSICOLOGIA

Em 1918, a musicologia era uma disciplina acadêmica relativamente nova, mas os alemães já haviam estabelecido um marco. Foi na segunda metade do século XIX que os estudiosos da Alemanha e da Áustria se projetaram como um marco divisor no terreno da pesquisa e da metodologia, trazendo contribuições importantes às análises histórica e sistemática da musicologia. Eles estabeleceram padrões na criação de catálogos e índex para fins de pesquisa e para a realização de edições críticas de obras musicais. O projeto mais ambicioso dessa época foram as refinadas edições – em vários volumes – reunindo a música antiga de regiões germanófonas: a chamada série Monumentos (*Denkmäler*). As séries mais extensas são as que remontam à última década do século XIX: a Denkmäler Deutscher Tonkunst, iniciada em 1889, a Denkmäler der Tonkunst in Österreich, iniciada em 1888, e a Denkmäler der Tonkunst in Bayern, principiada em 1900. Os musicólogos alemães também despenderam energia na criação de sociedades de pesquisa e revistas. Ao final do século XIX já haviam criado três importantes periódicos especializados e organizado a primeira Sociedade Musicológica Internacional. Perto do fim da Primeira Guerra, a perspectiva de paz desencadeou um novo surto de atividade organizacional com a fundação da Sociedade Musical Alemã (Deutsche Musikgesellschaft ou DMG) e do Instituto Real para a Pesquisa de Música Alemã (Fürstliches Institut für deutsche Musikforschung), cada um com seus respectivos periódicos e projetos editoriais.

A despeito dessas iniciativas, o destino da musicologia como profissão permanecia relativamente incerto. Ninguém estava mais consciente disso do que Friedrich Blume. Nascido em 1893, Blume teve de interromper seus estudos para servir na Primeira Guerra. Ele os concluiria nos anos de 1920, quando obteria prestígio acadêmico como especialista em música sacra protestante, apesar das circunstâncias precárias dos musicólogos no período de Weimar. Blume sempre esteve atento aos benefícios práticos da visibilidade pública e sempre procurou assumir tarefas importantes no Terceiro Reich através de suas atividades dentro e fora da universidade. Uma combinação de astúcia e sorte permitiu que ele continuasse a liderar a pesquisa musicológica depois da Segunda Guerra, distinguindo-se como fundador da Sociedade Musicológica Alemã, editor geral da obra de referência *Die Musik in Geschichte und Gegenwart* (*MGG*) e líder de diversas organizações, incluindo a International Musicological Society (presidida por ele entre 1958 e 1961). Num artigo de 1969, Blume atou as origens do musicólogo moderno – ou do professor de musicologia – ao diretor musical praticante. Segundo ele, os teóricos da Idade Média e Renascimento haviam desenvolvido um estudo científico da música, mas este, aos poucos, foi desaparecendo das universidades alemãs no curso do século XVIII. Daí em diante, o diretor musical da universidade, o *Kantor*, assumiria a responsabilidade pela formação sistemática em Música e História da Música. Devido a esse *pedigree* acadêmico misto, o *status* do musicólogo moderno nas universidades permaneceria ambíguo até o século XX. As duas primeiras gerações de pesquisadores notáveis (August Wilhelm Ambros, Friedrich Chrysander, Philipp Spitta e Hermann Abert) tiveram sua formação em outras áreas das ciências humanas ou em prática musical e as universidades demoraram a reconhecer a musicologia como uma disciplina confiável (Hugo Riemann, por exemplo, nunca alcançou o topo da carreira acadêmica). À medida que a musicologia ganhava credibilidade enquanto área específica, o perfil dos musicólogos se clivava em dois grupos: aqueles que se mantinham próximos da prática musical e aqueles que promoviam o estudo da música como uma ciência e exigiam formação em áreas correlatas. Trata-se de uma clivagem ideológica que, na avaliação de Blume, nunca foi resolvida, de modo que o papel da música na universidade alemã nunca pôde ser claramente definido[1].

A origem relativamente recente da musicologia e sua falta de definição como carreira profissional explicam por que muitos autores prolíficos e estudiosos respeitados trabalharam principalmente fora da academia, por que uma longa tradição de crítica musical continuou a suplementar a renda até dos professores universitários mais famosos e por que professores de musicologia mantiveram suas atividades como músicos práticos e compositores. Com essas atividades obtinham uma posição vantajosa em comparação aos estudiosos de outras áreas, pois podiam interagir com o público musical e estabelecer uma relação mais empática com as demandas utilitárias vigentes sob a República de Weimar e o Terceiro Reich. Quando a guerra acabou e a República de Weimar foi instituída, os professores universitários sentiram-se apreensivos com o novo ambiente político. De um modo geral, opunham-se aos princípios democráticos, prosperando em suas próprias esferas de influência como uma pequena oligarquia, e temiam que o florescimento da economia industrial diminuísse sua importância como baluartes da cultura. Fritz Ringer convincentemente se refere aos professores de Weimar como uma classe degenerada de "intelectuais mandarins" que galgaram uma posição social elevada mais pelo estudo do que por herança de terra ou aquisição de capital; logo, só podiam prosperar no período de transição entre a economia agrária e a industrial. Durante esse período, haviam exercido o poder de definir a nação e o estado em termos espirituais e intelectuais, vendo-se a si próprios como a nobreza espiritual da Alemanha. Assim, conseguiram resistir a qualquer interferência dos partidos dominantes, bem como insistiram na autogestão concedida e na liberdade acadêmica[2].

Na República de Weimar, a maioria dos professores universitários ressentia-se da nova situação nascida da derrota na guerra, e então mergulhava na nostalgia dos dias de glória do

1 Blume, "Musicology in German Universities".
2 Ringer, *Decline*, p. 3-13.

Kaiser. Sua oposição era silenciosa, especialmente porque os mais poderosos entre eles eram servidores públicos e vinham de uma longa tradição de lealdade aos seus governantes. De fato, associavam a República de Weimar à superlotação das universidades, ao percebido declínio dos estudos teóricos e ao desastre econômico da hiperinflação que acompanhara a República em seus primeiros anos e que reduzira seu padrão de vida[3]. A aversão pelo sistema vigente forjava-lhes uma espécie de armadura impenetrável, predispondo-os a se entrincheirarem firmemente em sua fortaleza remanescente – a universidade – e a combaterem qualquer intrusão governamental. Embora o governo de Weimar tenha tido êxito na execução de extensas reformas na educação fundamental e secundária, não conseguiu implementar nenhuma mudança na universidade posto o medo desmedido dos professores em perder o controle da administração universitária.

O ministro prussiano da cultura, C.H. Becker, após uma fiscalização em mais da metade das universidades do Reich, tentou introduzir algumas reformas que poderiam ter aliviado problemas evidentes no sistema universitário. Ele sugeriu que as faculdades atendessem às necessidades dos estudantes em relação a uma formação profissional e, além da pesquisa, se preocupassem com as questões concernentes à carreira e à cidadania. Becker, ele próprio um professor, compreendia os problemas universitários e quis somente modernizar sua estrutura oligárquica sem destruí-la. Contudo, a maioria dos professores enxergou em suas sugestões tanto uma inaceitável mistura de cientificidade com política quanto uma tentativa, reprovável, de democratizar a universidade. Como relata um historiador, Becker nunca teve a menor intenção de minar a liberdade ou a autogestão acadêmicas, mas as universidades eram tão convictamente reacionárias que rejeitavam até mesmo as medidas que podiam melhorar o seu funcionamento[4]. Becker também suscitou a ira dos colegas ao propor reformas curriculares. Nesse sentido, sugeriu que a sociologia recebesse um maior reconhecimento formal como disciplina e que os estudos interdisciplinares pudessem constituir um antídoto contra a hiperespecialização e sua alienação face

3   Heiber, *Universität unterm Hakenkreuz*, p. 32, 35-39.
4   Bleul, *Deutschlands Bekenner*, p. 162-166.

ao público. A direita se manifestou, acusando-o de promover o marxismo, o materialismo, o positivismo, e de tentar enfraquecer a cultura alemã[5].

Os musicólogos, no entanto, não foram os professores típicos de Weimar. A imaturidade da disciplina que ministravam os impedia de ser efetivamente aceitos na academia e as atividades que desempenhavam fora da universidade tornavam-nos menos apreensivos em relação às interferências do governo e mais abertos a algumas mudanças propostas pelos reformadores de Weimar. Pelos vínculos cultivados com a comunidade em função de seus múltiplos papéis ali desempenhados – eram acadêmicos, músicos práticos e jornalistas –, sentiam-se mais confortáveis com as perspectivas social-democratas de forjar elos fora da universidade. Também eram mais receptivos às sugestões de Becker acerca dos estudos interdisciplinares e das metodologias derivadas da sociologia e da psicologia, pois haviam iniciado práticas similares no desenvolvimento da musicologia sistemática e comparativa.

Conquanto um número relativamente grande de departamentos de musicologia e institutos de pesquisa musicológicos tenha surgido na Alemanha nas primeiras décadas do século XX, várias incertezas espreitavam essa expansão. A Primeira Guerra, inicialmente, havia provocado efeitos devastadores na vida acadêmica. Restrições a viagens, escassez de fundos e a dissolução da Sociedade Internacional de Música, em 1914 – juntamente com seus anais, as *Sammelbände der Internationalen Musikgesellschaft* –, prejudicaram a pesquisa e interromperam o fluxo de intercâmbios acadêmicos com o exterior. Depois, a dura realidade da economia de Weimar não tardaria a chegar: os custos da guerra, a inflação e a falta de emprego provocada pelo retorno, das frentes de batalha, de um enorme contingente de musicólogos desempregados. O apoucamento dos recursos estatais levaria ao cancelamento de bolsas e à suspensão de projetos vitais mantidos pelo governo, a exemplo do Denkmäler Deutscher Tonkunst. Quando as autoridades de Weimar buscaram aproximar a educação superior das necessidades da nação através da expansão das áreas de

---

5 Ringer, op. cit., p. 228-229.

pesquisa prática nas universidades[6], a necessidade de conscientizar o público sobre a importância potencial da musicologia para a vida da Alemanha moderna foi sentida com progressiva urgência. Se havia algum consenso entre os musicólogos, era o de que a sua disciplina entrara em crise após 1918. Esse sentimento impregnava as discussões sobre as opções de carreira oferecidas pela economia do pós-guerra, as ruminações a respeito dos objetivos das recém-criadas instituições de pesquisa e educação, e os debates metodológicos. Nessas discussões, os temas eram os mesmos: o papel da musicologia na moderna sociedade alemã e a maneira como os musicólogos podiam enfrentar as mudanças econômicas, sociais, culturais e políticas em marcha[7].

Nesses debates, os musicólogos frequentemente invocavam o nome de seu predecessor, Hermann Kretzschmar. Em seu conhecido trabalho de 1903, as *Musikalische Zeitfragen*, Kretzschmar considera o musicólogo não apenas um pesquisador, mas também um comentarista das questões musicais contemporâneas. A seu ver, a finalidade primeira do musicólogo não era servir a outras ciências, mas, antes, trazer um conhecimento mais profundo da música para os músicos práticos e para o público em geral.

Alguns tiveram uma crescente dificuldade para equacionar seus interesses de pesquisa com as necessidades da sociedade, mas foram críticos do isolamento elitista. Moser instava o público que deixasse os estudiosos cultivarem seus talentos com liberdade, mas, ao mesmo tempo, admoestava os colegas a que prestassem mais atenção às questões cotidianas e encontrassem uma região medial entre a "dura especialização" e uma "estética global barata"[8]. Dois eminentes estudiosos de Berlim, Arnold Schering e Johannes Wolf, faziam recomendações semelhantes. Schering, nascido em 1877, chefiava o departamento de musicologia da Universidade de Berlim desde 1920 e era *expert* numa variedade de tópicos sobre música antiga, incluindo a performance. Ele repreendia os musicólogos por se enterrarem no

---

6   Ibidem, p. 67-75.
7   Kretzschmar, *Musikalische Zeitfragen*, p. 79.
8   Moser, "Die äussere und innere Krisis in der Musikwissenschaft", *Die Hochschule*, n. 4, 1920, p. 42-46.

passado e perderem o contato com a composição moderna. Wolf, nascido em 1869, diretor da coleção de música antiga da biblioteca estadual, notável especialista no manuseio de fontes e na história da notação, também ressaltava que a musicologia acadêmica tinha de se tornar mais acessível aos músicos práticos[9].

Outros sustentavam visões antagônicas. Para o sucessor de Kretzschmar na Universidade de Berlim, Hermann Abert, a musicologia havia se extraviado a partir do momento em que lançara dúvidas sobre sua orientação filológica e estabelecera que seu único propósito era servir à performance musical. Sem a filologia, declarou, a musicologia "perderia seu nome honrado entre as ciências"[10]. Sua insistência em que músicos e musicólogos "habitassem domicílios separados" e em que a musicologia se tornasse uma ciência liberal independente, deu-lhe crédito para elevar a Musicologia a uma posição incontestável enquanto disciplina universitária, digna de uma cadeira em Halle, Heidelberg, Berlim e Leipzig[11]. Theodor Kroyer também se indignava com as dúvidas levantas a propósito do trabalho musicológico. Ele as contestava, argumentando que, embora a pesquisa minuciosa pudesse parecer "incompreensível e inútil para a Volksgemeinschaft" e menos importante do que a tecnologia e as ciências dos materiais, o poder da música para salvar ou desventurar justificava os mais ínfimos detalhes dos estudos musicológicos. E concluía: "mesmo a musicologia tem parte na tarefa comum e obrigatória a todas as ciências universitárias de resgatar a humanidade de sua atual dissipação e elevá-la a um ser unificado, completo. O Estado e a municipalidade deram-nos esse laboratório: nós também trabalhamos para o Estado e para o povo!"[12]

Aqueles realmente preocupados em expandir o alcance da musicologia preenchiam as páginas da mídia popular e a da música comercial com suas visões pessoais acerca dos mais

---

9 Schering, "Musikwissenschaft und Kunst der Gegenwart", em *Berich über den I. Musikwissenschaftlichen Kongress der Deutschen Musikgellesschaft in Leipzig*, p. 13; Wolf, "Musikwissenschaft und musikwissenschaftlicher Unterricht", AMZ, n. 45, 1918, p. 532; e *Festschrift Hermann Kretzschmar*, p. 178-179.
10 Abert, "Kunst, Kunstwissenschaft, Kunstkritik", *Mk*, n. 16, 1923, p. 7-8.
11 Boettcher, "Zum Gedächtnis Hermann Aberts", DTZ, n. 25, 1927, p. 269.
12 Kroyer, "Die Wiedererweckung des historischen Klangbildes in der musikalischen Denkmälerpraxis", *Mitteilungen der Internationalen Gesellschaft für Musikwissenschaft*, n. 2, 1930, p. 80.

variados tópicos. Seus textos apareciam em diversas revistas especializadas para músicos profissionais e amadores, assim como para educadores (*Deutsche Tonkünstlerzeitung, Die Musik, Allgemeine Musikzeitung, Melos, Deutsche Militär-Musiker Zeitung, Zeitschrift für Musik, Die Musikpflege, Collegium Musicum/Zeitschrift für Hausmusik, Deutsche Musikkultur, Völkische Musikerziehung, Musik in Jugend und Volk*), e ainda em muitas revistas não especializadas em música (*Der Friede, Österreichische Rundschau, Deutsche Zeitschrift, Volk und Welt*, e *Nationalsozialistische Monatshefte*, para nomear algumas poucas). A imprensa proporcionava um fórum para opiniões e, potencialmente, sugestões para a solução de muitos problemas na vida musical. Por essa via, alguns acadêmicos buscavam estabelecer relações de trabalho com outros profissionais da música, demonstrando interesse na situação dos músicos, na educação, na música moderna e tecnologia musical – geralmente ofereciam conselhos ao governo sobre como reformar a política cultural. O início de uma nova ordem política, em 1918 e novamente em 1933 inspirou um punhado de pesquisadores a se envolverem com a política musical: recomendaram a criação de novas instituições que pudessem oferecer emprego aos musicólogos. Tanto a República de Weimar quanto o Terceiro Reich, pelo menos inicialmente, mostraram-se interessados numa reforma cultural, e os musicólogos, por sua vez, aplaudiram essas oportunidades. No fim, porém, tiveram pouco impacto na política vigente.

AS TENTATIVAS DE ALIANÇA COM MÚSICOS, COMPOSITORES E EDUCADORES NA REPÚBLICA DE WEIMAR

Os musicólogos ostentavam seus saberes a fim de tentar instruir a nação. Elaboraram uma série de recomendações, tais como o apoio estatal para escolas de música nas fronteiras da Alemanha ("os mais importantes fomentadores da cultura alemã"); garantias mínimas de *copyright* para os compositores vivos; a distribuição de material musical para estudantes e músicos amadores através de um sistema mais aprimorado de empréstimo bibliotecário[13]. As incompatibilidades regionais no tocante ao apoio cultural ameaçavam a carreira dos músicos profissionais e assegurava emprego apenas para determinados músicos de orquestra. Moser, em particular, defendia a causa dos músicos, instrutores privados e compositores apoiando os esforços da Associação dos Compositores e Professores de Música Alemães do Reich (Reichsverband deutscher Tonkünstler und Musiklehrer, que Moser chamava de "a nova guilda musical do Reich")[14]. Outros saíram em defesa do Estado: não se podia esperar que o governo, sozinho, resgatasse a vida musical da crise que se lhe abatera. O Estado já havia feito avanços sem precedentes na educação musical, melhorando as condições de trabalho dos professores de música privados e delegando aos músicos práticos – não aos burocratas – a responsabilidade pelas reformas[15]. Um musicólogo chegou até a propor que o Estado reduzisse os subsídios para eventos musicais, uma vez que muitos concertos eram pouco frequentados e muitas das exibições eram de qualidade duvidosa. Ao invés de ser indulgente com o mero "exibicionismo da burguesia tresloucada", o Estado deveria investir mais seletivamente em educação e difundir subsídios para compositores "importantes"[16].

Os musicólogos tentaram acolher a comunidade dos compositores e atender seus interesses corporativos, como direitos autorais e formação de plateia, mas não conseguiram forjar uma aliança forte com esse segmento, sobretudo pela falta de familiaridade com a música contemporânea. Em seu discurso principal para a DMG, em 1925, Arnold Schering propôs uma relação saudável entre as duas profissões, criticando aqueles eruditos que conheciam melhor as minúcias do passado remoto do que as questões centrais do passado recente e implorando aos colegas que aprendessem a se aproximar da música moderna sem preconceitos[17]. Entretanto, ao exporem suas ideias sobre a situação da música moderna, os musicólogos seriam arrastados para debates acalorados, nos quais frequentemente entabulavam um

---

13 Unger, "Musikprobleme der Zeit", *DMJb*, n. 1, 1923, p. 36-39.
14 Moser, "Die neue Reichsmusikzunft", *AMZ*, n. 49, 1922, p. 704-705.
15 Idem, "Musik und Staat", *Mk*, n. 22, 1929, p. 7-16.
16 Waltershausen, "Musikleben und öffentliche Mittel", *DTZ*, n. 25, 1927, p. 107-108.
17 Schering, op. cit., p. 14, 18-20.

discurso carregado de retórica política[18]. A visão de Theodor Kroyer sobre a música moderna mostrava um nacionalismo sem pruridos e um conservadorismo alarmista; ele advertia contra "os arautos na 'nova música', os mais terríveis vilões da velha geração, que incitavam o tumulto ao modo bolchevique a fim de acelerar o colapso violento e instituir a *sua* cultura sobre os entulhos da velha"[19]. Schering também caía em metáforas políticas, descrevendo os aspectos harmônicos da música expressionista como uma "democratização" das concordâncias e uma dissolução das antigas "distinções de classe" entre as notas[20]. O nacionalismo e o sentimento racial também deixaram suas marcas na interpretação musicológica da música moderna. Em *Führer und Probleme der neuen Musik*, Ernst Bücken se detinha fortemente nos românticos tardios alemães, considerando regressivos o impressionismo e o expressionismo e a mistura racial da escola de exotismo de Saint-Säens, fortemente limitada[21].

Entre os musicólogos houve algumas tentativas isoladas de aplacar as controvérsias políticas em torno da música moderna ao se vislumbrar um contexto histórico mais amplo. Na esperança de mostrar que todas as épocas musicais tiveram suas técnicas aparentemente radicais, Johannes Wolf esboçou uma comparação entre a resistência a certos tipos de música que se valiam de técnicas matemáticas no Renascimento e o problema enfrentado por Schoenberg e sua escola[22]. Hans Mersmann, de modo semelhante, declarou que a Era Moderna representava o começo de uma nova época musical, comparável às épocas de predomínio da monofonia, da polifonia e do tonalismo[23]. Porém, mesmo aqueles que preconizavam a paciência e a tolerância não podiam ignorar as dificuldades que a maior parte da música moderna colocava ao público em geral. Se essa música realmente possui uma beleza intrínseca, não se trata

---

18 Ver Mersmann, "Die Situation der deutschen Musik", *Deutsche Rundschau*, n. 226, 1931, p. 77-80.
19 Kroyer, "Neue Musik", *Literarischer Handweiser*, n. 56, 1920, p. 163.
20 Schering, "Die expressionistische Bewegung in der Musik", *Einführung*, p. 156.
21 Bücken, *Führer und Probleme*, p. 169-171.
22 Wolf, "Altniederländische Kunst und Chormusik von Krenek und Hindemith", *Der Auftakt*, n. 8, 1928, p. 114-120.
23 Mersmann, "Die Musiksprache der Gegenwart", *Der Auftakt*, n. 8, 1928, p. 1-3; e Idem, "Wege zum Verständnis gegenwärtiger Musik", *DTZ*, n. 26, 1928, p. 1-2.

de uma beleza perceptível de imediato pelo homem comum. Poder-se-ia culpar a alienação de um público sem educação adequada (como a dos próprios professores de música, que enfatizavam a proficiência da música do passado e ignoravam as obras contemporâneas)[24], ou a recalcitrância conservadora do burguês que vai a concertos[25]. Porém, seja como for, a música moderna continuava a ser um problema para aqueles musicólogos interessados em compreendê-la mais profundamente. O musicólogo austríaco Alfred Orel criticava a artificialidade da música atonal, a predominância da teoria sobre a evolução da forma e da harmonia e, sobretudo, a falta de "humanidade na música"[26]. Reacionários como Karl Blessinger, que depois se tornou famoso pela autoria de um tratado notoriamente antissemita, o *Judentum und Musik*, atacavam a música moderna como uma afronta nacional e condenavam a invenção de novas escalas – exemplificada numa obra do eslavo Alois Haba – enquanto uma experiência sem sentido para a psique alemã e alheia ao sentimento musical coletivo do povo[27]. Aqueles que lutavam pela música moderna se viam, também, frustrados diante da própria incapacidade para compreender as novas tendências: Hans Mersmann lamentava o declínio do conteúdo emocional da música – mesmo nas obras de Strauss e Mahler – e Schering admitia, com tristeza, que o significado musical da composição expressionista escapava-lhe e não era capaz de lhe infundir a "alegria de viver" que a música geralmente oferecia[28].

Mesmo antes da ascensão nazista ao poder, os musicólogos estavam perdendo o interesse pelas questões candentes da música moderna, provavelmente porque elas haviam caído no esquecimento[29]. Nos anos de 1920, Mersmann interpretara

---

24 Por exemplo, Hans Albrecht criticava o treinamento dos professores de música por enfatizar o conhecimento da música do passado e ignorar as obras contemporâneas. "Privatmusiklehrer und moderne Musik", *DTZ*, n. 26, 1928, p. 5.
25 Bukofzer, "Erziehung zur neuer Musik", *Melos*, n. 9, 1930, p. 465-469.
26 Orel, "Das Musikschaffen in unserer Zeit", *Literarischer Handweiser*, n. 62, 1925, p. 1-8.
27 Blessinger, "Zum Kapitel 'Zwölftonmusik'", *DTZ*, n. 26, 1928, p. 358-360.
28 Mersmann, *Musik der Gegenwart*, p. 12-13; Schering, "Die expressionistische Bewegung in der Musik", op. cit., p. 161.
29 Hans Scholz anunciou: "Já deixamos para trás o alto florescimento do chamado 'atonalismo'. Aquilo era uma antimúsica, que não alegrava nem os produtores ▶

o alienamento de Schoenberg do público como o "fardo do profeta": Schoenberg era um visionário cuja mensagem seria apreciada plenamente no futuro, contudo, até lá, haveria de suportar o ridículo; assim, poderíamos ter expectativas em relação à obra de seus seguidores Alois Haba e Ernst Krenek[30]. Mas em 1932, Moser rotularia Schoenberg e seus partidários como representantes de uma época já passada. Eles teriam sido ultrapassados por jovens contemporâneos mais promissores e pelo crescimento da prática amadora. Krenek, uma das esperanças, havia amadurecido, deixando de ser um "cacofonista sob as graças da atonalidade ao estabelecer um afortunado retorno à música 'compreensível'"[31].

Os musicólogos continuaram a oferecer sugestões e críticas entre o final dos anos de 1920 e os anos de 1930, mas atuavam mais no papel de comentaristas sociais. Insistiam, sobretudo, no tema das reformas nacionais no âmbito da educação musical. Por volta da virada do século xix para o xx, acadêmicos do porte de Kretzschmar e Abert tinham o poder de influenciar a formatação dos currículos das escolas e dos conservatórios, mas isso mudaria drasticamente após 1918[32]. Na onda das reformas educacionais do pós-guerra, os jovens musicólogos esperavam herdar um pouco dessa influência ou, ao menos, preservar o espírito do programa de Kretzschmar ao reter o princípio de que o canto é o aspecto central da educação fundamental[33]. Alguns chegaram até mesmo a sugerir que apenas

▷ nem os consumidores e que seria impensável em épocas sadias." Scholz, "Die Intellektuellen der Musik", *Deutsche Zeitschrift*, n. 47, 1933-1934, p. 384.
30 Mersmann, *Musik der Gegenwart*, p. 54-55, 62-63.
31 Moser, "Die Musik im Gefüge dieser Zeit", *Deutsche Rundschau*, n. 233, 1932, p. 185-186. Um apelo atípico para salvar a música moderna, no começo do Terceiro Reich, foi a tentativa de Hellmuth Christian Wolff de encorajar a música moderna com a tese de uma essência nórdico-germânica da dissonância. Wolff, "Spieltzeitgenössische Musik!", *Melos*, n. 12, 1933, p. 424-425.
32 Holtmeyer, "Schulmusik und Musiklehrer", p. 45, 50-52, 54, 59-60. Na p. 45 há uma citação da queixa de Kretzschmar sobre as insuficiências no ensino do canto, retirada do seu *Musikalische Zeitfragen*, p. 34; e nas páginas p. 50-52 há uma discussão sobre o desânimo de Abert com a alienação dos jovens em relação à música e à necessidade de uma pedagogia do som musical, retirada de seu "Musik und Gymnasialunterricht", *Zeitschrift der Internationalen Musikgesellschaft*, 1901-1902, p. 87-92.
33 Moser, "Zum Musikunterricht an den Volksschulen", *Mk*, n. 20, 1928, p. 669-670; Stäblein, "Musikwissenschaftliches im Schulmusikunterricht", *Die Musikerziehung*, n. 4, 1927, p. 389-397.

os musicólogos supervisionassem a certificação e instrução dos professores de música nas escolas fundamental e média, bem como na educação adulta[34].

Porém, à medida que a educação musical adquiria o estatuto de uma profissão independente sob as diretrizes de Kestenberg, a participação dos musicólogos se tornaria menos bem-vinda. A pressão nacionalista e antissemita contaminaria as respostas musicológicas às novas reformas: Moser dizia que os alemães, em particular, tinham o dever de levar a música a sério, pois foram e sempre seriam o "Volk der Musik", e criticava os "experimentos educacionais judaico-comunistas" de Kestenberg[35]. Não era nenhum absurdo, da parte dos musicólogos, esperar convencer burocratas e pedagogos a respeito da importância da musicologia – tanto a histórica quanto a sistemática – para a educação musical. Georg Schünemann, Bruno Stäblein, e Joseph Müller-Blattau fizeram campanhas – separadas e conjuntas – instando os educadores musicais a lançarem um olhar atento à musicologia, quando da elaboração de suas grades curriculares, e a considerarem todos os novos desenvolvimentos na música popular e na tecnologia[36].

Excluídos do processo de formulação de políticas governamentais para a educação musical, os musicólogos se voltaram para a educação não curricular, ou *Volksbildung*, um movimento que deitava raízes na noção burguesa de *Bildung*, e que se alastrou, nos anos de Weimar, para abraçar a missão de educar todas as classes sociais. A compreensão do Estado acerca da *Volksbildung* invocava o ideal socialista que encorajava e mesmo exigia que a alta cultura se tornasse propriedade comum de todas as classes. Uma das vias do governo para viabilizar essa perspectiva era prover aos trabalhadores ingressos a preços reduzidos para eventos culturais e patrocinar cursos e palestras pós-expediente.

A *Volksbildung* musical ia muito além da escola e seu objetivo era construir uma ponte entre a música e o povo.

---

34 Moser, "Die äussere und innere Krisis in der Musikwissenschaft", op. cit., p. 44-45.
35 Moser, "Die Stellung der Musik im deutschen Geistesleben der Gegenwart", DMJb, n. 2-3, 1925, p. 116-118, 121.
36 Schünemann, "Gegenwartsfragen der Musikerziehung", JbMP, 1928, p. 25-31; Idem, "Gebrauchsmusik und Erziehung", Mk, n. 21, 1929, p. 434-436; Stäblein, "Musikwissenschaftliches im Schulmusikunterricht"; Müller-Blattau, "Grundsätzliches zur Musikerziehung", Die Musikerziehung, n. 5, 1928, p. 3-12.

Os musicólogos se julgavam aptos a participar desse processo; primeiramente, esclarecendo ao público as raízes históricas do problema; em segundo lugar, instruindo as massas sobre as sutilezas da arte musical. Nas interpretações acerca da história da música publicadas na imprensa não especializada, os pesquisadores explicavam que as classes sociais sempre se refletiam em tipos distintos de música[37], que a música do século XIX havia se tornado muito subjetiva e alienada do povo, e que essa alienação podia ser associada a uma série de enfermidades da sociedade moderna. Ademais, alguns culpavam a tecnologia por gerar um processo de declínio espiritual e inspirar a reverência pelo exibicionismo técnico[38], enquanto outros culpavam o materialismo, que permitira aos artistas serem subjetivos e egocêntricos e perderem seu vínculo com o público[39]. Apesar das tentativas da República de Weimar de aproximar a música das pessoas, o virtuose continuava a prosperar com seu elitismo esnobe proveniente da era guilhermina[40].

Os musicólogos começaram a esposar a crença de que a música devia voltar a servir ao povo, e anteviram que um papel lhes era destinado nesse processo. Já em 1918, Johannes Wolf descreveu o musicólogo como aquele que executava "a mais nobre tarefa, a da educação pública (*Volkserziehung*)"[41]. Outros ofereciam sugestões aos educadores, compositores e ao próprio Estado, aconselhando que se cultivasse a música folclórica, se incentivasse a participação dos amadores[42] e se remodelasse os objetivos da composição moderna[43]. Hans Mersmann solicitou ao estado a implantação de um sistema de educação pública que criasse programas para cultivar a música folclórica, organizar

---

37   Muitos acreditam que essa estratificação começou no século XIX, mas Karl Gustav Fellerer contesta, afirmando que ela teria existido já durante a Idade Média. Fellerer, "Gesellschaftsform und musikalischer Stil", *DTZ*, n. 29, 1931, p. 206.
38   Jöde, "Musik und Volk", *Deutsches Volkstum*, 1919-1920, p. 139-143.
39   Orel, op. cit., p. 1-4.
40   Unger, "Volksbildnerische Aufgaben der Musik", *Österreichische Rundschau*, n. 17, 1921, p. 950-952; *AMZ*, n. 48, 1921, p. 791.
41   Wolf, "Musikwissenschaft und musikwissenschaftlicher Unterricht", op. cit., p. 179 e 533.
42   Mersmann, "Volk und Musik", *AMZ*, n. 45, 1918, p. 511-512; Moser, "Stellung der Musik", op. cit., p. 123-126.
43   Wellesz, "Der Musiker und diese Zeit", *Melos*, n. 8, 1929, p. 219-220.

concertos públicos em áreas urbanas e em pequenas cidades e vilarejos, e promover palestras e oficinas em apreciação musical[44]. Egon Wellesz ofereceu sugestões parecidas, propondo que o Estado estabelecesse comitês que organizassem e promovessem concertos para trabalhadores e, através da educação, conseguissem integrar a música ao cotidiano[45].

Os políticos de Weimar consideravam a música um meio eficaz para mitigar as cisões da sociedade alemã do pós--guerra[46]. Os musicólogos também acreditavam que a música era um instrumento crucial de nivelamento na nova democracia e um meio para unificar a nação alemã. Georg Schünemann, Wilibald Gurlitt, Leo Schrade e Joseph Müller-Blattau, para citar alguns nomes, ecoavam a crença de que a música podia amenizar as diferenças, que a prática musical comunitária podia curar as feridas da cindida sociedade alemã, e que a democratização da educação musical era o meio para esse fim[47].

Os acadêmicos não só escreviam sobre *Volksbildung*, mas se engajavam praticamente no processo, participando dos programas de educação de trabalhadores adultos. Alguns logo perceberam que a realização de seus ideais era mais difícil do que imaginavam. Kretzschmar já havia advertido que, a despeito das boas intenções dos socialistas, o fosso crescente entre a música da burguesia e a dos trabalhadores não podia ser transposto com a simples redução no preço dos ingressos[48]. Nessa mesma linha, Egon Wellesz condenou uma cultura imposta à força ao proletariado[49]. De fato, os pesquisadores saiam da academia sem muito preparo para as reações de um público sem educação. Moser se queixava amargamente do baixo honorário que recebia por suas palestras para a "educação do povo" – "Bildung zum Volke" –, e da frustração de ver seu público proletário adormecer durante sua fala erudita. Ele endossava a *Volksbildung* enquanto

---

44 Mersmann, "Volk und Musik", op. cit., p. 511-513.
45 Wellesz, "Die sozialen Grundlagen der gegenwärtigen Musikpflege", *Der Friede*, n. 3, 1919, p. 300-301.
46 Holtmeyer, *Schulmusik und Musiklehrer*, p. 86, 94-95.
47 Schünemann, "Gegenwartsfragen der Musikerziehung", op. cit.; Schrade, "Über das Bildungsethos in der Musikerziehung", *DTZ*, n. 29, 1931, p. 157-159; Gurlitt, "Zur heutigen Musikerziehung", *DTZ*, n. 28, 1930, p. 350-351; Müller-Blattau, "Grundsätzliches zur Musikerziehung", op. cit.
48 Kretzschmar, op. cit., p. 126-127.
49 Wellesz, "Die sozialen Grundlagen", op. cit., p. 300-301.

princípio, mas criticava a sua aplicação, insistindo, de um lado, que o público recebesse um melhor preparo, e rejeitando, por outro, o mito da "fome de educação" do homem comum[50].

A MUSICOLOGIA E O MOVIMENTO AMADOR, 1918-1945

Graças à sua polivalência, e para a sua sorte, os musicólogos não dependiam somente das palestras para entabularem uma relação com o público. Em função do crescimento avassalador das atividades musicais amadoras, eles respondiam com sua típica instrução escolar, mas também procuravam ofertar contribuições mais tangíveis ao movimento. Ao fim e ao cabo, os musicólogos exerceram uma influência muito maior na arena da música amadora do que na educação, nas questões profissionais ou mesmo na política. Estavam bem equipados para isso. Com seu conhecimento histórico, experiência como diretores musicais práticos e competência editorial na área de música antiga, os musicólogos podiam: 1. destacar o importante papel das atividades musicais amadoras ao longo da história alemã; 2. orientar as performances práticas; e 3. disponibilizar aos músicos amadores repertório exequível de compositores alemães menos conhecidos. Seu saber cada vez maior sobre história da música alemã prestava-se a um variado leque de propósitos nacionalistas. Seja como for, sua ação junto ao movimento musical amador tornou-se seu maior sucesso fora das universidades, estendendo-se do período de Weimar até o Terceiro Reich, e se constituindo no mais valioso serviço da musicologia à "comunidade do povo".

O surgimento do movimento amador permitiu aos musicólogos esclarecer o público acerca dos precedentes históricos desse movimento e interpretar o significado dos amadores para a sociedade moderna. Moser, como parte de sua campanha em defesa dos direitos dos músicos profissionais, publicou uma pesquisa de caráter histórico, levemente polêmica, sobre a distinção entre amadores e profissionais. Seu intuito era mostrar que o norte

---

50 Moser, "Aus musikalischer Volksbildungsarbeit", *AMZ*, n. 50, 1923, p. 683-684.

europeu sempre privilegiou mais o profissional, diferentemente do sul do continente, onde prevaleceu a tradição amadora. A pesquisa concluía que as esferas profissional e a amadora deveriam reconhecer-se a si próprias e se respeitar mutuamente, mas a partir da preservação de suas diferenças[51]. Porém, o renascimento da música amadora se encaixava muito bem na perspectiva socialista da história da música. De acordo com ela, o marcado declínio da *Hausmusik* (música doméstica) no final do século XIX coincidiu com a admiração burguesa pelo virtuose, assim como seu recente renascimento coincidiu com a consciência crescente das massas sobre a necessidade de uma expressão musical própria[52]. Essa concepção da *Hausmusik* como um fenômeno pré-burguês sintonizava-se com os ideais dos líderes de Weimar[53].

Os musicólogos também davam conselhos práticos ao Estado e à indústria da música. Por ser um meio barato e relativamente informal de desfrutar música, a *Hausmusik* prosperou na República de Weimar em consequência da depressão econômica, que reduzira drasticamente a presença do público nos concertos e criaria uma demanda por entretenimento doméstico[54]. Os musicólogos, mencionando as antecipadas contribuições de Hugo Riemann para a promoção dessa música[55], arvoravam-se eles mesmos em autoridades nessa área e ofereciam sugestões práticas para dar continuidade à sua expansão. Johannes Wolf, ao ilustrar a importância da *Hausmusik* no curso das épocas, sustentou a tese de que seu cultivo saudável em casas, escolas e no movimento da juventude era o único antídoto contra a mecanização da música e um caminho seguro para que a música alemã preservasse sua posição de liderança no mundo[56]. Eugen Schmitz recomendava medidas econômicas

---

51 Moser, "'Amateur' und 'Professional'", *Mk*, n. 20, 1928, p. 785-793.
52 Schünemann, "Die Lage der Hausmusik", *Mk*, n. 24, 1932, p. 561-562.
53 Blessinger, "Repertoirebildung und Gebrauchsmusik", *AMZ*, n.: 56, 1929, p. 311; Schünemann, "Lage der Hausmusik", p. 561.
54 Jöde, "Jugendmusikbewegung und Hausmusik", *Mk*, n. 24, 1932, p. 568.
55 Steglich, "Hugo Riemann als Förderer der Hausmusik durch Neuausgaben alter Tonwerke", *ZfM*, n. 86, 1918, p. 178-181.
56 "Os tempos estão difíceis e o campo da música está fortemente ameaçado pela mecanização [...] Porém, uma vez que a música, tanto vocal quanto instrumental, continua a ser valorizada nas escolas, temos certeza de que a música alemã não deixará de manter seu valor mundial e nem perderá sua posição de liderança." Wolf, "Hausmusik", *DTZ*, n. 28, 1930, p. 215.

para estimular a *Hausmusik*, sugerindo que instrumentos baratos, como o violão e o clavicórdio, fossem produzidos em massa para substituir o alaúde e o piano, e que o Estado evitasse a escassez de papel ao aumentar o preço do repertório musical destinado ao entretenimento "inútil" e ao manter os preços da música de arte no mínimo[57]. Essa sugestão encontrava eco nas lideranças do *Jugendmusikbewegung*, que também tentavam promover o renascimento de instrumentos antigos como a flauta, a viola da gamba e o cravo, estimulando o uso de instrumentos alternativos, como o violão no lugar do alaúde, para a execução de músicas que, de outro modo, seriam consideradas obsoletas[58]. Em 1932, Schünemann reiterou a necessidade de se promover a *Hausmusik*, não apenas porque sua longa história demonstrava a superioridade musical da Alemanha, mas também porque ela beneficiava a indústria musical e editorial[59].

No entanto, de um modo geral, os musicólogos da era Weimar estavam empenhados em estreitar o contato com os amadores, em publicar informações que atendessem a um público mais amplo e, algumas vezes, em participar ativamente de suas organizações. Diversos musicólogos proeminentes (Schering, Schünemann, Max Friedländer, Moser e Fritz Stein) entraram em cena através da primeira convenção da Força-Tarefa Independente para as Sociedades Corais da Alemanha (Arbeitsgemeinschaft für das Deutsche Chorgesangwesen), em 1928. Na presença de autoridades governamentais, muitos deles expressaram sua convicção de que as sociedades corais deviam ser

---

57 Schmitz, "Die Zukunft der Hausmusik", *Hochland*, n. 17, 1919-1920, p. 254-256.
58 Treml, "Wie konnen wir Lauten und Gitarren erfolgreich in unser Musizieren einbeziehen?", *ZfH* 2/32, rtp. em *DJ*, p. 358-360; "Österreichische Blockflöten- und Gambenspieltage, Ostern 1932", *ZfH* 5/32, rtp. em *DJ*, p. 361; Lehmann, "Abendspielwoche für Gitarre und Laute in Kassel", *Zeitschrift für Schulmusik* 1/31, rpt. em *DJ*, p. 364-367; Reichenbach, "Blasinstrument", *Der Kreis*, 1932-1933, rpt., em *DJ*, p. 364-367; Reusch, "Von unseren Blockflöten", *Der Kreis* 7/29, rpt. em *DJ*, p. 367-368; Kurka, "Blockenflötentagung", *Der Kreis* 2/31, rtp., em *DJ*, p. 370-371; Gofferje, "Blockeflöten, die grosse Mode", *Die Singgemeinde* 5/31, rtp., em *DJ*, p. 371-374; Harlan, "Bärenreitergamben und Bärenreiterfideln aus den Peter Harlan-Werkstätten, Markneukirchen", *Lied und Volk* 8/31, rtp., em *DJ*, p. 375-376; idem, "Das Klavichord", *Die Singgemeinde* 6/27, rtp., em *DJ*, p. 377-379; Just, "Die Barockinstrumente in der Gegenwart", *Musik und Gesellschaft* 1/30, rtp., em *DJ*, p. 383; e Ameln, "Alte Musik auf alten Instrumenten", *Die Singgemeinde* 6/31, rtp., em *DJ*, p. 384-386.
59 Schünemann, "Lage der Hausmusik", op. cit., p. 561-564.

promovidas, dada sua natural dimensão comunitária, e apoiadas pelo Estado e municípios para contrabalançar a atração exagerada do público pelo esporte e pelo cinema[60].

O *Jugendmusikbewegung* também forjou elos duradouros com os musicólogos. Muitas de suas ideias programáticas foram extraídas dos escritos de Ernst Kurth e August Halm, conseguindo atrair alguns acadêmicos para o interior de algumas de suas questões mais controversas – como os problemas de liderança e o da crítica de sua "pseudoestética"[61]. Sobretudo os acadêmicos jovens (aqueles nascidos após 1890) participaram do Movimento da Juventude. Certo número de musicólogos que fariam nome enquanto autoridades intelectuais na Alemanha e no exterior – incluindo Hans Joachim Moser, Joseph Müller-Blattau, Hans Mersmann, Walther Lipphardt, Friedrich Blume, Willibald Gurlitt, Heinrich Besseler, Manfred Bukofzer, e Wilhelm Ehmann – desempenharam papéis proeminentes em convenções, performances, encontros e publicações[62]. Mersmann foi coeditor de *Das Neue Werk*, uma coletânea de obras contemporâneas, ao lado de Fritz Jöde, o fundador do movimento, e de Paul Hindemith; Moser e Müller-Blattau fizeram parte do conselho editorial do periódico *Die Singgemeinde*[63]. Alguns desses mesmos pesquisadores, treinados na velha tradição filológica *démodé* da musicologia histórica, mais tarde redirecionariam seu trabalho à pesquisa da música folclórica, atribuindo a origem desse interesse à sua experiência no Movimento da Juventude[64].

---

60 Engel, "I Kongress für Chorgesangwesen in Essen, 8-10 out. 1928", *DTZ*, n. 26, 1928, p. 329-331.

61 Cf. Moser, "Noch ein Wort zur musikalischen Jugendbewegung" *AMZ*, n. 53, 1926, p. 381-382, e a resposta de Hesse, "Zur Frage der Führung in der Jugendmusik", *AMZ*, n. 53, 1926, p. 527-528.

62 *DJ* p. 168-170, 323, 356, 393, 748, 752, 963-965, 895, 1009, 1016-1018. Bukofzer não é mencionado nesse volume, no entanto, juntamente com Besseler, Moser e Mersmann, ele contribuiu com o principal periódico do movimento, *Die Musikantengilde*.

63 *DJ*, p. 195, 318.

64 Cf. a relevante discussão de Kurt Huber e Joseph Müller-Blattau no capítulo 6. Müller-Blattau também destinou uma seção significativa de sua monografia de 1932 sobre música folclórica alemã à história do Movimento da Juventude, enaltecendo seus esforços, entre eles a salvação da tradição folclórica. Müller--Blattau, *Das deutsche Volkslied*, p. 121-136.

No início do Terceiro Reich, muitos outros musicólogos aliaram-se ao esforço permanente do cultivo de um relacionamento com os músicos amadores. Em contraste com o Movimento da Juventude, apenas poucos musicólogos tiveram um papel destacado nas organizações musicais amadoras nazistas: Gotthold Frotscher trabalhou como consultor musical da Liderança da Juventude Nazista e foi editor de sua revista; Siegfried Goslich foi consultor musical da Deutsches Volksbildungswerk, uma divisão da KdF[65]. Mas os musicólogos continuaram a vender suas mercadorias ao público enquanto historiadores, diretores de música e editores de música antiga.

Os periódicos destinados à música amadora apareceram no final dos anos de 1920, e no começo dos anos de 1930 já haviam oferecido uma oportunidade para os musicólogos se aproximarem dos amadores. O ano de 1932 marcou a primeira celebração nacional da *Hausmusik* ("Tag der deutschen Hausmusik"), e também foi o ano da criação de um novo periódico de *Hausmusik* (originalmente chamado de *Collegium Musicum*, foi rebatizado no ano seguinte: *Zeitschrift für Hausmusik*). As primeiras edições traziam artigos de Müller-Blattau sobre a performance da música antiga e sobre a história e o repertório dos instrumentos de corda[66]. Volumes posteriores, especialmente os de 1937 a 1942, incluíam contribuições de Moser, Wilibald Gurlitt, Wilhelm Ehmann, entre outros. Eles davam orientações a respeito de fontes de repertório, esboçavam a história da prática musical amadora e ensinavam noções elementares de música[67]. Esse era o caso, aliás, da revista de

---

65 Prieberg menciona que Heinrich Besseler fez um discurso no Musiktage der HJ in Erfurt em 1935, mas não menciona com clareza a fonte dessa informação. Prieberg, *Musikim NS-Staat*, p. 255.
66 Müller-Blattau, "Collegium musicum" (observações introdutórias à primeira questão), rpt. em *DJ*, p. 459-460; idem, "Viola, Bass und Geigen", *CM*, n. I, 1932, p. 61-64.
67 Cf., por exemplo, Ehmann, "Die Liederstunde des Volkes", *ZfH*, n. 5, 1936; Gurlitt, "Unser Weihnachtssingen", *ZfH*, n. 9, 1940; Müller-Blattau, "Cesar Bresgen Kantaten", *ZfH*, n. 7, 1938; Moser, "C.P.E Bach und die Hausmusik", *ZfH*, n. 7, 1938; idem, "Hausmusik der Romantik", *ZfH*, n. 8, 1939; idem, "Innsbruck, ich muss dich lassen", n. 8, *ZfH*, 1939; idem, "Musikalische Formen", *ZfH*, n. 10, 1941; idem, "Lenze und Herbste der Musikepoche", *ZfH*, n. 11, 1942; e idem, "Genie und Talent, Gross- und Kleinmeister der Musik", *ZfH*, n. 11, 1942. Walther Lipphardt também fez muitas contribuições sobre o repertório da música folclórica.

música-coral *Die Musikpflege*, fundada em 1930, mas que só veio a receber contribuições de musicólogos renomados (Wolf, Blume, Bücken e outros) depois de 1934, quando subordinou-se à Câmara de Música do Reich[68].

Mesmo entoando cânticos de louvor aos nobres amadores, os musicólogos não deixaram de atentar às carências e limitações desse movimento, aconselhando os educadores e compositores a ajudarem no cultivo da música amadora através de suas aulas e obras[69]. A única mudança entre o discurso da época de Weimar e o da época de Hitler foram as homenagens às lideranças nazistas. Fritz Stein, por exemplo, ressaltava a importância do canto coral como uma atividade comunitária, mas afirmava que só depois da revolução nacional-socialista os grupos corais poderiam transcender as diferenças de classe[70], embora as chamadas sociedades corais proletárias e burguesas há muito houvessem deixado de apoiar qualquer identidade de classe, entre seus membros e no repertório. Essas declarações tentavam retratar o crescimento do movimento amador enquanto um fenômeno nacional-socialista, mas, em realidade, ecoavam práticas e princípios estabelecidos durante a República de Weimar e continuavam a sublinhar os objetivos socialistas do movimento amador.

A contínua confiança nos ideais socialistas ao longo da era nazista desvelou-se na discussão sobre o termo *Hausmusik*. Friedrich Blume procurou dissociá-lo de sua conotação burguesa. Redefiniu o gênero como uma prática que remontava aos tempos de Lutero – tempos em que a vivência musical, os sentimentos comunitários e a emoção religiosa eram mais importantes do que a expressão da individualidade – e o comparou à sua função contemporânea[71]. A *Hausmusik*, em sua conotação mais

---

68 Entre os colaboradores estão Wolf ("Aus der Geschichte grosser Kantoreien", *MPf*, n. 4, [1933-1934], p. 321-333), Blume ("Bach und Händel, Zum Gedenkjahr", *MPf*, n. 5 [1934-1935], p. 74-79; "Der Chor als Träger der städtischen Musikpflegens", *MPf*, n. 7 [1936-1937], p. 250-258; "Individuum und Gemeinschaft im Chorgesang", *MPf*, n. 9, [1938-1939], p. 45-58) e Bücken ("Das rheinische Volkslied", *MPf*, n. 8 [1937-1938], p. 104-107; havia ainda várias contribuições de Moser e Stein.
69 Frotscher, "Laientum und Dilettantismus", *VME*, n. 2, 1936, p. 209-213; Scholz, "Die Intellektuellen der Musik", op. cit., p. 383-385; Blessinger, "Künstler, Kenner und Liebhaber", *Volk und Welt*, n. 5, jan. 1937, p. 71-74.
70 Stein, "Das einheitliche deutsche Chorgesangwesen", *MPf*, n. 4, 1933, p. 12.
71 Blume, "Hausmusik heute und zur Zeit Luthers", *DTZ*, n. 31, 1933, p. 140-141.

estrita, burguesa, havia nitidamente sobrevivido a seu propósito, apesar do declínio da burguesia, da crise econômica e da proliferação do rádio e das tecnologias de gravação. Em seu sentido histórico mais amplo, no entanto, a *Hausmusik* seria perfeitamente aplicável ao movimento amador que se expandira desde a Primeira Guerra, abarcaria a música vocal e a instrumental, e poderia ser compreendida tanto como um *revival* do primeiro barroco e do período pré-barroco quanto como um desenvolvimento de novos tipos de expressão musical[72].

A sugestão de Blume de que os amadores se voltassem à música clássica e pré-clássica era parte de uma iniciativa musicológica mais ampla visando fazer da música do passado a âncora do repertório amador. Essa música podia servir como modelo para a *Hausmusik* contemporânea em seu sentido mais amplo, não burguês, porque boa parte dela havia sido concebida como um tipo de *Gebrauchsmusik*[73]. Além do mais, a familiaridade com a música do passado alemão, em particular, podia fortalecer o orgulho da identidade nacional. A *Hausmusik* era apresentada como uma atividade que englobava toda a comunidade e como componente central da proclividade tipicamente alemã ao espírito comunitário e à hospitalidade. A antiga *Hausmusik* alemã, que data da Idade Média, poderia ser uma rica fonte para capturar o verdadeiro espírito da prática musical comunitária alemã[74]. Poder-se-ia tomar algumas obras menos conhecidas e mais fáceis de Bach e seus filhos, e mesmo de Mozart, Haydn, Beethoven – outrora rejeitados como burgueses –, e dos românticos, para ver que o caráter pró-amador da *Hausmusik* nunca se perdera na música alemã[75].

---

72 Blume, "Hausmusik", *ZfH*, n. 2, 1933, p. 62-69.
73 Frotscher, "Hausmusik und Gegenwart", *VME*, n. 3, 1937, p. 377-379; Fellerer, "Das Klavier und seine Vorfahren in der Hausmusik", *Der Musikerzieher*, n. 38, 1941-1942, p. 21-23.
74 Halbig, "Altdeutsche Hausmusik", *VME*, n. 4, 1938, p. 453-465; Gurlitt, "Unser Weihnachtssingen"; Frotscher, "Hausmusik in Vergangenheit und Gegenwart", *MJV*, n. 3, 1940, p. 225-232.
75 Schünemann, "Klassische Hausmusik", *DTZ*, n. 34, 1938, p. 26-27; Moser, "Hausmusik der Romantik"; Engel, "Hausmusik um Goethe", *VME*, n. 6, 1940, p. 206-209; e idem, "Klavierkonzert und Hausmusik", *Der Musikerzieher*, n. 36, 1940, p. 45-47, 65-67; Birtner, "Erschöpft sich die Aufgabe der Hausmusik im Musizieren leichter Spielmusik?", *Der Musikerzieher*, n. 37, 1941, p. 169-171.

Não há dúvida de que os musicólogos guardavam motivos mais secretos para promover essa música, tendo investido pesadamente em sua proliferação, em pesquisas e edições musicais. Desde a virada do século, e mais ainda desde o fim da guerra, o público havia manifestado um interesse sem precedente pela música antiga, clamando aos musicólogos que, em seus projetos de edição e em estudos sobre a prática da performance, dessem mais atenção às necessidades relativas à performance dos amadores[76]. O ruidoso despertar dos musicólogos para essa realidade se deu quando, em 1919, a Denkmäler Deutscher Tonkunst foi forçada a suspender suas publicações por falta de verba após trintas anos de uma atividade ininterrupta que rendera, aproximadamente, sessenta volumes de obras de mestres alemães. Os pesquisadores reclamavam que a Denkmäler nunca fora plenamente valorizada ou utilizada pelos músicos práticos[77], mas a suspensão de suas publicações fez com que os editores percebessem que eles tinham de atender o público ao menos parcialmente. Uma força-tarefa, reunindo musicólogos e autoridades prussianas que patrocinavam o projeto, decidiu que a Denkmäler retomaria suas publicações só depois de mudanças significativas: nas edições futuras, os comentários críticos dos musicólogos sairiam num volume em separado e as partituras seriam editadas para uma pronta utilização, tendo-se em mente o mercado do intérprete amador. Os musicólogos também ampliaram suas atividades ao dar início

---

76 Epstein, "Neue Forschungs- und Darstellungsmethoden der Musikgeschichte", *Melos*, n. 8, 1929, p. 360-363. Quando o Ministério da Educação Nazista convocou Heinrich Besseler para reorganizar o Denkmäler deutscher Tonkust, Besseler chamou atenção para o fato de que após a Primeira Guerra Mundial o interesse do público pela música antiga cresceu significativamente. "Após a Primeira Guerra Mundial, a vida musical alemã resgatou cada vez mais fortemente o passado a fim de, com base nas obras dos ancestrais, ganhar nova força e orientação para o futuro". Besseler, "Die Neuordnung des musikalischen Denkmalwesens", *Deutsche Wissenschaft, Erziehung und Volksbildung: Amtsblatt des Reichs- und Preussischen Ministeriums für Wissenschaft, Erziehung und Volksbildung und der Unterrichtsverwaltung der anderen Länder*, n. 1, 1935, p. 188. Na ocasião do septuagésimo aniversário de Hugo Riemann em 1918, Rudolf Steglich tomou Riemann como um musicólogo modelar, o qual, em suas edições acadêmicas, demonstrava sensibilidade perante as necessidades musicais do público em geral. Steglich, "Hugo Riemann als Wiedererwecker älterer Musik, " *ZfMW*, n. 1, 1918-1919, p. 605-607.

77 Wilhelm Altmann, "Die Not der Musikwissenschaft", *DMJb*, n. 2-3, 1925, p. 154-155.

a edições regionais da Denkmäler e ao produzir outras edições de música antiga destinadas à performance para séries como *Das Chorwerk, Nägels Musik-Archiv, Kammersonaten, Organum, Das Chorbuch des Musikanten,* e *Musikalische Formen in historischen Reihen*[78].

Às vésperas da ascensão nazista, os musicólogos já estavam profundamente engajados na publicação da música antiga. Em 1929, Blessinger louvaria o esforço de seus colegas em trazer recursos para o movimento amador, embora temesse que a pesada fé depositada na música antiga pelos amadores fosse uma consequência da incapacidade dos compositores contemporâneos em produzir uma música realmente útil (*Gebrauchsmusik*)[79]. Moser se voltava às orquestras amadoras, aplaudindo seus benefícios para a construção de uma comunidade, mas sublinhava que grupos assim precisavam de um repertório especial, para o qual a música antiga e a produção de compositores menos conhecidos do século XIX constituíam uma fonte abundante[80]. Como editores de música antiga, os musicólogos se deram conta da oportunidade de tornar uma preocupação acadêmico-erudita num empreendimento útil. Ao promover a performance de música antiga, eles encontraram a mais tangível e convincente forma de demonstrar o valor de seus serviços para a comunidade sem abandonar seus interesses de pesquisa. Os musicólogos encorajaram a performance de música antiga, chamando a atenção para as recentes descobertas de obras de grandes mestres esquecidos e exibiram os frutos de seu labor à comunidade ao realizar apresentações locais com grupos normalmente dirigidos pelos próprios musicólogos. O *revival* da performance da música antiga permitiu aos musicólogos manter seu padrão de cientificidade, assegurar fundos governamentais para a continuidade de seus projetos editoriais, constituir uma base firme na indústria da edição musical e demonstrar suas conexões com o povo através de sua parceria com a comunidade amadora em expansão.

---

78 Potter, "German Musicology and Early Music Performance", em Gilliam (ed.), *Musik and Performance During the Weimar Republic*, p. 97-99.
79 Blessinger, "Repertoirebildung und Gebrauchsmusik", op. cit., p. 310-311.
80 Moser, "Die Gegenwartsbedeutung der Liebhaberorchester", *DTZ*, n. 29, 1931, p. 3-5.

O PAPEL DOS MUSICÓLOGOS NA ERA NAZISTA

A promessa de amplas reformas culturais, em 1933, encorajou os musicólogos a renovarem seus esforços para alastrar sua influência política dentro do novo sistema, esforços que durante a República de Weimar haviam sido inócuos. A geração mais jovem, particularmente, mostrou um grande entusiasmo nos primeiros anos do Terceiro Reich, adotando uma série de *slogans* sobre os laços da musicologia com o povo para defender a criação de postos governamentais para musicólogos. A esperança, implícita, era de que o novo Estado permitisse que os musicólogos influenciassem o curso da política musical. Mas questões permaneciam sem resposta: o que o Estado ganharia investindo numa disciplina relativamente modesta e desconhecida? O que os serviços musicológicos gerariam para o Reich?

Na tentativa de solucionar essas questões, a Deutsche Gesellschaft für Musikwissenschaft (ou DGMW, o nome dado à DMG após 1933) centrou seu encontro de junho de 1935 na discussão sobre o papel da musicologia no novo Estado. Para os membros da Sociedade, a criação do Ministério da Propaganda e da Câmara de Cultura do Reich, juntamente com a resultante *Gleichschaltung* das numerosas organizações existentes, era motivo suficiente para suscitar questionamentos a respeito do destino da Sociedade. No intento de clarificar os musicólogos sobre o papel que lhes caberia no novo Estado, o presidente, Arnold Schering, pediu a três proeminentes membros (Ludwig Schiedermair, Ernst Bücken e Rudolf Steglich) que fizessem uma breve exposição sobre suas responsabilidades nas seguintes questões: celebrações públicas de música, atividades conferencistas e propaganda. Schiedermair, nascido em 1876, chefiava o Departamento de Musicologia de Bonn desde 1915, era fundador e diretor dos Arquivos Beethoven, conhecidos internacionalmente, e fazia parte da administração da DGMW e do setor de música da Deutsche Akademie. Bücken, nascido em 1884, fundou o Departamento de Musicologia de Colônia. Notabilizou-se como editor geral do *Handbuch der Musikwissenschaft*, publicado em vários volumes, assim como do *Handbuch der Musikerziehung* e da série biográfica *Die grossen Meister der Musik*. Publicou ainda diversos comentários a respeito da situação da musicologia. Steglich, nascido em 1886, chefe do

Departamento de Musicologia de Erlangen, foi figura-chave no *revival* de Haendel durante os anos de 1920, quando trabalhou como editor do *Händel-Jahrbuch*, e esteve prestes a assumir a editoria da revista da Sociedade. Todos os três buscavam soluções para uma questão central: se, por um lado, a musicologia precisava convencer o Estado sobre suas próprias necessidades, de outro, qualquer regulamentação sugerida pelo governo devia ser submetida ao controle dos próprios musicólogos.

Devido aos limites de tempo, suas ideias não puderam ser apresentadas no encontro anual: foram publicadas na revista. Steglich discutiu a questão do potencial da Sociedade como um agente de propaganda ("Zum Propagandawesen der Deutschen Gesellschaft für Musikwissenschaft"). Uma vez que, segundo Steglich, a musicologia já era uma forma de propaganda, qualquer tipo de regulamentação de sua *Propagandawesen* só podia consistir em algumas poucas precauções adicionais destinadas a clarificar o propósito da musicologia ao público: a musicologia deveria manter uma estreita comunicação com a imprensa diária e as revistas populares; enlaçar-se com críticos e escritores dedicados ao tema da música; encorajar a cooperação com músicos, educadores musicais e o público em geral; então, demonstrar "que a musicologia existe, que é necessária, que é vital"[81]. Bücken também apoiava a ideia de que a musicologia devia se colocar à disposição da propaganda. Ao abordar o tema do musicólogo como conferencista ("Das musikwissenschaftliche Vortragswesen"), recomendava que a musicologia se centrasse mais nas "questões atuais" (*Zeitfragen*) no sentido de Kretzschmar, enfrentando os novos problemas com "a arma afiada da palavra falada" – o mais urgente destes problemas sendo a questão da pesquisa racial e da política musical. Ele acreditava em regulamentar as conferências públicas para tornar as discussões das questões prementes acessíveis tanto ao *expert* quanto ao amador. Como conferencistas, os musicólogos deviam atuar junto às organizações estudantis, agências de assinatura de concertos (a NS-Kulturgemeinde, em particular), rádios e no intercâmbio cultural com alemães étnicos em regiões distantes (em colaboração com o Ministério da Propaganda e a Deutsche Akademie).

81 "Mitteilungen der DGMW", *ZfMw*, n. 17, 1935, p. 374.

Essas atividades, no entanto, teriam de ser realizadas através da Sociedade, que ficaria responsável por regular – mas não censurar – as convenções musicológicas[82].

As declarações mais contundentes foram as de Schiedermair, que posteriormente sucederia Schering como presidente da Sociedade e conduziria a organização para um plano de maior cooperação com o Ministério da Educação e o Ministério da Propaganda nazistas. Em suas declarações sobre a participação dos musicólogos nas celebrações musicais com significado histórico ("Beteiligung der deutschen Musikwissenschaftler an öffentlichen Musikfeiern historischen Gepräges"), enfatizava a necessidade da musicologia superar seu complexo de inferioridade, emergir "consciente do povo e cheia de força" e anexar-se a uma moldura cultural mais ampla, evitando que o novo Reich a excluísse do processo de reorganização da vida musical. Para tanto, obviamente, era preciso direcionar a pesquisa histórica para o fortalecimento da consciência nacional e buscar uma forma mais concreta de participação na vida musical. Na época de Kretzschmar, essa participação havia sido uma força primária da musicologia, mas foi enfraquecendo à medida que a disciplina se especializava e perdia suas conexões com o povo[83]. Dessas declarações extrai-se que os musicólogos ainda intentavam encontrar seu nicho na sociedade, lutavam para influenciar o curso da política musical, mas também temiam interferências estatais em seus assuntos internos.

As vias para influenciar a política da educação musical continuavam obstruídas, como antes. A despeito dos reparos da administração cultural, o regime nazista pouco fez pela reforma da educação musical, e a profissionalização dos educadores musicais continuou subordinada às diretrizes de Kestenberg, de 1933, embora ele estivesse oficialmente desacreditado por ser judeu[84]. Apenas na Áustria, onde os musicólogos começaram a lidar com a burocracia alemã após o *Anschluss*, em 1938, surgiram tentativas de influenciar a política da educação musical. Erich Schenk, chefe do Departamento de Musicologia da Universidade de Viena, esboçou uma longa proposta para o Ministério da Educação do

---

82 Ibidem, p. 372-373.
83 Ibidem, p. 370-371.
84 Holtemeyer, op. cit., p. 122, 165.

Reich, em dezembro de 1940, sugerindo que um novo currículo para os educadores musicais fosse subsumido ao seu Departamento de Musicologia, mas a proposta foi sumariamente rejeitada pelo Ministério[85]. Por outro lado, não havia necessidade de se destruir o útil trabalho de Kestenberg, especialmente pelo fato de que o Estado nazista prometera continuar valorizando a educação como um dos meios mais fortes para forjar o pensamento e garantir a adesão total ao regime das gerações atuais e futuras. Como gesto de seu ostensivo compromisso com a educação, a revista da Associação dos Compositores e Professores de Música Alemães do Reich mudou seu nome de *Deutsche Tonkünstlerzeitung* (Revista dos Compositores Alemães) para *Der Musikerzieher* (O Educador Musical), substituindo a noção burguesa da música como expressão do espírito artístico livre (simbolizada pelo compositor) pela ideia da função educativa da música a serviço da comunidade (simbolizada pelo professor de música).

De um modo geral, os musicólogos meramente continuaram a oferecer conselhos e a enfatizar o aspecto musicológico na educação, acrescentando uma retórica política e ideológica atualizada para reforçar suas sugestões. Karl Gustav Fellerer, diretor do Departamento de Musicologia de Colônia a partir de 1939, e destacado especialista em música sacra católica, insistia em que os educadores musicais fossem bem versados em todos os ramos da musicologia – tanto na histórica quanto na sistemática – para refinarem sua compreensão sobre processos biológicos, tipos de talento e diferenças raciais, e para apresentar a música antiga aos estudantes como uma arte viva e um "sintoma da criatividade intelectual do povo"[86]. Alfred Quellmalz, adicionalmente, demandava que os educadores possuíssem um domínio minucioso da pesquisa sobre música folclórica e usassem seus conquistados conhecimentos acerca das diferenças raciais para identificar os traços aceitáveis e degenerados da música artística, a fim de transmitirem aos estudantes os elementos da essência alemã[87]. Quando Erich Valentin argumentou a favor de uma formação em história da música mais sólida para os

---

85 ZStA REM Nr. 2176, Bl. 5-8.
86 Fellerer, "Musikerziehung und Musikwissenschaft", *VME*, n. 8, 1942, p. 2-3.
87 Quellmalz, "Volksliedkunde und Musikerziehung", em Stumme (ed.), *Musik im Volk*, 2. ed., p. 378-383.

educadores musicais, tinha por base o adágio de que "o ideal da educação do novo Estado é o mesmo que o de seus objetivos políticos: a totalidade"[88]. Elogios ao novo Estado também podiam amortecer os golpes críticos ao governo. Fritz Stein, nascido em 1879, era professor em Kiel, onde atuava, ainda, como regente. Stein se tornou diretor do Conservatório de Berlim em 1933 e trabalhou para a Câmara de Música do Reich promovendo atividades corais no Terceiro Reich. Exaltando a ênfase do nacional-socialismo na educação, lamentava o fato de que as produções teatrais tivessem recebido mais verba do que a educação das futuras gerações de músicos. E se tal afronta não bastasse, afirmava que o dinheiro não estava sendo destinado à promoção da música alemã, e que o custo de apenas um subsídio estatal à produção de uma ópera *estrangeira* poderia sustentar vinte estudantes alemães de música por três anos[89].

Os musicólogos continuavam a afirmar publicamente seu compromisso com a *Volksbildung*, mas também aqui adaptaram seus parâmetros à nova ideologia. O termo *Volk* não se referia mais ao proletariado e sim à nação alemã. Os acadêmicos da musicologia borravam a distinção entre alta e baixa cultura. Insistiam que a música do *Volk* correspondia à música alemã nativa – incluindo a música séria[90] –, e que a música de entretenimento (Unterhaltungs- und Gebrauchsmusik), considerada baixa cultura, e por isso a música das massas, era obra das raças estrangeiras e degeneradas, na sua maior parte devendo ser excluída de qualquer programa de *Volksbildung*. Desse ponto de vista, a *Volksbildung* musical teria de ser reordenada para "formar a humanidade a partir da herança *völkisch* e da constituição racial", e fortalecer "o organismo biológico da estrutura *völkisch*"[91].

O interesse reiterado pela *Volksbildung* permitiu que os musicólogos realizassem outra transição suave: a do socialismo

---

88 Valentin, "Musikgeschichte als Bildungsfaktor: Ein Beitrag zum musikalischen Erziehungsproblem", AMZ, n. 62, 1935, p. 195-196.
89 Stein, "Musikkultur und Musikerziehung. Gedanken und Erfahrungen aus dem Bereich einer Hochschule für Musik", DMK, n. 1, 1936, p. 18-24.
90 Wiora, "Volk und Musik", Melos, n. 12, 1933, p. 269-276; idem, "Volk und musikalische Hochkultur", Melos, n. 13, 1934, p. 2, 4.
91 Goslich, "Musikerziehung im Deutschen Volksbildungswerk", em Stumme (ed.), op. cit., p. 183, 185; Korte, "Bildungs- und Ausbildungsfragen der Musik", Mk, n. 28, 1936, p. 348.

para o nacional-socialismo. A burguesia culta do século XIX (*Bildungsbürgertum*) continuou como o inimigo comum, dado que havia perdido sua utilidade tanto para a sociedade proletária quanto para a nova nação alemã. Num artigo de 1934, primeiramente publicado em um órgão do Partido Nazista, o *Völkischer Beobachter*, Gotthold Frotscher ecoou os sentimentos dos pedagogos da música dos anos de 1920, a saber, de que a educação musical poderia atar as classes sociais díspares e as convenções burguesas deveriam ser submetidas às necessidades da *Volksbildung*. Porém, Frotscher modelava suas afirmações enquanto novas possibilidades oferecidas pelo Estado nazista[92]. Frotscher galgou os degraus da academia durante o Terceiro Reich, conseguindo uma vaga na Faculdade de Berlim e sendo aclamado por sua história da música de órgão, ao mesmo tempo que se manteve musicalmente ativo na Juventude Hitlerista. Werner Korte, nascido em 1906, diretor do Departamento de Musicologia de Munique desde 1932, também justapôs sentimentos puramente socialistas aos objetivos traçados por Hitler e Rosenberg, atacando as salas de concerto burguesas, entendidas enquanto instituições superficiais, e sugerindo que tais espaços fossem explorados por seu potencial educativo, de modo a ensinar o público a distinguir entre a música que emana da essência alemã e o charlatanismo degenerado dos judeus e virtuoses. O antissemitismo e os ataques ao legado cultural burguês andavam de braços dados. Era lugar-comum associar o individualismo do século XIX e a perda de raízes populares da música à chicanice da vida cultural supostamente dominada pelos judeus, e culpar Schoenberg e os críticos judeus por confundir os juízos de valor[93].

Um novo termo, *Volksmusik*, referente à educação musical tanto de jovens quanto de adultos, foi mais amplamente utilizado para distinguir entre a versão nacional-socialista da *Volksbildung* musical e agendas anteriores. Supostamente, o conceito nacional-socialista de *Volksmusik* remontava a Hermann Kretzschmar. Houve mesmo quem tentasse tingir o caráter de Kretzschmar com inclinações nacional-socialistas. Hermann Halbig afirmou que Kretzschmar tinha um vínculo filosófico

---

92 Frotscher, "Begriff und Aufgabe der musikalischen Bildung", *MJV*, n. 4, 1941, p. 33-37.
93 Korte, op. cit., p. 348-356; Blessinger, *Judentum und Musik*, p. 1-16.

com Walther Schultze-Naumburg, um pioneiro da teoria racial, pois ambos haviam estado presentes numa convenção sobre educação; este destacou a linhagem nobre de Kretzschmar, sua germanidade e "firmes raízes *völkisch*"; também promoveu o Estado nazista ao criar as melhores circunstâncias para a realização dos objetivos de Kretzschmar[94]. Contudo, o termo deitava raízes profundas no Movimento da Juventude, em que evocava a música da nação como um todo, englobando tanto a alta quanto a baixa cultura[95]. O *Jugendmusikbewegung*, apesar de ter caído em descrédito, dada sua suposta "visão marxista de mundo"[96], continuou a servir como fonte de inspiração para os musicólogos interessados na *Volksbildung*. O conceito de *Volksmusik* não precisou sofrer grandes alterações para que se incorporasse às diretivas nacional-socialistas. Fritz Stein aludiu às exigências de Hitler por fanatismo na formação de artistas e viu nisso um pré-requisito para alcançar os objetivos da "Volksmusikkultur"[97]; e Goslich reconheceu a influência do Movimento da Juventude pré-1933 no delineamento dos métodos e objetivos da *Volksmusik*, mas, não obstante, concedeu a maior parte dos créditos ao Estado nazista[98]. Goslich derivou as intenções do Partido Nazista de ampliar o conceito de educação musical do parágrafo 20 do programa do Partido – o item referente à reforma educacional que expressa fins bastante parecidos àqueles dos reformadores de Weimar –, e elencou a contribuição de várias organizações partidárias e governamentais[99]. Referiu que a substituição do ensino

---

94 Halbig, "Hermann Kretzschmar als Musikerzieher", *VME*, n. 4, 1938, p. 109-115.
95 Jöde, "Jugendmusikbewegung und Hausmusik", op. cit., p. 565-566.
96 Gansser; Hesse, "Notwendige Betrachtungen zu den Ausführungen von J. Steinle, Reutlingen über 'Die musikalische Erneuerungsbewegung vor der deutschen Revolution'", *Der deutsche Erzieher*, n. 3, 1935, p. 440-441.
97 Stein, "Musikkultur und Musikerziehung", op. cit., p. 19. As aspas são de Stein.
98 Goslich, "Arbeitsfeld und Methode einer neuzeitlichen Volksmusikerziehung", em Goslich, *Musikalische Volksbildung*, p. 11-12, 14-15.
99 Goslich, "Musikschulwerk", *Mk*, n. 31, 1939, p. 444-445. No parágrafo 20 do programa do Partido Nazista (apresentado primeiramente em fevereiro de 1920), lê-se: "O Estado deve considerar a completa reconstrução do nosso sistema de educação nacional (com o objetivo de abrir a todos os trabalhadores alemães a possibilidade de acesso a uma educação superior e das vantagens decorrentes disso). A grade curricular de todo estabelecimento educacional deve ser direcionada às demandas da vida prática. O objetivo da escola deve ser o de dar ao pupilo, logo em seus primeiros indícios de inteligência, uma compreensão da ideia de Estado (através de estudos cívicos). Nós exigimos que crianças bem

privado pelos "grupos de trabalho" aliado à criação e ao sucesso das escolas de *Volksmusik* eram objetivos que só poderiam ser atingidos após a ascensão de Hitler ao poder[100]. Reportou, ainda, o enorme sucesso do Reich, a partir de 1937, no cultivo de atividades culturais em vilarejos, fábricas e escolas, geralmente em colaboração com a Juventude Hitlerista local. Goslich, nascido em 1911, obteve um doutorado em musicologia na Universidade de Berlim, em 1936, mas logo dispôs de sua carreira para servir ao Estado e ao Partido. Como consultor musical da Deutsches Volksbildungswerk, na KdF, Goslich voltou suas energias para a educação dos trabalhadores por meio de atividades musicais diárias no próprio local de trabalho, pelo ensino e pela participação em grupos musicais; e por palestras introdutórias sobre sinfonias, música de câmara, ópera, e história da música, ministradas por musicólogos e outros profissionais. Ele sonhava com uma jornada de trabalho quase militarizada, em que a música acompanharia o acordar, o hasteamento da bandeira, o trabalho, as refeições, a recreação e o recolher-se[101].

Na realidade, os musicólogos sempre tiveram pouca influência sobre a constituição dos padrões que norteariam a vida musical alemã, fossem os relativos à prática, à política ou à estética. Na Alemanha nazista, assim como na República de Weimar, os musicólogos opinavam sobre as reformas educacionais e políticas, mas não desempenhavam um papel concreto na formulação de políticas. De um modo geral, suas observações sobre música e política (*Musikpolitik*) incidiam em questões filosóficas ou de natureza histórica, ao passo que as decisões e implementações políticas reais ficavam nas mãos dos burocratas.

Após o *crash* da bolsa em 1929, alguns musicólogos começaram a pensar nas implicações de vincular a música com a política, referindo que as profissões musicais *freelance* pertenciam à era do liberalismo e estavam condenadas num país com intenções de socialização[102]. Em 1932, Karl Blessinger escreveria que a

---

    dotadas filhas de pais pobres sejam educadas, qualquer que seja a sua classe ou ocupação, às expensas do Estado." Cf. Noakes; Pridham, *Nazism*, p. 14-15.
100 Goslich, "Arbeitsfeld", op. cit., p. 20-22.
101 Idem, "Musikerziehung im Deutschen Volksbildungswerk", em Stumme (ed.), op. cit., p. 184-191.
102 Cf. Boettcher, "Zur Gegenwartslage der Berufsorganisation des 'Reichsverbandes Deutscher Tonkünstler und Musiklehrer' "*DTZ*, n. 29, 1931, p. 173-175,

música havia se tornado impotente para resistir à sua anexação a partidos políticos, correndo inadvertidamente o risco de se tornar mera ressonância de interesses culturais partidários. Para Blessinger, o pós-guerra era visto como um tempo de irrealização das promessas de renovação da vida musical e permeado pelo renitente problema da inacessibilidade do povo à música. A seu ver, a única forma de libertar a música dos poderes políticos era fortalecê-la através da educação pública[103].

Os musicólogos elaboraram um pouco mais o conceito de *Musikpolitik* com a ascensão de Hitler, a despeito de advertências isoladas quanto à exploração partidária do termo e da crescente negligência pela essência criativa da música[104]. Em 1933, dois musicólogos despontaram como os primeiros apóstolos da nova ordem e de sua política. Um deles foi Peter Raabe, especialista em Liszt e regente em Aachen, além de futuro sucessor de Richard Strauss na presidência da Câmara de Música do Reich, cargo que lhe renderia muito prestígio. Raabe era mais conhecido como administrador e músico do que como musicólogo. Doutorou-se aos 44 anos de idade, foi membro do conselho da Allgemeiner Deutscher Musikverein entre 1920 e 1937, ano de sua dissolução, e considerava-se tudo menos um educador, conquanto trabalhasse em meio expediente em Aachen e Königsberg[105]. Seus numerosos ensaios e discursos sobre política musical precedem sua nomeação à presidência da Câmara de Música do Reich em pelo menos sete anos[106], e, de longe, tiveram mais peso que suas contribuições à pesquisa musicológica.

O outro musicólogo que emergiu como um dos primeiros apóstolos do Estado nazista foi Karl Gustav Fellerer, um acadêmico alemão que trabalhou na Suíça até seu regresso à Alemanha, em 1939. Diferentemente de Raabe, Fellerer foi um pesquisador altamente respeitado como especialista em música sacra católica, de sorte que seu interesse pela *Musikpolitik* não deixa de ser mais surpreendente que o de Raabe, ativo

e outras contribuições sobre a mesma questão.
103 Blessinger, "Musik und Politik", *Der Auftakt*, n. 12, 1932, p. 1-6.
104 Albrecht, "Zur 'Musikpolitik'", *DTZ*, n. 31, 1933, p. 1-2.
105 Cf. Morgenroth, "Peter Raabe und sein Weg", em Morgenroth (ed.), *Von Deutscher Tonkunst*, p. 9-22.
106 Seu discurso "Stadtverwaltung und Chorgesang" é datado de 1928 e aparece em seu *Kulturwille im deutschen Musikleben*, p. 26-41.

em questões organizativas e figura pública. Poucos meses após a tomada de poder por Hitler, Fellerer expôs, apaixonadamente, seu ponto de vista no *Deutsche Tonkünstler-Zeitung*. Visava esclarecer aos céticos por que o desenvolvimento político na então Alemanha nazista deveria ser bem recebido. Fellerer, simultaneamente, publicou uma versão ampliada dessa apologia no *Schweizerische Rundschau* – uma revista suíça mensal para assuntos culturais – defendendo algumas das medidas chocantes já tomadas pelos censores nazistas; no artigo, também conclamava a Alemanha suíça a partilhar dos benefícios de uma sólida identidade nacional alemã.

A linguagem de ambos os artigos sugere, claramente, que Fellerer estava convicto do que dizia. Ele percebia uma paulatina dissolução da arte alemã do passado recente em função da doutrina da "arte pela arte" e de uma tolerância com todos os estilos. Na visão de Fellerer, o novo Estado nazista efetivaria uma "equalização" (ele usava os termos *Gleichordnung* e *Gleichorientierung*, semelhantes ao termo *Gleichschaltung*) e dirigiria a arte à expressão dos pensamentos e sentimentos da nação, como antes na Grécia antiga e no Oriente. Para que a música enveredasse por esse caminho, era preciso mantê-la isolada e a salvo das influências estrangeiras. Com isso, a música alemã encontraria sua força interior. Até o polêmico decreto do governo nazista proibindo as rádios de tocarem jazz combinava com as concepções de Fellerer sobre estética e história da cultura. Assim como os antigos gregos reconheceram que a música podia mudar a sociedade e que havia necessidade de regulá-la com rigor, o Estado nazista estava plenamente justificado em impor restrições ao jazz e às influências musicais estrangeiras em nome do desenvolvimento da arte e da educação do país[107].

Na versão suíça de seu artigo, Fellerer explicava que as primeiras restrições nazistas ao jazz nas rádios e em determinados locais públicos não constituíam uma ação policial, mas tinham, antes, um significado profundo para as "relações internas da Alemanha"; o Estado nazista não era um "estado policial", mas uma "comunidade do destino enraizada na *Volkstum*"[108]. Esse

---

107 Fellerer, "Musik – Ethos politikon", DTZ, n. 31, 1933, p. 103.
108 Idem, "Liberalismus und Antiliberalismus im Musikleben", *Schweizerische Rundschau*, n. 34, 1933-1934, p. 540.

firme apoio dos objetivos do Estado nazista, que o faria defender a censura e exortar os alemães residentes tanto no Reich quanto fora dele a aderirem à causa, mostra seus fortes sentimentos ante a preservação da Cultura Alemã. Sentimentos que, talvez, fossem um sintoma de sua experiência em viver num país tão multicultural quanto a Suíça. Não surpreende que Fellerer tenha aceitado com prazer a oportunidade de retornar à Alemanha em 1939 para suceder Kroyer como chefe do Departamento de Musicologia de Colônia.

A racionalização de Fellerer foi seguida por outras adesões entusiásticas de musicólogos à política musical nazista. Heinrich Besseler, nascido em 1900, destacou-se por seu vasto e erudito trabalho sobre a música da Idade Média, do Renascimento e de Johann Sebastian Bach. Na faculdade de Heidelberg, desde 1928, também participou das atividades musicais do Movimento da Juventude. Durante o Terceiro Reich, envolveu-se cada vez mais com trabalhos extracurriculares destinados a promover os interesses do Estado nazista no campo da musicologia, embora em raras ocasiões tenha publicado alguma declaração de teor político. Desse modo, seu discurso de 1934 na convenção dos filólogos, em Trier – que seria publicado em versão resumida de segunda-mão –, é digno de nota. Besseler menciona eventos em que a forte conexão entre a música e a nação havia engendrado uma "força interior", liberado uma "força primordial criativa", possibilitado a nações musicalmente robustas "seguirem uma necessidade biológica regida por uma lei interna" e deixado o talento musical original emergir da "comunidade do povo" num ambiente que se protege do "isolamento interno". Besseler aprovava decididamente a situação da Alemanha nazista e considerava as organizações e festivais musicais nascentes como "uma moldura potencial para uma nova arte elevada, que em sua mais sublime autorrealização cresce, organicamente, pelo todo"[109].

Foram feitos outros paralelos entre a Grécia antiga e a Alemanha moderna. Essa tendência pode ser rastreada já aos tempos de Bismarck, em disciplinas como a arqueologia, numa época, pois, em que o Estado investira pesadamente em

---

[109] Birtner, "Musikwissenschaft auf der 58: Philologentagung im Trier 1934", ZfMW, n. 17, 1935, p. 60.

escavações de sítios arqueológicos gregos e construíra museus opulentos para abrigar seus tesouros. A vinculação entre a Grécia antiga e a Alemanha nazista também era útil como contrapeso às pretensões de Mussolini de reviver a glória do Império Romano. Embora já nos anos de 1920 os musicólogos tivessem utilizado a Grécia antiga como padrão de medida para avaliar a vida musical moderna[110], foi com o nazismo que o estado platônico adquiriu um significado especial em sua condição de modelo para a organização da vida cultural[111]. Na convenção musicológica de 1938, durante o Düsseldorf Reichsmusiktage, o primeiro evento de musicologia organizado pelo novo Reich[112], uma sessão foi reservada ao tópico "Estado e Música", que explorou de modo significativo o tema do *ethos* platônico. A sessão foi presidida por Besseler e contou com seu *paper* intitulado "Música e Estado" (provavelmente a mesma fala proferida por ele em Trier, em 1934), junto com mais duas comunicações, uma de Rudolf Steglich e outra de Gerhard Pietzsch, ambos explorando a conexão platônica – ao menos nas versões publicadas de seus *papers*[113].

110 Walter Wiora mencionou a interdependência e a "unidade" estritas entre a música e a vida cotidiana para contrastar com a "arte livre, sem propósito e autogovernada, a 'arte pela arte'". Seu objetivo era traçar um paralelo entre a situação corrente e o período que se seguiu à Guerra do Peloponeso, na qual a ativa e comunal "griechische Volksmusikkultur" deixou de existir, e em seu lugar surgiu "uma arte nova, subjetiva e individualizada, de modo que o Volk deixou de cantar e criar, e o virtuose embarcou em sua viagem rumo à vitória." Wiora, "Altgriechische Volksmusikkultur", *DTZ*, n. 25, 1927, p.201-202. Em 1928, em resposta à reforma do sistema educacional da Prússia, Walther Vetter aludiu a um "princípio grego e humanístico de educação" que encorajasse o estudo da musicologia como um tipo de educação humanística e fosse capaz de atender às necessidades da juventude por meio de uma educação geral. Vetter, *Der humanistische Bildungsgedanke*, p. 13-30, 37-38. Cf. também Moser, "Die Bedeutung der Musik als Erziehungsfaktor im Geistesleben", em Keller; Adler et al., *Die Musikerziehung: Vorträge*, 1928; Müller-Blattau, "Grundsätzliches zur Musikerziehung", op. cit.; Schünemann, "Gegenwartsfragen der Musikerziehung", op. cit.; e Schrade, "Über das Bildungsethos", op. cit.
111 Cf., por exemplo, Bannes, *Hitlers Kampf*.
112 Para uma explicação detalhada das circunstâncias, cf. Potter, "Deutsche Musikgesellschaft", e para uma descrição mais completa dos outros textos apresentados no encontro, cf. Potter, "Wissenschaftler im Zwiespalt", em Dümling; Girth (eds.), *Entartete Musik*.
113 Steglich, "Die Elemente des musikalischen Ausdrucks im Umbruch", presumivelmente o mesmo texto publicado como "Die musikalischen Grundkräfte im Umbruch", *DMK*, n. 3, 1938-1939, p. 345-355; e Pietzsch, "Staat und Musik",

Muitas dessas discussões musicológicas usaram os modelos de Platão para uma sociedade fortemente regulada como base para a formulação de algumas linhas vagas para a *Musikpolitik* do Estado nazista. Dificilmente, porém, conseguiam propor alguma solução concreta. Fellerer, por exemplo, descreve o sistema antigo no intento de estabelecer uma conexão inequívoca entre as admoestações de Platão ao poder da música e o repúdio nazista ao jazz[114]. No entanto, ele não definiu parâmetros específicos para a música aceitável no Estado nazista. Da mesma forma, Pietzsch encontrou paralelos entre o ideal educativo platônico e as realizações das organizações partidárias nazistas. Citou as instruções fornecidas por Platão aos compositores, porém não soube ir além de algumas vagas recomendações sobre os tipos de música que o Estado nazista deveria estimular, sugerindo, apenas, que os ritmos constroem valores comunitários, mas a melodia e a harmonia não[115]. Steglich deu um passo além na tentativa de atribuir papéis específicos a elementos musicais como melodia e ritmo no novo Estado, produzindo um modelo teórico que estabelecia padrões para a música aceitável, mas novamente sem qualquer ganho real. Steglich apenas concluía que o repertório de canções patrióticas e "canções de guerra" nazistas (*Kampflieder*), especialmente a canção "Horst Wessel" – a marcha da SA adotada como hino nacional nazista –, de algum modo correspondia a esse critério altamente ambíguo[116].

Alguns outros musicólogos empenhavam-se fortemente para estabelecer critérios aos padrões musicais do estado nazista. Werner Korte atribuiu os problemas da música moderna às instituições burguesas do século XIX, que exploravam o virtuosismo e o gênio em detrimento da inteligibilidade, ao ponto de transformarem a música moderna num empreendimento "museológico". Korte admitia, porém, ser incapaz de encontrar uma música contemporânea que pudesse portar o "selo nacional-socialista"[117]. No entanto,

---

presumivelmente o mesmo texto publicado como "Die Betreuung der Musik durch den Staat", DMK, n. 3, 1938-1939, p. 464-469.
114 Fellerer, "Musik – Ethos politikon", op. cit., p. 103.
115 Pietzsch, "Betreuung", op. cit., p. 469.
116 Steglich, "Die Elemente des musikalischen", op. cit., p. 346.
117 Korte, "Bildungs- und Ausbildungsfragen", op. cit., p. 349-350. Uma interessante amostra de que não se avançou muito na solução desse problema pode ser encontrada em um artigo recente de Peter Burkholder, no qual a casa de ▶

os musicólogos, em geral, esquivavam-se de tais discussões. Até aquele momento, tinham demonstrado pouco interesse em qualquer um dos alvos de derrisão do nazismo – como o jazz e a música popular – e apenas esporadicamente haviam debatido os problemas da música moderna. A crítica aberta das vanguardas ao ideal musical nazista deixara de ser um problema quando, em 1933, os proeminentes e difamados compositores atonais tiveram de se exilar. Qualquer outra discussão sobre música degenerada raramente surgiria das fileiras da musicologia acadêmica, exceção feita a Herbert Gerigk e pouquíssimos outros[118]. Gerigk, um nacional-socialista fervoroso, chefe do Departamento de Música das organizações de Alfred Rosenberg, editor da revista *Die Musik*, ocasionalmente ventilava sua opinião a respeito da música moderna erudita e da popular, frequentemente atacando Schoenberg, o jazz e outras manifestações musicais tidas como degeneradas. Empregava argumentos raciais elaborados para justificar sua rejeição[119]. Porém, meramente desdobrava o extremismo ideológico de Rosenberg, sem prover critérios estéticos que realmente pudessem sustentar uma base política.

O historiador Michael Meyer afirmou, em diversas ocasiões, que os musicólogos haviam determinado a política musical e as diretrizes da censura no Terceiro Reich. Para tal, baseou-se, predominantemente, nos escritos e práticas dos jornalistas, historiadores e juristas, não nos dos musicólogos[120]. A criação da

▷ concerto é comparada a um museu para a música artística contemporânea (Burkholder, "Museum Pieces", *Journal of Musicology*, n. 2, 1983, p. 115-134.).
118 Orel, "Zeitgenössische Musik in der Ostmark", *Die Pause*, n. 4, 1939, Heft 4-5: p. 166; Schmitz, "Mut zur Einfachheit", *AMZ*, n. 67, 1940, p. 201-202.
119 Ver, por exemplo, seu "Eine Lanze für Schoenberg!", *Mk*, n. 27, 1934, p. 87-91; "Die Unterhaltungsmusik im Rundfunkprogramm", *Mk*, n. 26, 1933, p. 13-18; "Die leichte Musik und der Rassegedanke", *NSM*, n. 7, 1936; e "Was ist mit der Jazzmusik?", *Mk*, n. 30, 1938, p. 686. Os últimos dois artigos foram extraídos de Wulf, *Musik im Dritten Reich*, p. 360, 387-388.
120 Em seus artigos "Musicology in the Third Reich", *European Studies Review*, n. 8, p. 349-364, e "Nazi Musicologist", *Journal of Contemporary History*, n. 10, p. 649-665, Meyer se refere a Friedrich Welter como "influente" ("Musicology in the Third Reich", p. 358) e "um musicólogo de reputação" ("Nazi Musicologist", p. 655) e a Walter Abendroth como "o respeitado musicólogo nazista" ("Nazi Musicologist", p. 654. Da mesma forma, ele se refere àqueles que discutiram as questões jurídicas da RMK, Karl Friedrich Schreiber, os advogados Willi Hoffmann e Wilhelm Ritter, entre outros, como "musicólogos" (Nazi Musicologists, p. 657-658; "Musicology in The Third Reich", p. 356).

real *Musikpolitik* para o Estado nazista não seria um trabalho de musicólogos. Em primeiro lugar, tanto na República de Weimar quanto no regime nazista, os musicólogos gravitaram mais em torno de questões educacionais ou outras áreas que pudessem fazer melhor uso de suas habilidades adquiridas. Em segundo lugar, poucos tinham demonstrado interesse pelo jazz e pela música de entretenimento, e, nessa época, poucos quiseram se aventurar nas questões espinhosas da música moderna, pois, assim como o público, não tinham mais motivação para isso. Qualquer padrão que tenha existido – como aquele que determinou o banimento da maioria dos compositores judeus e, após a eclosão da guerra, de muitos compositores estrangeiros –, nasceu de insinuações em trabalhos sobre raça de não musicólogos ou foram ditados pela política internacional.

Os musicólogos nunca abandonaram completamente o papel de comentaristas ilustrados e, no curso dos anos de 1930, de modo ocasional, trataram de assuntos de interesse geral na imprensa popular, como as questões suscitadas pela tecnologia: o aparecimento de uma abordagem "mecânica" da performance e da composição como efeito de uma influência negativa da tecnologia[121]; os problemas práticos e estéticos nascidos da música de cinema e seu valor como tema da pesquisa musicológica[122]; e as novas possibilidades de aplicação da tecnologia na percepção, na organologia musical e na compreensão das diferenças raciais[123]. A consciência dos avanços tecnológicos também poderia expor os musicólogos diante de um público novo. O rádio tornou-se uma fonte popular de entretenimento, assim como uma fonte à educação pública e propaganda, dimensão que levantou uma série de questões referentes à importância da radiodifusão responsável. Müller-Blattau tornou o conhecimento musicológico útil aos técnicos e entusiastas do rádio ao publicar uma série em cinco partes sobre "os primórdios da música" no programa semanal *Die Sendung*[124]. Outros, em suas

---

121 Blessinger, "Mechanisierung der Musik", AMZ, n. 59, 1932, p. 397-399.
122 Otto, "Tonfilm: ein Problem?", *Mk*, n. 28, 1935, p. 111-117.
123 Fellerer, "Musik und Technik", *Mk*, n. 32, 1940, p. 397-401.
124 Müller-Blattau, "Die Anfänge der Musik", *Die Sendung*, n. 8, 1931: "1. Vom Schall zum Ton", p. 36-37; "2. Arbeit und Rhythmus", p. 71-72; "3. Musik und Sprache", p. 89-90; "4. Musik und Tanz", p. 105-106; e "5. Musik und Gesellschaft", p. 139-140.

transmissões musicais, falavam acerca da responsabilidade do rádio para educar e elevar o público[125], e advertiam para o risco de a boa música se transformar em ruído incômodo quando usada inapropriadamente[126].

Não obstante, ao final dos anos de 1930, a percepção do papel da musicologia na sociedade ainda era difícil de ser inferida e o debate em torno dos desafios de Kretzschmar de 1903 continuava. Friedrich Blume tentou sepultar Kretzschmar, julgando suas expectativas não razoáveis e argumentando que a pesquisa musical não pode nem dirigir a prática nem ser subserviente a ela, mas, em vez disso, tem a obrigação de servir às necessidades do conhecimento histórico geral. Blume estava alinhado àqueles que queriam assegurar a soberania da musicologia, embora tenha empregado *slogans* que a vinculavam aos objetivos do nacional-socialismo e emoldurado suas afirmações com declarações a respeito das contribuições de seu campo para uma compreensão da composição histórica e biológica – *völkisch*-racial – do espírito musical alemão e europeu[127].

No entanto, existiam os que se valiam de uma linguagem semelhante para dizer o contrário: que a musicologia precisava atender às necessidades do povo e que muito ainda precisava ser feito. Poucos praticavam o que pregavam ao participar ativamente de organizações como a Juventude Hitlerista, a SA e as ramificações culturais da DAF. Em 1938, Gotthold Frotscher fez uma exortação pela união "orgânica" entre a musicologia, a educação e a prática musical – muito ao espírito de Kretzschmar –, tendo em vista a criação de uma musicologia "völkisch" que pudesse contribuir para a história do *Volk* e da raça[128]. No tardio ano de 1944, ainda escreveria sobre a crise causada pelo isolamento da musicologia, sua relutância em assumir uma posição nas candentes questões de seu tempo e sua despreocupação pela herança musical alemã[129]. Na mesma publicação da Juventude

---

125 Gerigk, "Die Unterhaltungsmusik im Rundfunkprogramm", *Mk*, n. 26, 1933, p. 13-18, e "Musik im Rundfunk", *Mk*, n. 29, 1936, p. 241.
126 Raabe, "Über den Missbrauch des Rundfunks", *AMZ*, n. 65, 1938, p. 761-762.
127 Blume, "Musikforschung und Musikpraxis", em Hoffmann; Rühlmann, *Festschrift Fritz Stein*, p. 20-25.
128 Frotscher, "Musikwissenschaft und Gegenwart", *VME*, n. 4, 1938, p. 116-118.
129 "Esse isolamento da musicologia conduz a uma crise quando se trata de se posicionar diante do presente. Com razão a musicologia tem sido censurada ▶

Hitlerista, Ehmann propôs que os musicólogos supervisionassem a prática musical amadora das organizações partidárias do nazismo sediadas nas universidades, concluindo suas observações com uma citação bastante apropriada do *Musikalische Zeitfragen*, de Kretzschmar[130]. Ehmann, nascido em 1904, recebeu sua formação musicológica em Freiburg, onde, em 1935, atribuiu-se a si mesmo a posição de diretor musical para todas as cerimônias políticas da universidade. Em 1940, tornou-se chefe do Departamento de Musicologia, em Innsbruck.

O debate não havia terminado, mas Kretzschmar ainda estava no centro da controvérsia. No entanto, a despeito dessas ruminações frustrantes, os musicólogos conseguiram fazer progressos significativos como servidores do regime nazista, não ao assumir papéis influentes na burocracia estatal, mas ao harmonizarem sua competência de pesquisadores às necessidades da nação. Por exemplo, o impacto que muitos deles tiveram sobre o movimento amador foi maior – ainda que menos óbvio – do que o de líderes ativos como Frotscher ou Goslisch, e isso pelo simples fato de terem, continuamente, desencavado e divulgado obras desconhecidas de compositores alemães antigos para a performance. Quando Friedrich Blume escreveu, em homenagem aos cinquenta anos de Hitler, um capítulo sobre musicologia para o *Festschrift*, centrou-se quase que exclusivamente sobre as edições Denkmal e Gesamtausgaben – as maiores contribuições musicológicas ao Estado nazista. Blume abre o capítulo assim:

A musicologia alemã tem de preservar uma das mais nobres *commodities* da cultura alemã. A música sempre foi uma das expressões mais

> ▷ por não se colocar de modo efetivo em face dos importantes temas do presente. Dificilmente algum de seus porta-vozes tem levantado a voz contra os fenômenos de decadência e destruição presentes na música de nossa época; ao invés disso, a ciência abandona o território aos apelos mercadológicos dos jornalistas e por isso mesmo essa agitação pseudocientífica pôde penetrar rápida e destrutivamente em amplos círculos da sociedade. Ainda hoje a musicologia se mostra vacilante diante de problemas decisivos de nossa cultura. E se ela soube muito bem tratar da música de outros povos, até agora ela fez muito pouco pela música de seu próprio povo. E se ela antigamente esclarecia tanta coisa, hoje ela dificilmente tem algo a dizer ou questionar", Frotscher, "Die Aufgabe der Musikwissenschaft", em Stumme (ed.), *Musik im Volk*, 2. ed., p. 356-357.

130 Ehmann, "Das Musikleben an den deutschen Universitäten", em Stumme (ed.), *Musik im Volk*, 2. ed., p. 159-161.

vivas e características do espírito alemão. Durante séculos, o povo alemão ergueu, para si próprio e para seu destino, um "*boulevard* da vitória" de grandes monumentos. Assim, fica claro qual deve ser a direção de qualquer pesquisa musical seriamente comprometida com o *Volk* e o Estado. A herança da música alemã dita, ela própria, seus deveres. Ainda que as pesquisas antigas, com frequência, tenham se desviado por muitas vias fúteis e sacrificado um elo vivo com a realidade comum para perseguir o extraordinário, uma musicologia nacional-socialista tem de partir do coração da música alemã, traçando um círculo em volta dela e ordenando os problemas a partir desse centro[131].

Quando outros musicólogos foram chamados para apresentar sua disciplina ao público comum, muitas vezes agiram como Blume, estabelecendo que a principal atividade desse campo era a redescoberta da antiga música alemã através das edições da Denkmäler e Gesamtausgaben. Hans Engel, nascido em 1894 – e, desde 1935, chefe do Departamento de Musicologia e do Instituto Para Música de Igreja e Escola, em Königsberg –, resumiu para o leitor em geral as conquistas da musicologia na revista *Geistige Arbeit*, listando com detalhe as atividades das Denkmälerausgaben e Gesamtausgaben e observando que "o Terceiro Reich reconheceu a necessidade de promover e compilar as edições musicais Denkmal"[132]. Rudolf Gerber – que nasceu em 1899, foi chefe do Departamento de Musicologia de Giessen desde 1928, ensinou em Frankfurt e assumiu o Departamento de Göttingen em 1943 –, também apresentou a Denkmäler como um dos maiores compromissos musicológicos com a sociedade, implorando aos musicólogos para que escutassem o chamado da nação e fizessem os frutos de seus estudos acessíveis ao público[133]. Essa ênfase advinha não só do fato de os estudiosos se sentirem mais confortáveis nesse tipo de atividade, mas também de outros motivos: a Denkmäler

---

131 Cf. Blume, "Deutsche Musikwissenschaft", *Deutsche Wissenschaften. Arbeit und Aufgabe*, p. 16.
132 Engel, "Die Leistungen der deutschen Musikwissenschaft", *Geistige Arbeit*, n. 6, 1939, p. 7.
133 "O historiador da música não pode nem deve mais permanecer isolado e seguir suas próprias inclinações pessoais de pesquisa. É chegada a hora em que o conjunto da musicologia alemã precisa estender as mãos para recolher completamente – e de modo científico – a 'herança da música alemã' e tornar suas realizações mais características acessíveis ao povo." Gerber, "Die Aufgaben der Musikwissenschaft im Dritten Reich", *ZfM*, n. 102, 1935, p. 500.

sempre foi um empreendimento financiado pelo Estado, tinha impacto sobre a atividade musicológica dos amadores e oferecia evidências tangíveis da contribuição da musicologia para o fortalecimento da identidade alemã através do desvelamento de seu rico passado musical.

A vasta contribuição dos musicólogos à mídia não especializada revela o quanto tentaram redefinir seu propósito na sociedade alemã ao tratar de questões contemporâneas. A incerteza dos tempos clamava por uma resposta: a mudança de regime, a posição precária dos departamentos de musicologia nas universidades e as drásticas mudanças ocorridas nas organizações, gostos e meios de proliferação da música. As mudanças sociais, políticas e culturais também tiveram um profundo impacto na dinâmica das disciplinas, nas atividades dos musicólogos fora das universidades e no foco de suas pesquisas. Embora muitas de suas ideias sobre seu potencial para influenciar a vida musical alemã não tenham se realizado, eles tiveram êxito em servir aos objetivos políticos e ideológicos de ambos os regimes a partir de sua plataforma de pesquisa musicológica. Remodelaram métodos, áreas de interesse e atividades de acordo com as circunstâncias. Devem ter sido indulgentes na esperança de que semelhantes estudos eruditos abrissem portas para uma maior influência além-muros acadêmicos. Após a Primeira Guerra Mundial os musicólogos alemães surgem da academia, buscando caminhos para a ação de seus saberes nas necessidades da nação. Ao longo dos anos seguintes, a disciplina não mostrará sinais de retraimento.

3. Organização e Reorganização dos Estudos Musicológicos

A musicologia avançou muito ao se estabelecer como uma entidade profissional e nacional durante a República de Weimar, firmando sua presença nas universidades do Reich e conquistando reputação internacional. Ao mesmo tempo, o entusiasmo dos musicólogos alemães resultaria na criação de duas importantes organizações ao fim da Primeira Guerra: um instituto de pesquisa e uma sociedade profissional, cada uma delas com sua própria revista científica. Para ambas, seria um desafio considerável definir suas missões dentro de uma atmosfera instável, onde as demandas econômicas, políticas e sociais não paravam de mudar. Desde o começo, essas duas organizações tentaram navegar por entre as tendências políticas conflitantes: internacionalismo, nacionalismo, democracia e conservadorismo.

O Instituto de Pesquisa, alinhado com a política nacionalista e populista, adotou os objetivos de promover a compreensão da música alemã e servir ao grande público. Tornou-se, assim, um valioso centro de pesquisa com vasto material e um sofisticado sistema da catalogação. A hiperinflação de 1922, contudo, mutilaria suas operações, de modo que, em 1927, o Instituto existia apenas como um nome. Em contraste, a sociedade profissional, surgida para fomentar o intercâmbio acadêmico entre as nações, esperava assumir o lugar da International Music Society (IMS) (Sociedade de Música Internacional), dissolvida em virtude da guerra de 1914-1918. Porém, dado o caráter conflitante das relações internacionais combinado com o crescimento do sentimento nacionalista e com as restrições econômicas a viagens e comunicações internacionais, seus fundadores tiveram de abandonar essa missão internacionalista.

Premidas por sérias dificuldades financeiras, as duas organizações procuraram se vincular aos novos organismos da administração cultural criados pelo governo nazista. O Ministério da Educação nazista demonstrou um interesse especial pelo Instituto de Pesquisa, fortalecendo-o mediante sua transferência para Berlim e o expandindo através da *Gleichschaltung* dos arquivos existentes e dos projetos editoriais. A sociedade profissional seria por fim ofuscada pelo Instituto de Pesquisa, conquanto seus enérgicos esforços para se mostrar útil ao programa nazi. No fim, os empreendimentos musicológicos receberiam das autoridades nazistas uma atenção e apoio sem precedentes, porém, de outro lado, sofreriam perdas significativas, não só com a debandada de vários intelectuais importantes, mas também com a paulatina deterioração da comunicação internacional e com o isolamento dos musicólogos alemães, dissociados dos não alemães e da comunidade musicológica dos alemães exilados.

A FUNDAÇÃO DE UM INSTITUTO DE PESQUISA EM MÚSICA ALEMÃ

A criação do Instituto Real para Pesquisa Musicológica em Bückeburg (Fürstliches Institut für musikwissenschaftliche Forschung i.E. zu Bückeburg) brotou de um discurso do musicólogo Max Seiffert, em 1914, sobre a necessidade de um arquivo musicológico central[1]. As ideias de Seiffert se materializaram num grande instituto, fundado em 1917 a partir de uma dotação do príncipe Adolf de Schaumburg-Lippe. Inicialmente administrada por professores universitários alemães designados pelo

1 Seiffert, *Ein Archiv für deutsche Musikgeschichte*, p. 6-16.

patrono, seu projeto original contava com sete departamentos: uma biblioteca de pesquisa, um *collegium musicum*, um departamento de musicologia experimental, uma biblioteca para empréstimos, uma seção voltada à história da música de Bückeburg, uma coleção especial de músicas do século XVI e uma coleção e bibliografia de todos os trabalhos musicológicos atuais publicados em universidades alemãs, austríacas e suíço-alemãs[2]. Em 1918, um arquivo e uma seção para assuntos da província (Abteilung für Landesangelegenheiten) foram acrescentados mediante pedido especial do príncipe Adolf, que assim pretendia prover *expertise* musical ao Estado, à Igreja, a escolas e a organizações municipais, ampliando a vida cultural da comunidade[3].

A missão do Instituto de Bückeburg, ao menos no papel, refletia as grandes preocupações que os musicólogos alemães haviam manifestado durante o pós-guerra: contribuir para uma forte identidade nacional alemã na esteira da Primeira Guerra e estabelecer vínculos com o grande público. Em um discurso proferido no primeiro encontro anual do Instituto, em 1919, seu então secretário, Max Seiffert, atiçaria os sentimentos nacionalistas e antirrepublicanos. Segundo ele, a guerra havia destruído o IMS e criado um clima de desafeto nas convenções internacionais, bem como a Revolução de Novembro havia ameaçado o incipiente Instituto ao "ter destruído a orgulhosa estrutura do Reich alemão"[4]. A equipe ativa do Instituto

---

2   O curador e o diretor foram ambos designados pela corte de Hofmarschallamt; o príncipe nomeou um secretário que, junto com dois membros eleitos da comunidade acadêmica, compunha o senado. Além disso, havia um corpo de trinta membros designados com direito a voto e alguns outros membros admitidos e sem direito a voto. "Fürstliches Institut für musikwissenschaftliche Forschung zur Bückeburg" [carta, 1919], *Sandberger Papers* (NStA); Rau para Freiherr von Feilitsch, 1º out. 1917, NStA L4/7355 1; "Fürstlisches Institut für musikwissenschaftliche Forschung zu Bückeburg" [prospectos impressos], NStA L4/7355 2.
3   Rau para Fürstliches Ministerium, 16 ago. 1918, NStA L4/7355 3; "Bericht Nr. 2 an die ordentlichen Mitglieder", 10 ago. 1918, *Sandberger Papers* (NStA).
4   "Como um relâmpago, a eclosão da maldita Guerra Mundial despedaçou as esperanças utópicas alimentadas durante esses quinzes anos; em toda parte as pessoas nos xingavam de hunos em Paris e Londres, de cujos congressos mal havíamos retornado". Citado em Schneider, "Bericht über die erste Vollversammlung der Mitglieder des Fürstlichen Instituts für musikwissenschaftliche Forschung zu Bückeburg", 19-20 jun. 1919, *AfMw*, n. 2, 1919-1920, p. 5.

cingia-se a acadêmicos alemães, suas publicações concentravam-se na matéria alemã, e seus prêmios eram reservados a trabalhos de autores alemães que haviam contribuído a um melhor entendimento da cultura alemã[5]. Sua publicação mais importante, a revista *Archiv für Musikwissenschaft* (AfMW), fora criada em 1918. Seu conselho editorial – formado por Max Seiffert, Johannes Wolf e Max Schneider – visava "desenvolver todo o campo da musicologia, com suas subdisciplinas e disciplinas afins, através de novas pesquisas"[6]. No entanto, por trás dessa agenda existia outra: capitalizar sobre os pontos fortes da cultura alemã e dar mais atenção a seu legado musical. Ao focar prioritariamente a "germanidade" (*Deutschtum*), os editores distinguiam claramente os propósitos de sua revista daqueles do IMS, a *Sammelbände der Internationalen Musikgesellschaft*. Segundo eles, esse centro sobre a cultura alemã era necessário porque a muito invejada superioridade musical alemã, produto da fusão de ideias artísticas estrangeiras com a maestria alemã plasmada ao longo dos séculos, vinha se deparando com muitos ressentimentos nos últimos tempos. Embora compreendessem que seria contraprodutivo ignorar externos em virtude de um "patriotismo desencaminhado", os editores acreditavam que o cultivo da história da música alemã deveria ser a principal tarefa da revista e esperavam que, ao fim, os velhos amigos e colegas no exterior se tornassem parceiros leais de trabalho[7].

As monografias e edições científicas publicadas pelo Instituto refletiam preconceitos similares. Ao selecionar trabalhos, o Instituto tendia a favorecer estudos voltados à história da música alemã escritos por uma autoridade alemã; ocasionalmente, incluía alguma tese de doutorado altamente recomendada. Durante os anos de Weimar, o Instituto publicou: três obras de referência na série nomeada a partir de seu patrono, Fürst-Adolf Ausgabe (1. fac-símiles dos manuscritos de Mozart, editados por Schiedermair, 2. *Ganassis Regola Robertina*, de Max Schneider, e 3. as tabelas de Wolf da história da notação);

---

5   O Prêmio Príncipe Adolf era concedido exclusivamente para os alemães que contribuíam com a história da música alemã. Schneider, "Bericht über die erste Vollversammlung", op. cit., p. 7.

6   "Bericht Nr. 1 an die ordentlichen Mitglieder", 11 abr. 1918, item 8, *Sandberger papers* (NSTA).

7   Os editores, "Zum Geleit", *AfMwz*, n. 1, 1918-1919, p. 2.

duas dissertações, sendo uma de Ernst Bücken, sobre o estilo heroico na ópera, e outra de autoria de Irmgard Leux, sobre o compositor alemão Christian Gottlob Neefe, do século XVIII; três histórias da música locais, sobre as cidades de Bautzen e Zeitz e sobre os Wettiner; e edições musicais, sendo dez volumes das obras completas de Friedrich Bach, o Bach de "Bückeburg", editados por Schünemann, e seis volumes da música na corte de Ernst von Schaumburg, editados por Seiffert[8]. O foco sobre o universo alemão recrudesceu ainda mais nos anos de 1920 com a criação de uma nova força-tarefa dedicada à história regional da música alemã (Fachausschuss für Musikgeschichte deutscher Landschaften und Städte)[9]. Essa iniciativa tinha o objetivo prático de angariar fundos junto às autoridades regionais, a fim de financiar as publicações do Instituto. A cidade de Zeitz doara mil marcos para a publicação de sua história da música local e uma publicação em Danzig fora aprovada pela força-tarefa com a recomendação de que "o senado de Danzig devia ser novamente procurado para um subsídio, enfatizando-se a importância política da obra"[10].

Seiffert também advogava pela consolidação de vínculos com o grande público, ressaltando que a musicologia tinha por dever patriótico elevar o nível geral da educação e da prática musical. Num discurso sobre os deveres e objetivos do Instituto, proferido durante o segundo encontro anual, ele esboçou a gloriosa história da música alemã até seu declínio fatal nos últimos tempos, um declínio que poderia ser revertido somente se a juventude alemã fosse ensinada a distinguir entre a boa e a má arte, "entre a arte elevada, que enobrece, produzida pelos grandes mestres de ontem e de hoje, e a pseudo arte leviana desses tempos [recentes] de mudança". O Instituto contribuiria para essa finalidade promovendo "uma união viva entre a prática musical e a

---

8 Seiffert, "Denkschrift betr. Umwandlung des Instituts für Musikforschung in Bückeburg in ein 'Reichsinstitut für deutsche Musikforschung' (gegründet als Fürst Adolf Institut)", p. 6-7, SIM.
9 "Protokoll der Sitzung am 20. Juni 1921", item 4, *Sandberger papers* (NStA).
10 Matzke, "Bericht über die zweite Jahresversammlung der Mitglieder des Fürstlichen Instituts für musikwissenschaftliche Forschung zu Bückeburg", 19-21 jun. 1920, *AfMw*, n. 2, 1919-1920, p. 435-436; "Protokoll der Sitzung am 20. Juni 1921", item 5.i; "Protokoll der 6. Jahresversammlung", encontro em 20 jun. 1922, item 4, *Sandberger Papers* (NStA).

teoria", não apenas com a obra dos grandes mestres, mas também através da redescoberta dos heróis locais ou dos pequenos mestres (*Kleinmeister*)[11]. Com a Revolução de Novembro, o Instituto foi subitamente impelido à posição de cumprir suas promessas. Quando as instituições cortesãs foram dissolvidas, entre elas o grupo de música da corte (*Hofkapelle*), a performance da música séria e da música antiga, em Bückeburg, passou a depender totalmente das iniciativas do Instituto, mais exatamente dos concertos organizados pela divisão para os assuntos da província[12].

O mais proeminente do Instituto de Bückeburg era a sua estrutura de pesquisa. A biblioteca incluía a valiosa coleção de música que pertencera à família do príncipe, além de um vasto acervo de partituras, reduções para piano e escritos musicológicos[13]. O arquivo se tornou um centro para a compilação sistemática de todas as fontes da história da música alemã[14]. Seiffert havia enfatizado a necessidade urgente de um projeto como esse, chamando a atenção para o manuseio descuidado de documentos raros nas pequenas cidades e para o risco crescente de sua desintegração[15]. O arquivo foi a base daquilo que, posteriormente, se tornaria uma extensa colaboração do Reich com a Comissão de História da Música Prussiana (Musikgeschichtliche Kommission), o organismo que coordenou a publicação da Denkmäler Deutscher Tonkunst, e com uma entidade semelhante na Bavária, a Gesellschaft zur Herausgabe der Denkmäler der Tonkunst in Bayern. Ambas estavam ansiosas para estabelecer uma cooperação com o Instituto: todas as

11 Citado em Matzke, "Bericht über die zweite Jahresversammlung", op. cit., p. 444-445.
12 Schneider, "Bericht über die erste Vollversammlung", op. cit., p. 4.
13 "Bericht Nr. 1 an die ordentlichen Mitglieder", item 2.
14 "Bericht Nr. 2 an die ordentlichen Mitglieder", item 2, *Sandberg Papers* (NSTA).
15 Originalmente, ele planejou para o arquivo uma repartição bibliográfica, um arquivo para a história da música alemã, um departamento para o estudo dos instrumentos musicais e um departamento iconográfico. A repartição bibliográfica deveria catalogar todos os manuscritos de música, músicas impressas e literatura sobre a música no Reich, listando-os tanto por autor como por conteúdo, contendo talvez uma coleção especial de amostras de manuscritos e notações de compositores com o propósito de identificação. O arquivo para a história da música alemã incluiria transcrições de todos os documentos relacionados com a música dos arquivos estaduais, municipais e da Igreja, planejado geograficamente, com índice remissivo e onomástico, para facilitar o uso. Seiffert, *Ein Archiv für deutsche Musikgeschichte*, p. 13-14.

viagens de pesquisa haviam sido suspensas durante a guerra e, após a guerra, os custos inflacionados de uma viagem excediam a verba orçamentária da comissão prussiana. Se um acordo com o Instituto de Bückeburg fosse firmado, eles poderiam continuar com suas pesquisas arcando apenas com parte dos gastos. Todas as três partes assinaram um acordo geral[16] e, em 1933, o arquivo já havia documentado e fotografado os inventários de Bückeburg, Stadthagen, Silésia e de outras coleções locais. E o mais importante, estava apto a coletar cópias de manuscritos de música alemã e de edições raras em Londres, Bruxelas, Zurique, Uppsala, Paris, Pádua e Viena[17], uma missão que Seiffert descreveu como uma parcial "reparação pelas perdas culturais sofridas ao longo de muitas décadas"[18].

Apesar de os planos originais preverem a inclusão de todos os ramos da musicologia, no final das contas o Instituto se concentrou exclusivamente na musicologia histórica. Aos finais de 1918, não havia ninguém para dirigir o Departamento de Musicologia Experimental, uma vez que o único candidato rejeitara a oferta. Já os departamentos de história, ao contrário, cresceram e se diversificaram em comitês (*Fachausschüsse*) de três membros para períodos históricos específicos, gêneros musicais e metodologias[19]. A impressionante lista dos membros dos

16 Musikgeschichtliche Kommission zur Herausgabe der Denkmäler Deutcher Tonkunst, "Ausserordentliche Sitzung, Mittwoch den 15 Mai 1918...", *Sandberger Papers* (NStA). Uma correspondência entre Sandberg (Bavaria) e Seiffert, mar. 1918 a dez. 1919, *Sandberg Papers* (NStA), inclui um esboço de Seiffert sobre um acordo relativo às objeções de Sandberger, o acordo assinado (10 maio 1918) e o pedido de Sandberger para o reembolso da metade dos gastos de viagens de pesquisa com seus colegas Kroyer e Wallner (31 dez. 1919). Acordo assinado por Seiffert, Kretzschmar (Comissão de Berlim) e Sandberger, 8 abr. 1918; "Sitzung em Berlim 10 Mai 1918", *Sandberger Papers* (NStA). Além disso, o Instituto fez acordos separadamente com cada uma das comissões, de modo que Sandberger assegurou maiores promessas financeiras de Bückeburg e obteve mais autoridade sobre a operação do inventário que os prussianos. Acordo entre a Denkmäler der Tonkunst em Bayern e o Instituto, 1º maio 1918; acordo entre a Comissão Prussiana e o Instituto, 1º maio 1918, Anlage B, Musikgeschichtliche Kommission zur Herausgabe der Denkmäler Deutscher Tonkunst, "Ausserordentliche Sitzung, Mittwoch den 15 Mai 1918, " *Sandberg Papers* (NStA).
17 Seiffert para Schaumburg-Lippische Landesregierung, 25 fev. 1922, 11 maio 1928, 27 nov. 1928, 5 set. 1930, 11 mar. 1932 e 29 jan. 1933, NStA L4 /7355 35, 66, 68, 72, 74, 77.
18 Seiffert para Landesregierung, 11 mar. 1932, NStA, L4/7355 74.
19 Foram criadas *Fachausschüsse* para música antiga (Abert, Riemann, Wolf), música medieval (Kroyer, Ludwig, Wolf), música de 1800 em diante (Balling, ▶

comitês incluía praticamente todos os estudiosos alemães de renome ou prestes a serem reconhecidos na área da musicologia histórica. Uma das tarefas das *Fachausschüsse* era selecionar as publicações para as suas três séries editoriais: Practica (edição de obras musicais), Theoretica (obras de referência, monografias, bibliografias) e a Fürst-Adolf-Ausgabe ("Edição do Príncipe Adolf", [numa tradução livre])[20].

Embora sua reputação como um centro de pesquisa estivesse crescendo, o Instituto, desde o nascedouro, foi assaltado por dificuldades financeiras. Com a Revolução de Novembro de 1918, seu patrono foi obrigado a abdicar, impondo-lhe perdas vultosas[21]. O príncipe tentou salvar o Instituto assumindo parte da responsabilidade financeira[22], mas, em 1921, a dissolução de outras atividades da corte impôs a criação de um novo estatuto, que tornou o Instituto dependente de contribuições privadas e governamentais[23]. O diretor, C.A. Rau, com êxito,

> ▷ Sahla, Schiedermair), história da ópera (Abert, Sandberg, Stieger), história do oratório (Kretzschmar, Schering, Schneider), história do canto (Bolte, Friedländer, Kretzschmar), bibliografia (Altmann, Schultz, Schwartz), música instrumental (Schering, Schiedermair, Schneider), música sacra católica (Kroyer, Müller, Weimmann), música sacra protestante (Herold, Smend, Türnau), música secular dos séculos XIV ao XVII (Ludwig, Sandberg, Schwartz), coleção de partituras (Müller, Riemann, Wolf), a coleção de escritos da universidade (Friedländer, Riemann, Sandberger) e escritos estéticos (Schmitz, Stumpf, Volkelt). "Bericht Nr. 3 an die ordentlichen Mitglieder", 7 dez. 1918, itens 1 e 3, *Sandberger Papers* (NStA). Comitês adicionais para a música dos séculos XV e XVI, dos séculos XVII e XVIII, para a musicologia comparada e para a história alemã local foram criados em 1921. "Protokoll der Sitzung am 20 Juni 1921" item 4, *Sandberger Papers* (NStA).
> 20 "Bericht Nr. 1 an die ordentlichen Mitglieder", item 9.
> 21 Rau para Sandberger, 25 nov. [1918], *Sandberger Papers* (NStA).
> 22 Manuscritos transcritos do "Stiftungs-Urkunde", esboçados em 8 fev. 1918, com adendos de 23 fev. 1919 e 23 fev. 1920, aprovação final datada de 20 mar. 1920, NStA L4/7355 5-10; versão impressa também nos *Sandberger Papers* (NStA), não datado. Esse documento, nomeando o príncipe como patrono, lista os espólios do Instituto, bem como o legado atual e futuro do príncipe e um subsídio anual concedido por Hofmarschallamt, coloca a supervisão dos livros sob a Fürstliche Hofkammer e deixa o certificado para a aprovação do Estado em concordância com a política de desenvolvimento vindoura.
> 23 Rau para Schaumburg-Lippische Landesregierung, 9 set. 1921, NStA L4/7355, p. 24. O novo estatuto estabelecia que o príncipe Adolf assumiria a posição de curador (*Kurator*), formalmente mantida pela Hofmarschall; estendia os espólios, incluindo contribuições do Reich, das províncias, comunidades e interesses privados; fazia previsões específicas para o Dia do Fundador e encontro dos membros, no qual o diretor e o senado eram requeridos a dar relatos; previa que, dissolvida a fundação, o Instituto e suas posses deveriam ser inteiramente ▶

apelou às autoridades locais para que estas garantissem um subsídio anual e clamou ao Ministério do Interior do Reich que seguisse o exemplo, observando que o Instituto havia obtido notoriedade internacional, a despeito dos obstáculos enfrentados por todas as ciências alemãs[24]. Porém, a morte repentina de Rau adiou as negociações[25]. Em 1921, protetores e membros do Instituto fundaram uma Sociedade dos Amigos do Instituto (Gesellschaft der Freunde des Fürstlichen Institutes für musikwissenschaftliche Forschung zu Bückeburg) a fim de levantar verbas para seus projetos, mas toda a renda apurada no primeiro ano foi gasta com custos inflacionados de publicidade[26].

O Instituto nunca se recuperou completamente da dissolução da corte de Schaumburg-Lippe, em 1919, nem da hiperinflação de 1922-1924. Num relato de 1923, Theodor Werner expressou, em termos pungentes, a condição precária de todos os pesquisadores envolvidos na difícil "guerra" econômica do entreguerras: "não é tão extremo que eles não possam comprar manteiga, mas não podem comprar um livro, e esse é o sinal do mais raso desespero daqueles que, cultivando a ciência, estão conscientes de serem detentores de um bem inestimável e da

▷ encaminhados para o departamento de musicologia de uma universidade alemã; e estipulava que qualquer mudança no estatuto requeria a aprovação do governo de Schaumburg-Lippe. E acrescentava a cláusula "ihre Wirksamkeit ist räumlich nicht beschränkt" (sua vigência não está limitada espacialmente) ao parágrafo que descrevia os propósitos da fundação, talvez para atenuar seu antigo foco mais provinciano. Satzung des Fürstlichen Institutes für musikwissenschaftliche Forschung zu Bückeburg (abgeänderte Fassung vom 3 Juni 1921), NStA L4 /7355, p. 26-30.

24 Enfatizando a estatura internacional do Instituto, Rau cita alguns elogios do musicólogo suíço Peter Wagner e do musicólogo espanhol Pedrell, que lhe havia escrito: "Com verdadeira comoção, li o relatório (do Instituto); nessa época tão difícil de ódio e incompreensão, um exemplo tão elevado nos faz ver que podemos acreditar no espírito alemão e superar todas as diferenças entre os países". O ministro do Reich expressou sua vontade de fornecer um subsídio substancial caso o governo local tomasse a iniciativa. Rau para Schaumburg-Lippsche Landesregierung, 26 fev. 1921, NStA L4/7355, p. 13-15.

25 Telegrama do príncipe Schaumburg Lippe, 9 out. 1921; Seiffert para Landesregierung, 8 out. 1921; certificação de Landesregierung, NStA, L4/ 7355, p. 31-33.

26 Rau para Schaumburg-Lippische Landesregierung, 3 jun. 1921, NStA, L4/7355, p. 23; "An unsere Fachgenossen" (um apelo para os musicólogos apoiarem a Sociedade dos Amigos e fazerem a assinatura do periódico), AfMW, n. 4, 1922, p. 392; "Protokoll der ordentlichen Mitgliederversammlung der Gesellschaft der Freunde des Institutes für musikwissenschaftliche Forschung zu Bückeburg im Buchgewerbehaus zu Leipzig am 13 Januar 1922", AfMW, n. 4, 1922, p. 117-118.

maior arma contra a estreiteza espiritual do materialismo"[27]. Em 1922, os membros do Instituto consideraram a possibilidade de suspender todos os projetos de publicação, exceto a revista; por fim, resistiram à inflação ao solicitarem, repetidas vezes, uma assistência emergencial do governo local de Schaumburg-Lippe. Com a estabilização da moeda, em 1924, o colapso total foi evitado através de contribuições privadas, de um pequeno subsídio do Reich e de um subsídio para as publicações da revista oferecido pela Notgemeinschaft der deutschen Wissenschaft[28]. A Notgemeinschaft foi fundada, em 1920, por centros de estudos e universidades como fonte privada de fundos para atividades científicas em todos os campos. Porém, garantiu sua subvenção, de fato, através do Ministério do Interior do Reich, que provia subsídios para revistas, séries e monografias; compra de material, equipamento e animais de laboratório; aquisição de publicações em língua estrangeira; e viagens de pesquisa[29].

Essas medidas, no entanto, não foram suficientes para impedir a inevitável redução de suas atividades e seu gradativo esquecimento nos anos subsequentes. O Instituto renovou seus apelos ao Ministério do Interior do Reich, em 1925, com um endosso do governo local que destacava a estatura internacional do Instituto. O ministério atendeu ao pedido com um subsídio único de 3 mil marcos[30]. Outro apelo feito na mesma época ao Ministério Prussiano das Ciências, Artes e Educação Pública, sequente ao de Rau, de 1921[31], não teve sucesso, apesar do apelo apaixonado da Academia Prussiana das Ciências para tornar o Instituto de Bückeburg numa fonte central para todo o Reich. Dessa vez, a inflação pôs fim a todos os projetos de publicação em andamento,

27 Werner, "Musikwissenschaftliche Tagung in Bückeburg", *AfMW*, n. 5, 1923, p. 332.
28 "Protokoll der 6 Jahresversammlung", 20-21 jun. 1922, *Sandberg Papers* (NStA); Seiffert para Landesregierung, 25 fev. 1922 (solicitando uma subvenção de 25 mil marcos) e 18 nov. 1922 (relatando que a inflação havia gerado um déficit de 50mil marcos) e 25 maio 1923 (elevando a subvenção em dez vezes para 500 mil marcos); NStA, L4/7355, p. 35, 38-39, 41; "Fürstliches Institut für Musikwissenschaftliche Forschung zu Bückeburg. Achte Jahresversammlung 20.6.1924". *Sandberger Papers* (NStA).
29 Schreiber, *Die Not der deutschen Wissenschaft*, p. 84-94.
30 Reichsministerium des Innern para Schaumburg-Lippische Landesregierung, 16 mar. 1925, Schaumburg-Lippische Landesregierung para Reichsministerium des Innern, 8 abr. 1925, Reichsministerium des Innern para Schaumburg-Lippische Landesregierung, 2 maio 1925, NStA, L4/7355, p. 43-45.
31 Rau para Schaumburg-Lippischer Landtag, 26 fev. 1921, NStA, L4/7355, p. 14.

exceto o da revista, e ameaçou a própria existência da organização[32]. O Instituto havia perdido sua fonte de renda mais antiga, que esperava reaver em função das reformas econômicas gerais. Contudo, um ano mais tarde, perto de seu décimo aniversário, não se via sinais dessa recuperação[33]. O governo da província ofereceu uma contribuição para as celebrações do aniversário, observando a importância internacional do Instituto e o encorajando a prosseguir em sua missão "de melhorar sua reputação e contribuir na luta pela conquista de um maior reconhecimento do trabalho científico alemão"[34]. Não obstante, essa quantia nem mesmo se aproximava da soma necessária para manter a revista viva, de sorte que o volume de 1926 da AfMw foi o último.

Naquele momento, o Instituto já mergulhava no esquecimento: no último volume da revista, Theodor Werner, motivado pela carta de um leitor que, após ter "descoberto" a AfMw, perguntava como obtê-la, lamenta a insuficiência do Instituto no plano das relações públicas. Theodor Werner levantou a seguinte questão: se uma revista de circulação tão ampla era desconhecida, "qual não será a situação do próprio Instituto, cravado numa pequena cidade ao norte da Alemanha, ainda mais inacessível aos visitantes que a revista!" Em 1926, Seiffert, que assumira interinamente a direção do Instituto após a morte de Rau, convidou professores de todos os departamentos de musicologia da Alemanha a irem a Bückeburg para conhecer as atividades e recursos do Instituto, mas, por conta das dificuldades financeiras generalizadas, só dois compareceram[35]. Werner, ele próprio, encarregou-se de fazer a divulgação do Instituto em outra revista de musicologia da Alemanha, a *Zeitschrift für Musikwissenschaft*, usando o espaço normalmente destinado ao relatório anual do Instituto para dispor uma descrição geral de sua história, estrutura e atividades[36].

32 Preussische Akademie der Wissenschaften para o Ministerium für Wissenschaft, Kunst und Volksbildung, 27 jul. 1925, NStA, L4/7355, p. 49-51.
33 Seiffert para Schaumburg-Lippische Landesregierung, 27 jan. 1926 e 9 jan. 1927, NStA, L4/7355, p. 48, 58.
34 Seiffert para Schaumburg-Lippische Landesregierung, 22 abr. 1927; [Landesregierung] para Institut, 28 maio 1927, NStA, L4/7355, p. 60-61.
35 Werner, "Zehnter Stiftungstag des Bückeburger Instituts für Musikwissenschaftiche Forschung", AfMw, n. 8, 1926, p. 486-487.
36 Werner "Stiftungstag des Instituts für musikwissenschaftliche Forschung zu Bückeburg", ZfMw, n. 8, 1925-1926, p. 645-647.

A SOCIEDADE DE MÚSICA ALEMÃ

Diferentemente do Instituto, focado expressamente no desenvolvimento da pesquisa em música alemã, a Deutsche Musikgesellschaft (DMG) tinha potencial para se tornar uma sociedade científica internacional, mas seus fundadores se mostravam ambivalentes quanto a colocar de lado as animosidades legadas pela guerra. Ao fim da Primeira Guerra, as possibilidades de que a comunicação se renovasse pareciam ilimitadas, mas as feridas de guerra não cicatrizavam rapidamente. Enquanto alguns consideraram os tempos de paz como uma oportunidade para o começo de uma nova sociedade internacional, outros se sentiam traídos por seus colegas estrangeiros durante o colapso do IMS, em 1914, e clamavam por uma organização mais focada nos recursos nativos.

Em dezembro de 1917, Hermann Abert enviou um apelo confidencial aos pesquisadores e amigos da musicologia e da música séria. Esperando contar com a mesma energia despendida pelos alemães na formação do IMS, propôs uma Sociedade de Música Alemã para tomar seu lugar. Ainda sob os estilhaços da guerra, o tom de Abert não era dos mais conciliadores:

O trabalho de paz, mantido por todos os esforços alemães e pelos meios econômicos generosamente oferecidos pela Alemanha, foi destruído pela guerra que se impôs à Alemanha, uma vez que, já nos anos que precederam sua eclosão – aliás, provocada pelo lado não alemão –, tensões políticas penetraram até mesmo na vida do IMS de um modo desagradável.

A Primeira Guerra forçou os musicólogos a perceberem que o trabalho teórico podia continuar sem uma sociedade internacional, e, na visão de Abert, a nova organização devia promover, principalmente, o interesse pela cultura musical alemã[37].

37 "Na verdade, a música e a musicologia na Alemanha, apesar da diminuição da força de trabalho pelo serviço militar e das inúmeras e dolorosas perdas que a guerra lhe causou, continuaram a trabalhar firme e no velho espírito; sim, a guerra nos colocou também nesse terreno uma série de tarefas, sobretudo de caráter nacional, e nos fez recordar que em nossa própria casa temos muito trabalho pendente, trabalho que ignoramos em proveito das relações internacionais e nem sempre em proveito de nossa cultura musical nacional." 1º dez. 1917, *Sandberger Papers* (BSB).

O documento que anunciou a fundação do DMG, em 19 de dezembro de 1917, omitia as observações de Abert quanto a uma Alemanha vitimada pelas nações inimigas, e, inversamente, sublinhava a missão de retomar as tarefas do IMS. Embora reiterasse a necessidade de mais pesquisas em música alemã, o documento atenuava o enfoque exclusivamente nacional proposto por Abert[38]. A Sociedade tinha de cruzar as fronteiras do Reich alemão, envolvendo acadêmicos austríacos, suíço--alemães, tchecos e húngaros. Seu primeiro conselho diretor incluía Guido Adler (Viena), Karl Nef (Basel), Peter Wagner (Fribourg, Suíça) e Hermann Rietsch (Praga). Essa ênfase internacional pode ter sido proveniente de Hugo Riemann. No prefácio à edição revisada, de 1919, do *Handbuch der Musikgeschichte*, Riemann celebrava a chegada da paz como uma oportunidade para remover aqueles obstáculos à cooperação internacional que haviam sido tão danosos à pesquisa musicológica. Citava explicitamente a fundação da DMG, ao lado de outras organizações nacionais sediadas na Inglaterra e na França, como um passo preliminar rumo a uma nova sociedade internacional, posto que a Alemanha não tinha necessidade de se fechar em si mesma ou cultivar interesses nacionalistas[39].

Assim, a Sociedade foi fundada sobre princípios duais e às vezes conflitantes, na medida em que propalava tanto o nacionalismo quanto o internacionalismo[40]. Seu órgão oficial, a *Zeitschrift für Musikwissenschaft* (ZfMW), foi criado no encontro de 20 de janeiro de 1918, aparecendo pela primeira vez em outubro de 1918, o mesmo mês em que a AfMW fizera sua estreia. As duas revistas rivalizavam reciprocamente por seus elevados padrões acadêmicos, mas a ZfMW era mais promissora quanto à causa internacionalista que a AfMW, uma vez que seus fundadores haviam-na concebido para substituir a finada revista da IMS.

38 "Aufruf zum Eintritt in die Deutsche Musikgesellschaft", *Sandberger Papers* (BSB).
39 "Não se pode permitir a disseminação do preconceito de que concentrar esforços no próprio país significa a exclusão do estrangeiro. Ora, a Alemanha, que tem sido modelo indiscutível através da obra de seus grandes mestres para a produção dos outros povos há duzentos anos, não tem nenhum motivo para se fechar hermeticamente em suas fronteiras sob o pretexto de se defender contra uma suposta 'nociva' invasão estrangeira." Riemann, *Altertum und Mittelalter*, p. xi.
40 Para detalhes sobre a discussão dos propósitos conflitantes da Sociedade e sua crescente tendência ao isolamento, ver Potter, "Deutsche Musikgesellschaft".

A despeito disso, a introdução elaborada pelo editor – Alfred Einstein – à primeira edição da *ZfMw* mostrava um espírito de proteção nacionalista mais agressivo do que as observações dispostas no texto de abertura da *AfMw*. Einstein, bruscamente, questionava a praticabilidade da antiga concepção de internacionalismo da IMS, pois enquanto franceses, italianos e ingleses estavam produzindo suas próprias revistas, a Alemanha desperdiçava todas as suas energias na Sociedade Internacional: "a Sociedade Internacional de Música tinha seu núcleo e foco no trabalho de seus membros alemães: eles foram os que, quantitativamente e – por que não dizer? – também qualitativamente prestaram os maiores serviços e fizeram os maiores sacrifícios pela disciplina". Einstein considerava legítimo que a nova revista limitasse seu escopo à produção alemã, pois "nosso passado musical é tão rico em substância e tão rico de heróis criativos que nosso armário certamente não ficaria vazio". Embora ignorar completamente o conhecimento não alemão pudesse ser contrário ao "espírito alemão", Einstein prometia dar prioridade à cultura alemã, especialmente em vista da experiência desafortunada dos anos de guerra, quando alguns intelectuais não alemães, sem hesitar, produziam "um livro de ódio atrás do outro" contra a Alemanha[41]. Nos dezessete anos de existência da *ZfMw*, de 1918 a 1935, o número de contribuições de não alemães foi pequeno.

Os 330 membros da DMG vinham todos da Alemanha, do Império Austro-Húngaro, da Suíça, da Holanda e da Suécia, mas quando Hugo Riemann morreu, em 1919, o mais altissonante porta-voz da cooperação internacional se foi e a Sociedade adentrou ainda mais no caminho de isolamento. Em 1921, o conselho diretor reconheceu a necessidade de uma convenção internacional, a ser realizada em Leipzig, mas decidiram reservar as seis palestras públicas do encontro para alemães e pesquisadores de "países estrangeiros neutros"[42]. Quando o encontro aconteceu, em 1925, Abert relatou: "Nossa convenção, ao invés de internacional, foi uma convenção basicamente alemã. Convidamos apenas algumas pessoas dos países que

---

41 Alfred Einstein, "Geleitwort", *ZfMw*, n. 1, 1918-1919, p. 3-4.
42 "Amtliche Mitteilungen der Deutschen Musikgesellschaft", *ZfMw*, n. 4, 1921-1922, p. 321; e *ZfMw*, n. 4, 1922-1923, p. 289.

foram nossos inimigos, pessoas das quais podíamos esperar que soubessem suficientemente distinguir política de ciência, e, uma vez que aceitaram nosso convite, estendemos-lhes nossa mão sem hesitações. No entanto, queremos seguir com nosso trabalho e esperar para ver se o mundo lá fora pode avançar sem a ciência alemã. Pois essa é uma área que não conhece nem a paz nem a guerra, nem reparações nem garantias, mas tão somente o fluxo ininterrupto da competição de todos a serviço do conhecimento"[43]. A lista dos artigos do encontro de 1925 demonstra que sua internacionalidade ocorria apenas no sentido mais limitado do termo. O único não alemão a contribuir com um *paper* foi Higini Anglès, de Barcelona, cujos fortes laços com a Alemanha fariam dele, mais tarde, o defensor da causa alemã em círculos predominantemente antialemães.

Quando, em 1927, finalmente surgiu uma sociedade internacional (a International Musicological Society), a DMG pôde renunciar, por um motivo justo, à sua autoimposta responsabilidade pelo desenvolvimento da cooperação internacional, uma vez que outros fatores, sobretudo financeiros, já começavam a cercear suas ambições. O encontro de Leipzig, em 1925, deu origem à primeira onda de graves reveses financeiros: tudo foi feito para que a convenção ocorresse em outubro de 1923, mas no último momento o plano inicial teve de ser abandonado por conta da hiperinflação. Quando o encontro finalmente ocorreu, deixou um enorme déficit à Sociedade[44]. Em 1931, na mais profunda depressão econômica, a Sociedade teve de adiar outra convenção planejada, dessa vez por tempo indeterminado[45].

Na época em que Hitler chegou ao poder, a Sociedade enfrentava sérias dificuldades financeiras. Assim que o governo nazista mostrou interesse em promover a cultura alemã, a DMG viu a possibilidade de novas fontes de assistência governamental e decidiu demonstrar seu compromisso com os objetivos e princípios do Estado nazista antes mesmo de fazer qualquer contato com as autoridades. O primeiro passo no processo de unificação

---

43   Abert, "Eröffnungsrede", *Bericht über den I. Musikwissenschaftlichen Kongress, Leipzig*, p. 5.
44   Abert, "Amtliche Mitteilung", zfmw, n. 5, 1922- 1923, p. 642; e zfmw, n. 8, 1925-1926, p. 609.
45   "Mitteilungen der Deutschen Musikgesellschaft", zfmw, n. 14, 1931-1932, p. 127.

(*Gleichschaltung*) interna da DMG foi providenciar, em junho de 1933, a renúncia supostamente voluntária do editor da *ZfMw*, o musicólogo judeu Alfred Einstein. Isso se deu a portas fechadas e a maior parte da comunidade musicológica nunca entendeu exatamente as circunstâncias da saída de Einstein. Ludwig Schiedermair, ao escrever para Adolf Sandberger em julho de 1933, comemorou a troca de editor, esperando não apenas que a "monotonia" e a "chatice insuportável" da revista nos últimos anos chegasse ao fim, mas que a DMG pudesse empreender reformas mais profundas[46]. Em sua resposta a Schiedermair, Sandberger sugeriu que na renúncia de Einstein havia mais coisas do que os olhos podiam ver. Tanto ele quanto Johannes Wolf eram contrários à saída de Einstein, escreveu Sandberger, mas Schering, o presidente da Sociedade, havia informado a Sandberger que nada podia ser feito; conhecendo o ponto de vista de Sandberger, Schering "esqueceu" de convidá-lo para a reunião da diretoria[47].

Na verdade, Einstein nunca renunciou. A diretoria foi quem o demitiu após concluir que, se a Sociedade esperava conseguir o apoio do novo governo, não poderia manter um judeu em cargo tão importante. Através de Johannes Wolf, no dia 24 de junho, Einstein recebeu o comunicado oficial de sua demissão junto com a seguinte explicação: "as circunstâncias são mais fortes do que nós e forçam-nos, pelo futuro da DMG, a realizar essa troca de editor em nossa revista até o fim do ano fiscal (setembro de 1933)"[48]. Em nota pessoal, Wolf esclareceu que "aquilo que você já temia e que eu ingenuamente considerava impossível, aconteceu: eles exigiram o seu afastamento como editor do periódico. A diretoria teve de tratar com a questão há poucos dias e chegou à conclusão de que é impossível nadar contra a corrente, sobretudo porque a organização terá de solicitar um subsídio ao Estado". Wolf revelou que também estava renunciando à sua cadeira no conselho executivo em protesto à ação contra Einstein e pela frustração com as políticas internas da organização[49].

46 Schiedermair para Sandberger, 2 jul. 1933, *Sandberger Papers* (BSB).
47 Esboço da resposta de Sandberger para Schiedermair, 21 jul. 1933, *Sandberger Papers* (BSB).
48 Wolf, Schering, Shneider e Von Hase para Einstein, 24 jun. 1933, pasta 1038, *Einstein Papers*.
49 Wolf para Einstein, 25 jun. e 29 out. 1933, pasta 1038, *Einstein Papers*.

Outros fatores igualmente influenciaram a ação da diretoria e, em particular, a ação de Schering contra Einstein. Desde o outono de 1932, Einstein se viu enleado no severo conflito entre Schering e Theodor Kroyer, amigo íntimo e antigo professor de Einstein. No centro do conflito, um artigo de Kroyer que tratava da performance *a cappella* da música antiga, texto que Einstein havia aceito para a revista e que contestava certas teorias prezadas por Schering. A linguagem, aparentemente indelicada, da versão original impeliu Einstein a pedir para Kroyer suavizar o tom de seus ataques a Schering[50], mas a briga evoluiu até o ponto de Schering fazer ameaças a Einstein, como a de demiti-lo de seu cargo na Sociedade caso o artigo saísse[51]. Einstein tentou desesperadamente mediar o conflito, mas as rivalidades entre Kroyer e Schering eram muito profundas. O artigo de Kroyer não foi publicado na zfMW, mas um texto semelhante apareceu na revista internacional *Acta musicologica*, em 1934.

O próximo passo na *Gleichschaltung* da Sociedade foi dado em setembro de 1933, durante uma assembleia especial convocada por Schering para discutir "a nova formação da DMG". Sua exposição apontava para a expansão das atividades da Sociedade, então limitadas à produção da revista e sem "nenhuma influência externa" além dessa[52]. Schering havia sido eleito presidente da nova Sociedade, doravante conhecida pelo nome, levemente modificado, de Sociedade Alemã para Musicologia (Deutsche Gesellschaft für Musikwissenschaft ou DGMW). Pouco depois da posse, anunciaria, numa carta endereçada a todos os membros da Sociedade, sua intenção de conquistar para a musicologia alemã "seu posto apropriado no novo Estado", de fortalecer seu "vínculo com o povo", e, consequentemente, de adaptar seus empreendimentos "à cultura da alma alemã". Esse anúncio também proclamava "o reconhecimento unânime do *Führerprinzip*"[53], o conceito hierárquico praticado pelo Partido Nazista e sobreposto ao Estado nazista. Tal como preconizado no novo estatuto (a DGMW foi modelada segundo esse "princípio de liderança e administração"), as diretrizes do

---

50 Einstein para Kroyer, 16 out. 1932, pasta 568, *Einstein Papers*.
51 Einstein para Kroyer, 21 jan. 1933, pasta 568, *Einstein Papers*.
52 Schering para Sandberger, 21 set. 1933, *Sandberger Papers* (BSB).
53 Schering para membros, 6 out. 1933, *Ursprung Papers*.

presidente deveriam estar "vinculadas a todos os trabalhos da Sociedade" e contestações em relação às decisões do presidente não seriam admitidas[54]. Schering seguiu à risca esse princípio: ao deixar o cargo, em 1936, escolheu a Ludwig Shiedermair como presidente e disse não permitir eleições porque isso contrariava o *Führerprinzip*[55].

As tarefas do Instituto Bückeburg foram interrompidas, uma a uma, nos magros anos que se seguiram à inflação, e a nova DGMW aí divisou a chance de ressuscitar alguns de seus projetos. Subsequentemente, reorganizou-se em divisões chamadas *Fachgruppen*, inspirada nas *Fachausschüsse* do Instituto. Cada *Fachgruppen* era encabeçada por um líder de grupo (*Gruppenführer*), não por um comitê de três membros, e representava um amplo leque de questões bem como uma tentativa honesta de fazer com que a nova organização fosse mais do que uma simples editora da revista. Cada grupo era chefiado por um estudioso proeminente e se dedicava a temas como história local, preservação, assuntos acadêmicos, editoração, publicidade, folclore, musicologia comparada, rádio e indústria fonográfica, bibliografia, música sacra, crítica, administração e planejamento de convenções[56].

---

54 "Arbeitsordnung der Deutschen Gesellschaft für Musikwissenschaft (früher 'Deutsche Musikgesellschaft')", *Ursprung Papers*.
55 Schering para Sandberger, 23 dez. 1936, *Sandberger Papers* (BSB).
56 O grupo de estudos regionais (*Landeskunde*), liderado por Max Seiffert, começou a acumular informações sobre os bens locais em todas as bibliotecas de departamentos de musicologia. O grupo de preservação (*Denkmalsschutz*) sob a liderança de Wilibald Gurlitt, também chamaria a atenção dos estabelecimentos do Estado, dos municípios e das igrejas para o valor dos seus respectivos tesouros musicais, como instrumentos, manuscritos e impressões antigas. O grupo de assuntos universitários (*Universitätswesen*), sob a liderança de Schiedermair, coletava dados de universidades, colégios e conservatórios de música. O grupo de publicação (*Verlagswesen*) sob a liderança de Hellmuth von Hasse se dedicaria às técnicas utilizadas nas edições Denkmäler, às questões relativas aos direitos autorais e aos fundos estatais. A assessoria de impressa (*Presseamt*), sob a liderança de Rudolf Steglich, coletava e distribuía recortes de jornais e artigos de interesse da Sociedade. Os planos de Moser para o grupo de folclore (*Volkskunde*) incluíam coordenações melhores entre os centros de pesquisa, melhores métodos de catalogação de materiais, mais comunicação entre disciplinas relacionadas e uma bibliografia, tudo isso, naturalmente, restrito ao "solo alemão". Os grupos de musicologia comparada (*vergleichende Musikwissenschaft*) e de rádio e gravação de disco (*Rundfunk, Schallplatte*), ambos liderados por Georg Schünemann, se concentravam em técnicas de gravação e transcrição, viagens para locais de pesquisa, ▶

O processo interno de unificação (*Gleichschaltung*) estava, assim, concluído: o editor judeu da zf*MW* tinha saído, a Sociedade havia sido renomeada sem qualquer dissolução da antiga organização, a nova Sociedade havia sido reestruturada de acordo com o *Führerprinzip* e a formação dos *Fachgruppen* testemunhava a nova agenda concebida para servir ao Estado e encorajar a pesquisa racial e folclórica entre os acadêmicos. Com essas reformas, Schering estava pronto para chamar a atenção das autoridades e, dependendo das reações obtidas, solicitar ajuda financeira. Em finais do mês de novembro de 1933, endereçou uma carta ao ministro da propaganda, Joseph Goebbels, anunciando a reestruturação da Sociedade nos seguintes termos:

Ao Senhor ministro do Reich para o esclarecimento popular e propaganda, os representantes da musicologia de dezoito universidades e escolas de nível superior alemãs, reunidos em Leipzig para a reorganização da "Sociedade Alemã de Musicologia" enviam suas saudações reverentes e votos de lealdade. Eles anunciam sua alegre vontade de empregar todas as suas forças no trabalho coletivo de construção de uma nova cultura alemã e estão conscientes da alta responsabilidade que lhes cabe por tomar parte na administração e proliferação da imortal cultura musical do nosso povo[57].

Tudo o que Schering recebeu de volta, porém, foi um lacônico comunicado de agradecimento de um dos assessores de Goebbels[58].

▷ catalogação de gravações existentes segundo os critérios de *Land* (país), *Volk* (povo) e *Rasse* (raça), incluindo questões pedagógicas (a especialidade de Schünemann), psicologia da música, estudos raciais (*Rassenkunde*) e sua aplicação à musicologia comparada e transmissão de rádio. Outros grupos se devotavam à bibliografia e bibliotecas científicas, pedagogia da música (Fritz Stein), música sacra protestante (Friedrich Blume), música sacra católica (Otto Ursprung), ópera (Alfred Lorenz), crítica, publicação e administração de concertos (Alfred Heuss), publicações musicológicas (Heinrich Besseler) e o planejamento de conferências de musicologia alemã. "Sammelrundschreiben Nr. 1", Schering para os membros, dez. 1933; e " Arbeitsordnung der deutschen Gesellschaft für Musikwissenschaft", *Ursprung Papers*.

57 Cf. Schering para Goebbels, 26 nov. 1933, BA R 55/1141, p. 184.
58 Herder (ministro da propaganda) para DGMW, 30 nov. 1933, BA R 55/1141, p. 185.

O MINISTÉRIO DA EDUCAÇÃO NAZISTA E A RESSURREIÇÃO DO INSTITUTO DE PESQUISA

É provável que a DMG tenha sido tratada com desdém pelo Ministério da Propaganda, mas o ministro da educação, Bernhard Rust, logo se mostraria efetivamente interessado em ressuscitar o Instituto de Bückeburg, severamente reduzido em suas atividades. Em 1934, o Ministério Prussiano para as Ciências, Artes e Educação Pública é expandido, passando a servir ao Reich como um todo, e o ministro prussiano Bernhard Rust é designado para assumir a pasta do Ministério da Educação do Reich e da Prússia (Reichs- und Preussisches Ministerium für Wissenschaft, Erziehung, und Volksbildung)[59]. Em última instância, Rust foi o grande responsável por reavivar o quase-moribundo Instituto de Bückeburg e usá-lo como plataforma para o controle sobre todos os empreendimentos musicológicos do país.

Os primeiros passos na unificação (*Gleichschaltung*) do Instituto já estavam em curso quando as autoridades locais começaram a supervisionar suas operações financeiras e exigir informações detalhadas sobre a linhagem racial dos funcionários recém-nomeados e respectivos cônjuges[60]. O governo do Reich veio a inteirar-se do Instituto em setembro de 1933, quando o representante local do Reich (*Reichsstatthalter*) propôs discutir seu futuro, inspecionar seus arquivos e visitá-lo. Durante essa visita, Seiffert pleiteou, pela primeira vez, a expansão do Instituto e sua transferência para Berlim, o que viabilizaria um trabalho integrado com outras instituições de pesquisa[61]. No começo de 1934, Seiffert apresentou às autoridades do Reich uma proposta detalhada para transformar o Instituto de Bückeburg num Instituto do Reich, enfatizando a urgência da questão, uma vez que os projetos em andamento dependiam disso[62]. A proposta trazia uma breve história do Instituto, um apanhado geral de seus bens,

---

59 Eggers, "§16 Bildungswesen", p. 969.
60 Landesregierung para o Institut, 23 dez. 1933; 7 maio 1934, NStA, L4/7355, p. 82, 140-142.
61 Reichsstatthalter para o Landespräsident, 11 set. 1933; Reichsstatthalter para o Landesregierung, 8 dez. 1933; e nota manuscrita datada de 9 dez. 1933, NStA, L4/7355, p. 79, 81a.
62 Seiffert para o Schaumburg-Lippische Landesregierung, 5 jan. 1934, NStA, L4/7355, p. 84.

uma listagem dos planos futuros e sugestões para a sua reorganização. Seiffert citava três acontecimentos como responsáveis pela estagnação do Instituto: a morte de seu diretor, C.A. Rau, a renúncia do Príncipe Adolf após os eventos de novembro de 1918 e a hiperinflação. Além de limitar as publicações do Instituto em 1927, bem como seu encontro anual de 1931, o revés financeiro havia deixado seu diretor interino – Seiffert – com recursos escassos para dar conta de suas obrigações. Em sua proposta, Seiffert reconhecia os prós e contras de uma reorganização do Instituto: embora uma mudança para Berlim fosse cogitada desde 1931, isso significaria perder a espaçosa instalação – tranquila e cercada pela "antiga paisagem alemã" – de Bückeburg. Existiriam, possivelmente, outras implicações: a perda de autonomia em virtude da anexação de outros institutos, o desenraizamento de seu patrimônio primário, e a diluição de sua "natureza totalmente alemã" imposta pela transposição à metrópole. Não obstante, as vantagens compensavam em muito as inconveniências, e para demonstrar Seiffert defendeu a criação de um Instituto Central jogando com sentimentos nacionalistas e populistas. Em primeiro lugar, não se devia esquecer que os governos locais, por falta de condições de retê-los, acabavam vendendo seus incalculáveis tesouros musicais aos estrangeiros, e a luta do Reich e dos governos locais para preservar seus tesouros artísticos, museus e arquitetura, não podia mais deixar de lado a música alemã, a arte que mais contribuíra para "o nível cultural de nossa nação"[63]. Em segundo lugar, Seiffert descrevia o planejado Instituto Central como um instrumento a serviço da *Volksgemeinschaft*, que assim coletaria e preservaria os tesouros musicais alemães – partituras, livros, instrumentos, manuscritos –, tornando-os acessíveis ao público. Além de dar continuidade a seus trabalhos arquivísticos e bibliográficos, o Instituto buscaria novas direções para a pesquisa por meio de uma orientação nacionalista (pesquisa sobre música e músicos alemães "conforme a raça e a linhagem, as origens regionais, a essência nacional alemã e o significado para a totalidade da cultura alemã") e discutiria todos esses temas em publicações não apenas científicas, mas também populares[64].

63 Seiffert, "Denkschrift", p. 3-5.
64 Ibidem, p. 8-9.

A proposta de Seiffert era acompanhada por um endosso de Fritz Stein, diretor da Hochschule für Musik, em Berlim. O plano de transformar o Instituto era uma ideia que regozijava seu "coração musicológico" e realizaria "um velho sonho da musicologia alemã". Reiterando as considerações de Seiffert, ele ainda marcava a necessidade de uma ênfase maior sobre a música folclórica, isto é, de mais pesquisas sobre seus instrumentos, danças e rituais, com o propósito de cultivar "um sentimento voltado à pátria e ao pertencimento étnico" entre os jovens músicos e o público. Stein também sugeria que o fracasso da DMG por não conseguir uniformizar a disciplina fez com que a criação de um instituto central fosse necessária, sobretudo porque a musicologia estava ficando para trás em relação a outros campos de estudo[65].

O representante do Reich em Schaumburg-Lippe encaminhou a proposta de Seiffert às autoridades apropriadas – ao Ministério do Reich do Interior, ao ministro da educação, ao ministro da propaganda e até ao representante de Hitler no NSDP, Rudolf Hess –, chamando a atenção para a importância do instituto enquanto "promotor da cultura musical alemã" e para o sacrifício pessoal de Seiffer, depositário do "verdadeiro idealismo alemão"[66]. O Ministério da Propaganda, com sua posição claramente ambivalente em relação aos destinos da musicologia, evitou dar qualquer passo antes que sua jurisdição fosse definida[67], mas a proposta, aparentemente, teve ressonância no Ministério da Educação. Rust contatou imediatamente o representante do Reich e, em julho de 1934, enviou a Bückeburg o delegado Werner Weber, junto com Fritz Stein. Eles discutiram a transferência, com Seiffert e as autoridades locais, e todos concordaram que a mudança era altamente recomendável: o Instituto havia demonstrado sua importância nacional e, em Berlim, estaria melhor situado para trabalhar com outros estabelecimentos de pesquisa[68]. Rust reconheceu a perda

---

65 Stein para o Minister für Wissenschaft, Kunst und Volksbildung, 27 jul. 1933, *SIM*.
66 Meyer (Reichsstatthalter) para Hess, 24 maio 1934, *NstA*, L4/73555, p. 173.
67 Von Keldel (ministro da propaganda) para Reichsstatthalter, 12 jun. 1934, *NstA*, L4/7355, p. 199.
68 Sunkel (ministro da educação) para Meyer, 1 jun. 1934; Meyer para Dreier, 8 jun. 1934; [Dreier] para Seiffert, 12 jun. 1934, *NstA*, L4/7355, p. 185-187; NSDAP Gaukultuwart Meyer para Gauleitung Münster (Westfalen), 16 jul. 1934, *NstA* L4/7356, p. 17-18.

que a cidade de Bückeburg sofreria com essa transferência e se dispôs a ajudar as autoridades locais na criação de uma escola de música em substituição ao Instituto[69]. A mudança ocorreu nos meses seguintes[70] e, em novembro de 1934, o Instituto foi formalmente submetido à jurisdição do ministro da educação com o nome de Instituto Estatal para a Pesquisa da Música Alemã (Staatliches Institut für deutsche Musikforschung), com Max Seiffert como diretor permanente[71].

O projeto do Instituto Estatal previa cinco departamentos, mas apenas três se materializaram. O Departamento de História da Música (Departamento I) administraria os arquivos e a biblioteca, organizaria os periódicos (*Archiv für Musikforschung* e *Deutsche Musikkultur*), as bibliografias (*Bibliographie des Musikschrifttums* e *Verzeichnis der Neudrucke alter Musik*), as monografias e edições musicais (Denkmäler e Gesamtausgaben) e ofereceria duas premiações aos melhores trabalhos musicológicos de jovens pesquisadores. O Departamento de Música Folclórica (Departamento II) coletaria e catalogaria transcrições, trabalharia em suas próprias edições e participaria de edições conjuntas ao lado de outras organizações, dando ainda informações e conselhos ao público em geral. O Departamento III seria o responsável pela coleção de instrumentos e pelo catálogo geral (*Generalkatalog*) do Denkmäler Deutscher Tonkunst, publicaria catálogos da coleção e monografias sobre instrumentos musicais, além de organizar visitas guiadas, palestras e empréstimos de instrumentos. Os departamentos para "música e raça" (Departamento IV) e musicologia experimental (Departamento V) nunca saíram do papel[72].

---

69 Rust para o Reichsstatthalter, 23 jul. 1934; Rust para o Landespräsident, 4 out. 1934, NStA, L4/7356, p. 11-12, 24-25.
70 Cartas de agosto e outubro de 1934, NStA, L4/7356, p. 13-16, 20-25.
71 "Conforme o texto de 11 de outubro d. Js…confirmo que a fiscalização do Fürstliche Institut für musikwissenschaftliche Forschung zu Bückeburg com base na nova regulamentação será exercida doravante por mim". Rust para Landesregierung, 3 nov. 1934, NStA, L4/7356, p. 33.
72 "Staatliches Institut für Deutsche Musikforschung, Stand vom Juni 1939", *Schiedmair Papers*.

A CENTRALIZAÇÃO DA ATIVIDADE MUSICOLÓGICA

O ministro da educação assumiria uma autoridade muito maior sobre as operações do novo Instituto do que, outrora, a do príncipe Adolf ou do governo de Bückeburg. Enquanto Seiffert trataria da maior parte dos assuntos cotidianos, o ministro tinha as decisões finais sobre todas as nomeações, atribuindo a um inspetor administrativo a supervisão da gerência e da contabilidade[73]. Sob a administração do governo, o moribundo Instituto pôde então retomar e expandir suas atividades, mas isso também permitiu que o Ministério da Educação do Reich influenciasse a musicologia, que, com base nisso, reivindicou um lugar na administração da cultura nacional ao lado de seus competidores, como o Ministério da Propaganda, Rosenberg e a DAF.

Sem dúvida, Seiffert foi quem mais se empenhou em tornar públicas as dificuldades enfrentadas pelo Instituto e daí insistir em sua transferência para Berlim. Em 1914, ele visualizara um instituto de porte nacional, e a localização em Bückeburg, conquanto atraente, não correspondia a seu sonho. Além do mais, em Berlim, Seiffert era um acadêmico muito bem relacionado, ao passo que em Bückeburg seu poder era limitado: após a morte de Rau, em 1921, fora nomeado diretor interino do Instituto, mas nunca avançou à posição de diretor permanente. Suas ambições políticas devem ter tido algum papel nessa transferência para Berlim. Em 1932, ele recusou um cargo de secretário num ministério[74] e um documento enigmático entre os papéis de Fritz Stein sugere que Seiffert havia idealizado um plano de reforma para a vida musical alemã muito mais amplo do que a execução do Instituto[75]. Seiffert orientou sua mudança para Berlim em 1934 e

---

73 REM para Seiffert, 6 abr. 1936, SIM e BDC Seiffert.
74 Stein para Seiffert, 15 mar. 1932, SIM.
75 As intenções expressas nessa carta em relação ao Instituto não se limitavam a transferi-lo para Berlim, mas comtemplavam ainda a criação de um centro musicológico que reuniria todos os projetos em andamento e instituições num mesmo lugar, além de outras ações, como "uma limpeza" no *Jugendmusikbewegung*; a reforma da GEMA (Gesellschaft für musikalische Aufführungs- und mechanische Vervielfältigungsrechte), a organização responsável pelos royalties das obras executadas; a criação de uma "câmara" para profissionais, talvez em conformidade com as diretrizes da RMK; e medidas em relação aos produtores judeus, alguns muito influentes em Berlim. Não fica totalmente claro se essas ▶

continuou no Instituto como diretor, embora tenha contido seu entusiasmo por assumir toda a responsabilidade pelo Instituto e, de início, recomendou Moser como diretor[76].

Porém, a ambição de Seiffert não se comparava à do Ministério da Educação. Em sua proposta de 1934, Seiffert pregava uma colaboração intensificada entre o novo instituto e outras operações musicológicas a serem empreendidas por comitês. "Em prol de uma divisão do trabalho"[77], sugeriu que o diretor do Instituto integrasse a Comissão de História da Música Prussiana e estabelecesse vínculos firmes com seus pares na Baviera e na Áustria, assim como com a Deutsche Akademie, em Munique, a Academia Prussiana das Artes, a Comissão de Canções Folclóricas da Academia Prussiana de Ciências e a DGMW. O Ministério da Educação, no entanto, tinha uma ideia mais grandiosa de uma instalação musicológica centralizada. O ministro determinou que o novo instituto incorporasse a coleção de instrumentos da Hochschule e do Arquivo da Canção Folclórica, em Berlim[78]. Também tentou tomar o Arquivo da Canção Folclórica de Freiburg, mas a inflexível recusa do seu diretor, John Meier, o impediu[79]. O Instituto, então, absorveu as edições Denkmäler da Alemanha, da Baviera e da Áustria (esta última, em consequência da *Anschluss*), assumiu a responsabilidade por uma revista musicológica remanescente – a *Zeitschrift für Musikwissenschaft* – que pertencera ao DGMW e, sob o argumento de se comunicar com a *Volksgemeinschaft*, criou uma publicação quinzenal – *Deutsche Musikkultur* – que rapidamente incorporaria o periódico *Musik und Volk*.

▷ sugestões são de Seiffert. Eles se assemelham aos pontos descritos na carta de Stein ao ministro da educação em 27 de julho, apensada ao Denkschrift de Seiffert e que comentava uma proposta submetida pela Preussische Akademie der Künste. Do confronto das duas cartas, é possível pensar que a carta de Seiffert resume as propostas da academia para Stein e não necessariamente representa o ponto de vista de Seiffert. Seiffert para Stein, 27 mar. 1933, SIM.

76   Landespräsident para o Reichsstatthalter, 13 mar. 1934, NStA, L4/7355, p. 139.
77   Seiffert, "Denkschrift", p. 10-11.
78   REM para Seiffert, 6 abr. 1936, SIM e BDC Seiffert.
79   O arquivo de Freiburg mais tarde concorreria com o Instituto e esperava se apoderar da divisão de música folclórica após a Segunda Guerra Mundial. Quellmalz para Leiter des Staatlichen Instituts für Deutsche Musikforschung, 27 fev. 1941; Meier para Albrecht, 4 jan. 1943 e 5 maio 1944, BA NS 21/220; e carta de John Meier (diretor, Deutsches Volksliedarchiv Freiburg) para o reitor (Universidade de Freiburg), 8 jun. 1943, UAF PA Meier.

A transformação do Instituto Real de Pesquisa Musicológica de Bückeburg no pan-alemão Instituto Estatal para a Pesquisa da Música Alemã representava não somente uma perda cultural para Bückeburg, mas também uma perda de independência do próprio Instituto, que passava a ser uma entidade entre tantas outras engolidas em nome da centralização. O príncipe Adolf, que timidamente já havia levantado objeções à transferência, não ficou satisfeito com a criação de uma escola de música para ocupar o lugar do Instituto, solicitando ao ministério e à Câmara de Música do Reich que compensassem a perda infligida à cidade com alguma instituição de importância semelhante[80]. Fritz Stein se opôs fortemente à tomada de posse da coleção de instrumentos da Hochschule. Numa extensa correspondência com o Ministério da Educação, nos primeiros meses de 1935, clamou às autoridades que deixassem a coleção onde estava para que ele pudesse desenvolver um programa de performance de música antiga. O ministério recusou o pedido de Stein, mas concordou em deixar uma pequena parte da coleção na Hochschule para fins de ensino e exigiu do novo diretor da coleção que reservasse uma parte de seu tempo para dar aulas na escola, substituindo um membro que Stein havia perdido com a transferência. Stein ainda não estava satisfeito, mas no final só lhe foram concedidos os instrutores que precisava[81].

O maior esforço de centralização se deu com a criação de Das Erbe deutscher Musik (EDM), um projeto de unificação (*Gleichschaltung*) de todas as edições Denkmäler preexistentes. A maior parte das edições Denkmäler foram empreendimentos independentes e alguns chegaram a operar por mais de quatro décadas. As edições de música histórica da Áustria (*Denkmäler der Tonkunst in Österreich* ou DTÖ) existiam desde 1888, as edições alemãs (*Denkmäler Deutscher Tonkunst* ou DDT) desde 1889, e as edições da Baviera (*Denkmäler der Tonkunst in Bayer* ou

---

80 Príncipe Adolf zu Schaumburg-Lippe para o Reichsminister für Wissenschaft, Erziehung und Volksbildung, 6 out. 1934, NStA, L4/7356, p. 29-30.
81 Stein para o Reichs- und Preussischer Minister für Wissenschaft, Erziehung und Volksbildung, 26 jan. 1935, Reichs-und Preussischer Minister für Wissenschaft, Erziehung und Volksbildung para Stein, 22 fev. 1935; Stein para Reichsund Preussischer Minister für Wissenschaft, Erziehung und Volksbildung, 20 mar. 1935; e Stein e Kreichgauer (diretor da coleção de instrumentos) para Ganse (contratado como instrutor), 27 nov. 1935, SIM.

DTB) desde 1900. A DDT e a DTÖ tinham histórias paralelas: ambas começaram editando um volume com obras compostas por um antigo membro da família dominante em suas regiões (uma edição das composições para flauta de Frederico, o Grande, foi a precursora da DDT, e os dois volumes da "Kaiserwerke" precederam a DTÖ). Elas foram apresentadas aos herdeiros reais tanto como um modo de adulação quanto para chamar a atenção para a necessidade de se preservar os tesouros da música alemã em edições profissionais. Em ambos os casos a tática obteve bom resultado e os governantes da Prússia e da Áustria, impressionados com "os objetivos patrióticos e artísticos" dos empreendimentos, provieram os fundos necessários para os volumes posteriores[82].

O plano de reunir todas as edições Denkmäler na EDM sob os auspícios do Instituto Estatal foi concebido em janeiro de 1935, quando Weber e Von Staa, ambos do Ministério da Educação, chefiaram um comitê de musicólogos para reavaliar os objetivos da Denkmäler. Em fevereiro, o comitê concluía que um empreendimento conjunto do Reich (*Reichsdenkmalunternehmen*) dirigido pelo Instituto "devia corresponder ao significado e padrão da musicologia a serviço do Povo Nacional-Socialista"[83]. Eles estabeleceram novas diretrizes a Heinrich Besseler, diretor da divisão Denkmäler do Instituto, que começou a atribuir responsabilidades aos outros mesmo antes de o Instituto ser transferido para Berlim[84]. As novas séries chegariam à "comunidade do povo" (*Volksgemeinschaft*) graças a um formato padrão capaz de atender às necessidades dos acadêmicos e dos músicos amadores. Esse novo formato excluiria todas as claves caídas em desuso, providenciaria a tradução dos textos latinos e italianos, realizaria os baixo-cifrados e reduziria o tamanho das introduções e dos comentários críticos – um sacrifício que, talvez, o pesquisador não esperasse[85].

---

82 Moser, *Das musikalische Denkmälerwesen*, p. 20-22.
83 Heinrich Besseler e Adolf Sandberger para Reich- und Preussischer Minister für Wissenschaft, Erziehung und Volksbildung, s.d., SIM.
84 Besseler para todos os participantes no "Reichsdenkmalunternehmen", 19 fev. 1935, SIM.
85 Besseler e Sandberger para Reich- und Preussischer Minister für Wissenschaft, Erziehung und Volksbildung, s.d., 3, SIM. Por exemplo, nas instruções detalhadas para as peças barrocas, os editores eram orientados a usar somente as claves convencionais e recebiam regras explícitas para a realização do baixo ▶

Besseler, em 1935, descreveu essas diretrizes no boletim oficial do Ministério da Educação, esboçando a concepção global do empreendimento. A mudança do nome – de "Denkmäler Deutscher Tonkunst" para "Erbe deutscher Musik" –, observou ele, era um ato importante. Primeiramente, trocar o termo *Denkmäler* (monumentos) por *Erbe* (herança) representava uma ruptura fundamental com a tradição. As novas séries não produziriam edições musicais como peças de museus para uma exposição, mas para uso num palco vivo. A musicologia alemã estava consciente da sua nova responsabilidade: "crescer no espaço vivo do povo", preservando a herança musical e promovendo-a como prática viva[86]. Nessa mesma linha de argumentação, Besseler explicava por que havia abandonado o termo *Tonkunst* (composição). Essa palavra, com sua ênfase implícita sobre arte (*Kunst*), ameaçava excluir todas as formas de "prática musical ligadas à vida", como música e dança folclóricas, música cerimonial e as interpretações alemãs do canto gregoriano[87]. As novas edições englobariam toda a "herança musical" (*musikalisches Erbe*), incluindo a música folclórica e a "música funcional não artística" (*nicht-kunstmässige Gebrauchsmusik*), além de estender suas fronteiras geográficas, abarcando todas as antigas províncias do Reich (*losgetrennten früheren Reichsgebieten*) e também a comunidade alemã no exterior (*Auslandsdeutschtum*)[88].

A EDM, distintamente de seus predecessores, veio à luz em duas séries distintas – a nacional (*Reichsdenkmale*) e a regional (*Landschaftsdenkmale*). Essa diferenciação tinha uma finalidade

▷ contínuo. "Richtlinien für die Herausgabe von Musik des 'Generalbasszeitalters' im 'Erbe deutscher Musik'", SIM.
86 "Com o novo título, indica-se uma concepção geral, a partir da qual se pode compreender o alvo e as singularidades organizativas dos empreendimentos do Reich. A musicologia alemã está comprometida com a tarefa essencial que o espaço vital *völkisch* põe à sua pesquisa histórica: dar conta da herança. Não é seu interesse armazenar monumentos, mas promover suas conquistas vitais, liberando forças do passado que nos ajudarão a configurar o futuro. Em relação à herança musical alemã, pode-se falar justamente '... conquiste-a para possuí-la'". Besseler, "Die Neuordnung des musikalischen Denkmalwesens", *Deutsche Wissenschaft, Erziehung und Volksbildung: Amtsblatt der Reichs- und Preussischen Ministeriums für Wissenschaft, Erziehung und Volksbildung und der Unterrichtsverwaltung der anderen Länder*, I, 1935, p. 187.
87 Cf. Besseler, "Das Erbe deutscher Musik", DMK, I, 1936-1937, p. 16.
88 Besseler e Sandberger para o Reichs- und Preussischer Minister für Wissenschaft, Erziehung und Volksbildung, s.d., SIM.

bastante pragmática: criar um meio de eliminar obras menos importantes sem rejeitá-las completamente e controlar todas as operações regionais sem despojá-las de seu significado local. As séries nacionais davam continuidade ao trabalho da DDT, incluindo apenas itens que "representavam o mais alto nível da música alemã em seus respectivos períodos, [que] deveriam ser acessíveis à vida musical alemã em geral"[89]. As séries regionais incluíam todo o restante, acabando com o velho hábito de justapor obras importantes com "[obras] medíocres, de significado apenas local"[90]. Enquanto as séries nacionais dependiam de subsídios e investimentos editoriais do Reich, as séries regionais se abasteciam fortemente do apoio financeiro concedido pelos governos locais. Cada um desses centros regionais (*Landschaftstellen*) tinha de fazer seus próprios arranjos com uma editora, produzir suas próprias séries, e receber das autoridades locais um subsídio ou a garantia de assinaturas. O Instituto estava pronto para padronizar suas práticas editoriais, coletar dados e fotocópias através de forças-tarefas para seus arquivos e determinar o número e o tipo de edição que os grupos locais eram autorizados a produzir. O governo do Reich compensaria a contribuição dos governos locais[91].

Essa descentralização centralizada das edições Denkmäler resolveu alguns problemas, mas criou outros. Ela resolveu o velho problema do desequilíbrio regional das DDT's. Há tempo que seus críticos contestavam o fato de a DDT privilegiar excessivamente a região da Saxônia-Turíngia, aparentemente devido à preferência pessoal de seu editor geral, Hermann Kretzschmar (três quartos dos volumes estavam focados sobre a música produzida entre Eisenach e Dresden). Mas a incorporação das edições Denkmäler à EdM gerou outros atritos, especialmente com Adolf Sandberger, diretor da DTB. Sandberger mantinha um controle absoluto sobre o planejamento e a administração da DTB e não estava disposto a partilhar sua autoridade nem adequar-se aos novos padrões editoriais, de modo que a matéria só seria acomodada após sua morte[92]. Em contraste, a expansão política

---

89 Ibidem, p. 2.
90 Besseler, "Neuordnung des musikalischen Denkmalwesen", p. 188.
91 Besseler e Sandberger para o Reichs- und Preussischer Minister für Wissenschaft, Erziehung und Volksbildung, s.d., p. 2-4, SIM.
92 Moser, *Das musikalische Denkmälerwessen*, p. 24-26, 32-33.

alemã de 1938 suavizou muito a aquisição da DTÖ e a introdução de uma edição regional nos Sudetos. Anunciou-se que "a criação de uma Grande Alemanha [*Grossdeutschland*] trouxera a muito ansiada união com a pesquisa da Áustria e dos Sudetos", o que significava o fim oficial da velha DTÖ e sua nova filiação ao Instituto[93]. Ao fim da Segunda Guerra Mundial, a EDM havia produzido 24 volumes da Reichsdenkmale (num projeto de 43) e 18 volumes da Landschaftsdenkmale, provenientes da Baviera, de Hessen, do Reno-Meno, da Alemanha central, das regiões dos Alpes e do Danúbio, de Schleswig-Holstein, de Mecklemburgo-Pomerânia, da Prússia oriental-Danzig-Prússia ocidental e da região Sudetos-Boêmia-Morávia. Planejavam-se edições da região do Reno, da região de Berlim-Brandenburg e da Suábia.

O segundo empreendimento editorial mais importante do Instituto Estatal, a revista acadêmica *Archiv für Musikforschung* (AfMf), também implicou a aquisição de uma organização mais fraca – a DGMW – por outra já existente. Ainda incapaz de encontrar um patrocínio governamental, a despeito da expulsão de seu editor judeu, Alfred Einstein, a ZfMW deparou-se com enormes dificuldades financeiras entre 1933-1935. Após a tentativa de Schering de substituir Einstein por seu protegido, Rudolf Steglich – o que causou protestos contra o nepotismo e a alegada incompetência de Steglich[94] –, a ZfMf não foi publicada no outono de 1933. A nova edição só apareceu em janeiro de 1934, sob a editoria de Max Schneider, mas a revista não podia mais garantir honorários regulares aos seus colaboradores porque muitos judeus e estrangeiros haviam cancelado sua filiação, provocando uma queda na arrecadação[95]. O Instituto Estatal tinha de agir e copatrocinar uma nova revista para dar continuidade à ZfMf. A última edição do volume dezessete da ZfMf trazia a data de dezembro de 1935, e em 1936 a nova AfMf apareceu com uma folha de rosto que continha as palavras "primeiro volume" (*erster Jahrgang*) em letras grandes, e "volume 18 da *Zeitschrift für Musikwissenschaft*" em letras pequenas[96].

---

93 "Mitteilungen", *AfMf*, n. 3, 1938, p. 502.
94 Engel para Sandberger, 20 set. 1933, *Sandberger Papers* (BSB).
95 Schering para Sandberger, 30 dez. 1933, *Sandberger Papers* (BSB).
96 Schneider para Ursprung, 27 jan. 1936; Besseler para colegas, 11 fev. 1936, *Ursprung Papers*.

Besseler, na sua outra posição – de coordenador de periódicos no Instituto Estatal –, pintou a criação da *AfMf* como uma ressurreição da antiga revista de Bückeburg, o *Archiv für Musikwissenschaft*[97]. A *AfMf* tinha por escopo "expandir" e "fomentar a grande solidariedade da pesquisa em música em todas as regiões germanófonas e nos países culturalmente próximos"[98] e Schneider esperava que o apoio do Instituto resultasse em melhores honorários para aqueles que contribuíssem com a revista, estimulando, assim, sua qualidade[99]. A revista realmente mostrou alguns sinais de mudança, mas eram mais ideológicos do que qualitativos: a partir do segundo volume, artigos e resenhas críticas passaram a enfatizar cada vez mais os estudos raciais, a pesquisa da música folclórica e a genealogia.

A *AfMf*, a despeito de sua nova identidade, funcionou como a principal revista acadêmica alemã de musicologia, dando continuidade às atividades da *ZfMw*. No intento de demonstrar ao grande público os serviços prestados pela musicologia, Besseler apontou a necessidade de um segundo periódico "que forjasse uma conexão entre os estudos acadêmicos e a vida [cotidiana] na Alemanha Nacional-Socialista". A nova "revista de música alemã de caráter político-cultural, com orientação musicológica", seria bimensal e visaria um público formado por "musicólogos práticos" (funcionando como "um vínculo natural entre pesquisa e vida") e por amantes da música "desapontados com o atual baixo nível dos periódicos musicais". Ela possibilitaria aos musicólogos falar com os músicos e amadores a respeito de todas as questões referentes à herança musical e tomar parte nas tarefas do presente "a partir do espírito da responsabilidade acadêmica"[100]. O resultado dessa proposta foi a revista *Deutsche Musikkultur*, que apareceu em 1936 e absorveu o periódico *Musik und Volk*, em outubro de 1937[101]. Esforçando-se por obter uma maior participação dos amadores, e com isso melhorar a revista, Besseler tentou envolver representantes da

---

97 Besseler para colegas, jul. 1935, SIM.
98 Os editores, "Zum Beginn", *AfMf*, n. 1, 1936, título da página.
99 Schneider para Ursprung, 27 jan. 1936, *Ursprung Papers*.
100 Cf. Besseler para colegas, jul. 1935, SIM.
101 Besseler, relatório do encontro sobre a publicação da *Deutsche Musikkultur*, 14 out. 1937, SIM.

Wehrmacht, da SA, da Juventude Hitlerista, da DAF e de outros setores[102].

A criação da *Deutsche Musikkultur* foi apenas mais um exemplo de como a musicologia alemã, ao focar-se no potencial educacional da musicologia, seria capaz de transitar de Weimar a Hitler de um modo simples. A revista convergia com as intenções originais do Instituto de Bückeburg de promover uma relação mais saudável com a comunidade, um objetivo que havia sido praticamente abandonado face às necessidades dos acadêmicos. O Instituto Estatal renovou o objetivo de conexão ao público, primeiramente pela reorientação das edições Denkmäler e depois pela criação de uma revista menos científica para complementar a *AfMf*. No encontro anual do Instituto, em 1934, os representantes do Reich ressaltaram a habilidade do Instituto em "servir aos objetivos do Nacional-Socialismo: a formação do novo homem, de sua arte e cultura"[103]. Desse modo, o Instituto adaptou sua agenda original ao programa nazista, preservando e reavivando velhas questões a fim de promover a cultura alemã e servir ao grande público.

O Instituto também reavivou uma de suas iniciativas originais: melhorar a formação dos jovens musicólogos. Essa prioridade também convergia com a política nacional-socialista de encorajar e prover as gerações mais jovens de profissionais (*Nachwuchsförderung*). Um dos comitês (*Fachausschüsse*) do antigo Instituto de Bückeburg tinha por alvo a educação superior, propondo formatos para o currículo musicológico das universidades alemãs e oferecendo cursos para os professores[104]. Desse mesmo modo, logo após sua transferência, o novo Instituto Estatal se deu conta de sua importância para a formação do musicólogo e patrocinou, em outubro de 1936, um encontro exclusivamente para "os colegas mais jovens e para a nova geração de acadêmicos" (*wissenschaftlichen Nachwuchs*) em Frankfurt an der Oder[105]. A participação estava limitada aos 33 acadêmicos alemães mais jovens – a maior parte tinha menos

---

102 Besseler para Seiffert, 29 jan. 1939, BDC Besseler.
103 Werner, "Jahrestagung des Fürstlichen Instituts für musikwissenschaftliche Forschung (Bückeburg)", *ZfMW*, n. 16, 1934, p. 381.
104 Idem, "Zehnter Stiftungstag des Bückeburger Instituts für musikwissenschaftliche Forschung, " p. 486-487.
105 "Mitteilungen" *AfMf*, n. 1, 1936, p. 383.

de 40 anos de idade[106] –, e a um seleto número de acadêmicos estrangeiros conhecidos por simpatizarem com "a nova Alemanha"[107] (em oposição ao considerável número de não alemães que combatiam o Terceiro Reich e haviam cancelado sua filiação à DGMW).

O ministro da educação também deu suporte ao estímulo dos jovens acadêmicos. Como um gesto de boas-vindas, no primeiro encontro anual em Berlim, Rust doou um busto de Hitler e ofereceu dois prêmios para as melhores teses doutorais em musicologia, que seriam entregues no aniversário de Hitler[108]. Ninguém foi premiado no primeiro ano porque nenhuma tese esteve à altura dos supostos padrões do nacional-socialismo[109]. E, em 1939, quando uma tese finalmente foi eleita, Besseler, que era membro do comitê de avaliação, queixou-se ao Ministério da Educação sobre a decisão. Sendo o "único membro do Partido" a integrar o comitê (que incluía Schering, Schünemann, Max Schneider, Marius Schneider e Blume), ele protestou, argumentando que a dissertação de um sudeto-alemão (seu aluno Karl Michael Komma) sobre um assunto político controverso havia sido superestimada, a despeito do significado político da recentemente anexada Tchecoslováquia (situada na região dos Sudetos). Besseler argumentou que a dissertação vencedora não havia sido objeto de uma "avaliação política" ou julgada por seus serviços "à nova orientação da disciplina no espírito do nacional-socialismo". Besseler esbravejou contra a

---

106 Besseler para Ursprung, 1º out. 1936, *Ursprung Papers*. A agenda incluía oficinas ministradas por Kurt Huber ("Volksliedforschung und Volksliedpflege"), Marius Schneider ("Fragen und Aufgaben der vergleichenden Musikwissenschaft") e Wilhelm Ehmann ("Die Musik in der neuen akademischen Lebensgemeinschaft"); discursos feitos pelos oficiais convidados Werner Weber (ministro da educação), Eugen Bieder (diretor do Hochschule für Musikerziehung), Alfons Kreichgauer (diretor da coleção de instrumentos) e Peter Raabe (presidente da RMK); e relatos de vários participantes (incluindo Engel, Müller-Blattau, Blume, Steglich e Fellerer) sobre questões práticas da musicologia na sociedade ("Plan der Musikwissenschaftlichen Arbeitswoche Frankfurt/Oder, 4-9. Oktober 1936"; "Teilnehmer und Gäste der Musikwissenschaftlichen Arbeitswoche Frankfurt/Oder, 4-9. Oktober 1936", BA NS 15/149a).
107 "Todos os quatro senhores [Moberg, Bartha, Pulikowski, Georgiades] foram formados em universidades alemãs, colaboram com revistas alemãs e se posicionam favoravelmente frente à nova Alemanha". Besseler para o ministro da educação, 23 jun. 1936, ZSTA REM Nr. 2909, Bl. 90.
108 "Mitteilungen", *AfMf*, n. 2, 1937, p. 503.
109 Steglich, "Mitteilungen", *AfMf*, n. 3, 1938, p. 380.

falta de visão política do comitê, incapaz de enxergar "a vontade nacional-socialista de renovação dos estudos teóricos" e pedia que o ministério esclarecesse que o certame não visava premiar a mera diligência, mas sim a demonstração de um bravo espírito nacional-socialista[110].

O Instituto abandonou alguns de seus antigos projetos de publicação após a transferência para Berlim, mas passou a cooperar com outras organizações em empreendimentos semelhantes: a edição das obras completas de Gluck, Haydn, Schein e Fux; séries de edições de música medieval; reduções para piano de óperas barrocas da Baixa Saxônia e de outras óperas selecionadas; edições fac-similares de textos sobre música; e livros ilustrados – sobre compositores e de iconografia musical. Algumas publicações científicas importantes foram transferidas para o Instituto ou recriadas: a *Bibliographie des Musikschrifttums*, editada por Kurt Taut, surgiu em 1936 como uma continuação do *Jahrbuch der Musikbibliothek Peters*. O Instituto também inaugurou o *Verzeichnis der Neudrucke alter Musik*, em 1936, editado por Walter Lott. E o mais importante: lançou as fundações para a mais completa obra de referência do pós-Segunda Guerra – *Die Musik in Geschichte und Gegenwart* (*MGG*), nomeando Friedrich Blume como seu editor geral, um cargo que ele deteve até 1968[111].

O DECLÍNIO DA DGMW

Nesse ínterim, a DGMW sentia-se cada vez mais ameaçada. A criação do Instituto Estatal tornou supérflua sua sofisticada divisão departamental, e numa nota, no último volume da

---

110 "Den Preis erhält nicht der junge Nationalsozialist, der etwas wagt und neue Wege sucht, sondern der Mann mit gutem Sitzfleisch und methodisch geschulter Schläue. Ich zweifle, ob das die Absicht des Herrn Ministers war... Bei der gegenwärtigen Zusammensetzung dieses Gremiums genügt es offenbar *nicht*, dass nur ein Parteigenosse, der zufällig dabei ist, für seine Person die geschilderte Ansicht vertritt". Besseler para Miederer, 13 abr. 1939, BDC Besseler.

111 "Zum zehnjährigen Bestehen des Staatlichen Instituts für deutsche Musikforschung" (discurso provavelmente escrito e entregue por Fritz Stein), 1945, 6-8, SIM. Willem De Vries afirma, incorretamente, que a MGG começou como um projeto sobre a égide do Bureau Rosenberg (De Vries, *Sonderstab Musik*, p. 79-84).

zfMW, lia-se: "Desde que o antigo Instituto de Bückeburg foi alçado a 'Instituto Estatal Para a Pesquisa da Música Alemã' (Berlim), aliviando, então, a Sociedade Alemã de Musicologia de uma série de tarefas, a futura cooperação de ambos os centros deverá ocorrer."[112] A Sociedade ainda estava procurando uma agência governamental apropriada que a patrocinasse. O ostensivo desdém de Goebbels, em novembro de 1933, provavelmente se deveu às incertezas que pairavam em relação à divisão das responsabilidades entre a Câmara de Cultura do Reich, criada naquele mesmo mês, e o Ministério da Educação. Não obstante, Schering estava ansioso para resolver a questão[113]. Rust, por conta de seu estreito envolvimento com o Instituto, deve ter se revelado mais acessível que Goebbels como um potencial patrocinador. Assim, quando Schering saiu da presidência, em 1937, seu sucessor, Ludwig Schiedermair, se empenhou em conseguir patrocínio junto ao Ministério da Educação.

De início, a indicação de Schiedermair gerou controvérsias entre os membros. Schering fez cumprir o *Führerprinzip*, não autorizando eleições, mas, de acordo com Schiedermair, nem todos estavam satisfeitos, especialmente Hellmuth von Hase, da casa editorial Breitkopf & Härtel, que contestou a indicação e desafiou a autoridade de Schering[114]. Depois de aceitar o posto, Schiedermair disse ter encontrado a Sociedade num estado de anarquia, com cada grupo voltado sobre si próprio e não mostrando nenhum interesse pelo trabalho coletivo[115]. Ele também relatou que Schering havia assinado um contrato desfavorável com a editora da *zfMW*, a Breitkopf & Härtel, e que, por isso, pretendia cortar todos os elos com a Breitkopt & Härtel, salvando a Sociedade de mais explorações. Segundo Schiedermair, a única solução era desfazer esse vínculo[116].

---

112 Schering, "Mitteilung an die Mitglieder der Deutschen Gesellschaft für Musikwissenschaft, " *zfMW*, n. 17, 1935, p. 481.
113 "Ainda não há dinheiro. As autoridades ainda não sabem qual organização ou câmara deve ficar responsável por nós, musicólogos." Schering para Sandberger, 30 dez. 1933, *Sandberger Papers* (BSB).
114 Schiedermair para Sandberger, 5 jan. 1937, *Sandberger Papers* (BSB).
115 Schiedermair para Sandberger, 3 fev. 1937, *Sandberger Papers* (BSB).
116 Enquanto, oficialmente, pelo menos alguns poucos marcos provenientes das subscrições eram destinados à Sociedade, o novo contrato autorizava o editor a ficar com toda a renda das subscrições, e como a Sociedade tinha de cobrir as despesas de envio, Schering teve de retirar esse valor de seu bolso. De acordo ▶

Se esse relato era uma avaliação perspicaz da situação ou apenas reflexo das rivalidades pessoais com Von Hase, é uma questão aberta à especulação. No entanto, foi o primeiro passo para que a Sociedade ingressasse na órbita de influência do Ministério da Educação, em 1938. Schiedermair saiu da presidência em março de 1938, dissolvendo a DGMW com a intenção de reestabelecê-la sob os auspícios do ministério, argumentando que a dissolução mitigaria conflitos internos e, sobretudo, tiraria o monopólio da revista das mãos da Breitkopf & Härtel. Ele já havia confidenciado a Sandberger que o ministro da educação estava pronto para apoiar um congresso de musicologia[117]. O congresso em questão não podia ser nenhum outro se não o encontro do Reichsmusiktage, em Düsseldorf, em maio de 1938, que transcorreu paralelamente à famosa exposição Música Degenerada. O congresso foi divulgado como o primeiro encontro musicológico do novo Reich, e seu foco era o problema de "Música e Raça", um tema supostamente sugerido por Goebbels e resumido por Friedrich Blume em seu discurso programático[118]. A DGMW não era a única organização a promover um encontro durante o Reichsmusiktage, mas foi uma das poucas que adotou um tema central que complementava a exposição Música Degenerada. Enquanto a exposição vilipendiava os "charlatães da música" judeus ou sob influência judia do período de Weimar, os musicólogos focavam sobre aspectos da pesquisa racial que, em princípio, fornecia uma base científica para tais vilipêndios.

Os participantes do encontro de Düsseldorf deram grande atenção a temas da hora, como "música e raça", "elementos estilísticos da música alemã", "a música e o Estado". O programa reuniu um total de 24 comunicações individuais, uma saudação de Schiedermair e uma palestra programática de Blume[119]. A lista de participantes impressiona, e os títulos das

---

▷ com a análise de Schiedermair, a Breitkopf & Härtel tentou depois cobrar uma taxa especial de associado para a manutenção da Sociedade, a qual, àquela altura, requeria um mínimo de fundos. Tudo o que sobrasse seria destinado a cobrir o débito de 5 mil marcos com a Breitkopf & Härtel acumulado por Schering. Schiedermair para Sandberger, 15 mar. 1938, *Sandberger Papers* (BSB).
117 Schiedermair para Sandberger, 2 mar. 1938, *Sandberger Papers* (BSB).
118 Relatado em *Der Mittag*, 28 maio 1938.
119 Programa completo em "Mitteilungen", *AfMf*, n. 3, 1938, p. 254-255 e BA NS 15/149a.

comunicações refletem grande parte das principais linhas de pesquisa que haviam adquirido relevância política[120]. Uma mesa consagrada à música alemã (intitulada simplesmente "Deutsche Musik") incluía o *paper* de Hans Joachim Therstappen "A Música na Região da Grande Alemanha" (Die Musik im grossdeutschen Raum), um estudo oportuno que explicava a recente anexação da Áustria com evidências histórico-musicais. Outra questão candente – como definir a germanidade em música – foi o tema de Müller-Blattau num *paper* intitulado "Das Deutsche in der Musik". Embora o *paper* não tenha sobrevivido, seus outros trabalhos permitem concluir que, provavelmente, tomavam-se características da música folclórica para identificar, ao longo das épocas, elementos alemães na música artística. A mesa "Mestres Alemães" (Deutsche Meister) contou com a rara aparição do velho Theodor Kroyer, cujo *paper* versava sobre as peculiaridades estilísticas alemãs (Deutsche Stileigentümlichkeit in der Musik), e um *paper* de Rudolf Gerber sobre suas análises raciais e psicológicas da personalidade e da obra de Brahms (Volkstum und Rasse in der Persönlichkeit und Kunst von Johannes Brahms). O *paper* de Walther Vetter "Características Nacionais nas Óperas de Mozart" (Volkhafte Wesensmarkmale in Mozarts Opern, publicado na *Zeitschrift für Musik* no mesmo ano) era uma tentativa de extrair traços alemães das óperas de Mozart, não de um caso óbvio como o Singspiele, mas das suas óperas italianas. Vetter aproveitou

---

120 Apesar de nenhum relatório ter sido localizado, muitos dos *papers* apareceram como artigos separados, permitindo uma reconstrução parcial da conferência. Isso incluía H.J. Therstappen, "Die Musik im grossdeutschen Raum", DMK, n. 3, 1938-1939, p. 425-428; Vetter, "Volkhafte Wesensmerkmale in Mozarts Opern", ZfM, n. 105, 1938, p. 852-856; Pietzsch, "Die Betreuung der Musik durch den Staat", DMK, n. 3, 1938-1939, p. 464-469; Steglich, "Die musikalischen Grundkräfte im Umbruch, " DMK, n. 3, 1938-1939, p. 345-355; Korte, "Die Grundlagenkrisis der deutschen Musikwissenschaft", Mk, n. 30, 1938, p. 668-674; Danckert, "Von der Stammesart im Volkslied", Mk, n. 32, 1940, p. 217-222; Frotscher, "Aufgaben und Ausrichtung der musikalischen Rassenstilforschung" em Waldmann (org.), *Rasse und Musik*, p. 102-112; Schultz, "Volkhafte Eigenschaften des Intrumentenklanges", DMK, n. 5, 1940, p. 61-64; Blume, "Musik und Rasse", Mk, n. 30, 1938, p. 736-748. Para mais detalhes da descrição dessas contribuições, ver Potter, "Wissenschaftler im Zwiespalt", em Dünling; Girth (ed.), *Entartete Musik*.

essa oportunidade para prestar homenagem ao ideólogo Alfred Rosenberg e negar a Mendelssohn sua identidade alemã[121].

Besseler liderou a mesa "A Música e o Estado", que discutia a política musical da época e o modo de aproximar a musicologia dos músicos e do público. Gerhard Pietzsch, em "O Estado e a Música" (Staat und Musik), discorreu sobre a necessidade de combater o processo gradual de alienação da música a respeito da sociedade e de encorajar a música "escrita pela comunidade e para a comunidade do povo nacional-socialista". Steglich, como Pietzsch, apoiou-se em referências ao Estado platônico, normalmente citado como um protótipo para o Terceiro Reich, especialmente na área da educação. Os títulos dos *papers* que constituíram a mesa "Questões Sobre Pesquisa em Música" (Fragen der Musikforschung) consideravam, mais uma vez, a autoconsciência avaliativa da musicologia e sua relevância: "Os Acadêmicos Musicais e a Realidade" (Der Musikgelehrte und die Wirklichkeit), de Theodor Werner; "Considerações Sobre a História da Música em Momentos de Transição" (Musikgeschichtsbetrachtung am Wendepunkt), de E. Kirsch; e o ataque antissemita de Werner Korte à musicologia humanista, "As Tarefas da Musicologia" (Die Aufgaben der Musikwissenschaft).

A conferência de Blume criou o contexto para a mesa final, e mais longa, que versou sobre música e raça. Ele louvou a musicologia alemã por seu estado saudável a despeito de alguns desvios no pós-guerra, e reafirmou os objetivos do congresso: pôr a musicologia em contato com o povo e discutir as questões relativas à raça, que afligiam tanto os músicos práticos quanto os acadêmicos[122]. Em seu discurso, assim como em seus demais

---

121 Citando Alfred Rosenberg, ele demonstra como Haendel nunca poderia ser considerado um compositor inglês, e consequentemente Mendelssohn, o judeu, nunca poderia ser considerado alemão: "O mesmo se aplica a Mendelssohn: ele é judeu, e como a música, mais do que qualquer outro gênero artístico, é expressão do caráter nacional e da alma do povo, Mendelssohn jamais poderia ser um compositor alemão de relevância." De modo semelhante, o fato de Mozart escolher textos italianos não diminui a "natureza alemã" do estilo de sua música. Nesse contexto, Vetter alude uma vez mais ao contraste Mendelssohn--Haendel: "Isso me faz recordar novamente Mendelssohn e Haendel: a música com letra estrangeira não tem porquê não ser alemã, da mesma forma que a música composta em nossa língua materna não tem de ser necessariamente alemã." Vetter, "Volkhafte Wesensmerkmale", p. 852-853.
122 Seiffert, "Musik und Rasse", *Düsseldorfer Nachrichten*, 23 maio 1938, rpt. em Dümling; Girth (eds.), op. cit., p. 115.

trabalhos sobre musicologia racial[123], Blume aparenta se dedicar a críticas metodológicas, mas não sem antes reverenciar a ideologia dominante; em suas conclusões sombrias, porém, condenaria sutilmente a interferência de não especialistas no reino da musicologia. Os *papers* da seção "Música e Raça" ofereciam um amplo leque de interpretações do conceito. Por exemplo, "Povo, Tribo e Raça à Luz das Pesquisas Sobre a Canção Folclórica" (Volkstum, Stammesart, Rasse im Lichte der Volksliedforschung), de Werner Danckert, expunha uma comparação meticulosa entre os estilos de música folclórica das várias linhagens alemãs (*Stämme*) e os relacionava com os estilos dos vários períodos históricos, enquanto "Tarefas e Problemas da Pesquisa Rácico-Estilística em Música (Aufgaben und Probleme der musikalischen Rassenstilforschung), de Frotscher, perdia-se na busca sem rumo de derivar um estilo racial para todas as artes e usar os resultados para orientar a educação e a política musicais.

Embora o encontro em Düsseldorf mostrasse que a DGMW estava seriamente decidida em engajar a musicologia nas questões centrais da visão de mundo nacional-socialista, isso não era decisivo para assegurar o futuro da Sociedade. Como as folhas de rosto dos volumes vindouros da revista denunciariam, Schiedermair fracassara na tentativa de desvincular a Sociedade da exploração de seus editores. Quanto a Schering, não apenas seu projeto de tornar a Sociedade mais do que mera produtora de uma revista baldara, mas, ainda, as atividades da Sociedade tornaram-se cada vez menos significativas após 1933. Em primeiro lugar, com a criação do Instituto Estatal, o novo sistema de forças-tarefas elaborado pela Sociedade perderia o sentido. Em segundo lugar, no momento em que a *AfMf* se vinculou editorialmente ao Instituto, a DGMW deixou de produzir a revista, passando, meramente, a desempenhar funções subordinadas de coprodutora.

Um ano após o encontro de Düsseldorf, Schiedermair deixou a presidência, sendo substituído pelo relativamente pouco conhecido Alfons Kreichgauer – diretor da coleção de instrumentos do Instituto, instrutor-adjunto da Hochschule entre 1935 e 1938, e, posteriormente, docente na Universidade de Berlim[124].

---

123 Com mais detalhes em sua monografia, *Das Rasseproblem*.
124 BDC Kreichgauer; Decano para Reitor, 27 jun. 1939, UAB PA Kreichgauer.

No verão de 1940, a DGMW caiu num estado de imobilidade quase completa até ser finalmente dissolvida pelo Ministério da Educação[125]. Com a permissão do Ministério da Educação, Blume e Erich Schenk, de Viena, realizaram um encontro, no verão de 1941, para organizar a nova Sociedade – provisoriamente chamada de Liga dos Musicólogos Alemães do Reich (Reichsbund der deutschen Musikwissenschaftler) –, cujo intuito era substituir a DGMW, mas o plano não encontrou efetivação[126]. Já o Instituto Estatal, em contraste, antes de ser fechado em janeiro de 1945, prosperou em virtude de suas amplas ações e colaborações em parceria com outras organizações culturais nazistas[127].

O ISOLAMENTO DA MUSICOLOGIA ALEMÃ

Em muitos aspectos, foi no entreguerras que a musicologia alemã viveu seu momento de maior prosperidade, com a criação de organizações, projetos e publicações durante o período de Weimar, bem como a conquista de inauditos reconhecimento e apoio do governo na era nazista. Paralelamente a essa prosperidade doméstica, no entanto, ocorreu a evasão gradual da comunidade acadêmica não alemã, efeito colateral que, no final das contas, prevaleceria sobre os benefícios obtidos no âmbito interno. Desde o começo da Primeira Guerra, animosidades entre os musicólogos dos países rivais fez com que muitos canalizassem suas energias para a causa nacionalista em vez da internacionalista – alguns por ressentimento, outros pela frustração diante da falta de cooperação. Ao longo dos anos nazistas, a humilhação e a emigração forçada dos acadêmicos judeus, bem como a indignação por parte dos colegas não alemães contribuíram para o desmoronamento da fundação frágil da cooperação internacional, de modo que os acadêmicos alemães moveram-se, no curso dos anos, na direção de um isolamento crescente.

---

125 "A deutsche Musikgesellschaft está completamente adormecida e também não espero mais nada de Schiedermair nesse sentido." Gerigk para Osthoff, 13 ago. 1940, BA NS 15/26; ver também Kreichgauer para Decano, 23 jan. 1946, UAB PA Kreichgauer.
126 Frey (REM) para Schiedermair, 16 jun. 1941, UABonn PA Schiedermair.
127 BA R 21/11058.

Em 1918, quando a DMG entrou em cena com o compromisso de renovar os vínculos internacionais, com planos de organizar congressos etc., acadêmicos de outros países de língua alemã também caminharam no sentido de reverter a ruptura da comunicação provocada pela guerra. Os primeiros sinais de cooperação internacional vieram de um congresso em Basel, em 1924, para onde afluíram, numa grande onda internacionalista, participantes da Bélgica, Dinamarca, Alemanha, Inglaterra, Finlândia, França, Itália, Áustria, Espanha e Tchecoslováquia[128]. A esse encontro seguiu-se uma tentativa mais articulada de unir musicólogos de países diversos: a Union Musicologique, com base em Haia, foi o pontapé inicial para a formação de uma confederação das sociedades musicológicas existentes. Um encontro organizacional ocorreu em Lübeck, em 1926, mas apenas três representantes da Alemanha, três da Dinamarca, dois da Holanda e um da Áustria participaram. Outros países convidados não enviaram representantes. Abert, um dos representantes alemães, considerou as ausências como indicação de que a época não havia amadurecido a ponto de que nações antes inimigas trabalhassem junto com a Alemanha e a Áustria, pelo menos não num âmbito oficial, e ainda aconselhou seus colegas a aceitar essa resistência passiva por parte dos antigos inimigos da Alemanha.

Não vamos encarar isso de modo muito sentimental ou trágico. A última coisa que queremos é criar uma relação à força... O congresso nos trouxe a oportunidade desejada de reconhecer nossa posição com muita clareza e nos indicou, de modo inequívoco, a rota de nossa marcha futura. Portanto, para nós não houve nenhuma decepção.

O resultado desse encontro foi a resolução de que a DMG estaria pronta para ingressar na união tão logo os Estados envolvidos na guerra, ao menos a França ou a Inglaterra, estivessem presentes[129].

Coube ao musicólogo austríaco Guido Adler empregar sua energia e habilidade organizativa para explorar o interesse dos

---

128 Merian, "Begrüssungsrede", *Bericht über den Musikwissenschaftlichen Kongress in Basel*, p. 3.
129 Abert, "Der Internationale Musikwissenschaftliche Kongress der Union Musicologique in Lübeck am 23 und 24 Juni 1926", *ZfMw*, n. 8, 1925-1926, p. 642-643.

participantes de Basel e, com êxito, fazer renascer o IMS. Adler, nascido em 1855, foi cofundador de umas das primeiras revistas musicológicas, a *Vierteljahrsschrift für Musikwissenschaft*, em 1884, ao lado de dois pioneiros da musicologia alemã, seus mestres Spitta e Chrysander. Um ano depois, ele foi designado para lecionar na faculdade de Praga, onde deu início às séries Denkmäler der Tonkunst in Österreich, ocupando o cargo de editor geral de 1894 a 1938. Ele foi o sucessor de Hanslick na Universidade de Viena e fundou seu prestigioso Departamento de Musicologia, ao mesmo tempo que fez da história dos estilos um elemento importante à abordagem dos estilos da história da música. Adler influenciou continuamente – e com muita repercussão – o desenvolvimento da musicologia, seja através de seus primeiros escritos sobre a natureza da disciplina, seja pela publicação de importantes trabalhos coletivos, seja por meio dos congressos que organizou. Adler foi um firme defensor da cooperação internacional e advertiu para os riscos do nacionalismo em sua conferência pública no congresso de Basel, em 1924[130]. Em 1927, foi o organizador do congresso em homenagem ao centenário de morte de Beethoven, em Viena, que atraiu um público estrangeiro ainda maior do que aquele presente no encontro de Basel, contando com participantes dos Estados Unidos, União Soviética, Portugal e Hungria. Adler aproveitou o evento para iniciar a estruturação da nova Sociedade Musicológica Internacional – com um conselho de diretores provenientes das quatro nações líderes em pesquisa musicológica (Alemanha-Áustria, Inglaterra, França e Itália) –, tendo Basel por sede central[131]. As autoridades municipais de Basel disponibilizaram um escritório para a Sociedade e aprovaram um subsídio anual, como fizera o Reich alemão – o primeiro governo nacional a dar apoio à Sociedade[132].

Embora os acadêmicos alemães tenham desempenhado um papel proeminente na nova IMS (o encontro organizacional

---

130 Adler, "Internationalismus in der Tonkunst", *Bericht über den Musikwissenschaftlichen Kongress in Basel*, p. 36-48. Cf. idem, "Internationalism in Music", *The Musical Quarterly*, n. 11, 1925, p. 281-300.
131 Wolf, "Die Gründung der Internationalen Gesellschaft für Musikwissenschaft", *ZfMW*, n. 10, 1927-1928, p. 116-117.
132 Merian, "Internationale Gesellschaft für Musikwissenschaft", *ZfMW*, n. 11, 1928-1929, p. 47.

teve mais representantes da Alemanha do que de outros países), sua autoimagem como indesejados dentro da comunidade internacional nunca desapareceu inteiramente. Tais sentimentos surgiam não apenas em função do nacionalismo alemão, mas pelo fato de que outros países refutavam a volta dos acadêmicos alemães ao rebanho. Na seção relativa às comunicações do primeiro volume da zfmw, Einstein expressou seu ressentimento em relação ao fato de que a Alemanha havia sido "naturalmente" excluída do congresso internacional de intelectuais em Paris[133]. Acadêmicos não alemães de diversas áreas haviam traçado linhas divisórias entre as "ciências aliadas" e as "ciências teutônicas", considerando-as incompatíveis entre si[134]. Esse tipo de experiência no âmbito da comunidade acadêmica tornaria os musicólogos alemães particularmente cínicos em relação ao futuro da cooperação internacional. Após o bem-sucedido encontro de Basel, em 1924, Einstein espargiu suas dúvidas em relação ao entusiasmo internacionalista pela unificação da comunidade musicológica, observando que, desde o começo da guerra, cada grupo nacional estava ainda mais fechado em suas próprias questões e seguia apenas os próprios passos[135]. Nesse sentido, não é de surpreender que, ao tentar organizar um congresso internacional em Leipzig, a DMG tenha se aproximado da comunidade internacional com extrema cautela, buscando somente seus aliados mais íntimos.

A tensão entre a nova IMS e seus membros alemães cresceu constantemente nos anos posteriores à sua criação, com um clímax no encontro de Barcelona de 1936. À época, uma plêiade de proeminentes musicólogos havia deixado a Alemanha fugindo da perseguição política e racial. O governo nazista encorajava oficialmente o isolamento nacionalista, advertindo os acadêmicos de todas as áreas que evitassem o contato com círculos acadêmicos judeus ou sob a influência judia, instruindo-os a ceifar relações com os judeus alemães emigrados. Ao mesmo tempo, a comunidade acadêmica internacional via o desenvolvimento intelectual da Alemanha com grande ceticismo.

---

133 "Mitteilungen", zfmw, n. 1, 1918-1919, p. 376.
134 Ver Forman, "Scientific Internationalism", Isis, n. 64, p. 158n.
135 Einstein, "Der Musikwissenschaftliche Kongress in Basel", zfmw, n. 7, 1924-1925, p. 108.

Nos preparativos para o encontro de Barcelona, Heinrich Besseler, designado pelo Ministério da Educação para chefiar a delegação alemã[136], indicou apenas os colegas que se prontificariam a cerrar fileiras contra a percebida aliança inimiga entre os emigrantes judeus e seus simpatizantes. Otto Ursprung, por exemplo, com base nas informações de Besseler, insistiu que era necessário participar do congresso para contrapesar a participação dos emigrantes presentes[137]. A delegação alemã chegou a vislumbrar um campo inimigo formado por judeus (Guido Adler, Otto Gombosi), judeus alemães emigrados (Curt Sachs, Alfred Einstein, Leo Kestenberg) e seus supostos simpatizantes – o mais notável dentre eles, o presidente inglês do IMS, Edward Dent. Eles tinham como aliado o musicólogo espanhol Higini Anglès, organizador do congresso. Anglès sempre promoveu a causa alemã na musicologia espanhola e mais tarde passaria uma temporada na Alemanha para escapar da Guerra Civil Espanhola. Sua função no IMS era encorajar uma forte representação alemã. Quando a delegação alemã teve de ser drasticamente reduzida, ele expressou sua decepção ao amigo Ursprung, observando que o congresso seria muito bem frequentado, "especialmente por judeus que não vivem mais na Alemanha", e lamentando que um número maior de musicólogos alemães não pudesse comparecer ao evento[138]. Por fim, mostrou-se tão pró-alemão durante o congresso, fazendo frente aos sentimentos antialemães lá vigentes, que o cônsul alemão em Barcelona lhe agradeceu pessoalmente pelo apoio[139].

Para criar o "*front* Alemão" ideal, Besseler recomendou os delegados ao Ministério da Educação com base na lealdade política e na reputação acadêmica. Ele acreditava que Joahannes Wolf, por exemplo, tinha "defendido mal os interesses alemães", algo que Besseler achou "extremamente lamentável", dada a iminente "oposição de judeus e emigrantes" que os alemães enfrentariam em Barcelona[140]. Besseler usou uma variedade de

---

136 REM para Besseler, 23 mar. 1936, ZstA REM Nr. 2909, Bl. 40-42.
137 "Por outro lado, convém fazer um contrapeso aos emigrantes que apareceram no congresso. Eu apoiei a sugestão do professor Besseler." Ursprung para o deão, 26 abr. 1936, *Ursprung Papers*.
138 Anglès para Ursprung, 28 fev. 1936, *Ursprung Papers*.
139 Ursprung para o Generalvikariat em Munique, 28 ago. 1936, *Ursprung Papers*.
140 Cf. Besseler para Ursprung, 28 jan. 1936, *Ursprung Papers*.

táticas para barrar a influência de Wolf. À época, Wolf era o representante alemão do conselho do IMS e seu vice-presidente, mas Besseler esperava afastá-lo do círculo mais íntimo do IMS e substituí-lo por Kroyer. Ocorreu que Kroyer não concordou em oferecer seus serviços em detrimento de Wolf, então Besseler pediu a Georg Schünemann que persuadisse Wolf a abandonar seu cargo, acrescentando que o Ministério da Educação e os colegas alemães haviam reprovado o comportamento de Wolf quando fora membro do conselho da Sociedade Internacional para Musicologia Comparada. Receoso de que essa advertência seria suficiente, Besseler também insistiu com o ministério para que só aprovasse a participação de Wolf na comitiva do congresso em troca de sua renúncia. Besseler queria ter certeza de que a renúncia de Wolf não seria divulgada até que a delegação chegasse a Barcelona, uma vez que "certos grupos de interesse podiam explorar essa renúncia para ganhar votos" ou desencadear uma "contracampanha". O esquema foi bem-sucedido e Wolf caiu[141].

Besseler também induziu o ministério a que barrasse a participação de Wilibald Gurlitt, alegando que ele era casado com uma "judia plena" e especulando que ele efetivamente cultivava contatos no exterior, pois sua situação universitária em Freiburg não era segura. Besseler deduziu que Gurlitt havia recebido um convite pessoal de Edward Dent e sentiu que a participação de Gurlitt não beneficiaria a delegação alemã, supostamente pronta para apresentar um grupo de acadêmicos "que hoje e no futuro continuarão trabalhando dentro da Alemanha"[142]. O ministério seguiu o conselho de Besseler e não autorizou a participação de Gurlitt no encontro, para a surpresa e decepção de Higini Anglès, aluno de Gurlitt, e do consulado alemão na Espanha[143]. Ao revés, Besseler apoiou fervorosamente a participação de Marius Schneider como especialista em etnologia musical e pediu a Kurt Huber, então chefe da divisão de música folclórica do Instituto Estatal, para somar

---

141 Besseler para Weber (REM), 10 jan. 1936, Bl. 5; Besseler para Weber, 31 jan. 1936, Bl, 11; Besseler para REM, 22 mar. 1936, Bl. 50, todos em ZstA REM Nr. 2909.
142 Besseler para Weber (REM), 31 jan. 1936, ZstA REM Nr.2909, Bl. 11.
143 Köcher (Deutsches Generalkonsulat für Spanien) para Auswärtiges Amt, 28 mar. 1936, ZstA REM Nr. 2909, Bl. 70.

esforços, especialmente porque "o emigrante Curt Sachs provavelmente falará em francês sobre 'pré-história musical'"[144].

Mesmo com todo o empenho de Besseler, a delegação alemã manteve-se pequena devido às restrições do governo para a liberação de divisas, de modo que muitos não puderam viajar, não obstante a aprovação do Ministério da Educação. No fim, apenas Besseler, Huber, Hans Engel, Hermann Keller (da Musikhochschule, de Stuttgart) e Kroyer, com seu assistente Walter Gerstenberg, tiveram permissão para ir, ao passo que Wolf, Schneider e Ursprung ficaram para trás. De acordo com o detalhado relato de Besseler ao Ministério da Educação, o congresso transcorreu bem, e, com a ajuda de Anglès, Kroyer foi eleito o vice-presidente da Sociedade. Mas Besseler, por outro lado, reclamou da posição antialemã do governo da Espanha e de seu suposto apoio à política maçônica (a maçonaria era, entre outros grupos, declarada como inimiga pelo nacional-socialismo), além da influência antialemã de Edward Dent sobre a organização. Besseler acreditava que Dent havia se consultado com Guido Adler e Leo Kestenberg antes do encontro e conspirado para que "o judeu emigrado Alfred Einstein, que agora está em Viena", substituísse Wolf como representante alemão do IMS[145].

A situação de Barcelona abriu um precedente para o Ministério da Educação envolver-se diretamente nos congressos musicológicos internacionais. O ministério cogitou a criação de um comitê central e permanente de planejamento para congressos musicológicos internacionais, do qual tomariam parte Schiedermair, Blume, Schenk e, possivelmente, Müller-Blattau e Engel[146]. Além disso, por sua exemplar execução das responsabilidades como chefe de delegação, Besseler foi convocado para representar a Alemanha numa série de congressos internacionais, abastecendo assim o Ministério da Educação com relatórios completos, os quais dariam atenção especial ao clima político de cada evento. O ministério deu a Besseler ordens de detalhar especialmente a presença alemã e avaliar a extensão dos

---

144 Besseler para Huber, 31 jan. 1936, UAM PA Huber; Besseler para REM, 15 mar. 1936, ZStA REM Nr.2909, Bl. 52.
145 Besseler, "Bericht über den III. Kongress der Internationalen Gesellschaft für Musikwissenschaft, Barcelona, 18-25 April 1936", datada 18 maio 1936, ZStA REM Nr. 2909, Bl. 82-83.
146 REM para Dahnke, 10 dez. 1938, ZStA REM Nr. 2909, Bl. 104.

sentimentos antialemães, a fim de apurar o êxito das medidas ministeriais que visavam uma "reforma da colaboração acadêmica internacional nas sociedades acadêmicas internacionais". O objetivo imediato dessa reformulação era "preparar e garantir uma poderosa influência alemã na cooperação internacional". Essa preocupação com a influência da Alemanha na seara acadêmica internacional era parte de uma responsabilidade política mais ampla dos futuros líderes da Europa – os alemães –, cotados não só para "liderar as colaborações internacionais em sua esfera de poder", mas também para "reconstruir a ordem econômica e política da Europa"[147].

Os relatos de Besseler devotam-se, obedientemente, aos interesses do ministério. Em seu relato sobre o Terceiro Congresso de Música Internacional, ocorrido como parte do festival anual de música de Florença (o Maggio Musicale Fiorentino), Besseler observou os seguintes pontos: o caráter insatisfatório do "espírito fascista" entre os italianos; uma "arte retórica dominante com tintas de individualismo liberal"; a "proeminência" de Darius Milhaud e Henri Prunières ("judeus franceses que se tornaram conhecidos pelo empreendimento musical internacional do pós-guerra"); a ausência de emigrantes alemães, que, como ele apurou secretamente, haviam sido advertidos a ficar longe; por fim, a necessidade de uma presença alemã mais forte e de um "completo expurgo" da influência do "velho internacionalismo e dos maçons" do Maggio Musicale Fiorentino[148]. Em seus relatos de 1938 sobre o próximo congresso do IMS, que se realizaria em Nova York, Besseler, uma vez mais, descreveu a organização como "sob influência judeu-maçônica" e encarou a decisão de transferir o congresso para Nova York como "um ato que, dada a situação descrita, não pode deixar indiferente os membros alemães da sociedade"[149]. Seu relato final

147 Cf. Lamberts (REM) para Besseler, 13 out. 1941, ZStA REM Nr. 3117, Bl. 7.
148 Besseler para REM, 20 maio 1938, arquivo UAH Besseler. Seguindo a caracterização de Herbert Gerigk em seu artigo "Eindrücke aus Florenz" (*Mk* 32, 1937, p. 642-644) e a informação de Besseler, oficiais no ministério se referiram depois ao Maggio Musicale Fiorentino como um "encontro de judeus" e recomendaram que os musicólogos não o frequentassem mais. Frey para Dahnke, 20 jan. 1940, ZStA REM Nr. 2909, Bl. 105.
149 Os nomes dos judeus eram Sachs, Adler, Prunièries e Egon Wellesz; seus simpatizantes Carlton Sprague Smith, Knud Jeppesen, Eward Dent e John Brande Trend. Besseler para REM, 9 dez. 1938, ZStA REM Nr. 2909, Bl. 13.

sobre o encontro norte-americano lista os representantes europeus presentes, particularizando os judeus (Fernando Liuzzi, Dragan Plamenac, Otto Gombosi), um clérigo católico (Albert Smijers), um "maçom e amigo de judeus" (Edward Dent) e seu "comparsa" (Knud Jeppesen), assim como os emigrantes judeus residentes nos Estados Unidos (Curt Sachs, Alfred Einstein e Manfred Bukofzer)[150].

As tensões que cercaram o encontro de Barcelona persistiram ainda por muito tempo após a partida de seus participantes. O IMS, insatisfeito com a firma alemã responsável pela edição de sua revista *Acta musicologica*, a Breitkopf & Härtel, decidiu entregar o periódico a um editor dinamarquês. Besseler instou seus colegas a recusarem qualquer contribuição para o periódico e cessarem colaborações com o presidente do IMS por esta "atitude hostil" à Alemanha, e muitos atenderam a seu pedido[151]. Esse boicote não só acirrou os maus sentimentos num clima já desfavorável, como também desvinculou os musicólogos de mais um veio de publicação em época de oportunidades já diminutas. O Ministério do Interior e o Ministério da Educação já haviam reduzido as opções de publicação com novos decretos. Em agosto de 1934, o Ministério do Interior proscreveu submissões em revistas estrangeiras que tivessem sido criadas por recentes emigrantes alemães[152]. Em janeiro de 1935, o Ministério da Educação baixou um decreto para os acadêmicos que limitava o escopo de suas revistas, reduzia o número das dissertações nelas reimpressas (as dissertações costumavam ser curtas e geralmente eram publicadas como artigos longos, não no formato de livros), e diminuía o valor da gratificação dos editores e dos honorários pagos às contribuições teóricas. Os acadêmicos alemães, era então dito, deviam aprender a trabalhar com menos para o bem dos estudos acadêmicos alemães[153].

---

150 Besseler para o REM, 14 out. 1941, ZstA REM Nr. 2909, Bl. 13.
151 Ver a carta de Besseler, 17 jul. 1936, e a extensa correspondência entre Ursprung, que retirou a contribuição no último minuto, e o editor da *Acta*, Knud Jeppesen (*Ursprung Papers*). Para uma descrição das circunstâncias e repercussões do boicote, ver Potter, "The Deutsche Musikgesellschaft", *Journal of Musicological Research*, n. 11.
152 Reichsministerium des Innern para Landesregierungen, 30 ago. 1934, *Sandberger Papers* (BSB).
153 REM para os reitores das universidades, 5 de janeiro de 1935, *Sandberger Papers* (BSB).

Sacrifícios como esses só acirravam as difíceis condições dos acadêmicos alemães interessados em publicar seus trabalhos: de um lado, por razões políticas[154], já havia a rejeição dos periódicos não alemães, de outro lado, muito pouco era feito pela criação de novos canais domésticos. O que parece ser um novo *boom* de periódicos de música criados a partir de 1933 é, na verdade, uma ilusão, uma vez que muitos não passavam de velhas revistas rebatizadas, reestruturadas, e repostas mediante fusões com outras revistas. Entre 1934 e 1938, várias revistas passaram pela unificação (*Gleichschaltung*), da mesma forma que a zfmw, tendo sido dissolvidas (geralmente com o expurgo dos indesejados), recriadas sob os auspícios de uma organização governamental ou partidária e renomeadas. A frequência desse processo dá a falsa impressão de uma ampliação da atividade intelectual sob o regime nazista. Um segundo processo ocorreu durante os tempos da guerra, quando restrições financeiras forçaram inúmeros periódicos a se fundirem numa única revista, então batizada com um nome completamente diverso. No total, o número de periódicos musicais declinou entre 1933 e 1945.

A unificação e as fusões impostas pela guerra afetaram várias revistas de música. A *Melos* se tornou *Neues Musikblatt*, em 1934, e, em 1944, fundiu-se com a *Zeitschrift für Musik*, a *Allgemeine Musikzeitung* e a *Die Musik* para formarem a *Musik im Kriege* (*Die Musik* e *Musik im Kriege* eram editadas por Herbert Gerigk e ficaram sob os auspícios do Bureau Rosenberg). *Musikalische Volksbildung* foi subsumida ao Ministério da Educação e ao NS-Lehrerbund como *Völkische Musikerziehung*, em 1934, a qual, por sua vez, fundiu-se com a *Deutsche Tonkünstler-Zeitung*, em 1944, tornando-se a *Zeitschrift für völkische Musikerziehung*. *Der Kreis* e *Die Singgemeinde* fundiram-se na *Musik und Volk* (submetida ao Reichsbund Volkstum und Heimat), depois incorporada à *Deutsche Musikkultur* (submetida ao Instituto Estatal), em 1937, e, por fim, incluída na *Musik in Jugend und Volk*, em 1938, submetida à Liderança Jovem do Reich e à DAF. Em 1936, a *Bundeszeitung des*

---

154 "Não temos mais espaços para imprimir. Muitas revistas foram suprimidas e falta-nos a autenticação de 'confiáveis' – que injustiça amarga cometem contra nós – e nas revistas estrangeiras os trabalhos alemães sofrem boicotes e nós não escapamos disso." Ursprung para Gottron, 22 mar. 1939, *Ursprung Papers*.

deutschen Madolinen- und Gitarrenspielers tornou-se parte de *Die Volksmusik* (submetida ao Reichsverband für Volksmusik da Câmara de Música do Reich) e depois se uniu com *Gut Ton, Die Handharmonika* e *Zupf-und Balgmusik* para fazer-se *Musik am Feierabend*, em 1944. Poucas revistas apareceram nos anos de 1940, mas, pelas razões óbvias de uma economia de guerra, tiveram vida curta. Dois volumes do *Jahrbuch der deutschen Musik*, mantido pelo Ministério da Propaganda e editado por Von Hase, apareceram entre 1943 e 1944, trazendo contribuições de alguns poucos musicólogos[155]. Da mesma maneira, algumas antigas revistas, seletas, foram ressuscitadas com um novo formato, como a *Mozart-Jahrbuch*, de Abert. Publicada em 1923 e 1929, ressurgiu, por ocasião dos 150 anos de morte de Mozart, como *Neues Mozart-Jahrbuch*, produzida pelo Mozarteum e editada por Erich Valentin, em 1941.

Reanalisando-se a folha de balanço entre ganhos e perdas da musicologia alemã nos anos de Hitler, é preciso distinguir o qualitativo do quantitativo. A exclusão gratuita de colegas não arianos valiosos e o isolamento crescente diante da comunicação internacional resultou em perdas qualitativas, perdas que os musicológicos alemães, após a Segunda Guerra, dificilmente poderiam superar. Mesmo os ganhos ostensivos são relativizados pelo fato de que as "novas" organizações, estabelecimentos e publicações, como o Instituto Estatal, a DGMW, a EdM e uma longa lista de revistas, nada mais eram do que uma mera reposição, rebatizada e reestruturada, do velho. O surgimento deles, vinculado à criação de numerosos interesses partidários e governamentais, deu a aparência de um *boom* de inovações, criatividade e apoio nos doze anos de regência nazista. De fato, porém, a maioria dos empreendimentos era uma mera reorganização de si mesmos para a obtenção de patrocínio governamental ou partidário.

A título de conclusão, fica claro que o regime nazista contribuiu muito mais para o resgate da velha musicologia do que para criar uma nova, ainda que todo o suporte financeiro e

---

155 O volume de 1943 inclui contribuições de Moser ("Von der Steuerung des deutschen Musiklebens", "Von der Tätigkeit der Reichsstelle für Musikbearbeitungen" e "Das Mozart-Bild in unserer Zeit"); Frotscher ("Hitler-Jugend musiziert!"); e Eugen Schmitz ("Deutsche Musikforschung im Kriege").

organizativo oferecido a esse domínio teórico tenha excedido enormemente o destinado pelas administrações anteriores. O governo de Weimar estava mal equipado para atender aos apelos por ajuda de uma disciplina em crise num tempo em que empreendimentos culturais sofriam com a vulnerabilidade fiscal. No entanto, o governo nazista, com sua infraestrutura complexa, formada por numerosos comitês culturais, câmaras e organizações partidárias, socorria mais choros, especialmente os das organizações que demonstravam objetivos comuns com sua agenda cultural. As organizações livraram-se de suas velhas identidades, expurgaram seus membros, reprojetaram seus regimentos internos e declararam seu compromisso de servir à *Volksgemeinschaft* segundo os princípios do nacional-socialismo. Para os musicólogos, isso significou dar continuidade a seu velho compromisso de se concentrarem na história da música alemã, encorajar a produção acadêmica alemã e demolir as barreiras entre a academia e o público. Isso também significou trair colegas que fossem judeus ou casados com judeus, pactuar com áreas duvidosas da pesquisa "científica", a exemplo da pesquisa racial, e romper com a comunidade acadêmica mundial.

4. A Musicologia na Universidade

A universidade alemã, uma venerável instituição do começo do século XIX, serviu de modelo para a criação de sistemas universitários em diversos países. Durante a República de Weimar, no entanto, sua infraestrutura, concebida para assegurar a liberdade acadêmica – com o poder concentrado nas mãos dos professores titulares –, viria a ser alvo de críticas. Resistindo a todas as tentativas de reforma universitária, os professores se tornaram suspeitos numa sociedade com propósitos democratizantes. Os musicólogos, porém, tinham uma forma própria de pensar. Diante da dificuldade para firmar uma posição dentro do sistema universitário, procuraram assegurar vínculos estreitos com a comunidade como regentes de grupos camerísticos. As faculdades davam grande valor à qualidade de seus conjuntos de música antiga porque os entendiam como meio de projetar o ofício do musicólogo.

Ao assumir o controle das universidades, os nazistas foram menos disruptivos do que se poderia supor. Um conservadorismo extremo havia transformado a universidade num campo fértil para o antissemitismo, especialmente depois de 1918. As faculdades de musicologia da Alemanha sempre tiveram as portas fechadas para os candidatos judeus, excetuando uma minoria qualificada em áreas inovadoras. Assim, quando o nacional-socialismo começou a se infiltrar nas universidades, o expurgo dos professores judeus mal alterou o perfil dos departamentos de musicologia. As reformas universitárias operadas pelo nazismo, no entanto, acabaram com a influência dos professores titulares, deixando as disputas internas ao sabor das intrigas pessoais e políticas. Não obstante, essa mudança de poder colocou a musicologia numa posição mais forte dentro da universidade. As cerimônias oficiais e os rituais políticos transformaram o musicólogo-regente em figura indispensável, conferindo aos departamentos de musicologia influência para assegurar posições acadêmicas.

O alistamento militar obrigatório desordenou profundamente as universidades durante a Segunda Guerra, expondo a musicologia à sua vulnerabilidade, já que essa disciplina dificilmente poderia ser considerada essencial para os esforços de guerra. Contudo, os musicólogos ofereceram seus serviços fora da academia, ministrando cursos para soldados e mantendo uma agenda de guerra com palestras destinadas a demonstrar o espírito incansável das ciências alemãs. Ao longo de toda a guerra, a comunidade universitária permaneceu tão conservadora e politicamente esquiva quanto antes, sendo rara qualquer manifestação de protesto, como a do musicólogo Kurt Huber, que resultou num grande martírio.

A UNIVERSIDADE E A REPÚBLICA DE WEIMAR

Por volta de 1918, a universidade alemã era considerada uma instituição antiquada, cujo intuito era apoiar uma orgulhosa tradição intelectual alemã. As reformas empreendidas por Wilhelm von Humboldt no começo do século XIX, que garantiam a liberdade acadêmica num ambiente de completa autonomia, foram modelo para muitos sistemas universitários ocidentais. Embora financiada pelo ministro da cultura da respectiva província, e tendo, em alguns casos, um curador representando o governo dentro da universidade, as faculdades gozavam do privilégio legal para decidir sobre seus próprias questões, com a maior parte do poder concentrada nas mãos do professor titular, catedrático

(*Ordinarius* ou *ordentlicher Professor*)[1]. Cada *Ordinarius* chefiava um departamento e tratava diretamente com os ministérios. O reitor presidia o senado da universidade, que era constituído pelos quatro decanos recém-eleitos das quatro *Fakultäten* (a universidade era formada por quatro setores ou "faculdades": direito, medicina, teologia e filosofia; a Philosophische Fakultät incluía a musicologia e todas as demais artes e ciências); pelos quatro decanos anteriores; pelo reitor atual e por seu antecessor; e por cinco *Ordinarien* eleitos[2].

Os outros professores tinham um *status* muito inferior ao dos *Ordinarien*. Abaixo do *Ordinarius* estavam o *Extraordinarius* ou *ausserordentlicher Professor*, que ingressava como servidor publico efetivo, mas não era membro oficial da faculdade; o *Privatdozent*, que havia concluído um doutorado e obtido as credenciais acadêmicas da *Habilitation*, e, por isso, tinha a permissão para ministrar cursos na universidade (*venia legendi*); e o *Lektor* ou *Assistent*, que havia obtido um doutorado, estava trabalhando na tese de *Habilitation* e tinha permissão para ser assistente de um professor[3]. Essas duas últimas categorias tradicionalmente não eram assalariadas, aferindo seus ganhos pelas taxas que os alunos pagavam para frequentar seus cursos. No interior dessas categorias básicas havia ainda subcategorias. A designação *planmässig* ou *etatsmässig* podia indicar que o salário do professor era pago com a verba regular do ministério, o oposto daqueles cargos designados como *ausserplanmässig*, *nichtetatsmässig* ou *persönlich*. Quando um indivíduo era promovido nominalmente sem se tornar servidor público e atuava principalmente como um instrutor, era chamado titular ou *nichtbeamtet*. Finalmente, o *Honorarprofessor*, que não recebia salário, embora tecnicamente estivesse acima do *Extraordinarius*, normalmente era um acadêmico longevo especialmente contratado para dar aulas em regime parcial de trabalho[4].

Esse sistema protegia o poder de autogestão das universidades e garantia a liberdade acadêmica ao evitar a interferência do Estado, mas essa lógica funcionava melhor em pequena

---

1 Ringer, *The Decline*, p. 35-36.
2 Fallon, *The German University*, p. 33, 35.
3 Ibidem, p. 33-44.
4 Ringer, op. cit., p. 35-36.

escala. O forte aumento da população estudantil antes da Primeira Guerra criou uma demanda por mais professores, e o aumento de professores juniores e de *Lektoren* levou a um sério desequilíbrio de poder. Os *Ordinarien*, mantendo seu controle mesmo quando os professores de *status* acadêmico inferior inchavam, não tinham a menor intenção de conceder mais autoridade a seus subordinados. Os professores juniores coligaram-se em organizações nacionais para demandar maior influência na administração universitária, mas o sistema de salvaguardas que protegia o poder dos *Ordinarius* era um empecilho a mudanças. O resultado era uma atmosfera insalubre de competitividade, abuso de poder nos processos de promoção e impasses na resolução de problemas[5].

Após a guerra, os professores universitários se viram numa situação incômoda, uma vez que sua utilidade já não estava assegurada na nova sociedade industrial[6]. De um modo geral, os professores acadêmicos suspeitavam da nova democracia e, embora alguns deles apoiassem a República, a maior parte da elite acadêmica considerava-se acima da política, resistindo a mudanças e – quando era o caso – cedendo ao novo sistema apenas por necessidade. A maior parte dos acadêmicos fazia o tipo esteta apolítico, caracterizado por Thomas Mann em suas *Reflexões de um Homem Apolítico* (*Betrachtungen eines Unpolitischen*, 1918): portadores da cultura da nação alemã, tomavam-se como seres acima das operações da política, devotos da objetividade científica e defensores da *Kultur* alemã contra a invasão da civilização ocidental[7]. Desde o Iluminismo, os alemães haviam mantido distância do desenvolvimento intelectual da Inglaterra e da França, entendendo a *Aufklärung* como algo radicalmente diverso do raso e utilitário "Iluminismo" no sentido franco-britânico. *Bildung* e *Kultur* eram tidos por antiutilitários e muito mais profundos que "educação" e "civilização"[8]. A Primeira Guerra contribuiu para acirrar a percebida distinção entre os alemães e seus inimigos, os aliados ocidentais.

5 Ibidem, p. 53-55; Fallon, op. cit., p. 46-47.
6 Ringer, op. cit., p. 3-13. Ver capítulo 2.
7 Abendroth, "Die deutschen Professoren", em Tröger (ed.), *Hochschule und Wissenschaft*, p. 12, 17-18. Abendroth afirma que o ensaio de Mann foi uma das obras mais populares entre os acadêmicos; Laqueur, op. cit., p. 188
8 Ringer, op. cit., p. 83-84, 87.

Embora não seja exato falar de uma concepção política articulada pelos professores de Weimar, o fato é que a maior parte, aderindo à chamada lenda da "punhalada pelas costas" (*Dolchstosslegende*), acreditava que a derrota militar da Alemanha era produto de uma conspiração organizada pela indústria local. Aqueles que se associavam a um partido político organizado gravitavam, tendencialmente, em torno dos Alemães Nacionais (*Deutschnationalen*) ou da ala direita do Partido do Povo Alemão (Deutsche Volkspartei). Os partidos líderes – Democratas e Social-Democratas – possuíam apenas uma modesta representação entre os professores e a diminuta fração de socialistas e pacifistas tinham uma baixa representação nas universidades. Os mais politizados – os "republicanos da razão" (*Vernunftrepublikaner*) –, que, resignadamente, consideravam a República a única opção viável na época, também eram minoria[9].

A comunidade universitária parecia perceber que o melhor caminho para obter algum sucesso no futuro era não mexer no que fora bem-sucedido no passado e resistir com todas as forças à mudança, mesmo àquelas reformas propostas pelo governo que poderiam beneficiar a instituição. Além de pedir às universidades mais foco nas necessidades mais amplas da sociedade, o ministro prussiano da cultura C.H. Becker adotou algumas medidas para combater o clima de hostilidade entre os professores das faculdades. Propôs medidas para minimizar as desigualdades financeiras, garantindo salário aos *Lektoren* e promovendo *Extraordinarien* a *Ordinarien*; esperava, ainda, diminuir o abuso de poder (sem acabar totalmente com essa prática), instaurando um comitê neutro para rever casos de contratação e promoção[10]. Os professores rejeitaram essas e outras sugestões, julgando-as invasivas, e acharam a reforma de Becker tanto mais intragável pois, diferentemente de seus predecessores não acadêmicos no ministério, Becker era um renomado estudioso do oriente que fora condenado por "cuspir no próprio prato"[11].

---

9   Heiber, *Univesität unterm Hakenkreuz*, p. 32.
10 Bleuel, *Deutschlands Bekenner*, p. 162-166.
11 Laqueur, op. cit., p. 188.

A MUSICOLOGIA DENTRO E FORA DA ACADEMIA

A era de Weimar fomentou um jorro crescente por atividades musicológicas nas universidades, incluindo a criação de vagas para professores titulares em pelo menos nove instituições. Porém, a relutância geral à criação de departamentos plenamente constituídos impediu a musicologia de se consolidar academicamente. Por exemplo, o departamento, em Bonn, foi criado em 1919, mas seu diretor, Ludwig Schiedermair, só conseguiu se estabelecer como professor titular em 1942[12]. A universidade de Freiburg/Breisgau também instituiu um departamento de musicologia em 1919, mas nomeou apenas um *Lektor* – Wilibald Gurlitt – como seu diretor. Ao final do primeiro ano, Gurlitt havia demonstrado habilidade em conduzir seu seminário "de forma estritamente científica" e eficiente, de modo que a universidade resolveu promovê-lo, evitando, assim, que ele aceitasse uma oferta em Heidelberg. Mas Gurlitt foi promovido a *Ordinarius* apenas em 1929, dez anos após a criação do departamento[13].

Em Heidelberg, o corpo docente estava sempre se modificando e passando longos períodos sem um *Professor* em musicologia, pois havia muita resistência quanto à promoção de seus musicólogos. Kroyer chegou a Heidelberg em 1920 e foi promovido a *Ordinarius* em 1922[14], mas permaneceu no cargo só até 1923, mudando-se para Leipzig. Moser, em seguida, assumiu como *Extraordinarius*, mas abandonou o cargo em 1927, frustrado porque a administração da universidade recusara seu pedido de promoção, alegando não querer abrir o precedente de promover um professor com apenas dois anos de atividade na instituição[15]. Heinrich Besseler, designado em 1928 como sucessor de Moser, tentou várias vezes ser promovido a *Ordinarius*, porém, apesar de sua reputação acadêmica e de sua adequação política ao regime nazista, só conseguiu a promoção depois da guerra.

---

12 *Chronik der Rheinischen Friedrich-Wilhelms-Universität zu Bonn*, 1918-1919, p. 69-70, UABonn; decano para REM, 19 nov. 1942, UABonn PA Schiedermair (Philosophische Fakultät).
13 Philosophische Fakultät para Senat, 8 set. 1919 e 4 jun. 1920, UAF Reg. Akten V 1/159; carta de jul. de 1929, UAF PA Gurlitt.
14 UAH B-7559 e PA Kroyer.
15 UAH PA Moser.

Esse tipo de protelação gerou ainda mais dificuldades em Colônia. Ernst Bücken criou o Departamento de Musicologia em 1920, chefiando-o de 1921 a 1932, sem nunca chegar ao grau de *Ordinarius*. Em 1922, ele pediu promoção, enfatizando, principalmente, a necessidade de um instituto de musicologia mais forte, bem firmado, em Colônia, especialmente porque essa disciplina havia sido reconhecida em todas as outras universidades alemãs. Não obstante, conseguiu apenas a promoção a *Extraordinarius* em 1924, não ingressando, assim, na categoria de professor permanente, de servidor público[16]. Mesmo que essa decisão da universidade tivesse sido motivada por uma insatisfação com o desempenho ou com a pessoa de Bücken, e não caracterizasse nenhuma relutância em reconhecer a musicologia, a instituição nunca demonstrou interesse em recrutar um *Ordinarius* ao longo de toda a primeira década de existência do departamento. A ausência de um acadêmico sênior causou sérios problemas para os estudantes quando, em 1928, o Ministério Prussiano da Educação proibiu a confecção de dissertações nos departamentos que não tinham professores sênior permanentes[17].

A depressão retardou ainda mais a consolidação da musicologia. Em Leipzig, sede de um dos mais antigos e famosos departamentos de musicologia, a universidade hesitou por um bom tempo em conceder pleno reconhecimento à disciplina. Hugo Riemann, nascido em 1849, foi aclamado como um dos mais importantes musicólogos de seu tempo, conhecido por seu domínio em teoria musical, história, acústica, estética, prática interpretativa, edição, lexicografia e por suas brilhantes sínteses em várias dessas áreas. Riemann se tornou professor em Leipzig em 1901 e diretor do Instituto de Pesquisa de Musicologia da Saxônia em 1914, mas nunca ascendeu ao posto de *Ordinarius*, em que pese sua carreira imensamente produtiva e ilustre. Após a morte de Riemann, o decano alcançou a posição de *Ordinarius*, nomeando Hermann Abert em 1919 e Kroyer em 1923. Mas este, por fim, se viu tão frustrado com as limitações impostas pelos cortes de verba durante a depressão que acabou partindo para

---

16   Bücken para Philosophische Fakultät, 25 abr. 1922, Geh. Justizrat Franz Gaul (tio de Bücken) para reitor, 7 out. 1925, UAK.
17   Carta de decano, 7 maio 1930, UAK.

Colônia, em 1932[18]. A universidade, de início, tentou evitar sua partida, mas quando a decisão parecia irreversível, as autoridades usaram o episódio como uma oportunidade para fazer economias, extinguindo o posto de *Ordinarius*[19].

A universidade tentou obter fundos de uma fonte privada, do editor H. Hinrichson, a fim de suprir a diferença de custos entre um *Extraordinarius* e um *Ordinarius*[20]. Hinrichson ofereceu 20 mil marcos para cobrir a diferença durante um período aproximado de quatro anos, mas o Ministério da Educação da Saxônia declarou que "não estava em posição de aceitar tal presente"[21]. A universidade só conseguiu um sucessor para Kroyer no verão de 1933, ao nomear Helmut Schultz para o posto, inferior, de *Extraordinarius*. A despeito da classificação inferior, Schultz assumiu todas as responsabilidades de um *Ordinarius* – chefiando o departamento, o museu de instrumentos e o Instituto de Pesquisa de Musicologia da Saxônia –, além de uma sobrecarga nas atividades de ensino provocada pela saída de Hermann Zenck, em outubro de 1932[22]. Esse rebaixamento de posto gerou desconfortos não apenas entre os membros da Faculdade de Filosofia, mas também no meio intelectual não universitário[23]. Muitos musicólogos não gostaram da escolha de Leipzig por um jovem que havia produzido pouco mais do que uma dissertação mediana e levantaram a acusação de nepotismo[24]. Nos anos subsequentes, o ministério

---

18 Decano der Philosophischen Fakultät para Kultusministerium (Dresden), 20 dez. 1919, UAL PA 272, p. 12-18; Kroyer para Ursprung, 20 jul. 1932, *Ursprung aPapers*.
19 [Krueger] para Philosophische Fakultät, 27 jul. 1931, UAL PA 661, p. 14-15; Sächsisches Ministerium für Volksbildung para Philosophische Fakultät Leipzig, 25 abr. 1932, e o Decano da Philosophischen Fakultät para Ministerium, 12 maio 1932, UAL PA 661, p. 21-23; Sächsisches Ministerium für Volksbildung para Philosophische Fakultät Leipzig, 25 nov. 1932, UAL B2/20[21], 71.
20 Decano da Philosophischen Fakultät para H. Hinrichson, 4 jan. 1933, UAL B1/14[27] Bd.1, p. 12-17.
21 Sächsisches Ministerium für Volksbildung [para o decano], 25 mar. 1933, UAL B2/ 20[21], p. 166-167.
22 Sächsisches Ministerium für Volksbildung para Philosophische Fakultät, 26 jul. 1933, UAL PA 260, p. 43; Sächsisches Ministerium für Volksbildung para Philosophische Fakultät, 28 out. 1932, UAL PA 260, p. 26.
23 Decano para Kroyer, 20 jan. 1933, UAL B2/20[21], p. 112-115; Decano para Ministro, 13 fev. 1933, UAL B2/20[21], p. 156-157a.
24 Engel para Sandberger, 20 set. 1933, *Sandberger Papers* (BSB). Sandberger confirmou que os sentimentos sobre a situação de Leipzig eram unânimes. Esboço de resposta para Engel, 22 set. 1933, *Sandberger Papers* (BSB).

rejeitaria outras propostas para repor o posto de *Ordinarius*, reduzindo tanto o *staff* do Departamento de Musicologia como seus recursos financeiros[25].

A imaturidade da musicologia como disciplina acadêmica foi um obstáculo à sua consolidação na universidade devido a certo grau de desconfiança por parte de outras áreas. Todavia, por não gozarem do mesmo prestígio que outras profissões acadêmicas no interior da cultura universitária, os musicólogos desenvolveram uma rara flexibilidade de movimento dentro e fora da academia. Para compensar a fragilidade de seu *status* universitário, canalizavam suas energias para o universo da performance de conjuntos musicais e assim prestavam um serviço tanto à universidade quanto à comunidade não acadêmica. Em relação aos demais acadêmicos, essa flexibilidade representava uma vantagem, na medida em que impelia os musicólogos a reagir de modo mais favorável à crescente pressão após a Primeira Guerra para que houvesse uma contribuição para o bem comum da nação.

Quando o destino da musicologia nas universidades mostrou-se incerto, os musicólogos recorreram à sua tradição como diretores de performance musical para irem além da academia. Karl Gustav Fellerer sugeriu, em 1928, que a velha combinação de musicólogo e diretor musical fosse retomada, de modo que os musicólogos pudessem encontrar oportunidades de trabalho nos conservatórios e não ficassem limitados à universidade[26]. Pouco tempo depois, Willibald Nagel relatou seu sucesso com tal experimento no conservatório em Württemberg[27]. Nas universidades, os musicólogos também estendiam suas obrigações para além da pesquisa e do ensino. Leipzig era um importante centro musical e esperava-se que o chefe do Departamento de Musicologia atuasse junto à Thomaskirche, ao Conservatório

---

25 Relato da discussão com o decano em 25 jan. 1939, UAL PA 260, p. 59; Schultz para decano, 21 jan. 1941, UAL PA 260, p. 75-76; relato da discussão com o ministro, 7 fev. 1941, concluindo que o pedido feito por Schultz de promoção a *Ordinarius* não podia ser atendido por causa das restrições financeiras em tempo de guerra, UAL PA 260, p. 83.
26 Fellerer, "Hochschule, Musik und Musikwissenschaft", *DTZ*, n. 26, 1928, p. 287-289.
27 Nagel, "Die Aufgabe der Musikwissenschaft an der Musikhochschule", em Keller; Adler et al., *Musikziehung: Vorträge*, 1928, p. 73-76.

Estatal, à orquestra Gewandhaus e à orquestra da cidade, bem como desempenhasse um papel relevante na educação musical em toda a Saxônia[28]. Depois que Hugo Riemann reavivou a instituição do *Collegium Musicum*, logo após a virada do século[29], a faculdade de Leipzig passou a dar prioridade, no preenchimento de suas vagas de musicólogo, a candidatos com experiência na direção de *Collegium*. Quando, em 1915, a faculdade propôs a promoção de Schering de *Privatdozent* para *Extraordinarius*, a justificativa destacou sua experiência prática com os *Collegia*[30]. Antes de designar Abert, em 1919, o comitê de seleção elogiou sua prática como diretor de *Collegium*, uma instituição que se tornara "tradicional e indispensável" em Leipzig[31]. A direção do *Collegium* era reservada ao *Ordinarius* desde a época de Kroyer, cujas performances eram citadas não apenas por seu valor pedagógico e acadêmico, mas também por "seus efeitos inequivocamente favoráveis em círculos mais amplos"[32].

Os *Collegia Musicum* chamaram ainda mais atenção dos departamentos de musicologia das pequenas cidades, onde suas performances eram um elemento significativo da vida musical local. Herbert Birtner fundou um *Collegium Musicum* em Marburg, em 1930[33], e o *Collegium* de Hans Engel, em Greifswald, foi parte de uma iniciativa para promover o interesse sobre a história da música local[34], dando aos acadêmicos a possibilidade de descobrir e editar obras de compositores regionais e executá-las com os *Collegia*. O *Collegium* de Müller-Blattau, em Königsberg, era formado por membros da comunidade e por estudantes, envolvendo o público em diálogos educativos sobre o significado histórico das peças apresentadas[35]. No seu primeiro ano, o Departamento de Musicologia de Bonn relatou que suas performances históricas de óperas barrocas e música

---

28 Decano para H. Hinrichson, 4 jan. 1933, UAL B1/14[27] Bd. 1, p. 12-17.
29 Müller-Blattau, "Collegium musicum", CM, n. 1, 1932, p. 3-4.
30 Philosophiche Fakultät para Kultusministerium, 21 jun. 1915, UAL PA 925, p. 35.
31 Decano para Kultusministerium, 20 dez. 1919, UAL PA 272, p. 17.
32 Krueger (Psychologisches Institut der Universität Leipzig) para Philosophische Fakultät, 27 jul. 1931, UAL PA 661, p. 14.
33 Birtner, "Lebenslauf" e " Darstellung über die wissenschaftliche Arbeit", 17 fev. 1938, BDC Birtner.
34 Lebenslauf, UAM FA Engel.
35 Gutzeit, "Das Collegium musicum der Albertus-Universität Königsberg und seine Fahrt ins Baltikum", CM, n. 1, 1932, p. 56-58.

sacra "haviam sido noticiadas muito além de Bonn"[36]. O *Collegium* de Gustav Becking, na universidade de Erlangen, também foi elogiado por seus sucessos em Bayreuth, Würzburg, Coburg, Munique e outras cidades[37].

Por fim, os *Collegia* assumiram a função de promover a cultura alemã dentro e fora do Reich, revivendo obras-primas do passado alemão. Gurlitt foi um dos pioneiros nesses empreendimentos; foi elogiado por instigar em seu grupo, radicado em Freiburg, uma verdadeira dedicação à performance das obras-primas da velha Alemanha, insistindo no uso de instrumentos de época e focando obras pouco ouvidas[38]. Gurlitt entreviu no movimento dos *Collegia* dos anos de 1920 a oportunidade para que os musicólogos demonstrassem uma combinação da "melhor tradição de nossa história musical alemã com o saudável espírito de nossa juventude atual e os movimentos da música amadora". Esse movimento permitiu que os musicólogos mostrassem seus esforços sinceros para fugir da hiperespecialização em seus estudos e para preservar os tesouros nacionais da música antiga alemã[39]. Müller-Blattau, inspirado em Gurlitt, deu a seu repertório a mesma ênfase alemã. Ele levou seu grupo numa turnê pelo Báltico, em 1932, para exibir um programa de música barroca e outro de "*Hausmusik* [da época de] Goethe", cumprindo a importante função política de incentivar a cultura alemã no Leste Europeu[40]. A preservação da cultura alemã no Leste "separado" também foi o que motivou Gotthold Frotscher a iniciar um *Collegium Musicum* em Danzig, em 1926[41].

A notável função político-cultural dos *Collegia* deu aos musicólogos um forte argumento para o financiamento de suas atividades, especialmente nas longínquas regiões "culturalmente ameaçadas". Argumentava-se que a música alemã e seus estudos teóricos deviam ser cultivados nessas regiões para

---

36 *Chronik der Rheinischen Friedrich-Wilhelms-Universität zu Bonn*, 1919-1920, p. 70, UABonn.
37 Unterholzner, "Um das musikwissenschaftliche Seminar der Universität Erlangen", AMZ, n. 56, 1929, p. 478.
38 Müller-Blattau, "Collegium musicum", op. cit., p. 4; Ehmann, "Collegium Musicum der Universität Freiburg i. Br.", CM, n. 1, 1932, p. 17-18.
39 Gurlitt, "Collegia Musica", DTZ, n. 25, 1927, p. 309-310.
40 Gutzeit, "Das Collegium musicum der Albertus-Univesität", op. cit., p. 56-58.
41 Frotscher, "Lebenslauf", 23 maio 1939, UBA PA Frotscher.

repelir as culturas estrangeiras. Colônia, por exemplo, estende-se dentro do território ocupado da Renânia, na porção ocidental da Prússia, perto da fronteira com a França. Bücken ressaltava alguns pontos centrais: o importante papel do departamento no fortalecimento dos interesses alemães-renanos (que passava, especialmente, pela contestação da afirmação de que Beethoven tinha linhagem belga); a importância de se catalogar a performance musical da Renânia do século XIX, viabilizando o estudo da "musicalidade da Alemanha renana"; e os valiosos serviços que adviriam de palestras públicas e performances[42]. Sua ênfase nacionalista fazia-se bela música aos ouvidos do governo, que depositava uma grande expectativa no projeto de "fortalecer as aspirações musicológicas alemãs na Renânia" e prometia prover fundos estatais para as "atividades culturais musicológicas", que incluíam palestra públicas e a "vigilância sobre a propaganda estrangeira"[43].

OS JUDEUS NA UNIVERSIDADE ANTES DE 1933

A combinação entre uma atmosfera nacionalista e antiliberal e uma não controlada autonomia fez da universidade solo fértil para o antissemitismo. Sob o governo do Kaiser, o ensino universitário havia criado mais abertura para os judeus que as demais profissões, uma vez que a contratação docente subsumia-se ao critério da mais estrita qualificação, tornando-se, em tese, menos vulnerável ao nepotismo e ao preconceito. No final do século XIX, por um breve período, os judeus tiveram a oportunidade não só de entrar nas universidades, mas de alcançar a posição de *Ordinarius*. No entanto, os convertidos ao cristianismo ainda tinham uma vantagem real sobre os judeus praticantes, e as ciências duras eram mais abertas aos judeus que as áreas humanísticas, a exemplo da literatura, dos estudos clássicos e das outras disciplinas com propensão ideológica. Essas oportunidades diminuíram durante a Primeira Guerra: a

---

42 Bücken para Kuratorium, 20 jun. 1922, Bücken para Philosophische Fakutät, 25 abr. 1922, e Bücken para Eckert (Kuratorium), 20 dez. 1922, UAK.
43 Bücken para "Herr Geheimrat", 25 abr. 1922, UAK.

porcentagem total de judeus ativos em universidades declinou de 2.8, em 1889, para 1.2 por cento, em 1917[44].

A situação piorou depois de 1918. Medidas constitucionais mais rígidas visando assegurar uma igualdade de oportunidades para todas as religiões foram eliminadas devido ao forte aumento do sentimento antissemita, um fenômeno decorrente da derrota militar, das crises econômicas e da ascensão do nacional-socialismo. Em relação aos judeus, as perspectivas ganharam tonalidades especialmente sombrias depois que os estudantes começaram a gravitar em torno das hostes políticas da direita e os professores a desafiar abertamente as medidas propostas pela república. Estatísticas contemporâneas indicam que a porcentagem de judeus no cargo de *Ordinarius* (incluindo judeus batizados) declinou durante a República de Weimar de 6,9%, entre 1909-1910, para 5,6%, entre 1931-1932[45]. Com ou sem razão, os judeus tinham a fama de assumir inclinações liberais e então eram responsabilizados pelos males da sociedade à época. Bastava a mera suspeição de que acalentava pensamentos antinacionais para que um professor judeu perdesse seus privilégios de docente[46]; e porque as nomeações de professores eram normalmente políticas, tornava-se extremamente difícil para um judeu chegar ao grau de *Ordinarius*.

O sentimento antissemita entre intelectuais alemães irrompe em plena fruição a meados dos anos de 1920. Até então, o antissemitismo prosperava, mas não era abertamente articulado[47]. Assim, em 1925, a Convocação Acadêmica Alemã fez a seguinte proclamação: "A alienação das universidades alemãs causada pela manipulação de professores e estudantes judeus tem de ser barrada. Professores de origem judia não serão mais contratados. Estudantes judeus estarão limitados a uma quota."[48] Não é difícil imaginar que oito anos depois, em 1933, as universidades estivessem prontas e dispostas a excluir legalmente os judeus do ensino superior. A remoção de judeus dos postos acadêmicos em 1933 era, com efeito, pouco mais do

---

44 Pulzer, *Jews and the German State*, p. 108-111.
45 Ibidem, p. 271, 276-278.
46 Mosse, *The Crisis of German Ideology*, p. 271.
47 Ringer, op. cit., p. 136-137.
48 Citado em Bleuel, op. cit., p. 189.

que a legitimação de práticas antigas e preconceitos profundamente enraizados.

As faculdades de musicologia não estavam livres do antissemitismo e provavelmente até superavam outras disciplinas quanto à discriminação de colegas judeus. O estudo da música, por força de sua natureza, não era um exercício intelectual isento de valores e, como outras disciplinas com propensões ideológicas e nacionalistas, a musicologia oferecia muito menos oportunidades aos judeus do que, por exemplo, a matemática, a medicina e outras ciências mais objetivas[49]. Quando, em 1933, musicólogos judeus começaram a deixar a Alemanha em massa, apenas dois – Curt Sachs e Erich von Hornbostel –, de um total aproximado de 150[50], mantiveram seus cargos de professor universitário, e nenhum deles teria ido tão longe sem o respaldo de suas respectivas competências em conduzir estudos de ponta no campo musicológico. A novidade da disciplina e sua abertura tanto às ciências sociais quanto aos estudos interdisciplinares eram, provavelmente, as únicas janelas de oportunidade para os acadêmicos judeus nessa época.

Que tanto Sachs quanto Hornbostel atuassem em Berlim é algo significativo. Berlim empenhou-se por constituir a universidade de maior prestígio do Reich e seus estreitos vínculos com o governo permitiram-lhe acesso exclusivo a financiamentos para novas áreas de pesquisa. Desde a época de Hermann von Helmholtz e Philipp Spitta, ao final do século XIX, o currículo musicológico em Berlim sempre teve como pré-requisito a dupla qualificação em musicologia sistemática e histórica. Carl Stumpf e seus alunos Hornbostel e Sachs edificaram as áreas de acústica, psicologia da música e musicologia comparada, tornando-os campos prósperos. Hornbostel ainda montou um renomado arquivo de gravações oriundas de todo o mundo[51]. Sachs foi o principal pesquisador no campo da organologia, aventurando-se em pesquisas sobre a música da Antiguidade e em outras áreas[52], além de ter sido diretor da coleção de instrumentos da Staatliche

---

49 Pulzer, op. cit., p. 109.
50 Essa cifra é derivada de uma lista não publicada compilada por Bruno Nettl e Lawrence Gushee.
51 Transcrição de uma carta do decano, 14 jan. 1925, sobre a possibilidade de substituir Fleischer por um musicólogo sistemático.
52 Friedländer para decano, 19 jan. 1925, UAB Phil. Fak. 1471.

Hochschule für Musik. Ambos eram especialistas incomparáveis em seus respectivos domínios, mas teriam enfrentado dificuldades para ingressar na universidade não fosse a orientação e intervenção de Stumpf, e, certamente, teriam enfrentado outros obstáculos ao tentarem avançar na carreira. Numa carta redigida após a Segunda Guerra, Sachs alude ao importante papel de Stumpf para sua entrada na faculdade; porém, "numa pátria em que alguém minimamente medíocre podia alcançar o posto de *Ordinarius*", Sachs não fora capaz de atingi-lo em seus catorze anos de universidade[53].

Embora os emigrantes judeu-alemães tenham imprimido uma marca considerável na musicologia feita fora da Alemanha, a ideia de que a fuga de cérebros fora resultado da política racista de Hitler tem de ser qualificada, pois a maior parte dos judeus que fugiram da Alemanha não teriam tido muita chance de ascender nos níveis de carreira das universidades alemãs mesmo se o nazismo não tivesse chegado ao poder. Muitos daqueles que se tornaram figuras proeminentes fora da Alemanha ainda eram estudantes em 1933 ou haviam acabado de concluir seus estudos superiores – por exemplo, Manfred Bukofzer, Willi Apel, Edward Lowinsky e Erich Hertzmann. A maioria dos outros musicólogos judeus nunca havia sido de professores universitários na Alemanha antes de 1933. Alguns conseguiram gravitar próximos à vida acadêmica trabalhando em bibliotecas, arquivos e pequenos institutos (Robert Lachmann, Käthi Meyer-Baer e Georg Kinsky), enquanto outros se voltaram para o jornalismo e a atividade editorial, limitando sua produção acadêmica às horas vagas (Alfred Einstein, Hugo Leichtentritt, Paul Nettl e Otto Gombosi).

Alfred Einstein, nascido em 1880, era conhecido como o grande conhecedor do madrigalismo italiano e das obras de Mozart, e sua erudita habilidade e produtividade eram tão respeitadas que lhe renderam o cargo de editor da zfMW, a revisão do *Musiklexikon*, de Riemann, e a realização da ampliação e correção do catálogo de Köchel das obras mozartianas. Apesar de todos esses feitos intelectuais, desde o momento da obtenção de seu doutorado, em 1903, até sua emigração forçada, em 1933, a

---

53 Sachs para Moser, 9 abr. 1949 (cópia enviada a Einstein), pasta 812, *Einstein Papers*.

Einstein foi sistematicamente negada a efetivação de uma posição acadêmica. Ele não pôde concluir sua *Habilitation* porque seu possível orientador de doutorado, Adolf Sandberger, recusou-se a aceitá-lo. Einstein estava certo de que esse homem fora movido por sentimentos antissemitas[54] e acreditava que Sandberger o havia recomendado como editor-chefe da zfmw apenas para suavizar a culpa sentida por ter arruinado sua carreira universitária[55]. Einstein não estava só em sua avaliação sobre o antissemitismo de Sandberger, compartilhada, enfim, por toda a comunidade musicológica[56]. Outros estudantes de musicologia também alegaram sofrer discriminação por parte de seus professores. Em 1930, um estudante reclamou que certos professores, em Colônia, estavam impedindo os estudantes judeus de obterem seus diplomas. Assim, pedia à comunidade judaica que se abstivesse de sua contribuição financeira para o projeto de expansão das instalações da universidade[57].

Apesar dos reveses iniciais, Einstein continuou perseguindo um posto acadêmico com base no forte reconhecimento intelectual que gozava e pleiteou suceder Moser, em Heidelberg, em 1927[58].

54 Em 1915 Einstein foi convidado para colaborar com um ensaio para o *Festschrift* em homenagem a Sandberger, mas respondeu que jamais renderia homenagem a um homem que, com suas difamações antissemitas, quase conseguira destruir sua carreira. Todavia, ele estava disposto a contribuir pecuniariamente de maneira anônima com o *Festschrift*: "A mim é prazeroso saber que, através da minha 'nobreza', possibilito a honra de um homem que, em nome de seu antissemitismo, esnobava frequentemente minhas reivindicações financeiras...". Dez anos mais tarde, Einstein ainda se mostrava ressentido com o antissemitismo de Sandberger, como se pode ver num relato a Kroyer sobre a chance de um encontro com Sandberger: "Formalmente, não temos nenhum problema, mas você sabe que ele não esquece nada. E eu sou judeu!" (Einstein para Kroyer, 17 fev. 1925, pasta 568, *Einstein Papers*).
55 "Faz exatamente quinze anos que ele me recomendou porque sentia que havia cometido injustiça contra mim", Einstein para Kroyer (esboço), 7 jul. 1933, pasta 568, *Einstein Papers*.
56 Um sacerdote chamado Decker escreveu ao colega sacerdote e musicólogo Otto Ursprung em 1930 que era um fato conhecido que Sandberger havia negado a Einstein a oportunidade de obter sua habilitação "de uma forma ou de outra, devido a seu judaísmo" (2 de jun. de 1930, *Ursprung Papers*). Curt Sachs lembrou em 1949 que todo mundo sabia que Sandberger havia tratado Einstein "como um cachorro" e lamentou o fato de que naquela época, quando tantos acadêmicos medíocres podiam ser bem sucedidos, Einstein não tenha podido obter sua habilitação só por pertencer à religião errada (Sachs para Moser, 9 abr. 1949, pasta 812, *Einstein Papers*).
57 Kurt Heumann para A. L. Tietz, 11 jul. 1930, UAK.
58 Einstein para Kroyer, 12 maio 1927, pasta 518, *Einstein Papers*.

Moser avaliou as chances de Einstein como boas, dadas as suas publicações e o respeito que desfrutava dentro da comunidade científica, mas expôs algumas reservas: "antes de tudo, ele não obteve sua *Habilitation* e, depois, seu judaísmo – isso não tem nada a ver com a política da faculdade, pelo contrário, aqui somos todos muito liberais. Mas o fato é que já há muitos judeus aqui e o ministério hesitaria em aumentar esse número"[59]. A lógica de Moser era típica do antissemitismo "esclarecido" vigente no meio acadêmico. Ao afirmar que Heidelberg era liberal, mas já havia preenchido sua cota de judeus, falava como alguém que se lembrava de um tempo em que os judeus não tinham a menor chance de ocupar um posto na universidade. Heidelberg era liberal, de alguma maneira, mas dentro de uma margem tolerável pela comunidade. A chegada dos nazistas selou o destino de Einstein na Alemanha. Em sua entrevista de 1950 à revista *Time* concluiu: "ao expulsá-lo de sua rotina, fazendo-o voltar a trabalhar como um mestre maçom nos estudos teóricos da música, Adolf Hitler, diz [Einstein], tornou-se 'meu maior benfeitor'"[60].

A situação para os judeus era muito diferente na Áustria, sobretudo em Viena, onde a faculdade de musicologia, sob a direção do judeu Guido Adler, podia rivalizar com as melhores da Alemanha. Adler sucedera a Edward Hanslick como *Ordinarius*, em 1898, e, na época de sua aposentadoria, em 1927, aos cinco membros da faculdade somavam-se mais dois judeus – Egon Wellesz e Wilhelm Fischer[61]. Quando seu especialista em musicologia sistemática – Richard Wallaschek – morreu, em 1917, a faculdade cogitou chamar Hornbostel – austríaco de nascimento – a fim de manter o equilíbrio entre a musicologia histórica e a sistemática num patamar de competitividade com Berlim. Porém, sem meios de atrair Hornbostel, nomearam Robert Lach como *Privatdozent*[62]. Em outras ocasiões, a universidade parecia considerar mais as origens nacionais do que o credo religioso, favorecendo austríacos frente a alemães. Na busca de um sucessor para Adler, em 1927, o comitê rejeitou a

---

59 Moser para Kroyer, 28 maio 1927, *Kroyer Papers*.
60 "Star of Knowledge".
61 Protokoll, 2 mar. 1927, UAW PA Lach; Fischer indicou em seu *curriculum vitae* que era judeu de nascimento ("von Geburt mosaischer Religion"), mas havia se convertido ao catolicismo em 1911. UAW PA Fischer.
62 Relatório do encontro de 14 dez. 1918, UAW PA Lach.

maior parte dos candidatos recomendados por Adler, ignorando todos os não austríacos de sua lista, exceto Abert. Os membros do comitê deram alta prioridade a Lach, que se destacava como o melhor candidato austríaco[63]. Na questão do antissemitismo, a faculdade de Viena era, de fato, conhecida por sua resistência às claras ações antissemitas. Lach recebeu uma reprimenda quando se recusou a conceder um *honoris causa* a Richard Strauss em virtude da colaboração de Strauss com "o judeu" Hugo von Hofmannsthal[64]. Com isso não se quer dizer que o antissemitismo fosse um tabu em Viena, pelo contrário, provavelmente era ainda mais flagrante que na Alemanha, em virtude do maior número de judeus influentes nessa cidade, mas não estava tão institucionalizado como nas universidades alemãs.

A NAZIFICAÇÃO DAS UNIVERSIDADES

Às vésperas da ascensão nazista, as universidades apresentavam uma série de traços que as predispunha a uma sintonia com muitos aspectos da agenda de Hitler: falta de confiança na República, desejo de uma liderança forte, antissemitismo institucionalizado, e a tendência a simpatizar com os movimentos políticos de direita. Talvez o fator mais crucial para a disseminação do nazismo tenha sido o descontentamento crescente de uma juventude que ansiava mudar sua sorte. A desilusão dos jovens alemães é um fenômeno que remonta ao final da guerra, quando as gerações precedentes foram responsabilizadas pelo fracasso militar e pela imposição do Tratado de Versailles. Manifestando um antirrepublicanismo muito mais radical do que o de seus professores de Weimar, os estudantes universitários mergulharam num descontentamento crescente

---

63 Adler também recomendou Kurth, Rietsch, Ludwig, Schering, Nettl e Einstein, e os austríacos Ficker, Fischer, Haas, Orel e Wellesz. Ele se opôs a Lach (Protokoll, 2 mar. 1927, Kommissionsbericht, UAW PA Lach). O comitê, sobre a lista de Adler, afirmou: "A proposta coloca atrás do *Ordinarius* da Universidade de Berlim [Abert] estudiosos austríacos que, segundo a maioria dos membros da comissão, ficam consideravelmente abaixo em termos de valor e abrangência dos trabalhos realizados até agora pelo prof. Lach." Mehrheitsgutachten, 1927, UAW PA Lach.

64 *Neues Wiener Journal*, 30 set. 1927, (copy in UAW PA Lach).

com as gerações mais velhas incapazes de oferecer uma solução concreta para a construção de um novo Estado. As universidades estavam superlotadas, as famílias haviam perdido dinheiro durante a guerra e, pela primeira vez, os estudantes eram obrigados a trabalhar pelo próprio sustento. Durante o período de inflação, eles haviam se saído relativamente bem, pois eram uma fonte de mão de obra barata, mas perderam essa condição ao final desse período, constituindo-se num dos poucos grupos que viram seu sofrimento aumentar após a estabilização econômica entre 1924 e 1929[65].

À medida que os estudantes se tornavam mais pobres e sensíveis a utopias, no final dos anos de 1920 muitos eram atraídos pelo idealismo nacionalista de Hitler e pelos teores socialistas do Partido Nazista. Para combater a desconfiança inicial dos nazistas em relação aos intelectuais, Baldur von Schirach, líder da Liga dos Estudantes Nazistas, fundada em 1926, procurou convencer Hitler de que os estudantes seriam uma ferramenta útil para persuadir a burguesia letrada. Sob o comando de Von Schirach, a Liga dos Estudantes Nazistas cresceu rapidamente, ocupando espaços na política estudantil, ganhando influência nas administrações partidárias locais e nas organizações da SA e, por fim, penetrando na organização oficial dos estudantes, a União dos Estudantes Alemães (Deutsche Studentenschaft)[66].

O movimento estudantil nazista provou ser capaz de desmantelar a estrutura de poder universitária, em parte devido à energia e dedicação incomuns de seus membros. Alguns deles gastavam mais tempo e dinheiro com a causa política do que com seus estudos, empregando seus rendimentos em elaborados cartazes e publicações e se matriculando no número mínimo de disciplinas exigidas por seus cursos[67]. Nos primeiros meses do governo nazista os estudantes assistiram ao ápice do furor estudantil, com a deflagração de uma série de denúncias públicas virulentas contra os professores judeus e seus trabalhos teóricos: em Berlim, estudantes publicaram suas "doze teses contra o espírito não alemão da universidade", que incluía a cláusula

---

65 Kater, *Studentenschaft*, p. 19-24, 43-58, 103-109.
66 Ibidem, p. 173-197; Giles, "The Rise of the National Social Students 'Association'", em Stachura (ed.), *The Shaping of the Nazi State*, p. 162-163.
67 Giles, op. cit., p. 163-169.

de que os professores judeus, dali em diante, só deviam publicar em hebraico; em Kiel, os estudantes exigiram, com ameaças de agressão, a demissão de 28 professores e apreenderam das bibliotecas as obras dos acadêmicos "indignos de confiança"; em Breslau houve relatos de que estudantes haviam confiscado das livrarias os livros de autores judeus; e a Liga dos Estudantes Nazistas anunciou um boicote generalizado aos seminários dos professores judeus. Esses primeiros atos públicos de protesto atingiram seu clímax em maio de 1933, com a infame cerimônia da queima de livros em Berlim[68]. Os estudantes foram um instrumento no processo de caça às bruxas, que culminou na expulsão de profissionais universitários, e atuaram por todo o Reich como agentes da SA em arruaças sangrentas aleatórias contra judeus, que às vezes desaguava em homicídio[69]. A violência dos estudantes, enfim, acabou forçando os administradores a ceder às suas demandas por demissões de professores "indesejáveis", no intuito de pôr termo aos distúrbios[70].

Os estudantes de musicologia também estavam envolvidos em confusões dentro das faculdades e usavam seus vínculos com o nacional-socialismo para defender ou molestar indivíduos. Muitos alunos de Bücken dirigiram-se pessoalmente ao Ministério da Educação do Reich com um longo relatório que enumerava as injustiças cometidas contra ele em Colônia. Em 1929, a universidade havia novamente recusado seu pedido de promoção, mas cogitava nomear um *Ordinarius*, e então solicitou a alguns musicólogos de renome que dessem seu parecer sobre Bücken e outros candidatos[71]. A consulta sofreu uma reviravolta inesperada quando Theodor Kroyer ofereceu seus serviços, expressando seu interesse em "construir" novamente, como havia feito em Munique, Heidelberg e Leipzig, e seu desejo, enquanto católico, de trabalhar numa região católica[72]. A

---

68 Bracher, "Gleichschaltung der deutschen Universität", p. 137-138; Lundgreen, "Hochschulpolitik und Wissenschaft", p. 11-12.
69 Kater, *Studentenschaft*, p. 154-157; idem, "Studenten auf dem Weg", p. 34.
70 Giles, "Rise of the National Social Students 'Association' ", em Stachura (ed.), op. cit., p. 168.
71 Bücken para decano, 14 jan. 1929; decano para A. Schmitz, 27 maio 1930; Kurator para Riezler (University, Frankfurt am Main), 16 jan. 1933; carta de Wolf, 7 out. 1930, UAK.
72 Kroyer para Siepp (decano), 27 maio 1931, UAK.

universidade não deixou passar a oportunidade de ter Kroyer em seu quadro, silenciando as campanhas a favor de Bücken, que, aliás, havia mobilizado seus amigos para pleitear a seu favor[73]. Kroyer se mudou para Colônia, com sua equipe, em 1932, mas se recusou a trabalhar "sob o mesmo teto" que o de seu antigo aluno Bücken, criticando a formação "excepcionalmente superficial" dada por ele aos estudantes e sua absoluta negligência para com a biblioteca[74].

Porque a universidade adiara a criação de uma chefia, autorizando Bücken, assim, a ocupar o cargo de diretor por doze anos, este se sentiu fortalecido para lutar por seus direitos como fundador do departamento. Os estudantes apoiaram-no, indo ao Ministério e relatando supostas intrigas criadas pelo diretor supostamente judeu da Musikhochschule (Braunfels), que visavam impedir as primeiras tentativas de promoção de Bücken nos anos de 1920 e, depois da chegada de Kroyer, conseguir sua remoção "brutal" de um departamento que ele havia solitariamente fundado[75]. Dois estudantes filiados a organizações nacional-socialistas registraram queixa contra Kroyer depois que ele os expulsou do departamento em função da declaração que deram ao jornal local do Partido Nazista – o *Westdeutscher Beobachter* – de que a universidade havia injustiçado Bücken. O jornal mencionava a recente eleição de Bücken para a Deutsche Akademie, referindo-se a isso como "reparações por uma injustiça de muitos anos" perpetrada pelo "esquema Braunfels", desmontado apenas recentemente pela "revolução nacional-socialista"[76]. Essa notícia fez com que Kroyer exigisse uma investigação formal sobre o comportamento dos estudantes[77].

Em Heidelberg, os estudantes apresentaram queixas contra Besseler que levaram, finalmente, a uma completa investigação e julgamento pelo Partido. A Liderança Estudantil do Reich (Reichsstudentenführung, criada em 1936 para resolver os conflitos

---

73   Kuratorium para Bürgermeister, 7 jul. 1931, UAK.
74   Kroyer para Kurator, 9 mar. 1932 e 29 jul. 1932, UAK.
75   Eichmann, Zaun, Raskin e Wolters para REM [nov. 1933?], UAK.
76   Duas cartas idênticas ("Bescheinigung") do Obersturmbahnfüher, Sturmbahn I/236, 20 nov. 1933; "Bericht betr. Ausschuss der Studierenden phil. Käte Knott und phil. Gottfried Wolters" [nov. 1933], UAK.
77   Kroyer para decano, 13 nov. 1933, Bücken para Krämer (advogado), 15 nov. 1933, UAK.

entre a Liga dos Estudantes Nazistas e a União dos Estudantes Alemães)[78] denunciou Besseler por manter obras de autores judeus na biblioteca. Eles alegavam que Besseler costumava recomendar obras sem referir que seus autores eram judeus. Um dos informantes era um estudante de musicologia que Besseler havia afastado de seus seminários e que foi trabalhar Bureau Rosenberg. Esse estudante dava a Gerigk informações que mais tarde seriam compiladas na lista de acusações levada ao tribunal do Partido[79]. Conforme o testemunho pós-guerra do professor de Munique que arbitrou o caso, o reitor decidiu que, diante da indispensabilidade de algumas obras acadêmicas de autores judeus, os livros não podiam ser totalmente retirados, mas deviam ser marcados[80]. Besseler concordou em separar todos os livros de autores judeus da biblioteca de musicologia e rotulá-los devidamente[81]. Em sua defesa, também apresentou uma documentação ao tribunal provando que comprara, para a biblioteca, o catálogo antissemita sobre os judeus na música (*Judentum und Musik*, compilado por Christa Maria Rock e Hans Brückner) tão logo sua segunda edição foi lançada, em 1927[82].

Os estudantes certamente foram um vetor substancial das agitações, a ponto de intimidar os administradores universitários, mas a atitude dos membros da faculdade também contribuiu para a infiltração do nazismo nas universidades. As ideias de Hitler exerceram certo fascínio sobre os novatos desprestigiados das faculdades, assim como sobre a velha elite de professores antirrepublicanos. Várias declarações de apoio a Hitler dimanariam das organizações universitárias e de seus porta-vozes, começando antes de 1933 e crescendo durante os primeiros anos do regime nazista. A Hochschulverband, uma organização independente que fazia *lobby* para os profissionais acadêmicos, deu apoio aos estudantes nazistas numa campanha para expurgar o suposto professor pacifista Emil Gumbel, em

---

78 Giles, *Students and National Socialism*, p. 197-201; idem, "Rise of the National Socialist Students 'Association'", em Stachura (ed.) op. cit., p. 174.
79 "Urteil des Kreisgerichts Heidelberg der NSDAP: Begründung", 17 nov. 1939; Besseler para REM, 21 jul. 1941, BDC Besseler.
80 Zirkel, "Eidesstattliche Erklärung", 2 jul. 1948, UAH PA Besseler.
81 Besseler para reitor, 5 jul. de 1948, UAH PA Besseler.
82 "Urteil des Kreisgerichts Heidelberg der NSDAP: Begründung", 17 nov. 1939, BDC Besseler.

1931. A organização rapidamente declarou sua lealdade a Hitler, em 1933, realçando a importância de fazer da universidade uma instituição política, que dissolvesse os antagonismos de classe e estivesse focada na unidade do povo alemão. Em março, antes da eleição do Reichstag, trezentos professores publicaram um manifesto que pedia votos para Hitler; em abril, a Hochschulverband protestou contra a "terrível propaganda" da impressa estrangeira em oposição aos expurgos raciais; e, em junho, declarou completa adesão à ideologia nacional-socialista. Uma plêiade de luminares da academia se reuniu em novembro de 1933 para endossar um "Chamado aos Letrados do Mundo" para avaliar Hitler e os objetivos do Partido, enquanto setecentos professores prestavam seu "reconhecimento oficial a Adolf Hitler e ao Estado nacional-socialista"[83].

A mudança de governo se mostrou mais promissora aos desprestigiados novatos, especialmente quando o Ministério da Educação do Reich criou, em 1934, a União dos Docentes Alemães (Deutsche Dozentenschaft) como um grupo lobista dos professores juniores[84]. Além do mais, vários professores de universidades consolidadas sentiram-se atraídos pelas ideias e pela pessoa de Hitler em virtude da desilusão com o governo de Weimar, de seu afã nostálgico por uma liderança forte que reconduzisse a Alemanha à sua antiga glória, e de seu latente antissemitismo. Otto Proksch, em seu discurso na universidade de Greifswald, em 1924, afirmou: "Se a essência alemã e a fé cristã se unirem, então nos salvaremos. Assim, teremos vontade de trabalhar com as nossas próprias mãos e esperar pelo dia da chegada do herói alemão, que virá como profeta e rei."[85] O caso mais famoso de apoio a Hitler foi o discurso inaugural de Martin Heidegger como reitor da Universidade de Freiburg, em que declarou: "Vossas vidas não serão mais reguladas por dogmas e ideias! O *Führer* – e somente ele – é a realidade presente e futura da Alemanha e de suas leis."[86]

Musicólogos de carreira consolidada também exclamaram entusiasmo pela ascensão de Hitler. Karl Gustav Fellerer

---

83 Reimann, "Die 'Selbst-Gleichschaltung' der Universitäten", em Tröger, *Hochschule und Wissenschaft*, p. 43-46.
84 Giles, *Students and National Socialism*, p. 155.
85 Olszewski, *Zwischen Begeisterung und Widerstand*, p. 61-66.
86 Noakes; Pridham, op. cit., p. 444.

prestou uma defesa apaixonada à política cultural do nazismo na imprensa alemã e suíça⁸⁷. O professor de Munique Alfred Lorenz havia ingressado no Partido Nazista em 1931 e encorajou ativamente os jovens musicólogos a adotar as ciências raciais em sua pesquisa. Ele publicou dois argumentos simultâneos em dezembro de 1938, cada um enfatizando uma das duas diferentes formas de aproximação nesse campo: a ancestralidade e a Questão Judaica⁸⁸. Gustav Friedrich Schmidt, também na faculdade de musicologia de Munique, havia sido líder da organização "Kulturwacht" (Vigília Cultural), em 1931, uma organização dedicada à "luta intelectual contra a destruição de nossa cultura ocidental"⁸⁹. Ele entrou para o Partido Nazista em 1933 e compôs "Der Führer rief! Ein deutsches Kampf- und Treuschwurlied" (O Führer Chama! Uma Canção Alemã de Luta e Compromisso), canção dedicada a Adolf Hitler que recebeu os agradecimentos da chancelaria do Reich⁹⁰.

O EXPURGO RACIAL E POLÍTICO NAS FACULDADES DE MUSICOLOGIA

Enquanto as reações de apoio a Hitler podem ser compreendidas no contexto do clima político e das tensões internas nas universidades, o aspecto mais perturbador dessa reação dos professores à etapa inicial da unificação (*Gleichshaltung*) é a inércia diante da expulsão generalizada dos colegas. Não só a maior parte dos professores permaneceu muda quando os colegas judeus e os politicamente suspeitos foram expulsos, como também houve quem tirasse proveito da situação.

No âmbito da musicologia, a perda de profissionais judeus não foi quantitativamente muito expressiva devido ao caráter relativamente pequeno das faculdades de musicologia e à típica recalcitrância das universidades alemãs em abrir espaço

---

87 Ver capítulo 2.
88 Lorenz, "Musikwissenschaft und Ahnenforschung", *ZfM*, n. 105, 1938, p. 1372-1373; idem, "Musikwissenschaft und Judenfrage", *Mk*, n. 31, 1938, p. 177-179.
89 "Kulturwacht e. V.", *Bayerische Staatszeitung*, 15 maio 1931; decano para reitor, 26 set. 1939, UAM PA Schmidt.
90 Schmidt, "Lebenslauf" e "Verzeichnis der Schriften"; Schmidt para decano, 7 jan. 1939, UAM FA Schmidt.

aos musicólogos judeus. Em adição às medidas antissemitas, a ambiguidade de algumas leis proporcionou às faculdades uma poderosa ferramenta para demitir qualquer indivíduo pelo forjamento de acusações de deslealdade política ou alegando--se a necessidade de se criar espaço para os acadêmicos mais jovens no interesse da *Nachwuchsförderung* (Promoção dos novos talentos). A perda de um único indivíduo poderia ser suficiente para que esses pequenos departamentos mudassem completamente seu caráter e orientação acadêmica.

O expurgo nas universidades se deu em duas etapas: com a implementação da Lei do Serviço Público de 7 de abril de 1933, que permitiu a remoção de um grande número de judeus e indivíduos politicamente indesejáveis; e com as Leis de Nuremberg de 1935, que permitiram a remoção dos judeus remanescentes, dos meio-judeus e de todos os demais classificados pela lei como judeus. Três itens da "Lei Para a Restauração do Profissional do Serviço Público" (Gesetz zur Wiederherstellung des Berufbeamtentums) foram implementados para a remoção de funcionários: o parágrafo 2 exigia o afastamento dos servidores que haviam ingressado após 9 de novembro de 1918 e que supostamente não tinham as qualificações usuais (vagamente definidas para contemplar o critério da lealdade política); e o parágrafo 3 pedia o afastamento dos não arianos (mais tarde definidos como aqueles com pelo menos um dos avós não ariano e aqueles casados com judeus), com exceção de todos os que tivessem sido nomeados antes de 1 de agosto de 1914, que tivesse lutado pela Alemanha ou por seus aliados na Primeira Guerra, ou que tivesse perdido um dos pais ou um filho na guerra. O vago parágrafo 6 autorizava a aposentadoria forçada de indivíduos "em nome do racionamento administrativo, mesmo no caso de ainda estarem aptos ao serviço" e cujos postos não pudessem ser preenchidos depois[91].

A universidade constituía um dos domínios em que os códigos do serviço público podiam ser aplicados em quem não era servidor público, atingindo tanto os *Privatdozenten* e *Extraordinarius* como os *Ordinarien*, o que resultou na diminuição de, estimativamente, 1.684 funcionários das universidades, em

---

91 Noakes; Pridham, op. cit., p. 223-225; Maier, "Nationalsozialistische Hochschulpolitik", em Kuhn, *Die deutsche Universität*, p. 81-82.

1933[92]. As medidas antissemitas da lei do serviço público implicaram a demissão imediata dos dois únicos musicólogos judeus que ocupavam um posto acadêmico, embora nenhum fosse servidor público (ambos eram *nichtbeamtet*). Em setembro de 1933, Sachs e Hornbostel receberam uma carta anunciando a revogação de seus privilégios docentes sustentada no parágrafo 3[93]. Wilibald Gurlitt, casado com uma judia e, ele próprio, identificado como um quarto judeu, foi poupado devido à sua condição de veterano[94].

À lei do serviço público seguiram-se várias medidas que, gradativamente, foram excluindo os judeus da vida universitária: eles não podiam se filiar à União dos Estudantes Alemães, foram excluídos das escolas normais prussianas, podiam, legalmente, perder seus diplomas de doutorado caso sua cidadania alemã fosse revogada e foram excluídos dos postos de *Assistenten*, na Prússia, e da *Habilitation*, em toda a Alemanha, em dezembro de 1934[95]. As leis de Nuremberg, de 15 de setembro de 1935, e especificamente a "Lei Para a Proteção do Sangue Alemão e da Honra Alemã", que vetava a um alemão o casamento e o ato sexual com judeus[96], acabariam pressionando a saída de musicólogos como Schrade e Gurlitt de seus empregos universitários.

Wilibald Gurlitt, nascido em 1889, trabalhava na Faculdade de Freiburg desde 1920, tendo firmado uma reputação acadêmica e alcançado reconhecimento nacional como um pioneiro nas atividades dos *Collegia Musicum* e do movimento organístico. O fato de a esposa de Gurlitt ser judia se tornou um problema somente no final de 1936, quando Joseph Müller-Blattau, ex-aluno de Gurlitt, manifestou interesse em ir para Freiburg. Müller-Blattau foi convidado para realizar uma palestra, em outubro, no Festival de Cultura Alemânica, em Freiburg. O reitor da Universidade de Freiburg relatou ao Ministério da Educação a "situação vergonhosa" da inexistência, na faculdade, de

---

92 Maier, "Nationalsozialistische Hochschulpolitik", em Kuhn, op. cit., p. 81-82.
93 REM para Sachs, 6 set. 1933; REM para Hornbostel, 24 set. 1933, UAB 1478.
94 Ficha de arquivo de RSK, 10 dez. 1941, BDC arquivos de pesquisa; Minister des Kultus, des Unterrichts und der Justiz para reitor, 28 nov. 1933, UAF PA Gurlitt.
95 Olszewski, op. cit., p. 78-79. Uma situação paralela para os doutores é descrita em Kater, *Doctors under Hitler*, p. 185-192.
96 Noakes; Pridham, op. cit., p. 535-536.

alguém realmente versado em música alemânica, sugerindo que Müller-Blattau fosse trazido para substituir Gurlitt[97]. A Gurlitt, argumentava-se, não podia ser encarregado com a responsabilidade de preservar a cultura alemã numa região fronteiriça, como Freiburg, que precisava se proteger "contra os poderes invasivos do Ocidente", de maneira que lhe seria mais adequado estar numa região do interior, como a Saxônia[98]. Um panfleto de 1936 salientava, sobretudo, o fato de que as universidades de fronteira deveriam reconhecer suas responsabilidades para com a nação como um todo, saindo do isolamento e atuando como soldados culturais da germanidade[99]. As autoridades levaram muito a sério a importância dos professores de música no cumprimento dessas tarefas. Müller-Blattau, "enraizado em terras alemânicas", não era apenas um acadêmico de carreira consolidada, mas também um membro do Partido e da SA[100].

Esse interesse por Müller-Blattau foi, presumidamente, o incentivo para que, repentinamente, a esposa judia de Gurlitt chamasse a atenção. Embora Gurlitt tivesse escapado à lei do serviço público, as autoridades, apoiadas nas novas Leis de Nuremberg, levantaram o problema de sua adequação racial. Muito antes de assumir seu posto em Freiburg, Müller-Blattau vinha dando conselhos, nos bastidores, a respeito da remoção de Gurlitt, sugerindo, já em outubro de 1936, que a universidade de Freiburg aposentasse Gurlitt ou o transferisse para outra universidade[101]. Em junho de 1937, Gurlitt foi demitido, decisão oficializada em setembro com base, tecnicamente, no Parágrafo 6 da Lei do Serviço Público, embora o motivo real tenha sido seu casamento com uma esposa judia (*jüdische Versippung*)[102]. Gurlitt, com 48 anos, ficou arrasado com a demissão. Não só foi jogado em graves dificuldades financeiras, como também foi proibido de falar em público e publicar, além de ter sido excluído de bancas de avaliação, comitês e organizações. Sua

97 Reitor para Engel (REM), 27 out. 1936, UAF Reg. Akten V 1/159.
98 Reitor para Hufer (Intendente), 27 out. 1936, UAF Reg. Akten V 1/159.
99 Anrich, *Universität als geistige Grenzfestungen*.
100 Reitor para REM, 28 out. 1936, UAF Reg. Akten V 1/159.
101 Müller-Blattau [para reitor?], 28 out. 1936, UAF PA Gurlitt; Müller-Blattau para "Herr Kollege" [decano da Phil. Fak.], 1 abr. 1937, UAF Reg. Akten V 1/159.
102 Minister des Kultus und Unterrichts para reitor, 25 jun. 1937; e reitor para Minister des Kultus und Unterrichts, 25 set. 1937, UAF PA Gurlitt.

família teve de suportar a vigilância da Gestapo e a seus filhos foi negado o acesso a escolas e universidades[103].

Após a destituição de Gurlitt, Müller-Blattau foi rapidamente empossado. À luz das "especiais tarefas políticos-culturais em Freiburg", o reitor indicou Müller-Blattau como o único candidato apropriado para assumir a vaga de Gurlitt[104]. A faculdade optou por renunciar aos procedimentos normais de elaboração de uma lista tríplice, indicando Müller-Blattau pela força de suas origens alsacianas, de suas pesquisas em música folclórica e de seu potencial como futuro colaborador do Arquivo da Canção Folclórica de Freiburg[105].

Outra vítima indireta das Leis de Nuremberg foi Leo Schrade. Em 1932, Schrade, nascido em 1903, saiu de Königsberg para Bonn a fim de concluir sua *Habilitation* e, em 1935, tornou-se professor de história da música, com especialidade em música medieval alemã[106]. Schrade sentiu a desaprovação das autoridades em 1935, quando o Ministro da Educação negou-lhe a permissão para trabalhar na Biblioteca Warburg, em Londres, porque a biblioteca, que havia sido transferida da Alemanha, tinha estado "em mãos judias" (provavelmente, uma referência a Manfred Bukofzer), de sorte que se convertera em zona proibida para os acadêmicos alemães[107]. É possível que o contato com acadêmicos judeus no exterior fosse um motivo suficiente para que Schrade perdesse seu cargo na faculdade, em 1935, mas a investigação revelando a linhagem judia de sua esposa só se iniciou depois da primavera de 1937[108]. Schrade foi afastado, em junho daquele ano, com base em sua "jüdische Versippung", mas a cláusula invocada em seu caso era o decreto de 1934, que invalidava a *Habilitation* de judeus e caçava seus privilégios de docência[109]. Diferentemente

---

103 Gurlitt para Badisches Ministerium des Kultus und Unterrichts, 8 ago. 1945, UAF PA Gurlitt.
104 Reitor para o Minister des Kultus und Unterrichts (Baden), 30 jun. 1937, UAF Reg. Akten V 1/159.
105 Opperman (Phil. Fak.) para Badisches Ministerium des Kultus und Unterrichts, 28 jul. 1937, UAF Reg. Akten V 1/159.
106 Schiedermair para REM, 31 jan. 1935, UABonn PA Schrade (Phil. Fak.).
107 Deustschen Botschaft para Auswärtiges Amt, 13 jul. 1935; REM para Universitätskurator, 10 ago. 1935, UABonn PA Schrade (Kuratorium).
108 Reitor para decano, 20 maio 1937, UABonn PA Schrade (Phil. Fak.).
109 REM para Schrade, 25 jun. de 1937; decano para REM, 4 dez. 1937, UABonn PA Schrade (Phil. Fak.).

de Gurlitt, Schrade recebeu apoio financeiro até que pudesse encontrar outro cargo porque era "irrepreensível tanto pessoal quanto intelectualmente"[110]. Ele construiu uma eminente carreira fora da Alemanha, desenvolvendo um programa de musicologia na Universidade de Yale, onde lecionou até 1958, quando assumiu a direção do Instituto de Musicologia de Basel, Suíça.

Schiedermair, como o chefe do Departamento de Musicologia de Bonn, pouco fez para proteger Schrade. Schiedermair era uma estrela em ascensão nos tempos de Hitler e provavelmente não queria arriscar seu sucesso dando guarida a um acadêmico judeu em sua faculdade. Além de dirigir a casa e os arquivos Beethoven e a Força Tarefa para a História da Música Renana (Arbeitsgemeinschaft für rheinische Musikgeschichte), foi nomeado para o conselho da cidade de Bonn, em 1936, e foi o primeiro ganhador do *Kulturpreis*, em Bonn, e da Medalha Beethoven. Recebeu, ademais, muitas honrarias fora de Bonn, foi designado chefe da divisão de música alemã da Deutsche Akademie, em Munique, em 1928, feito membro honorário da Fundação Internacional Mozarteum, em 1937, e designado presidente da DGMW, em 1937. Após a demissão de Schrade, Schiedermair tornou-se membro permanente do Instituto Estatal, em 1940, recebeu do Mozarteum, em Salzburg, a Medalha Mozart de Ouro, em 1941, e da cidade de Viena, em 1942, a Medalha Mozart de Prata[111].

A lei do serviço público também foi invocada para caçar professores universitários por motivos políticos e outros. Moser e Wolf receberam cartas idênticas do Ministério, em junho de 1933. Estas afirmavam que, devido à necessidade de reservar fundos para os professores juniores (os *Privatdozenten*, especificamente), seus contratos de ensino seriam suspensos no final de 1934[112]. Nomeado, em Berlim, em 1927, *Honorarprofessor* em história da música, Moser, em setembro de 1934, perdeu seus

---

110 Decano para reitor, 16 ago. 1937, UABonn PA Schrade (Phil. Fak.).
111 Schiedermair para decano, 28 jan. 1937 e 3 jun. 1937; Shiedermair para reitor, 12 abr. 1940, UABonn PA Shiedermair (Phil. Fak.). Decano para Kurator, 12 nov. 1941; Shiedermair para Kurator, 12 dez.1941, 2 fev. 1942, e 20 out. 1943, UABonn PA Shiedermair (Kuratorium). "Gutachten", 23 out. 1945, UABonn PA Schiedermair (Rektorat).
112 Preussischer Minister für Wissenschaft, Kunst und Volksbildung para Moser, 4 jun. 1933, UAB PA Moser; para Wolf, mesma data, UAB PA Wolf.

privilégios de docência e contrato com base no parágrafo 6[113], ficando numa situação particularmente difícil, pois em virtude da fusão com a Hochschule für Musik tinha sido forçado recentemente a se aposentar como diretor da Staatliche Akademie für Kirchen- und Schulmusik. Moser não atinava com a razão de sua queda súbita, pois se considerava impecável politicamente: um ariano puro, um veterano de guerra, e jamais um marxista[114].

Embora as leis do serviço público e as de Nuremberg tenham atingido apenas um punhado de musicólogos, essa evasão contribuiu para as significativas mudanças na orientação acadêmica e no *status* dos departamentos que foram deixados para trás. O afastamento de professores, em Berlim, resultou numa completa reordenação da equipe de musicologia, cuja composição fora significativamente alterada com a promoção de jovens nacional-socialistas. Em setembro de 1933, Erich Schumann, por exemplo, intimamente ligado a Herbert Gerigk no Bureau Rosenberg, foi nomeado *Ordinarius* nos campos da musicologia sistemática e da física, com 35 anos de idade. Sua principal atividade acadêmica deu-se na física: durante a guerra, chefiou a divisão de ciência do Alto Comando Militar (Abteilung Wissenschaft im Oberkommando der Wehrmacht), participando de pesquisas sobre explosivos junto ao Conselho de Pesquisa do Reich (Reischsforschungsrat)[115]. Fritz Bose, também apenas na casa dos trinta anos, assumiu os cursos de Hornbostel, ao mesmo tempo que trabalhava para a ss no Escritório Raça e Migração (de 1935 até a sua dissolução, em 1939) e na equipe pessoal do Reichsführer ss (a partir de 1935)[116]. Werner Danckert, nascido em 1900, como Bose, e membro do Partido desde 1937, se tornou *ausserplanmässiger* professor em 1939, ao mesmo tempo que mantinha uma série de cargos auxiliares no Bureau Rosenberg[117]. As investigações do pós-guerra ligaram a

---

113 Preussischer Minister für Wissenschaft, Kunst und Volksbildung para Moser, 30 ago. 1927 e 15 set. 1934, UAB PA Moser.
114 Moser para Sandberger, 25 set. 1933, *Sandberger Papers* (BSB).
115 UAB PA Schumann; Schumann para decano, 22 maio 1941; Ministerialdirektor para Schumann, 31 jul. 1943, BDC Schumann.
116 Bose, "Lebenslauf", 25 nov. 1941, UAB PA Bose.
117 Danckert esteve ligado ativamente ao Rassenpolitisches Amt, ao Reichsstelle zur Förderung des deutschen Schrifttums e à Hohe Schule der Partei, e trabalhava num projeto para Rosenberg. Carta de Danckert, selada em 9 fev. 1942, UAB PA Danckert.

designação de Danckert a uma intervenção do Bureau Rosenberg, em oposição à vontade de Schering[118].

Schering também foi instrumento à priorização dos jovens nacional-socialistas, como Gotthold Frotscher. Frotscher tinha vínculos profundos com as organizações nazistas: ingressou no Partido Nazista em 1933 e manteve vários escritórios no Partido e no Comando da Juventude do Reich[119]. Mais tarde, tornou-se editor da revista de música do Comando da Juventude do Reich, *Musik in Jugend und Volk*, e sua lista de publicações incluía vários trabalhos sobre raça e música folclórica, em adendo à área pela qual se tornou conhecido – a história da música de órgão e do uso do órgão nas cerimônias políticas contemporâneas[120]. Quando Frotscher, em 1935, foi recusado em Berlim, Schering veio em seu auxílio. No documento de apoio a Frotscher, Schering se referia à escassez, sem precedentes, de quadros na Faculdade de Musicologia: Wolf não podia ser incluído entre os membros porque já havia excedido a idade limite para se aposentar, e Schumann e Kreichgauer, como representantes da musicologia sistemática, também não podiam entrar na conta. Schering asseverava que o número de estudantes de musicologia "certamente aumentaria" nos semestres seguintes, de modo que um contingente maior de musicólogos seria necessário[121].

Schering também usou o argumento da *Nachwuchsförderung* para desancar Wolf, mas, ao fazer isso, contradisse alguns dos argumentos utilizados para promover Frotscher. Quando o decano propôs que Wolf passasse de *Honorarprofessor* para *Ordinarius*, mesmo estando às vésperas dos 65 anos[122], Schering objetou. Ao invés de projetar um crescimento das inscrições, apresentou uma taxa declinante de estudantes de musicologia – de 69, no semestre da primavera de 1933, para aproximadamente 35, no semestre da primavera de 1935 –, e manifestou a necessidade de eliminar certos cursos. Também afirmou que a faculdade estava *super-representada* por ele, Wolf, Schünemann, Osthoff,

---

118 Decano para reitor, 1º out. 1945, UAB PA Danckert.
119 Ele veio a se tornar um NSDAP Schulungsleiter em 1935 e Amstsleiter der NSDAP em 1937, e foi diretor do órgão de força-tarefa na Liderança Jovem do Reich. Frotscher, "Lebenslauf", 23 maio 1939, e Fragebogen, UAB PA Frotscher.
120 Frotscher, Schriftenverzehnis, UAB PA Frotscher.
121 Schering para decano, 25 jul. 1935, UAB PA Frotscher.
122 Decano para REM, 24 jan. 1935, UAB PA Wolf.

Schumann e Kreichgauer, com dois cargos de *Ordinarius* – o dele e o de Erich Schumann. Um terceiro *Ordinarius* não apenas se configuraria como um caso único entre as faculdades de musicologia alemãs como seria supérfluo, dado a taxa atual de ingressantes. Por fim, a promoção de Wolf iria, na opinião de Schering, limitar as possibilidades de crescimento para os professores juniores, ignorando a necessidade premente de fomentar o trabalho "da força jovem, talentosa e político-culturalmente leal", que facilmente abarcaria as áreas de ensino cobertas por Wolf. Schering também fez saber que ele e Wolf tinham diferenças no plano pessoal, que Wolf havia excedido os limites de sua autoridade como *Honorarprofessor* ao aplicar provas e que sua promoção apenas aumentaria essas rusgas[123]. Inclinado a se contrapor a Schering, o decano apoiou a promoção de Wolf, sobretudo porque as objeções de Schering eram pessoais, e o ministro da educação suspeitou que Schering desejava manter um monopólio na Universidade de Berlim[124]. Por fim, entretanto, o ministro não concedeu a Wolf permissão para continuar ensinando nas condições anteriores, de modo que Wolf deixou a faculdade declarando suas "atividades como professor encerradas"[125].

A remoção de Gurlitt da Faculdade de Freiburg acarretou mudanças significativas na orientação intelectual daquele departamento. Em relação à contratação de Müller-Blattau, pesava negativamente sua flagrante deficiência em história geral da música e seu significado para o desenvolvimento do espírito humano (*geistiggeschichtliche Entwicklung*), de modo que sua nomeação implicaria o rompimento com a bem-sucedida orientação intelectual da musicologia de Freiburg estabelecida desde a guerra[126]. Müller-Blattau deu continuidade às atividades do *Orgelbewegung*, iniciadas por Gurlitt, expandindo o encontro nacional de órgão, mas, durante seu mandato, a direção do Departamento de Musicologia voltou-se ao cultivo da pesquisa da música folclórica, o que persistiu após sua saída. A ordem do Ministério da Educação, de 1941, para anexar o

---

123 Schering para REM, 1º jul. 1935, UAB PA Wolf.
124 Decano para REM, 3 jul. 1935 e 6 set. 1935, UAB PA Wolf; Weber para Hinz, 16 set. 1935, BDC Wolf.
125 Carta de Vahlen (REM), 5 dez. 1935; Wolf para decano, 26 dez. 1935, UAB PA Wolf.
126 Oppermann (Phil. Fak.) para Badisches Ministerium des Kultus und Unterrichts, 28 jul. 1937, UAF Reg. Akten V 1/159.

Arquivo da Canção Folclórica de Freiburg ao Departamento de Musicologia aprofundou esse compromisso, como o fez também a sugestão de que Walter Wiora recebesse um cargo em cada uma dessas instituições[127].

A orientação acadêmica da faculdade de Bonn também mudou significativamente, mais em virtude da tomada do poder pelos nazistas do que pela saída de Schrade. Embora Schiedermair pareça ter apoiado Schrade durante toda a sua provação, o plano de Schiedermair para a direção acadêmica do departamento mudou depois de 1933. Ele havia celebrado a vinda de Schrade para Bonn não apenas por sua competência como medievalista, mas também por seus interesses teóricos na história da música renana[128]. Nos anos seguintes à ascensão de Hitler, porém, Schiedermair começou a dar uma atenção adicional às questões raciais e genealógicas em trabalhos de dissertação, projetos de pesquisa e cursos[129]. Tais questões convergiam com o interesse de outro membro da Faculdade de Bonn, Joseph Schmidt-Görg, que publicou vários estudos sobre a genealogia de compositores famosos, e é possível que a nova direção ideológica adotada por Schiedermair não deixasse espaço para um musicólogo com interesses mais amplos.

O departamento de Viena, com sua elevada proporção de judeus, ironicamente não foi atingido nem pelas leis do serviço público nem pelas de Nuremberg por um motivo muito simples: todos os seus musicólogos judeus, por razões variadas, já haviam ido embora na época do *Anschluss*, em março de 1938. Adler tinha se aposentado em 1927, Fischer partira para Innsbruck em 1928 e Wellesz fugiu para a Inglaterra, em março de 1938. Um documento escrito por Schenk para o Ministério da Educação dá a impressão de que a biblioteca de Adler foi confiscada pela Gestapo após sua morte, em 1941. Schenk pediu ao Ministério da Educação a transferência da biblioteca para seu instituto, mas não demonstrou nenhum entusiasmo em obter o material[130].

---

127 Müller-Blattau para Badisches Ministerium des Kultus und Unterrichts, 19 maio 1938; [Phil. Fak.] para REM, 26 jul. 1941, UAF Reg. Akten V 1/159.
128 Schiedermair, "Bericht über den Dozenten Dr. Leo Schrade", 23 maio 1937, UABonn PA Schrade (Phil. Fak.).
129 *Chronik der Rheinischen Friedrich-Wilhelms-Universität zu Bonn*, Jg., n. 59, 1933-1934, p. 50, UABonn.
130 ZStA REM Nr. 2176, Bl. 13.

A *Anschluss* atingiu proeminentes musicólogos judeus fora da universidade, muitos dos quais continuaram a ter sucesso em suas carreiras após a emigração – o exemplo mais notável nesse sentido é o de Karl Geiringer. Nascido em 1899, Geiringer obteve seu doutorado em Viena, em 1922, foi membro da comissão da DTÖ e participou da produção de várias edições suas, tornando-se, em 1930, curador de museu e bibliotecário da Gesellschaft der Musikfreunde. Alguns dias depois da marcha de Hitler pelas ruas de Viena, a maior parte do pessoal da Gesellschaft der Musikfreunde estava demitida e Geiringer foi suspenso por ser um "judeu completo, e uma vez que sua reintegração está fora de questão e sua função não é de modo algum indispensável, será demitido em abril"[131]. Sua carta de demissão, de 31 de março, citava as leis de Nuremberg explicitamente e duas semanas depois, como ápice de tudo, ele foi impedido de usar o arquivo para suas próprias pesquisas[132]. Na Alemanha, Geiringer tratou da música clássica e romântica, ao que daria continuidade após sua emigração para os Estados Unidos, onde elaborou programas de musicologia na Universidade de Boston e na Universidade da Califórnia, em Santa Bárbara.

AS REFORMAS UNIVERSITÁRIAS NAZISTAS

Os professores universitários, na República de Weimar, têm sido descritos como os "parteiros do nazismo". Uma metáfora atraente sugerindo que, embora eles tivessem contribuído pouco para a criação do Terceiro Reich e não tivessem nenhuma responsabilidade parental, assistiram ao nascimento do regime nazista, alimentando o Estado recém-nascido[133]. Os professores, de um modo geral, mostraram pouca resistência ao assalto nazista e sua falta de iniciativa para combatê-lo pode ter sido seu maior erro, uma vez que o começo do Terceiro Reich marcou o fim de seus tempos de autonomia.

---

131 Gesellschaft der Musikfreunde para Landskulturleitung der NSDAP, 26 mar. 1938, Arquivo da Gesellschaft der Musikfreunde Exh. Nr. 101.
132 Gesellschaft para Geringer, 31 mar. 1938; Observação, 1º abr. 1938; Gesellschaft para Geiringer, 13 abr. 1938, Arquivo da Gesellschaft der Musikfreunde Exh. Nr. 103e.
133 Bleuel, op. cit., p. 8; Gallin, *Midwives to Nazism*.

O anti-intelectualismo do Partido Nazista, evidente nos primeiros escritos de Hitler e Rosenberg, persistiu por todo o Terceiro Reich. A universidade, enquanto entidade autônoma, minaria o princípio do Estado total, os acadêmicos tornaram-se suspeitos de se opor à vitória do nacional-socialismo e as disciplinas acadêmicas foram consideradas hiperespecializadas e irrelevantes. Não há como ignorar as similaridades entre a agenda reformista da era Weimar e a do nacional-socialismo: a crítica à hiperespecialização nas ciências "alienadas" (*lebensfremd*), o desejo de aproximar os estudos acadêmicos das necessidades dos estudantes e a necessidade de conceder mais privilégios aos professores juniores. Tudo isso também fazia parte da proposta malograda de C.H. Becker, em 1918[134]. No entanto, os nazistas conseguiram penetrar no íntimo das operações da educação superior, indo muito além das modestas reformas tentadas na República de Weimar. Embora não tenham alcançado seu objetivo final – substituir a universidade por um sistema de formação superior nacional-socialista –, conseguiram desmantelar a estrutura oligárquica da universidade alemã, mesmo se de forma desordenada e aleatória.

A primeira mudança fundamental foi a imposição do *Führerprinzip* na administração universitária, uma medida que tirou o poder das mãos dos *Ordinarien*. Os reitores, antes figuras menos representativas eleitas pelo senado da faculdade, passaram a ser designados pelo Ministério da Educação e assumiram a tarefa de nomear decanos, anteriormente eleitos pelos membros da faculdade. Os reitores e decanos, respondendo apenas ao ministro da educação, detinham agora a maior parte do poder de decisões. Assim, o corpo administrativo da faculdade foi reduzido a um mero corpo consultivo, bem como a um distribuidor de recursos para os departamentos. Promoções e nomeações, antes determinadas pelas faculdades, passaram ao controle direto do Ministério da Educação, de modo a impedir o ingresso de todo e qualquer elemento política e racialmente "indesejável"[135].

---

134 Maier, "Nationalsozialistische Hochschulpolitik", em Kuhn, op. cit., p. 74-75, Olszewski, op. cit., p. 68.
135 Hartshorne, *The German Universities*, p. 48-52; Olszewski, op. cit., p. 80; Maier, "Nationalsozialistische Hochschulpolitik", em Kuhn (ed.), op. cit., p. 80.

Professores, particularmente os *Ordinarien*, perderam poder não apenas para seus superiores, mas também para seus subordinados: estudantes, professores novatos e qualquer membro do Partido dentro desses grupos. A Hochschulverband, o único órgão representativo dos professores universitários, foi dissolvida e professores de todos os níveis foram empilhados juntos na União dos Docentes (Dozentenschaft), organização, em termos políticos, equivalente à União dos Estudantes, que estava sob o controle do Ministério da Educação. Cada uma dessas organizações tinha seu líder – sempre um membro do Partido, geralmente sem tempo de serviço ou estatura acadêmica. Duas outras organizações correspondentes, associadas ao Partido Nazista, ganharam influência: a Liga dos Docentes, refundada pelo nazismo (NS-Dozentenbund) e a já existente Liga dos Estudantes Nazistas, ambas submetidas à jurisdição do ministro dos assuntos do Partido (Rudolf Hess)[136]. Esses braços do Partido na comunidade acadêmica controlavam a avaliação da lealdade política dos candidatos a um posto na universidade[137].

O novo sistema, com sua disputa de poder entre o Partido, diversas organizações estudantis e acadêmicas e o Ministério da Educação, deu forma a um novo recurso para que os indivíduos, fosse qual fosse seu nível profissional, avançassem em suas carreiras. Qualquer funcionário da universidade, independentemente da categoria a que pertencesse, podia usar suas ligações com o Partido Nazista para favorecer-se em suas causas pessoais. Os *Ordinarien* não podiam mais contar com seu *status* para se protegerem do assédio dos oficiais do Partido, nomeações podiam ser revogadas pela Liga dos Docentes Nazistas, e rivalidades internas podiam complicar-se em função da intervenção do Partido.

O desrespeito aos musicólogos sêniores era particularmente evidente em Munique, onde o controle sobre a faculdade era maior do que em qualquer outra parte, provavelmente devido à concentração de operações do Partido Nazista nessa cidade. Em 1935, Rudolf Ficker teve de responder por uma declaração de sua esposa, que havia sido casualmente ouvida e reportada ao primeiro ministro da Baviera: durante uma estada

---

136 Hartschorne, *German Universities*, p. 50-51, 69.
137 Olszewski, op. cit., p. 80-81.

em Tirol, a senhora Ficker supostamente disse a um advogado de Innsbruck: "Nacional-socialismo? Ridículo – em Munique está fora de moda – no máximo só os tolos tiroleses acreditam nisso!"[138] Esse fato rendeu uma investigação, mas o resultado, aparentemente, não foi suficientemente sério para impedir que Ficker viesse a ser nomeado decano alguns anos depois. Embaraço semelhante aconteceu com Sandberger, em Lörrach, durante uma turnê de conferências. O secretário do IMS, um membro do Partido, relatou que Sandberger havia respondido à saudação "Heil Hitler" com as palavras: "O que isso quer dizer? Deixe-me em paz! Eu não quero ter nada com isso!"[139] Sandberger teve de dar uma longa explicação à universidade, e o reitor só decidiu não entrar com um processo contra ele por se tratar de um professor aposentado[140].

Os professores também eram solicitados a participar de vários exercícios, cerimônias, marchas e performances estudantis, além de fazer doações e assinar determinados periódicos[141]. Em Munique, as pessoas tinham de enviar pedidos de desculpa por escrito por não comparecerem às cerimônias do hasteamento da bandeira e a marchas[142], e havia consequências para quem não contribuísse com doações solicitadas. Quando, em 1941, Sandberger não quis fazer uma doação à Campanha de Ajuda de Inverno (*Winterhilfswerke*), o reitor iniciou uma investigação, pois ele havia sido o único filiado da universidade que não cumprira com seu "dever patriótico"[143]. Sandberger explicou que a doença de sua filha havia encurtado suas finanças. Não obstante, a universidade lhe recusou fundos para uma viagem à Itália e visto para uma viagem a Paris, aconselhando-o, fortemente, a pagar a anuidade pendente[144].

Esses eram aborrecimentos menores se comparados aos efeitos da influência do Partido sobre as nomeações nas faculdades.

---

138 Hofer para Ministerpräsident Sieber, 26 jun. 1935, UAM PA Ficker.
139 UAM PA Ficker; Havemann (RMK) para Bayerisches Kultusministerium, 23 mar. 1934, UAM PA Sandberger.
140 Carta do reitor, 5 maio 1934 UAM PA Sandberger.
141 Hartshorne, op. cit., cap. 5.
142 Cartas de Ursprung, 2 abr. 1938, e 29 abr. 1938, UAM PA Ursprung.
143 Reitor para decano, 20 out. 1941, UAM PA Sandberger.
144 Decano para reitor, 10 dez. e 19 dez. 1941; reitor para REM, 12 dez. 1941, UAM PA Sandberger.

Quando Schering morreu, em 1941, a faculdade de Berlim procurou um substituto compatível com a preservação "do lado humanístico da musicologia" e coordenou as atividades universitárias com as do Instituto Estatal. Friedrich Blume parecia o candidato perfeito. Fora aluno de Abert, era secretário da EDM, possuindo assim fortes vínculos com o Instituto, era respeitado pelos colegas e se destacava como um pesquisador politicamente engajado através de suas alardeadas preocupações com a pesquisa racial. O decano louvou sua "série de trabalhos inteligentes, claros, bem escritos, incluindo *Das Rassenproblem in der Musik*, de 1939, que merece aplausos especiais"[145].

Blume estava bem acima dos outros candidatos e sua nomeação teria sido bem sucedida se a União dos Docentes e a Liga dos Docentes Nazistas não tivessem manifestado reservas. A União dos Docentes ressuscitou um velho rumor de que Blume havia se envolvido num escândalo de plágio[146]. Blume explicou tratar-se de uma casa editorial "em mãos judias" (Max-Hesse-Verlag, publicadora do léxico de Riemann, editado por Alfred Einstein) que levantara tal acusação a fim de manter seu monopólio sobre a publicação de um léxico musical *standard*. De acordo com Blume, "Hermann Abert tentou quebrar esse monopólio judeu produzindo um léxico musical concorrente com maior apelo popular". A Hesse Verlag, naturalmente, viu nisso uma ameaça e, com o auxílio de um "advogado judeu extremamente esperto", acusou Abert e seus assistentes (incluindo Blume) de plágio, uma alegação nunca comprovada[147].

As objeções da Liga dos Docentes Nazistas tiveram origem ou no Bureau Rosenberg ou no Ministério da Propaganda, que era favorável à nomeação de Georg Schünemann[148]. Essas objeções políticas, mascaradas como avaliações acadêmicas, discordavam em designar um especialista em música sacra protestante porque essa música tinha "origens impuras", conflitando com as necessidades político-culturais do posto[149]. A

---

145 Decano para REM, 13 maio 1941 e 27 jan. 1942, UAB PA Schering.
146 Decano (Berlim) para decano (Kiel), 14 jul. 1941; Buddenbrock-Hettersdorf para Engelke (Kiel), 10 jul. 1941, UAB PA Schering.
147 Depoimento de Blume, 20 out. 1940, BDC Blume.
148 Decano para Frey (REM), 13 maio 1941, UAB PA Shering.
149 Cf. NSD-Dozentenbund (Gaudozentenführer) para NSD-Dozentenbund (Universidade de Berlim), 18 jun. 1941, UAB PA Schering.

liga também questionou a originalidade acadêmica de Blume: ele foi acusado de posar como um "profeta ideológico" em suas investigações rácicas, quando, na verdade, apenas havia tomado ideias de terceiros, e sua obra sobre a história da suíte orquestral foi considerada uma mera compilação de fatos. Como alternativas, a liga recomendava Helmuth Osthoff, Hermann Zenck e Hans Engel[150]. Helmuth Osthoff, nascido em 1896, mais conhecido pela sua importante contribuição à pesquisa sobre a música do Renascimento, havia sido um protegido tanto de Johannes Wolf quanto de Arnold Schering e, no momento, era *Privatdozent* em Berlim. A Liga dos Docentes Nazistas entendeu que Osthoff destacava-se nas "tarefas éticas da musicologia" em "priorizar o elemento alemão da consciência étnica" (*völkisch*), louvando sua obra como "valiosa do ponto de vista político--cultural" e observando que ela refletia seu "comportamento exemplar como um nacional-socialista e professor"[151]. Osthoff deve ter recebido apoio dos altos escalões, a julgar por uma carta de 1944, enviada pela chancelaria do Partido (a administração central do Partido Nazista) ao Ministério da Educação, perguntando por que até aquele momento Osthoff ainda não havia sido nomeado para a cadeira em Berlim[152]. O posto permaneceu vago até depois da guerra, quando era mais difícil atrair acadêmicos para Berlim, e Walther Vetter, em 1946, foi finalmente designado.

Conflitos internos de menor importância podiam assumir dimensões políticas exorbitantes quando se apelava ao Partido para a solução de disputas, a exemplo da incessante contenda entre Bücken e Kroyer. As tensões entre os dois levou a universidade a buscar um lugar para Bücken em outra universidade. Em novembro de 1933, após Kroyer pedir uma investigação sobre os estudantes de Bücken por suas acusações contra o departamento na imprensa nazista local, Bücken passou por

---

150 NSD-Dozentenbund (Gaudozentenfüher) para NSD-Dozentenbund (Universidade de Berlim), 18 jun. 1941; "Abschrift! Prof. Dr. Freidrich Blume (Universität Kiel)" UAB PA Schering.
151 Gaudozentenbundfüher, "Stellungnahme", 20 out. 1941, UAB PA Schering.
152 "Conforme o documento de 19 de julho de 1944, você foi solicitado a ministrar no lugar do Professor Blume-Kiel e do Professor Osthoff-Frankfurt/Main, a disciplina de musicologia na Universidade de Berlim". Looft (Partei-Kanzlei) para REM, 8 mar. 1945, GstA Rep. 76/254.

cima da chefia administrativa e insistiu numa investigação pelo Partido[153]. Bücken já havia se revelado um camaleão político. Ele tinha usado seus antigos vínculos com o Partido Católico de Centro para se beneficiar e estava sob a suspeição de ter usado conexões com os social-democratas para alavancar sua carreira antes de 1933[154]. Agora, apelou a um ex-camarada de seu tempo pré-nazista no Partido Nacional Alemão, que agora ocupava uma posição de liderança de área no Partido Nazista (NSDAP Kreisleiter) e era um dos curadores universitários[155]. A investigação do Partido foi conduzida por Walter Trienes, o deputado distrital do Staatskommissar na NS-Kulturgemeinde e autor do livro *Musik im Gefahr* (*Música em Perigo*)[156].

Trienes compôs longos relatos baseados em arquivos selecionados que a universidade lhe fornecera e concluiu que Bücken fora tratado injustamente[157]. O decano protestou, alegando que os relatos de Trienes estavam baseados em informações anteriores à desavença em questão, e que, como alguém de fora, Trienes não tinha o direito de fazer acusações tão fortes contra a administração universitária[158]. A universidade sustentou sua posição inicial, a despeito das conclusões de Trienes[159], mas este continuou a interferir nos assuntos da universidade e, após a aposentadoria de Kroyer, em 1938, declarou-se a favor de Bücken como seu sucessor. Apresentou uma lista de candidatos para a substituição de Kroyer baseada em sugestões feitas pelo Bureau Rosenberg e, seguindo uma determinação do líder distrital do Partido, solicitou aos "mais proeminentes representantes da musicologia alemã" avaliações de Bücken[160].

---

153 Bücken para Krämer, 30 out. 1934, UAK.
154 Trienes, "Stellungnahme zur Akte Bücken-Kroyer, Universität Köln", 2 jun. 1936; "Bericht betr. Ausschus der Studierenden phil. Käte Knott und phil. Gottfried Wolters" [nov. 1933]; Bücken para H. Unger (Dozentenbund), 27 jun. 1938, UAK.
155 Krämer para Kurator, 2 nov. 1934, UAK.
156 Reitor para decano, 23 jun. 1936, UAK.
157 Trienes, "Stellungnahme zur Akte Bücker-Kroyer, Universität Köln", 2 jun. 1936, UAK.
158 Decano para reitor, 19 jun. 1936, UAK.
159 Decano para REM, 13 jan. 1936; decano para reitor, 19 jun. de 1936; reitor para decano, 23 de jun. 1936, UAK.
160 Trienes para Kurator, 2 dez. 1938, UAK.

A INFLUÊNCIA DO MINISTÉRIO DA EDUCAÇÃO

Que o governo nazista tenha sido muito mais exitoso do que o de Weimar na imposição de reformas não foi decorrência de um programa cuidadosamente ideado. Os assuntos universitários, nominalmente sob a responsabilidade do Ministério do Interior, mas, na prática, amplamente subordinados à jurisdição das províncias no primeiro ano da hegemonia nazista, tornaram-se interesse do Reich a partir da criação do Ministério da Educação do Reich, em maio de 1934, sob o comando de Bernhard Rust. No entanto, além de expedir suas diretrizes para a Simplificação da Administração das Escolas, em abril de 1935, que foi seguida de uma série de decretos individuais inúteis, Rust preocupou-se em proteger sua autoridade de garras rivais[161].

O Ministério da Educação do Reich baixou uma enxurrada de decretos no intuito de uniformizar as universidades em seus currículos, rotinas e atividades acadêmicas e não acadêmicas, mas o resultado foi limitado. A ação era potencialmente capaz de efetivar mudanças fundamentais no currículo, mas faltava a imaginação e a organização para explorar a reestruturação da hierarquia universitária e promover uma completa revisão dos programas acadêmicos. Os inúmeros comunicados emitidos pelo Ministério da Educação geralmente eram demasiado vagos para serem levados a sério. Uma diretriz de dezembro de 1934 assinalava como tarefas da educação superior "estabelecer a relação mais próxima possível com as necessidades nacional--socialistas de nosso povo", promover excursões ao campo que contribuíssem para a educação político-nacional e estimulassem a camaradagem entre os estudantes das diversas áreas[162]. Campos de estudo como o folclore, as ciências militares e a pedagogia política prosperaram rapidamente, do mesmo modo que a integração de tópicos raciais e nacional-socialistas com as ciências da natureza, as ciências sociais, as humanidades e a teologia. No entanto, essas iniciativas perderam força por volta de 1939[163].

---

161 Eggers, "§16 Bildungswesen", p. 968-970, p. 981-983; Maier, "Nationalsozialistische Hochschulpolitik", em Kuhn, op. cit., p. 87-92.
162 Reitor para professores de Munique, 17 dez. 1934, *Sandberger Papers* (BSB).
163 Maier, "Nationalsozialistische Hochschulpolitik", em Kuhn, op. cit., p. 85-97.

Nas humanidades, houve uma multiplicidade de tentativas de interpretar o espírito do nacional-socialismo e aumentar os currículos com cursos e exigências inspirados ideologicamente. Em Colônia, o decano tentou impor os estudos nórdicos como um campo adjacente nos exames doutorais em todas as áreas humanísticas, mas especialmente em filologia alemã[164]. De modo semelhante, a Universidade de Rostock propôs a criação de um Instituto para a Cultura Nórdica que incluiria uma divisão de musicologia e atenderia as demandas, que "deveriam ser colocadas pelo nacional-socialismo nos campos da pesquisa e do ensino", por descobrir os traços nórdicos comuns e fortalecer a consciência nórdica acerca do sentimento do povo pan-alemão[165].

As reformas curriculares refletiam, até certo ponto, algumas sugestões do Ministério, mas na maior parte dos casos eram reféns dos caprichos departamentais. Como novo diretor do Departamento de Musicologia de Munique, Rudolf Ficker sublinhou a questão que o interessava, pessoalmente, desde 1924: o papel da raça nórdica na história da música ocidental. Ficker, assim, propôs a criação de um museu de instrumentos musicais articulado a um instituto de pesquisa em musicologia comparada que se dedicaria ao estudo do desenvolvimento musical das nações e raças[166]. Além disso, quando Alfred Lorenz foi se avizinhando da aposentadoria, a universidade lhe fez concessões especiais, em virtude de sua adesão ao Partido Nazista, em 1931, e por suas conferências sobre "Raça e Música", ministradas por ele já em 1933. A universidade, repetidas vezes, estendeu seus privilégios docentes por motivos político-culturais, permitindo-lhe lecionar exclusivamente a partir de suas pesquisas wagnerianas, pois "nessa questão Lorenz é indispensável e de grandíssima importância para a política de arte do nacional-socialismo"[167]. A faculdade

---

164 Von der Leyen para decano, 9 dez. 1934, UAK.
165 Dehns (Ministro da Educação, Mecklenburg) para REM, 3 abr. 1934, ZStA REM Nr. 933, Bl. 2.
166 Ficker para decano, 31 jan. 1939, UAM FA Ficker; Ficker para Bayerisches Staats ministerium für Unterricht und Kultus, 20 nov. 1938, UAM FA Musikwissenschaftliches Seminar.
167 "Anzeige", lista a filiação de Lorenz ao NSDAP desde dezembro de 1931, NSV, NSLB, e RMK; Lorenz para reitor, 4 jul. 1935; União dos Docentes para reitor, 18 maio 1936; decano para reitor, 16 set. de 1938; União dos Docentes para reitor, 26 set. 1938, UAM PA Lorenz.

de Munique também mostrou o maior interesse em explorar a relação da música folclórica com a música artística e com os grupos raciais, especialmente nos cursos ministrados por Kurt Huber de 1939 até sua demissão e execução em 1943 (os cursos de Huber incluíam "A Música Folclórica Alemã: A Balada Folclórica Alemã", 1939-1940 e 1942-1943; "Pesquisa Sobre o Talento Musical" e "Seminário Sobre Música Folclórica Bávara", 1940; e "Seminário Sobre Música Folclórica Alemã: A Música Folclórica Nórdica", 1941-1942).

Em Berlim, de 1935 a 1940, ao menos um, e às vezes dois cursos eram oferecidos sobre música folclórica (por Schumann, Frotscher ou Danckert), música militar (por Schumann, em 1938 e 1939) e tipos de personalidade em música (por Danckert, em 1939-1940). Em Freiburg, Ehmann orientou um grupo de estudo especial chamado "O Movimento da Música Alemã Hoje", em 1938, e um curso sobre canção folclórica, em 1939. Müller-Blattau, a despeito das expectativas da universidade na época de sua contratação, não deu nenhum curso sobre música alemânica ou mesmo música folclórica, senão em seu último semestre lá, aderindo, durante a maior parte de sua permanência em Freiburg, aos temas-padrão (ópera, Bach, Haendel, música clássica e romântica alemãs). Bonn aumentou sua oferta de cursos sobre pesquisa e prática de música folclórica; Schrade foi escalado para dar um curso sobre pesquisa em música regional, em 1938; e Schiedermair explorou "Questões Atuais da Música Alemã", em 1941.

Em Heidelberg, Besseler parece ter se desviado de sua linha de estudos sobre a Renascença e a tradição clássico-romântica após a ascensão de Hitler, oferecendo um curso chamado "A Música e a Vida Intelectual da Nação", em 1933; "Canção Folclórica, Música Amadora e Educação Musical" e "Essência e Objetivos da Música e da Arte Alemãs", em 1933-1934; e "Música Alemã e Seus Vizinhos, Passado e Presente" e "Questões Musicais Hoje", em 1934-1935[168]. Em Colônia, Bücken havia tentado

---

168 "Vorlesungen über Musik an Hochschulen: Sommersemester 1933", ZfMW, n. 15, 1932-1933, p. 324; "Vorlesungen über Musik an Hochschulen: Wintersemester 1933-1934", "Vorlesungen über Musik an Universitäten und Technischen Hochschulen: Sommersemester 1934", ZfMW, n. 16, 1934, p. 47, 378; "Vorlesungen über Musik an Universitäten und Technischen Hochschulen", ZfMW, n. 17, 1935, p. 51, 310.

se manter numa orientação sintética, de crítica estilística[169], mas ao assumir o departamento, em 1938, Fellerer promoveu a cultura regional e a musicologia sistemática, afirmando que a musicologia comparada e estudos músico-raciais eram, agora, sua área pessoal de interesse[170].

O Ministério da Educação também não conseguiu a uniformidade pretendida em virtude da persistência das discrepâncias políticas regionais, não obstante as tentativas de Hitler em coordenar todos os organismos governativos das províncias a partir de uma administração estatal. Na primavera de 1940, Rust sancionou uma lei revisada para a unificação da administração das instituições acadêmicas, com o objetivo de apertar o cerco sobre universidades e escolas sob controle provincial. Ao notar que havia conseguido exercer uma autoridade direta sobre escolas da Prússia, da Áustria e de outros territórios anexados e ocupados, Rust esperava ganhar influência em todas as regiões, mas, timidamente, recomendou que o *status quo* não fosse alterado dramaticamente. Ele percebeu que a padronização nunca levaria à uniformização das atividades acadêmicas, mas poderia viabilizar um planejamento mais abrangente e uma distribuição mais eficiente das tarefas para determinadas instituições. Também estava ciente da inutilidade em suprimir a independência regional dessas instituições. Ao invés disso, tentou reforçar seus vínculos com suas comunidades locais, criando "Sociedades de Amigos" auxiliares para dar suporte às universidades[171].

A descentralização deixou as disciplinas humanísticas, sobretudo, em desvantagem e o Partido da Chancelaria queixou-se ao Ministério da Educação, em 1944, com relação ao estado lamentável dos departamentos de ciências humanas das universidades alemãs, dada a insuficiência de fundos. Essa

---

169 "O novo elo metodológico entre crítica estilística e ciência do espírito encontrou no universo especializado um grande eco, perceptível, por exemplo, no fato de que a primeira parte do manual de musicologia já está na décima edição (com dez mil exemplares)." Bücken para decano, 14 jan. 1929, UAK.

170 Fellerer criou o Kölner Musikarchiv e centrou um amplo número de projetos de pesquisa do instituto em torno da história da música de Colônia. Fellerer, "Das Kölner Musikarchiv", [1942-1943], recorte de jornal (sem fonte e sem data); Fellerer para Kuratorium, 6 ago. 1943, UAK.

171 REM para Generalbevollmächtigten für die Reichsverwaltung, 18 abr. 1940, 1-4 e Anlage, BA R 21/209.

deficiência, afirmavam, não era remediada desde os anos de Weimar, de modo que os alemães corriam o risco de perder o seu posto de líder mundial nesse campo para a Inglaterra e os Estados Unidos[172]. A resposta do Ministério da Educação consistiu em dizer que, além da dificuldade de recrutar pessoal qualificado, o problema decorria, fundamentalmente, da descentralização. Melhorias tinham sido possíveis na Prússia, onde o Ministério exercia controle direto, mas pouco podia ser feito para influenciar as práticas de investimento em outras províncias[173].

Rust afirmou ter sido bem-sucedido em assumir o controle das universidades da Áustria, e isso procede pelo menos para o Departamento de Musicologia de Viena. Depois de 1930, as condições econômicas tornaram inviável o preenchimento do posto de *Extraordinarius* para a musicologia, mas em dezembro de 1938 o Ministério da Educação expressou seu desejo em reestabelecer a vaga e deu início a uma busca[174]. A universidade foi grata a essa oportunidade aberta pela boa fortuna da *Anschluss*[175], e os musicólogos, respeitosamente, aceitaram tanto a rejeição do ministro da educação à sua escolha final de Robert Haas, quanto a recomendação de contratar Schenk[176]. As avaliações políticas agora desempenhavam um papel tão importante nos processos de decisão do departamento quanto a adequação acadêmica. Em suas buscas, a faculdade decidiu que Lach, com aposentadoria prevista para janeiro de 1939, devia ter permissão para estender sua permanência em troca de uma pensão melhor, o que seria feito em consideração à sua

---

172 NSDAP-Partei-Kanzlei para REM, 27 mar. 1944, BA R 21/464.
173 Esboço do REM em resposta ao Partei-Kanzlei, 5 abr. de 1944, BA R 21/464.
174 Protokoll, 15 dez. 1938, UAW Dekanat 240.
175 "Se ao longo dos últimos sete anos, desde 1931, o problema mencionado não pôde ser debelado devido à extrema limitação de recursos estatais, agora temos de celebrar o fato de que – com o ingresso do mercado oriental no Reich – essa falha será corrigida e a vaga de *Extraordinarius* será preenchida definitivamente com força apropriada". "Bericht über die kommissionssitzung am 15 December 1938", UAW Dekanat 240.
176 Eles haviam recomendado Haas, porém o ministério havia expressado o intento de contratar Schenk, observando que consideraria Haas para suceder Lach no ano seguinte como *Ordinarius* (ou o contrário, Haas como *Extraordinarius* e Schenk como *Ordinarius*). As razões principais para a decisão do ministério parecem ter sido a relevância de seus trabalhos para a Universidade Austríaca. Ministerialrat Schaller para decano, 7 jun. 1939, UAW Dekanat 240.

adesão ao Partido Nazista em 1933, então ilegal na Áustria[177]. A faculdade não deu mais prioridade ao equilíbrio entre musicologia histórica e sistemática, como havia feito em 1927. O comitê, eufemisticamente, declarou que os estudos nessas áreas haviam entrado num ocaso "desde que Carl Stumpf e Erich von Hornbostel morreram" (Von Hornbostel morreu na Inglaterra, em 1935) e reconheceu que não valia a pena sair em busca de alguém senão de um historiador da música apto a substituir Lach após sua aposentadoria[178].

Ao fazer de Haas o candidato mais bem cotado, eles o revestiram da aura de vítima nacional-socialista do sistema político austríaco anterior à anexação (*Anschluss*). Membro do Partido desde 1933, as convicções políticas de Haas supostamente o impediram de progredir na Biblioteca Nacional de Viena e de assegurar um posto acadêmico em Viena, Graz e em Innsbruck, embora fosse um candidato excelente. Haas havia travado, ainda, uma batalha difícil contra "os interesses comerciais judeus" por sua edição de Bruckner, uma situação que "foi decidida a seu favor... por nosso Führer Adolf Hitler". Nomeá-lo para a Universidade de Viena seria uma forma de recompensá-lo por tudo o que sofrera em virtude de sua devoção inabalável ao nacional-socialismo[179].

No entanto, o Ministério prevaleceu em nomear Schenk, embora sua preferência por ele não esteja muito claramente documentada. O Ministério queria levá-lo para Viena em função de sua *expertise* na investigação de Mozart e Gluck, assim como Haas era atraente para a universidade austríaca por seus trabalhos em Bruckner[180], mas continua sendo um mistério se as atividades políticas de Schenk tiveram alguma influência sobre a decisão. O arquivo universitário não possui mais nenhuma pasta pessoal sobre Schenk e é provável que ele, trabalhando como *Ordinarius* depois de 1945, tenha removido seus documentos,

---

177 Decano para Ministerium für das Ordinariat der Musikwissenschaft", 9 jun. 1939, UAW Dekanat 240.
178 Lach, "Besetzungsvorschlag für das Ordinariat der Musikwissenschaft", 29 jun. 1939, UAW Dekanat 240.
179 "Bericht über die Kommissionssitzung am 15 December 1938", Lach, " Besetzungsvorschlag", 19 jun. 1939; Haas *curriculum vitae*, UAW Dekanat 240.
180 Ministerialrat Schaller para decano, 7 jun. 1939; Protokoll, 15 dez. 1938, UAW Dekanat 240.

talvez para ocultar seu envolvimento político. Esse sequestro de todos os conteúdos das pastas é percebido em todas as sessões de arquivos, e muitas pastas que registravam questões políticas delicadas desapareceram por completo[181]. O que outras fontes revelaram sobre a atividade política de Schenk é que ele fora intimamente associado ao Bureau Rosenberg e ofereceu seus serviços em várias ocasiões, incluindo o fornecimento de detalhes a respeito da filiação racial de judeus que haviam feito doutorado em Viena[182]. Quando o Departamento de Musicologia de Viena passou a ser dirigido por Schenk, ele tentou firmar uma parceria com a "Ahnenerbe" ss de Himmler, propondo um amplo projeto de pesquisa que investigasse a "remanência germânica na esfera cultural italiana", focada na Idade Média e na Renascença, e que realizasse um cuidadoso trabalho arquivístico em bibliotecas italianas[183].

Nas universidades mais ou menos diretamente controladas por Rust, o Ministério da Educação podia manter uma estreita vigilância sobre as atividades políticas de seus funcionários. Em Berlim, Frotscher recebeu uma reprimenda por sua "falta de camaradagem" ao criticar um membro da Liga dos Estudantes Nazistas no jornal *Kulturpolitisches Arbeitsblatt* por não conhecer nenhuma canção folclórica familiar ou cerimonial[184]. Em Viena, Haas e Orel foram repreendidos porque, durante um processo seletivo do Departamento de Musicologia da Suíça, deram parecer positivo apenas ao candidato suíço, ameaçando

---

181 Enquanto realizava minha pesquisa nesse arquivo me deparei com determinadas pastas vazias que traziam a informação "vindo de Prof. Erich Schenk". Elas incluíam itens dos arquivos pessoais de Alfred Orel (arquivo do Dekanat 680, 1939-1940: "Gutachten über Prof. Orel 2.III.1940"), que fora demitido da universidade após a guerra por causa de sua filiação ao Partido Nazista, e um arquivo intitulado "Wiener Mozartwoche: Klärung des Verhältnisses Germeinde (Prof. Orel) und Universität (Prof. Schenk)" (arquivo do Dekanat 314, 1941-1942). Completamente perdidos encontram-se o arquivo pessoal de Schenk e um possível arquivo referente ao confisco da biblioteca de Adler (arquivo 172, 1942-1943: "Eistellung einer Kriegsersatzkraft für die Bestandaufnahme der Adler-Bibl."). Não há nenhum documento sobre o destino de Adler após 1938 nos arquivos universitários.
182 Hauptstelle Musik para Schenk, 21 mar. 1941, BA NS 15/21; Schenk para Gerigk, 31 mar. 1941, e Gerigk para Schenk, 28 dez. 1944, BA NS 15/21a. Ver capítulo 5, para outros aspectos dessa relação.
183 Schenk para Obersturmfüher Sievers (ss-"Ahnenerbe"), 29 ago. 1942, BDC Schenk.
184 Gmelin (REM), arquivo transcrito, 16 nov. 1942, UAB PA Frotscher.

as chances de um alemão ser contratado. Observou-se que eles não entraram em contato com os oficiais apropriados no Reich antes de procederem à avaliação[185].

O PAPEL DA MUSICOLOGIA NA UNIVERSIDADE NACIONAL-SOCIALISTA

As reformas universitárias posteriores a 1933 tiveram êxito em desmantelar o monopólio que os *Ordinarien* desfrutaram por gerações. Todos os professores, a despeito de seu posto acadêmico, eram misturados num mesmo bolo, exerciam a mesma influência que as organizações estudantis, e haviam perdido a maior parte de seu poder de decisão para os reitores, para a Liga dos Docentes Nazistas e para o Ministério da Educação. A hierarquia entre as áreas universitárias, um fenômeno que representou uma desvantagem para a musicologia em seus primeiros tempos, tornou-se irrelevante, pois o professor universitário perdera *status*. Não obstante, a posição da musicologia na universidade foi fortalecida naqueles anos.

Os musicólogos continuaram a tornar suas disciplinas mais acessíveis e relevantes a parcelas mais amplas da população, do mesmo modo como haviam feito antes de 1933. O chamamento do nacional-socialismo aos acadêmicos, para que estes saíssem do isolamento e cuidassem das necessidades práticas da nação, ressoou bem aos ouvidos musicológicos, pois estes já haviam criado vínculos fortes entre a teoria e a prática. A habilidade dos musicólogos de se prestarem aos eventos públicos lhes rendeu um prestígio inédito na universidade, que pôde ser usado como argumento para aumentar o número de vagas, manter os professores e criar novos departamentos. Em 1935, por exemplo, um novo Departamento de Musicologia foi criado em Frankfurt, por Müller-Blattau. A esse departamento cabia a responsabilidade de organizar todas as atividades musicais da universidade e cuidar das necessidades culturais da comunidade[186].

---

185 REM para Reichsstatthalter in Österreich; Ministerium für innere und kulturelle Angelegenheiten, 16 set. 1939, UAW Dekanat 240.
186 Reitor (Frankfurt/Main) para REM, 16 nov. 1935, ZStA REM Nr. 1782.

Entre o final dos anos de 1930 e ao longo dos anos de 1940, a musicologia transformou-se na *commodity* mais valiosa nos distritos de fronteira. Em Königsberg, o reitor instou que as autoridades não separassem o Departamento de Musicologia do conservatório, pois não poderiam sobreviver por conta própria e a "separação entre arte e ciência em instituições alemães de educação superior é uma ação que não condiz com a noção nacional-socialista de educação"[187]. Num último esforço para expandir o instituto, o reitor argumentou, adicionalmente, que sendo o único posto avançado musicológico a leste, Königsberg não podia ser negligente com essa área de estudos, pois sua expansão possuía um significado político-cultural[188].

Em grande medida, o valor dos departamentos de musicologia dos distritos de fronteira era calibrado pelas atividades dos *Collegia Musicum*, que se tornaram um elemento forte da cultura alemã e um componente central da vida musical. Quando Friedrich Blume se viu diante da oportunidade de deixar Kiel por uma posição em Frankfurt, em 1937, o reitor escreveu ao Ministério da Educação dizendo que perdê-lo infringiria "um golpe duro no cultivo da germanidade nos domínios do norte", especialmente se isso significasse perder seu *Collegium Musicum*. O *Collegium* de Blume, na opinião do reitor, era indispensável para a vida cultural da região e essencial para a "luta da universidade pela identidade do povo" (*Volkstumskampf*). Para mantê-lo em Kiel, o reitor ofereceu a Blume a promoção à vaga de *Ordinarius*, pois "aqui um professor de música com um *Collegium Musicum* pode e deve realizar a premente tarefa da política *völkisch*"[189]. O Ministério da Educação atendeu ao

---

187 Reitor (Königsberg) para REM, 29 nov. 1941; "Denkschrift über die Errichtung einer Fakultät der Künste bei der Universität Königsberg", GStA I/76: 880.

188 "Por outro lado, a atuação da musicologia na Universidade de Königsberg, na falta de ações musicológicas e pedagógicas na Alemanha Oriental, é uma exigência político-cultural premente, de modo que temos de expressar nossa mais severa dúvida sobre essa solução." Reitor (Königsberg) para REM, 28 set. 1943, GStA I/76: 880.

189 Reitor (Kiel) para REM, 11 out. 1937, BDC Blume. O decano da Faculdade de Filosofia em Kiel também enviou seu próprio apelo ao Ministério da Educação, enfatizando a importância da música para a tarefa de educação total posta pelo Nacional-Socialismo, a importância dos trabalhos de Blume para os distritos afastados do norte e o fato de Blume ter sido designado pelo Ministério da Educação como "diretor da coleção e do cultivo dos monumentos musicais das regiões fronteiriças de Schleswig-Holstein, Hamburg e Lübeck". Decano (Phil. Fak. Kiel) para REM, 11 nov. 1937, BDC Blume.

pedido, informando o prefeito de Frankfurt de que Blume não estava disponível, pois estava engajado "na luta cultural-defensiva contra a Dinamarca". Em poucos meses, Blume seria promovido a *Ordinarius*[190].

O *Collegium* continuou a se achegar ao público e, trabalhando com os projetos da Denkmäler local, obteve reconhecimento por aproximar o público leigo da herança musical alemã[191]. Os regentes de *Collegia* multiplicavam suas obrigações ao abarcarem serviço público extra e ajudarem com a propaganda do Estado. Besseler reuniu, num programa de *Collegium*, uma abertura de Johann Kaspar Ferdinand Fischer (um Kleinmeister local, do começo do século XVIII), seguida pelo canto comunal "Wohlauf Kameraden", um concerto de Bach, uma canção de um membro da Liga dos Estudantes Nazistas com letra de Neidhardt von Reunthal e a original "Cantata do Soldado", de um estudante de Heidelberg[192]. Erich Schenk, quando estava em Rostock, suplementou as atividades de seu *Collegium* ao reger outros concertos, performances radiofônicas e cerimônias acadêmicas[193]. Em 1938, Herbert Birtner cumpriu outra tarefa político-cultural ao levar seu grupo de Marburg em turnê, apresentando-se para alemães-étnicos residentes na Iugoslávia[194].

Os programas dos *Collegia* colaboravam, ainda, ao fortalecer o patriotismo e o otimismo em tempos de guerra, e celebrar as conquistas territoriais das tropas alemãs. Os concertos da época da guerra, em Colônia, sob a direção de Fellerer, incluíam um programa de música militar histórica, um programa especial de música franco-flamenca em comemoração ao festival cultural germano-flamenco, realizado logo após a invasão das tropas alemãs na Bélgica, e uma série de programas com obras dos compositores locais da Renânia[195]. Os *Collegia* também eram enviados para entreter as tropas, mas às vezes se deparavam com uma recepção muito fria dos soldados, tendo

---

190 Zschintsch (REM) para Krebs (Oberbürgermeister, Frankfurt/Main), 24 ago. 1938; REM para Blume, 6 fev. 1938, BDC Blume.
191 Ehmann, "Das Musikleben an den deutschen Universitäten", p. 157-158.
192 "Studenten musizieren", 6 jul. 1939, BDC Besseler.
193 Lach, "Besetzungsvorschlag", 29 jun. 1939, UAW Dekanat 240.
194 Birtner, "Darstellung über die wissenschaftliche Arbeit", 17 fev. 1938, BDC Birtner.
195 Drux, *Kölner Universitätskonzerte*, p. 63-65.

que trocar seus programas musicais intelectualizados por canções mais informais[196].

A introdução de cerimônias e eventos políticos como atividades regulares da universidade deu aos musicólogos responsabilidades extras e elevou seu *status*. A Universidade de Freiburg tentou atrair o *Collegium* de Gurlitt para as cerimônias oficiais da universidade a fim de economizar dinheiro, mas Gurlitt resistiu. Sustentou que seu grupo fora concebido para o exercício acadêmico e, carecendo de um *ensemble* de metais, não estava equipado para executar os hino nacional obrigatório e a canção Horst Wessel[197]. Wilhelm Ehmann, um *Privatdozent* em musicologia, propôs a criação de uma nova vaga para diretor de prática musical, dada as mutantes relações entre "conhecimento musical" e "atividade musical" e sua conexão política com "a vida do povo". Ele ostentou seu êxito em atar a vida musical da universidade com as atividades do Partido e as organizações estatais (como a SA, a SS, a Juventude Hitlerista e a Liga dos Estudantes Nazistas)[198]. Gurlitt apoiou calorosamente a proposta de Ehmann. Essa vaga, na opinião de Gurlitt, complementaria o *Collegium Musicum* e cumpriria as novas *tarefas* do "trabalho de *Volkstum* do movimento nacional-socialista" com alguém que possuía uma "sensibilidade musical correspondente às necessidades do presente" e compreendia o "novo modo de cantar nas camaradagens do movimento nacional-socialista"[199]. A faculdade designou Ehmann como o "responsável (*Lektor*) pelas tarefas da música prática", incumbindo-lhe da atividade musical nas cerimônias da universidade. Sua nomeação se justificava pela reconhecida importância das cerimônias na universidade nacional-socialista e também porque Freiburg, como região de fronteira, precisava se fortalecer culturalmente[200]. Porém, Gurlitt viu que seu tiro havia saído pela culatra quando seu *Collegium Musicum*

---

196 Ehmann, "Collegium musicum in der Wehrbetreuung", DMK, n. 7, 1942, p. 14-19.
197 Gurlitt para Rektorat, 1 out. 1935, UAF Reg. Akten V 1/159.
198 Ehmann, "Entwurf einer Neuordnung der musikalisch-praktischen Aufgaben innerhalb des Freiburger Universitätslebens", 22 dez. 1935, UAF Reg. Akten V 1/159.
199 Gurlitt para decano, 21 dez. 1935, UAF Reg. Akten V 1/159.
200 Dragendorff (Phil. Fak.) para reitor, 30 jan. 1936; decano para reitor, 2 maio 1936, 2, UAF Reg. Akten V /159.

foi posto sob a direção de Ehmann como parte da divisão de ciências da cultura da União dos Estudantes. A União dos Estudantes também impediu Gurlitt de participar de um concerto já programado por não ser membro do Partido Nazista[201].

O papel da musicologia na universidade naturalmente se transformaria durante a guerra, quando as autoridades tiveram de fechar programas universitários sem qualquer previsão de reabertura[202]. A musicologia pode ter ganhado *status* nos anos de 1930, mas certamente não era considerada crucial para os esforços de guerra. Para a mobilização total da guerra, Rust autorizou a liberação de estudantes e professores de diversas escolas vocacionais (incluindo escolas de música e conservatórios) para que trabalhassem na indústria armamentista. Também suspendeu a inscrição de novos estudantes e ordenou que todos os alunos não matriculados em determinadas ciências e em tecnologias de guerra, bem como todos os estudantes do sexo feminino, ficassem disponíveis para servir no *front* de sua localidade[203].

Assim como na última guerra, o serviço militar forçou os estudantes a interromper ou adiar seus estudos indefinidamente, mas os militares ofereceram incentivos, através de uma série de programas de extensão universitária, para manter os soldados interessados em seus estudos[204]. Georg Schünemann participou de um desses programas, visitando, na primavera de 1944, quatro bases das forças armadas para realizar palestras-ilustradas sobre as canções de fazendeiros alemães residentes na Rússia[205]. Ademais, o líder pedagógico distrital (*Gaudozentenführer*) de Bonn e o reitor da universidade editaram uma série especial de "palestras de guerra" (*Kriegsvorträge*), o que parece sugerir que a pesquisa musicológica não fora inviabilizada pela guerra.

---

201 Studentenschaft para Gurlitt, 19 dez. 1935, UAF PA Gurlitt.
202 Giles, "German Students and Higher Education Policy", p. 331-332.
203 Rust, Transcript, "Totaler Kriegseinsatz", 20 set. 1944, BA R 21/625.
204 As forças armadas permitiam que os estudantes fossem dispensados do serviço para se prepararem para exames. Eles também instituíram um sistema muito popular de extensão universitária que incluía cursos por correspondência, cursos especiais dirigidos por professores ávidos por demonstrar suas contribuições para os esforços de guerra; e ofereciam uma "matrícula especial," graças à qual os soldados podiam se matricular nos cursos da universidade sem frequentarem o *campus*. Giles, "German Students and Higher Education Policy", p. 333-337.
205 Schünemann para decano, 19 jun. 1944, UAB PA Schünemann.

Entre os colaboradores da publicação estava Schiedermair (Beethoven), Osthoff (Johannes Brahms e Sua Mensagem), Schenk (Beethoven Entre as Épocas), e Hermann Unger (Anton Bruckner e Sua Sétima Sinfonia). Schiedermair tentou evitar a publicação de sua palestra sobre Beethoven, na esperança de vê-la estampada num espaço editorial mais prestigioso, porém acabou cedendo à insistência do reitor, e ganhou críticas entusiásticas de Herbert Gerigk por demonstrar a germanidade de Beethoven num formato tão acessível[206].

A continuidade dos programas de estudo seria, posteriormente, ameaçada pelo recrutamento militar e pelo remanejamento de professores. As faculdades de musicologia tiveram de empreender complicadas transferências de pessoal, algumas vezes tendo de confiar a um professor o dobro de suas atividades para que assim uma universidade vizinha fosse socorrida, outras vezes aquiescendo a transferências inconvenientes por ordem do Ministério da Educação. Helmut Osthoff, por exemplo, foi jogado de um lado pro outro mesmo antes da guerra. Quando Müller-Blattau deixou Frankfurt por Freiburg, em 1937, o ministro da educação ordenou que Osthoff se transferisse de Berlim para Frankfurt como substituto. Em janeiro de 1939, então, Osthoff foi promovido a *Extraordinarius* em sua universidade de origem e mandado de volta a Berlim no meio do semestre de 1944, de modo que continuou a ensinar uma vez por mês em Frankfurt até o final do semestre[207]. Danckert, consultado para substituir Osthoff, foi enviado a Graz para substituir Birtner e viajava entre as duas cidades[208]. Frotscher também trabalhou na universidade enquanto mantinha suas aulas na Hochschule für Musikerziehung até o momento em que os danos causados pelas bombas forçaram-no a transferir suas aulas para o seu apartamento[209].

206 Schiedermair para reitor, 2 fev. 1942; [reitor] para Schiedermair, 12 maio 1942 e 21 maio 1942, UABonn PA Schiedermair (Rektorat). A palestra foi publicada em 1942, conforme a indicação de Gerigk no Amt Rosenberg, 4 de mar. de 1943, BA NS 15/101.
207 REM para Osthoff, 1 nov. 1937, 5 set. 1938, 16 jan. 1939, 9 dez. 1944, Osthoff para decano, 21 dez. 1944, decano para Frotscher, 27 dez. 1944, UAB PA Orthoff; REM para decano, 25 jan. de 1945, UAB PE Schering.
208 Decano para reitor, 1 out. 1945, UAB PA Danckert.
209 Frotscher para Körner (Horchschule für Musikerziehung), 19 nov. 1943; Director, Staatliche Hochschule für Musikerziehung para Frotscher, 23 maio 1944, BDC Frotscher.

Durante a guerra, cidades vizinhas como Colônia e Bonn podiam, mais facilmente, viabilizar intercâmbios temporários entre faculdades. Fellerer foi convocado para o serviço militar na primavera de 1943, mas dirigiu o Departamento de Musicologia de Colônia a partir do *front* por quase todo o interstício 1943-1944, lendo dissertações, coordenando a substituição de professores e mantendo uma correspondência diária com o decano. Em abril de 1943, Schiedermair concordou em viajar uma vez por semana de Bonn para lecionar em Colônia, mas teve que parar, em fevereiro de 1944, por motivos de saúde. Fellerer sugeriu que Osthoff (Frankfurt) ou Gerber (Göttingen) viessem a cada duas semanas, mas ambos não aceitaram (Gerber já estava entre Giessen e Göttingen). Por fim, Schmidt-Görg, um jovem membro da Faculdade de Bonn, assumiu as aulas de Schiedermair, em junho[210]. A Universidade de Colônia, por fim, expediu um apelo urgente às autoridades militares para que, ao menos parcialmente, liberassem Fellerer de seus serviços a fim de que ele pudesse cuidar de um grande número de estudantes abandonados pelo Instituto de Musicologia[211].

Na província de Baden, a mudança voluntária de Müller-Blattau de Freiburg para Estrasburgo, em 1941, originou uma grande lacuna no quadro docente do departamento. O Ministério da Educação recorreu a Besseler para substituí-lo em Freiburg, no ano acadêmico 1941-1942, mas Besseler, que continuava trabalhando em Heidelberg, interrompeu esse fluxo um ano após o início, sendo convocado para o serviço militar em setembro de 1943. As duas universidades foram deixadas com um enorme contingente de estudantes e nenhuma substituição, e as autoridades militares recusaram o pedido de Heidelberg para liberar Besseler do serviço[212]. Hermann Zenck, o único musicólogo restante na região sudoeste, também foi convocado para a mobilização total de guerra, em novembro de 1944.

---

210 UAK; Schiedermair para Universitäts-Präsident (Bonn), 1 ago. 1945, UABonn PA Schiedermair (Kuratorium); carta para Schiedermair, 21 fev. 1944, UABonn PA Schiedermair (Rektorat).
211 Decano para a unidade de Fellerer, 6 abr. 1944, UAK.
212 REM para Besseler, 15 nov. 1941, [Universidade] para Badisches Kultusministerium, 16 mar. 1944, UAH PA Besseler; reitor para Besseler, 10 nov. 1942, UAF Reg. Akten V 1/159; REM para Besseler, 15 nov. 1941 e 21 abr. 1942, BDC Besseler.

Em janeiro de 1945, Besseler foi finalmente liberado do serviço militar e autorizado a retornar a Heidelberg[213].

ALGUNS RAROS PROTESTOS

À medida que a guerra avançava e a derrota da Alemanha parecia inevitável, a universidade tornava-se um fórum para tentativas isoladas de afrontamento ao regime nazista. A ação mais legendária foi levada a cabo por um grupo conhecido como a Rosa Branca (Weisse Rose), sediado em Munique. Distribuindo folhetos por todo o Reich, um grupo de estudantes e um professor – o musicólogo Kurt Huber – advertiam à destruição nazista da nação alemã e imploravam aos cidadãos alemães que se livrassem de suas algemas e esmagassem a ditadura. Em 1943, Huber e vários estudantes foram presos, julgados e executados. Sua saga foi contada e recontada em estudos historiográficos, pela literatura popular, em filmes, poemas e numa ópera[214].

A Rosa Branca, porém, foi um fenômeno excepcional. A maior parte dos acadêmicos continuou a evitar a política ou a tender ao conservadorismo, de modo que, exceto as corajosas ações de Huber, protestos eram raros entre os musicólogos. Um dos poucos a protestar contra a política racial, tanto discreta quanto abertamente, e já nos primeiros dias do Terceiro Reich, foi Johannes Wolf. Ele estava próximo da aposentadoria em 1933 e, por isso, diferentemente de seus colegas à meia carreira, sentia-se menos intimidado pelas pressões políticas. Contudo, sua franca independência lhe trouxe contínuas perseguições durante o nazismo, não apenas de autoridades, mas especialmente de outros musicólogos. Mesmo antes de se demitir do conselho da DMG em solidariedade a Einstein, Wolf foi citado pelo Ministério da Educação por sua estreita associação com judeus como Robert Lachmann, apontado pelo Ministério como seu "braço-direito"[215]. Tramando para forçar a saída de

---

213 Maurer (para o reitor) para Ministerialrat Elsass, 2 nov. 1944, UAF PA Zenck; Besseler para REM, 3 jan. 1945, BDC Besseler.
214 Petry, *Studenten aufs Schafott*, p. 16, 138, 153; Giles, *Students and National Socialism*, p. 293, 303n.
215 Eckhardt para REM, 26 abr. 1933, ZSTA REM Nr. 1475, Bl. 259.

Wolf do conselho do IMS, Besseler exprimiu ao ministro suas suspeitas sobre a promoção de Wolf a *Ordinarius*, em Berlim, por conta de seus estreitos laços com os emigrados[216]. Essa alegação desencadeou uma investigação, envolvendo o interrogatório de Max Seiffert e o da ex-esposa de Wolf[217]. Depois disso, o Ministério da Educação manteve olhos cerrados sobre Wolf, particularmente em suas atividades no exterior. Isso foi tão longe a ponto de ter sido repreendido pela publicação de um artigo numa edição do *The Musical Quarterly*, que trazia artigos de "emigrantes judeus e estrangeiros antialemães" (Kestenberg, Einstein, Paul Rosenfeld e Romain Rolland)[218].

Não obstante, Wolf continuou manifestando sua desaprovação ao regime. Um exemplo, de 1942, é seu texto – para a *Festschrift* (Publicação Comemorativa) sobre Peter Raabe – de sutil crítica dissimulada às medidas antissemitas. Por muito tempo Wolf publicou pouco e é surpreendente que tenha quebrado seu silêncio para homenagear Peter Raabe, musicólogo que nunca fora efetivamente considerado um acadêmico (enquanto sucessor de Strauss na presidência da Câmara de Música do Reich, Raabe devotou os últimos anos de sua vida à política musical do nacional-socialismo). Mas Wolf provavelmente viu na *Festschrift* sobre Raabe uma oportunidade para dar voz à sua insatisfação quanto aos efeitos da política racial do governo numa publicação de perfil altamente político. Seu ensaio reafirma, protocolarmente, a importância da música para a raça e o povo alemães, bem como a importância da pesquisa racial para a musicologia, mas ensanduicha entre essas declarações um breve resumo da atividade musicológica, que começa assim: "A musicologia, como outras disciplinas humanísticas, ainda não havia se recuperado completamente dos danos causados pela grande guerra quando, pela primeira vez, surgiu o dever de uma nova defesa, e o recrudescimento do sentimento racial levou à partida de pessoas que não eram facilmente substituíveis"[219]. Essa observação fugaz não pode

---

216 "Auszugsweise Abschrift eines Briefes von Besseler an Professor Weber-Berlin v. 16.10.35", BDC Wolf.
217 BDC Wolf.
218 REM para Wolf, 20 mar. 1940, BDC Wolf.
219 Cf. Wolf, "Musik und Musikwissenschaft, " em Morgenroth (ed.), *Von deutscher Tonkunst*, p. 39.

se referir senão à emigração forçada dos judeus em função do fanatismo racial.

O tipo de protesto praticado por Kurt Huber era muito diferente do de Wolf. Huber pertencia a uma geração que, de início, fora cativada pelo idealismo nacionalista do Partido Nazista e que só veio reconhecer a perversidade do regime muito tempo depois, quando a guerra parecia perdida. Em 1942, um pequeno grupo de estudantes que frequentava as aulas de filosofia de Huber aproximou-se dele para convencê-lo a colaborar com a distribuição dos panfletos subversivos. Huber colaborou em um desses textos e redigiu sozinho o sexto e último deles[220]. Conforme relatado no julgamento do Volksgerichtshof, Huber havia partilhado com os estudantes sua preocupação com o fato de a Alemanha do Norte estar propendendo ao bolchevismo, enquanto que a Alemanha do Sul parecia seguir na direção positiva da democracia. Opondo-se, inicialmente, à ideia de distribuir os panfletos, já que, a seu ver, não teriam um alcance de massa, Huber, afinal, acabou concordando em ajudar como redator desses folhetos que seriam espalhados pelo sul da Alemanha. Era apenas lá – sentiu ele – que suas ideias sobre uma forma mais democrática de governo teriam eco. Em sua defesa diante da corte nazista, Huber inutilmente sustentou que, nos dois panfletos que ajudou a fazer, escolheu negligenciar o que acreditava ser os sentimentos comunistas dos estudantes e, em sentido oposto, reforçar a necessidade para os estudantes em continuar a luta na Wehrmacht. Simplesmente Huber queria recolocar a nação em seu curso normal e sempre fora um oponente do comunismo[221].

O martírio de Huber se avulta como um dos poucos atos de coragem e convicção entre os musicólogos alemães e seu fim trágico tornou-se o ponto de partida para a assunção de que sua experiência com o regime nazista fora uma contenda incessante. Mas Huber gozava a reputação de ser um dos mais qualificados acadêmicos no Terceiro Reich. Besseler o distinguira como figura crucial no evento de Barcelona e como uma arma poderosa contra os acadêmicos judeus emigrados. Huber foi o primeiro diretor do Departamento de Música Folclórica do Instituto

---

220 Petry, op. cit., p. 153.
221 Volksgerichtshof Sch. 264, BDC Schmorell.

Estatal – avaliado como o melhor candidato tanto pelo Ministério da Educação (Weber) quanto pelo Instituto (Besseler)[222]. Não obstante, até os juízos mais autorizados sobre a Rosa Branca enfatizam, continuamente, os sentimentos antinazistas de Huber e explicam sua saída do Instituto como o resultado de intrigas, mesmo quando reconhecem que ele havia se filiado ao Partido Nazista alguns anos antes[223]. Outro quadro representa-o como um musicólogo "pouco conhecido" em Munique, descrevendo seus anos berlinenses como um "desastre":

a administração da universidade e a organização estudantil nazista esperavam que ele escrevesse canções marciais de sangue e terra baseadas na tradição folclórica. Huber se recusou a cooperar; ele era um cientista, não um propagandista. A situação se tornou tensa e quase insuportável. No final do ano, seu contrato não foi renovado e a família de Huber, mais premida pelas circunstâncias que nunca, retornou à sua existência espartana em Munique[224].

Inexiste qualquer evidência documental comprovando essas imagens de Huber como um adversário resoluto dos nazistas, ou como sua vítima, em Berlim. Antes, parece que Huber concordou em vir para Berlim se pudesse combinar sua posição no Instituto com um cargo de professor na Universidade. Para isso, solicitou uma transferência formal (*Umhabilitierung*)[225]. Porém, a universidade não tinha como recebê-lo, pois o Instituto de Psicologia, no qual estaria alocado, não possuía, no momento, nem diretor nem professor sênior, e ele teria de esperar até que essa vaga fosse preenchida[226]. Huber, provisoriamente, aceitou o emprego no Instituto por seis meses, obtendo uma licença da Universidade de Munique. Ele impressionou seus superiores no Instituto com seu trabalho, mas como a questão de sua transferência foi

---

[222] Von Staa in Amt V[olksbildung] para Amt W[issenschaft] in Education Ministry, 5 mar. 1937, ZStA REM Nr. H663, Bl. 38; "Vermerk", 19 mar. [1937], Bl. 39.
[223] Petry, op. cit., p. 44-47.
[224] Dumbach; Newborn, *Shattering the German Night*, p. 114. Eu chamei a atenção dos autores para algumas imprecisões.
[225] Von Staa in Amt V[olksbildung] para Am W[issenschaft] in Education Ministry, 5 mar. 1937, ZStA REM Nr. H663, Bl. 38.
[226] Philosophische Fakultät (Universidade de Berlim) para REM, 21 maio 1937, ZStA REM Nr. H663, Bl. 41.

sendo repetidamente protelada[227], queixa-se ao Ministério da Educação dizendo que se a situação não fosse remediada teria de partir, pois sustentar uma residência em Munique e outra em Berlim era um esforço financeiro desmedido[228]. O Ministério negou a afirmação de Huber de que a transferência de Universidade havia sido uma pré-condição para sua atividade no Instituto, ou que lhe houvesse sido, em algum momento, prometida[229].

Huber não foi assediado em Berlim; antes deixou o Instituto e retornou ao seu antigo posto voluntariamente, como demonstrado pelo memorando do dia 30 de agosto de 1938, enviado pelo Ministério da Educação ao Instituto[230]. Em seu retorno para Munique, requereu ajuda da Universidade, mas a Philosophische Fakultät não estava propensa a socorrê-lo, posta sua "aventura berlinense". O Partido, entretanto, intercedeu, solicitando ao reitor que encontrasse os meios para assistir Huber e sua família[231]. Um ano após seu retorno, Walther Wüst, decano da Philosophische Falkultät e oficial do alto escalão da divisão de cultura da ss, escreveu uma recomendação altamente elogiosa à promoção de Huber, que mencionava sua assistência às organizações do Partido nos assuntos relativos à prática da música folclórica, bem como sua ansiedade em se unir ao Partido, descartando qualquer dúvida acerca de sua lealdade política[232]. Huber filiou-se ao Partido Nazista em 1940[233].

Depois de se investigar a experiência pessoal de Huber que culminou em sua execução, surge uma imagem muito mais

---

227 Amt V[olksbildung] para Amt W[issenschaft], 17 ago. 1937, ZSTA REM Nr. H663, Bl. 42.
228 Frey para Miederer, 7 fev. 1938, ZSTA REM Nr. H663, Bl. 47-48.
229 Miederer para Frey, 24 fev. 1938, ZSTA REM Nr. H663, Bl. 47 verso.
230 "Após consultar o secretário do meu Ministério, o dr. Miederer, o professor Huber decidiu deixar o Instituto Estatal em 1º de outubro de 1938". Zschintzsch (REM) para Institut, 30 ago. 1938, ZSTA REM Nr. H663, Bl. 55-56.
231 Sachse (NSDAP-Reichsleitung, Hauptamt für Volkswohlfahrt) para Broemser (Reitor, Universidade de Munique), 27 jul. 1939, UAM PA Huber.
232 "O parecer político sobre Huber chegou à conclusão de que seu lugar face ao novo Estado não foi totalmente claro durante certo tempo, mas a atitude nacional não foi nunca questionada... É preciso reconhecer que Huber desde 1934 se colocou à disposição do Partido no contexto de seu trabalho com a música popular...", Wüst para reitor, 10 out. 1939, ZSTA REM Nr. H663, Bl. 60 e UAM PA Huber.
233 Volksgerichtshof Sch. 264, BDC Schmorell.

tridimensional e humana que aqueles retratos que querem apresentá-lo como um antigo oponente do nacional-socialismo e um paradigma de resistência. Como muitos de seus colegas, Huber não teve motivos para protestar durante a maior parte do regime nazista. Um nacionalista alemão empenhado, um membro do Partido do Povo Bávaro antes de 1933, um respeitado especialista em música folclórica que reconhecia a utilidade dos mecanismos raciais, Huber fora encorajado pelo firme compromisso que o novo regime assumiu de preservar a cultura folclórica, fortalecer a identidade nacional, promover a prática musical em todos os níveis e oferecer um bastião contra o comunismo. Huber se engajou na Rosa Branca somente após ouvir relatos de atrocidades no país e em territórios ocupados, e perceber o comprometimento entre os ideais nacionalistas e o sacrifício do povo e cultura alemães numa guerra sangrenta que não poderia ser vitoriosa[234].

Vistas desse ângulo, as razões de Huber para protestar contra o regime nazista parecem um pouco mais próximas do nacionalismo idealista prevalecente entre os intelectuais e particularmente entre os musicólogos. O regime nazista mostrou-se compromissado em fazer bom uso de muitas daquelas atividades que os musicólogos estavam perseguindo por necessidade. O nazismo valorizou seu duplo papel de acadêmicos e músicos práticos, sua concentração recente na pesquisa da história da música alemã e sua preocupação com a educação musical, com as atividades jovens e com o cultivo da música folclórica. A musicologia podia, então, ser usada para promover o orgulho nacional e as ideias de superioridade alemã. O regime podia olhar para a musicologia como um parceiro valioso e os musicólogos podiam encontrar uma causa comum com a agenda cultural do nazismo e assim direcionar suas pesquisas e currículos para as questões nacionalistas e contemporâneas. Quando os nazistas desmantelaram a estrutura de poder universitário, a musicologia teve um ganho em estatura dentro da academia e os benefícios dos musicólogos se estenderam para além dos confins da universidade.

---

234 Cf., por exemplo, a descrição da viúva de Huber sobre a desilução dele em 1942, em Huber (ed.), *Kurt Huber zum Gedächtnis*, p. 15-16.

A saga da capitulação das universidades face ao programa nazista começa com o arquiconservadorismo dos professores durante a República de Weimar e culmina nas táticas terroristas dos estudantes, que instigariam eventos tais como a cerimônia da queima de livros em Berlim. O fracasso dos professores em resistir frente às reformas nazistas parece incompatível com a sua severa recusa em deixar que o governo de Weimar violasse sua autonomia. Porém, essa passividade podia ser explicada como uma combinação de medo, inspirado pelos eventos recentes nos *campi*, com a falsa ideia de que os estudantes nazistas tinham o apoio dos altos escalões[235]. Também podia ser explicada pelo antissemitismo latente dos acadêmicos, e pela atração sincera pelo programa nazista, bem como pela rapidez ousada com que as autoridades nazistas se infiltraram e reestruturaram todo o sistema da educação superior[236]. Seja como for, as ações intrépidas da Rosa Branca foram, de um modo geral, incapazes de abalar o conservadorismo dos *campi* universitários. Quando a execução de Huber e dos estudantes foi anunciada, os estudantes de Munique deram vivas ao porteiro da universidade que os havia capturado. Atos similares de protesto na Universidade de Hamburgo levaram à prisão, julgamento e execução de três estudantes, mas nenhum ato planejado de sabotagem foi levado a termo em virtude da falta de cooperação[237].

---

[235] Sou muito grata ao professor Klaus Schwabe (Aachen) por compartilhar essa observação comigo.
[236] Sou muito grata ao professor Peter Fritzsche (Illinois) e a seus alunos de graduação por me fornecerem esses vislumbres.
[237] Giles, *Students and National Socialism in Germany*, p. 299-305.

5. Novas Oportunidades Fora da Universidade, 1933-1945

A Primeira Guerra e suas consequências funestas modificaram drasticamente a trajetória profissional de toda uma geração de musicólogos. A interrupção dos estudos, a luta pela sobrevivência em pequenos biscates e a escassez de vagas acadêmicas lançaram um número significativo de musicólogos a ocupações de pouco prestígio. Muitos dos problemas enfrentados pelos veteranos de guerra e seus colegas mais jovens encontraram solução após a ascensão de Hitler ao poder. O governo e o Partido desenvolveram maneiras criativas para engajar os musicólogos em projetos que bem se enquadravam nos objetivos ideológicos e sociais mais amplos do nazismo, aliviando o fardo do desemprego acadêmico e conquistando o apoio fervoroso dos grupos sociais mais duramente afetados pela Primeira Guerra. As organizações de Heinrich Himmler e de Alfred Rosenberg foram especialmente pródigas ao criar oportunidades de pesquisa e publicação, envolvendo os musicólogos em projetos educacionais de grande escala e alistando seus préstimos na pilhagem de tesouros musicológicos em territórios ocupados. A cooperação entre as múltiplas agências do governo e do Partido que financiavam os empreendimentos musicológicos era exceção; de modo geral, prevalecia o cruzamento de propósitos e objetivos.

As razões que levavam os musicólogos a desejarem servir ao Estado e ao Partido variavam. Os veteranos de guerra, postos os traumas pelas experiências de interrupção dos estudos, de dificuldades econômicas e de estreitos limites dos horizontes profissionais, gravitavam em torno das oportunidades extra-acadêmicas como uma salvaguarda. Os grupos mais jovens – aqueles nascidos muito tarde para servirem na Primeira Guerra – perseguiam essas oportunidades com muito mais convicção ideológica e pragmatismo, pois tinham adquirido boa parte de sua educação sob o regime de Hitler, vendo na prestação de serviço para o Estado uma chance de obter experiência e assegurar uma beirada estratégica no mercado das vagas acadêmicas. A expansão do Reich rumo ao leste prometia criar mais oportunidades para os musicólogos controlarem a política e a educação musical, esferas de influência já bem conhecidas por eles em casa. Em todos esses empreendimentos, os musicólogos mostravam uma seriedade em difundir a cultura alemã que superava muito a determinação de acadêmicos de outros campos.

A SITUAÇÃO DO EMPREGO PARA MUSICÓLOGOS APÓS A PRIMEIRA GUERRA MUNDIAL

Em sua primeira proposta para a DMG, Abert referia que a necessidade de facilitar o reingresso dos acadêmicos retornados da guerra era um dos problemas mais graves da profissão[1]. Se a Primeira Guerra havia causado inconvenientes para acadêmicos já firmados, na medida em que os havia isolado de seus colegas e cortado seu acesso a arquivos estrangeiros, os obstáculos tinham sido muito maiores para aqueles que iniciavam a carreira. O recrutamento militar havia desestruturado os estudos e, com o fim da guerra, um fluxo contínuo de estudantes e de musicólogos em situação de empregabilidade retornaria de uma só vez para casa. Aqueles que esperavam completar seus estudos tiveram de encarar os obstáculos criados por certas

---

1 "Aufruf zur Gründung der Deutschen Musikgesellschaft", 1 dez. [1917] *Sandberger Papers* (BSB).

políticas de Weimar, que dificultavam a conclusão das dissertações[2]. O período pós-guerra trouxe consigo a necessidade inédita de os estudantes sustentarem a si próprios com trabalhos não acadêmicos, de modo que muitos tiveram de recorrer a todo tipo de trabalho manual durante a hiperinflação de 1922-1923[3]. Besseler, por exemplo, aos 23 anos de idade teve de sobreviver como crítico de música até conseguir uma vaga acadêmica, primeiro como assistente, depois como *Privatdozent*[4].

Com diploma nas mãos, esse grupo acreditava que sua busca por um emprego permanente não podia se limitar aos horizontes da academia, descobrindo, algumas vezes, que eram hiperqualificados para a maioria dos empregos não acadêmicos oferecidos. Aqueles com treinamento em acústica buscavam emprego em rádio, estúdio de gravação, filmes ou em qualquer área onde tal habilidade pudesse ser aproveitada[5]; outros, porém, começaram a considerar um doutorado em musicologia algo desvantajoso, especialmente para os campos da crítica musical e da dramaturgia operística[6]. Tradicionalmente, os

2   Em 1920, o Ministério Prussiano para a Ciência, Arte e Educação Pública deixou de requerer que as teses de doutorado fossem publicadas, de modo que muitos estudantes se descobriram gastando seu tempo num trabalho acadêmico somente para aprender aquilo que já tinha sido feito (Einstein, "Mitteilungen der Deutschen Musikgesellschaft", *ZfMw*, n. 4, 1921-1922, p. 254). Em 1925, o Ministério recuou da decisão de 1920 e requereu a publicação novamente, abrindo exceção apenas para aqueles alunos que demonstrassem viver numa situação de extrema precariedade financeira ("Mitteilungen", *ZfMw*, n. 7, 1924-1925, p. 445), mas a maioria dos estudantes se achava vivendo em circunstâncias restritas e os veículos para publicação de teses se tornavam cada vez mais escassos. Por algum tempo, o Instituto de Bückeburg publicou algumas tese de *Habilitation*, mas muitos editores, vendo-se diante de dificuldades financeiras, requeriam auxílio para publicar as teses que os jovens estudantes eram incapazes de financiar (Bücken para Sandberger, 21 maio 1921, *Sandberger Papers* [BSB]). As dificuldades financeiras da série *Publikationen älterer Musik*, do DMG (fundado em 1925 durante uma conferência em Leipizg, sob a direção do Departamento para Publicação de Música Antiga, de Theodor Kroyer), ameaçou cancelar a outra opção de publicação para as teses de *Habilitation* ("Mitteilungen der Deutschen Musikgesellschaft", *ZfMw*, n. 13, 1930-1931, p. 504-505).
3   Feldman, *The Great Disorder*, p. 547-548.
4   Besseler, "Lebensbeschreibung", 26 jul. 1945, UAH PA Besseler.
5   Wilhelm Trittenhoff [sic; às vezes, seu nome aparece como Twittenhoff], "Der Student der Musikwissenschaften", *DTZ*, n. 29, 1931, p. 107.
6   Em resposta à proposta de formar um organismo central para estágios profissionais em musicologia, Hans Engel cinicamente retorquiu que faria mais sentido criar um organismo que desencorajasse os estudantes a fazer da ▶

musicólogos trabalhavam em meio período como críticos em jornais, mas atuar nesse ramo em tempo integral apresentava certas complicações do ponto de vista profissional. Em primeiro lugar, certa vertente musicológica já consolidada desdenhava essa atividade. Alguns acadêmicos antigos, como Abert, haviam denunciado a profissão como indigna para os musicólogos[7]. Alguns colegas mais jovens ecoavam sua indignação, engajando-se no ofício a contragosto, considerando a sujeição à imprensa para o emprego um escárnio às "ciências liberais", donde haviam emergido[8].

Outro problema da crítica musical era a ausência de um controle de qualidade: qualquer um podia ser crítico, razão pela qual aqueles musicólogos que devotavam a maior parte de seu tempo à crítica passaram a se sentir cada vez mais ameaçados por rivais sem treinamento especializado. Na tentativa de limitar a crítica musical aos musicólogos de formação e expulsar os diletantes, acadêmicos e educadores propuseram padrões de qualidade rigorosos. Hugo Leichtentritt, musicólogo fundamentalmente ativo como crítico, defendia a ideia de que o doutorado em musicologia era a condição mínima para um exercício competente da crítica musical "científica"[9]. Schering também advogava os benefícios da qualificação musicológica, considerando-a pré-requisito para que o caos do fim do século XIX – período em que a crítica musical havia sido invadida e ocupada por diletantes – fosse superado[10].

No entanto, prevalecia entre os jovens musicólogos o desejo de ocupar uma posição na academia, tal como seus professores fizeram. Theodor Kroyer recebeu numerosos pedidos de ajuda de ex-alunos interessados em obter uma vaga acadêmica nos anos que se seguiram ao período da hiperinflação, todos eles expressando a frustração em não poder realizar um sonho. Theodor Werner se lamentava: "Como todos aqueles que ainda podiam

▷ musicologia sua primeira opção profissional. Rasch, "Musikwissenschaft und Beruf: Ein Versuch zu einem organisatorischen Abriss", zfMW, n. 15, 1933, p. 67-69; Hans Engel, "Miszellen", zfMW, n. 15, 1933, p. 275.
7 Abert, "Kunst, Kunstwissenschaft, und Kunstkritik", p. 8-10.
8 Trittenhoff, "Student der Musikwissenschaften", p. 107-108.
9 Leichtentritt, "Vom Wesen der Kritik", DMJb, n. 1, 1924, p. 46 e 49.
10 Schering, "Aus der Geschichte der musikalischen Kritik in Deutschland", JbMP, n. 35, 1928, p. 23.

ganhar seu sustento em 1919, hoje não passo de um pobre diabo, vivendo misericordiosamente da atividade jornalística, que tanto me absorve, e de um emprego satisfatório num conservatório, mas anseio (talvez tolamente) a universidade"[11]. Um apelo semelhante veio de Alfred Einstein, forçado a trabalhar em editoras durante a inflação, mas sonhando com a academia:

> Estou agora no sexto ano dessa escravidão. Nas minhas horas mais produtivas do dia, desperdiço meu tempo com assuntos editoriais que não me interessam nada e que me privam daquilo que realmente me é importante; não tem valor toda essa minha ocupação ... preciso escapar dessas condições ... Por favor, diga-me se acha que tenho alguma perspectiva [na Universidade de Heidelberg], e já que você conhece a situação de lá muito bem, indique-me por favor os passos que devo tomar para me aproximar do Departamento e do Ministério da Educação[12].

Quando um veterano tinha bastante sorte para assegurar uma vaga acadêmica, as universidades tinham de lhe fazer concessões especiais, dado terem sido forçados a interromper seus estudos e, consequentemente, estarem ingressando na profissão em idade mais avançada. Em 1925, a Universidade de Königsberg autorizou a promoção de Müller-Blattau antes do habitual período de seis anos posteriores à *Habilitation*[13]; e, em 1923, Friedrich Blume pediu à Universidade de Leipzig uma confirmação por escrito acerca de sua intenção de concluir o curso em 1915, antes de ter sido recrutado, na esperança de, assim, alçar-se a um posto mais elevado na academia. Ele acrescentou: "vocês certamente entenderão que, na atual situação econômica, é preciso lutar por estabelecer qualquer vantagem que se apresente, na tentativa de recuperar ao menos parte dos anos perdidos durante a guerra"[14]. Embora muitas dessas pessoas se conduzissem por uma carreira acadêmica de qualidade, jamais se esqueceriam daqueles anos de insegurança, e, no futuro, estariam propensas a maximizar suas chances de sobrevivência profissional através de atividades dentro e fora da universidade.

---

11 Werner para Kroyer, 7 maio 1923, documentos de Kroyer.
12 Einstein para Kroyer, 12 maio 1927, pasta 568A, documentos de Eistein.
13 Decano para REM, 7 jul. 1925, UAF PA Müller-Blattau.
14 Blume para Philosophische Fakultät, 26 abr. 1923, UAL Phil. Fak. Promotionsakte (Arquivo de doutorado) 1350.

NOVAS OPORTUNIDADES NO ESTADO NAZISTA

No primeiro ano de dominação nazista, as perspectivas de reforma alimentaram esperanças. Jovens acadêmicos, encorajados pelas promessas da Nachwuchsförderung, andavam cheios de sugestões de como o Estado poderia aproveitar suas habilidades. Em 1933, um jovem chamado Heinrich Husmann recomendou a criação de uma agência central, administrada por jovens musicólogos, que usariam seus conhecimentos acadêmicos para orientar organizações voltadas para a educação de adultos sobre como montar bons programas de concertos[15]. Em seu relato de 1935, sobre um estudo empreendido pela União dos Estudantes Alemães da Universidade de Berlim, Siegfried Goslich principiou com uma frase de Hitler e depois declarou: "uma vez que a ideologia nacional-socialista penetrou totalmente na vida do nosso povo, irrompeu na geração mais jovem de musicólogos o sentimento de que é um dever entrar em sintonia com a nova situação". O grupo sugeria que, entre as novas carreiras de musicólogos, fosse criado o posto de "Musikführer" nas organizações nacional-socialistas, bem como empregos nas áreas de dramaturgia, jornalismo, rádio e filme. O grupo também elaborou um plano para coordenar o trabalho obrigatório para estudantes (*Arbeitsdienst*) e o serviço na SA com os estudos, demonstrando a intenção do corpo estudantil em alcançar uma síntese "entre formação artística, maturidade científica e o sentimento de um vínculo incondicional com o povo e a pátria"[16].

Fellerer propôs sugestões adicionais, como a criação do "Musikkonservator", para supervisionar a preservação de tesouros musicais no âmbito regional; a expansão das oportunidades de ensino para além da universidade, em conformidade com o novo sistema de educação musical; a atividade em teatros, as agências de concerto, as rádios, as indústrias fonográfica e editorial, a venda de instrumentos e músicas; e a realização de treinamento em áreas específicas para atender a setores como

---

15 Husmann, "Musikkultur und Volksbildungswesen", *AMZ*, n. 60, 1933, p. 309-310.
16 Goslich, "Studium und Beruf des jungen Musikwissenschaftlers", *Mk*, n. 27, 1935, p. 283 e 285.

tecnologia de rádio, música mecânica, gravação e construção de instrumentos. Segundo Fellerer, se a musicologia quisesse se "vincular ao povo" deveria atar-se às áreas práticas, não as deixando entregues a diletantes[17]. Também eram abundantes as propostas mais abstratas, como a criação da inventada profissão de "político musical", ou "legislador", pensada para um indivíduo com conhecimentos de música e história em nível universitário e qualificações em "música, pesquisa, movimento nacional-socialista e administração"[18]. Em outras palavras, uma espécie de posto governamental feito sob encomenda para musicólogos treinados.

A profissionalização da crítica musical continuou a justificar reflexões sérias, mas a ideia anterior de restringir sua prática aos musicólogos de formação foi, aos poucos, superada. Nove meses depois da ascensão nazista, Erich Valentin (nascido em 1906, *Lektor* em Magdeburg e no Mozarteum, em Salzburg) chamou a atenção dos nazistas para a importância da crítica, citando a força-tarefa dos Críticos de Música Alemães (Arbeitsgemeinschaft deutscher Musikkritiker), criada pela Kampfbund für deutsche Kultur (Liga de Combate pela Cultura Alemã). Para impor um controle de qualidade e fazer da crítica musical uma profissão reconhecida[19], propôs que fosse criado, no conservatório, um curso regular de crítica musical subsidiado pelo Estado. A Kampfbund, fundada por Alfred Rosenberg em 1929, era um grupo elitista formado por artistas e intelectuais que haviam abraçado o ideal de uma cultura alemã pura para a nação alemã. Disputando com Goebbels o controle dos assuntos culturais nos primeiros anos do Terceiro Reich, a Kampfbund, mais do que a maioria das outras organizações nazistas, almejava estabelecer critérios e meios estéticos para purificar a cultura alemã.

O problema da corrupção e do diletantismo na crítica musical parecia tender à obsolescência após Joseph Goebbels,

---

17 Fellerer, "Praktische Musikwissenschaft", *ZfM*, n. 103, 1936, p. 27-31. Ver também o seu "Entrümpelung und Musikwissenschaft", *Mk*, n. 30, 1937, p. 100-101; e "Historische und systematische Musikwissenschaft", *Mk*, n. 29, 1937, p. 340-343.
18 Brand, "Musikdezernent oder Musikpolitiker?", *Mk*, n. 30, 1937, p. 102.
19 Valentin, "Existenzfragen der Berufskritik: Ein Vorschlag zur Neuorganisation des deutschen Musiklebens", *ZfM*, n. 100, 1933, p. 1022-1024.

ministro da propaganda nazista, ter formalmente abolido toda crítica de arte em novembro de 1936, substituindo-a pela reportagem objetiva, ou "observação da arte" (*Kunstbetrachtung*). As razões e efeitos da *Kritikverbot* (veto à crítica) não foram ainda plenamente compreendidos[20], mas é evidente que a proibição ministerial foi raramente aplicada. Formulada de modo demasiado vaga, a medida estipulava que os autores exercessem a autocensura, e restringia-se exclusivamente aos jornais, não às revistas especializadas[21]. As aparentes restrições à crítica eram tão evasivas que Valentin não julgou impróprio propor seu "Seminário de crítica musical", em 1937, como fizera em 1933, sublinhando que uma crítica musical de alto nível cumpriria a nobre finalidade de trabalhar pela "arte e pela cultura do povo"[22]. Gerigk expressou seu desapontamento com a *Kritikverbot*, pois as revistas "burguesas" não haviam aderido ao veto, ao passo que as revistas "nacional-socialistas" que o seguiam estavam amordaçadas e privadas da chance de contra-atacar[23]. Uma tese doutoral de 1942, coorientada pelo musicólogo Rudolf Ficker, avaliava que a proibição só começara a vingar lentamente e de modo esporádico, tendo causado muita confusão em relação à função do assim chamado "observador musical" (*Musikbetrachter*)[24]. Seja como for, a crítica musical nunca se tornou domínio exclusivo de musicólogos e as alternativas

---

20 Coerente com o retrato que apresenta de Goebbles – como um protetor dos artistas –, Steinweis me sugeriu que o *Kritikverbot* pode ter sido mais uma medida para proteger o profissional treinado dos amadores, eliminando, nesse caso, os ataques jornalísticos.

21 Prieberg propôs que os efeitos do veto foram extremamente exagerados depois de 1945 e Lovisa segue essa suposição, afirmando que a maioria dos jornais já havia "censurado" a si mesmo antes que o veto entrasse em vigor e ressaltando o simbolismo antissemita da medida. (Prieberg, *Musik im NS-Staat*, p. 284-285; Lovisa, *Musikkritik im Nationalsozialismus*, p. 197-207). Ao que parece, a medida foi amplamente simbólica, mencionada em conjunto com as injustiças contra os músicos "verdadeiramente alemães" do passado que doravante deixariam de destruir carreiras e de fazer referências óbvias à eliminação dos críticos "parasitas" (judeus), que vitimavam os alemães e manipulavam a opinião pública. Cf., por exemplo, Gilliam, "The Annexation of Anton Bruckner", *Musical Quarterly*, n. 78, p. 592-593, 607.

22 Valentin, "Seminar für Musikkritik", *ZfM*, n. 104, 1937, p. 280-284.

23 Gerigk, "Die Musik im Jahre 1938", BA NS 15/99.

24 Paschen-Friedrich von Flotow, "Die Entwicklung der Musikberichterstattung in den 'Münchner Neuesten Nachrichten' nach dem Weltkrieg bis zum Jahre 1939", p. 53-57, resumido e citado em Wulf, *Musik im Dritten Reich*, p. 186-188.

no campo jornalístico eram limitadas: podia-se escrever programas de concerto, mas aqui também era preferível um estilo menos científico, sobretudo porque os programas de assinatura da Kraft durch Freude pela primeira vez traziam às casas de concerto um público leigo, de sorte que os programas tinham de conhecer suas necessidades[25].

Muitas outras opções de trabalho nasceram com a criação de novas instalações estatais e com partidários aptos a acolher os serviços dos especialistas em musicologia. A expansão do Instituto Estatal foi apenas um dos vários empreendimentos que, juntamente com as oportunidades dentro do Ministério da Propaganda, da SS e do Bureau Rosenberg, ampliou a aplicação potencial da educação musicológica.

Decerto, a criação do Ministério da Propaganda e, em especial, da Câmara de Música do Reich foi vista pelos musicólogos como um avanço administrativo. Isso era um indicativo claro de que o Estado estava preparado para levar a sério as questões culturais, particularmente a regulamentação das profissões artísticas e a eliminação da competição amadora. Alfred Morgenroth, consultor musicológico da Câmara de Música do Reich, respondeu prontamente às sugestões da União dos Estudantes, elencando empregos que a câmara podia prover aos formados em musicologia e apoiando um exame público que qualificaria os estudantes para carreiras adicionais[26]. Como complemento à Câmara de Música, o Ministério da Propaganda mantinha seu próprio Departamento de Música, chefiado por Heinz Drewes, por intermédio do qual Goebbels patrocinou uma série de projetos de publicação na área de musicologia: uma edição das obras completas de Bruckner e outra das obras completas de Gluck, além de uma coletânea, em vários volumes, de canções folclóricas[27]. Esse gabinete comissionou (mas não publicou) uma coletânea de ensaios de musicologia histórica, editada por Moser, que incluía contribuições de Fellerer e Engel, os quais, por volta de 1944, utilizariam evidências

25 Otto, "Programmzettel, wie wir sie wünschen!", AMZ, n. 63, 1936, p. 163-164.
26 Relatado em Petzoldt, "Heutige Berufsziele der Musikwissenschaftler", AMZ, n. 63, 1936, p. 467-468.
27 "Auszug aus dem Schreiben von Dr. Alfred Orel vom 28.12.1938", pasta 121, UNL; Albrecht (Staatliches Institut) para REM, 17 jun. 1944, BA R 21/11058; e BA NS 21/220.

históricas para demonstrar a longa presença musical alemã em regiões anexadas ou sob a ocupação alemã[28]. O Ministério da Propaganda também patrocinava turnês de conferências didáticas, especialmente com acadêmicos sêniores: Sandberger, por duas vezes, recebeu um auxílio para promover palestras-concerto sobre sua descoberta de novas obras de Haydn, e Schering foi convidado para fazer quatro programas de rádio, em Stockholm, acerca de suas mais recentes pesquisas sobre Beethoven[29].

Moser conseguiu um cargo em tempo integral no Ministério da Propaganda por intermédio de Drewes, que o designou para assumir o Reichsstelle für Musikbearbeitungen (Departamento do Reich para Assuntos Musicais). Criado em 1940 por ordem de Hitler (*Führerauftrag*), sua finalidade era reabastecer o então encolhido repertório de óperas e concertos[30]. A proibição de obras de autores judeus e estrangeiros havia reduzido o provimento de repertório disponível, do mesmo modo que a multiplicação de estabelecimentos musicais "alemães", resultantes da expansão militar, originou uma demanda por repertório alemão aceitável. A Reichsstelle comissionava novas obras, especialmente operetas, e o rearranjo de composições antigas, a fim de adequá-las aos novos tempos. Em 1943, esse órgão comissionou a revisão de libretos de operetas cujo cenário era a Polônia, que foram transpostos para a Alemanha ou locais ocupados pelos alemães. Outros planos incluíam adaptações de oratórios de Haendel, tidas como indesejáveis devido aos temas do Velho Testamento, e de cantatas de Bach, avaliadas como "intoleráveis" (*unleidlich*) devido ao teor pietista dos textos[31]. De início, Drewes designou Moser como secretário geral, promovendo-o, em seguida, a diretor, com acréscimo salarial

---

28 Essa coleção, nunca publicada, consta dos *Moser Papers*, com o título provisório "Die Deutsche Musik und ihre Nachbarn". O documento é descrito em detalhes em Potter, "Musicology under Hitler".
29 Drewes para Sandberger, 15 mar. 1938, *Sandberger Papers* (BSB); carta de 5 set. 1938, UAB PA Schering.
30 Moser, "Von der Tätigkeit der Reichsstelle für Musikbearbeitungen", em von Hase, *Jahrbuch der deutschen Musik: 1943*, p. 78-82; Drewes, "Die Reichsstelle für Musikbearbeitungen", AMZ, n. 70, 1943, p. 25-27.
31 Moser, "Von der Tätigkeit", em Von Hase, op. cit., p. 80 e 82.

de 33% em reconhecimento ao seu trabalho marcante e também em virtude do interesse pessoal de Hitler nesse projeto[32].

O Ministério da Propaganda selecionou outros musicólogos como consultores em meio período. Georg Schünemann, diretor da divisão de música da Biblioteca do Estado e *Extraordinarius* em Berlim desde 1939, trabalhou como diretor do Instituto de Música Alemã para Estrangeiros sob a égide do Ministério da Propaganda[33]. Gotthold Frotscher ocupou vários cargos de consultoria ao longo de sua estada na Faculdade de Musicologia de Berlim, tais como musicólogo-consultor do Gabinete Central de Cultura do Ministério da Propaganda e consultor musical da Liderança Jovem do Reich[34]. Siegfried Goslich foi consultor de música folclórica da Câmara de Música do Reich[35], porém foi mais ativo como consultor musical na Deutsches Volksbildungswerk, vinculada à DAF. Prestou conta das atividades da divisão em ambas as edições do *Musik im Volk* de Stumme e editou um manual substancial para professores, *Musikalische Volksbildung*, a cargo da Volksbildungswerk.

O Ministério da Educação, inicialmente, foi um patrono mais solícito aos musicólogos do que o Ministério da Propaganda, estando à frente da transformação do Instituto de Bückeburg e garantindo apoio à DGMW antes do Reichsmusiktage, em 1938. Com o passar dos anos, porém, seu interesse mostrou-se hesitante. Schiedermair tinha asseguradas, de Rust, promessas vagas de patrocínio quando aquele dissolveu e refundou a DGMW, em 1938. Daí em diante, porém, a sociedade apenas definhou, até finalmente deixar de existir em 1941. Rust estava mais interessado no Instituto Estatal, nos departamentos universitários e em outros centros independentes de pesquisa. No entanto, com os desdobramentos da guerra, ele retirou seu apoio até do Instituto, deixando-o entregue às

---

32 "Além disso, parece-me extremamente justa a promoção [de Moser], uma vez que se trata do cumprimento de um decreto do Führer que será acompanhado pelo Fürher pessoalmente com grande interesse". Drewes para a divisão de pessoal, 7 mar. 1942; e Leiter M [Drewes] para Abteilung H (do Ministério da Propaganda), 10 set. 1942, BA R 55/240.
33 Schünemann para Decano, 7 jul. 1938, UAB PA Schünemann.
34 Stumme (ed.), *Musik im Volk*, 2. ed., e BDC Frotscher.
35 "Anlage 3: Beispiele unvollkommener kulturpolitischer und weltanschaulicher Führung…" 2, BA NS 15/189.

disputas de interesses, e considerou descentralizá-lo ou dissolvê-lo, no futuro. Em termos de variedade de oportunidades e recrutamento em grande escala de musicólogos para projetos e tarefas, a ss de Himmler e a organização cultural de Rosenberg provaram ser as mais interessadas em tomar os serviços dos profissionais da musicologia para seus objetivos.

A MUSICOLOGIA NA SS-AHNENERBE

De um modo geral, a sigla ss vem usualmente associada a campos de concentração, a terror policial e ao genocídio orquestrado com cruel eficiência pelo autoritário Heinrich Himmler. Entretanto, a ss era mais do que uma organização policial. Muitos historiadores julgaram pertinente usar o termo "Estado ss" para expressar a complexidade dessa organização como um estado dentro de um Estado, imune aos sistemas legal e jurídico do Reich[36]. A ss foi criada com o duplo propósito de cultivar uma classe de líderes nazistas e exterminar aqueles designados como inferiores racial e biologicamente, bem como os politicamente recalcitrantes. Criada em 1929 para ser a guarda policial de Hitler, a ss, em seus primeiros anos, visava recrutar membros da aristocracia e da *intelligentsia* que estivessem em condições de rastrear a pureza de sua linhagem alemã até 1750. Os membros da ss davam-se ares de prestígio, mas a organização, igualmente, aceitava indivíduos de classes inferiores que estivessem dispostos e ávidos a investir contra seus oponentes.

Em 1934, Himmler lucrou com o expurgo dos principais líderes da sa e assumiu muitas de suas funções policiais e das táticas de terror. Depois disso, a ss cresceu em poder e número, mudando dramaticamente: Himmler consolidou seu poder através de uma rede complexa de inteligência, conhecida como Serviço de Segurança (Sicherheitsdienst, ou sd); e, em 1936, a ss assumiu todas as divisões policiais (com exceção de serviços relativos a incêndio, tráfego e condições sanitárias), consolidando-as dentro da polícia secreta (Gestapo) e divisões correlacionadas. Ela continuou a expandir seu corpo

---

[36] Bracher, *The German Dictatorship*, p. 351-352.

NOVAS OPORTUNIDADES FORA DA UNIVERSIDADE, 1933-1945   219

das guardas ss, transformando-o num vasto exército de tropas especiais, que, por fim, exerceria controle total sobre os campos de concentração[37].

À medida que crescia e mudava de caráter, a ss persistia em sua obsessão de cultivar uma elite nazista, impondo seu próprio padrão físico, mental e ideológico sobre seus membros, e desenvolvendo sua própria ciência, educação e semirreligião. Himmler há tempos tomava-se como historiador, assumindo com muito fervor o projeto de promover um saber abrangente sobre a pré-história germânica. Ele partilhava esse interesse com o ideólogo da mitologia do "sangue e solo" e da política agrária nazista, Richard Walther Darré. Juntos, deram suporte ao historiador amador Herman Wirth para a formação da Deutsches Ahnenerbe (Herança Ancestral Alemã), em 1935. Essa organização deveria ser uma sociedade "científica" dedicada ao estudo da história da raça germânica, estava ligada ao gabinete da ss Raça e Assentamento (Rasse- und Siedlungshauptamt) e era largamente financiada pelo gabinete agrícola de Darré[38]. O Gabinete Raça e Assentamento tinha como foco as questões práticas e teóricas relativas ao assentamento de étnico-alemães, outrora discriminados dentro do Reich[39].

Muitos dos ativistas da Ahnenerbe eram chamados a integrar a ss e o Gabinete Raça e Assentamento em vários níveis[40], como no caso dos dois musicólogos mais ativos da organização – Fritz Bose e Alfred Quellmalz[41]. Buscando um padrão científico mais elevado, Himmler acabaria se desfazendo de seus cofundadores Darré e Wirth, trazendo a Ahnenerbe para dentro de sua equipe pessoal, cercando-se, assim, dos intelectuais mais legítimos (por exemplo, do folclorista Joseph Otto Plassmann e do professor de Munique altamente reputado, Walther Wüst, a quem Himmler nomearia presidente) e encarregando um funcionário da ss, Wolfram Sievers, das tarefas

---

37 Kogon, *Der ss-Staat*, cap. 2.
38 Kater, *Das "Ahnenerbe" der ss*, p. 17-37.
39 Koehl, RKFDV, p. 28.
40 Kater, op. cit., p. 66.
41 Questionário sobre as filiações do Partido Nazista, assinado em 27 abr. 1939, UAB PA Bose; ficha de inscrição para RUSHA, assinado em 11 jan. 1942, BDC Quellmalz.

administrativas[42]. Ao transferir a Ahnenerbe do Gabinete Raça e Assentamento, Himmler também trouxe com ela a maior parte das outras subdivisões científicas daquele Gabinete[43].

A Ahnenerbe lutou para ser um empreendimento multidisciplinar, que envolveria as ciências naturais, sociais e humanas numa estrutura colaborativa que, assim, alcançaria uma completa compreensão da raça germânica[44]. Então, qualquer musicólogo que – fosse mesmo por um golpe de imaginação – demonstrasse um interesse musical vinculado à raça germânica, estava apto a receber um suporte financeiro da SS. Como uma fonte de financiamento à pesquisa, a Ahnenerbe tinha muitas vantagens frente às fontes convencionais, pois a SS possuía um *status* legal especial, podendo livrar-se das complicações de visto e moeda normalmente encontradas pelos acadêmicos empenhados em viajar ao exterior[45]. Foi essa, por exemplo, a experiência de Johann Wolfgang Schottländer, que vinha trabalhando numa área de pesquisa aparentemente distante dos temas germânicos – a da notação musical da Grécia antiga. Depois de ser recusado pela Deutsche Forschungsgemeinschaft (Centro Alemão de Pesquisa) sob a alegação de formular planos muito ambiciosos, Schottländer conseguiu apoio financeiro de Himmler para viajar à Grécia, Suíça e Itália. A SS estava disposta não apenas a financiar sua viagem, mas a considerar a possibilidade de publicar os resultados da sua pesquisa como parte de uma série da Ahnenerbe[46].

O primeiro musicólogo a obter benefícios duradouros da SS foi Fritz Bose. Nascido em 1906, Bose concluiu seu doutorado em 1934 e após a Segunda Guerra gozou de sucesso como chefe do Institut für Musikforschung e como professor da Technische Hochschule, em Berlim. Bose era um jovem bastante empreendedor e, como outros de sua geração, esperava

---

42 Kater, op. cit., p. 38-46, 58-65.
43 Ibidem, p. 66-67, 340-341. A solicitação de Quellmalz em 1942 talvez estivesse ligada aos planos da RUSHA daquele mesmo ano, por exemplo (conforme mostrou Kater), a criação de um instituto de pesquisa germânica na Noruega e um centro de pesquisa para os direitos alemães no Leste.
44 Ibidem, p. 50-51.
45 Ibidem, p. 74.
46 Sievers para Himmler, 15 mar. 1939; Sievers para Schottländer, 15 mar. 1939; Sievers para Schottländer, 17 abr. 1939, BDC Schottländer.

maximizar seu potencial na academia forjando fortes laços políticos. Ingressou na arena política capitalizando a partir dos novos ângulos de pesquisas e oferecendo seus conhecimentos especializados ao Estado e a dirigentes do Partido. No número de 1934 da *Unser Wille und Weg* – órgão do Partido Nazista editado por Joseph Goebbels –, Bose advertia sobre a utilidade de uma abordagem interdisciplinar em musicologia que considerasse a música em termos rácico-biológicos[47]. Na época, estava empregado como assistente na divisão de musicologia do Instituto de Acústica de Berlim (Institut für Lautforschung). O Instituto havia sido transferido da Biblioteca Estatal para a Universidade de Berlim após seu diretor ter sido expulso – com base no parágrafo 6 – por supostas inclinações social-democratas e discriminação contra os nacional-socialistas[48]. Bose, então com 28 anos e recém-doutor, enviou, por conta própria, carta ao Ministério da Educação oferecendo-se para expandir os arquivos da divisão de música mediante a inclusão de um centro de pesquisa em música folclórica comparada e música racial. Ele listou, dentre suas qualificações, sua linhagem ariana, a filiação ao Partido Nazista e à Liga dos Estudantes Nazistas, bem como suas tentativas de ingresso na SA. Também assinalava ser o único aluno alemão de Erich von Hornbostel, o único jovem representante desse campo ao lado de Marius Schneider (o sucessor de Hornbostel na direção do Arquivo de Documentação Sonora de Berlim), chefe do Fachgruppe da DGMW para musicologia comparada e o único pesquisador a aplicar metodologias "exatas, científicas" (*naturwissenschaftlich*) nos estudos de música e raça e nas pesquisas da canção folclórica comparada[49].

Simultaneamente, Bose filiou-se à SS-Ahnenerbe no intuito de forjar laços com pessoas influentes e avançar, assim, na

---

47 Bose, "Das Rassische in der Musik", *Unser Wille und Weg*, n. 4, 1934, p. 111.
48 Eckardt para Rust, 26 abr. 1933, acusando Doegen, o diretor do Instituto, de inclinações social-democratas e leviandade profissional, zstA REM Nr. 1475, Bl. 259; Doegen para REM, se defendendo das acusações de discriminar os nacional-socialistas, Bl. 265-266; a demissão de Doegen a partir do parágrafo 6, Bl. 296; sugestão de anexar a divisão à universidade, Bl. 393; descrição das três divisões do Instituto (linguístico-fonética, fonética experimental e musical) com a sugestão de designar Bose como assistente para a divisão de musicologia, Bl. 4445.
49 Bose para REM, 31 mar. 1934, zstA REM Nr. 1475, Bl. 480.

carreira acadêmica. No afã por uma compreensão abrangente acerca da raça germânica, a Ahnenerbe definia a música germânica da forma mais ampla possível, incluindo todos os aspectos da cultura musical nórdica do passado e do presente. Em seu primeiro projeto para a ss, Bose viajou em pesquisa à Finlândia no verão de 1936 para analisar materiais de música folclórica[50]. Em 1940, afirmou que só poderia avaliar a utilidade da música para a compreensão da pré-história da cultura nórdica por meio de estudos comparativos com a música folclórica de regiões como a Islândia e as Ilhas Faroe[51]. Assim, em 1943, a Ahnenerbe contatou Wilhelm Heinitz para obter cópias de suas gravações de música folclórica das Ilhas Faroe[52].

A agenda musical da Ahnenerbe também operava com parâmetros históricos amplos, e a segunda missão recebida por Bose foi comandar um trabalho de pesquisa sobre o *lur* – instrumento da Era do Bronze normalmente encontrado em pares, e que por isso presumia-se que apontava às origens germânicas da polifonia. Tanto na literatura popular quanto na especializada, o *lur* veio a simbolizar o avanço cultural das tribos germânicas: tanto Alfred Einstein quanto Hans Joachim Moser, no debate sobre a origem do *lur*, marcaram-no como um possível testemunho dos primórdios da polifonia germânica. Tese inconsistente uma vez que instrumentos arcaicos – incluindo os dos templos judeus – geralmente eram encontrados em pares[53]. Oskar Fleischer era o principal defensor da importância do *lur* como meio à compreensão do engenho germânico, chegando a reproduzir um modelo para demonstrações. Fleischer insistia que o *lur* provia evidências sobre a "invenção" alemã da tríade maior e da polifonia e, principalmente, que esse instrumento debilitava a tese segundo a qual os alemães antigos foram bárbaros civilizados pelos gregos e romanos[54]. O influente musicólogo amador Richard Eichenauer perpetuou as teses de Fleischer, e o instrumento se tornou a prova

50 Sievers para Himmler, 16 fev. 1940, BDC Bose.
51 Ibidem.
52 Ahnenerbe para Heinitz, 14 jan. 1943, BDC Heinitz.
53 Einstein, *Geschichte der Musik*, p. 14; Moser, *Lehrbuch der Musikgeschichte*, p. 15; *New Grove*, 2. ed., s. v. "Lur."
54 Fleischer, "Die Luren", *Die Sonne: Monatsschrift für nordische Weltanschauung und Lebensgestaltung*, n. 7, 1930, p. 556-559.

concreta de um traço racial germânico a ditar sua preferência pela consonância e a aversão inata ao alegado atonalismo da raça judaica[55]. A Ahnenerbe deu a Bose a tarefa de pesquisar e reproduzir modelos de *lur* e refutar aqueles que afirmavam que ele não era usado como instrumento musical ou que havia sido modelado a partir de um protótipo oriental[56]. Ao final, porém, todos ficaram desapontados com a inabilidade de Bose em concluir o projeto e Sievers criticou sua inexperiência, sua preguiça e seu objetivo oportunista de se promover através da organização de Himmler. Alfred Quellmalz assumiu o projeto em 1941, consumando a ligação de Bose com a Ahnenerbe[57].

Enquanto nas boas graças da ss, contudo, Bose explorou essas ligações influentes. Queixou-se à Ahnenerbe das dificuldades que havia enfrentado no Instituto de Acústica durante o período em que trabalhara no projeto do *lur* e solicitou um emprego em tempo integral pela ss. Bose queria preservar seus vínculos com a Universidade ao realizar suas atividades no Instituto de forma voluntária, dando palestras, prosseguindo com sua *Habilitation* "e – se for do agrado dos deuses – tornar-me algum dia um professor de verdade". Pretendia, ainda, obter uma autorização do Ministério da Educação para ministrar cursos no campo dos "Estudos Musicais Rácicos" e esperava que Himmler pudesse recomendá-lo[58]. A Ahnenerbe considerou essa demanda suficientemente importante para transmiti-la, por Sievers, a Himmler, sublinhando as qualificações únicas de Bose para levar a cabo o projeto do *lur* e insinuando uma possível investigação sobre o chefe de Bose: "Se essas medidas, por parte do diretor do Instituto de Acústica, são dirigidas contra a ss e guardam uma oposição ideológica sobre o caso, ou se é uma questão de competência, não há como determinar aqui."[59] Wüst decidiu que Bose devia ser mantido

---

55 Eichenauer, *Musik und Rasse*, p. 74-93. O *lur* foi dado a conhecer numa edição de 1941 do *Nationalsozialistische Monatshefte* de Alfred Rosenberg dedicada à música (Karstädt, "Entwicklung und musikalische Bedeutung der altgermanischen Bronzeluren", *NSM*, n. 12, 1941, p. 596-604).
56 Bose para Himmler, 23 fev. 1937, BA NS 21/717.
57 Sievers para Himmler, 13 mar. 1941, BDC Bose; Quellmalz para Sievers, 6 jan. 1941, BA NS 21/220; Wüst para Himmler, 28 jul. 1941, BDC Quellmalz.
58 Bose para Weisthor, 26 jun. 1937, BA NS 21/717.
59 Weisthor para Himmler, 1 jul. 1937, BDC Bose.

em virtude do projeto, mas, por conta de sua idade e de não possuir uma *Habilitation*, não podia ser admitido como professor pleno, nem Himmler devia se dirigir ao Ministério da Educação em seu favor. No entanto, Bose podia ser vinculado ao Forschungsstätte für Musikwissenschaft (Mit besonderer Berücksichtung der Nordischen Musik) (Centro de Pesquisa em Musicologia da ss, Com Ênfase Especial Em Música Nórdica), cuja equipe ainda estava por ser formada[60].

Nos seus primeiros anos, a Ahnenerbe criou sua própria editora, em Berlim-Dahlem, e publicou uma série de monografias na área das humanidades. Coproduziu vários periódicos acadêmicos e criou três revistas próprias: a mensal *Germanien*, dedicada a uma variedade de tópicos sobre o folclore, a pré-história e a história germânicas, e duas revistas dedicadas à genealogia, a *Zeitschrift für Namenforschung* e a *Das Sippenzeichen*[61]. Esse empreendimento editorial beneficiou certo número de musicólogos. O estudo de Müller-Blattau, *Germanisches Erbe in deutsche Tonkunst* (A Herança Germânica na Música Alemã), foi aceito como parte de uma série da Ahnenerbe, depois de ter sido rejeitado por Bärenreiter, saindo simultaneamente numa coleção editada pela Juventude Hitlerista[62]. O estudo cita exemplos de música folclórica, cantigas de ninar e canções infantis no intuito de reconstruir a música pré-histórica germânica e derivar gestos melódicos encontráveis no decorrer de toda a música artística alemã. Himmler solicitou que Müller-Blattau fosse persuadido a trabalhar para a Ahnenerbe, mas a descoberta de suas conexões anteriores a 1933 com judeus, democratas e comunistas, seu apoio ao atonalismo e aos métodos "judeus" da psicologia da música, afora sua caracterização como um camaleão político, trabalharam contra ele[63].

---

60 Wüst para Himmler, 22 jul. 1937; Sievers para Galke, 31 maio 1938, BDC Bose. O nome de Bose aparece como "Mitarbeiter", abaixo de um espaço em branco para *Leiter* em "Stellenbesetzungsplan" (s/d), BDC. O documento lista Himmler como "Präsident" e Wüst como "Kurator", o que dataria o documento entre março de 1937 e janeiro de 1939 (ver Kater, op. cit., p. 58s, 91s).
61 Kater, op. cit., p. 104-110.
62 Sievers para Wüst (Ahnenerbe), 24 mar. 1938; Sievers para Widukind Verlag, 4 abr. 1938, Widukind Verlag para Sievers, 11 abr. 1938, BDC Müller-Blattau.
63 Sievers para Vieweg Verlag, 24 ago. 1938; "Betr.: Müller-Blattau", [s.d.], BDC Müller-Blattau.

O acadêmico mais beneficiado com as oportunidades de publicação da Ahnenerbe foi Hans Joachim Moser[64]. De 1938 a 1940, Moser contribuiu regularmente para o *Germanien*, editado pelo folclorista J.O. Plassmann. Moser mantinha um fluxo constante de artigos sobre história da música militar, canções folclóricas e aspectos fundamentais da música alemã, além de oportunos ensaios a respeito da história da música das regiões ora ocupadas e anexadas[65]. Moser era habilidoso em rapidamente prover uma contribuição que reforçasse os avanços militares alemães com evidências de uma antiga presença musical alemã em regiões relevantes. Em setembro de 1938, o mesmo mês do acordo de Munique que autorizou a Alemanha a anexar os Sudetos, Plassmann aceitou a oferta de Moser de escrever um artigo sobre a história musical dos Sudetos alemães[66]. Em outubro de 1939, um mês após a invasão da Polônia, Moser havia submetido um artigo similar sobre Danzig[67]. Dois artigos de Moser enviados ao *Germanien* – o ensaio sobre os Sudetos alemães e outro sobre a Áustria, que celebrava o evento da anexação – foram reimpressos numa publicação especial da Ahnenerbe intitulada *Deutsches Land kehrt heim: Ostmark und Sudetenland als germanischer Volksboden*, que celebrava a "volta para casa", ao Reich alemão, da Áustria e dos Sudetos[68]. Moser concordou em escrever uma série de artigos acerca da história das canções militares alemãs na primavera de 1939, mas como os ganhos militares cresceram rapidamente, ele lançou a Plassmann a seguinte sugestão: *"você não preferiria um ensaio politicamente mais atual, sobre a conexão musical alemã-flamengo-holandesa? Também seria factível outro sobre a ponte cultural musical com a Escandinávia"*[69]. Essa carta foi

---

64 Cf. também Potter, "Musicology under Hitler", *Journal of the American Musicological Society*, n. 49, p. 94-97.
65 Correspondências entre Plassmann e Moser, set.1938 a jun.1940, BDC Moser.
66 [Trathnigg] para Moser, 22 set. 1938, BDC Moser (o artigo aparece no "Sudetendeutsche Musik", *Gn*, n. 10, 1938, p. 361-368).
67 [Plassmann] para Moser, 21 out. 1939, BDC Moser; Moser, "Aus Danzigs musikalischer Vergangenheit", *Gn*, n. 12, 1940, p. 18-23.
68 Moser, "Sudetendeutsche Musik", *Gn*, n. 10, 1938, p. 361-368, rpt. em Plassmann; Trathnigg (eds.), *Deutsches Land kehrt heim*, p. 128-135; idem, "Österreichs Musik und Musiker", *Gn*, n. 11, 1939, p. 161-168, rpt. em Plassmann; Trathnigg (eds.), op. cit., p. 84-91.
69 Moser para Plassmann, 2 maio 1940, BDC Moser. (Os grifos são de Moser.)

escrita logo após a ocupação da Dinamarca, em abril de 1940, e precedeu a ofensiva sobre a Bélgica e a Holanda em cinco dias. Plassmann respondeu favoravelmente, instando Moser a agir prontamente em sintonia com a "posição oficial"[70].

Moser, assim como Bose, buscou firmar vínculos empregatícios permanentes com a Ahnenerbe, mas por motivos diferentes. Moser, vítima do Parágrafo 6, foi afastado da direção da Staatliche Akademie für Kirchen- und Schulmusik (Academia Estatal Para Igrejas e Escolas de Música), em 1933. Ele deixou seu posto em bons termos, recebendo uma boa pensão até 1936, quando o governo reabriu um caso de 1930 que acusava Moser de adultério. O caso foi decidido contra ele e a pensão reduzida em 40%[71]. Então, Moser teve de suplementar sua renda escrevendo artigos para revistas como *freelance*, a fim de poder sustentar sua numerosa família. A colaboração mutuamente benéfica com a Ahnenerbe levou-o a submeter os manuscritos de um livro de sua autoria à editora dessa instituição, pedir verba para viagens, procurar apoio para uma designação pendente no Ministério da Propaganda e, por fim, solicitar uma indicação como consultor permanente[72]. Para sua infelicidade, a SD descobriu verbetes positivos de compositores judeus na edição de 1934 de seu *Musiklexikon*, inviabilizando sua atuação como colaborador[73]. No entanto, por conta de sua produtividade e de importantes contribuições à revista, Plassmann pediu que prosseguissem com a colaboração, mas em segredo, escrevendo seus artigos sob um pseudônimo[74].

---

70 Cf. Plassmann para Moser, 27 maio 1940, BDC Moser.
71 BDC Moser; Moser para Hartung, 11 abr. 1941, UAB PA Schering.
72 Plassmann para Moser, 20 jun. 1939; Moser para Plassmann, 20 mar. 1940, BDC Moser.
73 Pasta de memorandos, 22 maio 1940, BDC Moser.
74 "Wolfram" [Sievers] para Plassmann, 20 maio e 22 maio 1940 (determinando a colaboração de Moser como concluída). Plassmann para Moser, 27 maio 1940 e 29 jun. 1940 (pedindo que Moser contribua com mais artigos, já após a Ahnenerbe tê-lo oficialmente vetado); pasta de memorando escrita por Plassmann, 1º jun. 1940 (sugerindo que Moser continue a colaborar sob o pseudônimo "Heinz Hagebruch"), BDC Moser.

OS PROJETOS DE GUERRA DA SS-AHNENERBE ALÉM DAS FRONTEIRAS DO REICH

No decorrer da guerra, dentro dos territórios ocupados, acadêmicos de várias áreas trabalharam com a Ahnenerbe no controle dos bens culturais. Sua missão era confiscar objetos de valor e inspecionar atividades. Os musicólogos, no entanto, estavam muito mais interessados em estudar e educar as populações étnico-alemãs do que pilhar seus bens. Começando pela *Anschluss*, Himmler redirecionou os objetivos da Ahnenerbe a fim de se tornar o administrador de maior poder nas regiões recém-conquistadas do Reich expandido. Após a eclosão da guerra, suas ações na Polônia, na Rússia, no Tirol do Sul e em parte da Iugoslávia estavam centradas na tarefa de "proteger" – isto é, confiscar – todos os bens culturais estimados como relevantes para o estudo da raça alemã (tais confiscos eram uma violação direta da Convenção de Haia). Na Normandia, Holanda, Dinamarca e Bélgica também foram construídas bases para impor a cultura alemã a essas populações "germânicas". Durante esses anos, a Ahnenerbe intensificou suas atividades no campo das humanidades mais que no das ciências naturais, e devido ao *status* especial da SS, muitos pesquisadores de áreas humanísticas conseguiam escapar do serviço militar obrigatório em virtude das atividades da Ahnenerbe que Himmler designava como "essenciais à guerra" (*kriegswichtig*)[75].

Poucos meses após a invasão da Polônia, Himmler usou seu posto de "Comissário do Reich Para a Segurança do Povo Alemão" (Reichskomissar für die Festigung des deutschen Volkstums, ou RKF) para assumir o controle do confisco das terras aráveis, e, em dezembro de 1939, estendeu sua jurisdição para o confisco dos bens culturais da Polônia[76]. Um membro da SD informou Himmler sobre a existência e a importância do Arquivo de Documentação Sonora de Varsóvia, que continha canções folclóricas coletadas desde 1935 pelo musicólogo – formado na Áustria – Julian von Pulikowski, e que, então, foi considerado útil para a compreensão das "tribos" da Polônia e da Ucrânia bem como crucial para a pesquisa musicológica.

75 Kater, op. cit., p. 145-197.
76 Ibidem, p. 149-154.

Como a coleção era muito frágil para ser confiscada e transportada, esperava-se que Himmler autorizasse Pulikowski, "bem fundamentado nos métodos de trabalho alemão", a realizar o estudo e expor os resultados[77]. Alguns musicólogos foram consultados: Pulikowski havia contatado colegas alemães por conta própria, mas uma colaboração com um polonês exigia permissão especial da parte do Comando de Ocupação Alemão (o Generalgouvernment) na Polônia[78]. Quellmalz mencionou a confiabilidade de Pulikowski e a importância da coleção, e a ss aprovou a manutenção do trabalho sob a supervisão de Pulikowski[79].

É importante notar que a ideia de confiscar ou, ao menos, monopolizar o Arquivo de Documentação Sonora de Varsóvia veio de um membro da inteligência, não de um musicólogo a serviço da ss. Embora a maior parte das iniciativas de guerra da Ahnenerbe consistisse no confisco e transporte de artefatos "teutônicos" para a Alemanha, a maioria dos musicólogos envolvidos compreendia como tarefa sua a coleta de dados e a preservação literal do legado cultural, sob o risco de desaparecer. Eles concentravam seus esforços em gravar e transcrever a música folclórica das comunidades étnico-alemãs sobreviventes nos territórios ocupados e nos selecionados para reassentamento; o confisco de bens físicos ficava em segundo plano. Já os musicólogos que trabalhavam com Rosenberg, à medida que a guerra avançava, despendiam a maior parte de suas energias em pilhagens.

Pouco dias depois de a guerra interromper seu trabalho na Finlândia, Fritz Bose, sempre atento a novas oportunidades, escreveu para Sievers – em fevereiro de 1940 – recomendando que a ss estendesse a noção de "bens culturais" para o domínio da performance[80]. Os avanços militares alemães estavam ensejando a possibilidade de se gravar a música e as danças folclóricas dos étnico-alemães da Volínia e da região do Báltico nos campos de assentamento, bem como de étnico-alemães

77 Sicherheitspolizei para Himmler, ago. 1940, BDC Quellmalz.
78 Hohenhauer (REM) para o Staatliches Institut, 25 set. 1940, BA NS 21/220.
79 Quellmalz para Albrecht, 27 fev. 1941, BA NS 21/220; Quellmalz, "Bericht über das Phonogrammarchiv Warschau und dessen Leiter Dr. Julian von Pulikowski", 15 ago. 1941; Sievers para Sicherheitsdienst, 26 nov. 1941, BDC Quellmalz.
80 Sievers para Himmler, 16 fev. 1940, BDC Bose.

residentes na antiga Polônia, na Galícia, nos Cárpatos e no Tirol do Sul. Bose enfatizava a urgência do projeto, posto o risco dos assentamentos desmantelarem a vida das pessoas, e a necessidade de fazer do projeto domínio da Ahnenerbe, e não das universidades, onde poderia ser negligenciado. Por conta de seu acesso pessoal aos equipamentos de gravação, referia, ainda, a conveniência de confiar o projeto a si[81].

Coincidentemente, Alfred Quellmalz, sucessor de Huber na direção da divisão de canção folclórica do Instituto Estatal, apresentou-se à Agência Para o Trânsito dos Étnico-Alemães (Volksdeutsche Mittelstelle) dez dias antes, e, no início de março, empreendeu o mesmo projeto no campo de alemães assentados da Volínia e da Galícia, aparentemente sem nenhum envolvimento da Ahnenerbe[82]. Imediatamente após a conclusão do projeto Galícia-Volínia, Quellmalz contatou a Ahnenerbe e embarcou no que viria a ser o empreendimento musicológico de maior vulto sob sua supervisão: a coleção do material folclórico dos étnico-alemães do Tirol do Sul. O trabalho de Quellmalz com a Ahnenerbe propiciou uma colaboração frutífera entre a ss e o Instituto Estatal. Essa colaboração elevou o *status* do Instituto dado seu envolvimento numa atividade de importância político-cultural e a adição de novos materiais aos arquivos históricos e de música folclórica.

Após um acordo, de 1939, entre Alemanha e Itália, aos habitantes de língua alemã da região do Tirol do Sul italiano foi dada a opção de se reinstalarem no Reich alemão. A esmagadora maioria votou a favor da reinstalação e Himmler, dirigindo a operação, designou Sievers como diretor de uma comissão cultural para supervisionar o transporte dos bens culturais dos migrantes para o Reich. Sievers instituiu uma base central em Bozen e reuniu um grupo de especialistas de várias disciplinas para trabalhar ao seu lado, coordenando o transporte dos bens pertencentes aos colonos e zelosamente fotografando, transcrevendo ou simplesmente documentando todo o material relevante que os italianos não deixassem sair do país. Essa tarefa trabalhosa de documentação permitiu que a comissão ficasse no Tirol do Sul mais tempo que o necessário,

81 Bose para Sievers, 22 fev. 1940, BDC Bose.
82 Quellmalz para REM, 15 out. 1940, BDC Quellmalz.

o que deu ao governo alemão a chance de justificar a presença da Ahnenerbe e, secretamente, perscrutar regiões oficialmente interditadas pelas autoridades italianas. Por essa razão, uma vez de volta à Alemanha, os pesquisadores foram desencorajados a tornar públicas as atividades que haviam desempenhado[83].

O trabalho musicológico no Tirol do Sul foi o mais prolongado e o mais plenamente documentado de todos os projetos musicológicos patrocinados pela Ahnenerbe, mas foi também um segredo cuidadosamente guardado. Seiffert, ciente do prestígio político da SS e dos ganhos para a coleção do Instituto, era, naturalmente, favorável a uma plena colaboração com a Ahnenerbe, permitindo que Quellmalz se ausentasse de Berlim para organizar e supervisionar o campo de pesquisa[84]. Auxiliado por Bose e Gertraud Wittmann (funcionário do Instituto), Quellmalz orquestrou uma agenda cerrada de gravações, entrevistas, filmagens e transcrições, e, durante todo esse tempo, enfrentou dificuldades com os burocratas italianos[85]. A volatilidade da situação política forçou Quellmalz a recusar uma oferta de Walter Wiora para que se publicasse, no *Das Reich*, uma reportagem sobre o projeto do Tirol do Sul. Quellmalz transmitiu uma advertência de Sievers de que qualquer tipo de publicação poderia levar seu autor a um campo de concentração[86]. O projeto durou muito mais do que o previsto e Quellmalz teve de justificar sua ausência prolongada a Seiffert e ao Ministério da Educação[87]. No final, o projeto do Tirol do Sul efetivou-se entre junho de 1940 e dezembro de 1942. Na época, a equipe de Quellmalz ganhou mais oito colaboradores, que trabalhavam nas mais diversas áreas: canções folclóricas, música

---

83 Kater, op. cit., p. 159-163.
84 Seiffert para Sievers, 9 abr. 1940, BDC Quellmalz.
85 Quellmalz para REM, 15 out. 1940, BDC Quellmalz.
86 "Infelizmente não se pode fazer nada, uma vez que contratualmente entre Alemanha e Itália foi firmado que o trabalho cultural no Tirol do Sul não pode ser noticiado na impressa enquanto estiver em andamento... Aquele que infringir essa determinação será levado a um campo de concentração." Quellmalz para Wiora, 15 out. 1940, BA NS 21/220.
87 Quellmalz para Seiffert, 20 fev. 1941, BDC Quellmalz. Similarmente, o escritório de Himmler insistiu junto ao Ministério da Educação sobre a importância patriótica do projeto e a necessidade de dispensar Quellmalz de suas obrigações sem suspender o pagamento de seu salário, uma condição que o Ministério da Educação não via com bons olhos. RKF para REM e Reichsfinanzministerium, 26 mar. 1941, BDC Quellmalz.

instrumental, danças folclóricas, história da música e canções e jogos infantis. Eles vasculharam todo o interior do Tirol do Sul, fazendo gravações de música instrumental e vocal e fotocópias de manuscritos, de *songbooks* publicados, de transcrições, e de filmes mudos sobre danças folclóricas, jogos, brincadeiras, e técnicas instrumentais, além de fotografarem e coletarem dados biográficos da população no intento de aprenderem mais a respeito de sua constituição racial e sociológica.

A propósito de um programa de *Volksbildung* no Tirol do Sul, Quellmalz também fez o seguinte relato: ele e Bose proferiram palestras sobre música folclórica para capacitar gente de toda a região; outro membro da equipe deu cursos sobre dança folclórica, e todo o grupo participou de um retiro de uma semana sobre música folclórica, no verão de 1941[88]. A interação dos musicólogos com as populações nativas no propósito de educá-las e reforçar a identidade alemã não era algo típico de todos os acadêmicos que trabalhavam com a Ahnenerbe no Tirol do Sul. Assim como os musicólogos das universidades distinguiam-se por seus serviços à comunidade, aqueles que trabalhavam para Himmler pareciam mais dispostos que os demais acadêmicos à interação com as populações nativas e à disseminação da cultura alemã.

A função específica dos musicólogos transparece melhor quando comparamos suas atividades com as de outros acadêmicos. De acordo com sua lista de objetivos, a ss buscava não apenas coletar artefatos, mas também criar relações de trabalho com as populações nativas, levando adiante a missão político-cultural de promover a cooperação e educar os étnico-alemães na visão de mundo nacional-socialista. Mas a descrição de Anke Oesterle dos folcloristas que trabalharam para a Ahnenerbe indica que eles se dedicavam muito mais à coleta de objetos materiais, racionalizando sua avidez com metas supostamente acadêmicas[89]. Os musicólogos, ao contrário, estavam mais focados nas tarefas político-culturais. Além da febril documentação de melodias e práticas folclóricas, que

---

88 "Bericht über den Abschluss der Arbeiten der Gruppe Volksmusik in der Deutschen Kulturkommission Südtirol", 11 dez. 1942, BA NS 21/220.
89 Oesterle, "The Office of Ancestral Inheritance", em *Nazification of an Academic Discipline*, p. 211-212, 218, 225-227, 230-232.

os colocava em estreita relação com os nativos, os musicólogos disseminavam o espírito da germanização entre os tiroleses por meio de palestras, oficinas e retiros.

O projeto do Tirol do Sul não apenas expandiu o saber sobre a cultura folclórica, mas também trouxe ganhos significativos para a musicologia histórica. A riqueza do material arquivológico impeliu Quellmalz a requerer da Ahnenerbe a contratação de outro assistente, Walter Senn, a fim de realizar uma documentação exclusiva dessas fontes. Tais informações enriqueceriam o *Generalkatalog* do Instituto Estatal e ajudariam Quellmalz na preparação de um volume para a Reichsdenkmale e na pesquisa de seu trabalho de *Habilitationsschrift*[90]. A presença da ss na Itália também inspirou outros musicólogos alemães a buscarem projetos similares que poderiam explorar os privilégios da ss. Em 1942, Erich Schenk propôs uma colaboração entre seu departamento na Universidade de Viena (juntamente com seu centro de pesquisa em Florença) e a Ahnenerbe, no intuito de investigar "remanescentes germânicos" na música italiana entre os séculos VI ao XVI. Esse projeto exigiria um trabalho arquivológico minucioso na Itália[91].

Schenk era consciente do foco germânico da Ahnenerbe, formatando sua proposta de modo a torná-la atraente aos objetivos de Himmler. Nessa época, os acadêmicos estavam familiarizados com os interesses musicológicos idiossincráticos de Himmler. Plassmann, certa vez, confidenciou a Moser que a cisma de Himmler em relação à origem de uma determinada canção folclórica e seu interesse pelo canto gregoriano eram bem conhecidos entre os musicólogos[92]. De início, Sievers foi seduzido pelo propósito de Schenk, "dado o interesse especial de Himmler por questões relativas ao canto gregoriano"[93], mas

---

90 Quellmalz para Sievers, 25 jan. 1941, BDC Quellmalz.
91 Schenk para Sievers, 29 ago. 1942, BDC Schenk.
92 "O Reichsführer da ss pediu que confirmássemos o quão antigo é o Lied 'es ist ein Reis [sic] entsprungen', e se a melodia já foi alguma vez transposta para outro texto." Plassmann para Moser, 19 jan. 1940, BDC Moser. Para uma discussão sobre os motivos que poderiam explicar os interesses musicológicos peculiares de Himmler, cf. Potter, "Did Himmler *Really* Like Gregorian Chant?", *Modernism/Modernity*, n. 2-3, p. 45-68.
93 "O Reichsführer ss tem um interesse especial pelas questões relativas ao coral gregoriano e por isso a 'Ahnenerbe' foi encarregada de se ocupar delas". Sievers para Schenk, 7 set. 1942; Sievers para Quellmalz, 2 out. 1942, BDC Schenk.

acabou por rejeitá-la depois de consultar Quellmalz, para quem a proposta de Schenk parecia demandar um tempo muito longo para ser próprio aos interesses da Ahnenerbe. Além do mais, o pessoal recomendado por Schenk (seu instituto, Walter Senn e ele próprio) era especializado na música do século XVII e XVIII, portanto, mal preparado para empreender um estudo comparativo rigoroso sobre o canto gregoriano (Quellmalz sugeriu, então, que Beichert, de Freiburg, ao invés de Schenk, recebesse uma remuneração da Ahnenerbe para o projeto). Finalmente, o projeto não era assim tão urgente quanto a coleta de música folclórica das culturas alemães em vias de extinção, podendo esperar até o fim da guerra. Embora não querendo descartar Schenk totalmente, uma vez que a Ahnenerbe podia tirar proveito de seu equipamento fotográfico do centro de Florença e de seu acesso aos arquivos italianos, normalmente bloqueados pela burocracia italiana, Quellmalz confidenciou a Sievers, "com base na camaradagem SS", sua desconfiança de Schenk. Segundo ele, Schenk era conhecido por ter assumido grandes projetos e não os ter concluído, e Quellmalz opunha-se a desviar Senn de sua mais importante pesquisa no Tirol do Sul[94]. A situação se transformou numa contenda de exploração recíproca. Schenk, obviamente, tinha pouquíssimo interesse em canto gregoriano e desejava apenas forjar uma relação com a SS e promover Senn, e a Ahnenerbe queria apenas usar as conexões florentinas de Schenk. Como Schenk havia se ligado à Ahnenerbe com um portfólio em que constavam fortes recomendações por parte de outros oficiais da SS, Sievers, de modo respeitoso, sugeriu que ele pensasse em uma curta atividade que envolveria apenas a compilação de fotocópias de fontes do século XIII exclusivamente[95]. Schenk opôs-se, referindo que Senn não tardaria a concluir o projeto do Tirol do Sul e poderia conduzir o grande trabalho sobre canto gregoriano, mas Sievers não cedeu a esses argumentos[96].

Quellmalz, por sua vez, também explorou a proposta de Schenk para ampliar sua esfera de influência na pesquisa sobre

---

94 Quellmalz para Sievers ("Betrifft: Beteiligung des musikwissenschaftlichen Seminars der Universität Wien an den Forschungen des 'Ahnenerbe' in Italien"), 14 out. 1942, BDC Quellmalz.
95 Sievers para Wüst, 18 nov. 1942, Sievers para Schenk, 26 out. 1942, BDC Schenk.
96 Sievers para Wüst, 18 nov. 1942, Schenk para Sievers, 26 out. 1942, Sievers para Schenk, 5 jan. 1943, BDC Schenk.

o canto gregoriano e conseguir os serviços de outro assistente – Beichert – sem o envolvimento de Schenk[97]. Oito meses depois, porém, Quellmalz não havia feito muito progresso e sugeriu que o trabalho que demandava pesquisa em arquivos italianos e franceses esperasse até o fim da guerra. Outros pesquisadores também estavam desenvolvendo projetos voltados ao canto religioso. Os mais relevantes eram as edições de Ewald Jammers e Bruno Stäblein para o Reichsdenkmale, a *Deutsche Gregorianik im Frankenreich* de Fellerer e sua contínua pesquisa sobre a presença de elementos alemães no canto gregoriano na Holanda e em Flandres, e, especialmente, o manuscrito completo de Jammers, *Die völkische Zugehörigkeit des gregorianischen Chorals*[98]. Quellmalz procurou assegurar a publicação do livro de Jammers, que não tinha podido sair pela série editada por Blume, "Schriften zur musikalischen Volks-und Rassenkunde", devido à falta de papel. Ele buscou o Sicherheitshauptamt e a Ahnenerbe para levar o projeto adiante, sempre sob o pretexto de atender ao interesse especial de Himmler pelo canto gregoriano[99].

Sem muito sucesso, Quellmalz formulou outros projetos além daquele do Tirol do Sul – por exemplo, um abrangente projeto de pesquisa sobre a música folclórica "germânico--alemã" em Flandres, Holanda, Normandia e Valônia; outro sobre a música folclórica francesa; um terceiro sobre a música folclórica dos povos germânicos na Escandinávia e nos Países Bálticos. Porém, tudo o que conseguiu realizar foi uma viagem de pesquisa para Bruxelas, em agosto de 1942[100]. A Ahnenerbe também trabalhou na província de Laibach-Gottschee, um enclave alemão no Império Hapsburgo cedido à Iugoslávia em 1919. Quando Laibach-Gottschee foi anexada pelos italianos após a invasão do Eixo devastar a Iugoslávia, os governos italiano e alemão firmaram um acordo semelhante ao do Tirol do Sul, autorizando Himmler a implantar postos da RKF

---

97 Sievers para Quellmalz, 26 out. 1942, BDC Quellmalz.
98 Quellmalz para Reichssicherheitshauptamt, 12 jun. 1943, BA NS 21/220.
99 Quellmalz para Kallmeyer Verlag, 1 jun. 1943; Quellmalz para Reichssicherheitshauptamt, 12 jun. 1943; Kallmeyer para Quellmalz, 3 ago. 1943 e 18 out. 1943, BA NS 21/220.
100 Quellmalz, "Plan zur Erforschung der germanisch-deutschen Musik", 28 maio 1941; Ahnenerbe para Reichssicherheitshauptamt, 14 ago. 1942, BDC Quellmalz.

e da Ahnenerbe naquelas áreas[101]. A Ahnenerbe tentou liberar Quellmalz de suas obrigações no Tirol do Sul por pelo menos quatro meses, para que assim fosse trabalhar nos programas de assentamento em Gottschee, em julho de 1941, mas quase um ano depois ele ainda não havia começado[102]. Então, o líder distrital do Partido Nazista (*Gauleiter*), responsável pelos alemães reassentados de Gottschee, encarregou os pesquisadores em Graz de realizar o projeto. Quellmalz, furioso, atribuiu essa alteração às intrigas políticas vingativas de Werner Danckert, posto que aquele havia escrito uma crítica negativa do livro deste. Quellmalz tentou reverter a decisão recorrendo à ss[103].

A Ahnenerbe ss serviu como um excelente trampolim tanto para que jovens acadêmicos embarcassem em novas carreiras quanto para que velhos pesquisadores preenchessem seu tempo ocioso. Apesar de disponibilizar, via de regra, fundos limitados para os projetos de pesquisa individuais, muitos encontraram nessa organização um meio de melhorar suas qualificações para alavancar a carreira. Moser usou suas conexões com a ss para alcançar credibilidade política e chegar a um cargo no Ministério da Propaganda, enquanto Quellmalz usou sua extensa atividade junto à Ahnenerbe para, essencialmente, definir as áreas de trabalho da nascente divisão de música folclórica do Instituto Estatal. Bose, embora sem sucesso, tentou usar sua filiação à ss para causar boa impressão junto ao ministro da educação e melhorar suas chances de obter um emprego acadêmico.

OS MUSICÓLOGOS COMO "CÃES DE GUARDA CULTURAIS": O BUREAU ROSENBERG

Os fins últimos da Ahnenerbe – criar uma religião secular germânica, orientar a pesquisa sobre a raça germânica e estabelecer diretrizes para a educação da elite – justapunham-se, em

---

101 Kater, *Das Ahnenerbe der ss*, p. 168-169.
102 Ahnenerbe para Reichsführer-ss, 14 jul. 1941; Quellmalz para Sievers, 24 jun. 1942, BDC Quellmalz.
103 Quellmalz para Sievers, 2 ago. 1944; Sievers para Gauleiter, Steiermark, 12 ago. 1944, BDC Quellmalz.

grande medida, aos objetivos do Bureau Rosenberg[104]. Rosenberg, autor de um nebuloso e pouco lido tratado nazista – *Mythus des 20: Jahrhunderts* –, foi a única figura proeminente nos primeiros anos do Partido Nazista a manifestar um interesse concreto por questões ideológicas, vindo, posta essa carência estrutural, a se tornar o principal ideólogo nacional-socialista[105]. Em janeiro de 1934, na tentativa de debelar as agitações surgidas no verão de 1933 em torno da política estatal quanto à religião e à arte, Hitler, numa ordem escrita sem muitos detalhes, incumbiu Rosenberg de supervisionar a educação ideológica do Partido. Rosenberg usou esse gesto simbólico como pretexto para criar um grande gabinete, cunhando para si o título de "deputado do Führer para a total educação intelectual e ideológica e para o treinamento do NSDAP". Essa foi a sua interpretação das desajeitadas palavras de Hitler que o incumbiram. Então, a partir dessa autoridade questionável, ele construiu uma poderosa base para competir com os outros oficiais do alto-escalão do Estado e do Partido, esperando impor uma ideologia uniforme (uma *Weltanschauung*) a todos os cidadãos alemães (diferentemente de Himmler, que focava apenas a elite intelectual). Contra os objetivos de Rosenberg erguiam-se, porém, empecilhos constantes, como a insegurança financeira, os rivais e a sua personalidade inflexível[106].

Rosenberg teve um impacto limitado sobre a vida cultural alemã. Todavia, na área da música, ele e sua equipe tiveram uma eficácia real. Em seu primeiro ano como "deputado do *Führer*", Rosenberg conseguiu, com sucesso, desafiar a autoridade de Goebbels num punhado de questões musicais, incluindo os famosos casos de Strauss, Furtwängler e Hindemith. Rosenberg chamou a atenção para a colaboração de Strauss com um librettista judeu, conseguindo a demissão de Strauss da presidência da Câmara de Música do Reich e estragando o projeto da ópera em questão. Também levantou sua voz em protesto contra a promoção de Wilhelm Furtwängler das obras de Paul Hindemith, compositor que, segundo Rosenberg, vinha em rota de

---

104 Kater, op. cit., p. 21-24; Bollmus, *Das Amt Rosenberg*, cap. 5.
105 Bollmus, op. cit., p. 17-28.
106 Rothfeder, *A Study of Alfred Rosenberg's Organization*, p. 55-77; Bollmus, op. cit., p. 45-60.

decadência nos últimos anos. Em virtude das complicações decorrentes desse caso, Furtwängler se afastou temporariamente da vida pública (incluindo sua demissão da vice-presidência da Câmara de Música do Reich) e fez um pedido público de desculpas, ao passo que Hindemith teve de emigrar[107].

O Bureau Musical, sob a direção do musicólogo Herbert Gerigk, era a divisão mais ativa do Bureau Rosenberg e exerceu influência por meio de vários empreendimentos editoriais. Nos seus primeiros dois anos de existência, seus funcionários resenharam inúmeras composições e livros de música, assistiram a todos os concertos e óperas importantes de Berlim e entorno, e submeteram seus relatórios a Gerigk para as resenhas dos eventos musicais que ele publicaria na imprensa. Depois que o Bureau Rosenberg assumiu o controle do *Die Musik*, em 1937, a revista, outrora respeitada, tornou-se, nas mãos de Gerigk, veículo para suas denúncias de reputados desvios dos princípios nacional-socialistas, bem como, ocasionalmente, vitrine para a exibição dos exemplos de "música indesejável" (*unerwünschte Musik*)[108]. Gerigk prontamente convocou seus amigos musicólogos para que produzissem resenhas de livros e se juntassem à Liderança Estudantil do Reich a fim de colher informações dos estudantes relativas ao alinhamento político de professores universitários[109]. Quando a influência do Bureau Rosenberg sobre os assuntos culturais declinou, o Bureau Musical continuou exercendo certo poder de censura. Gerigk supervisionava tanto o Bureau Musical quanto o Arquivo Político-Cultural (Kulturpolitisches Archiv), que continha registros detalhados de aproximadamente 60 mil indivíduos, tendo nas mãos, ainda, o poder de aprovar e censurar as atividades musicais da Deutsche Volksbildungswerk da DAF[110].

A mais notória realização do Bureau Musical foi a compilação do *Lexikon der Juden in der Musik*, editado por Gerigk e Theophil Stengel e publicado em 1940 por Hahnefeld. Trata-se de um dos dois anuários – nascidos através do Bureau

---

107 Bollmus, op. cit., p. 71-85.
108 Rothfeder, op. cit., p. 218-219.
109 Schroth para Gerigk, 31 jan. 1938, BA NS 15/59; Gerigk para Schenk, 4 ago. 1939, BA NS 15/26.
110 Bollmus, op. cit., p. 107-108.

Rosenberg – sobre a atividade de judeus na vida cultural[111]. O *Lexikon* era sucessor tanto do *Handbuch der Judenfrage*, de Theodor Fritsch, de 1934, que incluía uma lista, meio imprecisa, da atividade de judeus na música e em outros campos (equivocadamente, designava Hans Joachim Moser como judeu), como do *Judentum und Musik: mit dem ABC jüdischer und nichtarischer Musik* (Judaísmo e Música: Com o ABC da Música Judaica e Não Ariana), editado por Christa Maria Rock e Hans Brückner, publicado em 1935. Embora também estivesse cheio de incorreções, citando Hugo Riemann como judeu e omitindo Paul Bekker e Alexander Zemlinsky, edições revisadas de Brückner apareceram em 1936 e 1938[112], indicando que havia uma demanda por semelhantes produtos. A liderança do Partido Nazista estava impressionada com o vislumbrado uso prático do *Lexikon*, que procurava advertir o leitor para o caráter comercial dos judeus envolvidos com a música e denunciar seus codinomes, e instava que o editor visasse a um mercado amplo[113].

A qualidade do *Lexikon* deveu muito ao controle de Gerigk sobre o Arquivo Político-Cultural, que lhe deu acesso a uma enorme quantidade de dados pessoais. Seu contato com outros musicólogos aumentou a precisão do texto. Quando Gerigk abordou Schenk na busca por informações sobre judeus suspeitos que haviam feito seu doutorado em Viena, Schenk respondeu cuidadosa e prontamente. Gerigk agradeceu-lhe a cooperação, acrescentando que "uma investigação cuidadosa dos nomes dos doutorados vienenses provavelmente traria à luz muitos outros judeus de peso"[114]. A boa vontade de Schenk não lhe foi útil quando ele recorreu a Gerigk em nome de um talentoso estudante que, conforme havia descoberto, era parcialmente judeu. Ao contrário, Gerigk mencionou esse episódio como uma indicação de que as leis de Nuremberg tinham de ser alteradas para impedir que estudantes como esse ingressassem

---

111 Rothfeder, op. cit., p. 136-138, p. 217-221. O outro era o *Verzeichnis jüdischer Autoren*, editado pelo Amt Schrifttumspflege.
112 Kater, *The Twisted Muse*, p. 84-85; De Vries, *Sonderstab Musik*, p. 64-66.
113 Bury (Reichsorganisationsleiter, NSDAP) para Hahnefeld, 11 jan. 1941, BA NS 15/21.
114 Hauptstelle Musik para Schenk, 21 mar. 1941, BA NS 15/21; Schenk para Gerigk, 31 mar. 1941, BA NS 15/21a; Gerigk para Rosen (ProMi) em relação a Paumgartner (informação dada por Schenk), 11 jul. 1942, BA NS 15/99; Gerigk para Schenk, 28 dez. 1944, BA NS 15/21a.

na universidade¹¹⁵. Blessinger também ajudou Gerigk a aperfeiçoar o seu *Lexikon*. Quando preparava uma resenha sobre o *Lexikon* para *Die Musik*, disse a Gerigk que, embora fosse impossível elaborar uma lista completa dos judeus envolvidos com música, para o "uso prático" a exatidão era crucial. A omissão de judeus no *Lexikon* podia promover aproximações a indivíduos na presunção de que fossem verdadeiros arianos. Ele ofereceu sua contribuição ao escopo de totalidade da obra chamando a atenção de Gerigk para algumas pessoas que conhecera em Munique e que, certamente, assegurava ele, eram judias¹¹⁶.

Gerigk também supervisionou publicações de maior rigor musicológico, mas, nesses casos, minimizava a participação do Bureau Rosenberg. Uma série chamada *Klassiker der Tonkunst in ihren Schriften und Briefen* (Compositores Clássicos Por Seus Próprios Escritos e Cartas) oferecia uma bolsa de pesquisa e um contrato de publicação para futuros colaboradores¹¹⁷. *Unsterbliche Tonkunst* (Compositores Imortais) – outra série sob a editoria de Gerigk – elaborou as biografias dos mais importantes compositores alemães e contou com artigos de Fellerer, Engel, Gerber, Korte, Müller-Blattau, Schenk, entre outros. Com a ajuda do Gabinete de Literatura do Bureau Rosenberg (Hauptamt Schrifttum, antigo Abteilung Schrifttumspflege), Gerigk supervisionou essa publicação, embora não se encontre nenhuma menção ao Bureau Rosenberg nas páginas de rosto¹¹⁸. Em 1940, a série *Klassiker* havia produzido quatro volumes, e encaminhado mais dois para publicação, enquanto a *Unsterbliche Tonkunst* vangloriava-se de seus onze volumes. O objetivo de ambas as séries, como Gerigk relatou a Rosenberg, era o de "empreender, pela primeira vez, um esforço de apresentar a vida e a obra de importantes nomes da música no contexto de nossa ideologia"¹¹⁹.

115 Gerigk para Rassenpolitisches Amt der NSDAP, 2 maio 1944, BA NS 15/21.
116 Blessinger para Gerigk, 30 abr. 1940, BA NS 15/21.
117 Gerigk para Schenk, 4 ago. 1939 e 4 maio 1940, NS 15/26.
118 Gerigk para Payr (chefe do Hauptamt Schrifttum), 11 abr. 1944; Payr para Gerigk, 20 abr. 1944, referente à possibilidade de publicação do estudo de Werner Danckert sobre Debussy durante a guerra, BA NS 15/73. A folha de rosto das duas publicações da série *Johann Strauss*, de Schenk, e *Edvard Grieg*, de Fellerer, citam esses musicólogos como colaboradores e Gerigk como diretor geral, mas não oferece nenhuma indicação de que as séries tinham conexão com o Bureau Rosenberg.
119 "Betrifft: Hauptstelle Musik – Aufgaben und Arbeiten laut Schreiben des Reichsleiters vom 14.5.1940", p. 2-3, BA NS 15/189.

O Bureau Musical tinha uma influência indireta sobre outras publicações, na medida em que avaliava seu grau de alinhamento à visão de mundo nazista. Em sua função de leitor preliminar do Gabinete de Literatura[120], Gerigk convocava musicólogos para avaliar a obra de seus colegas. Entre os voluntários, estavam seu assistente Wolfgang Boetticher, Werner Korte, Ernst Bücken, Werner Danckert, Erich Shenk e Rudolf Gerber[121]. O Gabinete de Literatura cresceu a partir da divisão da Kampfbund, e embora sua influência seja discutível[122], o Gabinete foi extremamente ativo, empregando cerca de 1.700 resenhistas, em 1942, e avaliando até 10 mil livros e mil revistas por ano em seu conteúdo ideológico e factual. Essas avaliações apareciam em periódicos como o *Die Bücherkunde*, sendo usadas para compilar listas de leituras recomendadas aos membros do Partido (*NS-Bibliographie*), e forneciam dados para a composição do índex do Gabinete sobre autores judeus. Os resenhistas não recebiam salários por suas avaliações, apenas um honorário caso a resenha aparecesse em *Die Bücherkunde*. A força efetiva do Gabinete nunca mais seria a mesma depois de Rudolf Hess fundar uma organização rival (Parteiamtliche Prüfungkommission zum Schutze des NS-Schrifttums), provavelmente concebida para conter a influência de Rosenberg na indústria editorial[123].

Os musicólogos avaliavam os trabalhos sob vários ângulos. Embora a maior parte avaliasse o mérito acadêmico, algumas obras eram rejeitadas precisamente porque estavam dirigidas a um leitor musicalmente sofisticado, inúteis, pois, para a educação geral dos membros do Partido Nazista[124]. Em contraste, mesmo os mais ardentes trabalhos de propaganda nazista

---

120 "Hauptstelle Musik", 8 mar. 1939, BA NS 15/189.
121 Pastas 109, 113, 120, 125, 127, 130, 142, 144, 145, 157, UNL; BA NS 15/101, BA NS 15/185.
122 Rothfeder responsabiliza o Abteilung Schrifttumspflege por ter permitido que Rosenberg alcançasse "seu mais notável sucesso" (op. cit., p. 161), enquanto Bollmus, evitando uma discussão mais detalhada sobre isso em seus estudos, afirma que o caso teve pouca importância (op. cit., p. 104).
123 Rothfeder, op. cit., p. 143-147, 161-174, 248-267.
124 Michaelis sobre Schering, "Franz Schuberts Symphonie in H-moll ('Unvollendete') und ihr Geheimnis", BA NS 15/101; Schenk sobre Reimann, "Untersuchungen zur Formgeschichte der Französischen Klavier-Suite", 2 ago. 1942, pasta 157, UNL.

podiam ser negativamente avaliados com base em critérios acadêmicos[125]. Se o resenhista era bem versado no assunto, como no caso da resenha de Danckert sobre um estudo de Wiora, a avaliação poderia focar mais a metodologia do que a integridade política. A única observação ideológica de Danckert sobre o estudo em questão, publicado na série de Blume sobre raça e música (Schriften zur musikalischen Volks- und Rassenkunde), foi que contribuía pouco para a pesquisa racial[126]. Algumas resenhas focavam igualmente na consistência teórica, inserindo suas finalidades ideológicas apenas ao observar uma confiança "indiscriminada" do autor em obras de judeus ou uma falha na designação apropriada dos judeus – com um "J" e/ou um asterisco[127]. Outras resenhas, no entanto, notadamente aquelas de Gerigk, tratavam unicamente dos judeus, dos emigrados e da Questão Judaica, tendo nisso o único parâmetro à aceitabilidade de um trabalho, de modo que falhas na avaliação de tais temas em um trabalho poderiam condenar, aos olhos desses árbitros ideológicos, toda a produção de um autor[128].

O Bureau Musical desempenhava uma variedade de outras tarefas, funcionando como uma central de esclarecimento para questões político-culturais. Servia a outras organizações nazistas, como a Deutsches Volksbildungswerk e o Ministério da Propaganda, encaminhando solicitações ao Arquivo Político-Cultural para que se investigasse a ficha de *performers* agendados, professores e outros participantes de seus programas culturais[129]. O Bureau conduziu consultas sobre a atitude do Partido em relação a compositores contemporâneos, como Hans Pfitzner e Wolfgang Fortner, e tratava de questões tais

---

125 Boetticher sobre Zimmermann, "Um Anton Bruckners Vermächtnis: Ein Beitrag zur rassischen Erkenntnis germanischer Tonkunst", BA NS 15/101.
126 Danckert sobre Wiora, "Die deutsche Volksliedweise und der Osten", 2 jul. 1941, BA NS 15/101.
127 Boetticher sobre Schering, "Beethoven und die Dichtung", 27 jan. 1939; Boetticher sobre Schering, "Johann Sebastian Bach und das Musikleben Leipzigs im 18. Jahrhundert"; Michaelis sobre Schering, "Franz Schuberts Symphonie in H-moll ('Unvollendete') und ihr Geheimnis", BA NS 15/101.
128 Gerigk para PPK, 13 jul. 1938; Hauptstelle Musik para PPK, 22 set. 1938 (ambos no livro de Moser "Kleine Deutsche Musikgeschichte"); Gerigk para PPK, 10 dez. 1938 (sobre Lach, "Die Musik der Gegenwart"), BA NS 15/38; Gerigk sobre Riezler, "Beethoven", 21 mar. 1939, pasta 126, UNL.
129 Killer (Kuturpolitisches Archiv) para Amt Musik, 4 e 19 ago. 1942, 23 fev. 1943 e 12 mar. 1943, BA NS 15/131.

como a da propriedade de se apresentar uma obra religiosa de Bach posta a oposição do nazismo à Igreja, ou a linhagem alemã de Franz Liszt[130]. Em 1940, o Bureau Musical se incumbiu da tarefa de providenciar para os diretores teatrais uma lista das operetas e óperas apropriadas[131].

O Bureau Musical interferia nos assuntos universitários até certo ponto. A estratégia de Rosenberg era, em primeiro lugar, convencer os intelectuais, que assim podiam influenciar o público em geral, e então conquistar a atenção desses intelectuais através dos periódicos sob seu controle[132]. Depois, sub-repticiamente, Rosenberg infiltrou-se no trabalho da educação superior através de seu Departamento de Ciência (Abteilung Wissenschaft), fundado nos finais de 1934. O objetivo desse departamento era manter olhos vigilantes em todas as atividades do ensino superior, frequentando os encontros universitários, montando dossiês sobre funcionários, checando livros usados em pesquisa e ensino e, durante a guerra, sancionando nomeações acadêmicas. O Ministério da Educação enviaria os nomes à Chancelaria do Partido, que os repassava para o Departamento de Ciência e para a Liga dos Professores Nazistas. Se um desses dois setores não dispusesse de informações suficientes, recomendava-se um especialista na área do candidato politicamente alinhado para fazer a avaliação. A Chancelaria do Partido, depois de coletadas todas as avaliações, transmitia sua recomendação ao Ministério da Educação[133].

Gerigk tinha muito a oferecer a esse departamento devido ao controle que exercia sobre o Arquivo Político-Cultural e o Bureau Musical. Em 1940, ele pediu ao supervisor do Departamento de Ciência que usasse toda a influência de que dispunha para promover Rudolf Gerber, um colega confiável tanto em termos ideológicos quanto acadêmicos, a um cargo em

---

130 Schroth (Reichsstudentenführung) para Gerigk, 31 jan. 1938 e Gerigk para Schroth, 19 fev. 1938, BA NS 15/59 (sobre Pfitzner e Fortner); Killer para Amt Musik, 26 out. 1942, BA NS 15/131 (sobre Bach); Gerigk para Rassenpolitisches Amt der NSDAP, 26 jul. 1944, BA NS 15/153 (sobre Liszt).
131 "Betrifft: Hauptstelle Musik – Aufgaben und Arbeiten laut Schreiben des Reichsleiters vom 14.5.1940", 4, BA NS 15/189.
132 Rothfeder, op. cit., p. 238.
133 O Abteilung Wissenschaft seria designado como "Hauspstelle" em 1936, "Amt" em 1938, e "Hauptamt" em 1941, crescendo cada vez mais em importância. Rothfeder, op. cit., p.151-154, 206-215.

Estrasburgo[134]. Só em 1944, Gerigk forneceu ao departamento mais de uma dúzia de pareceres sobre musicólogos que ou estavam sendo cogitados ou eram recém-nomeados. A maioria das avaliações foi negativa, como nos casos de Marius Schneider, Willi Kahl, Heinrich Besseler, Friedrich Blume, Arnold Schmitz, Friedrich Noack, Wilhelm Heinitz, Georg Schünemann e Fritz Stein. Husmann, Müller-Blatau e Engel receberam pareceres mesclados, enquanto as avaliações positivas, na maior parte dos casos, foram destinadas a seus colaboradores mais íntimos: Korte, Blessinger e especialmente Danckert. Uma exceção foi Schünemann, com quem Gerigk havia trabalhado intimamente, mas a quem apontou como tendo um passado de inclinação "marxista-liberal"[135].

Os critérios de Gerigk para avaliar os colegas eram basicamente três: consistência teórica, personalidade e confiabilidade política. Em termos de consistência teórica, ele julgava os méritos ideológicos, a posição assumida diante da Questão Judaica e qualquer opinião negativa acerca de métodos escolásticos ou diletantes. Na avaliação pessoal, importava-lhe a relação da pessoa com os estudantes (isto é, sua atitude quanto aos estudantes nacional-socialistas), sinais de uma ambição excessiva e a orientação sexual. Ao julgar a confiabilidade política, Gerigk franzia a testa para o comportamento apolítico, que não podia ser corrigido pela mera filiação ao Partido Nazista; qualquer vínculo com igrejas católicas ou protestantes; evidências de mudança na fidelidade política antes e depois de 1933; e qualquer vínculo com organizações remotamente suspeitas, como o Rotary Club[136]. Gerigk quis abrir uma investigação sobre Blume, que, segundo ele, havia ingressado no Rotary Club após janeiro de 1933[137]. Blume, de fato, ainda em 1937, pertencia ao Rotary Club, mas a posição do Partido nunca havia, explicitamente, proscrito tais filiações até aquele momento[138].

---

134 Gerigk para Bäumler, 10 jul. 1940, BA NS 15/24.
135 BA NS 15/74.
136 Ibidem.
137 Gerigk para Payr, 19 maio 1944, BA NS 15/73.
138 Kurator (Kiel) para REM, 12 jul. 1937, BDC Blume.

OS ESPÓLIOS DA GUERRA:
OS MUSICÓLOGOS NO SONDERSTAB MUSIK

Em 1938, pouco antes de a guerra estourar, Rosenberg havia assegurado um orçamento independente, após anos de tentativas frustradas de extrair recursos do Partido e da KdF[139]. A guerra resumiu drasticamente seu pessoal e, com a "mobilização total", seu Bureau nada mais era que um nome, embora também tivessem surgido expectativas inesperadas para alguns departamentos remanescentes. A "Hohe Schule der Partei", uma planejada escola de elite para o treinamento de líderes partidários, foi a tentativa de Rosenberg para controlar a educação nacional-socialista no nível superior. Hitler o autorizou a planejar um complexo massivo a ser construído em Chiemsee, que incluiria uma Escola Adolf Hitler, um centro de pesquisa e um instituto de formação para membros do Partido e instalações para treinamento de funcionários da educação do Partido. Aparentemente ignorando esses planos, Rosenberg começou a erigir institutos individuais de pesquisa por todo o Reich. Hitler decretou, em janeiro de 1940, que a operação da Hohe Schule teria de ser adiada para depois do fim da guerra, mas autorizou Rosenberg a prosseguir com os preparativos para as instituições de pesquisa e a montar uma biblioteca do Partido[140].

Gerigk, assim como Rosenberg, definiu de forma vaga as tarefas da Hohe Schule, e não tinha pudor em usá-la como pretexto para financiar as publicações do Bureau Musical. O *Lexikon der Juden in der Musik* foi classificado como um projeto da Hohe Schule, assim como a série *Klassiker der Tonkunst e Unsterbliche Tonkunst*[141], e Gerigk obteve a aprovação de Rosenberg que assegurava o estudo de Danckert sobre a canção e a dança alemãs na Boêmia e na Morávia como publicação da Hohe Schule[142]. Gerigk também envolveu Schenk, Gerber, Fellerer, Danckert e Helmut Osthoff no plano de um grande léxico musical, supostamente para a Hohe Schule, que

---

139 Rothfeder, op. cit., p. 96-107.
140 Bollmus, "Zum Projekt", op. cit., p. 125-152; Rothfeder, op. cit., p. 327-356.
141 Gerigk para Otto, 18 out. 1944, BA NS 15/73; "Betrifft: Hauptstelle Musik – Aufgaben und Arbeiten laut Schreiben des Reichsleiters vom 14.5.1940", BA NS 15/189.
142 Gerigk para Amt Rosenberg (administração central), 10 maio 1940, 28 maio 1940 e 7 ago. 1940, BA NS 15/24.

seria "compilado de modo novo no espírito de nossa *Weltanschauung*", contra-atacando as "perigosas opiniões falsas" contidas em obras de referência acadêmicas existentes[143]. Algumas das sugestões de Gerigk para nomeações em outras universidades também foram feitas, supostamente, com vistas a seu futuro efeito sobre o Departamento de Musicologia da Hohe Schule[144].

Os planos para a elusiva Hohe Schule e sua biblioteca foram usados para justificar o empreendimento de maior sucesso de Rosenberg: o confisco em grande escala dos bens culturais dos territórios ocupados conhecidos como o "Einsatzstab Reichsleiter Rosenberg". Rosenberg dispunha de recursos financeiros limitados para a aquisição de livros para a biblioteca do Partido e não podia contar com o acesso aos materiais confiscados por Himmler, que desaprovava a invasão de Rosenberg no campo da pesquisa. Como alternativa, conseguiu firmar um acordo com a SD e o Ministério do Exterior para dividir os espólios da ocupação. Depois que o Ministério do Exterior e a SD confiscaram todos os documentos relevantes sobre política externa e segurança, concordaram em deixar que Rosenberg selecionasse o restante e levasse tudo consigo para uso da Hohe Schule. O "Einsatzstab Reichsleiter Rosenberg" consistia numa divisão principal de operações para cada país e alguns "Sonderstäbe" (incluindo um "Sonderstab Musik") – forças-tarefa especiais para cada campo de conhecimento coordenadas por especialistas que procediam ao efetivo exame e confisco dos objetos[145].

---

143 "Betrifft: Hauptstelle Musik – Aufgaben und Arbeiten laut Schreiben des Reichsleiters vom 14.5.1940 e 13 jul. 1940", A NS 15/189; Gerigk para Gerber, 10 ago. 1939, 28 fev. 1940, 8 jul. 1940 e Gerber para Gerigk, 3 mar. 1940 e 13 jul. 1940, BA NS 15/25; Gerigk para Fellerer, 28 fev. 1940, 31 maio 1940 e 30 jun. 1940, BA NS 15/24; Gerigk para Danckert, 11 ago. 1939 e Gerigk para Verwaltungsamt, 10 maio 1940, BA NS 15/24; Gerigk para Schenk, 4 ago. 1939, Gerigk para Osthoff, 11 ago. 1939 e Osthoff para Gerigk, s/d, BA NS 15/26. Em 1939, Gerigk enviou inquéritos confidenciais para a Gestapo e o oficial estrangeiro do Partido Nazista investigou a conveniência de incluir Johannes Wolf, Ewald Jammers, Oskar Kaul, e o musicólogo suíço F. Gysi, mas um relatório em 1940 sobre as atividades do Bureau de Música menciona somente Danckert, Gerber, Fellerer, Schenk, H. Schole (Greifswald) e Erich Schumann como consultores acadêmicos que, em "íntima colaboração", auxiliavam nas tarefas de Hohe Schule. Carta para Gerigk, 4 ago. 1939, BA NS 15/25; "Betrifft: Hauptstelle Musik – Aufgaben und Arbeiten laut Schreiben des Reichsleiters vom 14.5.1940", BA NS 15/189
144 Gerigk para Bäumler, 10 jun. 1940, BA NS 15/24.
145 Rothfeder, op. cit., p. 357-361.

O Einsatzstab permitiu que Rosenberg desafiasse a lei internacional, como Himmler já havia feito. Com suas atividades de pilhagem, ele se apossava de lojas maçônicas, casas de judeus, bibliotecas públicas e comunitárias; escolas, universidades, museus e academias. Em relação ao confisco de bens privados de cidadãos judeus sob ocupação, evidenciava-se que nenhum acordo de cessar-fogo havia sido firmado com os judeus. O confisco em grande escala de obras de arte, livros e outros bens culturais de valor eram justificados por Rosenberg como uma ação de "resgate" de objetos tomados da Alemanha ao longo da história. Em novembro de 1940, ele encontrou um forte aliado em Hermann Göring, que autorizou o Einsatzstab a confiscar objetos para Hitler, para a coleção privada do próprio Göring e para museus alemães, bem como para a Hohe Schule[146].

O objetivo número um do Sonderstab Musik era confiscar, avaliar e transportar objetos úteis para a pesquisa musicológica e para a Hohe Schule, e então estimar as condições da vida musical sob a ocupação e a viabilidade de implantar instituições culturais alemãs. Quanto ao confisco dos bens culturais, os musicólogos eram instruídos a procurar manuscritos de música e material impresso antigo em bibliotecas e monastérios; documentos musicais e instrumentos em posse de judeus; e gravações feitas por judeus em lojas e rádios[147]. Boetticher, assistente de Gerigk, era o mais ativo: ele foi para Varsóvia em 1940 a fim de vasculhar a filial de Varsóvia da Columbia Records e da His Master's Voice em busca de material "insidioso" e "espúrio dos judeus", e confiscar, empacotar e transportar todo esse material para o Bureau Rosenberg e para a Hohe Schule. Quando foi convocado para o serviço militar, o Bureau Rosenberg solicitou sua dispensa pelas excelentes qualificações musicológicas, domínio de línguas estrangeiras e por seu trabalho anterior em Cracóvia, Varsóvia, Bélgica, França e Holanda. A Boetticher foi permitido ter dois contratos, um com o Einsatzstab e outro com a Waffen--ss; no início de 1942, ele foi enviado para os Países Bálticos[148].

---

146 Bollmus, *Das Amt Rosenberg*, p. 145-151; De Vries, op. cit., p. 91-93, p. 103-106.
147 Gerigk para Boetticher, 9 fev. 1942, BA NS 15/24.
148 Duas declarações, 7 out. 1940; Gerigk para o chefe da força-tarefa Einsatzstab, 9 ago. 1941; Einsatzstab para o comandante da Waffen-ss, 29 nov. 1941; Boetticher para Verwaltungsamt, 22 jan. 1942; Gerigk para Boetticher, 9 fev. 1942, BA NS 15/24.

Enquanto Rosenberg fazia um pacto com Göring para supri-lo com tesouros artísticos[149], Gerigk e o Bureau Musical firmavam um acordo bilateral com o rival de Rosenberg, o ministro da propaganda, Joseph Goebbels. Gerigk causou uma impressão tão positiva entre os oficiais do alto escalão que Goebbels o designou diretor da comissão de música para a recuperação de documentos musicais de suposta origem alemã na França e na Bélgica[150]. A lista de despesas indica que Fellerer e Schünemann foram enviados a Paris, respectivamente em março e abril de 1941, e que Gerigk, no outono de 1942, mandou Gerber e Fellerer novamente a Paris, pelo Einsatzstab, para o confisco do repertório alemão impresso[151]. Gerigk também usou seus contatos com outros musicólogos para descobrir coleções de valor. Ele pediu a Hellmuth Osthoff, baseado com as tropas de ocupação na Bélgica, que avaliasse a coleção de manuscritos musicais em Bruxelas e Schiedermair alertou Gerigk para a existência de manuscritos de Beethoven no Conservatório Real de Bruxelas[152]. Nesse trabalho para Goebbels, Gerigk localizou inúmeros manuscritos, cartas e obras impressas raras, que datavam desde a Idade Média até os finais do século XIX, obras que preencheriam um grande vazio nas coleções da Biblioteca de Música Prussiana[153]. Esse trabalho era considerado kriegswichtig (prioridade de guerra) porque o material focado – impressos raros de obras alemãs de 1750 a 1830 – não estaria ao seu alcance em tempos de paz[154].

A cooperação zelosa dos musicólogos com a pilhagem ilegal era, sem dúvida, alimentada pelo ressentimento acumulado diante das perdas de fontes musicológicas para o Ocidente

---

149 Petropoulos, *Art As Politics*, p. 133-137.
150 Scholz, "Bericht über die 1. Sitzung im Reichsministerium für Volksaufklärung und Propaganda betreffend Rückforderung von Kulturgut aus den westlichen Ländern", 24 ago. 1940; Gerigk para Goebbels, 18 nov. 1942, BA NS 15/99. Ver também De Vries, op. cit., p. 126-130.
151 "Sonderstab Musik Abrechnung für das Reichspropaganda-Ministerium", 16 ago. 1941, BA NS 15/99; Gerigk para Gerber, 8 maio 1942 e Gerigk para a comissão de planejamento da Hohe Schule, 16 dez. 1942, BA NS 15/25; Gerigk para Bäumler (Comissão de Planejamento Hohe Schule), 17 set. 1942, BA NS 15/24.
152 De Vries, op. cit., p. 175.
153 Rosenberg para Goebbels, 7 set. 1940, BA NS 15/190. Para uma detalhada avaliação de todas as aquisições musicais provenientes da ocupação do Ocidente (França, Holanda e Bélgica), cf. De Vries, op. cit., cap. 3.
154 Gerigk para Gerber, 8 maio 1942, BA NS 15/25.

durante as últimas décadas. Logo depois da Primeira Guerra, Einstein criticou a Biblioteca de Viena por doar cinco impressos originais de Petrucci à Itália, chamando o ato de "um roubo vergonhoso de arte pelos italianos" feito "em nome da 'justiça' e da 'retidão'". Einstein estava especialmente irritado porque Viena, originalmente, havia adquirido esses impressos em 1835 por meio de troca e não de confisco, porque a Itália possuía exemplares idênticos e porque os pesquisadores italianos provavelmente não utilizariam o material[155].

A ameaça de perdas bateu à porta de casa quando, nos anos de 1920, os departamentos de musicologia se encontraram financeiramente apertados e incapazes de comprar bibliotecas de música. Após perder a disponibilidade sobre a coleção de Heyer, quando da sua venda para o Departamento de Musicologia de Leipzig, o novo Departamento de Colônia estava de olho na biblioteca de Wolffheim, posta à venda em 1926. Tanto Wolffheim quanto seu agente de vendas agiram com "ardente ambição" para manter a coleção em mãos alemãs, uma vez que, desde a inflação, muitas bibliotecas alemãs haviam sido vendidas para norte-americanos e outros estrangeiros, o que "remexia a ferida" de um país obrigado a arcar com reparações de guerra[156]. Porém, não tiveram sucesso. Max Seiffert, em sua proposta de 1935 para consolidar o Instituto de Bückeburg, apontou para a triste necessidade de subvenção estatal, especialmente

quando se considera a imensa migração para o exterior de bens musicais alemães insubstituíveis – as bibliotecas privadas de música do prof. Wagener (Marburg) para Bruxelas; a de A. Schatz (Rostock) para Washington; a de W. Wolffheim (Berlim) em grande medida para a Itália e Suíça, que também ficariam com uma boa parte da Biblioteca Real de Wernigerode[157].

Os musicólogos de meia idade que participaram do Sonderstab Musik devem ter sentido alguma satisfação em ajudar na pilhagem de bibliotecas e artefatos musicais – especialmente em terras ocidentais de ocupação –, depois de terem suportado

---

155 "Mitteilungen" (conhecido por "A.E."), zfmw, n. 1, 1918-1919, p. 566.
156 Martin Breslauer (vendedor de livros) para Eckert (Curador, Universidade de Colônia), 14 dez. 1926, UAK.
157 Seiffert, "Denkschrift", p. 5, SIM.

por anos a fio, no pós-guerra, perdas para seus ex-inimigos. Alguns deles também gozaram de vantagens intelectuais, fosse pelo acesso exclusivo a fontes antes inacessíveis, fosse pelos subsídios para viagens de pesquisa à guisa de serviços de guerra.

De outro modo, trabalhar para o Bureau Rosenberg não era muito compensador, uma vez que os cofres de Rosenberg estavam geralmente vazios. A maior parte dos musicólogos que trabalhava com Gerigk – Erich Schenk, Karl Gustav Fellerer, Georg Schünemann, Werner Danckert, Rudolf Gerber, Werner Korte – já havia assegurado uma posição acadêmica e podia prestar seus serviços voluntariamente. Tarefas exaustivas como a avaliação de livros para a Gabinete de Literatura não compensavam e só as atividades do Einsatzstab eram bem providas de fundos, graças ao generoso apoio de Goebbels. Muitos deles tinham vívida a memória das incertezas do pós-guerra. Sua associação com o Bureau Rosenberg não deve ter sido mais do que um prudente investimento numa influência política potencial e em segurança para o futuro.

Para os musicólogos jovens, trabalhar para Rosenberg não oferecia horizontes amplos, especialmente em comparação com as oportunidades oferecidas pela endinheirada Ahnenerbe ss. Wolfgang Boetticher foi o único a se beneficiar significativamente dessa associação[158]. Membro de uma geração educada sob a ditadura nazista, Boetticher, nascido em 1914, envolveu-se com as organizações nazistas desde jovem e nunca parou de ascender. Foi líder de força-tarefa na Universidade de Berlim, divisão da Liderança Estudantil do Reich, em 1934, avançou na organização nacional como musicólogo oficial, em 1937, e se tornou membro da Waffen-ss em 1941[159]. Ele foi chamado pela primeira vez para trabalhar com Rosenberg em 1937, entrando para a folha de pagamento como empregado em regime integral no começo de 1939, e sendo promovido em finais de 1942, quando Hitler o designou chefe de gabinete (Reichshauptstellenleiter der NSDAP)[160]. Boetticher deve ter se juntado às fileiras

---

158 "Planstelle", [s.d.], BDC.
159 Boetticher, "Lebenslauf", 4 jan. 1943, UAB PA Boetticher; Boetticher para Mittendorfer, 14 jan. 1944, BDC Boetticher; Boetticher, candidatura a uma vaga no Haupstelle Musik, 3 nov. 1938, BA NS 15/24.
160 NSDAP Treasurer para Boetticher, 8 mar. 1939, Partei-Kanzlei para Boetticher, 9 nov. 1942 e Boetticher, "Lebenslauf", 4 jan. 1943, UAB PA Boetticher; Gerigk ▶

de Gerigk na esperança de promover sua carreira acadêmica. Diferentemente de seus colegas mais velhos, ele podia fazer-se disponível ao Bureau Rosenberg a qualquer hora e, ainda que o vínculo com Rosenberg tenha se mostrado politicamente estéril, seu trabalho rendeu-lhe ganhos acadêmicos. O Bureau Musical publicou alguns de seus trabalhos sobre Schumann como parte da série *Klassiker der Musik*[161], e suas atividades com o Einsatzstab permitiram-lhe concluir seu *Habilitationsschrift* e outros projetos importantes na medida em que o levou a vários territórios ocupados durante a guerra, possibilitando-lhe o acesso às suas bibliotecas. Ao avaliar sua *Habilitation*, Schünemann escreveu que

a iniciativa de guerra lhe fez partir em missão, por intermédio do ministro Rosenberg, para Paris, Bruxelas, Varsóvia, Cracóvia, Amsterdã e outras cidades, onde foi encarregado de avaliar os tesouros musicais alemães. [Boetticher] explorou essa rara oportunidade para estudar a música para alaúde. ... Seu *Habilitationsschrift* resulta de pesquisas anteriores, suplementadas significativamente por suas visitas dos tempos de guerra a bibliotecas estrangeiras[162].

Boetticher usou seu tempo em Vilna para pesquisar e escrever acerca da influência alemã sobre a canção folclórica da Letônia, e publicou os resultados em 1944; já em Paris, dedicou-se a escrever um estudo sobre um manuscrito autógrafo de Mozart recém-descoberto na Biblioteque Nationale[163], publicando seu achado em 1944, na *Neues Mozart-Jahrbuch*. As vantagens de trabalhar com Gerigk se reverteram, indiretamente, em oportunidades de pesquisa e publicação e, em setembro de 1944, ele foi nomeado para a faculdade de Berlim.

▷ para Kerksiek (Verwaltungsamt, Amt Rosenberg), 18 jan. 1939 e Boetticher, lista das atividades da NSDAP, 11 nov. 1939, BA NS 15/24. De Vries inclui detalhadamente o número das atividades de Boetticher na França, na Holanda e possivelmente na Bélgica (p. 139-143, 160-161, 175) e inclui uma discussão geral sobre o envolvimento de Boetticher com os nazistas (p. 181-202).
161 Boetticher, lista de publicações escolares, 4 jan. 1943; Schünemann, "Gutachten über die Habilitationsschrift Dr. Wolfgang Boettichers", 18 mar. 1943, UAB PA Boetticher.
162 Schünemann, "Gutachten über die Habilitationsschrift Dr. Wolfgang Boettichers", 18 mar. 1943, UAB PA Boetticher.
163 Boetticher para Decano, 29 fev. 1944, UAB PA Boetticher.

Porém, no geral, a associação com Rosenberg rendia poucos benefícios de longo prazo para os musicólogos. A eficiência de Rosenberg nas questões culturais era pífia diante da de Himmler, e suas múltiplas responsabilidades – chefe do gabinete de relações exteriores no Partido Nazista e, depois, ministro dos Territórios Ocupados do Leste – desviaram-no de suas ambições culturais, absorvendo seu tempo e suas energias. Em sua operação, Rosenberg foi incapaz, ademais, de definir objetivos e cooperar com outros interesses e a falta de uma base financeira sólida lhe impediu de manter uma equipe mais numerosa e empreender pesquisas de longo prazo. No interior do Bureau Rosenberg, as realizações do Bureau Musical foram excepcionais, tendo conseguido atrair a atenção de um Goebbels, todavia insuficientes para ampliar e sustentar suas operações durante a guerra.

OS MUSICÓLOGOS E A GERMANIZAÇÃO DO LESTE

Os objetivos do Sonderstab Musik no leste europeu eram muito diferentes da missão de retaliação que motivou as ações no oeste. Toda a campanha de guerra foi guiada pelo desejo de colonização na direção leste, invadindo-se a Rússia e explorando suas terras para o "espaço vital" (*Lebensraum*) alemão. As agressões militares ao oeste almejavam apenas enfraquecer uma contraofensiva europeia que pudesse impedir a Alemanha de invadir e ocupar a Rússia e tudo o que estivesse entre ambas. O objetivo final da guerra era reassentar a crescente população alemã nas vastas extensões de terra a leste e explorar seus recursos agrícolas[164]. Acadêmicos especializados em história, literatura, linguística, antropologia e geografia do leste europeu assessoravam entusiasticamente o governo em relação aos assentamentos e à germanização de instituições culturais e educacionais. Utilizavam suas racionalizações acadêmicas para justificar a ocupação do leste e demonstrar que a Alemanha tinha direitos históricos sobre esses territórios e agora apenas os "reclamava"[165].

---

164 Weinberg, *World at Arms*, p. 20-25.
165 Burleigh, *Germany Turns Eastwards*.

Também para os musicólogos era importante sustentar a tese de que a Alemanha possuía direitos históricos sobre territórios do leste, decorrentes da centenária influência alemã sobre as culturas musicais dos países sob ocupação. Tais racionalizações haviam impregnado a literatura musicológica desde a *Anschluss* e uma das tarefas do Sonderstab Musik era substancializar, com evidências físicas, as teorias a respeito da presença alemã na história musical do leste ocupado. No documento que detalhava as atribuições de Boetticher nos Países Bálticos, Gerigk o instrui a "identificar manuscritos e impressos de música existentes em bibliotecas acadêmicas e públicas. O mais importante são os documentos de origem alemã que indicam o significado político dos territórios do leste"[166].

O Sonderstab Musik não se restringia ao mero confisco de material do leste; avaliava as condições dos territórios ocupados para o futuro controle da vida musical. Como delineado no documento que ordena as atribuições de Boetticher, a missão incluiria atividades investigativas sobre as agências de concerto com uma atenção especial para seus contatos estrangeiros, a listagem de músicos e compositores judeus para o *Lexikon der Juden in der Musik*, e a avaliação da confiabilidade política de músicos não judeus no intuito de encorajá-los a trabalhar para a causa cultural alemã:

seria útil estabelecer um contato estreito com compositores e intérpretes arianos residentes. Seria importante determinar as orientações políticas do presente e do passado desses músicos não judeus. Nos casos apropriados, se tentaria conquistar esses artistas para as causas culturais do Reich alemão. Desse modo, será possível criar as condições ideais para as instituições culturais e organizações acadêmicas a serem implantadas no futuro[167].

Esse tipo de trabalho era considerado tão importante pelo governo nazista que Gerigk foi dispensado do serviço militar em maio de 1942, pois Rosenberg entendia que suas ações no leste eram essenciais para os esforços de guerra, na medida em

---

166 Item 1, Gerigk para Boetticher, 9 fev. 1942, BA NS 15/24. Uma transcrição desse documento se encontra em Potter, "Musicology under Hitler", *Journal of the American Musicological Society*, n. 49.
167 Item 7, Gerigk para Boetticher, 9 fev. 1942, BA NS 15/24.

que propiciavam um "reconhecimento e a consequente defesa da destrutiva concepção de mundo do inimigo"[168].

Embora essas tarefas representassem apenas passos iniciais, deram aos musicólogos uma oportunidade sem precedentes para desenvolverem um papel concreto no controle da vida e da política musicais no leste. Essas experiências poderiam ter conduzido a outros importantes desdobramentos depois da guerra. As tarefas de reassentamento e germanização cultural envolviam não apenas o preenchimento de vagas universitárias, mas também a implantação ou a reforma da educação musical, da vida dos concertos, da música amadora, da publicação de obras musicais e de outros aspectos da vida e da indústria musicais. Tendo sido excluídos dessas tarefas em casa, a despeito da sucessão dos dois regimes após o fim da Primeira Guerra, os musicólogos se depararam com outra chance de ter um impacto para além dos domínios estreitos do ensino e da atividade acadêmica.

Mesmo antes da guerra, os musicólogos haviam começado a oferecer, de modo voluntário, recomendações práticas sobre a germanização musical do leste[169]. Quando Hitler começou a exercer pressão sobre a Tchecoslováquia para que esta cedesse suas províncias povoadas por alemães e tropas tchecas mobilizaram-se em resposta aos rumores de uma invasão em maio de 1938, Gustav Becking tornou pública a desesperada situação da vida musical da região. Numa edição da *Zeitschrift für Musik* dedicada à música sudeto-alemã, marcava a necessidade de se melhorar a cultura musical alemã e preservar as tradições de música folclórica entre os sudetos alemães[170]. Ele também insistia que o Estado melhorasse a educação musical[171]. Dois meses após a invasão na Polônia, Moser e Frotscher sugeriram medidas para a germanização da vida musical na Polônia, incorporando o item educação musical ao reassentamento dos alemães em territórios poloneses recém-adquiridos, como proposto por Hitler[172].

---

168 Einsatzstab Reichsleiter Rosenberg für die besetzten Gebiete para Reichsminister für die besetzten Ostgebiete, 7 maio 1942, BA NS 15/25.
169 Cf. Potter, "Musicology under Hitler", op. cit., p. 91.
170 Becking, "Die Lage der sudetendeutschen Musik", *ZfM*, n. 105, 1938, p. 574-576.
171 Idem, "Kleiner Beitrag zur musikalischen Kultur und Stammeskunder der Sudetendeutschen", *Der Ackermann aus Böhmen*, n. 6, 1938, p. 457-462.
172 Moser, "Deutsche Musik im polnischen Raum", *DMK*, n. 4, 1939-1940, p. 155-157; Frotscher, "Stätten deutscher Musikkultur: Danzig", *DMK*, n. 4, 1939-1940, p. 152-155.

Os musicólogos seguiram contribuindo para a conceituação do leste como um território cultural e musical alemão, e relataram os avanços da germanização. Moser e Frotscher se referiam ao "Leste alemão" como uma vasta área na qual os alemães tinham uma profunda influência musical, artística e científica[173]. A edição de outubro de 1939 da *Musik in Jugend und Volk*, dedicada à germanização da Polônia, trazia o artigo de Guido Waldmann "As Realizações Culturais Alemãs na Polônia" (Deutsche Kulturleistungen in Polen) e um correlato, escrito por Frotscher, sobre música folclórica. Em 1943, Walther Vetter relatou os avanços da música alemã em Posen no periódico *Wartheland* (dedicado à "reconstrução e à cultura no leste alemão")[174], e Hans Heinz Stuckenschmidt, condecorado após 1945 como defensor da música moderna e vítima da censura nazista, atuou na Tchecoslováquia em 1941, fazendo relatos acerca da atividade musical alemã em Praga para o jornal patrocinado pela ss, *Böhmen und Mähren*, e para o periódico sediado em Berlim, *Ostland: Halbmonatsschrift für Ostpolitik*[175].

Outros exploraram o processo de germanização em função de seus próprios avanços em projetos de publicação, cursos e política universitária. Em 1943, Schünemann tomou a iniciativa de trabalhar diretamente com o Generalgouvernment para planejar uma edição completa de Chopin, a despeito do julgamento de muitos musicólogos referente à desnecessidade de tal edição[176]. Assim, enquanto ele e Boetticher proferiam palestras na Holanda e na França, respectivamente[177], Moser e Valentin propagavam a germanização por meio de palestras na Cracóvia, em 1944 – o primeiro abordava Richard Strauss, o segundo, a poesia e a música alemãs no leste. E essas duas conferências

---

173 Moser, "Die alte Ostfront der deutschen Musikkultur", AMZ, n. 66, 1939, p. 547-548; Frotscher, "Die Bedeutung der deutschen Musik im Osten", MJV, n. 4, 1941, p. 2-3; idem, "Deutsche Kulturleistungen im Osten", MJV, n. 5, 1942, p. 102-105.
174 Vetter, "Aus dem Posener Musikleben", *Wartheland: Zeitschrift für Aufbau und Kultur im deutschen Osten* ¾-6, 1943, p. 23-24.
175 Stuckenschmidt, "Joseph Keilberths Weg und Aufgabe", *Böhmen und Mähren*, n. 2, 1941, p. 329-331; idem, "Musik in Böhmen und Mähren", *Ostland*, n. 21, 1940, p. 194-198.
176 Albrecht (Staatliches Institut) para REM, 12 nov. 1943, BA R21/ 11058.
177 Schünemann para Decano da Philosophischen Fakultät (Univ. Berlin), 22 jan. 1944, UAB PA Schünemann; Boetticher para Mittendorfer, 14 jan. 1944, BDC Boetticher.

foram consideradas tão importantes para o processo de germanização do leste que foram publicadas pela Buchverlag Deutsche Osten na série "Blätter für deutsche Kultur". As universidades, igualmente, aproveitaram a campanha de germanização do leste para ganhar apoio aos seus departamentos de musicologia: em Königsberg, os administradores argumentaram que, como o único posto avançado no leste, seu Departamento de Musicologia tinha de ser preservado e expandido em virtude da *Ostpolitik*[178].

De seu posto no Ministério da Propaganda, Moser participou ativamente da germanização do leste. Uma carta de 21 de maio de 1941, endereçada pelo "Leiter M" ("Diretor M", isto é, chefe da Divisão de Música do Ministério da Propaganda, Heinz Drewes) "ao Ministro" (Goebbels), com correções de Moser, enfatizava a necessidade de um "reflorestamento músico-cultural" do leste alemão, um objetivo alcançado não apenas com recursos financeiros, mas com uma investigação completa das evidências históricas da influência musical alemã nessa região. Moser cita exemplos da hegemonia musical alemã que datariam do remoto século XIII e sugere pesquisas acadêmicas sobre a história da presença musical alemã na Hungria, na Polônia, na Tchecoslováquia e nos países bálticos. Suas sugestões iam muito além da pesquisa, enfatizando que essas áreas precisavam ser investigadas e divulgadas "pois por esse retrato cultural-geográfico da história da música será possível desenvolver as tarefas político-culturais e as possibilidades para o presente e o futuro nessas vastas regiões que mais uma vez confiaram a nós"[179].

A Áustria, a primeira região oriental a ser anexada, e conhecida desde então como "Ostmark", foi o campo de testes primário dos musicólogos quanto à possibilidade de exercer influências sobre políticas culturais. A *Anschluss* de 1938 acarretou o

---

178 Kurator (Königsberg) para REM, 20 jul. 1942; Reitor (Königsberg) para REM, 28 set. 1943, GStA, 1/76, p. 880.

179 "Leiter M" (Drewes, com correções de Moser) para Goebbels, 21 mar. 1941, *Moser Papers*. Essa carta, datada de 21 mar. 1941, é uma das três cartas escritas antes de 1945 existentes entre os papéis de Moser. Existe outra de 1941 e uma de 1932, seguidas por cartas de 1946. As restantes, como Moser explicará em sua correspondência posterior, ficaram perdidas durante um incêndio em seu escritório. Uma transcrição da carta foi incluída em Potter, "Musicology under Hitler", op. cit.

fechamento imediato da DTÖ e sua substituição pela comissão da Landschaftsdenkmale, sob a direção do Instituto Estatal. Em 1940, o ministro da educação converteu o arquivo de canções folclóricas da Áustria em "arquivos distritais de música folclórica" (*Gauarchive für Volksmusik*), então colocados sob supervisão do Departamento de Música Folclórica do Instituto e devendo se reportar diretamente a Quellmalz[180]. Além disso, o Ministério da Propaganda relatou ter contribuído com 10 mil marcos para a Bruckner Gesamtausgabe (Obras Completas de Bruckner), financiada anteriormente pelo governo Schuschnigg[181].

Vários financiadores do Estado e do Partido se interessaram em preservar Salzburg como um importante centro musical e designaram os musicólogos alemães para funções administrativas. O ministro da propaganda financiava o festival de Salzburg, o teatro, e a orquestra do Mozarteum; o Ministério da Educação assumiu a escola de música do Mozarteum e a transformou num conservatório estatal; e a Liderança Jovem do Reich criou a Musikschule für Jugend und Volk, no Mozarteum. Hitler também comissionou uma nova Mozart Gesamtausgabe e, em resposta aos protestos de Gerigk contra as "interferências" do Ministério da Propaganda, autorizou uma filial da Hohe Schule para contra-atacar as intrigas de Goebbels[182]. Os musicólogos alemães do Reich suplantaram seus colegas austríacos e assumiram cargos proeminentes. Erich Valentin se tornou diretor do Instituto Central para Pesquisa Mozartiana, além de criar e editar o *Neues Mozart-Jahrbuch* em colaboração com a Deutsche Akademie. Schiedermair chefiou o conselho acadêmico do Mozarteum e foi coberto com honrarias pelo governo de Salzburg e por dirigentes do Partido, recebendo a Medalha de Ouro Mozart, em 1941, do Regierungspräsident, e a Medalha de Prata Mozart, em 1942, de Baldur von Schirach[183].

---

180 "Mitteilungen", *AfMf*, n. 3, 1938, p. 502; Quellmalz, "Arbeitsbericht der Abteilung II: Volksmusik, im Staatlichen Institut für Deutsche Musikforschung", 31 mar. 1944, p. 3; e um relato do "Gauausschüsse für Volksmusik in den Donau und Alpengauen", 1º jan. 1940 para 31 mar. 1943, BA NS 21/220.
181 "Auszug aus dem Schreiben von Dr. Alfred Orel vom 28.12.1938", pasta 121, UNL.
182 Gerigk, "Betrifft: Salzburg", 7 out. 1941, pasta 147, UNL.
183 Steglich, "Zentralinstitut für Mozart-Forschung", *AfMf*, n. 4, 1939, p. 256; "Die wissenschaftliche Arbeiten der Deutschen Akademie", n. 4, BA R 51/8; Schiedermair para Kurator (Univ. Bonn), 12 dez. 1941 e 2 fev. 1942, UABonn PA

Essa invasão de acadêmicos e burocratas alemães trouxe algumas vantagens para a musicologia austríaca. A influência decisiva do ministro da educação na Universidade de Viena tornou possível preencher a vaga de *Extraordinarius*, vacante desde 1931, e em Innsbruck, igualmente, um *Extraordinarius* assumiu[184]. A Universidade de Graz também festejou "sua fortuita incorporação" no sistema universitário do Reich, vendo nisso uma oportunidade para, enfim, criar uma cadeira em musicologia. Ademais, a Áustria escapou, por pouco, da desvairada pilhagem alemã de suas fontes musicológicas[185]. O decreto de Hitler para manter todos os bens culturais dentro das fronteiras da antiga Áustria levou por água abaixo os planos de transportar os arquivos musicais dos monastérios austríacos para a Biblioteca Estatal da Prússia[186].

COOPERAÇÃO, COMPETIÇÃO E COERÇÃO

As rivalidades entre Himmler, Goebbels, Göring, Rosenberg, Rust e Ley geralmente são interpretadas como um grande esquema de Hitler para dividir e conquistar, porém também foram identificadas como um sintoma do caos instalado no coração do sistema nazista. Essas rivalidades também penetraram a musicologia. Distintamente das boas intenções iniciais de se trabalhar em conjunto, os empreendimentos musicológicos não acadêmicos foram marcados por inúmeros atos de sabotagem, difamações e intrigas, que inviabilizariam uma atividade compartilhada. Os ganhos eram relativamente pequenos, envolvendo, basicamente, o controle de certos projetos de publicação, arquivos e outras operações menores. Não obstante, a rivalidade era feroz, especialmente à medida que a guerra avançava e a competição por fundos e pessoal recrudescia. A

Schiedermair (Kuratorium). Georg Schünemann também foi contratado para uma consultoria com um substancial honorário; ver Wagner, *Das Mozarteum*, p. 223.
184 Memorando do Ministerium für innere und kulturelle Angelegenheiten (Vienna), 24 out. 1939, BA R 21/10185. A vaga em Viena é discutida no cap. 4.
185 Decano (Graz) para Ministerium für innere und kulturelle Angelegenheiten, 22 jul. 1938, BA R 21/10185.
186 Schenk para Decano (Vienna), 31 mar. 1941, UAW Dekanat 78.

virulência da competição pode ser explicada como resultado da combinação de três fatores: recursos escassos; persistência de uma mentalidade trazida da era Weimar; e um fervoroso desejo de se tirar vantagem do caos da guerra e assumir o controle de amplas operações, no intento de garantir, dentro do Reich e nos novos territórios, uma posição forte na paz vindoura.

Em termos ideais, o Instituto Estatal deveria ter funcionado como um quartel-general para a atividade musicológica em todas as facetas da sociedade nazista. Seus departamentos individuais foram estruturados para se comunicarem com o Instituto dos Alemães Estrangeiros, de Stuttgard, o Arquivo da Canção Folclórica de Freiburg, a União Popular Para os Alemães no Exterior, a Sociedade de Pesquisa Musical, na Suíça, o Conservatório de Berlim e a Deutsche Akademie, de Munique[187]. Em 1939, o Instituto Estatal montou uma unidade no Instituto dos Alemães Estrangeiros, em Stuttgart, para estudar e organizar a vida musical dos étnico-alemães[188]. Como resultado dessa colaboração – e da cooperação do Austrian Gauarchive e do Arquivo da Canção Folclórica de Freiburg –, o Instituto constituiu uma enorme coleção de canções folclóricas no começo dos anos de 1940. O Instituto Estatal chegou inclusive a trabalhar com uma divisão do Bureau Rosenberg na coleção de material folclórico dos Alemães da Volínia e da Galícia nos campos de reassentamento[189].

A Deutsche Akademie, criada em 1925 com o propósito de promover a cultura alemã em casa e no exterior, administrava escolas de língua alemã em países estrangeiros, operava intercâmbios acadêmicos e patrocinava uma variedade de projetos. Sua administração foi purgada em 1936-1937, ficando sob o controle do Ministério da Propaganda, em 1941[190]. Vários musicólogos alemães e austríacos bem conhecidos (entre eles Schiedermair, Schering, Bücken, Huber, Moser, Lach, Lorenz, Haas, Engel, Sandberger, Schmitz, Müller-Blattau e Ursprung) foram empossados em sua divisão de música e a academia

---

187 "Staatliches Institut für Deutsche Musikforschung, Stand vom Juni 1939", *Schiedermair Papers*.
188 "Mitteilungen" *AfMf*, n. 4, 1939, p. 320.
189 Quellmalz, "Arbeitsbericht der Abteilung II", p. 3-6, BA NS 21/220.
190 "The Political Activity of the Deutsche Akademie", BA R 51/9.

patrocinou projetos musicológicos de grande escala, como "Das Wesen der deutschen Musik", "Deutsche Musik im Ausland", a Weber Gesamtausgabe (em colaboração com o Instituto), um catálogo de música impressa, um catálogo das obras de Reger, o *Neues Beethoven-Jahrbuch*, de Sandberger, uma coletânea de canções folclóricas alemãs (em colaboração com o Arquivo da Canção Folclórica de Freiburg) e o *Neues Mozart-Jahrbuch* (com o Mozarteum)[191].

O Instituto também foi incumbido de trabalhar com a SA, a SS, a Liderança Jovem do Reich, o Bureau Rosenberg, a KdF, a Wehrmacht, a Liga dos Professores Nazistas, a Câmara de Música do Reich, a Liderança Feminina do Reich, a Sociedade Agrícola do Reich e o Arbeitsdienst[192]. Em 1939, Besseler tentou envolver a SA, a Juventude Hitlerista, a DAF e o Arbeitsdienst a fim de aprimorar a revista *Deutsche Musikkultur*[193], enquanto o projeto do Tirol do Sul possibilitou a Quellmalz criar uma frutífera cooperação com a Ahnenerbe SS. Essa cooperação se expandiu quando Quellmalz propôs uma colaboração entre a Ahnenerbe e a coleção de instrumentos do Instituto para o projeto do *lur*[194]. A colaboração, fortalecida quando Himmler nomeou Quellmalz como diretor do Centro de Pesquisa de Música Alemã Indo-Ariana em dezembro de 1943, visava à criação de um projeto de pesquisa sobre a música folclórica alemã na Escandinávia, na Holanda e na Bélgica, rendendo a Quellmalz a dispensa do serviço militar e a permissão para retornar ao Instituto[195]. Essas duas organizações também trabalharam com a Liderança Jovem do Reich e o Bureau Cultural da Liderança do Partido Nazista numa antologia de canções folclóricas, em vários volumes, editada por Hans Engel, Joseph Müller-Blattau e H.P. Gericke, com a colaboração de Guido Waldmann, Walter Wiora e Gotthold Frotscher[196].

191 BA R 51/8.
192 "Staatliches Institut für Deutsche Musikforschung, Stand vom Juni 1939", *Schiedermair Papers*.
193 Besseler para Seiffert, 29 jan. 1939, BDC Besseler.
194 Quellmalz para Sievers, 6 jan. 1941, BA NS 21/220.
195 Quellmalz para Volksdeutsche Mittelstelle, 18 jan. 1944; Quellmalz, "Arbeitsbericht der Abteilung II", p. 7-8; Quellmalz para Stumme (Hauptkulturamt), 20 abr. 1944; Quellmalz para Albrecht, 26 jan. 1943, BA NS 21/220.
196 Albrecht (Staatliches Institut) para Cerff (Hauptkulturamt) e Sievers para Albrecht, 5 fev. 1943; Albrecht para Kallmeyer Verlag, 7 out. 1943; Quellmalz para Frotscher, 23 dez. 1942, BA NS 21/220.

Empreendimentos colaborativos não eram comuns, mas esse projeto conseguiu o apoio de todas as quatro organizações posto o uso prático da antologia – fosse em eventos festivos, fosse nos escolares. Infelizmente, por outro lado, o projeto suscitou a ira de John Meier, diretor do Arquivo da Canção Folclórica de Freiburg, que o tomou como rival de sua própria edição, igualmente em vários volumes, de canções folclóricas. Foi vão o esforço de Quellmalz e Albrecht em persuadi-lo de que se tratava de um projeto dirigido mais à prática que ao uso acadêmico[197]. Esse foi apenas um dos muitos desentendimentos contraproducentes entre Meier e o Instituto. O Arquivo da Canção Folclórica de Freiburg, que coletava apenas textos das canções folclóricas, mas não a música, estava para ser submetido ao controle do Instituto, mas Meier nunca sucumbiu e continuou a competir com o Instituto pela jurisdição de arquivos regionais, especialmente aqueles situados fora das antigas fronteiras do Reich. Com a mediação do ministro da educação, foi acordado, em 1944, que os dois arquivos independentes partilhariam seus materiais, enquanto os arquivos das províncias submeteriam seus materiais de canções folclóricas e infantis ao Arquivo de Freiburg, e os materiais de danças folclóricas adultas e música folclórica instrumental seriam submetido a Berlim (o Austrian Gauarchive tinha de enviar todas as suas transcrições diretamente para Berlim)[198]. Nesse meio tempo, porém, Meier tinha tentado engambelar o Instituto em função do controle do Arquivo de Documentação Sonora de Pulikowski, em Varsóvia. Assim, desviou-se do ministro da educação e negociou diretamente com o Generalgouvernment. Isso fez com que Quellmalz partisse imediatamente para Varsóvia no intuito de frustrar seus planos[199]. Meier também tratou diretamente com o Ministério da Educação sobre o projeto da música folclórica de Gottschee, sem incluir Quellmalz[200].

---

197 Quellmalz para Meier, 23 dez. 1942; Meier para Albrecht, 4 jan. 1943, BA NS 21/220.
198 REM para Seiffert, 6 abr. 1936, SIM; Quellmalz, "Arbeitsbericht der Abteilung II", p. 6, transcrição de contrato; Meier para Albrecht, 5 maio 1944 e Albrecht para Meier, 11 maio 1944, BA NS 21/220.
199 Quellmalz para Albrecht, 27 fev. 1941, BA NS 21/220.
200 Quellmalz para Sievers, 24 jun. 1942, BDC Quellmalz.

O Instituto tinha de enfrentar não apenas a competição de Meier, mas também o minguado apoio e ocasionais sabotagens de seu próprio patrocinador, o Ministério da Educação. Quando Quellmalz argumentou contra o fechamento do Departamento de Música Folclórica durante a guerra, observou que o Arquivo de Freiburg ganharia uma vantagem injusta, uma vez que seguiria operando[201]. Ao mesmo tempo, Martin Miederer, o funcionário do Ministério da Educação encarregado do Instituto, visitou o arquivo de Meier e lhe contou sobre seus planos de instituir um "Instituto do Reich para Pesquisa de Música Alemã", que seria composto por departamentos individuais espalhados por todo o Reich e contaria com "seu próprio orçamento e seus próprios diretores". Cada instituto iria se concentrar em questões de importância local, tal como um instituto para a pesquisa sobre Beethoven, em Bonn, um de pesquisas sobre Bruckner, em Linz, e um instituto Spohr, em Kassel. Os planos de Miederer para um instituto de pesquisa em canção folclórica, em Freiburg, implicava dissolver a Divisão de Música Folclórica do Instituto Estatal e transferi-la para Freiburg, presumidamente sob a supervisão de Meier e em colaboração com o Departamento de Musicologia da Universidade de Freiburg[202].

Os ataques mais persistentes ao Instituto vieram do Bureau Rosenberg, especificamente de Gerigk. Sempre que podia, Gerigk tentava minar suas nomeações, e planejou criar, em Leipzig, um instituto separado e sob seu controle, destinado a assumir as funções do Instituto Estatal. Não fosse a aliança do Instituto com Himmler, Gerigk poderia ter se dado bem. Quando Huber foi designado chefe do Departamento de Música Folclórica do Instituto, Gerigk conspirou pela revogação de seu contrato, pois Werner Danckert não tinha sido considerado para o cargo[203]. Segundo informações coletadas de alunos, Gerigk descobriu que

---

201 Quellmalz para Albrecht, 26 jan. 1943, BA NS 21/220.
202 Meier para Reitor (Freiburg), 8 jun. 1943, UAF PA Meier (Phil. Fak).
203 Um documento sem data entre as pastas do Amt Rosenberg leva o título de "Die vordringlichsten Veränderugen unter den [B]erliner Musikwissenschaftlern" e diz o seguinte a respeito da recente designação de Huber: "Huber é um homem da Katholischen Aktion e, do ponto de vista científico, não possui as qualificações para o posto que agora assume. É preciso buscar o mais rápido possível uma forma de anular o contrato, de modo que, no lugar de Huber, possamos dispor do prof. dr. Werner Danckert, de Jena, que é indiscutivelmente o melhor especialista em Volkslied de todos os musicólogos alemães." BA NS 15/149a.

Huber havia alertado para a influência do círculo de Rosenberg durante uma expedição de pesquisa à Iugoslávia, e o acusou, mais tarde, de assumir, "conscientemente ou não", as tendências do "catolicismo político"[204]. Isso levou o Ministério da Educação a investigar a confiabilidade política de Huber, com resultados inconclusivos. O gabinete de Rudolf Hess não apenas confirmou os vínculos de Huber com o catolicismo e sua advertência contra Rosenberg, mas também mencionou que ele havia alugado um apartamento de um judeu. Diante disso, eles não podiam ter certeza de que Huber seria capaz de "avançar sem reservas e em qualquer circunstância em prol do Estado nacional-socialista"[205]. Esse evento não acarretou nenhum dano à carreira de Huber e, em 1940, o mesmo gabinete endossou sua promoção a *Extraordinarius* na Universidade de Munique[206].

No mesmo ano de sua campanha contra Huber (1937), Gerigk abriu uma investigação sobre Besseler, buscando relatos da Liderança Estudantil Nazista para informar-se sobre sua relação com os estudantes, como também para averiguar se uma das estantes da biblioteca de seu departamento ainda exibia o nome do respectivo doador judeu[207]. Gerigk ampliou seus ataques e acusou Besseler de possuir vínculos católicos, de estudar com judeus e orientar estudantes judeus, de defender Ernst Krenek, o jazz e os cabarés. Sempre suspeito de ambição, Gerigk bradou que Besseler considerava-se o "Führer" da musicologia alemã, que barrara as carreiras de Werner Korte e de Erich Schenk, que comprara a biblioteca do emigrante judeu Curt Sachs e que mantinha livros de autores judeus na biblioteca de musicologia da universidade[208].

---

204 Gerigk para Schroth, 22 out. 1937 e 19 nov. 1937, BA NS 15/59; Frey para Amt V, 26 out. 1937, ZStA REM Nr. H663, Bl. 45.
205 "Vermerk", 19 mar. [1937]; Miederer para Frey, 24 fev. 1938; NSDAP-Stellverteter des Führers, Braunes Haus, München, para REM, 23 jun. 1938, ZStA REM Nr. H663, Bl. 39, 48, 53; BA NS 15/59.
206 NSDAP-Stellverteter des Führers para REM, 28 fev. 1940, ZStA REM Nr. H663, Bl. 68.
207 Gerigk (Kulturpolitisches Archiv) para Gaustudentenführung Baden, 28 out. 1937, BA NS 15/59.
208 "Beurteilung aus Amt Rosenberg", [s.d.], UAK; Besseler para Seiffert, 13 out. 1938; Besseler, "Stellungnahme zu Anlage 2 (Schreiben vom 29.4.39)"; Besseler para Miederer, 26 maio 1939; "Urteil des Kreisgerichts Heidelberg der NSDAP: Begründung", 17 nov. 1939, BDC Besseler.

A pedido de Besseler, esses assuntos foram levados a um tribunal do Partido, que, por fim, limpou seu nome. Mesmo assim, insistiu que sua coincidente transferência de posto no Instituto e seu fracasso na tentativa de ser promovido à posição de professor integral em Heidelberg resultavam das acusações de Gerigk, então, demandou compensação[209]. Nem o Instituto nem o Ministério da Educação atenderam a seu pedido. Seiffert explicou que o afastamento de Besseler da chefia do departamento da Denkmäler era resultado de uma reorganização das comissões ditada pelo Ministério. Ele foi novamente designado como editor da *AfMf*, de modo que a mudança foi mais uma transferência horizontal do que um rebaixamento[210]. O Ministério da Educação também decidiu que a situação de Besseler na Universidade não tinha qualquer ligação com seu julgamento político, mas sim era consequência da falta de uma cadeira disponível[211]. Besseler jamais se curou de seu sentimento de vítima e por várias vezes se referiu a esses eventos em seu julgamento de desnazificação, sustentando ter sido perseguido por Rosenberg[212].

Gerigk mantinha olhos vigilantes sobre o pessoal do Instituto. Ele estava sempre buscando um modo de afastar Seiffert da direção[213], e depois que Hans Albrecht assumiu o cargo, em 1941, Gerigk voltou sua atenção para outras pessoas. Ele marcou seu primeiro ponto em 1944, ao impedir a designação de Marius Schneider. O Arquivo de Documentação Sonora de Berlim, sob a direção de Schneider, estava para ser transferido do Museu Estatal para o Instituto. O patrão de Schneider concordou que ele supervisionasse o projeto, enaltecendo seu conhecimento, retidão, pureza racial, heroísmo militar e compromisso com o nacional-socialismo[214]. Quando seu nome foi submetido protocolarmente ao Departamento de Ciência do Bureau Rosenberg, Gerigk atacou sua devoção católica, seus

---

209 Besseler para REM, 21 jul. 1941, BDC Besseler.
210 Seiffert para REM, 10 set. 1941, BDC Besseler.
211 REM para Minister des Kultus und Unterrichts [Baden], 7 out. 1941, BDC Besseler.
212 Arquivos de Besseler, UAL PA 2926 e UAH.
213 Schroth (Reichsstudentenführung) para Gerigk, 31 jan. 1938, BA NS 15/59; Gerigk para Osthoff, 13 ago. 1940, BA NS 15/26.
214 Kümmel (Staatliche Museen) para REM, 30 jul. 1943, BA R 21/11058.

métodos de pesquisa "contestados", sua pequenez profissional, sua falta de compromisso com a ideologia nazista e a falta de uma posição clara sobre a Questão Judaica. Assim, Rosenberg bloqueou sua nomeação[215].

Nesse ínterim, Gerigk sonhou com seu próprio Instituto – uma ramificação, em Leipzig, da Hohe Schule, voltada à pesquisa musical, o que tornaria obsoleto todo o cabedal de atividades do Instituto. A Chancelaria do Partido informou ao Ministério da Educação que Gerigk, com a aprovação de Hitler, havia secretamente elaborado "planos generosos" que "revolucionariam o trabalho musicológico na Europa". Gerigk chamou a atenção para as Gesamtausgaben recentemente propostas pelo Instituto e para a obra de referência em vários volumes (MGG), questionando a coerência de semelhantes projetos de grande porte em tempos de guerra, que excluíam jovens acadêmicos na ativa[216]. Embora o Ministério da Educação não estivesse inclinado a permitir a Gerigk ou ao Partido Nazista qualquer autoridade em relação às atividades musicológicas, a crítica de Gerigk levou o Ministério a discutir essas questões com o diretor do Instituto. Este objetou que seus projetos demandavam intensa preparação prévia, e, ao contrário, garantiriam emprego para os soldados que retornassem da guerra. Ele não via nenhum impedimento para que o Instituto e a Hohe Schule de Gerigk trabalhassem juntos, mas duvidava seriamente de que haveria musicólogos suficientes, no pós-guerra, para sustentar duas operações tão estreitamente relacionadas como essas[217].

As intrigas de Gerigk não se limitavam a minar só o Instituto. Ele era relativamente desconhecido como pesquisador, tendo realizado seu doutorado em Königsberg, em 1928, com uma tese sobre história da música da cidade de Elbing. Antes de ser nomeado por Rosenberg, havia trabalhado como diretor musical numa rádio e, em 1934, tornara-se diretor da Câmara Provincial de Cultura de Danzig[218]. Em 1937, seu nome já era

---

215 Gerigk para Hauptamt Wissenschaft, 4 jan. 1944 e 10 mar. 1944, BA NS 15/74; Partei-Kanzlei para REM, 29 abr. 1944 e 20 dez. 1944, BA R 21/11058.
216 Schimidt-Römer (Partei-Kanzlei) para Miederer, 24 abr. 1944, p. 2, BA R 21/11058.
217 Miederer para Albrecht, 20 jun. 1944, Albrecht para REM, 17 jun. 1944, BA R 21/11058.
218 "Mitteilungen", ZfMW, n. 16, 1934, p. 256.

conhecido no meio musicológico em virtude de suas intrigas. Numa carta a Sandberger, Hans Engel disse achar que Gerigk exercia controle sobre Schering e, portanto, o considerava uma ameaça à DGMW, assim como a muitos outros meios musicológicos. Gerigk já havia assumido o controle das casas editoriais Hesse e Athenaion e, posta uma oportunidade, avidamente se apossaria da *AfMf*, tendo já atacado a *Deutsche Musikkultur*, taxando-a de "reacionária", e os membros do Instituto – Besseler, Huber, Engel e Weber –, referidos como "católicos". Engel esperava que Schiedemair, o novo presidente da DGMW, não convidasse Gerigk e seu séquito para a diretoria da DGMW[219]. Num gesto típico, Gerigk fez uma cena no encontro de novembro da DGMW: marchou com Korte, Schenk e Erich Schumann, decretando a organização ilegal, com o que provocou apenas risos entre os presentes[220]. Gerigk também admitiu que esperava ganhar influência na divisão de música da Deutsche Akademie[221].

Sandberger respondeu às observações de Engel, admitindo que sabia pouco quanto à competência teórica de Gerigk, mas recordou o ressentimento de Gerigk quando seu trabalho sobre Verdi não fora devidamente elogiado no *Beethoven-Jahrbuch*, editado por Sandberger[222]. Pouco tempo depois, Sandberger tornou-se muito familiar às táticas de Gerigk. Na edição de setembro do *Die Musik*, Gerigk acusou Sandberger de elogiar trabalhos de judeus no *Beethoven-Jahrbuch*. Sandberger teve que se explicar aos membros da Universidade e ao presidente da Deutsche Akademie, alegando, defensivamente, suas próprias credenciais antissemitas ao relatar sua bem conhecida oposição à "propaganda-Mahler", seu sofrimento nas mãos de críticos judeus e seu repúdio à "política artística judaica" de Paul Bekker[223].

Gerigk também atacou Moser inúmeras vezes, fazendo de suas objeções ao caráter político de Moser um pretexto para questionar a integridade ideológica das organizações que empregavam

---

219 Engel para Sandberger, 15 fev. 1937 e 20 fev. 1937, *Sandberger Papers* (BSB).
220 Engel para Sandberger, 9 nov. 1937, *Sandberger Papers* (BSB).
221 Gerigk para Schroth, 19 fev. 1938, BA NS 15/59.
222 Schiedermair para Sandberger, 3 fev. 1937, Sandberger para Schiedermair, 24 fev. 1937, *Sandberger Papers* (BSB).
223 Sandberger para Reitor (rascunho), set. 1937; Deutsche Akademie para Sandberger, 4 nov. 1937; Sandberger para von den Leyen, 6 nov. 1937 e 17 nov. 1937, *Sandberger Papers* (BSB).

seus serviços, nomeadamente, a Ahnenerbe ss e o Ministério da Propaganda. É muito provável, que por conta de Gerigk, a colaboração regular de Moser com a Ahnenerbe tenha ficado prejudicada. Gerigk difundiu o boato de que Moser era judeu e então acusou a organização de impropriedade ideológica pela admissão de Moser em seus quadros. Também criticou o Ministério da Propaganda por contratar Moser a despeito de ele ter sido demitido da academia, da medida disciplinar que reduziu sua pensão e da frouxidão ideológica de seus escritos[224]. Depois, ele tentou monopolizar as atribuições de Moser em seu Reichsstelle ao empreendê-las por conta própria, acusando Moser e o Ministério da Propaganda de serem ideologicamente desqualificados. Em 1940, Gerigk assumiu a incumbência de traduzir libretos de Mozart – "tornada urgente em consequência das preocupações repetidamente unilaterais do Ministério da Propaganda" –, e de examinar o repertório de ópera e opereta e compilar dados para um manual a ser distribuído entre diretores de teatro. Ilustrando a incapacidade do Ministério da Propaganda em relação aos seus deveres, Gerigk contou a anedota de um compositor de opereta "que nos submetera um Singspiel e dissera que havia sido indagado, pelo Teatro Metropol, se sua obra apresentava dançarinas nuas e jazz. Ao responder que não, foi-lhe dito que 'não se a poderia nem considerar, pois o ministro exigia ambas'"[225].

Gerigk também tentou competir com os projetos acadêmicos do Reichsstelle. Ele criticava cada um dos projetos de Moser, urdindo para criar suas próprias versões. Moser havia se proposto a editar uma grande história da Alemanha e de seus vizinhos, onde demonstraria a presença da música alemã desde a Idade Média nos países sob ocupação ou aliados da Alemanha. Drewes, seu superior, descreveu esse projeto como "um trabalho colaborativo sugerido por mim... que sumariza a influência da música alemã nas terras vizinhas; e, finalmente, por dever à verdade, será mostrada uma imagem da história da música europeia completamente distinta de tudo o que já se tentou"[226].

---

[224] Moser para Plassmann, 20 mar. 1940, BDC Moser; "Anlage 3: Beispiele unvollkommener Kulturpolitischer und weltanschaulicher Führung..." BA NS 15/189.
[225] "Betrifft: Hauptstelle Musik – Aufgaben und Arbeiten laut Schreiben des Reichsleiters vom 14.5.1940", BA NS 15/189.
[226] Cf. Drewes, op. cit. p. 26.

Drewes convidou Gerigk para contribuir com um capítulo sobre os países Bálticos e a Finlândia, mas Gerigk declinou do convite por achar que uma insuficiência nas pesquisas condenava o projeto[227]. Não obstante, o convite despertara sua atenção para o fato de que a pesquisa sobre a história da música europeia estava em voga, de sorte que três meses depois convidou Rudolf Gerber a se juntar a ele para explorar o interesse atual pela influência musical alemã. Ambos viajaram a Paris em finais de outubro de 1942 aparentemente para investigar "a influência dos músicos alemães sobre a cultura musical francesa"[228]. Ao mesmo tempo, a Deutsche Akademie manifestou seu interesse em iniciar um projeto de publicação semelhante. Ludwig Schiedermair buscava colaboradores para o projeto, e submeteu os nomes à avaliação de Gerigk e da Liga dos Professores Nazistas. Em 1943, teve um encontro com membros da Academia para discutir o livro programado para sair em 1944 – provisoriamente intitulado "A Influência da Música Alemã no Exterior" ("Einfluss deutscher Musik auf das Ausland") – e notou que existiam negociações em curso no Ministério da Propaganda em relação ao "projeto rival"[229]. Negociações devem ter sido consideradas necessárias porque a Academia, desde 1941, estava sob os auspícios do Ministério da Propaganda.

AS MOTIVAÇÕES DOS MUSICÓLOGOS E AS OBRIGAÇÕES DA MUSICOLOGIA

Num ensaio de 1945, em comemoração ao décimo aniversário da transferência do Instituto de Bückeburg para Berlim – referido como as bases do Instituto Estatal –, Fritz Stein elogia o *insight* dos líderes nazistas pelo reconhecimento da importância da música e da musicologia, ignorados pelos administradores do passado:

---

227 Gerigk, "Betrifft: Europäische Musikgeschichte", 21 fev. 1942, BA NS 15/99.
228 Gerigk para o escritório de planejamento da Hohe Schule, 16 dez. 1942, BA NS 15/25.
229 "Stand der Angelegenheiten der wissenschaftlichen Abteilungen und Länderausschüsse", p. 15 (página do arquivo n. 0203086), e "Tätigkeitsbericht, 1943", p. 49 (página do arquivo n. 0203148), BA R 51/8.

O Estado nacional-socialista criou um quartel-general para a pesquisa musical através do qual pode dirigir e organizar as tarefas dessa pesquisa. Mas também deu forma às suas inclinações culturais ao criar um ponto focal para uma ciência que, dificilmente comparável a qualquer outra, é fruto do espírito alemão, serve à pesquisa de uma arte que é uma necessidade vital de todo um povo e, até hoje, sempre foi apenas um enteado das políticas culturais públicas.[230]

A liderança nazista mostrou um interesse sem precedentes pelo potencial da musicologia. Como Stein sugeriu, suas motivações podem ter sido "dirigir e organizar as tarefas dessa pesquisa", mas a nova atenção ao "enteado das políticas culturais públicas" deve ter provocado considerável excitação no campo da musicologia. Certamente, no começo do Terceiro Reich, as possibilidades de desenvolver uma pesquisa musical para além dos muros acadêmicos e incrementar a influência da musicologia na sociedade alemã e no Reich em expansão, pareciam ilimitadas. Ironicamente, enquanto Stein louvava a administração por sua presciência, o Ministério da Educação arquitetava a morte do Instituto. A eclosão da Segunda Guerra fez evaporar a maior parte desses sonhos, mas não se pode ignorar os legados das iniciativas do governo nazista que sobreviveram à guerra, como a EdM e a MGG, para citar apenas dois exemplos.

O Partido e o Estado apresentaram novas opções para uma aplicação da musicologia fora do ambiente universitário, e aqueles que cooperaram faziam-no pelos benefícios acadêmicos, monetários, políticos e profissionais. Alguns dos acadêmicos mais experientes, como Sandberger e Schering, tiraram vantagem dos patrocínios governamentais para dar visibilidade à sua obra e engordar a renda. Outros eram seduzidos pelos raros privilégios de pesquisa, mesmo quando isso envolvia atividades ilegais. Muitos dos que trabalharam com Rosenberg estavam assegurados em seus cargos acadêmicos, não tendo o que perder ao oferecer seus serviços gratuitamente. A recompensa vinha na forma de oportunidades raras de ver, examinar e, eventualmente, apoderar-se dos cobiçados tesouros musicológicos das bibliotecas e monastérios sob a ocupação alemã.

---

230 "Zum zehnjährigen Bestehen des Staatlichen Instituts für deutsche Musikforschung", p. 2, SIM.

Acadêmicos mais jovens como Bose e Boetticher lançavam-se nas iniciativas patrocinadas pelo governo e pelo Partido sinceramente, cientes dos benefícios potenciais para suas futuras carreiras no interior da Universidade. Tanto Bose quanto Boetticher se puseram a colaborar no intuito de alcançar postos universitários, e o aproveitamento acadêmico de suas tarefas melhorou suas qualificações acadêmicas, catapultando-os profissionalmente às carreiras que floresceram para além de 1945. Moser também soube aproveitar as oportunidades, mas em função de seu desejo secreto de retornar à academia. Cumpriu as tarefas do Reichsstelle com entusiasmo, ganhando elogios de líderes nazistas. Porém, seu coração pertencia à academia. Em 1941, quando a morte de Arnold Schering criou a necessidade de um sucessor, Moser escreveu para um amigo:

Fui comissionado pelo *Führer* para cuidar do repertório de óperas clássicas e do século XIX rearranjadas, mas isso não está no centro de meus reais interesses. Embora isso, mais a minha pensão como diretor acadêmico, possam me remunerar mais do que a vaga de *Ordinarius* de Schering, continuo lutando para retornar à universidade, que é o meu verdadeiro lar[231].

A participação de outros musicólogos em meio de carreira só pode ser descrita como pura ambição. A comunidade musicológica estava consciente da polarização entre o "grupo Besseler" (ou "instituto panelinha") e o "grupo Gerigk" (ou "círculo Rosenberg"). Besseler era um acadêmico reputado e a força de sua obra teria sido suficiente para lhe trazer sucesso. Ele foi incumbido de projetos de grande importância, como as operações Denkmäler e os periódicos, mas procurava ir além dessas tarefas a fim de se congraçar com as autoridades. Por iniciativa própria, Besseler submetia relatórios frequentes sobre as atividades musicológicas no exterior ao Ministério da Educação, ingressou na SA, e não poupou esforços para limpar seu nome junto ao Partido, insistindo em desafiar as acusações de Gerigk dentro da jurisdição de um tribunal do Partido Nazista. Seu movimento só pode ser explicado como uma necessidade de poder e influência, uma ambição que seu arqui-inimigo,

---

231 Moser para Hartung, 11 abr. 1941, UAB PA Schering.

Gerigk, havia identificado com muita perspicácia. Gerigk, diferentemente de Besseler, nunca obtivera efetivo reconhecimento como um intelectual. Movido unicamente pela ambição, devotou todas as suas energias para perseguir e destruir seus inimigos, frustrando e cooptando os planos das organizações rivais e enfraquecendo ao máximo a influência que estas exerciam. Sob muitos aspectos, ele foi a personificação da missão do Bureau Rosenberg.

Para além dos motivos mesquinhos de cada indivíduo, a natureza da participação musicológica nos empreendimentos do governo e do Partido assumiu um caráter por si própria. As autoridades perceberam muito claramente a centralidade da música na cultura alemã e reconheceram o potencial dos acadêmicos da música para dar suporte ao cumprimento das grandes metas do Estado nazista, especialmente àquelas além das fronteiras do antigo Reich. A música era central em qualquer programa de germanização cultural nos territórios recém-conquistados, e a reformulação da vida musical nas terras ocupadas tinha de surgir da compreensão efetiva, por uma equipe de especialistas, das tradições musicais locais.

Os musicólogos, por sua vez, consideraram a *Ostpolitik* musical um meio de ganhar *status* e apoio junto à hierarquia cultural e educacional nazista. O Sonderstab Musik ia muito além da mera pilhagem, avaliando a situação concreta em função de uma futura dominação alemã da vida musical. Conforme Gerigk havia instruído Boetticher, era preciso estimar a confiabilidade política de músicos arianos a fim de encorajá-los a trabalhar para a causa cultural alemã. Os musicólogos caçavam nativos cooperativos e avaliavam sua receptividade ao estabelecimento de instituições alemãs.

A Ahnenerbe, de modo semelhante, buscava não só pilhar, mas também desenvolver relações de trabalho com as populações nativas, executando as tarefas político-culturais de estímulo à cooperação e de educar os nativos de linhagem alemã para a concepção de mundo nacional-socialista. Os musicólogos eram mais do que meros acadêmicos diligentes que emprestariam credibilidade intelectual às operações de Himmler. A ss deve ter percebido nesses profissionais um compromisso que estava além da pesquisa acadêmica, compromisso que se estendia enquanto uma colaboração como consultores e administradores do processo de germanização do Reich em expansão. Os musicólogos que trabalhavam para Himmler distinguiam-se pela dedicação ao aspecto político-cultural de suas atribuições, tendo-o como algo que ia além do mero confisco de artefatos; não por acaso promoviam a cultura alemã entre os sul-tiroleses por meio de palestras, oficinas e retiros.

Desejosos de contribuir com os grandes objetivos do Estado nazista, esses musicólogos esperavam demonstrar seu potencial assumindo responsabilidades sempre maiores no Reich expandido. Embora essas tarefas preliminares representassem apenas o começo, deram aos musicólogos a rara oportunidade de participar concretamente do controle da vida e da política musicais nos países sob ocupação.

6. O Formato das Novas Metodologias

Os musicólogos, como todos os intelectuais do começo do século XX, foram testemunhas de uma crise do pensamento alemão. Em virtude dos desafios lançados às disciplinas humanísticas em geral pelas forças do materialismo, das ciências naturais e da tecnologia, os musicólogos passaram a pensar em alternativas a fim de poder empregar métodos científicos, libertar a musicologia da dependência de outras disciplinas e tornar a teoria musical mais útil aos músicos práticos. Avanços notáveis em áreas antes ignoradas da musicologia sistemática – incluindo acústica, psicologia e os estudos da música folclórica e não ocidental – chamariam a atenção dos historiadores da música, excitados pelas aplicações científicas e pelo potencial de se revelar pistas da música pré-histórica através da comparação das práticas das sociedades ditas "primitivas" e "civilizadas".

Após a chegada dos nazistas ao poder, as lideranças do campo sistemático – judeus em sua maior parte – foram expulsas da Alemanha, deixando o trabalho de pesquisa nas mãos de estudantes não qualificados e colegas pouco treinados. Simultaneamente, um interesse pelas relações entre música e raça se transformava em moda. Na falta de acadêmicos qualificados que pudessem aferir criticamente a validade da "musicologia racial", os outros depositaram suas fichas pesadamente nas premissas pseudocientíficas criadas pelos populares teóricos raciais da virada do século. Mas essa busca por uma metodologia racial foi estéril.

Um confronto musicológico com a Questão Judaica, promovido por seu potencial benefício político, não conseguiu suscitar muito interesse. Em contraste, o estudo da música folclórica alemã fez progressos significativos durante essa época. Embora governo e Partido encorajassem a pesquisa em música folclórica por meio de incentivos financeiros, o principal fator de mobilização era o entusiasmo de toda uma geração de musicólogos cativados, quando estudantes, pelo Movimento da Juventude e pelo intento de preencher o fosso entre teoria e prática. A pesquisa em música folclórica servia a muitos propósitos: colaborar com a ideologia nazista, atender às necessidades dos amadores e, potencialmente, propiciar um entendimento mais profundo do caráter e da identidade alemãs.

OS LIMITES DA *GEISTESGESCHICHTE* E O SURGIMENTO DO NEOPOSITIVISMO

Pouco antes da virada do século, o estudo da história submergiu numa crise metodológica que teve um profundo impacto na história da arte e da literatura. A tradição prevalente do historicismo traçava uma distinção clara entre a ordem humana e a ordem natural. Fundado sobre os escritos de Wilhelm von Humboldt e Leopold Ranke, o historicismo sustentava a tese de que a história se realiza como resultado dos atos sem paralelo da volição humana e não pode ser comparado com as leis recorrentes e previsíveis da natureza, desprovidas de qualquer propósito ou querer. A história, assim, é capaz de propiciar a mais profunda compreensão de todas as coisas humanas[1]. A influência crescente do positivismo no final do século XIX havia fomentado o pensamento racional, ameaçando minar todas as concepções religiosas, irracionais e metafísicas de mundo. Das discussões epistemológicas subsequentes emergiram dois

---

1 Iggers, *The German Conception of History*, p. 506.

campos. Os neokantianos (Wilhelm Windelband, Heinrich Rickert, e Max Weber) advogavam uma distinção entre os métodos das ciências naturais e aqueles das ciências históricas e culturais, mas estavam abertos à possibilidade de uma abordagem objetiva e racional da história. No outro campo estava Wilhelm Dilthey, que exerceu mais influência sobre a literatura e as artes do que sobre o método historiográfico, especialmente após a Primeira Guerra. Dilthey tentou ser mais rígido que os neokantianos em sua oposição à abordagem racional, propondo que o ser humano só consegue conhecer o mundo social e humano através de suas próprias experiências e que é incapaz de realmente conhecer o mundo físico. Os escritos de Dilthey acerca dos métodos da *Geisteswissenschaft* (ciências do espírito) ecoam as ideias de Hegel e do idealismo alemão, mas estão crivados de contradições. Dilthey, por um lado, tentou afirmar a possibilidade do conhecimento objetivo e do estudo científico da história e da sociedade, mas, por outro lado, aderiu à convicção de que a experiência humana era de natureza altamente pessoal e subjetiva[2].

Subscrevendo os escritos de Dilthey e de seus seguidores, os acadêmicos dedicados ao tema das artes e da literatura no começo do século XX sucumbiram às mesmas contradições que podem ser observadas nos escritos do fundador das ciências do espírito. Eles adotavam o conceito de um "espírito objetivo" (*Geist*) que se expressa a si mesmo através da filosofia, da religião, das leis, das artes, da música e da literatura de uma época, e concentravam suas atividades no estudo da história do espírito (*Geistesgeschichte*). Os escritos da *Geistesgeschichte* exigiam de um estudioso a adoção de certos princípios básicos. Em primeiro lugar, era preciso tentar compreender a cultura e as ideias de um período histórico como um contemporâneo daquele tempo, buscando "experienciar" e "sentir" o assunto em questão (*verstehen* como resultado do *erleben* e do *einfühlen*). Era preciso ainda preservar a unidade e a totalidade da matéria investigada (*Einheit* e *Ganzheit*), o que implicava que os objetos culturais tinham de ser estudados como um todo unitário e não podiam ser fragmentados em partes menores

2   Ibidem, p. 124-144.

através de análises. Finalmente, era preciso ter em mente que o Geist só pode ser entendido após o exame de várias áreas do pensamento, pois, do ponto de vista da *Geisteswissenschaften* todas essas áreas são interdependentes[3].

Os desensores da *Geisteswissenschaft* evitavam tudo o que consideravam *naturwissenschaftlich*, positivista, analítico, biográfico e empírico, e lançavam sobre os ombros do crescimento do materialismo e da tecnologia, em paralelo ao declínio do idealismo alemão, grande parte da culpa da crise do saber[4]. No entanto, eram incapazes de manter uma coerência rigorosa face às suas próprias convicções. Em seus estudos sobre a história da arte e da literatura, Jost Hermand notou que, por volta de 1900, esses dois campos adotaram o grito de guerra "Fora com o positivismo" (*Los vom Positivismus!*), embora, gradualmente, tenham permitido que muitas abordagens positivistas, a exemplo do procedimento analítico, se infiltrassem em seus trabalhos. Nos anos de 1920, os historiadores da cultura ficaram fascinados com a noção de padrões recorrentes na história e formularam esquemas elaborados para explicá-los, ao passo que o nacionalismo deu impulso ao crescente foco sobre a "essência alemã", definida como alguma coisa presente no sangue que determinaria a percepção de mundo das pessoas. As discussões metodológicas criticavam a crença de Dilthey na filosofia, e as *Geisteswissenschaften* individuais cresciam cada vez mais independentes umas das outras, ignorando a máxima da interdisciplinaridade de Dilthey, ou seja, a ideia de que a compreensão do Geist pressupõe a "iluminação mútua das artes" (*wechselseitige Erhellung der Künste*). Nos anos de 1930, o interesse nas hipóteses e construtos da *Geistesgeschichte* foi substituído por princípios mais positivistas. Com a ascensão do nacional-socialismo, as disciplinas história da arte e literatura redirecionaram suas atividades rumo à completa imersão nas coisas alemãs[5].

Os "padrões recorrentes" de Jost Hermand irrompem com traços muitos semelhantes nos escritos de história da música. Na primeira metade do século XX, as discussões metodológicas

3 Maren-Grisebach, *Methoden der Literaturwissenschaft*, p. 23-25, 29-30.
4 Ringer, *The Decline of the German Mandarins*, p. 103, 253-254, 295.
5 Hermand, *Literaturwissenschaft und Kunstwissenschaft*.

foram muito intensas, mas nem sempre era fácil identificar a divergência de posições. O positivismo se infiltrava com frequência em orientações resolutamente antipositivistas e a todo instante uma tendência teórica entrava e saía de moda. Enredados num debate sobre as virtudes da *Geistesgeschichte*, os musicólogos exploravam os parâmetros de forma, estilo e nacionalidade que haviam sido empregados na historia da arte; reavaliavam os ramos mais positivistas da musicologia (como a acústica, a psicologia e a musicologia comparada); e avaliavam as necessidades específicas da pesquisa musicológica e os problemas associados ao excesso de empréstimos tomados às disciplinas afins. As regras de Dilthey mostraram-se demasiado restritivas. Para fundar a musicologia como uma ciência autossuficiente, em pé de igualdade com as demais disciplinas humanísticas, era preciso transcender os limites da *Geistesgeschichte* para acomodar as demandas específicas da pesquisa musical.

Um dos primeiros debates metodológicos depois da Primeira Guerra girou em torno do *status* da musicologia enquanto *Geisteswissenschaft*. Na década seguinte, não foram poucos os musicólogos a contribuir com alguma ideia a respeito, embora pudessem não concordar sobre como proceder. No coração do debate estava o problema de que a música, posta sua natureza sensual e transitória, não podia ser estudada da mesma forma que uma pintura, uma construção ou um documento. Questões surgiram, como, por exemplo, se a musicologia deveria se divorciar dos preceitos filosóficos da *Geistesgeschichte*. A música poderia não ser sujeitada aos mesmos critérios das artes visuais e a pesquisa musical precisava derivar uma metodologia de sua própria estrutura interna. O campo precisava conquistar sua independência em relação à história, à filosofia e à filologia, formulando seu próprio conjunto de questões e problemas[6].

No imediato pós-guerra, no primeiro volume da *AfMw*, Egon Wellesz apontou para a necessidade premente de se desenvolver uma metodologia sólida para a musicologia – especialmente com a criação de uma nova revista –, libertando-a

---

6   Uma descrição da metodológica "crise como nunca antes" é sucintamente esboçada por Otto Gombosi, que preconiza a crítica do estilo como antídoto à crise. Gombosi, "Stilkritik", *Melos*, n. 8, 1929, p. 354-358.

da dependência da história da arte, mas sem descartar completamente os benefícios de uma abordagem bem-sucedida dela derivada[7]. No mesmo volume, Curt Sachs propôs uma aproximação ainda maior com a história da arte, recomendando o estudo dos estilos artísticos de uma cultura e de um período como fundo para a busca de paralelos no campo da música (por exemplo, um gosto por ornamentações, por padrões repetitivos, por linearidade, por formas espaciais)[8]. Enquanto Bücken manteve-se numa posição intermediária, afirmando que apenas certos períodos podiam ser entendidos sob uma óptica *geistesgeschichtlich*, Schering recomendou que a sociologia – para além das humanidades – fosse levada em consideração na busca por novos modelos metodológicos[9].

Todos esses acadêmicos concordavam que a musicologia precisava reavaliar seus métodos, independentizar-se de conceitos emprestados e encontrar formas de abordagem adequadas às suas necessidades. Porém, apenas alguns poucos estavam dispostos a abandonar inteiramente os princípios da *Geistesgeschichte*. Ao contrário, eles continuaram de olho nas disciplinas vizinhas e experimentaram formas de abordagem usadas por elas. A história do estilo, já em uso em outras áreas das humanidades, foi adaptada para a musicologia por Guido Adler, em 1911. E isso foi revolucionário para o seu tempo, pois Adler rompeu com os estudos musicais estritamente estético-biográficos ao focar a obra de arte[10]. A história do estilo, especialmente aquela praticada por Hugo Riemann, exerceu mais atração sobre os jovens musicólogos que outros tipos de abordagem, como a história dos gêneros ou das formas[11]. A abordagem histórica dos estilos de Riemann foi considerada um avanço importante porque acomodava os dois lados de uma

---

7 Wellesz, "Die Grundlagen der musikgeschichtlichen Forschung", *AfMw*, n. 1, 1919, p. 446.
8 Sachs, "Kunstgeschichtliche Wege zur Musikwissenschaft", *AfMw*, n. 1, 1919, p. 451-464.
9 Bücken, "Grundfragen der Musikgeschichte als Geisteswissenschaft", *JbMP*, n. 34, 1927, p. 19, 29-30; Schering, "Das Problem einer Philosophie der Musikgeschichte", em *Bericht über den Musikwissenschaftlichen Kongress in Basel*, p. 311-314.
10 Adler, *Der Stil in der Musik*, e *Methode der Musikgeschichte*; Orel, "Ein Jubiläum Wiener musikwissenschaftlicher Arbeit", *ZfMw*, n. 6, 1924, p. 177.
11 Mersmann, "Zur Geschichte des Formbegriffs", *JbMP*, n. 36, 1930, p. 32-47.

obra musical: sua função como "expressão da vida espiritual de uma época, de uma nação, de uma personalidade" e sua função como a "solução de um problema puramente musical"[12].

Também era crucial desenvolver uma periodização especificamente musical, como a tentada por Riemann, tornando desnecessárias as adaptações forçadas da história da música à ordenação cronológica de outras artes[13]. Nessa época, a periodização estilística imposta pela história da arte (como Renascimento, Barroco) vinha gerando problemas para a interpretação da história dos estilos musicais, na medida em que compelia os musicólogos a imaginar mudanças estilísticas naqueles pontos de mutação demarcados pelos historiadores das artes. Riemann começou a elaborar uma periodização especificamente musical, cunhando termos como a "era do baixo-contínuo", usado como substituto para "barroco".

A *Geistesgeschichte* foi desafiada em outras frentes quando os acadêmicos de áreas humanísticas começaram a perceber o impacto da ciência e da tecnologia no mundo que os cercava. Isso serviu de estímulo para que os musicólogos históricos abrissem a mente para ramos de disciplinas fundados nas ciências naturais e sociais; mas isso se manifestou numa disputa quase vil sobre o que se entendia por pesquisa científica. "Novas" percepções da história tomavam seus modelos das ciências, e embora estivessem fundadas em velhas ideias, a inclusão de estatísticas, mapas e gráficos sofisticados, bem como de metáforas emprestadas das ciências naturais, dava a

---

12 Gurlitt, "Hugo Riemann und die Musikgeschichte", *ZfMw*, n. 1, 1918-1919, p. 584.
13 Mersmann, "Zur Stilgeschichte der Musik", *JbMP*, n. 28, 1922, p. 67-78. A abordagem estilística teve melhor recepção que a abordagem da história da forma. Ela resolvia alguns problemas que a história da forma havia colocado para os estudos históricos ao lidar com as mudanças de significado das designações formais, como "sinfonia" (Gombosi, "Stilkritik", op. cit.). Mersmann ("Zur Geschichte des Formbegriffs", op. cit.) também critica a abordagem da forma, mas equivocadamente a atribui a Kretzschmar. Ele enalteceu o trabalho de Riemann, descrevendo-o como uma fusão da história do estilo com a história da forma e considerou o tratamento de Kretzschmar suspeito. Ele julgou de modo grosseiro a série de Kretzschmar como "manuais de história da música segundo formas e gêneros" e procedeu a uma crítica das limitações da suposta concentração de Kretzschmar ao domínio da forma (e não do gênero, que era então o verdadeiro foco de sua série), argumentando que a forma apresenta grandes variações, pois "toda obra tem sua forma individual", de modo que esse critério é muito menos confiável que o estilo para a investigação histórica.

impressão de que as humanidades estavam acompanhando a mudança dos tempos.

Parte da motivação em buscar novos modelos esquemáticos para ilustrar o fluxo da história da música era fugir do suposto teleológico segundo o qual todos os objetos aperfeiçoam-se constantemente a si mesmos e almejam a perfeição. Essa concepção fora de moda, que havia dominado os escritos de história da música, aparecia em metáforas de darwinismo social e às vezes persistia de modo inconsciente. Alfred Einstein, enquanto convalescia num hospital militar durante a guerra, escreveu, sem acesso à sua biblioteca pessoal, um livro muito popular – *Breve História da Música* (*Geschichte der Musik*, no original). Recriando a história da música sem outro recurso além de sua memória, estava naturalmente propenso a fundamentá-la na ideia basilar de uma luta permanente e incansável – entre nações, gerações, gêneros e indivíduos, mas também dentro da alma do artista – pela conquista implacável de uma forma superior de arte. Metáforas darwinistas como luta e progresso perpassam todo o seu livro. Einstein descreve todo o século XVI como uma era de lutas (*Kampfzeit*), o movimento rumo à monodia como uma "luta contra o contraponto", e o século XIX como uma complexa rede de lutas e contradições transmitidas ao século XX. Einstein também considerava a luta uma experiência necessária para o verdadeiro artista: Mendelssohn, um mestre da forma exterior, não teve uma "real luta interna em sua vida e obra", ao passo que Schumann só atingira sua maturidade musical depois de passar por "lutas externas e instabilidades internas"[14].

O apego de Einstein por metáforas darwinistas, ao que parece, suscitou alguns protestos: no prefácio à segunda edição, Einstein comentou que não fora sua intenção insinuar que a história da música é uma evolução em linha reta e que as obras de arte mais recentes superam as que as precederam, porém enfatizava que a história da música ocidental só pode ser vista como um desenvolvimento unitário, com inovações que necessariamente derivam de materiais preexistentes[15]. Mas Einstein não estava só: as metáforas darwinistas haviam se integrado de

---

14 Einstein, *Geschichte*, p. 33, 35, 99-100.
15 Idem, "Vorwort zur zweiten Auflage" (set. 1919), *Geschichte*, p. 4.

tal modo ao vocabulário, que dificilmente podiam ser eliminadas. Mersmann retratou a história musical de uma cultura como um organismo subordinado às leis evolutivas, e Adler descreveu a hegemonia musical momentânea de uma nação como uma "questão de seleção natural, um processo semelhante à reprodução seletiva na Natureza"[16]. O uso excessivo de tais metáforas levou o influente crítico de música Paul Bekker a fazer uma severa advertência, aconselhando os historiadores da música a divorciar a história cultural dos potenciais perigos do darwinismo social e advogando que a história da música devia ser compreendida como metamorfose e não como desenvolvimento progressivo. Também advertiu contra juízos de valor subjetivos proferidos acerca de outros períodos e, por extensão, de outras culturas[17].

Para escapar da armadilha teleológica, os historiadores da música buscavam esquemas alternativos para apresentar a história da música em termos cíclicos. Bekker a via como uma flutuação entre a predominância do "culto musical" e da "música profana"[18]. Mersmann adaptou os princípios desenvolvidos por Heinrich Wölfflin no âmbito da história da arte renascentista e barroca, onde o "Renascimento" é a fase unificada, construtiva, e o "Barroco" a fase difusa e dissolutiva[19]. Schering chegou a um modelo similar ao delinear a história da textura e do timbre musicais (*Klangstil*), descrevendo uma flutuação entre uma tendência ao "estilo homogêneo" (*Tonverschmelzung*, um termo tomado de Carl Stumpf) e ao "complexo sonoro fragmentado" (*gespaltener Klang*)[20].

A sistematização cíclica mais elaborada foi a *História da Música Ocidental no Ritmo das Gerações* (*Abendländische Musikgeschichte im Rhythmus der Generationen*), de Alfred Lorenz, que propunha que a história alternava-se em padrões recorrentes a intervalos exatos de três séculos. A unidade básica de sua análise

---

16 Mersmann, "Zur Stilgeschichte der Musik", op. cit., p. 70, 78; Adler, "Internationalism im Music", *The Musical Quarterly*, p. 282.
17 Bekker, *Musikgeschichte*, p. 6-7.
18 Ibidem, p. 16-19, 80-82. Para Bekker, determinado período seria dominado pela categoria do profano se, por exemplo, os compositores usassem gêneros de tradição secular na música sacra e vice-versa.
19 Mersmann, "Zur Stilgeschichte der Musik", op. cit., p. 71-78.
20 Schering, "Historische und nationale Klangstile", *JbMP*, n. 33, 1927, p. 31-43.

histórica é a geração de músicos, cada qual abarcando trintas anos e reagindo contra as criações das gerações precedentes. Baseando os grandes impulsos do desenvolvimento musical em dois princípios conflitantes – o "rítmico-homofônico" (*homophone Rhythmik*) e a "polifônico-introspectivo" (*polyphone Innenschau*), e considerando que todas as grandes ideias da história necessitam de três séculos (dez gerações) para se consumarem, reduziu a história da música a um modelo de influência alternada entre princípios, cada qual culminando num ciclo de três séculos. Assim, o período entre 400 e 700 d.C., aproximadamente, assistiu à ascensão da influência homofônica, atingindo seu ápice no canto gregoriano; os três séculos seguintes moveram-se na direção da polifonia, culminando no *organum*. De 1000 a 1300 retornamos à homofonia, com os trovadores e menestréis; o período entre 1300 a 1600, como sabemos, torna-se a era da polifonia, e o período de 1600 a 1900, o da homofonia, no sentido comum do termo[21].

Paralelamente a essa atração pelos princípios das ciências naturais, havia a atração pelas ciências sociais, decorrente de uma consciência de classe e da criação da nova abordagem histórico-social da musicologia[22]. Acadêmicos como Moser, Fellerer e Schünemann investigaram a história dos festivais de música, da educação musical, da *Hausmusik*, da música militar e da música folclórica, colocando questões consentâneas e provocativas – por exemplo, se os músicos do passado deviam ser considerados proletários[23]. Stephen Hinton descobriu

---

21   Lorenz, *Abendländische Musikgeschichte*.
22   "Para pesquisar a obra de arte musical em sua plenitude, buscou-se aliar aos antigos modos de consideração – história do estilo, da cultura e dos mestres da música – uma história social da música que procura investigar os problemas referentes ao domínio dos intérpretes e dos ouvintes." Gurlitt, "Der gegenwärtige Stand der deutschen Musikwissenschaft", *Deutsche Vierteljahrsschrift für Literaturwissenschaft und Geistesgeschichte*, n. 17, 1939, p. 3.
23   Wiora, "Altgriechische Volksmusikkultur", DTZ, n. 25, 1927; Schering "Geschichte und Bedeutung der deutschen Musikfeste", DTZ, n. 28, 1930, p. 261-263; Fellerer "Musik und Feier", *Mk*, n. 31, 1939, p. 433-437; Schünemann, *Geschichte der deutschen Schulmusik*; Fellerer "Häusliches Musizieren im Wandel der Zeit", DTZ, n. 36, 1939, p. 13-14; Frotscher, "Hausmusik in Vergangenheit und Gegenwart", MJV, n. 3, 1940, p. 225-232; Moser, "Die Anfänge städtischer Musikbetreuung", MPf, n. 10, 1939, p. 67-76; Fellerer, "Geschichte der Musik: Geschichte des Musizierens", *Mk*, n. 29, 1937, p. 759-761; idem, "Von alter Kriegmusik", *Mk*, n. 32, 1940, p. 80-81; idem, "Musikalische Kriegspropaganda", *Mk*, n. 32, 1940, p. 162-163; ▶

tendências semelhantes nos primeiros trabalhos de Besseler, que, no centro do sugimento do conceito de Gebrauchsmusik, e sob a influência dos ensinamentos de Heidegger, no começo dos anos de 1920, buscou um novo paradigma para a história da música, que focaria menos na música de concerto e mais nas práticas musicais cotidianas[24]. A abordagem histórico-social veio a ser especialmente favorável à historiografia da música alemã, constituindo a base do estudo de Paul Bekker, de 1916, que descreve a música na Alemanha desde a Revolução Francesa até então como uma atividade comunal; também de um estudo de Walther Berten, de 1933, sobre a vida musical alemã; e, ainda, do livro de Ernst Bücken sobre a música dos alemães, de 1941[25].

A abordagem histórico-social pode ser identificada em boa parte da literatura historiográfica dos anos de 1920 e 1930, devido, sem dúvida, à crescente consciência das diferenças de classe, ao interesse pela música amadora e à pressão para que os musicólogos prestassem atenção às necessidades do público. Esse tipo de abordagem permitiu que os musicólogos reconhecessem a importância do movimento amador, tratando-o como um tema histórico e utilizando as ferramentas com as quais estavam equipados, em vez de se aventurarem em comentários sobre as questões contemporâneas da vida musical. Esses guias históricos também foram úteis para o *revival* da música antiga, suplementando com informações instrutivas o grande número de edições que nessa época apareceriam[26].

Ao contrário da maior parte dos estudiosos da área de humanas, os musicólogos tinham de se equilibrar entre os deveres dentro e fora do mundo acadêmico, o que levou alguns críticos a verem na atividade dos musicólogos enquanto jornalistas, compositores e regentes um obstáculo à "objetividade científica"

▷ Quellmalz, "Von der Geschichte des Soldatenliedes bis zum Weltkrieg", *MJV*, n. 2, 1939, p. 414; as séries de Moser sobre história da música militar em *Gn*, n. 12, 1940, e *Deutsche Militär-Musiker Zeitung*, n. 65, 1943; idem, "War der deutsche Orchestermusiker in alter Zeit Proletarier?", *Orchester*, n. 4, 1927, p. 49.
24 Hinton, *The Idea of Gebrauchsmusik*, p. 5-14.
25 Bekker, *Das Deutsche Musikleben*; Berten, *Musik und Musikleben*; Bücken, *Musik der Deutschen*.
26 Epstein, "Neue Forschungs- und Darstellungsmethoden der Musikgeschichte", *Melos*, n. 8, 1929, p. 358-365; Gurlitt, "Der gegenwärtige Stand", op. cit., p. 4.

e à plena dedicação ao ofício acadêmico[27]. No entanto, a musicologia não podia ignorar sua responsabilidade sobre a prática musical. A pressão para que os musicólogos desenvolvessem seus próprios métodos e terminologia vinha não apenas do interior da disciplina, mas também das demandas postas pelos músicos amadores, que desejavam que as análises musicológicas da música antiga fossem menos filológicas e históricas e mais orientadas à performance. Os músicos e compositores profissionais também pressionavam a musicologia para que prestasse mais atenção nas questões musicais do presente.

A relação dos musicólogos com os músicos práticos tornou-se o tópico de outro debate acadêmico: a saber, quem deveria ceder a quem. Os musicólogos deviam ser mais sensíveis às necessidades dos músicos práticos ou estes deviam levar mais a sério o interesse pelas questões teóricas? Quem mais defendeu a tese de que a musicologia tinha de se voltar para a prática musical da população foi Hermann Kretzschmar. Tanto em seus escritos polêmicos quanto em suas considerações sobre a história da música, Kretzschmar tentou construir uma ponte entre a musicologia e a performance. Em sintonia com a argumentação cuidada de sua *Musikalische Zeitfragen*, Kretzschmar reforçou a importância da história da música para a execução da música antiga, abordando os tópicos históricos estritamente pelo lado da prática, de modo a torná-los mais acessíveis ao *performer*. Publicou uma breve introdução à história da música (*Einführung in die Musikgeschichte*) no sétimo volume da série – editada por ele – de manuais de história da música organizados por gêneros (*Kleine Handbücher der Musikgeschichte nach Gattungen*). A história da música de Kretzschmar transformou-se numa pequena fonte de estudo concebida para servir aos músicos práticos (no que, em sua opinião, devia consistir todo o trabalho musicológico)[28].

Houve quem assumisse posição contrária, ou seja, de que os músicos deveriam fazer um esforço para compreender a musicologia. Promulgando uma concepção essencialmente *geistesgeschichtlich* dos objetivos da musicologia, e fazendo

---

27 Schnerich, "Musik als Kunst und als Wissenschaft", *Neue Zeitschrift für Musik*, n. 85, 1918, p. 61-64.
28 Kretzschmar, *Einführung*, p. 15.

da universidade seu lugar, Johannes Wolf defendeu relações mais fortes com os músicos práticos, mas colocou a responsabilidade da mudança sobre os ombros dos músicos, não dos musicólogos[29]. As observações feitas por Arnold Schering na abertura do encontro de 1925, em Leipzig, também culpavam os músicos práticos, que tinham muito pouco interesse pela musicologia. Ele assentia que a musicologia tinha que dar o primeiro passo em fazer correções de rota e elogiava seus colegas pelos esforços recentes em abordar a música por meio da história da forma e do estilo, mas sustentou os benefícios de uma sintética orientação *geistesgeschichtlich*[30]. No final, os princípios da *Geistesgeschichte* não podiam ser facilmente abalados, mas todos pareciam concordar que o campo necessitava de mudanças de maior fôlego, que resolveriam os problemas da estagnação intelectual e desenhariam propósitos maiores para a musicologia.

A MUSICOLOGIA COMPARADA E SEU DESENVOLVIMENTO INTERROMPIDO

Para a musicologia histórica, empenhada em estabelecer uma independência metodológica da *Geisteswissenschaft*, uma solução possível foi tomar como parâmetro as subdisciplinas não históricas da musicologia a fim de explorar as características peculiares da música. A classificação da musicologia como uma *Geistesgeschichte* implicava sua adesão à história e a resistência ao positivismo das ciências exatas, porém, à medida que os musicólogos tomaram consciência dos limites da *Geitesgeschichte*, começaram a levar mais a sério outras áreas da musicologia. Em 1885, Guido Adler dividiu a musicologia em duas grandes categorias: a histórica e a "sistemática", esta contendo as subdisciplinas de estética, pedagogia, análise e estudo da música não ocidental (*Musikologie*)[31]. Hugo Riemann, hábil

---

29 Wolf, "Musikwissenschaft und musikwissenschaftlicher Unterricht"*AMZ*, n. 45, 1918.
30 Schering, "Musikwissenschaft und Kunst der Gegenwart", *Bericht über den I*.
31 Adler, "Umfang, Methode und Ziel der Musikwissenschaft", *Vierteljahrsschrift für Musikwissenschaft*, n. 1, 1885, p. 5-20.

acadêmico em muitas dessas áreas, validou a acústica, a psicologia da música, a estética e a teoria como campos independentes, isso depois de ter aberto o caminho para a interação entre elas ao desenvolver uma abordagem sintética[32]. Por volta de 1918, podia-se ter em Riemann um modelo, que reafirmava a pertinência de sintetizar a história com os outros ramos da musicologia, em vez de consolidar ainda mais os laços entre a musicologia e o antipositivismo das *Geisteswissenschaften*[33].

O estudo das culturas musicais não ocidentais, a Musikologie, nos termos de Adler, havia sido um tópico de interesse desde o começo do século XIX, mas foi somente na passagem para o século XX que ela começou a desenvolver sua própria metodologia. De início, seu objetivo era usar informações colhidas de fontes não ocidentais – então chamadas "primitivas" –, para obter pistas sobre a origem da música e *insights* acerca da psicologia do fenômeno musical. Esperava-se que um exame comparativo das descobertas da Musikologie com os conhecimentos da história da música ocidental resultasse na identificação de alguns denominadores comuns dos sistemas musicais e da percepção musical. Por esse motivo, a disciplina emergente passou a ser chamada de "musicologia comparada" (*vergleichende Musikwissenschaft*), a predecessora da moderna etnomusicologia[34].

A pesquisa em musicologia comparada teve seus maiores avanços nas primeiras três décadas do século XX nos centros de Berlim (sob a condução de Stumpf, Hornbostel e Sachs) e Viena (sob a condução de Wallascheck e Lach). Ao fim da Primeira Guerra, a musicologia comparada era uma atividade modesta na Alemanha, sediada no Instituto de Psicologia de Stumpf, mas que logo daria sinais de crescimento com a expansão de seu famoso Arquivo de Documentação Sonora. O Instituto rapidamente se tornaria um amplo complexo interdisciplinar apto a abordar questões de etnologia, teoria da música, psicologia, biologia e física. Entre os colaboradores de Stumpf estavam Erich von Hornbostel (com doutorado em química), Otto

---

32   Na classificação proposta por Riemann para a musicologia, a história da música era apenas uma dentre as cinco principais subdisciplinas e a musicologia sistemática era tão importante quanto a musicologia histórica. Riemann, *Grundriss der Musikwissenschaft*.
33   Gurlitt, "Hugo Riemann und die Musikgeschichte", op. cit.
34   Schneider, "Germany and Austria", em Meyers (ed.), *Ethnomusicology*, p. 78-80.

Abraham (físico), Erich Fischer, Max Wertheimer (autoridade em psicologia da Gestalt) e, mais tarde, Curt Sachs, um dos poucos com formação humanística (história da arte e musicologia histórica). Com o tempo, outros musicólogos viriam se juntar a Sachs: Georg Schünemann e Marius Schneider, voltados à síntese entre a musicologia histórica e a comparada, e Johannes Wolf, que foi mais ativo como um apoiador das pesquisas do que como seu produtor[35].

Sem deixar de reconhecer os méritos da *Geistesgeschichte*, os musicólogos históricos tomaram conhecimento da musicologia comparada, particularmente daquilo que poderia servir aos fins da história da música. O trabalho da Escola de Berlim em coletar e analisar dados para estudos de cognição, medições audiométricas, e métodos de transcrição, emprestou à musicologia comparada características exteriores de uma ciência objetiva. Não obstante, certos vieses culturais subjetivos tomavam suas fundações, ainda que os mesmos métodos analíticos fossem aplicados quer à música não ocidental quer à música folclórica europeia. Stumpf e Hornbostel enfatizavam os objetivos de descobrir as origens e a natureza da música, aliando a psicologia às análises comparativas de escalas, harmonias e ritmos de diferentes culturas, mas o interesse fundamental era determinar aqueles traços musicais exclusivos da Europa, portanto, representativos de um estágio "mais elevado" de desenvolvimento[36]. Instigado pela ideia de que o estudo das culturas primitivas poderia deslindar alguns dos mistérios da música pré-histórica e dos inícios da civilização ocidental, Georg Schünemann sugeriu investigar as conexões do canto gregoriano e da música asiática com a música de "povos" semelhantes aos orientais, mas "que ainda não estão familiarizados com a harmonia", localizando o surgimento da consonância entre os povos primitivos, buscando as origens da polifonia na heterofonia e num tipo de *organum* paralelo cantado na Ásia e na África e determinando as similaridades entre a notação asiática e a dos inícios da Idade Média[37].

---

35 Ibidem, p. 83-84; e Schneider, "Musikwissenschaft in der Emigration", em Heister; Zenck; Petersen (eds.), *Musik im Exil*, p. 189-190.
36 Schneider, "Germany and Austria", em Meyers (ed.), op. cit., p. 81-88.
37 Schünemann, "Über die Beziehungen der vergleichenden Musikwissenschaft zur Musikgeschichte", *AfMw*, n. 2, 1919-1920, p. 175, 177-178, 180, 183-193.

Wilhelm Heinitz, um dos puristas da musicologia sistemática, protestou contra esse tipo de viés, declarando que "nossa aderência europeia à harmonia triádica não é o único sistema inspirador"[38]. Ele sonhava com uma musicologia comparada que um dia eliminasse os preconceitos herdados da musicologia histórica e via a incorporação de métodos científicos como uma "ajuda para construir uma fundação segura para uma futura filosofia da história da música [apoiada em] dados demonstráveis"[39]. Apesar de tudo, na introdução à primeira edição da *Revista de Musicologia Comparada* (*Zeitschrift für vergleichende Musikwissenschaft*), criada em 1933, o cofundador, Johannes Wolf, reconheceu que o estudo da música não ocidental tinha de ser levado a sério porque o conhecimento do oriente podia contribuir para o conhecimento dos estágios primitivos do ocidente e porque o ímpeto em ocidentalizar o oriente ameaçava destruir esse precioso vínculo com o passado[40].

Após Hitler assumir o poder, a ênfase em cultura folclórica e racial atraiu mais a atenção dos historiadores da música para a utilidade potencial das teorias sistemáticas na compreensão da raça germânica e do povo alemão. O interesse em tirar a musicologia sistemática de seu isolamento e prestar mais atenção no que ela tinha a oferecer era crescente entre os musicólogos de todas as especialidades. Fritz Bose, em 1934, pediu a seus colegas musicólogos que deixassem de negligenciar as áreas sistemáticas e considerassem sua útil aplicação nos estudos da música folclórica europeia e alemã, bem como na determinação dos fatores raciais na música e na própria compreensão da história da música[41]. Fellerer forneceu uma breve história da predominância da musicologia histórica, da separação entre as duas áreas e das recentes tentativas de síntese empreendidas para dar suporte à história da música, à pesquisa em música folclórica, aos estudos regionais e à organologia (Fellerer flagrantemente omitiu o nome dos pioneiros judeus da

---

38 Heinitz, "Vergleichende Musikwissenschaft", *ZfM*, n. 92, 1925, p. 435.
39 Ibidem, p. 437.
40 Wolf, "Zum Geleit", *Zeitschrift für vergleichende Musikwissenschaft*, n. 1, 1933, p. 1.
41 Bose, "Neue Aufgaben der vergleichenden Musikwissenschaft", *ZfMW*, n. 16, 1934, p. 229-231.

musicologia sistemática, Erich von Hornbostel e Curt Sachs)[42]. Bücken, nesse mesmo diapasão, elogiou o desenvolvimento da musicologia comparada e da pesquisa sobre canções folclóricas na obra de Fritz Bose e Kurt Huber; e Blume sugeriu uma investigação sobre como a musicologia sistemática podia ter repercussões positivas na prática musical[43].

Apenas uns poucos dissidentes estragavam esse espírito de cooperação. Alfred Lorenz estava interessado apenas em determinar a superioridade musical da raça alemã, e, na sua opinião, a psicologia da música e, em particular, os estudos minuciosos sobre "música exótica" haviam sido superestimados. Julgava a música de raças inferiores como intrinsecamente ruim e pedia um basta quanto ao fascínio surgido da falsa suposição de que todas as raças são iguais[44]. Müller-Blattau levou esse preconceito um degrau à frente, afirmando que o interesse pela música do mundo distraía a atenção da importante tarefa de se focar em elementos folclóricos alemães. Já era tempo de pôr fim a preocupações com temas não europeus. Numa alusão velada à hegemonia judaica (como Hornbostel e Sachs) na musicologia comparada, afirmou que "não éramos mestres nessa área e tivemos que deixá-la nas mãos de uns poucos – de uma raça estrangeira, em sua maioria"[45].

Quando as áreas sistemáticas realmente atraíram a atenção do *mainstream* à sua utilidade potencial nas pesquisas contemporâneas e na prática musical no Estado nazista, a infraestrutura acadêmica da musicologia comparada estava praticamente desmantelada. A emigração forçada de Curt Sachs e Hornbostel deixou as atividades da Universidade de Berlim nas mãos de uns poucos e inexperientes colegas e estudantes. As responsabilidades docentes de Hornbostel foram transferidas para o jovem Fritz Bose, de 28 anos, e o professor Marius Schneider, de 32 anos, assumiu a direção do Arquivo de Documentação Sonora de Berlim. A coleção de instrumentos, montada ao longo

---

42 Fellerer, "Historische und systematische Musikwissenschaft", *Mk*, n. 29, 1936-1937, p. 340-343.
43 Bücken, "Aufgaben und Ziele der deutschen Musikwissenschaft", *AMz*, n. 65, 1938, p. 65-66; Blume, "Musikforschung und Musikpraxis", p. 24.
44 Lorenz, "Musikwissenschaft im Aufbau", *ZfM*, n. 106, 1939, p. 369.
45 Müller-Blattau, "Gegenwartsfragen der Musikwissenschaft", *Musik und Volk*, n. 4, 1936-1937, p. 86.

de muitos anos por Curt Sachs, foi finalmente entregue para o Instituo Estatal, e ficou sob a supervisão de Alfons Kreichgauer. O físico Erich Schumann foi nomeado *Ordinarius* em musicologia sistemática na universidade, em 1933, um posto que nem Sachs nem Hornbostel conseguiram alcançar durante todos os seus anos de Berlim. Schumann, que ofereceu valiosos serviços ao Wehrmacht com sua pesquisa em armamentos, adquiriu o posto logo após a expulsão dos dois colegas judeus, embora pouco tivesse a contribuir para a área em termos de pesquisa.

Além dessas perdas na Faculdade de Berlim, a chegada do nazismo forçou a dissolução da Sociedade de Musicologia Comparada (fundada, em 1930, como Gesellschaft zur Erforschung der Musik des Orients e renomeada Gesellschaft für vergleichende Musikwissenschaft, em 1933). Sua revista, a *Zeitschrift für vergleichende Musikwissenschaft*, teve de encerrar suas publicações quando seu editor-chefe, o judeu Robert Lachmann, emigrou para Israel em 1935. Psicólogos como Wolfgang Köhler e Max Wertheimer, que haviam colaborado com os musicólogos de Berlim, também deixaram a Alemanha após a ascensão de Hitler, tal como uma boa parte da nova geração de musicólogos treinados em musicologia comparada: Mieczylaw Kolinski, Walter Kaufmann, Hans Hickmann, Manfred Bukofzer (todos alunos de Sachs e Hornbostel), Klaus Wachsmann, Ernst Emsheimer e Edith Gerson-Kiwi[46]. Muitos desses emigrados vieram a dar contribuições importantes ao desenvolvimento da musicologia fora da Alemanha. Lachmann e Gerson-Kiwi, por exemplo, ficaram conhecidos por instituir a musicologia moderna em Israel; Bukofzer se tornou largamente conhecido como um acadêmico respeitado e desenvolveu um abrangente programa em musicologia na Universidade da Califórnia, em Berkeley; Kolinski fundou a Sociedade para Etnomusicologia nos Estados Unidos e se tornou professor em Toronto.

Ironicamente, muitas das direções desbravadas pelos judeus foram percebidas como promissoras à criação de projetos de pesquisa que serviriam aos objetivos do Estado nazista. O Ministério da Propaganda, a Ahnenerbe ss e o Bureau Rosenberg,

---

46 Schneider, "Germany and Austria", em Meyers (ed.), op. cit., p. 85; idem, "Musikwissenschaft in der Emigration", em Heister; Zenck, Petersen (eds.), op. cit., p. 192-197.

dentre outros, fomentavam ativamente a pesquisa e a publicação em música folclórica alemã e estudos raciais; também houve uma forte campanha pela redefinição e expansão da musicologia, convocada a incluir o estudo da ancestralidade e métodos biológicos que então conduziria a uma compreensão das características musicais da raça germânica. Os musicólogos comparativos já haviam dado uma larga contribuição à coleta e análise de música folclórica, e seu saber em etnologia, biologia e psicologia os qualificava para aferir a validade das direções propostas em termos de raça e ancestralidade. Aqueles poucos encarregados de levar a cabo essas tarefas após 1933, no entanto, foram os estudantes remanescentes na Escola de Berlim e alguns musicólogos históricos mal equipados, que em sua maioria se refugiariam na pesquisa da música folclórica, evitando o confronto com as questões raciais e biológicas.

A RESSURREIÇÃO POLÍTICA
DOS ESTUDOS RACIAIS EM MÚSICA

Ainda que os pioneiros da musicologia sistemática tivessem permissão para continuar trabalhando na Alemanha, é possível que não tenham sido levados a sério. A mentalidade popular havia se distanciado do pensamento racional e se aninhado no irracional, emocional e místico. Ao final da República de Weimar, termos emocionalmente carregados como *Volk*, *Gemeinschaft*, *Blut*, *Rasse* e *organisch*, desafiavam as definições e análises. Numa era de fragmentação política e social, eles avivavam os anseios nostálgicos por uma Alemanha ideal, unificada como nação[47]. A ideia de um componente racial na música não estava restrita ao pensamento alemão de fato: o conceito de raça na história intelectual da Alemanha havia sido explorado por demagogos e tinha assumido uma dimensão notoriamente antissemita. Além do mais, algumas das mais lidas obras literárias que nutriam uma agenda política antissemita eram obras de diletantes, mas travestidas de cientificidade. Um dos propagandistas do antissemitismo de maior penetração na virada do

---

47 Sontheimer, *Antidemokratisches Denken*, p. 244-259.

século foi Theodor Fritsch. Ele percebeu que uma propaganda bem feita era o caminho mais seguro para a disseminação dos sentimentos antissemitas e para o fortalecimento da posição vacilante da política antissemita dos partidos. Com inúmeros panfletos, disseminou, com sucesso, imagens distorcidas da religião, caráter e mentalidade judaicas para um vasto público. Seu *Manual do Antissemitismo*, publicado em 1894, e com sua trigésima sexta edição por volta de 1933, apelava a um leitor mais educado, ao citar extensivamente supostas autoridades em matéria de denegrecibilidade antissemita. Outro livro bastante lido, *Fundações do Século XIX*, do genro de Richard Wagner, Houston Stewart Chamberlain, igualmente vinha munido de uma série de dados históricos e científicos. Em relação à hierarquia racial, Chamberlain desenvolveu um esquema de certa maneira mais refinado do que a mera e crassa diferenciação entre "inferioridade" semita e "superioridade" ariana, mas seu objetivo continuava sendo denegrir os judeus. Misturando concepções religiosas e raciais dos judeus, esses primeiros teóricos aventariam uma infinidade de razões para explicar por que os judeus estavam na origem de todos os males da sociedade[48].

Os teóricos rácicos alemães dos anos de 1920 similarmente retratavam seus devaneios como ciência, mas distanciavam-se ainda mais dos dados e da antropologia racial, o que compensavam com um mergulho mais fundo nas águas da metafísica, considerando traços físicos apenas como uma indicação superficial da beleza racial inerente à "alma racial" (*Rassenseele*). Hans F.K. Günther, um dos teóricos da alma racial mais respeitados e lidos (seu livro de 1922 sobre a composição racial do povo alemão teve quinze reimpressões), adornava sua prosa cuidada com notas de rodapé e dados probantes, o que lhe renderia não só a aura de um pensador sério, mas uma cadeira na Universidade de Jena. Günther presumia ser ainda mais sofisticado que Chamberlain em sua teoria racial, excluindo a possibilidade da raça pura, mas criando uma hierarquia racial de acordo com graus de pureza. Considerava a raça ariana a mais "pura" e superior a todas as outras, ao passo que os judeus eram a raça menos pura e então inferior a todas. Günther foi

---

48   Katz, *From Prejudice to Destruction*, p. 303-311.

contra-atacado por teóricos rivais, como L.F. Clauss (*Die Nordische Seele*, 1930), que praticamente desconsiderava os traços físicos para a identificação da raça, e Siegfried Passarge (*Das Judentum als landschaftskundliches und ethnologisches Problem*), que enfatizava a importância do ambiente para a tipologia racial, especialmente para a identificação dos judeus. Esses conflitos entre teorias não diminuíam a credibilidade científica da teoria racial nem lhe roubavam os atrativos, antes predispunham ao irracional, abrindo as portas para que critérios completamente subjetivos servissem para identificar as raças e, especialmente, para determinar quem era judeu[49].

A falta de uma tradição de rigor intelectual na teoria racial permitiu que os musicólogos e aqueles empenhados em sua aplicação se entregassem aos métodos excêntricos derivados das obras dos precursores da teoria racial. No entanto, a questão racial na musicologia já havia sido desmentida – com rigor teórico – muito antes de os nazistas chegarem ao poder. Em 1923, a principal figura da musicologia comparada da escola vienense, Robert Lach, tentou dar um basta às digressões diletantes em torno do tema rácico-musical, demonstrando a incompatibilidade dos conceitos raciais com a questão do estilo musical. Lach argumentava que, embora o não especialista acredite que exista uma correspondência entre as raças e os respectivos estilos musicais, o musicólogo comparativo é simplesmente incapaz de determinar tais correspondências com base nos meios científicos disponíveis. Lach mostrou a futilidade de se tentar identificar estilos raciais a partir de parâmetros musicais, como sistemas de escalas, construções rítmicas e formais, performance e raízes psicológicas da expressão musical. Elementos musicais que supostamente seriam característicos de uma nação ou raça em particular podiam ser encontrados em muitas raças, fosse nas "primitivas" (*Naturvölker*), nas "intermediárias" (*Halbkulturvölker*) ou nas "civilizadas" (*Kulturvölker*). Essas características estilísticas podiam aparecer em qualquer estágio da história musical das culturas, então "o que a musicologia comparada pode demonstrar em relação ao fenômeno

---

49 Mosse, *The Crisis of German Ideology*, p. 302-304.

musical da história da cultura humana e da etnologia são meros sintomas de desenvolvimento", e não componentes raciais[50].

Essa eloquente invalidação, proposta por Lach, da correspondência entre música e raça parece ter anunciado a sentença de morte da aplicação de teorias raciais nas pesquisas sérias de música: a literatura acadêmica dos anos vindouros mostraria muito pouco interesse em confrontar sistematicamente essa questão. No entanto, o termo "raça" não desapareceu das discussões musicais. Ao contrário: o crítico musical Adolf Weissmann, em seu ensaio de 1926, "Raça e Nação em Música" (Rasse und Nation in der Musik), relatou o abuso incessante do termo; Weissmann predisse que qualquer traço racial detectável em música estaria fadado a desaparecer em virtude da extensa mistura racial na Europa, embora certas inclinações raciais (o ritmo do jazz negro, a "ironia" da música francesa e o "sentimento racial inabalável" da música do Leste Europeu) poderiam ainda existir[51]. Weissman, depois, enfatizou a dificuldade em se determinar não apenas uma raça alemã, mas também uma nação alemã, já que a pluralidade de influências estrangeiras era o único elemento da "expressão racial" alemã (*Rasseausdruck*). E, o mais importante, Weissmann identificou cuidadosamente a preocupação peculiar alemã com a questão racial, observando que "onde a pureza racial é a mais controversa, tenta-se demonstrá-la mais ardorosamente"[52].

Os musicólogos também eram conhecidos pelo uso indiscriminado do termo "raça" e por suas alusões a parâmetros biológicos e hereditários. Em sua teoria do Klangstil, Schering propõe que o indivíduo era impotente para escolher um determinado Klangstil de sua preferência, estando antes sujeito a um "ideal sonoro" (*Klangideal*) inato, descrito por ele como

---

50 Lach, "Das Rassenproblem in der vergleichenden Musikwissenschaft", *Berichte des Forschungsinstituts für Osten und Orient*, n. 3, 1923, p. 107-122.
51 Ele identifica elementos "raciais" explícitos na música francesa em sua "propensão" ao ritmo (incluindo a atração pelo "Niggerjazz") e "predisposição inata para a ironia, a sátira e o grotesco". Sobre o Leste europeu, o que o autor considera racial é mais comumente entendido como nacionalista: ele descreve o "inabalável sentimento racial" de Mussorgsky a partir de seu uso da música folclórica russa, e a música de Bartók e Kodaly como representativa da "expressão de uma raça". Weissmann, "Rasse und Nation in der Musik", em Heinsheimer; Stefan (eds.), *25 Jahre Neue Musik*, p. 88, 94-95, 97, 98-99.
52 Ibidem, p. 86, 101.

"*völkisch*, racial, social, devocional etc., isto é, algo que está para além do indivíduo"⁵³. Alfred Lorenz também fez algumas referências à raça em seu *Abendländische Musikgeschichte der Generationen* (embora não com a mesma convicção ideológica que, mais tarde, o motivaria a desenvolver estudos raciais). Ele prestou homenagem à obra de seu pai, Ottokar Lorenz, admitindo que a raça poderia influenciar a constituição intelectual de um indivíduo, porém não admitia que isso tivesse muita relevância no estudo das artes⁵⁴.

Na época em que o governo e o Partido nazistas começaram a encorajar as orientações raciais no campo dos estudos teóricos, o único trabalho de fôlego sobre raça e música era a obra do diletante Richard Eichenauer. Membro do Partido Nazista desde 1932, e funcionário ativo da ss no Gabinete Raça e Assentamento⁵⁵, Eichenauer não teve formação musicológica. Estudou alemão, línguas modernas e música em Munique e Leipzig, diplomando-se no ensino de línguas e canto em nível médio. Plasmou seu livro de 1932, *Musica e Raça* (*Musik und Rasse*), a partir de tentativas análogas empreendidas no terreno da história da arte e da literatura, focando na "alma racial" – e não meramente em características físicas hereditárias – para alcançar uma compreensão dos aspectos raciais do estilo musical.

O objetivo de Eichenauer era distinguir as características raciais da alma de um compositor pelo estudo de suas características físicas e de alguns dados biográficos, mas primordialmente pelo exame de sua obra. Remontando as origens da alma racial nórdica a partir da Índia, da Pérsia e, especialmente, da Grécia Antiga (a seu ver, os vínculos mais fortes entre a Grécia e a civilização germânica estavam em sua missão musical comum de "implementar a educação da humanidade em direção ao modelo nórdico"), Eichenauer atribuiu as origens da polifonia e da tríade aos países nórdicos, baseado na existência do *lur*; identificou nos países nórdicos uma preferência pelo movimento triádico e pelo modo maior no canto das terras nórdicas (semelhante aos modernos Kampflieder), e imputou

---

53 Schering, "Historische und nationale Klangstile", op. cit., p. 31.
54 Lorenz, *Abendländische Musikgeschichte*, op. cit., p. 22-23.
55 BDC Eichenauer.

aos nórdicos uma tendência racial inata às inovações polifônicas de Leonin e Perotin[56].

Eichenauer caracteriza a expansão da polifonia entre 1400 e 1600 como uma luta entre os "estrangeiros não europeus" (*europafremd*) e as raças nórdico-germânicas. Chegou mesmo a afirmar que Palestrina, o mestre italiano do contraponto, era de extração racial nórdico-dinárica (as estirpes nórdica e dinárica atadas representavam uma combinação ariana altamente desejada aos olhos dos teóricos raciais). Da mesma forma, "visto que a ópera trai muito claramente a influência do espírito nórdico", tentou provar que Rameau tinha traços físicos nórdicos e revelou os elementos nórdicos da força harmônica, do contraponto sofisticado e das estruturas simples de sua música[57].

Eichenauer submeteu muitos outros compositores ao exame racial, correlacionando seus traços físicos e musicais. De acordo com Eichenauer, as características físicas de Bach correspondem à sua "alma apaixonada" (*leidenschaftliche Seele*) de nórdico e à sua habilidade na escrita contrapontística, que é a realização da ideia nórdica. Haendel, fisicamente, é um dos mais "puros representantes da raça nórdica", então Eichenauer minimiza qualquer influência italiana em sua música ou vestígios de glorificação do Velho Testamento em seus oratórios ingleses. Gluck, como os antigos gregos, embebeu seus dramas gregos de sentimento nórdico e empregou ritmo "espartano", enquanto Haydn expressa outra força exclusivamente nórdica – a da melodia. Mozart, racialmente nórdico-dinárico como Haydn, carrega todas as qualidades da alma nórdica, a despeito de uma alegada "influência" italiana. Ironicamente, os baluartes do romantismo alemão são aqueles que antepõem os maiores problemas à análise racial de Eichenauer: a aparência de Beethoven trai certas influências orientais que se misturaram a traços nórdicos, ao passo que as características "delicadas" de Schubert, resultantes da mistura racial, resplandecem em suas mudanças de maior para menor, em sua "fraqueza harmônica" e em sua preferência pelas pequenas formas – tudo, pois, manifestação do gene oriental. Os mesmos problemas

---

56 Eichenauer, *Musik und Rasse*, p. 16-42, 55, 74-112.
57 Ibidem, p. 135-169.

surgiram com Schumann e Wagner, embora a música deste seja a quintessência da mistura racial nórdico-dinárica[58].

Eichenauer reserva a maior parte de sua diatribe antissemita para a discussão do século XIX e do presente. Acredita que o canto gregoriano, de origem judaica, portanto essencialmente não alemão, não devia ser condenado pela cegueira antissemita, porque os judeus do século XIX, a quem se dirige a maior parte do antissemitismo, constituem um caso especial[59]. No último capítulo do livro, Eichenauer enumera as ameaças à música alemã: o verismo na ópera, a influência cigana do leste báltico (que tivera seus efeitos sobre Max Reger), e, acima de tudo, todas as influências judaicas desde o século XIX. O povo judeu, afirma Eichenauer, não é um povo de fato, mas uma mistura de muitas raças, então, o termo "judeu" implica a ausência de identidade racial. Os judeus Meyerbeer e Offenbach, ambos fizeram mau uso de sua habilidade musical, e Mahler frustrou-se com seu amor pela canção folclórica alemã que estava em conflito com suas limitações raciais. Por fim, Schoenberg e todos os judeus progressistas "obedeciam às leis de sua raça quando buscavam destruir a polifonia tonal, que lhes é totalmente estranha"[60].

Em 1933, o interesse por questões raciais estava mais na moda do que nunca, e a aplicação da teoria racial, ou ao menos a adaptação de uma perspectiva racial, ganhou uma segunda chance nos círculos acadêmicos. Na falta de qualquer outro trabalho abrangente sobre música e raça, os musicólogos concederiam ao livro de Eichenauer o *status* de obra de referência, passando a citá-lo como um estudo autorizado, a despeito da falta de credenciais de seu autor e de suas conclusões banais e logicamente defeituosas. Os poucos musicólogos comparativos que haviam restado e alguns historiadores ambiciosos avançaram em um terreno de pesquisa obscuro e metodologicamente duvidoso, mas os motivos que justificavam essa empreitada irromperam claramente em sua prosa: validar seu próprio trabalho – e a musicologia como um todo – e abraçar o desafio proposto pelos líderes nazistas para chegar a conclusões a respeito da superioridade musical da raça alemã.

58 Ibidem, p. 170-263.
59 Ibidem, p. 59-73.
60 Ibidem, p. 280-303 (citado na p. 302)

Fritz Bose foi um dos primeiros a fazer declarações públicas sobre a questão racial, em 1933, numa edição da *Deutsche Tonkünstlerzeitung*. Bose observou, com alguma surpresa, que o *Rassenkunde* havia, subitamente, se tornado um foco de interesse, mas também convinha que essa atenção estava muito atrasada, foco negligenciado por anos a fio pela "teoria oficial" que o deixara à mercê dos diletantes. Tomando cuidado para não insultar Eichenauer, afirmava que "todas as ciências começam com diletantes", mas promovia a combinação entre a musicologia comparada e a psicologia experimental como o único caminho para isolar os aspectos da música determinados pela raça. Eichenauer não tinha acesso a tais métodos, o que distanciava sua obra da "exatidão científica". Bose recomendava o estudo comparativo dos "primitivos" não ocidentais – cuja música revela uma manifestação muito mais verdadeira da raça – e um estudo mais concreto das manifestações mais puras das raças europeias encontradas na música folclórica, além de reforçar o significado prático de tais atividades para a vida musical contemporânea[61].

Bose insistia em fomentar a utilidade prática e política da musicologia comparada. Um segundo artigo, "Das Rassische in der Musik", que apareceu no órgão do Partido Nazista *Unser Wille und Weg*, enfatizava a aplicação da biologia: a música, sendo a linguagem do corpo e da alma, precisa ser considerada em termos biorrácicos quando se analisa a performance rítmica (que envolve o movimento corporal) e o timbre vocal (que envolve características físicas hereditárias da laringe e da cavidade bucal). Bose também propunha um exame minucioso do movimento melódico, da estrutura musical e do simbolismo musical "pelos quais os elementos raciais na música se expressam"[62]. Irmgard Leux-Henschen, aluno de Adolf Sandberger, veio depois a endossar o casamento da musicologia com a biologia, insistindo com os musicólogos para que superassem sua "antipatia contra o modo de percepção biológico-experimental exato" e colocassem seu saber à disposição da pesquisa biológica sobre a habilidade musical, a psicologia da música e a hereditariedade do talento musical[63].

61 Bose, "Zur Methodik einer musikalischen Rassenkunde", *DTZ*, n. 31, 1933, p. 177.
62 Idem, "Das Rassiche in der Musik", *Unser Wille und Weg*, n. 4, 1934, p. 111.
63 Leux-Henschen, "Biologie und Musikwissenschaft", *DMK*, n. 1, 1936-1937, p. 330.

INCENTIVOS À PESQUISA MUSICOLÓGICA
SOBRE O PROBLEMA RACIAL E A QUESTÃO JUDAICA

Na maioria dos casos, essa demonstração de interesse pela pesquisa racial, particularmente entre os musicólogos jovens, não conseguiu engendrar investigações sérias sobre o tema da raça nos círculos musicológicos, talvez devido às armadilhas já denunciadas por musicólogos anos antes. Foi somente depois de um persistente fomento, aliado a uma indução politicamente arquitetada, que os centros acadêmicos mais respeitáveis hospedaram as questões de raça e música. Em 1937, a *AfMf* publicou uma longa explanação sobre a metodologia racial. O artigo não vinha de um musicólogo de renome, mas de um professor de colégio de Berlim, Siegfried Günther[64]. Não obstante, os editores da revista entenderam que o artigo podia servir como catalisador para pesquisas mais sérias.

Em forte contraste com Bose, Günther minimiza a necessidade de pesquisas científicas exatas. Citando tentativas entre acadêmicos norte-americanos de compreender a conexão entre música e raça através da psicologia experimental, Günther conjecturou que os norte-americanos eram politicamente pressionados para rejeitar a conexão entre raça e música, mas que seus métodos puramente científicos eram inúteis para os propósitos da teoria alemã. Uma abordagem verdadeiramente alemã tinha de atar a visão de mundo nacional-socialista e os princípios de tal visão que integram as ciências, o que supõe o irracional e não se deixa restringir ao ultrapassado "racionalismo judeu". Para Günther, é preciso examinar o "estilo" das raças e não só o material musical, como a musicologia comparativa tinha feito. Mais importante para ele, no entanto, é que a metodologia seja guiada pelos ensinamentos de Hitler e Rosenberg, e que os pesquisadores tenham sempre em mente que o inegável domínio da música nórdica por todo o mundo ocidental não é mero resultado do imperialismo, mas o testemunho do "poder da raça ariana"[65]. O volume de 1938 da *AfMf*

---

64 Prieberg, *Musik im NS-Staat*, p. 365.
65 Günther, "Musikalische Begabung und Rassenforschung im Schrifttum der Gegenwart: Eine methodologische Untersuchung", *AfMf*, n. 2, 1937, p. 309-316, 327, 336-338.

trouxe outra contribuição de Günther⁶⁶, concebida para estimular novas pesquisas sérias sobre a questão racial. A nota editorial do volume observava que o texto de Günther seria a primeira de uma série de contribuições musicológico-raciais que investigariam as características das raças germânicas, as manifestações raciais de estilos individuais e as implicações raciais do estilo alemão. No entanto, afora a resenha de alguns poucos livros relacionados a tais temas, apenas um artigo substancial sobre o assunto viria à luz na *AfMf*, e não antes de 1944⁶⁷.

Em 1938, os incentivos para promover a discussão das questões ideológicas da raça e do papel do judeu na cultura musical alemã eram incrementados não apenas pelos setores acadêmicos de pesquisa, mas também pelos líderes nazistas. Naquele ano, Ernst Bücken destacou a pesquisa racial como uma das "tarefas e objetivos" da musicologia alemã, e reforçou a importância de se desenvolver uma metodologia, já que as primeiras tentativas não haviam produzido "os resultados esperados"⁶⁸. E em dezembro, Alfred Lorenz, que talvez fosse o mais eloquente entusiasta da pesquisa racial em virtude de sua ligação "espiritual" com Wagner e de seus laços de sangue com Ottokar Lorenz, publicou, simultaneamente, dois textos na defesa aberta da aplicação de métodos raciológicos para a pesquisa sobre ancestralidade e a respeito da Questão Judaica. Lorenz recomendava um novo formato para as biografias musicais, que deviam incluir uma tabela detalhada acerca da ancestralidade e revelar assim as fontes do gênio. Beethoven, afirmava ele, não foi grande porque estava acima dos "anões musicais" de seu tempo, mas porque herdara certos traços superiores. Lorenz também usou a oportunidade para repudiar o método da *Geisteswissenschaft* como um "sistema nivelador proveniente do espírito judeu" e que subestimava os verdadeiros gênios⁶⁹. Ademais, expressou a necessidade de atualizar as análises de Wagner sobre a Questão Judaica e de se distinguir entre a música realmente judaica (isto é, emanada pela alma racial) e as imitações de música não judaica, uma vez

---

66 Idem, "Rassenseelenkundliche Beiträge zur musikalischen Stilforschung", *AfMf*, n. 3, 1938, p. 385-427.
67 Engel, "Die Bedeutung Konstituitions- und psychologischer Typologien für die Musikwissenschaft", *AfMf*, n. 7, 1942, p. 129-153.
68 Bücken, "Aufgaben und Ziele", op. cit., p. 65-66.
69 Lorenz, "Musikwissenschaft und Ahnenforschung", *ZfM*, n. 105, 1938, p. 1372-1373.

que os judeus, segundo ele, careciam de originalidade. Ainda afirmava que algumas de suas conclusões sobre a falta de originalidade dos judeus e a respeito dos "traços musicais judaicos" haviam já sido percebidos pelos críticos e acadêmicos judeus dos séculos XIX e XX[70].

O incentivo mais importante para o engajamento nas questões raciais, porém, foi o convite de Goebbels para os musicólogos organizarem um congresso no Reichsmusiktage, em Düsseldorf, o primeiro do gênero desde a fundação do Terceiro Reich. Em seu discurso inaugural, Schiedermair expressou sua gratidão a Goebbels e reconheceu a obrigação da musicologia em se voltar às necessidades do público; disse, ainda, que o tema central escolhido para o evento, a saber, "Música e Raça", era um problema que "dominava tanto prática musical quanto as pesquisas"[71]. De acordo com os relatos jornalísticos, as expectativas estavam concentradas majoritariamente em torno da seção música e raça e do discurso de abertura de Friedrich Blume acerca do tema[72].

As comunicações dessa mesa – na medida em que podem ser reconstituídas através de artigos avulsos e relatos coevos – tendiam a evitar qualquer discussão mais séria sobre a elaboração de uma metodologia raciológica. A fala de Werner Danckert, intitulada "*Volkstum*, Espécies Tribais e Raça à Luz da Pesquisa da Canção Folclórica" (Volkstum, Stammesart, Rasse im Lichte der Volksliedforschung) não parecia ir além de uma morna tentativa de comparar estilos de música folclórica

---

70 A falta de originalidade do judeu foi supostamente demonstrada na música sinagogal pelo "rabino" A. Z. Idelssohn, "reconhecido no *Systemzeit* [República de Weimar] como um diligente pesquisador de música". Tal era o caso também de Salamone Rossi, que, como Lorenz irá apontar de forma contraditória, não fez nada além de imitar Marini e, contudo, foi um dos primeiros compositores de trio-sonata. Lorenz cita outro acadêmico judeu para validar a condição judaica de Mendelssohn: os traços judaicos de Mendelssohn são difíceis de detectar, mas um colega judeu (o filósofo Hermann Cohen) os descobriu em 1915. A partir dessa referência a Cohen, nota-se que o filósofo também mereceria a censura de ler características judaicas na música de Mendelssohn com o intuito de apontá-lo como um compositor judeu. Lorenz, "Musikwissenschaft und Judenfrage", *Mk*, n. 31, 1938, p. 177-179.

71 "Musik und Rasse", *Der Mittag*, 28 de maio de 1938; e Seiffert, "Musik und Rasse", *Dusseldorfer Nachrichten*, 23 maio 1938.

72 H. Relsbach, "Musik wissenschaftlich betrachtet", *Düsseldorfer Tageblatt*, 19 maio 1938.

entre diversos grupos alemães, sem nunca mencionar a questão racial[73]. De modo semelhante, a intervenção "Características Folclóricas dos Timbres Instrumentais", de Helmut Schultz, fazia algumas vagas conexões entre grupos de instrumentos e diferenças nacionais, evitando completamente questões raciais[74]. A versão publicada do texto de Gotthold Frotscher "Tarefas e Problemas da Pesquisa Rácico-Estilística em Música" (Aufgaben und Probleme der musikalischen Rassenstilforschung) era uma mera reiteração do catecismo das teorias raciais: isto é, que música e raça são inseparáveis, que o estilo musical deveria ser analisado de acordo com os princípios da teoria racial, e que a melhor forma de abordagem é o estudo comparativo da música folclórica[75]. Os estudos de música folclórica, acrescentava, podiam constituir a base para contrastar as obras dos mestres alemães com aquelas dos estrangeiros raciais (Mahler, Mendelssohn e os compositores de canções populares do pós-guerra), libertando a música alemã da dominação judaica e cumprindo o ideal de Hitler de se encontrar a inspiração da raça e do sangue[76].

A conferência mais importante de Blume, ao proclamar obedientemente que as questões raciais eram dignas de consideração cuidadosa, parecia apontar para uma viabilidade da metodologia racial, mas, no final das contas, estabelecia mais problemas que soluções[77]. Em seu exame cuidadoso da questão de se encontrar uma metodologia viável, Blume procurou nunca aceitar ou rejeitar completamente métodos raciais precedentes. Ele continuaria a desenvolver suas ideias numa série de palestras para a Sociedade Universitária de Schleswig-Holstein, publicando seus resultados numa monografia[78]. Sua

---

73 Compare-se com seu "Volkslied und Stammesart", *vme* 5, 1939, p. 305-316, e "Von der Stammesart im Volkslied", *Mk*, n. 32, 1939-1940, p. 217-222.
74 Helmut Schultz, "Volkhafte Eigenschaften des Instrumentenklanges", *dmk*, n. 5, 1940, p. 61-64.
75 Compare-se com seu "Aufgaben und Ausrichtung der musikalischen Rassenstilforschung".
76 "O problema dessa música folclórica não é estético, mas racial, no sentido de que, segundo as palavras do *Führer*, sangue e raça se tornaram a fonte da intuição estética". Frotscher, "Aufgaben und Ausrichtungen", em Walmann (org.), *Rasse und Musik*, p. 112.
77 "Musik und Rasse", *Mk*, n. 30, 1938, p. 738-748.
78 As séries de leituras são mencionadas em Blume, *Das Rasseproblem*, p. 85.

habilidosa ambivalência fez com que desfrutasse dos aplausos dos críticos nazistas de seu tempo e nunca se sentisse pressionado a esconder seus discursos nem a versão ampliada de sua monografia, após 1945[79].

No entanto, o que Blume viria a esconder, depois de 1945, era a extensão dos benefícios propiciados por esse senso de oportunidade. Não se sabe ao certo se ele realmente tinha interesse pela questão racial, uma vez que tal problema em nada se relaciona com seus outros interesses de pesquisa. No entanto, a honra de proferir a conferência de abertura em Düsseldorf e as oportunidades de palestras e publicações que daí decorreram parecem tê-lo motivado o suficiente para aceitar o desafio. Doravante reconhecido como a autoridade em metodologia racial, Blume continuou a editar uma série de estudos histórico-musicológicos sobre raça[80]. Para o *Festschrift* em comemoração aos 50 anos de Hitler, em 1939, foi convidado a contribuir com um capítulo sobre a musicologia alemã, no qual considerou os estudos raciais como a tarefa central da pesquisa musical nacional-socialista[81].

Tanto no discurso de Düsseldorf quanto no livro intitulado *O Problema da Raça na Música* (*Das Rasseproblem in der Musik*), Blume aponta debilidades em métodos anteriores e mostra a futilidade de algumas de suas assertivas de base. Por outro lado, nunca perdia a oportunidade de empilhar adjetivos respeitosos sobre os "pais" da pesquisa racial (incluindo Eichenauer), bem como de reconhecer a importância oportuna de

---

[79] Enquanto após 1945 os verbetes biográficos do *New Grove* e do MGG costumavam omitir publicações de proeminentes musicólogos do período situado entre 1933 e 1945, é digno de nota que *Das Rasseproblem in der Musik*, de Blume apareça em ambos os trabalhos de referência.

[80] "Studien zur musikalischen Volks- und Rassenkunde", publicado por Kallmeyer e incluindo seu próprio *Das Rasseproblem in der Musik*, *Die Deutsche Volksliedweise und der Osten*, de Walter Wiora, e o *Die völkische Zugehörigkeit des gregorianischen Chorals*, de Ewald Jammers. O livro de Wiora foi citado como parte da série de Blume em uma avaliação para o Bureau Rosenberg feita por Werner Danckert, 2 de julho de 1941, BA NS 15/101. A publicação do livro de Jammers como parte da série de Blume foi discutida em uma correspondência entre a ss e Kallmeyer, junho de 1943, BA NS 21/220.

[81] "A tarefa da orientação nacional-socialista nos estudos sobre a música consiste em lançar os fundamentos para a edificação de uma pesquisa racial sobre o tema". Blume, "Deutsche Musikwissenschaft", *Deutsche Wissenschaften. Arbeit und Aufgabe*, p. 18.

tais investigações, e mesmo de ignorar sua própria crítica às obras desses autores. Uma leitura cuidadosa de *Das Rasseproblem* revela muitas redundâncias, tautologias e contradições ocultas atrás de uma argumentação longa e frequentemente bizantina, de um vocabulário desnecessariamente complexo e do hábito de expressar uma mesma ideia através de múltiplas palavras diferentes.

Blume abre sua discussão reiterando o jargão político de que a relação entre música e raça é importante para "a relação do povo alemão com sua própria música e com a música em geral", e que a questão não deve ser deixada às conjecturas negligentes dos diletantes[82]. Para encontrar uma abordagem "científica", é preciso ampliar o escopo da investigação, de modo que possa verdadeiramente incluir a raça como um todo, "não apenas o povo, a nação, a tribo ou outra unidade", e toda a música, "não uma categoria arbitrária como a música de excelência artística dos últimos séculos, ou a música folclórica alemã, ou outros complexos de matéria musical"[83]. Para ser verdadeiramente científico é preciso não focar numa raça específica, mas, antes, olhar a natureza da raça em geral, e, sobretudo, não se restringir a um compositor ou a uma obra em particular na busca da expressão do caráter racial individual em sua música, pois semelhante investigação conduziria à *falsa* ideia de que certos elementos da raça biológica correspondem a um fenômeno musical concreto[84].

Blume levanta algumas questões metodológicas verdadeiramente importantes em sua introdução, e nos dois capítulos seguintes tenta responder se existiriam elementos na música capazes de revelar características raciais. No primeiro capítulo, discute a questão das "características e componentes fundamentais da música" (sistema tonal, ritmo e performance), e no segundo capítulo "os objetos empíricos da música" (como música folclórica, música artística, gêneros e formas particulares, polifonia). Gradualmente, recusa esses parâmetros musicais como índices potenciais da raça, mas ao longo de todo o estudo mostra-se esperançoso de que alguma coisa possa ser resgatada da pilha das abordagens descartadas.

---

82 Blume, *Das Rasseproblem*, p. 3.
83 Ibidem, p. 5.
84 Ibidem, p. 6, 9.

Os elementos do sistema tonal, escalas e tonalidade são categoricamente rejeitados por Blume como objetos para a compreensão da raça, pois são deduções teóricas derivadas da melodia, e não podem ser associados exclusivamente a uma raça; de fato, encontram-se muitas escalas ou sistemas tonais diferentes dentro de um grupo racial, e a tonalidade pode ser detectada em muitas raças[85]. Essas observações ecoam uma das advertências lançadas por Lach em seu artigo de 1923, mas Blume não o cita em momento algum. A semelhança entre os títulos do livro de Blume (*Das Rasseproblem in der Musik*) e do artigo de Lach ("Das Rassenproblem in der vergleichenden Musikwissenschaft") poderia sugerir que Blume estava familiarizado com a obra de Lach. Porém, dado que Lach desconsiderava completamente a metodologia racial, provavelmente não era interesse de Blume chamar a atenção para aquele artigo; é evidente que Blume queria evitar tanto a aceitação quanto a rejeição categórica dos métodos raciais.

Colocando em dúvida o potencial de quase todos os parâmetros musicais para iluminar traços raciais, Blume cautelosamente sugere que o estudo comparativo da melodia poderia ser o melhor caminho para revelar diferenças entre as raças. No entanto, imediatamente desfaz sua sugestão ao mencionar tentativas anteriores que mostravam que as diferenças melódicas não acompanham necessariamente linhagens raciais, mas antes revelam diferenças entre "povos" (*Völker*). Além disso, a melodia geralmente reflete sistemas econômicos simples, de modo que a melodia triádica não seria tanto um traço nórdico quanto um traço das culturas de povos caçadores. A melodia é uma fonte potencial para o estudo racial ou não? O autor hesita em assumir uma posição firme: "como se pode ver, toda a questão da estrutura melódica é um problema bastante intrincado, o qual, no entanto, parece promissor para a pesquisa musical racicamente orientada"[86].

Essa indefinição decorre do fato de que, nas últimas páginas do livro, para justificar o projeto de encontrar características raciais no estudo do canto gregoriano, ignoraria todas as suas próprias advertências contra as expectativas raciológicas

---

85 Ibidem, p. 15-19.
86 Ibidem, p. 20-23.

em relação à melodia. Tendo, de algum modo, desacreditado a melodia como um possível parâmetro racial, ele, não obstante, vislumbra na análise melódica comparativa do canto gregoriano um empreendimento frutífero para os historiadores da música interessados em pesquisa racial. A "nova abordagem" de Blume envolveria não apenas os elementos musicais ou objetos de dimensão racial, mas também os processos de transmissão musical. Isso poderia revelar muita coisa sobre os talentos, as inclinações e habilidades de uma raça[87].

Tendo descartado praticamente todos os tipos de música tidos por outras pessoas como possuidores de qualidades raciais e guiando o leitor não para os objetos musicais em si, mas para os processos de transmissão, Blume chama a atenção para a ideia de que os alemães revelam certo talento à adoção e reelaboração de estilos para criarem então algo "inconfundivelmente alemão". Semelhante talento, conclui, cresceu a partir de traços raciais como eficiência, energia criativa, produtividade e potencial de desenvolvimento. Essa suposta revelação ressuscita, na verdade, a velha ideia de que o talento alemão repousa em sua habilidade para reelaborar elementos estrangeiros, conferindo-lhes um caráter "inteiramente alemão". No entanto, diferentemente de seus predecessores – entre eles Riemann, que identificava esse talento como resultado de uma tradição de formação musical perfeita –, Blume o considera um signo da "habilidade musical da raça" (das musikalische Leistungsvermögen der Rasse)[88].

Mas o que exatamente constitui a raça alemã? Essa questão não resolvida lança Blume num pântano de contradições. O problema da mistura racial, Blume admite, é particularmente agudo entre os alemães: "A posição central da Alemanha e os constantes confrontos – na guerra e na paz – dos germânicos com o seu entorno resultaram na contínua adoção de valores musicais estrangeiros"[89]. A habilidade para aprimorar modelos estrangeiros poderia ser observada em outros países, mas Blume resolve essa aparente contradição identificando as

---

87 Ibidem, p. 37-40, 46-57.
88 Ibidem, p. 60, 63; Riemann, *Das Generalbasszeitalter*, p. 489, 492-493; *Die Musik des 18. und 19. Jahrhunderts*, p. 104-105.
89 Blume, *Das Rasseproblem*, p. 60.

populações desses outros países como "germânicas". Dentre elas estariam os ingleses, os flamengos, os holandeses e possivelmente os italianos ("parcialmente de base germânica")[90].

Então, como tais grupos poderiam constituir uma raça? Nas páginas iniciais, Blume havia estabelecido claramente a importância de se distinguir cabalmente entre o que se entende por "raça" e o que se entende por *Volk* ou nação. "Nórdico" designa uma raça, ao passo que "germânico" designa um *Volk*, que poderia estar sujeito à mistura racial. Na ausência de qualquer traço racial demonstrável ou de qualquer pureza racial não se compreende como Blume pretendia derivar elementos raciais do canto gregoriano ou da história da recepção alemã. Mesmo se conseguisse isolar os talentos "germânicos", como poderia, automaticamente, atribuí-los a uma raça em particular? Ele não estaria desconhecendo sua própria advertência contra confundir raça com *Volk* e nação? Aparentemente, Blume resolve essa contradição ancorando todas as suas evidências raciais na frágil suposição de Günther de que, mesmo em circunstâncias de extensa mistura racial, os elementos nórdicos sempre vêm à tona, como uma espécie de gene dominante:

Uma vez que, conforme Hans F.K. Günther, o germânico (*Germanentum*) é a expressão predominante da raça nórdica, pode ser considerado como [o equivalente da] raça nórdica dentro das limitações históricas que temos fixado para nossa compreensão do germânico na música e, desse modo, pode-se aplicá-lo a outros povos [ou seja, a *Völker* que não são germânicos, mas que pertencem à raça nórdica] também.[91]

Deixando a questão aberta ao debate, ele irá violar outro tabu que havia estabelecido no começo de seu estudo. Tendo declarado que seria absurdo procurar traços raciais na obra de um único compositor – já que a *Oferenda Musical* e *Wachtet Auf*, de Bach, são radicalmente diferentes –, Blume identifica algumas exceções históricas, como Buxtehude, em cujas obras é possível encontrar evidências de raça pura. Ele afirma, sem qualquer tentativa de justificação, que Buxtehude é um caso "de raça nórdica pura, ou quase pura", apoiando essa tese no fato de que Bach quis

---

90 Ibidem, p. 63.
91 Ibidem, p. 5, 45.

avidamente estudar com ele[92]. E Blume chega ao extremo de identificar os "momentos nórdicos" numa obra em particular – a Missa em B menor, de Bach[93]. E isso não é tudo: após rejeitar a ideia de que um estilo característico como o polifônico pudesse ser vinculado a uma raça específica, afirma, não obstante, que o uso criativo da polifonia é inequivocamente nórdico e que os indivíduos da escola de Notre Dame e os compositores franco--flamengos eram nórdicos e de "sangue germânico"[94].

Em *Das Rasseproblem in der Musik*, Blume procura apaziguar tanto os céticos quanto os defensores da pesquisa racial ao refutar os supostos das tentativas raciológicas anteriores e simultaneamente as aplicar em sua própria investigação. Evitando ofender seus leitores, Blume endereça aos fundadores da disciplina pouco mais do que algumas objeções cordiais, prestando obsequiosa reverência a Eichenauer, Günther e Clauss mesmo quando deles discorda[95]. No último capítulo, concebido como um sumário de suas descobertas e sugestões para o futuro papel da musicologia, Blume ignora todas as suas cautelosas críticas anteriores e reforça, à maneira de Eichenauer, as suposições de que a música reflete a alma racial assim como a raça física, e de que a sociedade moderna poderia desenvolver um "sentimento racial" (*Rassegefühl*) e cultivá-lo através da educação[96].

O livro de Blume continha uma série de metas pragmáticas para o futuro desenvolvimento da musicologia no Estado nazista. Em suas observações finais, conclui que a pesquisa racial é o domínio dos cientistas naturais (biólogos e fisiologistas) e que os "musicólogos não deveriam ser meros mensuradores de crânios"[97]. Ele achava que o problema racial na música encontraria uma solução pela cooperação de todos os ramos da musicologia (talvez esse tenha sido o único aspecto concreto almejado por ele), pois só se instituindo uma nova

92 Ibidem, p. 9, 78-79.
93 "ele pode se apoiar na consciência de que mesmo esse momento racial, o nórdico, é o que hoje nos prende a Bach tão poderosamente, e ao qual devemos o 'Et incarnatus', o 'Crusifixus' da Missa em si menor, mas também seu 'Et resurrexit' e seu 'Sanctus', a poderosa descarga do espírito nórdico e da força vital nórdica". Blume, *Das Rasseproblem*, p. 78-79.
94 Ibidem, p. 10, 65.
95 Cf. as críticas de Eichenauer, p. 6, 53 e 72, e de Clauss, p. 11, em ibidem.
96 Ibidem, p. 82-83.
97 Ibidem, p. 83.

"plataforma" para as disciplinas musicológicas combinadas poderiam os acadêmicos descortinar novas perspectivas e formular novas questões[98]. Havia também uma dose de pragmatismo em sua insistência de que a pesquisa em canto gregoriano era uma chave para a compreensão da raça, a despeito dos perigos indicados por ele em outros trechos de seu estudo. Blume, provavelmente, tinha consciência do interesse especial de Himmler pelo canto gregoriano e não parece haver qualquer coincidência no fato de que um dos estudos na coletânea de Blume sobre raça – aquele sobre Jammers – tenha sido bancado pela Ahnenerbe.

A solução apresentada por Blume para o problema da raça era suficientemente vaga e inconclusa para ensejar novas pesquisas metodológicas. Wolfgang Boetticher, em suas considerações sobre o aspecto racial da música, combina a apologia ao trabalho interdisciplinar com ataques antissemitas fortuitos. Sugere que a musicologia tome emprestados elementos das ciências naturais e da *Geistesgeschichte*, mas recorre a metáforas biológicas contundentes para descrever o fenômeno da degenerescência nos ambientes dominados pelos judeus[99]. Hans Engel também lançou-se à metodologia racial, ignorando as advertências de Blume e Siegfried Günther. Recomendou a investigação biossomática e biopsicológica de compositores individuais. Em resposta ao "surgimento da ciência natural na *Geisteswissenschaften*", Engel sugere a análise dos atributos físicos, psicológicos e musicais de compositores para se chegar a generalizações de estilos nacionais. Apoiando-se na investigação de cientistas que encontraram elos entre tipos físicos e doenças mentais e relacionando esses tipos ao temperamento de poetas, ele mostra como, por exemplo, Weber, Chopin e Liszt tinham constituições físicas similares e expressavam um traço parecido de romantismo em sua música. E, o mais importante, Engel estava convicto de que as implicações mais amplas de suas afirmações para o futuro da disciplina, para a sua "cientificação", não passariam despercebidas. Prevê que, "no futuro, a pesquisa musical não poderá mais se limitar à filologia e à

---

98 Ibidem, p. 84-85.
99 Boetticher, "Volkskunde und Musikwissenschaft: Zur Erkenntnis von Rasse und Volkstum in der Musik", em Stumme (org.), *Musik im Volk*, 1. ed., p. 227.

história", uma vez que "a aplicação de tipologias psicológicas" se mostrarão indispensáveis[100].

O encontro de Düsseldorf passou a mensagem de que os musicólogos estavam seriamente empenhados na aplicação da ciência racial e inspirou mais trabalhos a respeito. Além da publicação dos *papers* da conferência de Düsseldorf em periódicos e da série monográfica de Blume, os anos seguintes testemunharam a produção de uma coleção de ensaios editada por Guido Waldmann – *Raça e Música* (*Rasse und Musik*) –, dedicada à aplicação de teorias raciais à educação musical que incluía contribuições de Gotthold Frotscher, Richard Eichenauer e Joseph Müller-Blattau. Referências à raça eivavam, em escala desconhecida, os trabalhos de história da música e de música folclórica, mas o termo nunca recebeu um tratamento mais claro ou preciso e seu uso indiscriminado, tão duramente criticado nos anos de 1920, tornou a aparecer. O termo "raça" se transformou numa palavra da moda, lançada em qualquer contexto como uma validação política ou como um destaque pelos resenhistas do Bureau Rosenberg. Mesmo o artigo de Johannes Wolf que condenava sutilmente a política racista –publicado no *Festschrift* em homenagem a Peter Raabe –, é matizado por referências à importância da pesquisa racial, a despeito, pois, da mensagem crítica de Wolf, que denunciou que a histeria racial tinha esvaziado o poder de discernimento da musicologia alemã.

A conferência de Düsseldorf, no entanto, deixou evidente para qualquer observador astuto que os musicólogos não poderiam prover respostas satisfatórias para a questão racial. Os musicólogos mostraram ser igualmente não efetivos em relação à Questão Judaica. Apesar das atenções e incentivos recebidos, essa área não capturou o interesse dos musicólogos, salvo pouquíssimas exceções: o *Lexikon*, de Gerigk e Stengel, e o *Judentum und Musik*, de Karl Blessinger, uma polêmica contundente e anedótica sobre a influência destrutiva dos judeus no século XIX. Aluno de Sandberger, Blessinger doutorou-se em 1913, com uma dissertação sobre a música da cidade de Ulm no século XVII. Nos anos subsequentes, publicou artigos acerca da crise da música moderna, filiou-se ao Partido Nazista em

---

100 Engel, "Die Bedeutung Konstitutions- und psychologischer Typologien", p. 129-153.

1932, foi nomeado *Extraordinarius* na Staatliche Akademie der Tonkunst, em Munique, em 1935, e alcançou o nível de *Ordinarius* na Staatliche Hochschule für Musik, em Munique, em 1942[101]. Sua monografia sobre o judaísmo na música – Mendelssohn, Meyerbeer, Mahler: Três Capítulos do Judaísmo na Música Como Chave Para a História da Música do Século XIX (*Mendelssohn, Meyerbeer und Mahler: Drei Kapitel Judentum in der Musik als Schlüssel zur Musikgeschichte des 19. Jahrhunderts*) – apareceu primeiramente em 1939 e foi reeditada em 1944, com um título mais wagnerianesco – *Judaísmo e Música* (*Judentum und Musik*).

Seguindo a tese de Eichenauer, de que foram somente os judeus do século XIX que exerceram uma influência destrutiva, Blessinger foca quase exclusivamente o século XIX, a despeito da inconsistência em estender os traços raciais positivos dos alemães à pré-história, limitando a destrutividade dos judeus ao século XIX. É óbvio que esse foco de Eichenauer e Blessinger sobre compositores judeus do século XIX tem suas raízes no fenômeno oitocentista do antissemitismo racial e nas polêmicas de Richard Wagner[102]. O tom vingativo de Blessinger, ultrapassando o de Wagner e Eichenauer, é rico em metáforas biológicas, no entanto, em nenhum momento tenta aplicar de modo sistemático os métodos da ciência racial. Blessinger rotula o judeu de "parasita cultural" que ataca seus "hospedeiros" em três estágios: 1. "a atomização" da cultura europeia em pequenos componentes que perderam sua conexão interna ("a era Mendelssohn"); 2. a mistura de elementos de diversas culturas numa "colcha de retalhos" ("a era Meyerbeer"); e 3. a falsa exaltação da "sofistaria talmúdica" como o maior feito da filosofia nórdica, no intuito de promover os objetivos judaicos ("a era Mahler"). Os três principais compositores passam a representar três tipos distintos de judeus: Mendelssohn é o "judeu assimilado", Meyerbeer, o "judeu de negócios inescrupuloso" e Mahler, o tipo fanático dos "rabinos do leste"[103].

Em sua interpretação da história do século XIX, Blessinger, essencialmente, transforma princípios básicos do Iluminismo

---

101 BDC Blessinger.
102 Blessinger, *Judentum und Musik*, p. 7-8, 15-17; Eichenauer, op. cit.; Wagner, "Das Judentum in der Musik", *Neue Zeitschrift für Musik*, n 17, 3 e 6 set. 1850.
103 Blessinger, op. cit., p. 8, 16-17.

e do Romantismo em conspiração judaica. A Revolução Francesa, de acordo com Blessinger, criou a oportunidade para os judeus e maçons se infiltrarem nos círculos aristocráticos e usarem seus salões para que suas mulheres empregassem a "tática que já era tipicamente judaica no Livro de Ester" – ou seja, mediante um erotismo perverso, seduzir os jovens e influenciar seu gosto artístico[104]. O século seguinte assistiu à ascensão do Singspiel, mas Blessinger considera a natureza mais ligeira do gênero como efeito da manipulação judaica dos bastidores, que culminaria no sucesso de Offenbach[105]. Blessinger aponta para o importante papel da imprensa controlada pelos judeus na criação de um sentido positivo a todas as modas "judaicas", ditando assim o gosto do público. Insistia, inclusive, que a Nova Escola Alemã, até Wagner, estava sob a influência judaica, o que se veria pela forte dependência do programa; que a ênfase na genialidade individual servia ao avanço dos judeus; e que a ideia da arte pela arte tinha sua "origem no Talmude"[106]. A arremetida final dos judeus contra a música alemã, segundo Blessinger, foi o uso do exótico para aliciar o público: o uso de ritmos orientais, jazz, harmonia de quartas e escalas orientais (Mahler), além de perversidades como o fascínio por hermafroditas (nos filmes do "Judeu Chaplin" e os gestos estranhos dos regentes judeus), e os efeitos exaustivos e narcotizantes dos "ritmos judeus" no jazz e na música de dança[107].

Com seu livro, Blessinger ingressou nos círculos das palestras públicas, e, como Eichenauer, obteve a aclamação de alguns musicólogos em virtude de sua singularidade[108]. A despeito

---

104 Ibidem, p. 18-26.
105 Ibidem, p. 28-35.
106 Ibidem, p. 94-97.
107 Ibidem, p. 120-128. Blessinger faz algumas conexões impressionantemente improváveis entre o jazz e a música judaica, descrevendo uma interpretação da "Barcarolle", de Offenbach, ouvida por ele numa rádio em Praga como um modelo para o canto de jazz: "É indescritível o modo como as duas vozes femininas de judias gordas cantavam a conhecida melodia à maneira de um canto sinagogal; elas eram simplesmente insuportáveis e encobriam o verdadeiro modo de ser – eternamente estranho a nós – dos judeus. Mas eles criaram o padrão de canto que hoje é típico também no jazz", p. 127.
108 Joachim Beck, "Um die Einheit der deutschen Musik", *Das deutsche Podium* n. 7, 1939, p. 1-2; Walther Vetter, "Zur Erforschung des deutschen Musik", DMK, n. 4, 1939-1940, p. 106; Alfred Lorenz, "Musikwissenschaft und Judenfrage", *Mk*, n. 31, 1938, p. 178.

do sucesso momentâneo de Blessinger, nenhum musicólogo desenvolveu uma metodologia para detectar o "judaísmo" na música. A relutância em tratar da Questão Judaica pode ser explicada de inúmeras formas. Em primeiro lugar, podia-se argumentar, como de fato se fez, que graças a Hitler a ameaça judaica havia sido eliminada[109] e a discussão, consequentemente, perdido sua razão de ser. Além do mais, a tentativa de definir qualquer raça, incluindo a judaica, mostrara-se impossível, e caracterizar a música judaica era sempre mais escorregadio, como Wagner já havia descoberto[110]. Dando sequência aos ataques *ad hominem* de Wagner contra os judeus de sua época, a propaganda nazista (tal como a exposição "Música Degenerada") culpava os judeus do século XIX de terem envenenado a cultura alemã com os deslumbres do virtuosismo, da superficialidade, do charlatanismo pseudointelectual e da degenerescência norte-americana, complicando ainda mais qualquer definição sobre o judaísmo na música. Para dizer o que tornava uma música "judaica", tinha-se de encontrar os denominadores comuns das obras de Mendelssohn, Meyerbeer, Offenbach, Mahler e Schoenberg, bem como das cantilenas sinagogais, canções folclóricas, ídiche e jazz norte-americano. Uma tarefa impossível mesmo para o propagandista mais imaginativo.

AVANÇOS NA PESQUISA DA MÚSICA FOLCLÓRICA ALEMÃ

Ao contrário das limitações do universo da raça e da Questão Judaica, a música folclórica alemã era um campo de pesquisa muito promissor para os musicólogos satisfazerem as necessidades do Estado nazista. Relativamente inexplorada pelos acadêmicos da música, a pesquisa em música folclórica alemã dava-lhes a oportunidade de aplicar suas habilidades com fins pragmáticos. Todos aqueles que traçavam as tarefas, objetivos e realizações da musicologia no novo Estado enfatizavam a importância da música folclórica. Em seu artigo de 1935,

---

109 Blessinger, "Der Weg zur Einheit der deutschen Musik", *Deutschlands Erneuerung*, n. 25, 1941, p. 80.
110 Katz, *From Prejudice to Destruction*, p. 191-193.

"As Tarefas da Musicologia no Terceiro Reich", Rudolf Gerber sublinhou a importância de se incluir a música folclórica nas edições da Denkmäler e de torná-las acessíveis ao grande público[111]. Em "Tarefas e Objetivos da Musicologia Alemã", de 1938, Bücken expressou grandes esperanças numa futura colaboração entre musicólogos comparativos e históricos para a pesquisa da música folclórica europeia e nas publicações resultantes que poderiam atender às necessidades intelectuais da comunidade alemã[112].

A música folclórica alemã era um campo de estudo muito atraente para os musicólogos por várias razões. Antes e acima de tudo, porque as recentes organizações amadoras, militares e partidárias demandavam crescentemente esse tipo de repertório. A música folclórica tornada acessível pelos musicólogos também podia influenciar as obras dos compositores alemães contemporâneos. A criação do Departamento de Música Folclórica no Instituto Estatal consolidou recursos, facilitou a pesquisa e garantiu suporte público para o trabalho musicológico nessa área, complementando, assim, os incentivos da Ahnenerbe. E, sobretudo, o pensamento *völkisch*, gestado por décadas no ventre de uma visão de mundo impregnada pelo irracional, moldara uma imagem romântica do povo alemão, vivendo seu momento de glória com a ascensão do nacional-socialismo. Consumido pelo pessimismo e pelo desejo ardente de libertar o povo alemão de seus supostos opressores, essa ideologia buscou soluções por vias metafísicas, espirituais e raciais, em vez de divisar um programa pragmático de caráter econômico, político ou social[113]. A música folclórica era um componente importante da concepção irracionalista de povo. Canções folclóricas, as reais e as inventadas, eram uma das preocupações favoritas do romantismo literário alemão, e desde então vinham sendo encaradas como um símbolo da identidade e unidade nacionais alemã. Um interesse efetivo pela música folclórica alemã seria um sinal poderoso de que a musicologia podia servir às necessidades espirituais da nação alemã.

---

111 Gerber, "Die Aufgaben der Musikwissenschaft im Dritten Reich", *ZfM*, n. 102, 1935.
112 Bücken, "Aufgaben und Ziele", op. cit., p. 66.
113 Mosse, op. cit., p. 280-293.

O estudo acadêmico da canção folclórica não era uma novidade, mas por mais de um século tinha ficado nas mãos dos linguistas, que davam mais atenção ao texto que à melodia. O Arquivo da Canção Folclórica de Freiburg, criado em 1914, principiou coletando e organizando um vasto número de canções folclóricas em forma de texto, sem suas melodias. O fundador do Arquivo, John Meier, foi responsável por ampliar a pesquisa da canção folclórica para além dos limites metodológicos da filologia alemã (*Germanistik*), encaminhando-a para o campo do folclore (*Volkskunde*). Meier propôs que os objetos fossem mais estudados como parte de um sistema social, relacionando a canção folclórica aos rituais, costumes e a outros parâmetros sociológicos, embora ainda estivesse mal equipado para lidar de modo extensivo com a música. Um estudo sério da melodia teria de esperar pela criação do Arquivo da Canção Folclórica de Berlim, em 1917, sob a direção de Max Friedländer[114]. A expansão do *Jugendmusikbewegung* e do generalizado Movimento do Canto (*Singbewegung*), nos anos de 1920 e 1930, abasteceu o interesse por melodias folclóricas, e o arquivo de Berlim cumpriu seu papel coletando e organizando canções para confeccionar um grande catálogo. Sob a direção de Hans Mersmann, o objetivo da coleção se expandiu, ampliando a definição de música folclórica do Arquivo para incluir a música dos movimentos amadores contemporâneos[115].

Até 1933, a pesquisa em música folclórica estava concentrada nas mãos de uns poucos musicólogos em Berlim, mas daí em diante tornou-se tema comum da musicologia, sendo abordado por todos os ramos da disciplina. Um número considerável de musicólogos históricos, a despeito de suas especialidades, tinha muitos motivos para se deixar atrair pela pesquisa da música folclórica. A questão era politicamente relevante, mas menos problemática e mais acessível que o tema racial ou que a Questão Judaica, e podia ser tratada sob vários ângulos: como uma positivista coleta de dados, como o estudo geistesgeschichtlich de sua história ou de sua relação com a história da música artística, ou mesmo como a manifestação pura

---

114 "Volksgesang, Volksmusik, Volkstanz", MGG, 1. ed., 1924-1927.
115 Mersmann, "Gegenwartsfragen der Volksliedkunde", *Musik und Volk*, n. 3, 1935-1936, p. 222-227.

da música da raça germânica. Ademais, os musicólogos históricos podiam, ao menos potencialmente, atuar como editores em edições críticas de canções folclóricas alemãs.

As motivações dos historiadores da música com formação acadêmica também podem ter tido raízes emocionais mais profundas. Embora seu entusiasmo possa inicialmente dar a impressão de puro oportunismo – explorar uma área de pesquisa politicamente importante e pesadamente financiada –, esse nem sempre era o caso. Alguns desses musicólogos confessaram guardar certa frustração de sua época de estudante, pois constrangidos por sua formação tradicional em história, de um lado, e testemunhas do impacto generalizado da música folclórica sobre o movimento amador, de outro. Kurt Huber, ao esboçar seus planos para a divisão de música folclórica do Instituto Estatal, definiu o desenvolvimento da pesquisa em música folclórica como tarefa de uma nova geração, aquela que, inspirada pelo *Jugendmusikbewegung*, ouviu o chamado de sua época e se lançou avidamente na "pesquisa da música nacional"[116]. Como membro dessa geração, Müller-Blattau confessou – no periódico *Musik und Volk*, da Liderança Jovem do Reich – que quando estudante da "ciência rigorosa" da musicologia histórica, antes da Primeira Guerra, sentia-se desorientado pelo fosso entre a teoria e a prática. A experiência como soldado despertara-lhe à importância do canto comunitário das canções folclóricas para a construção da camaradagem, da nostalgia e do patriotismo. Sua geração, observava Müller-Blattau, resolveu então reformar a musicologia, preenchendo o fosso entre a academia e o fazer musical e elevando a música folclórica à condição de um tema digno de estudo. A revolução nacional-socialista, concluía, havia finalmente tornado isso possível[117].

Os musicólogos comparativos também descobriram meios de canalizar sua pesquisa na direção de uma compreensão mais

---

116 "O bom espírito do Movimento da Juventude alemão, que cantou as canções do '*Zupfgeigenhansel*', temido por todo 'bom cidadão', produziu também uma geração de musicólogos responsável pelos primeiros impulsos para uma pesquisa nacional." *Deutsche Wissenschaft Erziehung und Volksbildung: Amtsblatt des Reichsministeriums für Wissenschaft, Erziehung und Volksbildung und der Unterrichtsverwaltungen der Länder* (*Nichtamlicher Teil*), n. 3, 1937, p. 127.

117 Müller-Blattau, "Gegenwartsfragen der Musikwissenschaft", op. cit., p. 83-84.

profunda da música folclórica alemã. Quando o Instituto de Acústica de Berlim deixou de ser uma divisão da biblioteca para se tornar um instituto da Universidade, Fritz Bose viu nisso uma grande oportunidade para explorar suas gravações de sons com vistas à pesquisa musicológica, em vez de continuar a usá-los apenas para os estudos fonéticos. No entanto, o instituto não devia ter como meta a compreensão da música de povos exóticos e primitivos, mas, antes, a aplicação dos métodos da musicologia comparada para o aclaramento das diferenças entre as tribos germânicas e da influência da raça sobre a música folclórica, tarefas apropriadas à "reorientação da pesquisa acadêmica no Estado nacional-socialista"[118].

A pesquisa sobre a canção folclórica alemã constituía um domínio amplamente aberto aos musicólogos. Se a negligência dos germanistas em relação ao fator "canção" havia criado uma lacuna embaraçosa, suas laboriosas classificações e análises secas também os havia alienado do fator "folclore". Os filólogos viviam presos a discussões pedantes acerca da paternidade, recepção, forma, função e transformação da canção folclórica, bem como a respeito da validade da canção não rural como objeto de pesquisa. Duas teorias principais emergiram nos anos de 1920, disputando influência: a concepção de Meier, segundo a qual as canções folclóricas eram compostas por músicos com formação e depois adotadas pelas pessoas comuns (*Kunstlied im Volksmund*); e a proposta de Joseph Pommer, que defendia que a canção folclórica havia surgido com o povo e sobrevivido em suas práticas. Julian von Pulikowski, aluno de Lach, criticou acerbamente tal análise de gabinete. Dizia que a coleta e a análise científica só tinham sentido quando o pesquisador estabelecia uma relação com as comunidades produtoras de música, tal como Kodaly e Bartók haviam feito[119]. Além do mais, por se terem focado exclusivamente nas canções folclóricas e seus textos, os estudiosos deixavam de enxergar a música instrumental e as danças folclóricas.

Nos anos que se seguiram à tomada do poder por Hitler, um maior número de musicólogos entrou em cena, infundindo

---

118 Bose, "Neue Arbeitsgebiete des Institutes für Lautforschung", *Forschungen und Fortschritte*, n. 10, 1934, p. 269-270.
119 Suppan, *Volkslied*, p. 8-10.

ao debate um fervor e energia que, desconhecidos, inspiravam-se no pensamento *völkisch*. Suas ideias circulavam por vários canais de publicação, especializados ou não. A figura central na divulgação da nova abordagem foi Kurt Huber, que de março de 1937 a outubro de 1938 ocuparia a chefia da divisão de música folclórica do Instituto Estatal. Antes de sua nomeação, Huber ficara conhecido por sua participação apaixonada nos debates metodológicos, insistindo em reformas na pesquisa da música folclórica para o bem da nação. Numa crítica aos métodos então correntes, publicada na *Deutsche Zeitschrift*, de 1934, Huber acusava o Iluminismo e o humanismo pela perversão dos objetivos de Herder em compreender o povo alemão através de suas canções folclóricas. De acordo com Huber, o objetivo da pesquisa da canção folclórica era revelar "o espírito do povo alemão" (*deutsche Volksseele*). Treinado em psicologia, propôs uma "tipologia psicológica" da música e da dança folclóricas alemãs que ampliasse as categoriais tradicionais, bem como a aplicação de comparações geográfico-estatísticas, como faz a linguística[120].

Embora essas sugestões apontassem para alguns caminhos metodológicos viáveis, incluindo uma interpretação mais liberal do conceito de música folclórica – que não estava restrito às fontes rurais ou às fronteiras geográficas tradicionais –, não se pode deixar de notar a predileção de Huber pelo irracional, emocional e anti-iluminista como o caminho verdadeiro à compreensão da canção folclórica alemã através de métodos verdadeiramente alemães. Assim como acontecia com as ideias vigentes à época sobre a alma racial, o interesse de Huber em fazer da *Volksseele* o fim último da pesquisa da música folclórica concentrava-se mais nos processos do fazer musical que nos materiais musicais concretos.

Huber revelou convicções ainda mais ardentes num artigo de 1936 para a *Deutsche Musikkultur*, no qual sublinhava a necessidade de tornar a pesquisa em música folclórica acessível ao público. Sua sugestão de criar uma rede de arquivos regionais de música folclórica (*Landschaftsarchive*) tinha por objetivo reaproximar a juventude alemã das tradições de sua própria música folclórica e, assim, livrando-a dos cancioneiros folclóricos

---

120 Huber, "Wege und Ziele neuer Volksliedforschung und Volkslidepflege", *Deutsche Zeitschrift*, n. 48, 1934-1935, p. 424-438.

idealizados e improvidentes que inundavam o mercado. Cada arquivo contaria com uma equipe de musicólogos, germanistas e folcloristas, que manteria vínculos estreitos com os praticantes rurais da "verdadeira" música folclórica ou, pelo menos, se nada mais existisse na região, com o Movimento da Juventude[121].

Nesse ponto, a concepção de música folclórica de Huber mostrara-se muito mais conservadora, remontando às classificações geográficas tradicionais da canção folclórica antes rejeitadas por ele e à ideia de que a música folclórica "pura" só existia em regiões onde a urbanização não destruiu suas raízes nativas. Além disso, os acadêmicos tinham a obrigação, avaliava Huber, de transmitir a canção folclórica em suas formas mais puras e de extirpar das coleções e arquivos de canções folclóricas todas as sentimentalidades e obscenidades destrutivas e "parasitárias" (por exemplo, baladas, canções de cabaré e *hits* populares)[122]. O sistema de arquivos regionais constituiu a base de seus planos organizacionais quando Huber, em 1937, assumiu o controle da divisão de música folclórica do Instituto[123].

A nova leva de pesquisadores da música folclórica se dividiu, daí em diante, em dois caminhos – um teórico e um prático. Um dos grupos deu continuidade ao detalhado debate metodológico sobre os parâmetros para a definição de música folclórica, sobre a classificação e a interpretação das descobertas. Essas discussões foram suscitadas pelo surgimento dos novos estudos de Pulikowski (*Geschichte des Begriffs Volkslied im musikalischen Schrifttum*, 1934), Mersmann (*Volkslied und Gegenwart*, 1937) e Danckert (*Das europäische Volkslied* e *Grundriss der Volksliedkunde*, ambos de 1939)[124]. O outro grupo

---

121 Idem, "Der Aufbau deutscher Volksliedforschung und Volkslidepflege", *DMK*, 1936, p. 65-73.
122 "A mais urgente dessas tarefas se chama: a preservação dos autênticos bens da cultura folclórica alemã! Em nossas coletâneas e arquivos de canções folclóricas há inúmeros exemplos de porcarias. Naturalmente, canções que 'vivem ou já viveram um dia entre o povo'. Como se em meio ao povo não vivesse nada que fosse estranho ao povo! A verdade é que a mais bela vida parasitaria lá vive e pode corroer as raízes mais autênticas do Volkstum! Fora com as canções miseráveis, com os sucessos sem sentido que o povo, que não tem autocrítica, naturalmente também canta, cem vezes, mil vezes, bastando que se lhe ofereça." Ibidem, p. 69.
123 Huber, "Der künftige Aufbau der Volksmusikforschung", *Deutsche Wissenschaf Erziehungund Volksbildungund*, n. 3, 1937, p. 129-131.
124 Para uma crítica de Pulikowski, cf. Moser, "Zum Volksliedbegriff", *Jahrbuch für Volksliedforschung*, n. 4, 1934, p. 134-137. O trabalho de Mersmann suscitou ▶

preocupou-se com a aplicação prática da pesquisa em música folclórica na educação e para o fortalecimento do povo alemão. Por participarem do movimento musical, Frotscher (consultor musical da Liderança Jovem do Reich), Goslich (consultor na Câmara de Música do Reich e na DAF), Ehmann (diretor musical e mediador das atividades musicais do Estado e do Partido na Universidade de Freiburg) e Quellmalz (sucessor de Huber) estavam mais interessados em pesquisas sobre música folclórica "aplicadas", ou seja, que envolvessem os musicólogos com a educação e o fazer musical cotidiano das instituições estatais, partidárias, públicas e privadas. Esse último grupo entendia a música folclórica como um produto cultural nativo inextrincavelmente ligado à vida e aos costumes do *Volk* e acreditava que as danças e canções tinham de ser compreendidas em seu contexto sociológico e avaliadas por aquilo que podiam revelar de raça e de ideologia[125]. Musicólogos, educadores e funcionários do Estado e do Partido envolvidos com música eram responsáveis por afastar as atividades práticas da degeneração da música popular, aproximando-as de uma música que emanasse da verdadeira *Volkstum* alemã. O crescente número de grupos de música amadora – ampliado pela criação das organizações musicais estatais, partidárias e militares –, justificava um cuidadoso rastreamento e abastecimento de repertório novo[126].

O que é impressionante em toda essa discussão, tanto na teórica quanto na prática, é uma sutil mudança de terminologia.

> ▷ uma detalhada resposta de Kurt Huber ("Die volkskundliche Methode in der Volksliedforschung", *AfMf*, n. 3, 1938, p. 257-276. Danckert responde a seus críticos em "'Entwicklungsgeschichtliche' und organische Volkslied-Betrachtung", *AfMf*, n. 6, 1941, p. 70-93.
> 125 Frotscher deu um passo além na tentativa de derivar características raciais a partir de um estudo comparativo entre versões distintas de uma mesma canção folclórica. Ele baseou sua abordagem no argumento bizantino segundo o qual a música folclórica é uma expressão das atividades cotidianas e que é preciso antes estudar seus costumes (*Brauchtum*) que seu estilo, porque a *Brauchtum* é a expressão de uma ideologia (*Weltanschauung*) e, como toda *Weltanschauung* é determinada pela raça, a *Brauchtum* também é uma expressão racial. Frotscher, "Rassenstil und Brauchtum", *VME*, n. 3, 1937, p. 3-10.
> 126 Cf. Goslich, "Ist alle Volksmusik wertvoll?", *Der Musikerzieher*, n. 38, 1942, p. 65-67; idem, "'Volksmusik' alsWertbegriff", *DMK*, n. 3, 1938, p. 283-291; Ehmann, "Volksmusik und Musikwissenschaft", *MJV*, n. 1, 1937-1938, p. 193-196; Frotscher, "Aufgabe und Weg der musikalischen Volkskunde", *MJV*, n. 4, 1941, p. 66-71; Quellmalz, "Die Bedeutung der Volksliedkinde für die Musikerziehung", em Stumme (org.), *Musik im Volk*, 1. ed., p. 235-244.

Crescentemente, passa-se a referir o campo que está se desenvolvendo como "folclore musical" (*musikalische Volkskunde*), em vez de pesquisa em canção folclórica ou música folclórica (*Volksliedkunde, Volksliedforschung, Volksmusikforschung*). Em alguns casos, a preferência pode ser atribuída ao desejo de distanciar os novos métodos musicológicos daqueles dos primeiros *Volksliedforscher* germanistas, que focavam primeiramente o texto e o estudo das fontes, bem como de aplicar os métodos do folclore (*Volkskunde*) à pesquisa e à prática musicais. Uma nova metodologia, expressamente musicológica, foi buscada a partir de um aproveitamento da musicologia tradicional (obras clássicas de Forkel a Riemann que deram atenção à música "folclórica") ou ao desenvolver uma nova abordagem sociológica[127]. Em outros contextos, porém, a *musikalische Volkskunde* expressa claramente a ampla responsabilidade político-cultural dos musicólogos no fortalecimento da consciência nacional alemã pela purificação do seu repertório de música folclórica[128], uma *musikalische Volkskunde,* que é, na concepção original de Huber, uma revelação da "alma *Volk*" pela música. A preferência pelo termo "musikalische Volkskunde" também pode ter representado um esforço para aproximar a pesquisa sobre música folclórica da disciplina folclore e de suas organizações e, assim, maximizar as chances da pesquisa e do financiamento, uma vez que o campo do folclore desfrutava de um tratamento especial por parte de Himmler e Rosenberg que a musicologia não tinha[129].

---

127 Ehmann, "Musikwissenschaft und musikalische Volkskunde", DMK, s/v, 1938, p. 3-14; Huber, "Die volkskundliche Methode", op. cit.
128 Frotscher expressa essa visão apoiando-se na metáfora biológica da influência estrangeira que "infecciona o organismo" do povo: "É tarefa dos estudos regionais em música separar o autêntico do artificial. No cumprimento dessa tarefa, os estudos regionais se tornam políticos. Através do conhecimento e do ensino é preciso exterminar aqueles corpos estranhos que foram introduzidos no organismo da arte do povo, bem como fazer com que o patrimônio natural do povo se torne uma propriedade ativa do povo, unindo ao presente vivo um passado também vivo. É preciso que se fortaleça a consciência do sentido da arte entre o nosso povo e se promova uma tradição popular sadia, de modo que os músicos conquistem força e possam renovar a partir das formas de vida do presente os costumes populares." Frotscher, "Aufgabe und Weg", op. cit., p. 71.
129 Ver Lixfeld, *Folklore and Fascism*, p. 61-120; Oesterle, "The Office of Ancestral Inheritance", *The Nazification of an Academic Discipline*, p. 189-246.

A "NAZIFICAÇÃO" DA MUSICOLOGIA?

A historiografia do folclore alemão entendeu as concessões feitas pelo campo à ideologia nazista como uma "nazificação" ampla da disciplina. Conquanto a musicologia tenha se engajado em temas caros aos nazistas, seria impróprio falar de uma nazificação indiscriminada da musicologia, certamente não no mesmo grau do folclore. Ainda que a literatura musicológica dos anos de 1930 e 1940 revele um novo, renascido ou intensificado interesse por questões raciais, antissemitismo ou cultura folclórica, um exame mais atento deixa claro que nem todas essas temáticas recebiam o mesmo tratamento, e que os atrativos não provinham todos de uma única fonte – da política ou ideologia nazista. Talvez a única tendência que tenha sua origem mais ou menos diretamente ligada à recomendação do governo seja a metodologia racial, pois Goebbels, como dizem, a havia sugerido como tema central do Congresso de Musicologia em Düsseldorf[130]. No entanto, o compromisso com a raça permaneceu inconcluso e nunca desaguou num genuíno programa de pesquisa, assim como o tema do judaísmo recebeu pouca ou mesmo nenhuma atenção séria. A pesquisa da música folclórica, ao contrário, foi uma das poucas áreas onde o engajamento promoveu tanto a pesquisa quanto a prática. As razões dessa mudança têm pouco a ver com essa ou aquela doutrina do nacional-socialismo e mais com os significativos desenvolvimentos ocorridos no âmbito do pensamento alemão, como as recentes crises metodológicas, a intensificação do pensamento *völkisch*, a curiosidade em relação aos métodos científicos e o fascínio exercido pela popularização da música folclórica.

Assim como os novos interesses de pesquisa não são uma prova direta da nazificação, a existência de uma retórica racista e política nos escritos de musicólogos da época não revela necessariamente uma lavagem cerebral geral ou a nazificação da disciplina como um todo. Tal retórica era usada de forma indiscriminada, geralmente nas tentativas débeis de dar crédito a uma posição particular. Por exemplo, no decorrer dos anos de 1930, o debate em torno da *Geistesgeschichte* se tornou

---

130 Relatado em *Der Mittag*, 28 maio 1938.

tão crivado de retórica que posições opostas eram indistinguíveis entre si. Quando Werner Korte decidiu atacar a *Geistesgeschichte*, em 1935, explorou a seu talante a retórica antissemita e antiweimariana. Acusou Gurlitt de empurrar a musicologia em direção à *Geistesgeschichte*, expondo a disciplina, assim, aos "riscos que se haviam ampliado em virtude da industriosidade da raça estrangeira durante o período de inflação do espírito alemão". Agora, porém, essa tendência estava "morta, morta para o novo Reich", e a musicologia se dedicaria, doravante, a entender "o povo e a raça" alemãs[131]. O renovado ataque de Korte, em 1938, atribuía os "erros fundamentais" da *Geistesgeschichte* à "percentagem nada insignificante de judeus" trabalhando nessa área antes de 1933, e destacava Curt Sachs como perpetrador de seus intelectualismos judeus[132]. Também Lorenz atacou a *Geistesgeschichte*, chamando-a de "teoria da 'mentalidade' nascida na era liberal"[133].

A retórica política e antissemita muitas vezes era mobilizada apenas para combater o ponto de vista do adversário. Siegfried Goslich partiu de um modelo da *Geistesgeschichte* para imaginar a renovação da cultura alemã sob a égide do Estado nacional-socialista. A interpretação histórica era um passo necessário – que avançava para além da mera coleta de material e da produção de edições de música antiga –, e junto com a nova vida e o novo Estado surgiria uma nova forma de arte que sacaria dos tesouros do passado os *insights* da essência da nação e da raça alemãs[134]. Goslich equalizou o papel da musicologia enquanto *Geistesgeschichte* com as expectativas do Estado nacional-socialista em relação à disciplina. Boetticher, propondo um termo médio, também explorou a retórica antissemita. Acreditava numa síntese das ciências naturais com certos elementos da *Geistesgeschichte* para o estudo da raça, mas rejeitava a ideia de progresso na história, atribuindo-a a Curt Sachs (que, após emigrar, tornou-se um alvo comum da musicologia alemã). Refutava, ainda, a ideia de um "espírito

---

131 Korte, "Die Aufgabe der Musikwissenschaft", *Mk*, n. 27, 1935, p. 338-340, 341.
132 Idem, "Grundlagenkrisis", *Mk*, n. 30, 1938, p. 669-670.
133 Lorenz, "Musikwissenschaft im Aufbau", op. cit., p. 368.
134 Goslich, "Gedanken zur geisteswissenschaftlichen Musikbetrachtung", em *Festschrift Arnold Schering*, p. 90-91, 95.

objetivo" porque isso significava negar o elemento pessoal de uma obra musical e porque essa ideia desempenhava um papel proeminente nos escritos do judeu Heinrich Schenker[135]. Assim, ainda que os indivíduos sustentassem uma variedade de posições, todos queriam as bençoes do programa nazista[136].

A guinada em direção aos temas alemães, embora anterior a Hitler, também foi distorcida pela retórica política e atribuída à revolução nacional-socialista. Gerber insistia que a musicologia precisava se tornar uma ciência "política" para forjar um vínculo com os músicos práticos e servir ao público em geral, revelando-lhe a herança musical do espírito alemão. Gerber elogiava a musicologia por assumir a "elevada tarefa político-cultural" de explorar "o caráter nacional alemão, a estrutura da alma alemã nos produtos de sua imaginação musical" e as "idiossincrasias tribais e raciais encontradas na história da música alemã"[137]. Friedrich Blume, em sua contribuição ao *Festschrift* a Hitler, também marcou o crescente interesse da musicologia acadêmica pelos tópicos alemães, pela compreensibilidade da essência musical alemã e das "características persistentes" da música alemã, projetando, como tarefa central da musicologia no novo Reich, a preservação da herança musical alemã[138].

A retórica política nos escritos musicológicos não pode ser atribuída às diretrizes editoriais ou à censura nazistas, pois a crítica às tendências politicamente favorecidas à época ainda encontravam canais de divulgação. Em 1939, Wilibald Gurlitt,

---

135 Boetticher, "Zur Erkenntnis von Rasse und Volkstum in der Musik", em Stumme (ed.), op. cit., p. 217-218, 221-222.
136 O debate da *Geistesgeschichte* em sua versão mais moderada foi gradualmente caindo no esquecimento. Em 1939, Hans Engel relatou as aquisições da musicologia entendida como *Geistesgeschichte* (Engel, "Die Leistung der deutschen Musikwissenschaft", *Geistige Arbeit*, n. 6, 1939, p. 7-8); e no mesmo ano Gurlitt emergiu de seus *status* de *persona non grata* com uma defesa desses métodos (Gurlitt, "Der gegenwärtige Stand", op. cit., p. 1). Em 1941, o termo foi usado mais uma vez em sentido pejorativo: um relato sobre a situação da musicologia se referia a um estudo sobre Pfitzner que descrevia as canções do compositor a partir de um método de exame estilístico orientado *geisteswissenschaftlich* (Alt, "Musikwissenschaft", *Zeitschrift für deutsche Geisteswissenschaft*, n. 4, 1941-1942, p. 72.
137 Gerber, "Die Aufgaben der Musikwissenschaft im Dritten Reich", op. cit., p. 498, 500-501.
138 Blume, "Deutsche Musikwissenschaft", op. cit., p. 18. Cf. também seu "Erbe und Auftrag", DMK, n. 4, 1939-1940, p. 1-11.

já demitido de seu posto acadêmico em Freiburg, publicou uma súmula retrospectiva das realizações musicológicas da década anterior. Com pouco *status* e pouca segurança financeira, aparentemente ele sentia não ter nada a perder ao apontar o dedo para as debilidades de certas tendências em moda, independentemente de sua utilidade política. Por exemplo, não teve nenhuma dúvida em expor as inconsistências do livro de Müller-Blattau, *Germanisches Erbe in deutscher Tonkunst*, embora estivesse consciente de seu patrocinador ilustre, a Ahnenerbe ss, e de sua inclusão na lista da NS-Bibliographie. Gurlitt chegou a duvidar da então propalada urgência de se descobrir a germanidade na música, considerando-a muito mais elusiva do que gostariam seus entusiastas, a despeito do "novo significado" que a questão alemã havia trazido. Gurlitt também advertiu que a obra de Eichenauer ainda não havia se mostrado capaz de estabelecer paralelos reais entre as categorias raciais e a realidade musical[139]. Em relação à febre da música folclórica, observou que "mesmo se a pesquisa em música folclórica é tomada com grande intensidade a justo título", nem sempre isso ocorre "em prol do aprofundamento de sua dimensão teórica"[140]. Por fim, Gurlitt não viu razão para expurgar os nomes de judeus ou emigrantes de sua retrospectiva, mencionando os trabalhos de Hornbostel, Sachs, Hindemith, Schenker, Gradenwitz e Geiringer.

A retórica pró-nazismo dos escritos musicológicos não é o resultado do conflito entre edição e censura, nem simplesmente a tentativa de bajular os poderosos. A verdade é que nela se revelam graus variados de oportunismo misturado com entusiasmo genuíno. Os musicólogos celebraram os recentes desenvolvimentos políticos que lhes havia aberto o caminho para pesquisas pessoalmente significativas, em particular no campo da música folclórica e sobre a natureza da música alemã. A despeito dos incentivos governamentais e partidários, os musicólogos alcançaram a condição de acadêmicos por si próprios. As mudanças metodológicas ocorridas depois da guerra nasceram, por um lado, de um mal-estar intelectual e de um generalizado sentimento de crise entre os intelectuais; por outro, de um sentimento de renovação e da necessidade de articular a

---

139 Gurlitt, "Der gegenwärtige Stand", op. cit., p. 22-23, 30-31, 34.
140 Ibidem, p. 44.

missão musicológica alemã. A crise vivida na virada do século, o debate acirrado sobre a relação da musicologia com a música e com o público, o apelo de apresentar a musicologia como uma ciência séria e a criação de novas organizações e revistas, tudo isso moveu os acadêmicos para a reavaliação do estatuto da disciplina e para o planejamento do futuro. As forças menos tangíveis da ideologia *völkisch,* da nostalgia, do desejo de ressuscitar o espírito alemão das cinzas da guerra e o fascínio romântico pela cultura folclórica, para cuja órbita muitos haviam sido atraídos em seus dias de estudante, convidou-os a novos caminhos, antes interditos. O rigor científico demandado pelos condutores da musicologia comparada havia constrangido, com razão, os estudos raciais, enquanto a pesquisa em música folclórica, dominada pelos linguistas, estava além do âmbito da musicologia tradicional.

O novo regime conseguiu identificar algum campo comum entre seus ideólogos e a classe musicológica. Na esperança de que os acadêmicos enriquecessem o repertório de canções para uso em escolas, eventos políticos e na Wehrmacht, o Partido Nazista e funcionários do Estado injetaram recursos na já expandida área da música folclórica. Mas isso era apenas uma pequena parte da grande missão de solidificar a identidade nacional após a Primeira Guerra, que então conclamou os historiadores da música e os especialistas em música folclórica a nutrirem a consciência da população com o orgulho da força musical do presente e do passado alemão, e, nesse sentido, com o sentimento de preservação. Antes de generalizar essa confluência de objetivos como uma conformidade indiscriminada da musicologia em relação à ideologia nazista, é preciso ter em mente as forças intelectuais, sociais e políticas que já vinham conduzindo-a nessa direção.

7. Tentativas de Definir "Germanidade" em Música

No final dos anos de 1930, as discussões a respeito das tarefas da musicologia no Estado nazista apontavam para a importância de se compreender a essência alemã na música. Longe de representar uma ruptura com o passado, o tema da germanidade musical preocupou críticos, compositores e músicos por mais de dois séculos. Embora essas tentativas raramente produzissem algum resultado conclusivo, persistia a busca pelo "alemão" na música alemã, pois se temia que a força da música alemã estivesse prestes a cair no esquecimento.

Após a derrota da Alemanha na Primeira Guerra, o interesse pela germanidade musical recrudesceu e se tornou domínio dos musicólogos. Crucial era não apenas restaurar o orgulho dos alemães, mas identificar e eliminar as influências culturais "destrutivas" geradas pela sociedade moderna. O desenvolvimento político após 1933 encorajara os musicólogos a vislumbrar o futuro da música alemã com mais otimismo, mas eles não estavam mais próximos de identificar o que a tornava alemã. Em que pese tentativas enérgicas de isolar os traços musicais alemães por meio da pesquisa racial, dos estudos comparativos da música folclórica, dos estudos regionais, de análises do canto gregoriano e de investigações mais minuciosas sobre alguns compositores e suas vidas, a germanidade musical permanecia esquiva, de sorte que os musicólogos acabavam tornando a conclusões de mais de dois séculos atrás, por exemplo, de que o poder dos alemães consistia na sua habilidade de adaptar modelos estrangeiros.

Durante a Segunda Guerra, os ganhos territoriais alemães inspiraram os musicólogos, em alguma medida, a incorporar as realizações musicais dos países subjugados e ampliar o conceito de música alemã para, crescentemente, pintar os desenvolvimentos verificados na história da música europeia como realizações alemãs. As contribuições dos musicólogos a essa e a outras propagandas de guerra geralmente terminavam em parcerias com agências estatais e partidárias. Porém, o interesse dos musicólogos pela germanidade musical ia muito além do mero carreirismo da era nazista. De fato, era parte de um longo processo – delineado décadas antes – de reivindicação da superioridade musical alemã.

AS ORIGENS DO INTERESSE PELA GERMANIDADE MUSICAL

A indagação sobre as peculiaridades da composição alemã remonta, no mínimo, ao fim da Guerra dos Trinta Anos, quando Athanasius Kircher tentou descrever as "tendências" da composição alemã em sua *Musurgia universalis*, de 1650. Na primeira metade do século XVIII, a questão das diferenças nacionais no terreno da música emerge como um tópico de discussão ardente, especialmente nos novos periódicos alemães sobre música. Os críticos contemporâneos estavam confusos em meio à variedade de práticas compositivas adotadas pelos alemães, frustrando-se por não conseguirem isolar os traços musicais alemães com a mesma facilidade com que podiam identificar os estilos italiano, francês e polonês. Johann Adolf Scheibe, por exemplo, descreveu que a música italiana apresenta predominantemente melodias, que são frequentemente ornamentadas e que ofuscavam a harmonia; já a música francesa era entendida como "breve e muito natural", com ritmos claros e articulação métrica, ao passo que a música polonesa era alegre e satírica. Scheibe observou que a música alemã se apropriava largamente de modelos estrangeiros, mas considerava que os alemães distinguiam-se por terem aprimorado esses modelos com sua diligência, regularidade frásica, sensibilidade harmônica e, o mais importante, "bom gosto". Scheibe chegou ao ponto de asseverar que a "assim chamada música italiana, tal como agora a conhecemos nas obras de nossos maiores compositores alemães, podia, a bem da verdade, ser de origem alemã"[1]. Ele queria que os compositores alemães se livrassem de sua admiração cega pelas influências estrangeiras destrutivas, especialmente a italiana, e que reconhecessem e cultivassem seu próprio talento superior[2].

Em sua maioria, os críticos do século XVIII lamentavam o mesmo problema: a admiração excessiva pelos produtos estrangeiros tornara os alemães alheios a seus próprios feitos musicais e apenas os estrangeiros sabiam apreciar plenamente a força alemã[3]. Indigitar a germanidade na música, no entanto, ou mesmo definir a música "alemã", era algo problemático: em virtude de sua centralidade geográfica e de sua longa história como entrecruzamento cultural, a Alemanha havia se convertido num dos cenários musicais mais cosmopolitas do continente. Esse fenômeno provavelmente explicaria a força musical alemã no decurso dos séculos, mas também criaria um obstáculo para quantos buscassem distinguir os elementos especificamente alemães nas obras dos compositores alemães.

O internacionalismo da música alemã se tornou especialmente problemático no decorrer do século XIX. Vários compositores de origem alemã foram apontados como gigantes da história da música, mas boa parte de sua reputação devia-se às suas obras de idioma musical não essencialmente alemão. A maior parte das obras de Bach era baseada em modelos franceses e italianos e Haendel fez sua reputação como compositor

---

1 Scheibe, *Critischer Musicus*, 15. ed., p. 141-150.
2 Ibidem, 1. ed., p. 9; 6. ed., p. 55-65; 16. ed., p.151, 156; 59. ed., p.544-545; e 77. ed., p. 701-702.
3 Algumas opiniões foram expressas por Marpurg na 5., 43., e 44. edições de *Des critischen Musicus ad der Spree*, p. 33-40, 344-348, 356-357; e em "Vermischte Gedanken", *Historisch-Kritische Beyträge*, v. 2, n. 61, 1756, 3. ed., p. 220. Mizler também criticou a atração do público alemão por tudo o que vinha de fora em seu *Neu eroeffnete musikalische Bibliothek*, v. 1, pt. 3, p. 9.

de óperas italianas e oratórios ingleses. O mesmo se pode dizer de Haydn e Mozart, austríacos introduzidos no panteão alemão, que começaram compondo óperas italianas. As sinfonias, sonatas para piano e a música de câmara dos clássicos vienenses foram desdobramentos do trabalho de precursores italianos e o estilo clássico, geralmente tido como o marco da música alemã, poderia ser rastreado em fontes boêmias. Beethoven, entendido como aquele que expressou a germanidade musical em suas formas mais puras, modelou sua única ópera a partir da ópera de resgate francesa. Mesmo após o legendário declínio da música italiana e a ascensão dos compositores alemães – ou ao menos germanófonos – à condição hegemônica de gigantes da música europeia no século XIX, a germanidade em música permaneceu elusiva, em grande medida devido à persistente receptividade dos compositores alemães nas práticas composicionais estrangeiras.

Após a morte de Beethoven, muitos simplesmente concluíram que a grandeza musical alemã havia atingido seu pico e agora estava prestes a se dissipar: Beethoven sobejava germanidade, seja lá o que isso fosse, e agora estava morto e sem nenhum sucessor[4]. A vida musical alemã foi vista como novamente vulnerável às influências estrangeiras. Schumann, por exemplo, criou a *Neue Zeitschrift für Musik*, em 1834, em parte para dar voz à sua preocupação com o declínio da vida musical alemã. Sentia-se frustrado com a ausência de um sucessor de Beethoven e propôs que se empreendesse uma guerra contra o gosto musical degradado de seu país, manifesto no culto do virtuosismo pianístico, planejando usar sua revista para expor as mediocridades da música contemporânea, todas elas de origem estrangeira[5].

Ao mesmo tempo, os notáveis feitos musicais alemães desempenharam um importante papel na plasmação de uma identidade nacional nos anos que conduziriam à unificação em 1871, inspirando filósofos e escritores, para não mencionar aqueles diretamente envolvidos com música[6]. Embora os críticos e comentadores musicais travassem uma verdadeira batalha para formular uma concepção clara da germanidade musical,

---

4 Cf. Pedersen, "On the Task of the Music Historian", *Repercussions*, n. 2, 1993.
5 Plantinga, *Schumann as Critic*, p. 16-22.
6 Cf. Applegate, "What Is German Music?", *German Studies Review*, winter 1992.

não deixavam de acreditar na existência de semelhante coisa e temiam sua iminente extinção em virtude das superestimadas importações estrangeiras. Wagner insistiu em considerar essa ameaça real, a despeito dos avanços políticos contemporâneos rumo à unificação alemã e da retórica quanto à liberdade alemã, o espírito alemão, a essência alemã e a nação alemã. Wagner colocava a culpa no próprio povo alemão[7]. Mesmo em suas digressões mais xenófobas, ou seja, em suas polêmicas antissemitas, Wagner nunca acusou os "forasteiros" judeus de serem agentes deliberadamente empenhados na destruição da cultura alemã, atribuindo seu sucesso, antes, às debilidades inerentes ao espírito alemão. Isso tinha de ser corrigido: os alemães tinham de redescobrir seu próprio poder e, como os críticos alemães do século XVIII já haviam advertido seus compatriotas, os alemães tinham de enaltecer a criatividade de seus próprios artistas[8].

Wagner também perpetuou a noção de que os alemães se distinguiam pelo talento em aprimorar os modelos estrangeiros, mas estendeu essa ideia para além do domínio musical. Os alemães, asseverava, possuíam a habilidade para desvendar o sentido de todos os produtos intelectuais estrangeiros, musicais ou não, tornando-os universais. Ele creditava aos alemães o mérito de terem elucidado para o resto do mundo os escritos da Antiguidade, a essência do cristianismo, e as obras literárias de autores não alemães. Também considerava a música como o último refúgio à preservação da essência alemã em sua mais profunda expressão, mesmo quando essa música, superficialmente, emulava hábitos estrangeiros, a exemplo da obra de Bach. No entanto, na hora de definir essa essência, Wagner se embaraçava. Em 1878, trinta anos depois de esboçar a primeira versão de "O Que É Alemão?" (Was ist deutsch?), e sete anos após a unificação do Reich alemão, Wagner acrescentou um pós-escrito ao seu texto, admitindo que a questão o deixava cada vez mais confuso – confessava: "considero-me incapaz de responder à questão 'o que é alemão?'"[9].

7   Wagner, "Was ist deutsch?", 1865-1878, em *Wagner Dichtungen und Schriften*, v. 10, p. 100.
8   Wagner [Freigedank, pseud.], "Das Judenthum in der Musik", *Neue Zeitschrift für Musik*, n. 17, 3 e 6 set. 1850, p. 111-112; ver também *Wagner Gesammelte Schriften*, v. 5, p.84-85.
9   Wagner, "Was ist deutsch?", op. cit., p. 88-91, 93, 95-98, 101, 103.

A música persistia em se apresentar como uma característica precípua da nação alemã, especialmente depois da Primeira Guerra. Para muitos alemães, a guerra havia posto em relevo as diferenças culturais e espirituais entre os alemães e seus inimigos, como expresso por Thomas Mann em suas *Considerações de um Apolítico*, um texto amplamente lido à época. Isso renovou o desejo de se compreender a profundidade do caráter alemão no intento de contrastá-lo com a superficialidade e a pobreza espiritual dos inimigos alemães, especialmente a França. Com a derrota militar, o orgulho e a solidariedade nacional passaram a ser brandidos com saudosismo, e o fazer musical seria investido do suposto poder de curar as chagas de uma sociedade cindida e promover sentimentos de camaradagem. A disseminação do fazer musical amador, a sobrevivência de uma quantidade expressiva de instituições musicais financiadas pelo Estado – a despeito da guerra e da inflação[10] – e a ênfase na educação musical em função da reforma de Kestenberg testemunhavam a importância da música para o Estado alemão e seus cidadãos.

Essa condição saudável da atividade musical no pós-guerra reforçou ainda mais a reputação da Alemanha como a "pátria da música", tanto entre os próprios alemães quanto no exterior. Mais do que nunca, a música estava se tornando a *commodity* cultural mais importante do país e o talento musical era visto como um traço peculiar dos alemães. Compreender o presente e o passado musical da Alemanha, supunha-se, podia levar a um entendimento mais profundo do caráter alemão e ajudar a definir a nação alemã. Bastava apenas decifrar a chave do que fazia a Alemanha ser tão musical e descobrir o "alemão" na música alemã.

O FOCO GERMANISTA DOS ESCRITOS DE MÚSICA APÓS A PRIMEIRA GUERRA MUNDIAL

Os candidatos mais prováveis ao cumprimento dessa investigação eram os musicólogos, que não estavam muito bem preparados para a tarefa. A questão da germanidade na música havia

---

10 Moser, *Geschichte der deutschen Musik*, 2. ed., v. 3, p. 467, 469-470.

sido uma preocupação mais de compositores e críticos do que de musicólogos. Como a musicologia, inicialmente, lutou para ser levada a sério e havia buscado, assim, estabelecer fundações científicas, focando suas pesquisas no tratamento filológico das fontes da música antiga de toda a Europa – não apenas na Alemanha –, os acadêmicos encontravam-se mal preparados para enfrentar a questão da germanidade, que já assombrara críticos, escritores e filósofos[11].

Foram as consequências da Primeira Guerra que levaram os musicólogos a afinarem seu foco sobre a história da música alemã e a enfrentarem a questão da germanidade musical. Diversos fatores os conduziram a isso: as restrições de viagens durante a guerra tinham forçosamente atraído a atenção dos musicólogos para seus próprios recursos musicais; a contribuição para a restauração do orgulho e da autoestima nacional era um modo de ir ao encontro das necessidades da sociedade; a perda de vínculos com a comunidade acadêmica internacional insuflou seus sentimentos nacionalistas. As principais organizações acadêmicas alemãs foram fundadas imediatamente após a guerra no intuito de promover pesquisadores em música alemã bem como estudos sobre música alemã, e o recorde de publicações indica claramente o crescente envolvimento com temas alemães de 1918 a 1945 e uma gradual consciência acerca da questão da germanidade. Um exame das listas das obras sobre música publicadas anualmente no *Jahrbuch der Musikbibliothek Peters* revela, ao menos em termos quantitativos, uma alta concentração em história da música alemã, especialmente na década de 1930. O índice da maior parte das revistas acadêmicas fornece uma estatística ainda mais impressionante: o *Archiv für Musikwissenschaft* funcionou apenas entre 1918 e 1925, mas, nesse período, pelo menos a metade de seus artigos tinha por foco a história da música alemã. Nos volumes do período de 1920-1933 da *Zeitschrift für Musikwissenschaft* encontravam-se, ao menos, 50% mais estudos a respeito da Alemanha do que sobre outras questões.

---

11   Essa falta de engajamento musicológico na questão da germanidade era vista como uma desvantagem em 1938. Alt, "Die deutsche Musikbegabung", *Zeitschrift für deutsche Geisteswissenschaft*, n. 1, 1938-1939, p. 69, 77.

Para além dos temas alemães, a musicologia, inicialmente, assumia certa reserva em relação ao problema da germanidade, discutindo a questão principalmente no contexto da história geral. Com o tempo, porém, esses estudos – que se presumiam exames da música ocidental – tornaram-se algo não muito diferente de épicos da autorrealização musical alemã. As primeiras tentativas acadêmicas de compreender a germanidade no contexto mais amplo dos estudos de história da música ocidental geralmente definiam a música alemã pelo que não era, isto é, ao distingui-la do pensamento musical típico de outras nações. Hugo Riemann, em seu *Manual de História da Música* (*Handbuch der Musikgeschichte*), concluía que a produção musical alemã não podia ser identificada por um traço musical específico, mas sim pela forma distinta de compor, que envolvia a adoção e a reordenação de elementos estrangeiros[12]. O intercâmbio internacional entre músicos e o treinamento de alemães no exterior haviam enriquecido a composição alemã sem destituí-la de sua força, graças à tradição dos organistas e Kantoren do norte da Alemanha, que, de tão isolados, permaneceram praticamente à margem das novas tendências "que ameaçavam destruir o saudável coração da verdadeira essência alemã"[13].

Após a morte de Riemann em 1919, à medida que dentro da comunidade musicológica erguiam-se vozes preconizando uma atitude isolacionista e uma maior atenção à história da música alemã, maior era o ímpeto de reforçar a identidade alemã e moldar uma imagem invejável dos feitos musicais alemães. Riemann determinou que a música alemã alcançara o *status* de hegemonia mundial apenas no século XIX, após um período de longa dominação italiana. Os acadêmicos que lhe sucederam, no entanto, sentiam-se impelidos a buscar indícios de uma consistente superioridade musical que remontaria aos tempos pré-históricos. Einstein tentou delinear um espírito musical alemão, encontrando seus indícios no "âmago do sentimento musical nórdico",

12 Ele correlacionou a reelaboração de traços estilísticos neerlandeses por Agricola, Hofhaimer, Isaac e outros "alemães" à reelaboração e ao aperfeiçoamento por parte de Schütz dos estilos tomados de empréstimo tanto a Gabrieli quanto a Monteverdi, assim como Bach havia tomado emprestado aos estilos de Couperin e Vivaldi. Riemann, *Das Generalbasszeitalter*, p. 489-495; idem, *Die Musik des 18. und 19. Jahrhunderts*, p. 104-105.
13 Riemann, *Das Generalbasszeitalter*, p. 492-493.

na "hegemonia germânica musical", no Império Romano, no "florescimento alemânico" subsequente e no "prazer pelas consonâncias harmônicas", que remontariam aos tempos do uso do *lur* pelas tribos germânicas anteriores a César[14].

Einstein reconhecia o talento alemão para aprimorar modelos estrangeiros, mas o compreendia como um fenômeno espiritual, e não como uma consequência da tradição pedagógica no sentido de Riemann. Schütz, por exemplo, advertia contra o perigo do diletantismo na monodia italiana enquanto se apropriava "com entusiasmo e contemplativamente" das novas formas e tentava "fundi-las com o espírito da língua alemã e com a introspecção alemã"[15]. Einstein sustentava que a hegemonia internacional da tradição musical franco-flamenga havia suprimido as tradições nacionais na Espanha e na Itália, mas não na Alemanha, onde Konrad Paumann e Adam von Fulda haviam cultivado a música nativa para órgão e a música vocal, respectivamente. Então, enquanto a Itália gradualmente adquiria proeminência ao longo do século XVI, a Alemanha, "num calmo florescer", cultivava seu "pequeno jardim" de música vocal secular[16]. Bach, sobremodo, possuía a habilidade de enriquecer tudo aquilo que tocava, conduzindo-lhe à sua grandeza última, que crescia "como um tronco de árvore saudável, rico, frondoso, indispensável tanto para o ramo da polifonia como para os ramos e flores mais delicados da melodia"[17]. Haydn levou adiante essa grandeza alemã, seus quartetos e sinfonias significam "grandes feitos do espírito alemão", e, do século XIX em diante, o movimento de música coral popular funcionou como um barômetro para a "saúde musical da totalidade do Volk"[18]. Vista em seu conjunto, a história de Einstein confere uma atenção muito maior à Alemanha que aos demais países, empenhando-se em isolar um espírito alemão constante e imutável ao longo de toda a história da música, espírito que se manifestaria plenamente durante a hegemonia musical dos séculos XVIII e XIX.

14   Einstein, *Geschichte*, p. 9, 12, 14.
15   Ibidem, p. 58.
16   Ibidem, p. 21, 29-30.
17   Ibidem, p. 62.
18   Ibidem, p. 79, 94-95.

Outra pesquisa geral fortemente orientada para o componente alemão é o pequeno volume de Müller-Blattau, publicado em 1932 na série pedagógica "Musiklehre-Musikerziehung". A despeito do título *Introdução à História da Música* (*Einführung in die Musikgeschichte*) é essencialmente uma história da música alemã, com um foco na relação entre música folclórica e música artística. Müller-Blattau se concentra em atividades realizadas na Alemanha a cada período da história da música, com menções relativamente breves a eventos de outros países. Ora tomando compositores específicos ora pares ou grupos de compositores que exibiam polaridades, comparava Lasso com Palestrina, Praetorius com os três "Sch" (Schein, Scheidt e Schütz), e Bach com Haendel. Entendendo Haydn, Mozart e Beethoven como os representantes fundamentais de três períodos diferentes, na sequência toma Schubert e Wagner individualmente e só nas últimas páginas tece considerações breves sobre outros países[19].

A onda nacionalista do entreguerras apontava a ausência de um tratamento musicológico totalizante da história da música alemã. Existiam apenas poucas tentativas, como o resumo de Arnold Schering da história da música alemã. Publicado em 1917, contava com quarenta páginas e visava um público geral. Assim, oferecia algumas generalizações rarefeitas sobre o sentimento, a paixão, a sinceridade, a profundidade alemães e sobre laços com a música folclórica e a educação. Mas Schering pretendia constituir apenas um panorama dos eventos musicais nos países germanófonos e não uma investigação da música alemã em si mesma[20]. Em resposta à necessidade de uma história acadêmica da música alemã, Hans Joachim Moser produziu um estudo em três volumes (*Geschichte der deutschen Musik*, publicado no começo dos anos de 1920). Na esperança de chegar a conclusões positivas sobre a germanidade da música alemã ao olhar o que a música era – não o que não era –, Moser focou nas composições de figuras secundárias, ou do Kleinmeister. Acreditava que esses compositores falavam mais diretamente ao público alemão e que sua música podia oferecer melhores *insights* sobre o gosto e a criatividade germânicos[21].

---

19 Müller-Blattau, *Einführung in die Musikgeschichte*.
20 Schering, *Deutsche Musikgeschichte im Umriss*.
21 Moser, *Geschichte der Deutsche Musik*, 3. ed., v. 1, p. ix.

O estudo de Moser buscava discernir características musicais especificamente alemãs, particularmente nos primeiros capítulos, em que, pela falta de documentação, podia ser mais especulativo. Por exemplo, ao discutir o repertório medieval, que seria menos familiar aos seus leitores, Moser desejava afirmar a preferência germânica pela tonalidade e pelo modo maior[22]. Assume certas características da música antiga por serem tipicamente alemãs, tais como o emprego do padrão quaternário com o primeiro tempo forte (o *Vierhebigkeitsprinzip*), uma preferência racial por saltos ousados ao invés de tímidos movimentos conjuntos[23], uma preferência pela tonalidade decorrente do uso germânico da corneta natural, bem como uma concepção harmônica da melodia, qualidade partilhada com celtas e eslavos[24].

No entanto, à medida que Moser avança, o texto cai em descrições vagas que são mais poéticas do que técnicas. As características estilísticas propostas nos primeiros capítulos como alemãs desfibram-se pelas evidências contraditórias tão logo o autor adentra o campo de um repertório mais familiar. Moser defende que os alemães são poderosos no contraponto e sofrem de debilidade persistente na composição de canções e recitativos, mas desautoriza ambas as teses ao demonstrar a debilidade contrapontística de Gluck, o talento de Haendel para escrever melodias vocais e a inegável proeminência do *lied* como uma preocupação explicitamente alemã. Ao descrever o repertório mais familiar do barroco em diante, toma propriedades vagas – "masculinidade" (*Männlichkeit*) e "profundidade" (*Innigkeit*), por exemplo – enquanto características comuns a compositores de diferentes épocas[25].

22   Ibidem, 3. ed., v. 1 p. 141, 295; ibidem, v. 2, pt. 2, p. 492, 504-506.
23   Segundo ele, "nossa raça possui a capacidade anímica de, com uma espécie de sentido espacial soberano, percorrer por saltos as dimensões do som, ampliando a extensão entre o agudo e o grave". Ibidem, 3. ed., v. 1, p. 9-10.
24   Ibidem, 3. ed., v. 1, p. 6-7, 10, 12. Isso se evidenciará nas fontes alemãs de canto gregoriano que exibem sons de trompa, em canções folclóricas medievais que empregam a sensível e numa atração dominante pela tonalidade maior, o que Moser afirma constituir uma característica constante da música alemã ao final de sua pesquisa. Ibidem, 3. ed., v. 1, p. 295, 298, 340-341; v. 2, pt. 2, p. 504-505.
25   Ibidem, 3. ed., v. 1., p. 6-7, 10-13; v. 2, pt. 1, p. 26, 129, 283, 399. Com pequenas variações, ele atribui masculinidade e sinceridade à maioria dos compositores: a "freie Männlichkeit" de Haendel, a "frische Männlichkeit" de Haydn, a "herbfrische Männlichkeit" de Beethoven, a "straffe Männlichkeit" de Weber, a "Innigkeit" de Haendel, a "eingeborene Süsse und Innigkeit" de Mozart, a "scheue ▶

Moser também se evade para os reinos da mitologia, da religião e da sociologia, oferecendo varias generalizações estéticas que não podem nem ser provadas nem desmentidas por meio de documentação musical. Cita a importância da música no folclore e na mitologia alemãs (por exemplo, o deus Wotan é um músico); a função central da *Hausmusik* na vida musical alemã já no começo do século XV; e uma propensão racial para o "gótico" – oposta às tendências "renascentistas" dos italianos –, que está imbuída de uma irrepreensível devoção religiosa, detectável em todas as obras-primas alemãs[26]. Também aponta confiantemente para o talento dos alemães em aprimorar modelos estrangeiros, enfatizando os benefícios de um intercâmbio internacional para a liberação da criatividade alemã[27].

Embora muitos se impressionassem com a abrangência de Moser e reconhecessem a importância de seu empreendimento monumental, sua vagueza desapontava os leitores, que esperavam ver desvendado o mistério da germanidade. Moser respondeu aos seus críticos com um artigo que se pretendia mais preciso ao comparar a música alemã com a de "seus maiores

▷ Innigkeit" de Beethoven e a "Deutsche, bräutliche Innigkeit" de Schumann. Ibidem, 3. ed., v. 1, p. 12s, 505; v. 2, pt. 1, p. 305, 445, 451; v. 2, pt. 2, p.19, 25, 105, 171.

26 Ibidem, 3. ed., v. 1, p. 12-14, 19-39, 424, 461; v. 2, pt. 1, p. 17, 195-196. A *Minnesang* alemã apresentou uma qualidade mais religiosa e compatível com a reforma que a música de corte francesa, a música sacra sempre fora mais importante que a música secular, e a ópera alemã mais cristã que a ópera italiana (a julgar pela repulsa alemã aos *castrati*). Assim, Moser pode apontar a dedicação religiosa de alguns compositores como uma manifestação de sua germanidade: os oratórios de Bach comemoram eventos "considerados importantes pelas tribos alemãs", a germanidade de Haendel vem à tona em seu "Gottempfinden", Pfitzner é "germânico-cristão", e os problemas da sociedade alemã moderna repousam não em conflitos entre burgueses e proletariados, mas sim entre religiosos/idealistas e não religiosos/materialistas. Ibidem, 3. ed., v. 1, p. 195-196; v. 2, pt. 1, p. 13s, 34, 180, 224; v. 2, pt. 2, p. 372, 496, 519-520.

27 Embora ele reconheça a força e a autoconfiança dos compositores alemães e sua capacidade de não serem demasiado "obsequiosos" para com os mestres estrangeiros ao equilibrarem as características estrangeiras com características alemãs próprias (tal como com Hasler, Schütz, e Haendel), ele observa a importância da influência estrangeira para a realização do potencial alemão. O canto gregoriano nunca conduziria a uma inovação harmônica sem os alemães, mas os alemães nunca teriam progredido além do iodel e do canto de aboio sem a cultura melódica do canto litúrgico. De modo similar, ao trocarem os italianos pelos franceses, os alemães se encaminharam rumo a um "estilo nacional" e a uma "sensibilidade" próprias. Moser caracteriza Wagner, o ícone do nacionalismo musical alemão, não como um revolucionário, mas como um reformador. Ibidem, 3. ed., v. 1, p. 18, 68, 498; v. 2, pt. 1, p. 58-59, 292, 318.

competidores em música": os franceses e os italianos. Recaindo na mesma abordagem comparativa já rejeitada anteriormente, e descrevendo a germanidade musical em termos do que não era, tentou mostrar, por meio de inúmeras descrições (mas sem qualquer exemplo musical), como italianos e franceses se satisfaziam com o superficial, ao passo que os alemães desejavam a profundidade e a substância. Seu golpe de misericórdia era uma tabela que comparava as três nações de acordo com nove critérios (ideia principal, objetivo principal, modo de apresentação, temperamento, visão de mundo, atitude em relação ao objeto, forma de desenvolvimento, tipo de humor e resultado dramático-musical), o que apenas serviu para enfraquecer ainda mais as inconclusivas conclusões de sua obra monumental[28].

Ao tentar divisar uma descrição positiva da música alemã, os argumentos de Moser nutriam o sentimento contemporâneo de que a música alemã estava próxima da extinção, opinião já exposta por Wagner e Scheibe. Moser e seus contemporâneos trabalhavam sobre temores antigos, conjurando novos. Culpavam o individualismo burguês e a "arte pela arte" pelo crescente abismo entre músicos e público. Essas tendências – pelas quais os judeus eram parcialmente responsáveis – estavam prestes a envenenar o ambiente saudável da música alemã. Moser considerava Mendelssohn um "caso singular da rara combinação entre origens estrangeiras e traços cultivados da burguesia alemã", atribuindo à sua herança judaica tanto a falta de paixão alemã como o uso banal de ritmos e metros em suas obras. Moser refere-se à "inteligente consciência de sua tribo" de Leo Blech – que o faz reconhecer os limites de seus talentos –, denigre Mahler como uma farsa judaica e se refestela em esdrúxulas interpretações antissemitas das canções de Mahler, Schreker e Schoenberg, associando-as à Ásia ou à África, não à Alemanha[29].

Com exceção de Moser, a maior parte desses pessimistas não eram os pesquisadores mais sérios, mas, geralmente, críticos de música, compositores, regentes e musicólogos pouco engajados academicamente, crescentemente voltados aos perigos da modernidade, como o jazz e outras "bizarrices"

---

28 Moser, "Über die Eigentümlichkeit der deutschen Musikbegabung", *JbMP*, n. 30, 1924, p. 35-45.
29 Moser, *Geschichte der Deutsche Musik*, 3. ed., v. 2, p. 153 e n. 4, p. 390, 404-408.

norte-americanas, ao lado do atonalismo, do internacionalismo e da musicologia comparada[30]. O compositor Hans Pfitzner, que na virada do século XIX para o XX havia criticado veementemente o desafio lançado por Busoni aos compositores para que estes explorassem novos territórios, tomando-o como uma afronta à arte alemã, ampliou seus ataques nos anos de 1920, alvejando o atonalismo "bolchevista", a febre "jazz-fox-trot" do americanismo musical e a omnipresença dos internacionalistas judeus[31]. A *Neue Zeitschrift für Musik*, sob a editoria de Albert Heuss – musicólogo de formação e crítico de profissão –, deu continuidade à missão de Schumann de preservar a integridade da música alemã, mas nos anos de 1920 começou a atacar os judeus, os atonalistas e os estrangeiros da cena musical alemã[32]. Peter Raabe publicou uma dura advertência sobre o futuro da música alemã num artigo de 1926 intitulado "A Essência Musical Alemã e a Especificidade Alemã" (Deutsches Musikwesen und deutsche Art). Embora o título pareça prometer uma definição de germanidade, Raabe meramente lamenta que o caráter alemão esteja mais do que nunca em perigo. Ele estava preocupado com a popularidade das pequenas bandas de dança negras, que arrastavam os alemães para o *charleston* e que, segundo pensa, faria a geração seguinte sentir vergonha por seus pais terem se comportado como macacos norte-americanos. Os filmes norte-americanos estavam promovendo uma lavagem cerebral nos alemães com seu humor grotesco, enquanto a ópera e o teatro alemães definhavam. Em termos que lembram os de Wagner e Scheibe, Raabe escreveu que o forte caráter alemão, a seu ver, ainda era capaz de assimilar e aprimorar influências estrangeiras. Mas, ao invés disso, o caráter alemão havia se mostrado débil e elevado o estrangeiro a uma estatura maior do que a merecida[33].

Além da americanização e de outras influências estrangeiras, diversas forças operando dentro da Alemanha eram vistas

---

30   Além de Moser, *Geschichte der Deutsche Musik*, 3. ed., v. 2, pt. 2, p. 501-517, cf. também Unger, "Das Deutschtum in der Musik", *Akademische Blätter*, n. 43, 1928, p. 49-50.
31   Para um sumário sobre os debates de Pfitzner-Busoni-Bekker, cf. cap. 1 de Weiner, *Undertones of Insurrection*.
32   Sachs, "Some Aspects of Musical Politics", *Perspectives of New Music*, n. 9, 1970, p. 74-95.
33   Raabe, "Deutsches Musikwesen und deutsche Art", AMZ, 1926, p. 737-738.

como ameaças à cultura alemã: a classe trabalhadora, o movimento amador, a tecnologia e o materialismo. De acordo com Hermann Unger, a verdadeira germanidade na música havia finalmente emergido, de modo triunfante, no romantismo musical, mas essa forma de expressão musical estava sendo atacada como egoísta pelos defensores da cultura folclórica[34]. Unger denunciava o "proletariado" contemporâneo e a era tecnológica como um nadir cultural: padrões culturais haviam sido rebaixados, qualquer som estrangeiro era aplaudido, a música era avaliada apenas pelos seus propósitos de entretenimento, não por sua educação moral, o diletantismo tinha sido elevado ao *status* de "arte folclórica" e "arte da juventude", e os alemães americanizavam-se ao fazerem da arte uma mercadoria dispensável. Reiterando as conclusões de Wagner, Unger sugeria que os judeus tiveram um papel na criação desse "vale-tudo". Não obstante, acusava os cristãos alemães de terem permitido que os judeus financiassem e dominassem a vida cultural, conclamando-os a recuperar o controle sobre sua cultura[35].

OS MUSICÓLOGOS E A QUESTÃO DA GERMANIDADE APÓS 1933

Foi somente com a ascensão de Hitler ao poder que alguns dos mais proeminentes musicólogos expressaram suas ideias sobre a situação da música alemã. Deles nasceu o prognóstico mais positivo, como também partiu uma proclamação, altissonante, de apoio à mudança política, interpretada como relevante para a música, para a educação musical, bem como para os estudos teóricos da música. Partindo da tentativa de Moser de definir a germanidade musical em termos positivos, os musicólogos na era nazista estabeleceram um ponto de vista decididamente otimista sobre a saúde musical da cultura alemã, chegando à mais assertiva caracterização, conquanto a mais vaga, da germanidade musical. Já em 1933, Gurlitt e Fellerer se apressaram em oferecer palavras de encorajamento. Gurlitt homenageou

---

34 Unger, "Die musikalische Emanzipation der Völker", *Deutsches Volkstum*, 1927, p. 39-43.
35 Unger, "Das Deutschtum in der Musik" op. cit.

Hitler por este proclamar como dever cívico a busca pela essência da germanidade e a reconstrução da nação e da sociedade. Essa germanidade, afirmava Gurlitt, não tinha de ser buscada num elemento musical específico, mas sim vivenciada como um fenômeno musical amplo, multifacetado, que possui uma longa história de variação e imaginação[36]. Fellerer, por sua vez, enfatizou a importância do Volkstum como a fonte primordial da força da música alemã, julgando encontrá-la em sua forma mais imediata nas canções folclóricas, e melhor ilustrada pela canção "Horst Wessel"[37].

Textos extensos sobre a história da música alemã não se preocupavam, necessariamente, com a questão germânica. Uma pesquisa de Mersmann e outra de Walther Berten davam pouca atenção a isso, enquanto a história de cunho mais popular de Otto Schumann direcionava seus holofotes para o problema judeu[38]. A questão da germanidade continuava a gerar discussões acerca da diligência alemã, do talento alemão para transformar modelos importados, bem como da vocação

---

[36] Gurlitt, "Vom Deutschtum in der Musik", *Die Kirchenmusik*, n. 14, 1933, p. 167-169. Ele abre com a seguinte declaração: "Aquilo que precisa ser exigido e realizado por todo companheiro do povo que se dedica aos grandes acontecimentos e ideias fundamentais da ascensão alemã sob o governo de nosso chanceler Adolf Hitler, a saber, a autoeducação para a Deutschtum, também vale necessariamente para músicos, conhecedores e amantes da música. Também aquele que rompe com o discurso liberal de que música não tem nada a ver com política, é alcançado pelo Führer, que nos conclama a uma nova percepção da essência alemã e a uma colaboração responsável e consciente com a nova edificação da nossa vida nacional e social."

[37] Fellerer, "Musik und Volkstum", *zfM*, n. 100, 1933, p. 819-820.

[38] Hans Mersmann, em seu *Eine Deutsche Musikgeschichte*, analisa a música alemã em relação às outras artes, ao desenvolvimento sociológico e político e à música europeia. Mersmann não tenta isolar tendências musicais especificamente alemãs, mas antes considera que todos os desenvolvimentos musicais alemães são inteiramente dependentes da influência exterior, não obstante em alguns momentos são como uma "luta" natural. Mersmann reconhece a dificuldade de definir o que é "alemão" e de localizar o início de uma música alemã típica antes do século XVIII; ele também não tenta isolar ou denegrir judeus de destaque na música alemã. O trabalho não apresenta nenhuma data de publicação, mas tudo indica que apareceu pouco tempo depois de 1933: referindo-se à "revolução nacional de 1933", Mersmann comenta que o evento era muito recente para determinar seus efeitos sobre a música e a cultura. (Mersmann, *Eine Deutsche Musikgeschichte*, p. 505-506). Walther Berten, em *Musik und Musikleben*, está mais preocupado com as questões sociológicas e Otto Schumann, em *Geschichte der deutschen Musik*, dedica um capítulo inteiro às questões judaicas nos tempos modernos.

harmônica alemã (distinta do talento francês para o ritmo e do italiano para a melodia), mas com uma distorção racial inspirada por Eichenauer[39]. Observava-se, além do mais, que a música alemã, em todas as eras, mantivera vínculos com o povo. Isso, não meramente por se apropriar de elementos da música folclórica, mas por ser acessível ao público, apesar da pressão, em vários momentos de sua história, para que ela explorasse o virtuosismo e as formas experimentais[40]. Tal avaliação poderia contrariar as opiniões conservadoras dos críticos que deploravam a "queda" do nível musical em função da conquista dos amadores, mas estava em sintonia com as forças do movimento amador que contribuíram para formar a política musical nazista[41]. Na esteira das generalizações poéticas de Moser, a música alemã era então descrita como portadora de características góticas[42] ou como obscura e complexa, igual ao clima da Alemanha, mas, ainda assim, significativa para todos os alemães. Essa real obscuridade, isto é, o fato de que os elementos expressamente alemães só podiam ser compreendidos por outros alemães, era justamente o que tornava essa música verdadeiramente alemã[43].

Ernst Bücken foi o primeiro a explorar exclusivamente a questão da germanidade num livro de formato expandido (o *Deutsche Musikkunde*, publicado em 1935)[44], mas, a despeito de sua tentativa de avivar o foco da discussão, não trouxe nenhuma novidade. Suas opiniões se diferenciam apenas pelo tom confiante e desafiador. Pintou todos os aspectos do desenvolvimento

---

39 Alt, "Deutsche Musikbegabung", op. cit., p. 70-83.
40 Hasse, "Vom Wert und Sinn deutscher Musik", *Volk und Welt*, abr. 1936, p. 51-53; Engel, "Das Deutsche in der Musik", DMK, n. 3, 1938, p. 193-194.
41 Moser afirma que a rejeição ao romantismo fora um erro que felizmente havia sido corrigido no interior do *Jugendmusikbewegung*. Moser, *Kleine deutsche Musikgeschichte*, p. 317.
42 Engel, "Das Deutsche in der Musik", op. cit., p. 185-205.
43 Moser, "Was ist das 'Deutschen an der deutschen' Musik?", *Forschungen und Fortschritte*, n. 10, 1934, p. 3-4 (também publicado em *Sächsische Schulzeitung*, n. 102, 1934, p. 59-61); idem, "Das innere Reich der deutschen Musik", *Das Inerre Reich*, n. 1, 1934-1935, p. 779-788; Gerigk, "Von der Einheit der deutschen Musik", NSM, n. 9, 1938, p. 629-634; Blessinger, "Der Weg zur Einheit der deutschen Musik", *Deutschlands Erneuerung*, n. 25, 1941, p. 75-84.
44 "Este livro fala do valor atual da música alemã e dos alemães na música segundo as exigências e pontos de vista que nos são essenciais nos dias de hoje". Bücken, *Deutsche Musikkunde*, p. 5.

da história da música alemã como batalhas triunfantes do espírito alemão, distanciando-se completamente do tratamento mais equilibrado de Riemann quanto à música de outras nações[45]. Por exemplo, para Bücken, a tendência dos alemães a escrever em idiomas estrangeiros não era uma manifestação de sua abertura e flexibilidade, mas, antes, uma resposta a uma situação imposta da qual emergem triunfantes. Os alemães que escreveram óperas italianas eram como "colonos" proibidos de falar sua própria língua, mas cuja germanidade brilhava especialmente nas cenas de morte e nas representações da natureza. Os compositores alemães, concluía, nunca se contentaram com imitações, mesmo quando migravam para regiões do sul e do oeste; ao invés, utilizavam tais oportunidades para se tornarem mais conscientes de sua própria essência alemã. Bücken também construiu uma imagem positiva do fato de que os alemães não eram conhecidos pela invenção de formas musicais, vendo nisso uma vantagem, já que os alemães podiam então usar livremente seu "sentimento de forma" para transformar formas não alemãs em formas alemãs. A "criação" alemã, pois, consistia numa predisposição racial para "rebelar-se contra as forças da forma"[46].

As suposições de Bücken eram puramente subjetivas e projetavam uma luz positiva sobre todas as alegadas tendências alemãs. Qualquer tendência musical, uma vez estabelecida como criação de qualquer descendente do grupo racial germânico, automaticamente superava as tendências paralelas operadas por não germânicos. Por exemplo, ao estabelecer que o compositores de Mannheim eram alemães e não eslavos, Bücken pôde concluir que os famosos *crescendo* de Mannheim não eram um truque banal (como decerto teria afirmado caso o tivesse designado como eslavo), mas antes um arroubo típico de seu temperamento dinárico[47]. Esse tipo de subjetivismo

---

45 Pode-se inferir que Bücken achou Riemann vacilante em seu compromisso com a ideia da superioridade da música alemã. Bücken menospreza a importância das formas musicais e critica Riemann, o "discípulo de Hanslick", por aceitar o conceito vazio e arquitetural de forma proposto por Hanslick. Para promover a ideia da inventividade alemã, ele julga necessário rejeitar a ideia de Riemann de que os compositores de Mannheim são "boêmios não alemães". Bücken, op. cit., p. 63, 81-82.
46 Ibidem, p. 11-14, 41-42, 62-70.
47 Ibidem, p. 81-83.

ocorria apenas quando alguém pregava para o convertido. Ao final de seu percurso, Bücken não chegou a nenhuma conceituação da germanidade musical, e, ao invés disso, conclui com algumas sugestões práticas, que visavam resgatar, através do melhoramento da educação musical, a vida musical alemã das influências degenerantes da cultura urbana[48].

Daí em diante, muitos estudos aceitariam a germanidade musical como algo dado, isto é, sem defini-la. A história da música alemã (*Geschichte der deutschen Musik*, 1938), de Müller-Blattau, considera a germanidade musical mais ou menos como um conjunto de tendências raciais e como o impulso ubíquo para preservar a canção folclórica, o que culminaria no triunfo da música para o Volk proporcionado pelo Estado nacional-socialista. Os alemães, por exemplo, resistiram à Igreja ao desenvolver uma sequência no "estilo *folk*", resistiram ao feudalismo quando os Kantoren colmaram o fosso entre a música artística e a folclórica, responderam à invasão da música instrumental e da ópera estrangeiras ao incorporar melodias folclóricas às suas próprias criações instrumentais e operísticas, e deram grande importância à *Hausmusik*, ao canto coral e à educação musical[49].

Na breve história da música alemã (*Kleine deutsche Musikgeschichte*)[50], de Moser, também de 1938, as únicas características

48 Ibidem, p.105-116.
49 Müller-Blattau, *Geschichte der deutschen Musik*, p. 9, 16-17, 35-36, 76-77. Müller-Blattau também emprega de forma coerente o termo "Erbe" para descrever tanto a continuidade das práticas composicionais de um mestre para o outro (p. 146), quanto, de modo específico, para referir a proximidade dos compositores alemães à música folclórica (p. 198), dando ao seu leitor a opção de aceitar ou passar por alto as implicações biológicas do termo. Além disso, em vez de se ater aos detalhes musicais da Germanness, ele procura criar uma periodização válida não somente para a história da música em geral, mas também para a história da música alemã: a Era Germânica, a Idade Média Alemã (até a morte de Lutero e Senffl), a Era da "Grande Guerra" (de Hassler a Bach), a Era de Goethe e a "ascensão e declínio da música alemã", de 1830 ao presente.
50 Moser, *Kleine Deutsche Musikgeschichte*. Esse trabalho está mais interessado em propor uma nova esquematização para a história da música (não limitada à história da música alemã) que trate a monofonia e a polifonia como dois reinos separados e que use a história da música alemã como base de teste para essa nova organização. Com uma segmentação sistemática da história que recorda a rígida periodização por gerações de Lorenz, Moser divide sua apresentação em duas partes, uma que trata exclusivamente da "monofonia", incluindo a monodia folclórica do presente, e uma parte significativamente mais longa discutindo a música polifônica desde 1350 até o presente.

dadas como germânicas são a atenção mais específica ao elemento folclórico por parte da música erudita e a profundidade passional dos compositores. Porém, a despeito de sua adoção das generalizações recorrentes sobre o caráter alemão, nas páginas finais do livro, Moser adverte para os impasses encontrados por ele, tanto na versão ampliada de sua história da música (*Geschichte der deutschen Musik*) quanto no artigo escrito em seguida como resposta a seus críticos. Seu breve comentário a respeito da essência da música alemã (no capítulo promissor intitulado "As Características Constantes da Música Alemã") é uma generalização ainda mais abstrata sobre a atitude alemã no campo das artes, não só na música, que ele conclui com uma ideia que ecoa o diagnóstico setecentista do "bom-gosto", mas com tons românticos:

Evitamos – na verdade escarnecemos e desprezamos – tudo o que é moldado suavemente, de beleza plana, pobre e da compreensão; buscamos *a* beleza, a que não se deixa revelar facilmente, que foi cinicamente sepultada e só será vivenciada espiritualmente; uma beleza da alma, do espírito, enobrecida pela luta intelectual, irradiada de um mundo além, embebida pelo supranatural; uma magnificência casta, secreta, sinuosa, não exposta gratuitamente, que, em certas circunstâncias, pode até beirar a feiura, que se distingue da realidade comum pela complexidade de sua essência, pelo caráter elevado de seus critérios. Na arte não desejamos o físico, mas o metafísico; não a proximidade confortável, mas a ideia remota; não o estado de alerta, mas o sonho inocente; não o truque do prestidigitador infiel, mas uma seriedade implacável em prol do sentido último que perdura na peça artística[51].

As insuficiências dessas obras não eram de todo despercebidas, mas críticas da época revelam algumas surpresas sobre as expectativas gerais em relação aos estudos da germanidade. Walther Vetter, por exemplo, considerou as obras mais recentes de Bücken, Müller-Blattau e Moser muito tímidas no enfrentamento das questões ideológicas fundamentais. Ciente do interesse crescente pela música alemã e admirando os esforços empreendidos pelos colegas, Vetter destaca problemas comuns a todos os três: ausência de clareza na questão de se a germanidade é um fator racial, geográfico ou *völkisch*, e a pouca atenção à Questão Judaica. Vetter entendia a essência da germanidade

---

51   Ibidem, p. 322-323.

como uma força que se manifesta quando confrontada por provocações estrangeiras e esperava ver mais estudos que, seguindo o modelo de Blessinger, demonstrassem como os compositores alemães triunfantemente abafavam as vozes judaicas[52]. Bücken, Müller-Blattau e Moser são, de fato, incrivelmente reticentes em relação à Questão Judaica, sobretudo nas obras posteriores a 1933. Moser, em sua *Kleine deutsche Musikgeschichte*, de 1938, chegou ao ponto de redimir Mendelssohn e Joseph Joachim (seu próprio avô), reintegrando-os à história da música alemã e explicando sua exclusão do repertório alemão a partir de 1933 como uma questão meramente política e não decorrente de um julgamento à verdadeira contribuição deles à música alemã. No entanto, punha-se completamente de acordo com a exclusão de outros judeus, considerando Mahler o "pai da atonalidade" e cumulando injúrias contra Schoenberg e Bekker[53].

Pressuposições sobre a germanidade continuaram a dominar grande parte das histórias da música ocidental escritas posteriormente por esses mesmos autores. A música das nações (*Die Musik der Nationen*), de Bücken, não ia muito além das ideias sobre germanidade musical expostas anteriormente em seu livro *Deutsche Musikkunde*. Por se tratar de uma pesquisa mais geral sobre a história da música, sua atenção aos períodos anteriores ao século XIX teve de ser maior que a dada em suas outras obras, o que resultou apenas em mais falácias e inconsistências argumentativas[54]. O *Lehrbuch der Musikgeschichte*, de

---

52 Vetter, "Zur Erforschung des Deutschen in der Musik", DMK, n. 4, 1939-1940, p. 101-107.
53 Moser, *Kleine Deutsche Musikgeschichte*, p. 244-247, 296-297, 313.
54 Bücken, *Musik der Nationen*. Ele parte de pressuposições difíceis de aderir: que os alemães possuem uma tendência natural a penetrar na essência mais íntima de todas as coisas, a qual, em música, se manifestaria por meio da "conquista" do reino da harmonia (p. 2); e cita a melodia e o ritmo como os pontos fortes de latinos e eslavos, respectivamente. De mais a mais, sua reivindicação perde credibilidade no momento em que sua definição de "alemão" se confunde com a de "germânico", e a de "nórdico" com a de "nortista": ele se refere à reação "nórdica" contra o canto gregoriano; o "princípio germânico do padrão quaternário (*germanisches Vierhebigkeitsprinzip*)" do Minnesang, a "sensibilidade germânica para o modo maior", e as origens "germânico--escandinavas" da polifonia (p. 31-35, 37). O *organum* paralelo em quarta, quintas, e oitavas, segundo ele, nunca existiu na prática, mas somente como um recurso teórico para conformar o "canto paralelo germânico-escandinavo" aos princípios sistemáticos da música da Igreja (p. 38). Ao incluir ingleses e neerlandeses no rol do povo germânico junto com os "Deutschen" e os ▶

Moser, publicado por Max Hesse, que substituía o *Handbuch* de Riemann como texto introdutório para estudantes de musicologia, também pesa a mão nos feitos germânicos[55]. Entretanto, tendo se estabelecido como o pioneiro na história da música alemã, Moser podia assumir uma postura mais crítica e até moderar algumas de suas antigas generalizações. Ele introduziu algumas poucas reservas e renúncias em relação às muitas suposições sobre a predisposição nórdica para o modo maior e a polifonia, à importância do *lur*, às continuidades estilísticas na música folclórica ao longo dos séculos e à qualidade e superioridade inerentes a todos os traços identificados como nórdicos[56]. Também dá o devido reconhecimento aos judeus, tanto compositores como acadêmicos, embora tenha deixado seus nomes fora do índice. Tal idiossincrasia editorial pode ser indício de uma preocupação com a censura, sobretudo porque os colegas musicólogos escrutinavam esse tipo de literatura pedagógica para o Bureau Rosenberg. Um resenhista poderia avaliar um livro somente folheando o índice remissivo, a introdução, a conclusão e o índice. Estes dariam a falsa impressão de

> ▷ escandinavos, Bücken evita o problema de ter que explicar a relativa insignificância internacional da música alemã até pelo menos o século XV. Depois, em seu capítulo "Nações Germânicas" no século XVI, as ambiguidades se tornam mais complexas à medida que os limites incidem entre compositores alemães e os compositores na Alemanha (p. 187). Ele afirma, como muitos de seus contemporâneos, que mesmo compositores alemães que escreviam em estilo italiano eram, apesar disso, completamente alemães, e ainda vai mais longe ao insistir, primeiramente, que Hesse é mais alemão do que se pensava (p. 196), e, em segundo lugar, que Clementi é um compositor alemão não somente por sua contribuição à sonata "clássica-alemã", mas também em função de seu "sangue alemão" de proveniência materna (p. 278).

55 Por exemplo: a análise que Moser faz dos *Minnesänger* se estende por mais de quatro páginas, já sua análise dos trovadores e *trouvères* preenche menos de uma página. Moser, *Lehrbuch*, p. 42-47.

56 Ibidem. Ele entende que o intervalo de terça "triunfou" como consonância devido à "polifonia popular nórdica a duas vozes" e dedica várias páginas à "Antiguidade Nórdica", porém recusa a possibilidade de que *lur* represente o primeiro exemplo de performance polifônica (p. 15). Ele também questiona a tese de que a escala maior é inerentemente germânica e poderia ser considerada o "dialeto racial" da "raça dinárica". Ele continua adepto da noção de que alguns traços do caráter alemão são constantes, mas não necessariamente os considera operantes. O romantismo é "a abertura nórdica, se não confusa, pelo menos intrincada (e) distante", (p. 211) os traços alemães, mesmo quando presentes em sua forma mais pura, como no exemplo de Schumann, vêm à tona como "nórdico-caótico" e "irracional" e no "estilo nórdico de confusão" (p. 230-231).

que Moser focara a música alemã, relegara os músicos estrangeiros a um capítulo menor e purgara seu texto de não arianos.

ESTUDOS REGIONAIS, MÚSICA FOLCLÓRICA E A DESCOBERTA DAS "INVENÇÕES" ALEMÃS

As tentativas malogradas de se chegar a uma definição da germanidade musical inevitavelmente topariam com uma questão fatal: alguma vez teria existido uma nação alemã culturalmente coerente, dada a longa história de fragmentação e desunião entre os estados alemães? Uma forma de evitar essa questão era focar no estudo das tradições musicais regionais e municipais, com o objetivo de, a longo prazo, formar uma imagem compósita da pangermanidade.

O encontro de Leipzig de 1925, que dedicou uma seção inteira à "Musikalische Landeskunde" (Pesquisa em Música Regional), havia sinalizado que tal linha de pesquisa devia se tornar o foco central do trabalho musicológico[57]. Os estudos regionais traziam muitos benefícios práticos: os pesquisadores podiam limitar seus estudos a proporções viáveis e a um mínimo de viagens (o que era ótimo para estudantes de doutorado com poucos recursos) e tirariam proveito do chamado patriotismo local ao divulgar a musicologia e aproximar os musicólogos do patronato e da mídia local[58]. A mensagem do encontro de 1925 repercutiu-se na criação de organizações e de projetos editoriais, incluindo o Denkmäler der Musik in Pommern (1930), a Verein zur Pflege Pommerscher Musik (1932), a Arbeitsgemeinschaft für rheinische Musikgeschichte e a Arbeitsgemeinschaft zur Pflege und Forschung thüringischer

---

57 Moser, "Ziele und Wege der musikalischen Lokalforschung", em *Bericht über den I: Muiskwissenschaftlichen Kongress, Leipizig*, p. 381-382. Como afirmado numa contribuição ao Festschrifit sobre Adolf Sandberger, "a convocação para que se volte a atenção para a pesquisa local foi fortemente enfatizada na última conferência da Deutsche Musikgesellschaft em Leipzig, primavera de 1925". Herre, "Eine Augsburger Trompetenordnung", em *Adolf Sandberger, den hochgeschäzten Gelehrten und verehrten Lehrer zu seinem 60: Geburtstag, überreicht von seinen dankbaren und getreuen Schülern* (não publicado). Sandberger Papers (BSB).

58 Engel, "Organisationsfragen der Musikwissenschaft". *ZfMW*, n. 14, 1931-1932, p. 272-276.

Musik (1933), e a Denkmäler der Tonkunst in Württemberg (1933)[59]. Além disso, uma nova seção da DMG foi fundada em Frankfurt, no intuito de reforçar o lado científico da sociedade e promover a pesquisa interdisciplinar sobre a história local[60]. Mais tarde, Ludwig Schiedermair tentou atribuir o cultivo da pesquisa em história da música local à revolução nacional--socialista[61], mas isso era um exagero politicamente motivado. Na verdade, a produção em estudos regionais não apresentou nenhum crescimento substancial após 1933[62].

Enquanto as organizações musicológicas encorajavam os estudos regionais nos anos de 1920 como meio de compreender a música pangermânica, Gustav Becking se perguntava, astutamente, se a história da música local era um problema historicamente válido ou somente uma ideia que "cresce em função do interesse atual em tipos nacionais"[63]. Era impossível ignorar a enorme variedade regional que o termo "música alemã" abrigava e essa variedade só mais tarde inibiria o nascimento de uma plataforma para o conceito de unidade musical alemã[64]. Em seu *Deutsche Musikkunde*, depois de introduzir alguns exemplos breves e insubstanciais de padrões rítmicos e melódicos tipicamente germânicos, bem como de maneiras nórdicas de lidar com a improvisação e as formas, Bücken concluía sublinhando a importância da grande variedade regional. Com suas metáforas de guerra, asseverava que o Volkstum se expressava mais vigorosamente em regiões onde estava mais ameaçado, como os distritos de fronteira, e por isso focava mais nessas áreas em seu exame das variações regionais[65]. Moser

---

59 "Mitteilungen", ZfMW, n. 12, 1929-1930, p. 645; ZfMW, n. 14, 1931-1932, p. 384; ZfMW, n. 15, 1932-1933, p. 191-192, 288.
60 "Mitteilungen der Deutschen Musikgesellschaft", ZfMW, n. 7, 1924-1925, p. 604.
61 Schiedermair, "Rheinische Musik und Musikforschung", AMZ, n. 65, 1938, p. 331.
62 Essa conclusão é baseada em dados extraídos de Schaal, *Schrifttum zur musikalischen Lokalgeschichtsforschung*.
63 Becking, "Das Problem der nationalen Musikgeschichte", *Logos*, n. 12, 1923-1924, p. 282.
64 "Embora do ponto de vista da unidade alemã tenhamos de lamentar semelhante dualidade, a ela devemos, no entanto, aquela fantástica extensão da linguagem musical que no mesmo século e no mesmo povo possibilitou o mundo de Bach e Haendel, assim como o dos clássicos vienenses." Moser, *Geschichte der deutschen Musik*, 3. ed., v. 2, pt. 1, p. 33.
65 Bücken, *Deutsche Musikkunde*, p. 16-23, 71-92.

também encontrou dificuldades com as diferenças – decorrentes das guerras religiosas e longamente enraizadas – entre o norte e o sul, mas tentava ver isso positivamente e não como um obstáculo à conquista de um senso de unidade alemã[66]. O *Habilitationsschrift* de Albert Wellek, de 1936, sobre a tipologia dos talentos musicais entre os alemães, valia-se dos métodos da psicologia experimental para o reconhecimento de diferenças regionais, de modo a categorizá-las e filtrá-las como variações do talento alemão. Reunindo dados de testes de percepção musical feitos em diferentes áreas germanófonas, julgou ter encontrado um padrão de percepção musical "linear" no norte e outro "polar" no sul. Isso, afirmava, devia-se à tendência dos compositores do norte a escrever de modo "polifônico" (contrapontístico) e a uma inclinação homofônica no classicismo vienense. Esses dados poderiam, posteriormente, ser filtrados por critérios raciais[67]. Porém, no fim das contas, a abordagem regionalista convenientemente tangenciava a questão de definir a germanidade musical, complicando-a ainda mais, pois mostrava mais diversidade que uniformidade.

A busca por características musicais específicas que portassem a marca da germanidade continuou, voltando-se para as fontes relativamente recentes da música folclórica. A glorificação da cultura folclórica na literatura alemã do século XIX gradativamente conduziu para o grande empreendimento de coleta e preservação da música folclórica; os frutos desse labor, depositados nos arquivos da canção folclórica de Freiburg e Berlim, eram um fonte potencial para desvelar os mistérios da germanidade. Presumia-se que a música folclórica, diferentemente da erudita, era pura e mantinha-se à distância das influências estrangeiras. De fato, os acadêmicos trabalhavam em cima do pressuposto – hoje descartado – de que a música folclórica havia estagnado e assim podia apresentar a mais fiel proximidade com algum tipo de música alemã "primordial". No entanto, num exame mais atento, a maior parte dos gestos especificamente musicais, derivados da pesquisa da música folclórica e propostos como peculiaridades alemãs, mostrou-se inconsistente. O legendário ímpeto alemão para a polifonia, a

---

66 Moser, *Geschichte der deutschen Musik*, 3. ed., v. 2, pt. 1, p. 4-6.
67 Wellek, *Typologie der Musikbegabung*, p. 255-282.

paixão pelo contraponto e a preferência por modo e tonalidades maiores não se mostraram exclusivamente alemãs, pois ou eram inerentes à física do som musical ou colidiam com inumeráveis contraexemplos da música alemã. Além do mais, por ser de tradição oral, a música folclórica impunha graves obstáculos à reconstrução da germanidade musical entendida como uma constante na história da música.

A pesquisa que se propunha a examinar a música folclórica como um tema histórico ou como um componente da música artística havia ficado sob o domínio de um pequeno número de musicólogos comparativos, mais especialmente, Friedländer, Mersmann, Schneider e Lach, além de outros poucos, como Müller-Blattau, Schünemann, Fleischer e Moser. Esse campo atraiu mais atenção como área de pesquisa após 1933 e despertou o interesse de muita gente especializada em história da música, incluindo Fellerer, Huber, Ficker, Ehmann, Frotscher, Vetter, Bücken, Danckert, Engel e Goslich. A Herança Germânica na Composição Alemã (*Germanisches Erbe in deutscher Tonkunst*), de Müller-Blattau, foi publicado em duas edições separadas, uma pela Liderança Jovem do Reich e outra pela Ahnenerbe ss, em 1938, embora Müller-Blattau já tivesse estabelecido as bases desse estudo em 1926 e 1932[68]. No entanto, como Moser, em sua *Geschichte der deutschen Musik*, Müller-Blattau se sai melhor quando aplica suas teorias ao repertório menos conhecido da música antiga. Apoiado em textos medievais alemães, em fontes musicais inglesas e escandinavas antigas e em exemplos alemães de canções folclóricas e infantis, Müller-Blattau estabelece um modelo para a melodia germânica que consiste em versos com quatro acentos e melodias abrangendo a extensão de cinco notas, com D ou F por tom central (o que não deve ser confundindo com a tonalidade maior-menor ou com os modos litúrgicos correspondentes). Müller-Blattau designa esse contorno melódico, não sem certa arbitrariedade, como uma "herança" (*Erbe*) transmitida ao

---

68 Müller-Blattau, *Das Deutsche Volkslied*; idem, "Musikalische Studien zur altgermanischen Dichtung", *Deutsche Vierteljahrsschrift*, 1926; e as contribuições de Müller-Blattau para Nollau, *Germanischer Wiedererstehung* (os últimos dois itens são citados em Moser, "Die Entdeckung der Germanenmusik", *Gn*, n. 12, 1940, p. 407).

povo alemão por seus antepassados germânicos e tenazmente preservada nas canções e rituais das eras subsequentes. Ele fornece exemplos de canções seculares e litúrgicas que seguem seus padrões estabelecidos e os compara com vestígios de canções infantis modernas. Mas a consistência de seus padrões começa a ruir à medida que ele vai se aproximando da Idade Média. Müller-Blattau tem de admitir que os antigos padrões são mais difíceis de detectar e precisa substituí-los por novos. A música folclórica, segundo suas conjecturas, provavelmente preservou a herança com mais fidelidade, no entanto, nenhuma fonte de música folclórica do século XVII ou XVIII sobreviveu para respaldar sua teoria. Seu novo padrão para a germanidade, necessariamente derivado da música artística, é o elo sempre presente entre o compositor e o povo: a ligação de Bach com os corais luteranos e a canção folclórica secular em suas suítes, variações, paixões e cantatas; o grande sucesso de Haendel como compositor de oratórios; o uso de melodias folclóricas autênticas nas suítes de dança; e o uso do tema com variações como um meio de misturar o material folclórico nas composições artísticas. Porém, ao fim e ao cabo, Müller-Blattau conclui que a herança germânica se tornou vítima de influências estrangeiras no século XVIII e teve de esperar por uma renovação estrutural no cancioneiro do século XIX, no *Jugendmusikbewegung* (Movimento Jovem da Música) e, especialmente, no Kampflieder (canções de guerra) nacional-socialista[69].

A pesquisa em música recebeu uma atenção especial devido a seu potencial para iluminar certas lendas acerca da invenção alemã da tonalidade e da polifonia. O acadêmico sênior Oskar Fleischer, tendo perdido alguma credibilidade após defender a tese do canto gregoriano como uma fonte da música da raça germânica[70], extremou sua convicção de que os alemães haviam inventado a tonalidade. Na tensa atmosfera das relações internacionais do pós-guerra, agarrou-se à sua crença da superioridade musical da raça germânica, que teria inventado a música na forma como nós a conhecemos hoje. Contribuindo regularmente para a revista mensal de perspectiva *völkisch* (*Die Sonne: Monatsschrift für nordische Weltanschauung und*

---

69 Müller-Blattau, *Germanisches Erbe*.
70 Moser, "Die Entdeckung der Germanenmusik".

Lebensgestaltung, ao lado dos teóricos raciais Hans F.K. Günther e Richard Walther Darré, este, ideólogo do "sangue e terra", e mais tarde chefe do Departamento Raça e Migração da SS), Fleischer denunciou a falta de sentido do internacionalismo socialdemocrata e assinalou a superioridade da música alemã. Sustentava que 80 por cento da música ouvida no mundo era alemã e não internacional, e que seu país precisava se livrar das velhas teses de que seus ancestrais eram bárbaros. Fleischer usava evidências arqueológicas sobre o *lur* para demonstrar que a raça germânica inventara o diatonismo, assim como a polifonia, e foi ainda um pouco mais longe ao afirmar que a música folclórica alemã era esmagadoramente maior, pois "o modo menor não é germânico, débil, sem correlação com nossa natureza reta, potente, vertical. Quando olhamos para a nossa música folclórica, vemos que está quase exclusivamente em maior, e – caracteristicamente – já em seus primeiros compassos se pode normalmente reconhecer um signo quase militar que poderia ter ressoado no *lur*"[71].

Moser tentou evidenciar mais cientificamente que a tonalidade, ou a "ideia do maior" (*Dur-Gedanke*), desenvolveu-se exclusivamente entre a raça germânica na música folclórica da Alta Idade Média, independentemente dos modos eclesiásticos. Referindo-se aos escritos de Houston Stewart Chamberlain, Moser designou a raça germânica (os grupos de língua eslava, germânica e celta) como uniforme na aparência física e de ideologia nacionalista, o que poderia ver em figuras como Lutero e Bismarck. Essa raça germânica era diferente dos povos mediterrâneos, caracterizados pela diversidade física, impulso para o "internacionalismo" (encarnados na pessoa do Papa Inocêncio III e em Napoleão), e "caos demográfico" (*Völkerchaos*). Em termos musicais: "a acirrada luta entre os modos da Igreja e a música harmônica popular nada mais é que a luta entre o internacionalismo e o nacionalismo, entre o comunismo e o individualismo, entre o caos demográfico e a germanidade (*Germanentum*)"[72].

---

71 Fleischer, "Vor- und frühgeschichtliche Urgründe des Volksliedes", *Die Sonne*, n. 5, 1928, p. 193-200 (citado em p. 199).
72 Moser, "Die Entstehung des Durgedankens: ein kulturgeschichtliches Problem", *Sammelbände der Internationalen Musikgesellschaft*, n. 5, 1913-1914, p. 271-295 (citado em p. 291).

Nos anos de 1920 e 1930, pessoas interessadas testaram as afirmações de Fleischer e Moser. Examinaram a música folclórica associada por eles à raça germânica ou nórdica, mas tudo o que se descobriu foi um extenso conjunto de características capaz de desafiar qualquer classificação racial útil. No começo dos anos de 1920, o pesquisador islandês Jón Leifs tentou situar as raízes do estilo musical da raça germânica na música folclórica islandesa, ao mesmo tempo que chamou a atenção para a importância de seu país como fonte potencial de compreensão da raça nórdica. Revelando características proeminentes das canções folclóricas islandesas – "características indubitáveis da masculinidade germânica primordial"[73] –, declarou que as tendências rítmicas islandesas de mudança livre de compasso e acento lembravam os ritmos de Beethoven e Brahms. Além do mais, a notória preferência da música islandesa pelo canto em quintas paralelas fora ecoada nos movimentos paralelos de Brahms e Reger, embora em terças e sextas, o que, não obstante, podia ser entendido como uma "representação das quintas paralelas"[74]. Ironicamente, Leifs pareceu estar mais interessado em demonstrar os elos entre a "tonalidade livre ou a atonalidade" da Islândia, observada na escassez de acordes de tônica e dominante, e a "atonalidade" germânica, que continha a chave do progresso[75] – ironicamente, uma vez que a atonalidade mais tarde seria descrita como um "veneno" judeu que estava destruindo a música alemã.

Estudos comparativos semelhantes acerca da música folclórica nórdica nos anos de 1930 também não foram capazes de comprovar as teorias de Fleischer e Moser. Em sua busca pelos traços mais antigos da música folclórica germânica e da música nórdica primária, Werner Danckert examinou as canções folclóricas dos Alpes Suíços e da Escandinávia, mas não encontrou indícios fortes de tonalidade. Muitos de seus exemplos traziam cromatismo, um uso livre do trítono, e uma vigência da escala pentatônica sem nenhum intervalo de semitom. Ao rejeitar a teoria de que o *lur* provia evidências sobre a invenção da

---

73 Leifs, "Isländische Volkmusik und germanische Empfindungstart", *Mk*, n. 16, 1923, p. 45.
74 Ibidem, p.48.
75 Ibidem, p.46, 51.

polifonia pelos germânicos, argumentou que a música dos Alpes e da Islândia representava a música primordial germânica e a evidência mais antiga da polifonia, embora em quintas paralelas[76].

A questão da tonalidade recebeu atenção suficiente para justificar uma coleção de ensaios musicológicos intitulados Sobre a Tonalidade da Canção Folclórica Alemã (*Zur Tonalität des deutschen Volksliedes*), editados por Wolfgang Stumme e Guido Waldmann e publicados pela Liderança Jovem do Reich, em 1938. É digno de nota que uma publicação como essa – de tanta sondagem e discussões técnicas – encontrasse o patrocínio da organização jovem. Como o editor explica na introdução, desencadeou-se um problema pela má compreensão da literatura popular de que apenas a música em modo maior podia ser verdadeiramente germânica. Isso estava levando educadores e líderes de grupos jovens a rejeitarem qualquer tipo de música folclórica que apresentasse algum vestígio de modo menor, gerando, assim, na prática da música popular, confusões na hora de selecionar a música folclórica racial, pura, para as performances. Os editores advertiam que os ensaios não responderiam a nenhuma questão, mas iluminariam as dificuldades quanto ao enlace arte-raça.

De fato, os ensaios dessa coleção mostram muito claramente a ampla variedade de opiniões conflitantes a respeito de como lidar conjuntamente com música folclórica, tonalidade e raça. As opiniões variam desde a abordagem puramente rácico-biológica do primeiro ensaio, de autoria do noviço Fritz Metzler, até a rejeição veemente, por parte de Kurt Huber, diante de qualquer tentativa de relacionar raça biológica a um fenômeno intelectual como a música. Metzler, que naquele mesmo ano (1938) havia explorado a questão em sua tese de doutorado *Tonalidade e Estrutura Melódica na Canção Folclórica Nórdica*[77], tentava construir um mapa racial do mundo de acordo com o tipo de escala preferencialmente usado em cada uma das várias culturas: enquanto a música folclórica nórdica mostra uma preferência pelo modo menor, pelos modos litúrgicos e até

---

76 Danckert, "Altnordische Volkmusik", *Mk*, n. 30, 1937, p. 4-12; idem, "Die ältesten Spuren germanischer Volksmusik", *Zeitschrift für Volkskunde*, n. 47, 1938, p. 137-180.
77 "Die Tonalität und melodische Struktur des nordischen Volksliedes", citado em Prieberg, *Musik im NS-Staat*, p. 361.

pelo cromatismo, a música folclórica alemã permanece inflexivelmente maior e harmônica. Metzler atribui essa diferença ao fato de que a raça nórdica da Escandinávia possui "crânio alongado" (e prefere escalas similares àquelas de outras raças de crânio alongado na Pérsia, na Índia e em países árabes), ao passo que a raça dinárica, que povoa a maior parte da Alemanha, possui "crânio pequeno" (mostrando similaridades com outras raças mongólicas de crânio pequeno na preferência pela escala pentatônica e pelas melodias triádicas)[78].

Quase um terço da obra fica a cargo de Metzler, seguido por contribuições menores oferecidas por acadêmicos mais conhecidos, que, no mais das vezes, contradizem-se reciprocamente. Schünemann propõe um modelo evolucionista, que parte das características pentatônicas da canção folclórica do século XV para a influência gradativa dos modos da Igreja no desenvolvimento da escala de sete notas e para a influência da música de dança e instrumental sobre a tonalidade maior/menor, asseverando que as características ancestrais ainda podem ser encontradas nas regiões mais longínquas do mundo alemão (Alsácia, Lorena, Leste da Prússia, Alta Silésia, e nos enclaves étnicos alemães)[79]. Müller-Blattau e Frotscher contestavam Schünemann, considerando uma impropriedade impor critérios provenientes da música artística (os modos litúrgicos e o maior/menor) à música folclórica. Insistiam, ao invés, que a música folclórica deveria ter seus próprios critérios. Müller-Blattau teimava que a força da música folclórica vinha de sua resistência a regras arbitrárias exteriores, o que se evidenciava pelas características únicas da canção "Horst Wessel"[80]. Waldmann notou que, apesar das semelhanças entre os modos litúrgicos e a música étnica alemã, esses grupos deviam ser considerados, pois cultivavam as manifestações mais puras da germanidade em virtude de sua luta para se livrar de influências estrangeiras[81].

---

78 Metzler, "Dur, Moll und 'Kirchentöne' als musikalischer Rassenausdruck", em Waldmann (org.), *Zur Tonalität*, p. 1-27.
79 Schünemann, "Zur Tonalitätsfrage des deutschen Volksliedes", em Waldmann (org.), op. cit., p. 28-42.
80 Müller-Blattau, "Tonarten und Typen im deutschen Volkslied", em Waldmann (org.), op. cit., p. 42-49b.
81 Waldmann, "Tonilitätsfragen im Volkslied der deutschen Sprachinseln", em Waldmann (org.), op. cit., p. 61-72.

A declaração final de Huber apenas põe a nu a insubstancialidade das excursões precedentes. Primeiramente, aborda-se o problema do mau uso que seus colegas fazem das documentações históricas. Os modos da Igreja não eram regras, mas construtos teóricos projetados para fazer sentido em função de uma prática corrente vigente; melodias pentatônicas existiam por toda a Europa do Norte, tanto no repertório folclórico quanto no litúrgico, de maneira que não representavam nenhuma "resistência" aos cânones litúrgicos dos modos de sete notas; e ainda que as melodias pentatônicas germânicas antigas mostrassem uma preferência pelos intervalos de terça maior e menor e de quinta, seria um erro de interpretação extrair disso a ideia de uma antecipação da tonalidade, uma vez que todas as notas se equivalem na prática pentatônica. Huber, então, investia, essencialmente, contra toda a abordagem racial na análise da música folclórica, rejeitando as tentativas de comparar as práticas antigas da música folclórica com as modernas e atribuir suas semelhanças a uma hereditariedade racial. Segundo ele, as características triádicas mais tardias eram decorrentes da influência da música de dança e do uso dos cornetos, ao passo que a tendência à tonalidade provinha da influência da música artística. Como conclusão, Huber apontava o equívoco dos argumentos raciais por sua tentativa de vincular os desenvolvimentos intelectuais na música a constantes biológicas da raça[82].

Huber, que apenas poucos anos antes defendia uma agenda de pesquisa em música folclórica destinada a revelar a "alma folclórica" e a eliminar todos os elementos indesejáveis do repertório folclórico, havia tido, por um lado, a oportunidade de observar que suas advertências tinham ido muito longe, causando uma aversão entre os músicos práticos a qualquer tipo de música folclórica no modo menor "não alemão" ou "eslavo". Por outro lado, testemunhara como seus colegas tinham malversado a tarefa de esclarecer a confusão causada em função de uma aderência obstinada à doutrina racial. Nessa reação frustrada de Huber ressoariam os primeiros estalos de uma desilusão provocados pelos extremismos raciais e nacionalistas fomentados pelo Estado nazista. Mas, certamente, as advertências de

---

82 Huber, "Wo stehen wir heute?", em Waldmann (org.), op. cit., p. 73-87.

Huber topariam com muitos ouvidos moucos. Walter Wiora, por exemplo, elogiou o livro numa resenha, destacando o espírito cooperativo que motiva os cientistas a enfrentarem os problemas práticos e divisarem seus conflitos mais flagrantes. Em sua argumentação, Wiora modela um consenso em relação aos objetivos da pesquisa e da prática em música folclórica, objetivos que não eram distintos daqueles da Ahnenerbe, de Himmler: registrar o remanescente da música folclórica "pré-histórica e ancestral" entre os alemães étnicos em vias de desaparecimento; analisar as evidências coletadas para a aquisição de uma melhor compreensão das origens da tonalidade e de seu significado para a raça, a nação, e a região; evitar a imposição de critérios da música artística na análise da música folclórica; reconstruir a evolução natural da música folclórica em direção à tonalidade; e reconhecer a força dos alemães em suas lutas contra as influências estrangeiras e sua habilidade para superá-las, adaptá-las e torná-las verdadeiramente alemãs[83].

Em menor medida, os acadêmicos também tentaram creditar aos alemães a invenção de certos gêneros e repertórios da música artística. Isso não teria sido problema se eles tivessem se restringido ao *lied* e ao Minnesang, gêneros incontestavelmente alemães, mas provavelmente consideraram isso insuficiente para representar o rico legado musical alemão. Comparando-se o *Handbuch* de Riemann e o livro de seu sucessor, o *Lehrbuch* de Moser, têm-se um exemplo do quão importante essa disputa se tornou. Enquanto para Riemann as inovações explicitamente alemãs[84] eram o *lied* e algumas pequenas formas derivadas, como os *Lieder ohne Worte* de Mendelssohn, Moser dava muito mais crédito ao engenho alemão, fosse designando certos gêneros como inventos alemães, fosse deixando de reconhecer contribuições não alemãs. Ele sublinhava a contribuição alemã à música para o alaúde e omitia qualquer referência à Espanha, apresentava as suítes como inovações de Froberger e remontava as origens do *lied* à monodia, mas desconhecia a existência da monodia italiana[85]. Subestimava o emprego de formas e estilos italianos por Bach e, embora reconhecesse a contribuição

---

83 Wiora, "Die Tonarten im deutschen Volkslied", DMK, n. 3, 1938-1939, p. 428-440.
84 Riemann, *Die Musik des 18. und 19. Jahrhunderts*, p. 215, 231-232.
85 Moser, *Lehrbuch*, p. 120s, 134-137.

italiana ao desenvolvimento da forma sonata, concebia sua evolução como uma ideia introduzida por Bach em suas invenções e posteriormente desenvolvida por Haydn[86].

Outra fonte potencial para a definição da germanidade foi o canto gregoriano. Blume vira nos cânticos um tópico frutífero para a metodologia racial e Fellerer, levando em conta essa sugestão num estudo sobre o desenvolvimento do canto gregoriano, busca dela extrair traços musicais raciais e demonstrar a vitória final da versão germânica do cântico sobre as práticas romanas[87]. Fazendo uso das metáforas corriqueiras de luta e conquista, Fellerer descreve como as culturas alemãs e romanas colidiram no Império Franco; como a "força do sentimento musical germânico ficou provada" em virtude do "reconhecimento de seu próprio modo racial", disposto a reformar e não a adotar as práticas romanas[88]; e como a raça germânica acabou criando a versão final do canto gregoriano que prevaleceria doravante[89]. A propensão nórdica a notas claramente articuladas, configurações textuais silábicas e saltos melódicos, diferia da tendência "oriental" e romana à elisão de notas, melodias melismáticas, e movimentos conjuntos. Essas alegadas diferenças raciais apareciam nas diversidades da notação (como demonstradas por Peter Wagner) e podiam ser ainda observadas nos estilos de canto contemporâneos[90]. Fellerer especulava que a preferência nórdica por determinados tons e o desejo de organização conduzira a avanços na teoria e lançara as bases da tonalidade[91]. O estudo do canto trazia muitas vantagens estratégicas, tanto políticas quanto intelectuais: além do fascínio pelo canto gregoriano reputado de Himmler e o potencial de financiamento de pesquisas que lhe acompanhava, o assunto ficava aberto a especulações como essas, dado o generalizado desconhecimento da música medieval e a dificuldade em desmentir tais alegações.

---

86 Ibidem, p. 118, 145.
87 Fellerer, *Deutsche Gregorianik*, p. 9-13.
88 Ibidem, p. 32.
89 "Os germânicos não apenas possuem uma participação decisiva na formação dos novos desenvolvimentos do canto gregoriano, no qual infundiram um padrão interpretativo ligado ao povo, mas também foram os criadores da versão que viria a ser transmitida." Ibidem, p. 33.
90 Ibidem, p. 59-76.
91 Ibidem, p. 76-85.

A GERMANIZAÇÃO DOS COMPOSITORES: O CASO HAENDEL

Após a Primeira Guerra, escrever biografia de compositores para o grande público representava um comércio interessante, uma vez que as editoras alemãs lançavam séries subsequentes[92]. A despeito da aparente popularidade desse tipo de literatura, porém, os musicólogos, até 1930, tinham uma participação visivelmente pequena como autores dessas séries. Durante certo tempo, os estudos biográficos foram vistos pelos *Geisteswissenschaftler* como um fenômeno positivista. Em 1920, Hermann Abert criticou a queda de padrão das biografias, defendendo uma abordagem acadêmica séria, fundada nos princípios da *Geistesgeschichte*, mas que não rejeitasse inteiramente a glorificação do gênio[93].

A sugestão de Abert encontrou eco nas tentativas, cada vez maiores, de popularizar os compositores alemães do passado: perpetuando os elementos místicos do gênio, os musicólogos começaram a considerar os mestres individualmente em seu contexto histórico, destacando seus vínculos com o povo. Uma de suas motivações era reaproximar o povo alemão de seu ilustre legado musical, na esperança de que uma fruição mais efetiva dos "mestres" afastaria o público dos salões de dança. Por exemplo, num periódico popular voltado ao público aficionado por gravações, Moser fez um grande esforço no intento de

---

92 Incluindo *Berühmte Musiker* da editora Schlesisches; *Musikerreihe in auserlesenen Einzeldarstellungen*, editado pela casa editorial Walter; *Zeitgenössische Komponisten*, publicado por Drei-Masken; *Klassiker der Musik*, editado por Deutsche Verlagsanstalt; *Musikergestalten*, da Kallmeyer; e *Breitkopf und Härtels kleine Musikerbiographien*, por Breitkopf e Härtel

93 Uma biografia, de acordo com Abert, só pode ser escrita por alguém capaz de fazer uma coleta de documentos históricos, de separar o importante daquilo que não é importante e de pessoalmente "vivenciar" (*erleben*) as obras dos mestres. Além disso, é necessário considerar o mestre dentro de seu contexto: eventos históricos, hábitos nacionais, interação com outros e até mesmo o clima e a natureza do lugar, mas é preciso sempre manter em mente a personalidade especial do gênio em contraste com os compositores menos conhecidos. O gênio compõe porque sua alma o impele a isso e em sua obra ele é levado a ultrapassar tudo que veio antes. Por essa razão, Abert prefere minimizar a noção de influência, uma vez que os gênios não imitam, mas antes se "sentem atraídos" por certos predecessores. Abert, "Über Aufgaben und Ziele der musikalischen Biographie", *AfMw*, n. 2, 1919-1920, p. 417-433.

demonstrar que os maiores compositores alemães podiam ser atraentes ao público, "pois esse é o modo de ser alemão". Era uma tentativa descarada de tornar esses compositores menos assustadores ao público não educado musicalmente, dando atenção especial para obras menos conhecidas e gravações que poderiam agradar a todos[94]. Nesse mesmo diapasão, o *Jugendmusikbewegung* redescobriu Bach como símbolo da grandeza alemã e do amor pela educação[95]. Os musicólogos tentaram humanizar sua imagem intimidante e cerebral enfatizando sua relevância para a nação alemã e conclamando o público a incorporar suas obras na educação e no repertório da *Hausmusik*[96].

Escrever biografias de fôlego não tardou a fazer parte do ofício dos musicólogos, constituindo-se num componente importante de sua missão enquanto educadores do povo, especialmente no Terceiro Reich. Ernst Bücken designou as biografias como uma "tarefa ditada pelos novos tempos" e falou de sua relevância não apenas para o saber erudito, mas para a vida moderna[97]. De fato, nos anos subsequentes a 1933, a produção de estudos biográficos duplicou em comparação ao período da República de Weimar. E o que é mais significativo, houve uma participação muito maior de musicólogos, assim como uma ênfase decidida sobre os mestres alemães. O aumento se deveu, em parte, ao lançamento de duas novas séries biográficas, ambas pelas edições Athenaion, em Postdam. A primeira, Os Grandes Mestres da Música (Die grossen Meister der Musik), sob a editoria de Ernst Bücken, vigorou de 1932 a 1939 e produziu volumes sobre Bach, Haendel, Haydn, Mozart, Beethoven, Schubert, Weber, Wagner, Brückner, Reger e Richard Strauss – o único compositor

---

94 Moser teve o cuidado de apontar que o "caráter popular" (*Volkstümlichkeit*) de Bach, Haendel, Beethoven, Mozart, Weber, Haydn, Brahms, Schubert, Strauss, Reger e Pfitzner não deveria ser confundido com o entretenimento vazio contemporâneo da música popular (*Unterhaltungsmusik*). Moser, "Das Volkstümliche bei unseren grossen Meistern", *Skizzen*, v. 12, n. 4, 1938, p. 4-6.

95 Reichenbach, "Unsere Stellung zu Bach", *Musikantengilde*, v. 7, n. 25, rpt. em *Dj*, p. 330-334; Messerschmid, "Von Johann Sebastian Bach, unserem Meister", *Die Schildgenossen*, v. 6, n. 24, rpt. em *DJ*, p. 335-337.

96 Moser, "Bach und wir", *Mk*, n. 27, 1935, p. 330-335.

97 "Nossa época coloca exigências novas e diversas a um trabalho de pesquisa que ofereça à nossa época o grande modelo de músico, exigências que não são apenas científicas, mas decorrentes do elo com a vida e o viver de ontem e de hoje". Bücken, "Die Erneuerung der grossen Musikerbiographie aus dem Geiste von heute", *AMZ*, n. 66, 1939, p. 597.

não alemão da série foi Verdi. A outra, Unsterbliche Tonkunst, sob a editoria de Herbert Gerigk, vingou entre 1936 e 1942, lançando biografias de Schumann, Brahms, Gluck, Liszt, Lortzing, Johann Strauss, Hugo Wolf e Pfitzner, um volume sobre Dvorák, que apareceu após a anexação dos Sudetos, e um sobre Grieg, publicado após a anexação da Noruega[98]. Tanto Bücken quanto Gerigk dependeram quase que exclusivamente das contribuições de colegas musicólogos[99]. As oportunidades oferecidas por essas novas séries e mais os diversos eventos comemorativos de aniversário dos mestres alemães, transformaram alguns musicólogos em biógrafos "especializados", que produziram, uma após outra, biografias de compositores os mais diversos. Dentre os autores estava Gerber, que escreveu um livro sobre Brahms e outro sobre Gluck, ambos para a série de Gerigk; Korte, autor de um livro sobre Bach para a NS-Kulturgemende, um sobre Schumann, para Gerigk, e um sobre Beethoven; Müller-Blattau, sobre Bach, Haendel, Brahms e Pfitzner; Vetter, que biografou Bach e Schubert; e Moser, que escreveu sobre Schütz, Bach, Haendel, Gluck, Weber e Schubert. Alfred Orel, com vasta produção, tendia a se concentrar em compositores com significado especial para a Áustria – Beethoven, Brahms, Bruckner, Mozart, Schubert.

Enfatizar o caráter alemão desses compositores se tornou o foco de muitos estudos biográficos, especialmente quando se tratava de um compositor conhecido por escrever num idioma não alemão (por exemplo, as óperas italianas de Mozart) ou por gozar de reputação internacional. Haendel, que fez seu nome como compositor de óperas italianas e oratórios ingleses e que passou a maior parte de sua vida na Inglaterra, era um espécime particularmente intrigante entre os compositores alemães e a questão da sua germanidade há muito desafiava os musicólogos.

---

98 Os trabalhos projetados incluem volumes sobre Gluck, Chopin, Puccini e Tchaikovsky.

99 Bücken incluiu dois estudos seus (Beethoven e Wagner) e convocou colegas como Fritz Stein, Karl Geiringer, Robert Haas, Joseph Müller-Blattau, Rudolf Steglich, Walther Vetter e Herbert Gerigk (cujo livro sobre Verdi, ironicamente, foi o único trabalho dedicado a um compositor não germânico). O Unsterbliche Tonkunst, de Gerigk, apareceu em volumes bem menores e mais baratos e, de fato, dava um tratamento mais amplo aos compositores não germânicos que a série de Bücken. Entre aqueles que contribuíram estão Engel, Fellerer, Gerber, Korte, Müller-Blattau, e Schenk. Outras séries em andamento, como a Klassiker der Musik, dependiam menos da contribuição dos musicólogos.

Riemann e Johannes Wolf, cujas histórias da música mostravam muito menos preconceitos germano-centristas que outras pesquisas contemporâneas, estavam instigados pelo desafio de isolar a essência alemã de Haendel. Riemann insistia sobre uma germanidade imutável decorrente dos anos de formação de Haendel. A estada de Haendel na Itália lhe proporcionou desenvolver o lado italiano de seu estilo sem afetar "as bases alemãs de seu vigoroso gênio", ao passo que a tradição coral inglesa "correspondia à sua inclinação natural e à sua formação alemã primária"[100]. Wolf, por sua vez, também concedeu tratamento especial a Haendel. Ao longo de toda a sua *História da Música em Termos Compreensíveis* (*Geschichte der Musik in allgemeinverständlicher Form*, originalmente publicada em 1925), evitou conscientemente o germano-centrismo[101]. Mesmo tendo elaborado um formato em que discutia os compositores do século XVIII de acordo com seu local de atividades e não em função do local de nascimento, abre uma exceção para Haendel. Wolf concentra toda a seção referente à Alemanha em Haendel, chamando a atenção especialmente para sua rigorosa formação e "solidez alemã"[102]. Porém, o restante da história de Wolf, e isso deveria ser notado, consiste num exercício de objetividade sóbria e, embora a publicação do terceiro volume date de 1935, Wolf dá atenção tanto ao desenvolvimento musical não alemão como ao alemão, conferindo aos compositores judeus seu devido reconhecimento[103].

O renascimento de Haendel dos anos de 1920 desencadeou a criação da Sociedade Haendel em 1925 e o *Anuário Haendel* (*Händel-Jahrbuch*), em 1928. Enquanto alguns poucos musicólogos seguiram a sugestão de Abert em prol de uma abordagem *Geisteswissenschaft* e pintaram um retrato de Haendel em proporções mais humanas[104], o *revival* de Haendel, como um todo, foi marcado por um tom político evidente, que se transformou

---

100 Riemann, *Die Musik des 18. und 19. Jahrhunderts*, p. 109-112.
101 Wolf chega a ponto de dizer que a Alemanha ficou para trás no desenvolvimento da polifonia. Wolf, *Geschichte*, v. 1, p. 71.
102 Ibidem, v. 2, p. 67-68.
103 Ibidem, 2. ed., v. 3.
104 O monumental estudo de Hugo Leichtentritt feito em 1924 colocava Haendel no contexto dos desenvolvimentos políticos e artísticos que tiveram lugar no período de vida do músico. Leo Schrade caracterizou a vida de Haendel como um impulso implacável para a fama mundial e para o cumprimento de um ideal de música internacional, algo jamais alcançável dentro dos limitados canais de escoamento ▶

notavelmente no curso das mudanças políticas circunstanciais. Embora um componente central do movimento tenha sido a redescoberta e encenação – bem sucedida – das óperas, as atenções se voltaram mais para os oratórios, que pela primeira vez eram apresentados de modo integral[105]. O intuito de muitos entusiastas de Haendel nos anos de 1920 era destacar a importância do compositor como um artista popular e focar quase exclusivamente nos oratórios. O dever era reviver os oratórios esquecidos, obras que não apenas dignificavam as massas, mas também atendiam à crescente demanda por repertório coral. Biógrafos como Leichtentritt tentavam oferecer *insights* sobre a relevância de Haendel para a contemporaneidade e as futuras gerações, vendo em suas obras uma chave para a ansiada superação do romantismo[106]; e Steglich promoveu a música de Haendel como o veículo mais eficaz à reconstrução do senso de comunidade[107].

O fato de Haendel ter passado a maior parte de sua vida longe de seu país nativo serviu como uma útil alegoria para o pessimismo dos anos de 1920, advertindo que o lamentável estado da cultura musical alemã poderia novamente dispersar seus filhos nativos. Isso levou alguns a pintarem Haendel como um alemão frustrado, alienado de seu país por conta do fascínio doentio pela música estrangeira, situação comparável às condições presentes. Steglich e outros retrataram a Alemanha de Haendel como um país sem unidade nacional, sem aquele tipo de consciência musical nacional tão forte na Itália e na Inglaterra. Concluíram que Haendel só poderia ser um verdadeiro alemão fora da Alemanha, o que lhe teria permitido criar uma germanidade musical sólida o bastante para sobreviver a si[108].

▷ cultural da Alemanha. Leichtentritt, *Händel*, p. 7-8; Schrade "George Friedrich Händels Lebensform", *Zeitschrift für deutsche Bildung*, n. 10, 1934, p. 529-541.
105 Werner, "Das Fest unserer Zeit", em P. Csobáldi et al. (orgs), "Und Jedermann erwartet Sich ein Fest", p. 675-687.
106 Leichtentritt, op. cit., p. 7-8, 262-264.
107 "A música de Haendel não promove apenas a noção de sociedade, mas sim – e sem restrições – a de comunidade. E por isso ela pode mostrar uma saída para a vida dissolvida no individualismo rumo a uma nova vida, firme, espiritual e comunal". Steglich, "Händel und die Gegenwart", *ZfM*, n. 92, 1925, p. 336.
108 Blume, "Bach und Händel: Zum Gedenkjahr", *MPf*, n. 5, 1934-1935, p. 403; Moser, "Georg Friedrich Händel", *Das Innere Reich*, n. 1, 1934-1935, p. 1434; Blessinger, "Georg Friedrich Händel", *Volk und Welt*, 1935, p. 56; Steglich, "Händel und die Gegenwart", op. cit., p. 335.

A comparação entre a época de Haendel e o presente ganhou tonalidades mais calorosas após a "revolução" nacional-socialista. Alfred Heuss, ávido para expressar seu entusiasmo pela ascensão nazista, não esperou pelos 250 anos de nascimento do compositor, em 1935, quando muitos musicólogos prestaram sua homenagem, mas, ao invés, comemorou os 175 anos de sua morte, em 1934. Heuss anunciou, com grande entusiasmo que, graças a Hitler, a Alemanha finalmente havia alcançado um estado de unidade popular semelhante ao da Inglaterra nos tempos de Haendel e finalmente estava preparada para apreciar o poderoso significado dos seus oratórios. Heuss mergulhava a obra de Haendel nos propósitos políticos contemporâneos. Interpretava passagens de *Judas Maccabaeus* como a "purificação" de todo "elemento estrangeiro insalubre e destrutivo" que se seguia a uma guerra, um caminho que a Alemanha deveria ter trilhado em 1918, mas que, gratamente, via agora cabível realizar nos expurgos dos primeiros anos de liderança sob Hitler[109]. Em outro paralelo artificial com o dogma nacional-socialista, escreveu que o uso, em Haendel, de solistas anônimos representando "o povo" era uma resistência contra o sistema parlamentarista, permitindo ao povo falar diretamente, sem "mediadores parlamentares"[110]. Julius Kopsch afirmou que o próprio Hitler havia apontado o caminho para o *revival* de Haendel – em seu discurso nas Jornadas Partidárias de Nuremberg – ao declarar que a nova Alemanha deveria reviver antigas

---

[109] "Se durante a Guerra a Alemanha tivesse agido dessa forma, então o desfecho teria sido outro. Mas como essa limpeza recorda o trabalho de política interna do governo alemão dos últimos anos! Coloque-se a palavra "Alemanha" no lugar da palavra usada na obra e se escute: O Sião, nosso Sião, a morada de Deus, virou pó, destruída pelos hereges. O sacrilégio clama por uma vingança, e em luta, deve conquistar a felicidade de Israel (Por Israel os ingleses querem se referir sempre a si próprios nesses oratórios). Pode-se ver que tudo isso tem conotações políticas e nacionais. Nossa vitória terá significado apenas se um espírito mais sadio se impuser no país. Nada muda sem isso." Heuss, "Händel und Bach als zwei Seiten deutschen Wesens. Zum 175. Todestag Händels am 14. April 1759", *ZfM*, n. 101, 1934, p. 492.

[110] "Há algo no impacto dessa obra que é inteiramente atual. O povo tem seus porta-vozes especiais nesses defensores anônimos, nenhum mediador parlamentar entre o Führer e o povo se faz notar, eles se expressam livremente, os anônimos, a partir do povo, um homem e uma mulher. E eles têm palavras importantes a dizer e coisas belas a cantar. Como dito, um oratório que converge perfeitamente com nossa época." Ibidem.

obras de arte representativas do heroísmo alemão, ao invés de tentar produzir obras novas inferiores. Segundo Kopsch, os oratórios de Haendel, como *Judas Maccabaeus*, eram meios perfeitos para motivar as massas na escala divisada por Hitler[111]. A ideia de que a Alemanha somente agora estava pronta para apreciar plenamente Haendel aparecera repetidas vezes no ano comemorativo de 1935, em artigos de musicólogos – Blume e Gerigk são exemplos –, embora o tom fosse mais moderado[112].

O ano de 1935 não celebrou apenas o aniversário de Haendel, mas ainda o de Bach (também nascido em 1685) e de Schütz (nascido em 1585), tornando ainda mais crucial a tarefa de identificar os traços alemães de Haendel. A efeméride punha a descoberto as fortes diferenças entre Bach e Haendel, em vida e obra, de modo que se fazia necessário deixar claro que, apesar dessas diferenças, ambos os compositores eram consumadamente alemães. O procedimento mais comum consistia em emparelhá-los como os "dois lados da essência alemã", acrescentando uma análise genealógica que prestava conta de suas respectivas tendências "nortistas" e "sulistas", as quais, tomadas em conjunto, cobriam todo o espectro da raça alemã[113]. Antes disso, os biógrafos não haviam tentado derivar nenhuma germanidade da pessoa ou da obra de Haendel, tendo proclamado que nenhum país – Inglaterra, Alemanha ou Itália – tinha o direito de reivindicar Haendel como seu[114]. Agora, no entanto, os musicólogos esmiuçavam os detalhes da vida de Haendel

111 Kopsch, "Mut zu Händel", *NSM*, n. 5, 1934, p. 381-384.
112 "As lutas que nele se tornaram maduras e decisivas foram primeiramente questões de tipo inglês e histórias inglesas e permaneceriam assim até que o povo alemão chegasse a uma coesão do espírito nacional." Blume, "Bach und Händel: Zum Gedenkjahr", op. cit., p. 403. "Onde o individualismo e o liberalismo dominam o espírito não há lugar para uma arte verdadeiramente heroica." Gerigk, "Händel: Bemerkungen aus Anlass der 250. Widerkehr seines Geburtstages", *NSM*, n. 6, 1935, p. 303.
113 Heuss, "Händel und Bach", op. cit.; Blume, "Bach und Händel", op. cit.; Moser, "Bach und Händel", *Forschungen und Fortschritte*, n. 11, mar. 1935, p. 109-110; Hasse, "Bach und Händel", *Der deutsche Erzieher*, n. 3, 1935, p. 114-115; Gerigk, "Händel", op. cit.; e Moser, "Georg Friedrich Händel", op. cit., p. 1430.
114 Leichtentritt, op. cit., p. 844. A biografia escrita por Müller-Blattau, publicada na série Die grossen Meister der Musik, de Bücken, em 1933, também não mostra indícios de exagerar no caráter alemão de Haendel. No entanto, Müller-Blattau retrata Haendel como o "conquistador" vitorioso da ópera na Itália: "Haendel venceu os italianos no terreno que lhes era próprio, o da ópera." Müller-Blattau, *Georg Friedrich Händel*, p. 45.

para extrair o menor indício de uma concepção romântica do "caráter germânico": elementos como luta, heroísmo, masculinidade, profundidade intelectual, paixão e didatismo. A percepção de que Haendel lutou num ambiente estrangeiro servia como prova significativa de sua germanidade, redundando na tese de que, embora pudesse ter conquistado uma posição de prestígio na Alemanha, permaneceu na Inglaterra não pela sensação de bem-estar, mas porque deixá-la teria significado abandonar a luta[115]. O lado alemão da personalidade de Haendel, afirmavam, revelava-se por si: na opção em resolver conflitos através do confronto aberto e viril, não por intrigas; pelo papel de educador, apto a elevar o gosto do público inglês; e ainda em detalhes mais superficiais, como seu apetite voraz, seu temperamento passional, nas citações "secretas" de corais alemães de suas últimas obras, na marginália em alemão do manuscrito de seu último oratório e em seu "legado amoroso" para seus parentes alemães[116].

O mais crucial era determinar a essência alemã das obras de Haendel, que os musicólogos generosamente embebiam com vários sinais de germanidade. Muitos focavam exclusivamente oratórios, ignorando ou rejeitando as óperas italianas como "coleção de árias primitiva" que não podiam ser mais apreciadas por uma era que havia conhecido os dramas musicais de Wagner[117]. Muitos concordavam que os oratórios mostravam melhor o lado alemão de Haendel, revelando "a sensibilidade

---

115 Moser, "Georg Friedrich Händel", op. cit., p. 1434.
116 Blessinger, "Georg Friedrich Händel", op. cit., p. 56; Müller-Blattau, *Georg Friedrich Händel*, p. 57; Moser, "Georg Friedrich Händel", op. cit., p. 1429, 1433, 1435; e idem, *Lehrbuch*, p. 152; Heuss, "Händel und Bach", op. cit., p. 490; Kopsch, "Mut zu Händel", op. cit., p. 383; e Gerigk, "Händel", op. cit., p. 303.
117 Gerigk, "Händel", op. cit., p. 304-305. Enquanto Blessinger afirma descobrir em Haendel elementos de um "amor pela natureza" germânico nas óperas pastorais (Blessinger, "Georg Friedrich Händel", op. cit., p. 56), Moser era quase o único a insistir que a germanidade de Haendel era tão evidente quanto sua influência italiana e reluzia através do lustre do estilo italiano, transformando o que seriam meros "mimos para ouvidos" e veículos para "castrati e prima donnas" nas mãos de Scarlatti, Bononcini e Hasse em uma "experiência humana penetrante", que era "exclusivamente germânica" (Moser, *Lehrbuch*, p. 151-152). Ele também insistiu nas similaridades entre as óperas e os oratórios e explicou que Haendel, como um "individualista germânico", conseguiu dar um desenvolvimento humano pleno aos caracteres de sua ópera, algo sem equivalente entre os compositores italianos. (Moser, "Georg Friedrich Haendel", op. cit., p. 1440-1442).

germânica pela natureza", o ímpeto franco, a monumentalidade, o espírito combativo, o heroísmo, a piedade, e até "o *ethos* elevado do homem nórdico" para conquistar e manter o poder político[118]. A textura predominantemente homofônica não tornava as obras menos alemãs (considerando-se a teoria de que o contraponto era uma expressão da germanidade), mas sim mais acessíveis ao público. Isso refutava a obsoleta interpretação "sociológica" de Edward Dent segundo a qual Haendel nunca escreveu para o povo[119]. Os elementos dramáticos dos oratórios de Haendel ligavam-no a Goethe e Schiller, tornando-o modelo para Beethoven[120].

No entanto, os oratórios sobre o Velho Testamento que retratavam o heroísmo hebreu colocavam problemas. Nos anos de 1920, Arnold Schering havia descartado qualquer vínculo entre o tema dessas obras e a "raça judaica alienígena"[121], e Hermann Stephani reescreveu completamente o libreto de *Judas Maccabaeus*, modificando seu título para *Der Feldherr (O Comandante)*, em 1909[122]. Steglich apontara que os primeiros tradutores alemães haviam insistido sobre o "uso perturbador" de palavras como Jeová, Aleluia e Israel, mesmo quando Haendel não as utilizava no original, e sugeria que semelhantes termos poderiam ser facilmente expurgados[123]. Por volta de 1935, todos concordavam que a caracterização heroica da nação hebraica seria uma alegoria, representando tanto a Inglaterra (uma concessão ao hábito dos puritanos de se comparar ao

---

118 Moser, "Georg Friedrich Händel", op. cit., p. 1440. Gerigk julgou ver na música de Haendel o "impulso político" do homem nórdico: "O elevado *ethos* do homem nórdico, a força para conquistar e construir Estados políticos, são os elementos que falam através da música de Haendel e cujo efeito continua, hoje como sempre, inexorável." Gerigk, "Händel", op. cit., p. 303.
119 Gerigk, "Händel", op. cit., p. 302, 304.
120 Müller-Blattau, *Georg Friedrich Händel*, p. 153-156; Blume, "Bach und Händel", op. cit., p. 404-405; Moser, "Georg Friedrich Händel", op. cit., p. 1439.
121 "Fora os nomes de seus personagens e a fonte de seu enredo, elas, na realidade, não têm nada a ver com judeus e judaísmo. E como o material do Velho Testamento é modificado através de uma recriação poética extremamente próxima à nossa época, nada estranho à raça permanece." Schering, "Die Welt Händels", [palestra realizada durante o Festival Haendel, em Halle, 1922] *Händel Jahrbuch*, n. 5, 1932, rpt. em Schering, *Von grossen Meistern*, p. 68.
122 Baum, "Über die Berechtigung der Aufführung von Händel-Oratorien", *MPf*, n. 11, 1940, p. 153; petição RSK, 29 jan. 1941, BDC Stephani.
123 Relatado em Moser, "Georg Friedrich Händel", op. cit., p. 1438.

"povo eleito") quanto qualquer nação idealizada, possivelmente também o "ideal heroico do povo nórdico guerreiro"[124].

A Câmara de Música do Reich deu permissão expressa para a execução dessas obras em sua forma original, e a performance dos oratórios recebeu outro significativo voto de confiança de uma alta esfera quando Alfred Rosenberg pronunciou em Halle, cidade natal de Haendel, um discurso por ocasião das festividades de seu aniversário. O discurso de Rosenberg se mostrou surpreendentemente brando, suave mesmo, considerando-se seus outros escritos e atividades. Em relação ao caráter judaico de seus oratórios, declarou apenas que "o messias do judaísmo e o messias de Georg Friedrich Haendel não têm, essencialmente, nada em comum, fato que seus contemporâneos, que o chamavam de 'o grande gentio', certamente deviam saber"[125]. Rosenberg foi evasivo quanto ao dilema judaico, falando apenas do messias e não dos numerosos cenários do Velho Testamento, mas suas declarações foram interpretadas como uma aprovação burocrática à performance de todos os oratórios de Haendel, mesmo aqueles que pareciam glorificar os judeus[126].

HAENDEL E A SEGUNDA GUERRA MUNDIAL

O discurso de Rosenberg mal mencionou a germanidade de Haendel, e, diante da presença de representantes ingleses, propôs que ingleses e alemães considerassem Haendel uma propriedade comum[127]. Mas essa congenialidade se dissiparia quatro anos depois, com a entrada da Inglaterra na guerra. Daí em diante, os estudos de Haendel teriam por missão negar qualquer afinidade entre Haendel e a Inglaterra, rejeitando as reivindicações inglesas

---

124 Heuss, "Händel und Bach", op. cit., p. 492; Moser, "Georg Friedrich Händel", op. cit., p. 1437-1438; Blessinger, "Georg Friedrich Händel", op. cit., p. 56.
125 Rosenberg, *Georg Friedrich Händel*, p. 13.
126 "Haendel musicou a maior parte do material bíblico em seus oratorios. Na abertura do Festival Haendel para o povo alemão em Halle, Alfred Rosenberg esclareceu de modo definitivo a atitude da nova Alemanha frente a essas questões." Gerigk, "Händel", op. cit., p. 304.
127 Ele mede a Germanness de Haendel pela admiração que Beethoven lhe tinha e pela evidência das lutas internas que atravessam todas as etapas de sua vida. Rosenberg, op. cit., p. 7-9, 14.

em relação ao compositor. Já em 1925, a atração de Haendel pela Inglaterra fora explicada por uma afinidade racial ou um "parentesco tribal" entre o povo alemão e o inglês[128], mas a sugestão de que Haendel pudesse ter se sentido mais inglês do que alemão fez-se cada vez mais impopular. Embora Müller-Blattau, em sua biografia de 1933, tenha se referido ao fato de Haendel ter se tornado cidadão inglês, as narrativas subsequentes ou ignoravam esse dado ou o negavam abertamente[129].

O processo de "desanglicização" de Haendel recebeu atenção especial em 1941. Uma edição da revista da Juventude Hitlerista – *Musik in Jugend und Volk* – dedicada a Haendel fomentava a performance amadora de suas obras e demandava, incondicionalmente, que o compositor não fosse considerado tão somente alemão. Começando com a frase do discurso de Rosenberg que definia Haendel como o "*viking da música*", a edição trazia excertos do ensaio de Johann Adam Hiller sobre Haendel, de 1784, uma análise, de Rudolf Steglich, voltada à performance de passagens corais dos oratórios, uma refutação da conexão entre Haendel e o Velho Testamento, de Richard Eichenauer, e dois artigos de Gotthold Frotscher (na época, editor geral da revista) levantando suposições acerca de que Haendel nunca se sentira em casa na Inglaterra[130].

128 "Justamente esse caráter alemão objetivo de Haendel estava mais perto da essência inglesa (vinculada a nossa tribo) do que aquele caráter alemão subjetivo, unilateral, condicionado pelo tempo". (Steglich, "Händel und die Gegenwart", p. 335). "E a grande mudança ocorreu. Ocorreu com o retorno ao norte germânico. A terra de Shakespeare renovou sua natureza poética alemã. Isso é o que há de belo e ao mesmo tempo enigmático nesse homem, que ele possa unir sem conflitos a obscuridade nunca perdida do profundo ânimo germânico com a clareza formal dos romanos." (Schering, "Die Welt Händels", op. cit., p. 14). "Ele foi atraído pela liberdade e abertura ao mundo desse povo espiritual e tribalmente emparentado a nós" (Müller-Blattau, *Georg Friedrich Händel*, p. 56). "Se não fosse sua linhagem alemã, a forma e o espírito dessa música inglesa lhe permaneceriam fechados" (Müller-Blattau, *Georg Friedrich Händel*, p. 123).
129 Müller-Blattau, *Georg Friedrich Händel*, p. 56; Moser, "Georg Friedrich Händel", op. cit., p. 1433-1434, 1438.
130 "Händels Deutsche Sendung", *MJV*, v. 4, n. 10, 1941, (terminando com uma citação de Rosenberg), não paginado; Hiller, "Georg Friedrich Händel", p. 215-221; Steglich, "Vom Leistungscharackter der Musik Georg Friedrich Händels", p. 222-226; Eichnauer, "Händel und das alte Testament", p. 227-231; Frotscher, "Händel und die Engländer", p. 232-234; e Frotscher, "Kleine Beiträge: Entzauberte Händel-legenden", p. 239-240.

Frotscher anunciou que, embora os ingleses tivessem a presunção de que Haendel lhes pertencia, existiam evidências na "vida e no sofrimento" de Haendel de "que tal presunção não passa de rumores ingleses". Frotscher assegurava que Haendel foi enganado por editores e empresários ingleses, mas que conseguira criar suas obras mais elevadas a despeito desse ambiente espúrio; que o público inglês era mais interessado nos cantores que em suas obras, tendo se voltado contra ele quando não fora atendido em seu gosto; que os libretistas ingleses forneciam-lhe textos inferiores e nunca apreciaram seu talento; e que, depois de tantos anos na Inglaterra, Haendel nunca dominou a língua inglesa, embora tenha se tornado fluente no italiano durante uma estada muito menor na Itália. Frotscher concluía: "Haendel nunca se tornou um inglês na Inglaterra, nem se tornou um dos maiores compositores de seu tempo e de todos os tempos por conta da Inglaterra, mas sim apesar da Inglaterra e em oposição aos ingleses."[131]

A biografia de Haendel, publicada por Moser em 1941, também propõe a "desanglicização" do compositor. Moser tentou minimizar a opção de Haendel pela Inglaterra, propondo que partira apenas como um "embaixador musical" da princesa-eleitora Sofia, que esperava assegurar o trono inglês para seu filho George. Moser aplaudiu a "convicção nacionalista" de Edward Dent de que não Haendel, mas Purcell era o compositor inglês típico[132]. Agora, Moser também considerava os oratórios problemáticos, não só por seu conteúdo judaico, mas ainda por seu elogio implícito ao imperialismo inglês[133]. Num ensaio não publicado de 1943, Moser sustentou que aquilo que parecia ser

---

131 Frotscher, "Händel und die Engländer", p. 232-234. Ao final do volume, Frotscher continuou investindo contra vários mitos comuns sobre Haendel, alguns dos quais seriam "característicos do vício típico dos ingleses de malbaratar a grandeza e perpetuar um culto emocional por meio de superficialidades". Esse comentário é feito por Frotscher acerca da lenda de que Haendel teria dedicado uma ária a um ferreiro em Whitchurch como gratidão pelo abrigo recebido durante uma tempestade e de que depois teria sido erguido um monumento ao fictício ferreiro. Frotscher, "Kleine Beiträge", p. 240

132 Moser, *Georg Friedrich Händel*, p. 26-27, 29.

133 "Apesar disso, permanece para alguns camaradas alemães que não querem nem podem ouvir notas de rodapé explicativas e apaziguantes, o duplo limite entre ele e a alma artísticas desses oratórios de Haendel: o muro do componente judeu e o muro das exigências imperiais inglesas, ambas insuportáveis a nós em decorrência de tudo o que vivemos no último meio século." Ibidem.

uma influência inglesa sobre Haendel podia, na verdade, ser a influência de Haendel sobre os estilos musicais mais tarde identificados como ingleses, notando que "Rule Britannia" e "God Save the King" eram criações de dois alunos de Haendel[134].

A "desanglicização" de Haendel era parte de um esquema maior da propaganda de guerra para enfraquecer a imagem do inimigo. Os musicólogos contribuíram ao subjetivar a história da música inglesa por meio de muitas licenças poéticas e selecionar evidências de depravação e fraqueza culturais. Num artigo de 1939, intitulado "O Reflexo do Declínio Racial da Inglaterra em Sua Música", Blessinger garantiu a seus leitores que o critério último para medir a força de uma nação não era a eficiência momentânea de seu aparato de poder, mas a longa história de sua integridade cultural. Tenta demonstrar que a "fraqueza interior" da Inglaterra advinha de sua abertura a várias influências raciais. O declínio cultural da Inglaterra fora resultado da destruição da "Merry Old England" (durante o reinado de Jaime II), que levou ao fascínio pelo virtuosismo, pelo puro diletantismo e pelo cinismo popular, exemplificado em *The Beggar's Opera*, deixando a vida musical da Inglaterra vulnerável às invasões e ao golpe rápido do "judeu eterno", bem como à "contaminação do cardápio musical diário" pelo jazz[135].

Fellerer também insinuou que a composição racial da Inglaterra era a base para compreender sua história musical e para contrastá-la com a dos alemães. Enquanto os alemães sempre preservaram sua germanidade a despeito das influências estrangeiras, e nunca cessaram de produzir gigantes musicais, os ingleses podiam exibir uma quantidade relativamente pequena de grandes personalidades[136]. O próprio musicólogo inglês Edward Dent reconhecera o declínio posterior a Purcell, e Fellerer determinou que a ideia de Dent de um renascimento inglês em 1880 era pouco mais do que uma imitação do romantismo alemão decorado com influências judaicas "nada insubstanciais"[137]. Por fim, o ensaio de Moser, de 1943, caracterizava o gosto musical do

---

134 Moser, "Zusammenschau", em Moser (org.), *Die Deutsche Musik und ihre Nachbarn*, p. 34, Moser Papers.
135 Blessinger, "Englands rassischer Niedergang im Spiegel seiner Musik", *Mk*, n. 32, 1939, p. 37-41.
136 Fellerer, "England und die Musik", *VME*, n. 7, 1941, p. 186-188.
137 Ibidem, p. 188-189.

século XIX inglês como um desejo de germânico, demonstrado pela popularidade de Beethoven e Goethe. De fato, o influxo dos músicos alemães era tão forte que às vezes judeus eram acolhidos, por engano, como alemães (por exemplo, Joachim e Moscheles). Moser também criticava a superficialidade do público inglês, que almejava ser moderno e *smart* (Moser usa o termo em inglês) quando na verdade era "profundamente influenciado pelos negros" (*stark vernegert*), não possuindo um julgamento ou uma compreensão independente sobre a música erudita[138].

O interesse renovado por Haendel, em 1941, lançou novas luzes sobre a "desjudaização" dos oratórios, questão que se fazia mais pesada à medida que, crescentemente, os judeus tornavam-se objeto de derrisão na Alemanha. Estudos sobre a opinião pública alemã mostraram que, embora o *pogrom* conhecido como *Kristallnacht*, em novembro de 1938, promovera uma fagulha de ultraje, especialmente entre os mais educados, de um modo geral os alemães permaneceram passivos aos subsequentes atos de terror contra os judeus, opondo-se à política antissemita apenas quando esta ameaçava transformar judeus em mártires ou incitar repercussões antigermânicas no exterior, de sorte que os judeus-alemães foram sistematicamente castigados[139]. A despeito da reticência de Rosenberg sobre o teor judeu dos oratórios de Haendel, bem como da sanção da Câmara de Música para sua performance, a contribuição de Eichenauer à mesma edição de 1941 do *Musik in Jugend und Volk* mostra que ele e outros se sentiam desconfortáveis em cantar louvores aos hebreus enquanto internalizavam a crença de que os judeus eram os inimigos[140]. Como, lamentava-se, pode alguém continuar a se alegrar com a morte de Golias por David quando qualquer membro da Juventude Hitlerista aprendeu que os filisteus são parentes raciais dos alemães? A única solução era reescrever os textos na mesma linha

---

138 Moser, "Zusammenschau", op. cit., p. 34, 36-38.
139 Bankier, *The Germans and the Final Solution*, p. 69-75, 87-88.
140 "É um completo absurdo separar vida e arte desse modo, pois todos os dias deparamos com a certeza de que os judeus são os vilões do mundo e, ao mesmo tempo, através dos sons mais autênticos e nobres produzidos pelos mestres alemães, ouvimos textos que no todo e nas partes tratam do domínio do povo judeu e de seu deus Javé." Eichenauer, "Händel und das alte Testament", op. cit., p. 229.

das recentes adaptações do *Judas Maccabaeus*: *Freiheitsoratorium*, *Der Feldherr* e *Wilhelmus von Nassauen*[141]. Moser também quis dar sua benção a esta última adaptação em sua biografia de 1941 e, discretamente, encorajou adaptações cuidadosas de textos para os tempos atuais, mas esperava que, "quando nós alemães tivermos deixado o problema judeu para trás", as versões originais poderiam ser revividas como algo "exótico" e "antigo"[142].

A EXPANSÃO EM TEMPOS DE GUERRA E A NOVA DEFINIÇÃO DE "ALEMÃO"

As anexações e ocupações realizadas durante a guerra surtiram o efeito inesperado de inspirar os musicólogos a ampliar sua definição de música alemã à medida que as fronteiras do Reich se expandiam. Uma pesquisa sobre a literatura musicológica entre 1938 e o fim da guerra mostra um padrão crescente no interesse pela história da música dos territórios recém-anexados ou ocupados pelas tropas alemãs. Essa literatura segue de perto os avanços militares, imediatamente abordando a história musical dos territórios do futuro Reich no esforço de demonstrar que os músicos alemães haviam, por séculos, exercido uma profunda influência sobre eles. Inspirados pela doutrina do *Lebensraum*, os musicólogos forneceram uma justificação musicológica para os avanços militares, ao mesmo tempo que expandiam sua definição de música alemã para abarcar praticamente toda a Europa[143].

Na literatura do passado tendia-se a eleger certos grupos ou indivíduos como alemães. Einstein, por exemplo, corretamente observou a "incontestável hegemonia mundial" da música dos

---

141 Ibidem, p. 230.
142 "Teremos de lidar com outros oratórios de Haendel da mesma forma até que nós, alemães, um dia, deixemos completamente para trás o problema judeu, a tal ponto que o material original de Haendel seja neutralizado, soando como algo exótico e antiquado, igual a qualquer lenda assírio-babilônica, chinesa ou indiana." Moser, *Georg Fridrich Händel*, p. 52. Cf. também p.65-66 e 72.
143 Para mais detalhes sobre a discussão dessa literatura, cf. Potter, "Musicology under Hitler", *Journal of the American Musicological Society*, n. 49, 1996, p. 87-104.

Países Baixos até a metade do século XV, mas definiu a região dos "Niederländer" de modo a incluir franceses do norte, flamencos e alemães[144]. Bücken, da mesma forma, compreendeu o centro do processo de desenvolvimento musical da época do Renascimento como um movimento em direção ao norte, aos "povos germânicos – ingleses, holandeses, alemães, escandinavos", e reconstruiu o progresso de John Dunstable rumo à "plena efetivação de um nativo sentimento musical nórdico através do estilo da música artística do continente"[145]. O interesse nos estudos raciais também inspiraria tentativas de traçar a genealogia de compositores como Franz Liszt e César Franck[146] para demonstrar sua consanguinidade alemã e declarar que Berlioz, "louro e de olhos azuis – uma rara combinação em sua terra no sul da França" – era sem dúvida um alemão de espírito, se não fisicamente[147].

Durante a guerra, essa prática se disseminou nos estudos de história da música e de música folclórica dos países anexados ou ocupados. Encontrar vestígios de presença alemã na música dessas regiões possibilitava sustentar a tese de que alguns países nunca haviam tido uma cultura musical nativa, mas apenas ostentavam uma imitação barata do produto alemão, ou que os mestres a quem se creditavam avanços musicais eram, na verdade, frutos de formação alemã ou mesmo "racialmente" alemães. Os musicólogos também se voltaram para a música folclórica esperançosos de poderem tomá-la como fonte para demonstrar a influência musical da Alemanha em várias regiões[148]. Danckert, Wiora e Frotscher buscavam a influência das melodias folclóricas alemãs nos territórios da Boêmia-Morávia, na Escandinávia, nas regiões dos Bálticos, dos Países Eslavos e da Hungria, bem como na Polônia. Ao mesmo tempo, essas regiões se tornavam foco dos objetivos militares alemães[149].

---

144 Einstein, *Geschichte der Musik*, p. 15.
145 Bücken, *Musik der Nationen*, p. 46-47.
146 Moser insistiu que os pais de Liszt eram austríacos (*Lehrbuch*, p. 247) e se referiu ao "German-blooded Cesar Franck" (p. 277).
147 Bücken, *Musik der Nationen*, p. 344-345.
148 Danckert, "Deutsches Lehngut im Lied der skandinavischen Völker", NSM, n. 12, 1941, p. 575-596.
149 Danckert, "Deutsche Lieder und Tänze in Böhmen", *Böhmen und Mähren*, n. 1, 1940, p. 90-94; idem, "Deutsches Lehngut im norwegischen Volkslied", *Deutsche Monatshefte in Norwegen*, n. 3, 1942, p. 2; Wiora, "Das Fortleben altdeutscher ▶

A anexação da Áustria e das áreas de povoação alemã da Tchecoslováquia teve um significado especial. Se a Alemanha podia reivindicar para si a herança musical da Áustria e da Boêmia, era possível dissipar as especulações de que o estilo clássico era tudo menos alemão de origem. Robert Lach, que havia defendido a unidade política da Alemanha e da Áustria já em 1930, festejou a anexação em 1938[150]. Ao mesmo tempo, vários de seus colegas do Reich alemão delinearam a unidade musical dos dois países mais remotamente do que ele ousou tentar[151]. Gerber afirmou que a música austríaca era, na verdade, a mais alemã: primeiramente porque sua situação geográfica nas fronteiras do Império Alemão criara a necessidade de um permanente combate às influências estrangeiras; e depois porque o espírito alemão persistiu e floresceu no Período Clássico, a despeito do gosto dos Habsburgos pela cultura estrangeira e da dominação do "judaísmo internacional" mais tarde representado pelo "judeu do gueto tcheco Gustav Mahler"[152].

Daí em diante, a campanha musicológica do Lebensraum avançaria a pleno vapor. Quando a Alemanha anexou os Sudetos, em setembro de 1938, e avançou sobre o resto da Tchecoslováquia no começo de 1939, os musicólogos alemães celebraram os eventos com expressões bem adequadas ao momento, saudando a chegada das "tribos irmãs ... aos nossos corações" e

▷ Volksweisen bei den Deutschen in Polen und im polnischen Lied", DMK, n. 4, 1939-1940, p. 182-183, 186-187; idem, "Die Molltonart im Volkslied der Deutschen in Polen und im polnischen Volkslied", Mk, n. 32, 1940, p. 158-159, 161-162; Frotscher, "Volksbräuche und Volkslieder der Deutschen in Polen", MJV, n. 2, 1939, p. 399.

150 Lach, "Die grossdeutsche Kultureinheit", em *Die Anschlussfrage in ihrer Kulturellen*, p. 286-295; idem, "Die grossdeutsche Kultureinheit in der Musik", *Deutsche Welt: Monatshefte des Vereins für das Deutschtum im Ausland*, n. 8, 1931, p. 27-31; idem, "Das Österreichertum in der Musik", AMZ, n. 65, 1938, p. 529-531.

151 Müller-Blattau recua até Oswald von Wolkenstein ("Vom Anteil Osterreichs am Erbe deutscher Musik", MJV, n. 1, 1937-1938, p. 218-226). Moser retorna ao período antes do século XVI ("Das Deutsche weltliche Chorlied Altösterreichs", MPf, n. 9, 1938, p. 148, e "Österreichs Musik und Musiker", p. 86-87.) Outras contribuições que celebram a *Anschluss* incluem Andreas Liess, "Das deutsche-österreichische Musikschaffen der Gegenwart", AMZ, n. 65, 1938, p. 532; Strobel, "Österreichs Beitrag zur deutschen Musik", *Neues Musikblatt*, n. 17, 1938, p. 1; e Therstappen, "Die Musik im grossdeutschen Raum".

152 Gerber, "Die Musik der Ostmark: Eine Wesensschau aus ihrer Geschichte", *Zeitschrift für deutsche Geisteswissenschaft*, n. 2, 1939-1940, p. 56-59, 63, 69, 72-74, 77-78.

à "nossa nova e expandida pátria", junto aos tchecos, musicalmente "menos produtivos"[153]. Com a Boêmia e a Morávia sob o controle alemão, os musicólogos podiam reivindicar as conquistas musicais passadas dessas regiões como propriedade alemã. Cônscios de que alguns dos mais conhecidos compositores do século XVII e XVIII tinham origens boêmias, ou pelos menos estiveram expostos à influência da música folclórica tcheca, os historiadores precisavam, agora, eliminar qualquer noção subversiva de alguma influência tcheca sobre os grandes mestres e enfatizar o caráter alemão do estilo clássico. Sob a alegação de que o nome de muitos alemães puros havia sido eslavizado, orquestrou-se uma verdadeira campanha para provar as raízes culturais e familiares alemãs de figuras como Biber, Dittersdorf, Stamitz, Gassmann, Wagenseil e alguns outros que poderiam ser identificados como tchecos[154]. Karl Michael Komma, um protegido de Besseler proveniente dos Sudetos, classificou os alemães como os verdadeiros criadores e os tchecos como os virtuoses, a despeito das "cruas falsificações" promovidas por autores tchecos e judeus[155].

O padrão de literatura musicológica que surgiu em resposta aos avanços militares continuou a marchar, mas focando muito mais as áreas a leste da ocupação. A invasão do Leste – região visada pela expansão alemã e Lebensraum – levou alguns musicólogos a oferecer sugestões práticas para o processo de germanização musical e inspirou muitos outros a apoiar esses esforços com investigações – academicamente duvidosas – sobre a influência alemã na cultura musical. Quando os alemães tentaram reivindicar Danzig, em março de 1939, os musicólogos

---

153 Moser, "Sudetendeutsche Musik", *Gn*, n. 10, 1938, p. 368; rpt. em Plassmann; Trathnigg (eds.), *Deutsches Land kehrt heim*, p. 135; idem, "Böhmen-Mähren in der deutschen Musikgeschichte", *AMZ*, n. 66, 1939, p. 383, 385. Publicações adicionais de musicólogos reconhecendo a anexação dos Sudetos e aparecidas em 1938 e 1939 incluem Becking, "Kleiner Beitrag zur musikalischen Kultur und Stammeskunde der Sudetendeutschen"; Blessinger, "Die Musik im sudetendeutschen Raum", *Musik-Woche*, n. 6, 1938, p. 629; Bücken, "Sudetendeutsche Musiker und die deutsche Klassik", *Rheinische Blätter*, n. 15, 1938, p. 765; e Waldmann, "Volkslieder der Sudetendeutschen", *Volksdeuscthe Forschung*, n. 2, 1938, p. 415.
154 Kaul, "Von alten sudetendeutschen Komponisten", *zfM*, n. 106, 1939, p. 9-13; Komma, "Die Sudetendeutschen in der 'Mannheimer Schule'", *zfM*, n. 106, 1939, p. 13-15.
155 Komma, "Sudetendeutschen", p. 13-16; idem, *Johann Zach*, p. 6-7.

imediatamente mostraram um interesse crescente pela cidade e defenderam direitos históricos da Alemanha sobre ela, e enquanto os alemães se preparavam para o ataque à Polônia, em abril de 1939, invadindo-a subitamente em setembro, os musicólogos destacaram a presença musical alemã nessa região e questionaram se havia existido uma cultura musical autenticamente polonesa[156]. Em contraste, quando as tropas alemãs invadiram a Noruega, a Bélgica e a Holanda, em 1940, poucos musicólogos reconheceram o evento com justificações histórico-musicais[157]. A biografia de Grieg escrita por Fellerer, de 1942, surgiu como parte da série Unsterbliche Tonkunst e enfatizava sua importância como compositor nórdico, e o Ministério da Propaganda, por sua vez, encomendou a Gerigk um livro sobre Sibelius por seu potencial em reforçar os vínculos culturais entre a Alemanha e a Finlândia[158].

A definição ampliada de música alemã que acompanhou a expansão do Reich culminou numa coleção de ensaios nunca publicada, mas provisoriamente intitulada *A Música Alemã e Seus Vizinhos* (*Die deutsche Musik und ihre Nachbarn*), compilada por volta de 1943[159]. Heinz Drewes, encarregado do projeto, supervisionou-o sob a égide de seu Reichsstelle für Musikbearbeitungen, e designou Moser como seu editor geral. O propósito do trabalho era demonstrar a profunda influência da Alemanha sobre as culturas musicais de seus vizinhos, todos, à época, sob ocupação alemã ou aliados seus. As contribuições discutiam os laços histórico-musicais da Alemanha com outros países: Flandres e Holanda (dois ensaios de Fellerer), Hungria, Dinamarca,

---

156 Frotscher, "Stätten deutscher Musikkultur: Danzig"; Moser, "Aus Danzigs musikalischer Vergangenheit"; Georg Schünemann, "Danziger Strassenrufe", *Mk*, n. 32, 1940, p. 77-80. Um ataque particularmente incisivo invocava o nome de Hugo Riemann a fim de refutar a criatividade da música polonesa, uma vez que Riemann havia supostamente determinado que o polonês fora trazido para a Polônia da Espanha via Alemanha. Hennemeyer, "Vom deutschen Geist in der polnischen Musik", *Mk*, n. 31, 1939, p. 796.

157 Moser, "Musiklandschaft Vlandern", *Niederdeutsche Welt*, n. 16, 1941, p. 71; Fellerer, "Holland in der europäischen Musik des 19. Jahrhundert", *Musik im Krieg*, n. 1, 1943, p. 49-50.

158 Fellerer, *Edvard Grieg*; memorando de Gerigk, 21 de fevereiro de 1942, BA NS 15/99.

159 As provas não publicadas existem entre os documentos de Moser. Uma descrição detalhada de seus conteúdos e de sua gênese está em Potter, "Musicology under Hitler", op. cit.

Iugoslávia, França, Tchecoslováquia e Itália. O último é um ensaio incompleto de Hans Engel que contém muito do material de seu livro de 1944, *Alemanha e Itália em Suas Relações Histórico-Musicais* (*Deutschland und Italien in ihren musikgeschichtlichen Beziehungen*)[160]. Com exceção do ensaio sobre a Itália, todas as contribuições ou tratavam as populações vizinhas como essencialmente alemãs (Flandres, Holanda e Dinamarca) ou propunham que os vizinhos que reivindicavam ter cultivado uma cultura musical nativa via de regra não possuíam mais do que uma imitação barata da música alemã (Hungria, Tchecoslováquia e França).

Essa coleção elevou a novos patamares o gênero da justificação musicológica da política exterior e do expansionismo militar. Em primeiro lugar, preenchia muitos vazios geográficos na literatura, com o ensaio de Reinhold Zimmermann sobre a França, o ensaio de Fellerer sobre a Bélgica e a Holanda, o ensaio de Bernhard Engelke sobre a Dinamarca, um sobre a Hungria e outro sobre a Iugoslávia. A introdução de Moser trazia algumas discussões mais breves, embora substanciais, sobre Espanha, Portugal e Países Bálticos. Essa obra afirmava a influência musical da Alemanha na Europa de um modo muito mais amplo que a literatura anterior.

Em segundo lugar, a coleção é peculiar dado que todos os ensaios, com exceção da cuidadosa discussão de Engel sobre a Itália, marcam a superioridade musical da Alemanha em termos muito mais enérgicos que os anteriores, e fazem bem mais referências às supostas melhorias na vida musical a partir da ocupação alemã, implicitamente olhando à frente para a institucionalização da vida musical alemã nos territórios ocupados. Fellerer endossou ardentemente a então recente ocupação alemã da Holanda, referindo-se eufemisticamente ao aumento na "recepção" da música alemã desde 1940, o que sedimentava ainda mais a "unidade cultural germânica"[161]. De modo semelhante, um ensaio anônimo a respeito da Iugoslávia observava uma "forte proliferação da atividade de concertos alemães"

---

[160] Engel, *Deutschland und Italien*; idem, "Deutsche und italienische Musik im Austausch", em Moser (org.), *Die Deutsche Musik und ihre Nachbarn*, p. 85.

[161] Cf. Fellerer, "Holland und Deutschland in der Musikgeschichte", em Moser (org.), *Die Deutsche Musik und ihre Nachbarn*, p. 85.

desde a ocupação pelas tropas alemãs, em 1941, que vinha "conquistando muitos gratos amigos para a música alemã"[162]. O ataque impiedoso de Zimmermann à "assim-chamada" cultura musical francesa terminava com um comentário pernicioso e eufemístico sobre o destino dos judeus franceses, descrevendo como a ocupação alemã da França, em 1940, "conteve agressivamente" a disseminação do "espírito musical judeu", abrindo caminho para o cultivo próspero da música alemã[163].

Os esforços concentrados para definir a germanidade produziram uma vasta quantidade de material e um detalhado e abrangente conhecimento da história da música da Alemanha, mas não contribuiu para uma compreensão mais clara do que fazia alemã a música alemã. Ainda em 1924, o musicólogo Gustav Becking havia advertido que toda abordagem de cunho nacional da música era problemática, sugerindo uma aproximação à história da música europeia como um todo. No entanto, ao apontar as insuficiências de uma abordagem nacional, também reconhecia que o desejo de determinar as características nacionais era mais proeminente na Alemanha que no resto da Europa. Becking atribuía isso à situação globalmente precária do país, em que os alemães, experimentando o choque de "não serem compreendidos nem compreenderem", haviam se determinado a elucidar seu próprio tipo nacional "opaco e cifrado", como também a escrever a história como se fosse uma realização da vontade nacional[164].

A necessidade de restaurar o orgulho nacional recrudesceu após a Primeira Guerra, mas o desejo de encontrar um denominador comum para a população em permanente expansão e multifacetada designada como "alemã" era uma preocupação dos pensadores muito antes da unificação alemã em 1871, e apenas aumentou durante a Segunda Guerra, projetando-se para além das fronteiras do Reich até a Áustria, a Tchecoslováquia, a

---

162 Cf. "Die Deutsche Tonkunst in Südslawien", em Moser (org.), *Die Deutsche Musik und ihre Nachbarn*, p. 167a.
163 "A ocupação da França pelas tropas alemãs em 1940 impediu implacavelmente uma nova proliferação do espírito musical judaico. Com isso, pôde-se instituir um cuidado maior com a música alemã." Zimmerman, "Deutsche Musik im französischen Sprachbereich", em Moser (org.), *Die Deutsche Musik und ihre Nachbarn*, p. 239.
164 Becking, "Das Problem der nationalen Musikgeschichte", op. cit.

Polônia, a Hungria e mesmo a França. Em 1878, Wagner jogara a toalha, ao admitir: "tenho me debatido com essa questão de modo cada vez mais confuso [...] é impossível respondê-la"[165]. Ninguém antes ou depois de Wagner teve sucesso em determinar "o que é alemão" na música alemã, talvez porque a questão real que tanto ocupou críticos de música e musicólogos transcendia o problema estilístico e deparava-se com as dificuldades históricas, profundamente enraizadas, de definir a nação alemã. Como ponto de intersecção da Europa, a Alemanha havia recebido influências estrangeiras vindas de todas as direções. As convulsões políticas iniciadas com a Guerra dos Trinta Anos unificaram e fragmentaram sucessivamente a pluralidade de unidades autogovernadas, enquanto os governantes germanófonos criaram um ambiente musical extremamente rico. Depois de um tempo, a força alemã para cultivar e difundir a música e as ideias sobre música pode ter se desenvolvido até o ponto em que, para os falantes da língua alemã, o prodígio musical tornou-se uma das poucas coisas partilhadas por todos, soubessem eles disso ou não.

Por fim, a ideia de "força musical" ajudou a definir o obscuro conceito de germanidade melhor que qualquer outra coisa, calando fundo na alma da nação alemã, que cuidaria de assegurar essa força ciosamente. A mais leve presença de ideias musicais novas advindas do estrangeiro, outrora avidamente integradas à criação dos músicos alemães, passou a ser considera uma ameaça à supremacia musical alemã, por isso, uma ameaça àquela substância tangível que dava coesão à colcha de retalhos que era o país. Isso pode ajudar a explicar por que, durante dois séculos, a questão da germanidade foi assombrada pela ideia de um declínio musical alemão e de um controle estrangeiro, e então elaborada com uma advertência para que os compositores alemães dispusessem seus talentos para os melhores fins. Nuanças de paranoia, comportamento defensivo, avisos aos compositores alemães sobre a morte iminente da música alemã ressoaram fortemente nas palavras de Moser e Raabe e também nas de Scheibe, Mattheson, Schumann e Wagner.

---

165 "Was ist Deutsch? Ich geriet vor dieser Frage in immer grössere Verwirrung." Também citado em Gerigk, "Von der Einheit der deutschen Musik", p. 629.

A imensa responsabilidade de descrever o caráter alemão pela descrição da música alemã também pode explicar por que tantos comentadores evitaram apontar traços musicais específicos como caracteristicamente alemães. Quando se tratava de definir a germanidade musical, poucos podiam aventurar-se para além de uma vaga aproximação. A ênfase nos estudos regionais, estimulada pela comunidade musicológica por motivos de praticidade e por sua contribuição à compreensão da germanidade, na verdade não passava de uma fuga da questão da germanidade, trazendo à tona as discrepâncias regionais que envolviam todo o país e evitando a definição do pangermanismo. A música folclórica, entendida como uma manifestação pura das inclinações musicais naturais da cultura, foi um alvo das atenções em virtude de sua potencialidade em revelar traços musicais alemães precisos. Tal era o caso da nova e moderna abordagem racial, da renovação das biografias e da produção de outros gêneros e estudos periódicos. No entanto, nenhum deles conseguiu isolar os denominadores comuns da germanidade musical ao longo das eras. Enquanto os ganhos militares foram crescendo durante a Segunda Guerra, a busca dos musicólogos por evidências da presença alemã na música dos países ocupados diluiu o conceito de música alemã para abraçar toda a música europeia.

Não resta muita dúvida de que, para o musicólogo, contribuir com a propaganda do período de guerra significava criar oportunidades de trabalho nas agências do governo e do Partido. Muitos deles, ao darem respaldo teórico à política da germanização em seus escritos, viriam a atuar como consultores especializados. Entre aqueles que deram contribuições generosas à literatura do Lebensraum, Schünemann, Frotscher e Moser receberam a incumbência de excursionar como conferencistas pela Holanda, Suíça e Polônia; Müller-Blattau, Moser e Engel foram beneficiados com verba para suas publicações pela SS, pelo Ministério da Propaganda e pela Juventude Hitlerista. O Bureau Rosenberg listou Gerber, Danckert e Blessinger como consultores ideológicos, e incluiu Gerber, Dancker e Fellerer em seus planos para a Hohe Schule, além de comissionar Gerber, Fellerer e Schünemann para trabalhos no Sonderstab Musik. A notória contribuição da musicologia à discussão das questões relativas à germanidade musical e à propaganda de guerra não apenas racionalizou suas atividades acadêmicas, como também abriu oportunidades de trabalho fora da universidade, respaldando a sobrevivência da disciplina nas turbulências econômicas, políticas e ideológicas que assolaram o Entreguerras.

Mas seria muito fácil desqualificar esse fenômeno como mero oportunismo, especialmente depois de examinar longa história de busca da germanidade musical que precedeu o Terceiro Reich. Os musicólogos realmente acreditavam que o seu objeto de pesquisa – a música alemã – era um dos bens mais valiosos do povo alemão, e essa convicção só podia ter soado agradavelmente nos ouvido das autoridades nazistas. Um dos principais objetivos do Estado nazista era a restauração do orgulho nacional depois da derrota na Primeira Guerra Mundial. Uma reabilitação da autoimagem alemã que não chamasse a atenção para a longa história dos feitos musicais da Alemanha era, portanto, simplesmente impensável, e essa era uma tarefa sob medida para os musicólogos.

8. A Desnazificação e o Legado Musicológico Alemão

O programa de desnazificação conduzido pelos aliados ao final da Segunda Guerra buscou remover todos os vestígios de nazismo da sociedade alemã. Frente a tal circunstância, os musicólogos sentiram-se impelidos a minimizar todos os avanços feitos graças ao regime nazista, ao mesmo tempo que esperavam assegurar a continuação dos empreendimentos musicológicos engendrados pelo apoio nazista. A desnazificação individualizada dos musicólogos – demissão, julgamento e readmissão – foi extremamente inconsistente e dependeu menos do passado político dos indivíduos em questão e mais das interpretações que norte-americanos, britânicos, franceses e soviéticos, cada um a seu modo, deram ao processo desnazificante, dos períodos de cada julgamento, do apoio de colegas e das vigentes demandas pelos talentos especiais da pessoa.

Além da desnazificação de indivíduos pelas forças aliadas de ocupação, a comunidade musicológica alemã tentou mostrar que havia realizado a desnazificação intelectual da disciplina. Isso consistiu, primordialmente, na punição de alguns poucos indivíduos, com parcos efeitos sobre as diretrizes da pesquisa e premissas de base da musicologia alemã. Muitas das tendências intelectuais predominantes na era nazista tinham uma longa história e suas raízes já haviam sido firmadas em tradições musicológicas de outras partes do mundo, de sorte que sobreviveriam.

A SITUAÇÃO DA PESQUISA MUSICAL ACADÊMICA EM 1945

Não há dúvidas de que a musicologia floresce durante o regime nazista. Em 1944, no auge da guerra, a Alemanha podia ostentar uma quantidade de departamentos de musicologia maior do que qualquer outro país, um fluxo ininterrupto de publicações sob a forma de Denkmäler e Gesamtausgaben, além da contínua proliferação da música folclórica alemã[1]. Pode-se imaginar que os musicólogos, especialmente aqueles ativos na propaganda e na pilhagem de guerra, tornaram-se crescentemente obcecados pela fantasia de estabelecer a música alemã como a música da Europa, uma missão que brotou da exacerbação do germanocentrismo longamente arraigado nas academias alemãs. Mesmo depois da reviravolta de Stalingrado, Goebbels usou de todos os recursos disponíveis para manter o otimismo, oferecendo promessas vazias de vitória, promovendo programas de auxílio e, de forma bem-sucedida, impedindo potenciais revoltas pacifistas[2]. Todavia, em que pesem as esperanças musicológicas, a primazia musical alemã não se consumaria. O sonho de se tornar um czar musical nos territórios recém-adquiridos foi varrido com a perda do programa de um Reich expandido, e aqueles empenhados em criar uma imagem da nação alemã unificada através de sua música, acabariam tendo de lidar com uma Alemanha dividida em duas culturas distintas e frequentemente conflitantes.

Assim como em 1918, o final da guerra levou os musicólogos a contabilizarem os danos em 1945. Era fácil lamentar as perdas materiais de bibliotecas, arquivos e editoras[3]. Um

---

1 Extraído de "Nachtausgabe", 22 jan. 1944, enviado por Hans Albrecht para REM em 27 jan. 1944, BAR 21/11058.
2 Craig, *Germany, 1866-1945*, p. 758-762; Herzstein, *The War That Hitler Won*, p. 391-400; e Weinberg, *A World at Arms*, p. 782-783.
3 Ver Blume, "Bilanz der Musikforschung", *Die Musikforschung*, n. 1, 1948, p. 9-10; e Engel, "Die Entwicklung der Musikwissenschaft", 1900-1950, *ZfM*, n. 111, 1950, p. 21.

pouco mais difícil era avaliar os efeitos dos anos nazistas sobre o padrão da produção acadêmica. Os anos de 1930 assistiram a uma enxurrada de críticas à perda de qualidade dos estudos teóricos, mas estas tinham mais a ver com um conflito geracional: os mais velhos desaprovavam às atividades dos mais novos, as gerações jovens criticavam os métodos de seus predecessores e os conservadores normalmente estremeciam ante qualquer novidade. Em 1931, Kroyer expressou sua frustração com a tendência acadêmica moderna à hiperespecialização; em 1933, Hans Engel lamentou a estranha situação dos acadêmicos de sua faixa etária, comprimida entre as gerações mais velhas e as mais novas, com qualificações questionáveis e ocupando a maior parte das posições acadêmicas; e Hans Spanke e Otto Ursprung desaprovaram o ressurgimento da *Geisteswissenschaft* no decorrer dos anos de 1930[4]. No final da guerra, no entanto, alguns poucos observadores conscientes podiam ver o quão profundo havia sido o efeito da política nos estudos acadêmicos e na educação, não apenas durante os anos nazistas, mas desde o final da guerra anterior. Adam Gottron notou um sério declínio nos padrões educacionais durante o período nazista[5] e Besseler atribuiu os problemas da Alemanha à politização e à perda de autonomia da educação superior, um processo que vinha se configurando desde 1919 e atingiu o ápice fatal no Terceiro Reich[6].

A crescente politização da musicologia não podia ser negada. No encontro de Barcelona de 1936, os representantes alemães, pela primeira vez, revelaram publicamente sua firme lealdade ao Estado nacional-socialista e começaram a se alienar do resto da comunidade acadêmica. Depois da guerra, os

---

4   Kroyer para Decano (Colônia), 27 maio 1931, UAK; Engel para Sandberger, 20 set. 1933, *Sandberger Papers* (BSB); Spanke para Ursprung, 28 set. 1936; e Ursprung para Förster (recomendações para uma vaga musicológica em Fribourg, Suíça), 6 maio 1939, *Ursprung Papers*. Spanke se queixou do fato de que, enquanto os estudos teóricos alemães se banalizavam através de uma "prosa ficcional" difundida pela *Geisteswissenschaft*, pesquisadores estrangeiros faziam grandes progressos com base nas antigas tradições alemãs. Ursprung, por sua vez, aprovava somente aqueles jovens estudantes que, em sua opinião, vinham da "boa e velha escola intelectual" e se furtavam à "estetização superficial e ao total historicismo" que prevaleceram depois da Primeira Grande Guerra.
5   Gottron para Ursprung, 15 jan.1946, *Ursprung Papers*.
6   Military Government Fragebogen, 25 jul. 1945, UAH PA Besseler.

musicólogos fizeram-se conscientes dos efeitos de seu isolamento e do quanto haviam se tornado dependentes de suportes partidários e estatais.

A desnazificação estabeleceu uma agenda que visava eliminar qualquer vestígio de nacional-socialismo. Assim, o musicólogo que esperasse continuar seu trabalho tinha de minimizar o papel da política nas conquistas musicológicas das décadas passadas. Num ambiente em que todos se diziam apolíticos, era preciso apresentar os ganhos passados da musicologia como desenvolvimentos puramente imanentes, como resultados unicamente de iniciativas acadêmicas, e assim livrar-se do engajamento político de musicólogos proeminentes. Ao atenuar sua cumplicidade com o nazismo, os musicólogos podiam pavimentar o caminho para o restabelecimento das instituições desmanteladas do Terceiro Reich e para a reabilitação daqueles que haviam sido temporariamente suspensos por suas filiações nazistas.

Friedrich Blume, como presidente da sociedade acadêmica recém-formada, a Gesellschaft für Musikforschung, abriu a primeira edição de sua revista, *Die Musikforschung*, em 1948, com uma avaliação do estado atual da disciplina. Examinando os desenvolvimentos do passado recente, Blume teve o cuidado de dar a impressão de que eles não tinham sido necessariamente forçados pelas circunstâncias políticas. Esboçou o isolamento dos acadêmicos alemães em relação à comunidade internacional em 1914 (em vez de 1936); reconheceu que a musicologia passou a se concentrar nos temas alemães e a dar apoio ao movimento amador; e louvou os avanços, de 1914 em diante, nos domínios da pesquisa histórica, das edições para intérpretes e dos catálogos de fontes, tudo exclusivamente focado na música alemã. Blume observou os ganhos organizacionais sem precedente durante os anos nazistas: o Instituto Estatal, seus periódicos *Archiv für Musikforschung* e *Deutsche Musikkultur*, sua divisão de música folclórica e, sobretudo, a consolidação de séries Denkmal independentes na EdM. Porém, jamais mencionou o apoio do governo nazista a tais empreendimentos. Blume não defendeu nem criticou o isolamento da musicologia ou sua concentração nos temas alemães: havia apenas fatos. Qualquer crítica vinda do estrangeiro de que os alemães se concentraram muito sobre sua própria música, ignorava o fato de que as restrições vigentes nos anos de 1930 haviam impedido qualquer intercâmbio de publicações, exacerbando o isolamento alemão[7].

Líderes da comunidade musicológica alemã do pós-guerra não viam razões para denunciar os impulsos nacionalistas que floresceram nas décadas precedentes nem para ignorar as conquistas feitas sob o Estado nazista, mas tinham sempre o cuidado de silenciar sobre o fundamento político desses desenvolvimentos, na esperança de que as iniciativas da era nazista pudessem ser ressuscitadas. Em 1949, Schiedermair publicou um artigo num jornal de Colônia em que mencionava brevemente as consequências do isolamento, a perda de compositores e acadêmicos importantes para a emigração, e também o tremendo crescimento da musicologia norte-americana, mas enfatizava a necessidade de reconstruir o Instituto Central de Pesquisa Musicológica[8]. Em 1952, Blume submeteu uma proposta formal a vários setores administrativos da RFA e à instância central da Igreja, destacando as conquistas da musicologia durante os anos de 1920 e 1930 (sem fazer nenhuma menção ao regime de Hitler) e enfatizando as contribuições passadas da musicologia à sociedade e à economia alemãs pelo enriquecimento da educação musical e da indústria amadora. Blume pedia o restabelecimento do Instituto Estatal, um marco legal que regulamentasse a colaboração dos musicólogos com o rádio e a indústria fonográfica e garantisse a proteção de *copyright* para suas obras, uma regulamentação que impusesse o treinamento musicológico para uma série de profissões não acadêmicas, bolsas de pesquisa, e subsídios para reconstruir bibliotecas, arquivos, departamentos universitários e coleções de instrumentos devastados pela guerra[9].

Blume enfatizava a concentração exclusiva, nas décadas precedentes, das atividades musicológicas na universidade (desnecessário dizer que não mencionava os empreendimentos extracurriculares desenvolvidos sob a égide do Ministério da

---

7   Blume, "Bilanz der Musikforschung", op. cit., p. 3-8.
8   Schiedermair, "Die Gegenwartslage der deutschen Musikforschung", *Allgemeine Kölnische Rundschau*, 29 out. 1949, p. 154.
9   Blume, *Denkschrift*, p. 10-15, *Moser Papers*.

Propaganda, da ss e do Bureau Rosenberg). Ademais, insistia em dizer que todo acadêmico sério havia permanecido fiel às suas convicções morais durante o Terceiro Reich, embora não lhes fosse permitido expressá-las – o único que ousou erguer a voz – Kurt Huber – pagou com a própria vida[10]. Exceção ao martírio de Huber, Blume chama pouca atenção para outras vítimas da barbárie nazista, tornando-se algo evasivo sobre a perda de pessoal imposta pela emigração. Detraindo a perda de acadêmicos como Hornbostel, Sachs e Lachmann, Blume argumenta que o fortalecimento das pesquisas exclusivamente histórico-musicais compensou a debilitação dos campos sistemáticos decorrente da partida de acadêmicos alemães e de sua substituição por profissionais juniores subqualificados. Também expressa sua "perplexidade" com os rápidos ganhos da musicologia norte-americana na década passada. Sem mencionar as origens alemãs e austríacas ou as circunstâncias da emigração de musicólogos "norte-americanos", Blume acumula elogios às realizações de Apel, Einstein, Bukofzer, Sachs, Deutsch, David, Lowinsky, Geiringer e Schrade[11], mas omite completamente o fato de que essas pessoas foram obrigadas a emigrar por conta das atrocidades da histeria racista, as mesmas condições sob as quais ele prosperou.

Essa avaliação dos recentes avanços da musicologia alemã não era incorreta: a musicologia havia estabelecido uma parceria produtiva com a indústria amadora pelo menos desde 1918 e havia definido seu próprio caminho de concentração em temas nativos muito antes de Hitler, de forma que não havia nenhuma razão intrínseca para se criticar os acadêmicos alemães pelo fato de ampliarem o entendimento de sua própria cultura musical. No entanto, por motivos óbvios, não admitiram publicamente que os interesses intrínsecos da musicologia alimentaram os programas políticos que instilaram a ideia da superioridade alemã e justificaram a eliminação daqueles considerados inferiores. Também não reconheceram que, devido a objetivos comuns, o regime nazista disponibilizou recursos para a disciplina muito mais generosamente do que qualquer outra administração anterior. Blume foi pessoalmente

---

10 Blume, "Bilanz", op. cit., p. 6-9.
11 Ibidem, p. 3-4, 9-10, 14-16.

beneficiado por essa confluência de agendas, obtendo reconhecimento com seu discurso inaugural sobre música e raça no Reichsmusiktage e então ganhando a honra de contribuir com o *Festschrift* em homenagem aos 50 anos de Hitler, alcançando o posto de *Ordinarius* em 1938, e recebendo a incumbência, antes do fim da guerra, de supervisionar aquela que se tornaria uma das realizações do pós-guerra mais ambiciosas da musicologia – a obra de referência *Musik in Geschichte und Gegenwart*.

A tentativa, no pós-guerra, de despolitizar o papel da musicologia no Estado nazista, o silêncio sobre o destino das vítimas do nacional-socialismo e o incentivo pela continuidade do foco em temas alemães fizeram parte de uma complexa teia de sentimentos que prevaleceriam aos tempos da desnazificação, que foi o processo de maior alcance e duração do programa de reformas aliado para redesenhar a Alemanha. Para os aliados, tratava-se de punir os criminosos de guerra, extirpar os fautores menores e reeducar o restante. Porém, a divisão da população alemã em duas categorias simplistas – nazistas e não nazistas – de distintos graus, as inconsistências grosseiras nos julgamentos e os objetivos irreais de remover todos os nazistas de suas posições de poder, ao mesmo tempo que se precisava de sua competência profissional para a reconstrução da Alemanha, estavam destinados a produzir resultados estéreis. Era consenso que o programa fracassara miseravelmente. Ao invés de enfrentar o passado e suas atrocidades, a maior parte dos alemães submetidos à desnazificação incorreu em amnésia, autopiedade e rebeldia. Chegou-se mesmo a argumentar que as circunstâncias da desnazificação provocaram na população alemã um comportamento tão defensivo que as doutrinas fundamentais do nacional-socialismo (antissemitismo, anticomunismo e nacionalismo militarista) persistiram, pavimentando o caminho para o surgimento imediato de uma simpatia pelo nacional-socialismo nas décadas de 1950 e 1960[12].

---

12 Benz, "Postwar Society and National Socialism", *Tel Aviver Jahrbuch für deutsche Geslicht*e, n. 19, 1990, p. 1-12; ver também Kater, "Problems of Political Reeducation in West Germany, 1945-1960", *Simon Wiesenthal Center Annual*, n. 4, 1987, p. 101.

A MENTALIDADE DA DESNAZIFICAÇÃO

Em fevereiro de 1945, na cidade de Yalta, líderes norte-americanos, britânicos e russos formularam seus planos para punir os criminosos de guerra, dissolver o Partido, o sistema jurídico, organizações e instituições, e extirpar o militarismo e o nazismo da vida pública, cultural e econômica. O primeiro objetivo podia ser alcançado com relativa eficiência nos processos de Nuremberg e a dissolução do Partido e de outras estruturas podiam ser realizadas por meio de diretrizes do Governo Militar, mas a remoção do nazismo ou a "desnazificação" da sociedade alemã, revelar-se-ia muitíssimo mais difícil. Não era possível isolar o "nazismo" como um padrão de comportamento autônomo ou um conjunto de crenças sem se subestimar as forças na história alemã que haviam conduzido à vitória de Hitler e a complexa engrenagem social alemã entre 1933 e 1945.

A política da desnazificação foi objeto das mais diversas interpretações entre os aliados e os alemães encarregados de auxiliar no processo. Os aliados ocidentais, com os norte-americanos à frente, enfatizavam o expurgo das pessoas e a "reeducação" da população alemã, objetivando o estabelecimento da democracia e de uma economia capitalista, enquanto os soviéticos concebiam uma desnazificação do sistema em seu todo que pudesse lançar as bases para um Estado comunista. Após prisões em massa e a imediata liberação dos menos suspeitos, todos os alemães maiores de dezoito anos eram solicitados a preencher um questionário (*Fragebogen*) com mais de 130 questões para se determinar o grau de envolvimento com o Partido Nazista e com outras organizações e atividades. Alguns musicólogos, como Helmuth Osthoff, foram extremamente honestos no *Fragebogen*, listando todas as filiações e ações, mesmo as de relevância duvidosa, e providenciando informações adicionais sobre atividades que podiam ser politicamente comprometedoras[13]. Outros foram muito mais seletivos nas informações declaradas: Gotthold Frotscher, por exemplo, não deu indicações de seu envolvimento com a Liderança Jovem do Reich (ele

---

13 Osthoff, "Fragebogen", UAL Phil. Fak. B 2/22[46].

respondeu com um "não" a questão da filiação/posto na Juventude Hitlerista) e listou apenas seus livros e edições de música, mas nenhum de seus artigos e outras publicações[14]. O *Fragebogen* determinava um enquadramento inicial de cada indivíduo em uma das cinco categorias de culpabilidade: I. mais culpados (*Hauptschuldiger*); II. culpados (*Belastete*); III. menos culpados (*Minderbelastete*); IV. seguidores (*Mitläufer*); e v. absolvidos (*Entlastete*). As punições para as categorias de I a IV variavam de acordo com as zonas de ocupação. As ações incluíam detenção, trabalhos forçados, perda de emprego, perda de propriedade e multas. Os casos individuais eram então julgados, a maior parte por tribunais alemães subordinados à autoridade do Governo Militar[15].

Nos julgamentos, a maior parte dos testemunhos era impressionantemente similar. Os réus tendiam a negar a maior parte de suas ações nos doze anos precedentes e a exagerar os eventos que julgavam demonstrar sua resistência, perseguição ou comportamento apolítico. Robert Ericksen, ao examinar os documentos da desnazificação da Faculdade Teológica de Göttingen, identificou conceitos empregados pelos teólogos que se pareciam muito com aqueles usados pelos musicólogos. Os interrogados afirmavam, por exemplo, ter ministrado palestras anticomunistas para a Luftwaffe como uma tática para enfraquecer o regime, ter se envolvido com a Igreja nazista (Deutsche Christen) na tentativa de fazer oposição a Hitler por dentro, filiando-se à ss apenas para vestir o uniforme, e ter desafiado a ideologia nazista ao permanecer devoto e rezar diariamente. Ericksen analisou o fundo psicológico operante nesses testemunhos, notando como o pânico e o trauma da situação do pós-guerra fizeram surgir uma memória seletiva, distorcida e conflitante, finalmente internalizada como verdade[16]. Os musicólogos também usaram a estratégia de afirmar uma posição de resistência, trazendo depoimentos de clérigos e de judeus conhecidos, exagerando as afirmações da dimensão de vítimas e distorcendo os fatos.

14 Frotscher, "Fragebogen", BDC Frotscher.
15 Erdmann, *Das Ende des Reiches*, p. 112-122.
16 Ericksen, "Religion und Nationalsozialismus", *Kirchliche Zeigeschichte*, n. 7, 1994, p. 83-101.

A afirmação de resistência dos musicólogos em relação ao regime assumiu inúmeras formas imaginativas, a maior parte delas vaga e duvidosa. Heinrich Husmann, voluntário (*Hausgemeinschaftsleiter*) do Partido Nazista desde 1933, e membro desde 1937, foi apresentado como um "crítico e um oponente" secreto do nacional-socialismo[17]. Hermann Zenck, enquadrado na categoria III (menos culpado), foi energicamente defendido pelos funcionários da Universidade de Freiburg, a despeito de ter se filiado à SA, em 1933, "como todo jovem professor em Göttingen", e em seguida ter ingressado no Partido Nazista. A postura antinazista de Zenck, dizia-se, era do conhecimento de todos, mas a única ação que se conseguiu citar a seu favor foi o episódio em que defendeu a performance de um estudante da Paixão Segundo São Mateus, em 1943, "contra a resistência das autoridades do Partido"[18]. Hans Engel, buscando um posto acadêmico após a captura soviética de Königsberg (que logo se tornaria Kaliningrado), apresentou-se a si próprio, no final do ano de 1945, como um "ativo oponente do nacional-socialismo". Engel afirmou ter "trabalhado ativamente contra a propaganda nazista", filiando-se ao Partido em 1941 apenas em função de ameaças diretas, então, a conselho de seus superiores[19]. Quando Robert Lach, depois da guerra, perdeu sua pensão por ter se filiado ao Partido em 1933 – portanto, quando este ainda era ilegal na Áustria –, afirmou ter feito resistência ao regime nazista por não pagar a taxa de filiação até 1938 e se recusar a participar ativamente do movimento[20]. Afirmando ter desempenhado atividades antinazistas, Kreichgauer mencionava seu protesto contra a decisão do Ministério da Educação de dissolver a DGMW, da qual fora presidente[21].

Quase todos os que enfrentaram a desnazificação insistiam em que haviam ajudado judeus, meio-judeus, esposas de judeus e perseguidos políticos. Lach mencionou ter escrito cartas de recomendação para acadêmicos ingleses e norte-americanos

---

17 Husmann, "Lebenslauf", 12 jun. 1939; testemunho de Klinger (decano em Leipzig), 21 nov. 1946, UAL PA 5.
18 Avaliação redigida de Zenck; Decano para o Gouvernement Militaire de Fribourg, 27 maio 1946, UAF PA Zenck.
19 Engel para o Decano (Köln), 5 dez. 1945, UAK.
20 Lach para o Decano, 15 abr. 1946, UAW PA Lach.
21 Kreichgauer para o Decano, 23 jan. 1946, UAB PA Kreichgauer.

em nome de estudantes judeus emigrantes e defendido Leopold Nowak contra os ataques a seu catolicismo. Ingenuamente acrescentava: "Menciono ambas porque ouvi de muitos lados que apenas boas ações em favor de judeus ou católicos podem ser alegadas para reverter a classificação [da desnazificação]"[22]. Laços de amizade com Kurt Huber tornaram-se uma prova potencial de inclinações antinazistas, tendo sido explorados pelos colegas musicólogos de Huber como também pelo compositor Carl Orff[23]. Huber passou a simbolizar a integridade moral da musicologia e alguns de seus antigos colegas tentaram capitalizar sobre o seu martírio. Otto Ursprung, após a guerra, aproveitou a oportunidade para publicar alguns escritos de Huber, enredando-se, porém, numa batalha judicial com a viúva do musicólogo acerca de direitos editoriais[24]. Besseler também tentou usar sua relação com Huber para limpar seu nome durante seu processo de desnazificação, e pediu a Ursprung, baseado em sua amizade pessoal com Huber, para testemunhar a seu favor. Besseler afirmou que Hubber havia experimentado suas "lutas partilhadas", no Instituto Estatal de Berlim, e certamente um testemunho do próprio Huber após a guerra teria muito peso, tivesse ele sobrevivido[25]. Besseler, de fato, deu assistência aos estudantes judeus Edward Lowinsky e Ernst Hermann Meyer após 1933, mas por alguma razão não procurou colher seus depoimentos durante sua desnazificação.

Bem mais frequentes eram aqueles que diziam ter sido vítimas durante o Terceiro Reich. Nesses casos, a tendência era inflar qualquer conflito interpessoal, restrição orçamentária ou ação considerada injusta, transformando-os num incidente de perseguição política. Engel afirmou que foi afastado de seu posto de diretor da seção local da Associação dos Compositores e Professores de Música Alemães do Reich por ter sido considerado um "bolchevista cultural"[26]; e Schiedermair atribuiu o fato de não ter sido decano, em 1933, à sua resistência

---

22 Lach para o Decano, 15 abr. 1946, UAW PA Lach.
23 Kater, "Carl Orff im Dritten Reich", *Vierteljahrshefte für Zeitgeschichte*, n. 43, 1945, p. 26s.
24 Ursprung Papers.
25 Besseler para Ursprung, 1 dez. 1946, Ursprung Papers.
26 "Lebenslauf", jul. 1945, UAM FA Engel.

ao nazismo[27]. Esse tipo de afirmação geralmente traía uma memória seletiva ou a omissão de fatos. Lach se considerava uma vítima do nacional-socialismo por ter sido preterido para o decanato, em 1938-1939 (quando se aposentou); ele se aposentou assim que fez sessenta e cinco anos (embora a faculdade, na verdade, tenha escolhido retardar seu afastamento a fim de maximizar sua pensão, um gesto que visava recompensá-lo por sua filiação precoce ao Partido); recebeu poucos convites para dar conferências públicas após a ascensão do nazismo; e perdeu seu camarote na sala de concerto de Viena. Tudo isso considerava como "danos" provocados pelo regime nazista[28].

Suprimir fatos para engrandecer a cena da perseguição política beneficiou principalmente Besseler. Sua absolvição apoiou-se na alegação de ter sido vítima: por várias vezes, sua promoção a *Ordinarius* foi recusada. De fato, dada sua importância como acadêmico, o suporte firme da universidade e sua lealdade política notória aos olhos dos oficiais nazistas, é difícil entender os motivos pelos quais não foi promovido. Suas afirmações pós-guerra, porém, omitiram detalhes importantes. A primeira tentativa de Besseler em ser promovido se deu em 1932, apenas quatro anos após sua nomeação em Heidelberg, e o ministério respondeu, em abril de 1933, que seu pedido "ainda não podia ser atendido"[29], provavelmente por conta de sua pouca idade (estava com 32 anos). Imediatamente após a absolvição de Besseler pelo tribunal do Partido Nazista, quanto às acusações de Gerigk, a campanha por sua promoção foi retomada e no final de 1937 ele contava com o apoio do decano, da Liga dos Professores Nazistas e do próprio Ministério da Educação[30]. A solicitação seria recusada novamente, dessa vez em função de um decreto da Chancelaria do Reich proibindo qualquer promoção diretamente do *persönlicher Extraordinarius* ao *persönlicher Ordinarius*[31]. O decano submeteu uma vez mais a proposta, novamente com o apoio da Liga dos Professores Nazistas,

---

27 Fragebogen, assinado em 23 maio 1946, UABonn PA Schiedermair (Rektorat).
28 Lach para o Decano, 15 abr. 1946, UAW PA Lach.
29 Decano para Reitor, 26 jun.1941, UAH PA Besseler.
30 Philosophische Fakultät para Reitor, 29 dez. 1937; carta de Dozentenbund, 27 dez. 1937, UAH PA Besseler; Weber (REM) para Frey, 9 set. 1937, BDC Besseler.
31 Ministerium des Kultus und Unterrichts para Reitor, 15 jan. 1938, UAH PA Besseler.

em 1941, ora rejeitada porque a universidade não tinha fundos para criar o posto[32]. Em 1944, no entanto, Besseler recusou um posto de *Ordinarius* em Graz por conta da promessa feita pelo Ministério da Educação do Reich de que, embora nenhuma vaga de *Ordinarus* pudesse ser ocupada durante a guerra, a universidade faria tudo o que estivesse a seu alcance para lhe assegurar uma vaga[33]. O Ministério da Educação, de fato, tinha enfim aprovado sua promoção a *Ordinarius*, em outubro de 1944[34], presumidamente a ser efetivada depois da guerra. Os detalhes das primeiras tentativas de Besseler à promoção bem como a garantia final do Ministério da Educação nunca vieram à luz durante seu processo de desnazificação.

Moser encontrou muitos motivos para se apresentar como vítima e, de fato, sua carreira durante os anos nazistas não esteve propriamente livre de problemas, embora o caráter de suas publicações e as associações com pessoas de prestígio tenha lhe possibilitado uma ascensão. No entanto, Moser suprimiu fatos para dar a impressão de ter sofrido uma perseguição implacável durante o Terceiro Reich. Moser afirmou que seu afastamento, em 1933, em decorrência do Parágrafo 6, teve motivação política, uma vez que não contava com o favor dos nazistas, especialmente de Werner Weber, do Ministério da Educação. Quando tentou protestar contra sua aposentadoria forçada, em 1934, puniram-no com uma medida disciplinar baseada numa acusação de adultério de 1930, que tinha vindo à tona durante seu divórcio. Dois anos depois, sua pensão e seu título de professor lhe foram tirados, com a ameaça adicional de revogação de seu doutorado. Moser explicou que se filiou ao Partido Nazista em 1936 para fortalecer sua posição numa tentativa de protestar contra as medidas disciplinares do Ministério da Educação. Um membro da equipe de Rudolf Hess havia lhe informado que ele podia tentar desafiar as medidas somente se filiando ao Partido, mas isso, no final, mostrou-se inútil[35].

32 Carta da Dozentenbund, 25 jun. 1941; Ministerium des Kultus und Unterrichts para Reitor, 10 dez. 1941, UAH PA Besseler.
33 Besseler para Decano, 4 jul. 1944, UAH PA Besseler; Decano para Miederer (REM), 14 ago. 1944, BDC Besseler.
34 REM para Decano (Phil. Fak. Heidelberg), 9 out. 1944, BDC Besseler.
35 Moser, "Lebenslauf", UAL Phil. Fak. B 2/22[46].

Na verdade, alguns anos depois das medidas disciplinares, o Ministério da Educação mostrava-se amistoso com Moser, usando de todos os meios para tentar lhe assegurar uma situação de trabalho mais respeitável. De acordo com um relato de Moser de 1941, Martin Miederer (substituto de Weber) recebeu uma ordem da equipe de Hess para encontrar um novo posto acadêmico para Moser e prometeu conseguir um posto de *Ordinarius* em Viena. Porém, ao invés de esperar por Miederer para se recuperar, Moser aceitou o cargo – aparentemente prestigioso – de "Comissionário do *Führer*" no Ministério da Propaganda[36]. Miederer continuou a velar pelos interesses de Moser: em fevereiro de 1945, sob a recomendação da Chancelaria do Partido, sugeriu que Moser sucedesse Schünemann como diretor da divisão de música na Biblioteca Estatal Prussiana, mas a decisão foi adiada para o final da guerra[37].

A honestidade de Moser ao fornecer explicações sobre seu cargo no Reichsstelle, junto ao Ministério da Propaganda, também é questionável. Em sua defesa no pós-guerra, Moser alegou não ter alternativa a não ser aceitar o cargo no Reichsstelle, vendo nisso o único meio para sustentar duas famílias que cresciam. O cargo também lhe teria permitido dar assistência a muitos judeus, meio-judeus, maçons e poloneses, oferecendo-lhes comissões[38]. A despeito das dificuldades financeiras alegadas, em 1941, porém, expressou o desejo de abandonar o Reichsstelle por um posto acadêmico de menor remuneração. Seu desejo de ser cogitado para a cadeira de Schering, explicou, não era motivado por dificuldades financeiras, pelo contrário, pois a soma de sua renda no Ministério da Propaganda e de sua pensão acadêmica era maior do que o que ganharia no cargo universitário. A questão, antes, era de reputação, ou, em suas palavras, de "reabilitação pessoal"[39]. Em relação a seu trabalho no Reichsstelle, disse, em defesa própria, que conseguiu evitar a substituição dos poemas de Heine musicados por Schumann e postergar a publicação de adaptações de oratórios

---

36 Moser para Hartung, 11 abr. 1941, UAB PA Schering.
37 Partei-Kanzlei para Miederer, 13 fev. 1945, encaminhado por Miederer para Kummer, 20 fev. 1945; Kummer para Miederer, 15 mar. 1945, ZSTA REM Nr. 12307, Bl. 3.
38 Moser, "Lebenslauf", UAL Phil. Fak. B 2/22[46].
39 Moser para Hartung, 11 abr. 1941, UAB PA Schering.

de Haendel⁴⁰. Isso pode ser verdade, mas um orçamento submetido por Moser ao setor financeiro no Ministério da Propaganda, em 1943, requeria especificamente que 34 mil marcos fossem alocados para a adaptação de oratórios e *lieder*⁴¹. Se ele pretendia mesmo usar o dinheiro para tal propósito não há como determinar.

Moser tem razão em apontar que alguns de seus escritos trazem comentários positivos sobre Mendelssohn e Joseph Joachim, mas provavelmente exagerou o grau de represália então sofrido pelo Bureau Rosenberg, pela Liderança Jovem do Reich e pela KdF. Moser alegou que esses interesses partidários o incomodavam continuamente, a ponto de ter sido proibido de proferir palestras em Magdeburg porque o Partido o considerava politicamente inconfiável⁴². Sua afirmação de que fora incluído na lista negra da KdF pode ser verdadeira; o Bureau Rosenberg realmente tinha influência nos programas da Deutsches Volksbildungswerk, na KdF, mas não detinha o monopólio do financiamento de todas as turnês de conferências. O *status* negativo de Moser junto ao Bureau Rosenberg não o impediu de ministrar outras palestras, por exemplo, nos territórios ocupados. Seja como for, ser vítima do Bureau Rosenberg não era um privilégio seu, como já vimos quanto aos repetidos ataques de Gerigk aos membros da comunidade musicológica, e, no final das contas, tinha um efeito limitado. Muitos dos alvos de Gerigk, como Blume, Besseler, Schünemann e Sandberger, escaparam quase ilesos e prosperaram em suas carreiras durante o Terceiro Reich. Os vínculos de Moser com a equipe de Rudolf Hess (citado por ele como uma referência na disputa pela vaga de Schering), com a Ahnenerbe ss e seu emprego no Ministério da Propaganda, colocavam-no numa relação confortável com forças muito mais influentes que o Bureau Rosenberg.

Uma comparação dos testemunhos de Besseler e Moser nos processos de desnazificação mostra uma interessante contradição, que ilustra claramente a volatilidade das opiniões da desnazificação e as incertezas na determinação de quem era nazista.

40 Moser, "Lebenslauf", UAL Phil. Fak. B 2/22⁴⁶.
41 Moser para Abteilung H, 23 jun. 1943, BA R 55/240.
42 Moser, "Lebenslauf", UAL Phil. Fak. B 2/22⁴⁶.

Ao mencionarem os oficiais do Ministério da Educação com quem haviam lidado, cada um procurou destacar as credenciais nazistas daquele que não havia se disposto a cooperar. As experiências negativas de Moser com Werner Weber fizeram-no com que rotulasse Weber como um líder nacional-socialista, enquanto Besseler, em sua desnazificação, considerou Weber um aliado, preferindo descrevê-lo como um daqueles "velhos servidores públicos, que existiam antes do nacional-socialismo". Distintamente, Moser prosperou a partir de sua associação com o sucessor de Weber, Miederer, ao passo que Besseler, que não tinha uma relação tão próxima com ele, o designou em seu testemunho como "ss-Sturmführer Martin Miederer"[43].

AS DISCREPÂNCIAS DA DESNAZIFICAÇÃO ENTRE AS ZONAS DE OCUPAÇÃO

Local e *timing* eram fatores cruciais para o desfecho das investigações no pós-guerra. A desnazificação na zona britânica era conhecida como a mais leniente. As estatísticas mostram que aproximadamente 10% de todos os casos julgados na zona britânica foram enquadrados na categoria IV (seguidores) e quase 60% na categoria V (absolvido). Nas zonas norte-americanas e francesas, em contraste, mais ou menos 50% acabaram na categoria IV, e não mais de 2% na categoria V[44]. A desnazificação das universidades da zona britânica parece ter transcorrido com tranquilidade e sem problemas[45]. Os britânicos foram criticados por estarem fora da cena, permitindo que as universidades levassem a cabo sua própria desnazificação, em razão do que pouquíssimos docentes foram afastados. As faculdades alemãs simplesmente se reuniam com os supervisores britânicos, admitiam a inconsistência científica dos princípios nazistas e eram automaticamente absolvidos[46]. A suavidade e facilidade desses processos na zona britânica talvez ajudem a explicar o sucesso, no pós-guerra, de Blume (Kiel), Fellerer (Colônia) e

---

43 Lebensbeschereibung, 26 jul. 1945, UAH PA Besseler.
44 Berghahn, *Modern Germany*, tabela 47, p. 307.
45 Tent, *Mission on the Rhine*, p. 67-68.
46 Bower, *Blind Eye to Murder*, p. 183-186.

Boetticher (Göttingen). Blume permaneceu como *Ordinarius*, e imediatamente assumiu a liderança na reorganização do campo musicológico ao criar a Gesellschaft für Musikforschung; Fellerer seguiu como *Ordinarius*, em Colônia, até sua morte, tendo sido presidente da Gesellschaft für Musikforschung e reitor em Colônia; Boetticher se tornou *Privatdozent* em Göttingen, em 1948, e *Ordinarius*, em 1956.

A desnazificação na zona francesa também foi considerada extremamente frouxa, possivelmente por conta da longa história de desconfiança por parte dos franceses em relação aos alemães, o que teria resultado numa atitude cínica diante do processo. Diferentemente dos britânicos e norte-americanos, os franceses não aderiram às estritas classificações de culpado e inocente, preferindo julgar cada caso a partir de seus próprios méritos. No entanto, a imensa papelada envolvida deixou claro que o caminho mais eficiente para lidar com a desnazificação era entregá-la aos alemães. Os franceses também priorizaram a celeridade dos processos, concedendo anistia, no final de 1947, a todos os "seguidores" e membros do Partido que não ocupavam nenhum cargo[47]. Mais preocupados em promover reformas educacionais, estavam interessados em reabrir as universidades o quanto antes, demitindo apenas os antigos funcionários universitários e a maioria dos porta-vozes nazistas da Faculdade de Freiburg[48].

Dos três poderes do ocidente, os norte-americanos eram os mais empenhados no processo de desnazificação, o que provou ser especialmente difícil nas universidades. A disseminação de doenças forçou a reabertura imediata das clínicas universitárias, o que deu o impulso para que todos os demais departamentos universitários retomassem suas operações. Embora os oficiais norte-americanos tivessem preferido participar mais ativamente na desnazificação da universidade, a urgência e a falta de pessoal em seu Setor para Assuntos de Educação e Religião compeliu-os a transferir muito de sua responsabilidade aos comitês alemães, que eram compostos por indivíduos reputados como não nazistas ou conhecidos por terem sofrido sob o jugo nazista. Pouco tempo depois, os norte-americanos

47 Willis, *The French in Germany*, p. 147-163.
48 Grohnert, op. cit., p. 136-143.

transferiram ainda mais responsabilidade pela desnazificação a tribunais constituídos por alemães (*Spruchkammern*)[49].

A desnazificação foi tudo menos uniforme nas universidades sob a ocupação norte-americana. Em Heidelberg, o processo foi longo e árduo, por conta de sua rápida implementação e da alta concentração de membros do Partido na faculdade, o que quase provocou o seu fechamento, em fevereiro de 1946, posto o extenso expurgo inicial de seu pessoal[50]. Esse exame minucioso explica a grossa pasta sobre Heinrich Besseler no arquivo de Heidelberg. Defensor de primeira hora do Estado nazista, membro da SA desde 1934 e membro do Partido Nazista desde 1937[51], Besseler constituiu assim um caso claramente problemático. Destacou-se como um representante leal dos interesses nazistas nas questões musicológicas e como um servidor devoto do Ministério da Educação, dentro e fora da Alemanha. Além disso, foi um embaixador confiável, dando palestras para a Sociedade para o Desenvolvido da Vida Cultural da Suíça, em 1942, que tinha ligações com o movimento clandestino do nacional-socialismo[52]. Em vista da situação delicada que era lidar com um país neutro como a Suíça, apenas aqueles considerados politicamente leais tinham permissão para dar palestras ali. Por isso, Wilibald Gurlitt foi explicitamente desencorajado, em 1936, enquanto Frotscher, por sugestão do Partido Nazista, teve permissão para ir, em 1938 e 1939[53]. Frotscher descreveu essa organização como um "contrapeso" à "ativa e forte propaganda cultural francesa", estabelecida para fazer oposição "ao trabalho dos círculos de emigrantes"[54]. Besseler relatou ao ministro da educação do Reich que estava impressionado com a coragem dos grupos locais pró-alemães que o haviam recebido e parabenizou suas atividades políticas[55].

---

49 Tent, op. cit., p. 58-62, 88.
50 Ibidem, p. 65-66, 84.
51 Carta de SA Sturm 7/110, 21 jul. 1937; Besseler para Reitor, 17 jan. 1939 e 12 dez. 1942, UAH PA Besseler.
52 Julgamento, Spruchkammer Heidelberg, 25 mar. 1947, UAH PA Besseler.
53 Reitor da Universidade de Freiburg para o Ministério da Educação do Reich, 28 out. 1936, UAF Reg.Akten V 1/159; Frotscher para Decano (Berlim), 11 fev. 1938; NS-Dozentenführer para Reitor, 8 jun. 1938, UAB PA Frotscher.
54 Frotscher para Reitor, 18 mar. 1938, UAB PA Frotscher.
55 Besseler para REM, 27 jul. 1942, UAH PA Besseler.

Quase todos os detalhes relativos às atividades de Besseler, incluindo sua viagem à Suíça, vieram à tona no processo de desnazificação. Em sua defesa, Besseler explicou que ingressara na SA a fim de evitar mais ataques, decorrentes das dificuldades que havia enfrentado com estudantes nacional-socialistas, e disse haver tentado deixar a organização, mas que fora obrigado a ficar na reserva da SA durante a guerra. Besseler fez várias alegações de perseguição política, queixando-se, novamente, de ter perdido sua nomeação como chefe de comissão do Denkmäler, o que atribuiu à designação de Martin Miederer no Ministério da Educação. Fez menção também às perseguições de Gerigk, e disse não ter sido dispensado do serviço militar por conta de sua má relação com o Partido. A afirmação de que o governo nazista recusou por quatro vezes seu pleito a *Ordinarius* foi sua mais ardente alegação de que fora uma vítima. Insistiu que nunca trabalhara ativamente com o Partido, na universidade ou na comunidade. E acrescentou que nunca contribuiu com nenhum texto para a máquina de propaganda[56]. Essa última afirmação, é óbvio, não leva em conta o fato de que suas responsabilidades em Berlim o afastaram de suas pesquisas por cinco anos, assim como sua cessão temporária à Universidade de Freiburg e seu período no serviço militar.

Inicialmente julgado "culpado", em 1945, por conta de sua filiação ao Partido e seu posto na SA, o *status* de Besseler foi alterado para "menos culpado" pela Spruchkammer de Heidelberg, em março de 1947, com base em sua pouca atividade na SA e no desentendimento com os estudantes nazistas e o Bureau Rosenberg, o que foi associado à sua demissão do Instituto e aos repetidos fracassos quanto à sua promoção. A conclusão de seu julgamento foi que ele não nutria sentimentos nacional-socialistas profundos, embora aparentasse o contrário. No entanto, o júri desaprovou seus relatórios ao Ministério da Educação sobre as conferências no exterior e a viagem à Suíça, como também não aceitou sua tese de discriminação política em função do adiamento de sua dispensa do serviço militar, principalmente porque acreditava que ele havia tentado mandar seu assistente no seu lugar. Porém, dado que já havia sido

---

56 "Lebensbeschreibung", 26 jul. 1945; Besseler para Militär-Regierung Heidelberg, 18 dez. 1945, UAH PA Besseler.

suspenso de sua posição por um ano e meio, e devido ao "caráter apolítico de sua disciplina acadêmica", sua sentença foi limitada a uma multa de mil marcos[57]. Esse julgamento foi revisto, em 1948, pelo tribunal de apelação da província de Karlsruhe, que alterou seu *status* para "absolvido", em grande parte devido ao seu malogro em alcançar a nomeação de *Ordinarius* e por ter sido convocado para o serviço militar[58].

Apesar da absolvição, Besseler continuaria a enfrentar dificuldades na Universidade, embora muitos colegas importantes tenham atestado sua indispensabilidade para o futuro desenvolvimento da musicologia alemã[59]. Em 1948, a Universidade decidiu não recomendar sua reintegração pelo fato de Besseler ter marcado os livros de autores judeus na biblioteca e por sua alegada tentativa de enviar seu assistente para o serviço militar em seu lugar[60]. Foi a essa altura que Besseler se pôs a procurar emprego e iniciou negociações com universidades da zona soviética (Jena e Leipzig), onde a desnazificação havia sido concluída em março de 1948[61]. Ali, finalmente, conseguiria se firmar como um musicólogo importante da República Democrática Alemã.

As iniquidades entre as diferentes zonas – e mesmo dentro delas – tornaram-se ainda mais complicadas devido à pressa. O processo de desnazificação arrastou-se muito e as pressões para que terminasse aumentavam, especialmente depois que os soviéticos anunciaram o fim da desnazificação em sua zona. Os norte-americanos sentiram-se compelidos a acelerar o processo e absolveram quase todos, de sorte que aqueles julgados "culpados", em 1948, receberam sentenças mais leves que os julgados "seguidores" em 1946 e 1947[62]. Munique, também na zona norte-americana, serviu como um contraexemplo a Heidelberg; a desnazificação foi muito mais frouxa devido à

---

57 Spruchkammer Heidelberg, 25 mar. 1947, UAH PA Besseler.
58 Berufungskammer VII Karlsruhe, 12 mar. 1948, UAH PA Besseler.
59 Blume para Reitor, 23 maio 1947; Blume e Schmitz (Mainz) para Landespräsidium Karlsruhe, 6 ago. 1948; declaração juramentada assinada por Blume, Gerber, Wolf, Schmidt-Görg, Engel, Kahl, Mahrenholz, Stäblein, Reichert, Heinitz e Noack, 10 abr. 1947, UAH PA Besseler.
60 Besseler para Reitor, 5 jul. 1948, UAH PA Besseler.
61 Welsh, *Revolutionärer Wandel auf Befehl?*, p. 83.
62 Tent, op. cit., p.107.

escassez de tempo e pessoal. Como Munique sofrera extensos danos de guerra, a desnazificação foi protelada, resultando em julgamentos muito mais lenientes. A leniência na universidade foi tão longe que gerou um escândalo quando a imprensa norte-americana denunciou casos de corrupção e nepotismo, além da permanência de nazistas na faculdade[63]. Na musicologia, igualmente, alguns dos velhos nacional-socialistas mais engajados – aqueles que haviam merecido distinção, durante o Terceiro Reich, por terem se filiado ao Partido antes de 1933 – foram agraciados com clemências póstumas, de modo que suas famílias puderam receber pensão. O musicólogo Rudolf Ficker, decano da Philosophische Fakultät, foi tão misericordioso nos casos de Alfred Lorenz e Gustav Friedrich Schmidt, que os considerou "'seguidores', no máximo", a despeito de ambos terem sido filiados ao Partido[64].

Alguns poucos musicólogos mais velhos, julgados politicamente impenitentes, foram aposentados à força, provavelmente mais em virtude de sua relativa dispensabilidade para o futuro da disciplina ou por fatores políticos pessoais, não oficiais. Schiedermair foi julgado impróprio para retomar suas atividades docentes, em Bonn, devido às concessões feitas ao nacional-socialismo, especialmente nas retificações pró-Hitler e antissemitas da edição de 1940 de seu livro *Die Deutsche Oper*. Por se tratar de um homem de 69 anos, o mais fácil era aposentá-lo[65]. Ernst Bücken, classificado na categoria IV (seguidor), em Colônia, tentou reaver seu posto de professor. A Universidade, ao reexaminar sua pasta, observou seu aniversário de 65 anos que se avizinhava e também entendeu que durante sua longa campanha para se tornar *Ordinarius* havia usado todas as conexões possíveis: o Partido de Centro e a comunidade judaica, antes de 1933, e, após sua filiação ao NSDAP, em 1933, os potentados nazistas[66]. A Universidade recomendou a não reintegração de Bücken, que morreu poucos meses depois.

63 Ibidem, p. 65-66, 80-86.
64 Reitor para Decano, 9 set. 1947; Decano (Rudolf Von Ficker) para Reitor, 19 set. 1947, UAM PA Lorenz.
65 Recomendações da Universidade de Bonn, 25 jul. 1945 e 23 out. 1945, UA Bonn PA Schiedermair (Rektorat).
66 Universidade de Colônia para Kultusministerium des Landes Nordrhein-Westfalen, 4 fev. 1949, UAK.

Os soviéticos desposaram uma concepção completamente diferente da desnazificação, vendo-a não como um processo de reeducação, mas como expurgo dos nacional-socialistas[67]. Em vez de sopesar os graus de culpabilidade dentre os filiados ao Partido Nazista e a suas organizações, a meta dos soviéticos era expurgar todos os membros do Partido e preencher postos importantes com comunistas que haviam fugido ou foram prisioneiros dos nazistas[68]. As diferenças filosóficas entre o leste e o oeste criaram muita confusão, especialmente em Berlim, onde a desnazificação foi divida por quatro poderes. A Universidade de Berlim ficava no setor soviético da cidade, e, como os norte-americanos, os soviéticos permitiram que a Universidade fizesse sua autoavaliação. A Faculdade aderiu à agenda soviética, removendo todos os membros do Partido e mantendo apenas duzentos dos setecentos professores[69]. As diretrizes soviéticas, no entanto, permitiram a alguns nazistas contumazes escaparem impunemente com base no argumento técnico de nunca haverem ingressado no Partido Nazista. Assim, Walther Vetter, que havia censurado os teóricos da germanidade por ignorarem a Questão Judaica e louvado Rosenberg em sua apresentação em Düsseldorf, foi designado em Berlim, em 1946, para suceder Schering. Vetter, discretamente, misturou-se àqueles perseguidos pelos nazistas que passaram a ocupar cargos de poder na Alemanha Oriental. Por fim, associou-se a duas vítimas que haviam emigrado para a Inglaterra – por serem judeus e comunistas – quando da instauração do nazismo: Ernst Hermann Meyer, que ingressou na faculdade em 1948, e Georg Knepler, que retornou a Viena em 1946 e ingressou na faculdade de Berlim em 1959.

Werner Danckert foi um antigo membro do Partido que enfrentou dificuldades significativas para restabelecer sua carreira após ter sido removido da Faculdade de Berlim. Ciente de estar sendo julgado por comunistas, definiu sua filiação religiosa no questionário como "ateu" (*konfessionslos*)[70]. No entanto, o

---

67 Connor, "Denazification in Post-War Germany", *European History Quarterly*, n. 21, 1991, p. 398.
68 Berghahn, op. cit., p. 192-193.
69 Tent, op. cit., p. 66.
70 "Fragebogen", UAB PA Danckert.

decano da Philosophische Fakultät o apontou como amigo íntimo de Gerigk e protegido do Bureau Rosenberg, e referiu que seu trabalho sobre canções folclóricas europeias ("concluído muito rapidamente") era um estratagema para torná-lo diretor do Arquivo da Canção Folclórica Alemã[71]. Embora Vetter tenha apoiado ardorosamente a reintegração de Danckert, a Administração Alemã para a Educação Pública, no setor soviético, decidiu contra ele, alegando suas tendências políticas "duvidosas", contradições em sua atividade intelectual e a incapacidade em reconhecer a literatura não alemã[72]. Daí em diante, juntamente com Moser e Frotscher, Danckert se tornou conhecido nas crônicas da musicologia da Berlim Oriental como o porta-voz do pensamento fascista durante os anos nazistas[73].

Moser, que não foi investigado pelo comitê da Universidade, mas sim pela comissão de desnazificação da Câmara dos Artistas da Magistratura de Berlim (*Kammer der Kunstschaffenden*), enfrentou o problema de tentar enganar oficiais alemães, franceses, britânicos e soviéticos de uma só vez. No outono de 1945, Moser aceitou a vaga no conservatório de Berlim-Reinickendorf, no setor francês, mas foi demitido por sua filiação ao Partido Nazista. A *Commandatur* francesa permitiu que ele retornasse até a decisão da comissão de desnazificação, a quem dirigira um apelo em janeiro de 1946[74]. Em agosto de 1947, com o caso ainda sem resolução, recebeu uma oferta para se vincular tanto à Faculdade na Universidade de Jena como ao conservatório de Weimar, ambos na Turíngia, sob a ocupação soviética. O diretor do conservatório de Weimar lhe pediu que retirasse seu apelo de desnazificação em Berlim, explicando que ele não iria ter necessidade de limpar seu nome para trabalhar na Turíngia, mas que um veredito negativo causaria problemas. Moser não podia retirar seu apelo, recebendo um parecer negativo em Berlim com base em suas atividades no Reichsstelle e certas publicações. Moser tentou tratar diretamente com os oficiais soviéticos na Turíngia, na esperança

---

71 Decano para Reitor, 1 out. 1945, UAB PA Danckert.
72 Decisão da Deutsche Verwaltung für Volksbildung, 23 fev. 1948, UAB PA Danckert.
73 Brockhaus, "Konzeptionen zur Musikgeschichte", *Wissenschaftliche Zeitschrift der Humbold-Universität zu Berlin*, n. 29, 1980, p. 21.
74 Moser, "Lebenslauf", UAL Phil. Fak B 2/22[46] e *Moser Papers*.

de que desconsiderariam o julgamento de outros aliados, especialmente porque a comissão de Berlim não havia seguido os procedimentos das zonas ocidentais, decidindo "sim" ou "não" ao invés de aplicar os cinco graus de culpabilidade[75].

Moser obteve permissão provisória para retomar seus postos em Weimar, mas após dois meses foi suspenso, quando os oficiais soviéticos em Berlim-Karlshost (no setor soviético) e na Turíngia julgaram-no politicamente manchado[76]. Isso aconteceu apenas dois meses antes de os soviéticos declararem o fim da desnazificação. Nesse meio tempo, os editores da zona inglesa não conseguiram permissão para editar suas obras por sua filiação ao Partido e seu envolvimento com o Ministério da Propaganda[77]. Ao final de 1948, a vaga de Jena foi oferecida a Besseler[78]. Segundo a avaliação do próprio Moser, ele havia calculado mal o grau de soberania entre os diferentes setores e poderes de ocupação. Após a negativa de Berlim, escrevera à comissão que, ao partir para Weimar, entendia não estar mais sob a jurisdição da comissão de Berlim. Ouvira dizer, indiretamente, que isso havia irritado os oficiais ingleses, que, supostamente, teriam decidido lhe mostrar o quanto a influência inglesa poderia se estender sobre a zona russa. Isso aconteceu num momento em que os aliados estavam fazendo um esforço especial para trabalharem juntos no processo de desnazificação[79].

O FIM DA DESNAZIFICAÇÃO
E A RECONSTRUÇÃO DA MUSICOLOGIA ALEMÃ

Embora a desnazificação soviética pareça ter sido plena, o encerramento do processo, em março de 1948, não impediu que pessoas com histórico político questionável fossem

---

75 Moser para "Frau Ministerin" (Thuringia), 23 set. 1947; Moser para Blume, 25 jun. 1948, *Moser Papers*.

76 Moser para Blume, 25 jun. 1948, *Moser Papers*; Senff (Land Thüringen Ministerium für Volksbildung) para Ministerium für Volksbildung na Saxônia, 5 jan. 1948, UAL Phil. Fak. B 2/22[46].

77 Laux (Ministerium für Volksbildung, Saxonia) para Moser, 17 fev. 1948; Hoffman e Campe Verlag para Moser, 9 mar. 1948, *Moser Papers*.

78 Carta da Universidade de Jena, 18 dez. 1948, UAL PA 2926.

79 Moser para Blume, 25 jun. 1948, *Moser Papers*.

consideradas para o preenchimento de cargos nessa zona, sobretudo porque as universidades das regiões empobrecidas do leste tinham dificuldade para atrair acadêmicos. Pouco tempo após a criação da República Democrática Alemã (RDA), novas leis permitiam que ex-membros do Partido Nazista não classificados como criminosos de guerra fossem designados para o serviço público, especialmente se possuíssem as credenciais necessárias[80]. Embora a RDA nutrisse a ideia de que a desnazificação na zona soviética houvesse sido mais rigorosa do que a das zonas ocidentais, parece ter criado muitas brechas para negociações, especialmente após o término do processo.

No verão de 1948, Besseler, por não conseguir reassumir seu posto em Heidelberg, apelou às universidades da zona soviética. Como Danckert, Besseler se declarou "sem filiação religiosa" (*freireligiös*) no questionário. Descreveu sua saída do Instituto Estatal como "demissão política pelo NSDAP" por sua "resistência às ordens do NSDAP", o que também impedira sua promoção[81]. E o mais importante: chamou a atenção para os trabalhos que vinha desenvolvendo no presente e para a "ameaça da competição norte-americana" em virtude dos projetos empreendidos pelo Instituto de Musicologia Americana em Roma e da reprodução fotográfica e publicação norte-americana de seu *Musik des Mittelalters und der Renaissance* (parte da série *Handbuch der Musikwissenschaft*, publicada pela Athenaion nos anos de 1920 e 1930)[82]. Besseler foi designado para o posto de *Ordinarius*, em Jena, em janeiro de 1949, e nomeado chefe de departamento da divisão de filosofia (Fachrichtungsleiter für die Fachrichtung Philosophie), em 1951. A única preocupação expressa sobre sua história política foi que ele havia morado em Heidelberg até 1949, e poderia guardar vínculos fortes com o ocidente, mas o julgamento concluía: "sua postura em relação à República Democrática Alemã é de lealdade e se pode considerá-lo um acadêmico *stricto sensu*"[83]. Seu passado nazista foi completamente negligenciado.

---

80 Welsh, op. cit., p. 84-85.
81 Fragebogen, 15 abr. 1949, "Lebenslauf", 15 mar. 1950, UAL PA 2926.
82 "Lebenslauf", 26 ago. 1948, UAL PA 2926.
83 Julgamento de Herstenberger, Divisão Pessoal, UAL PA 2926.

Nesse meio tempo, a Faculdade de Leipzig estava desesperada para preencher a vaga aberta pela morte de Helmut Schultz e avaliou um grande número de candidatos. Walther Vetter fez uma grande campanha em favor de Besseler, destacando a importância histórica da cidade para a pesquisa e a publicação em música e a necessidade de se buscar a colaboração entre o Departamento de Musicologia da Universidade e as editoras de música. Vetter também advertia para a crescente ameaça dos Estados Unidos, não apenas pelos empreendimentos competitivos, mas também por sua "tentativa de reivindicar ilegalmente os frutos da musicologia alemã". Isso incluía a publicação norte-americana de reproduções fotográficas da Bach-Ausgabe, da terceira edição da Köchel-Verzeichnis, do segundo volume das *Publikationen älterer Musik*, do *Handbuch der Musikgeschichte*, de Adler, e dos diversos volumes do *Handbuch der Musikwissenschaft*, de Bücken, assim como os planos do Instituto Americano de publicar o *Corpus scriptorum de musica*, preparado por Wolf, antecipando-se assim à edição de Dufay, feita por Besseler. Vetter considerava Besseler o melhor candidato para repor o mercado editorial musicológico alemão, não apenas devido a sua reputação internacional como acadêmico, mas principalmente por sua experiência no Instituto Estatal no final dos anos de 1930, e por ter supervisionado vários projetos de publicação (Denkmäler, periódicos, bibliografias)[84]. Besseler foi para Leipzig em 1956, permanecendo ali até sua morte.

O argumento da competição estrangeira também foi empregado na República Federal para induzir investimentos em musicologia. Ao propor, em 1952, que o governo revitalizasse instituições e empreendimentos cancelados ao final da guerra, Blume lamentou que a Alemanha estivesse muito defasada em relação às realizações de outros países, incluindo a Áustria. Denunciou a "apropriação" de realizações alemãs no caso de reedição das Gesamtausgaben, a "encampação" de iniciativas alemãs pela American Haydn Society e pelo American Institut of Musicology e os contínuos avanços em projetos semelhantes, como as planejadas Gesamtausgaben de Schubert e Mozart[85].

---

84 Vetter para Decano (Leipizig), 12 ago. 1948, UAL Phil. Fak. B 2/22[46].
85 Blume, *Denkschrift*, p. 8-9, *Moser Papers*.

Ao longo da década de 1950, a musicologia alemã continuou a crescer posto o surgimento de novos departamentos, de modo que a necessidade de preencher vagas acarretou uma significativa leniência nas nomeações. Contudo, parece não ter havido tentativas de preencher essas vagas com vítimas do nacional-socialismo. Afora o retorno de comunistas exilados a Berlim Oriental e a readmissão de Wilibald Gurlitt, em Freiburg, nenhum dos proeminentes musicólogos expulsos da Alemanha voltaram a assumir as vagas acadêmicas abertas após a guerra. Ao revés, muitos dos que se destacaram no Terceiro Reich desempenharam um papel central no processo de desenvolvimento da musicologia alemã. Müller-Blattau, que se mudou para Estrasburgo, em 1941, quando a cidade ainda vivia sob ocupação alemã, foi designado para Saarbrücken, em 1952, ali tendo sido nomeado o primeiro *Ordinarius*, em 1958. Werner Korte, a despeito de seus escritos incendiários dos anos de 1930 e de ter sido julgado como "culpado"[86], tornou-se o primeiro *Ordinarius* em Münster, em 1946; e Hans Engels desfrutou da mesma honra em Marburg, em 1946.

Nos processos de reabilitação do pós-guerra havia muito mais em jogo do que o mero exame dos trabalhos prestados por alguém ao Estado nazista. De fato, muitos daqueles que se deram bem no regime nazista conheceram relativamente poucas dificuldades após 1945. Além das inconsistências regionais, *timing* e posse das habilidades requeridas, o apoio dos colegas pesou muitíssimo. Uma vez que boa parte da desnazificação foi deixada ao sabor de políticas e vínculos pessoais, as avaliações dos colegas tiveram um papel crucial tanto para os sucessos de Besseler quanto para as dificuldades de Moser. Apesar de Moser ter atribuído sua má sorte às débeis relações entre os aliados, não teve o apoio necessário de colegas estabelecidos. Moser pediu o apoio de Blume, em 1948, porque este estava bem posicionado numa universidade da zona inglesa, mas Blume hesitou em ajudá-lo, supostamente a conselho do escritório de controle da universidade inglesa[87]. Por fim, Moser garantiu um posto na Hochschule de Berlim, mas, visivelmente, enfrentou mais dificuldades que outros. Carecia não apenas de

---

86 Gurlitt para Phil. Fak. Leipzig, 26 abr. 1946, UAL Phil. Fak. B 2/22[46].
87 Blume para Moser, 19 jun. 1948; Moser para Blume, 25 jun. 1948, *Moser Papers*.

habilidade política, mas também do apoio dos colegas antes e depois de 1945. Do ponto de vista acadêmico, Moser era altamente produtivo, mas, considerado pouco sério por muitos, tinha atividades paralelas como cantor e romancista, e às vezes era pouco diplomático em suas relações profissionais. Sua reputação, numa palavra, era dispensável.

GESTOS DE DESNAZIFICAÇÃO NOS ESTUDOS MUSICOLÓGICOS

As doutrinas, trazidas pelos aliados, de desnazificação e reeducação levaram os musicólogos alemães a indagar sobre como poderiam desnazificar o ensino da musicologia para reeducar as novas gerações de acadêmicos. Isso poderia envolver o purgo da disciplina de suas implicações nacionalistas, dos métodos pseudocientíficos, de determinadas questões estéticas delicadas e, acima de tudo, de qualquer ideia racista. Mas como realizar tal tarefa? Como "desnazificar" uma disciplina? Por outro lado, em que medida a musicologia tinha sido "nazificada"? Como separar a ideologia nazista das velhas tendências intelectuais influenciadas pelo nacionalismo, pelo pensamento *völkisch*, pelas teorias raciais, pelo folclore, pelo darwinismo social, pelo idealismo alemão e pelo positivismo?

Alguns indivíduos reagiram de forma impulsiva, simplesmente destruindo tudo aquilo que anteriormente escreveram de questionável. Ludwig Schiedermair, por exemplo, reuniu numa pasta seus artigos e discursos não publicados que continham declarações antissemitas ou investigações genealógicas e deixou uma nota instruindo que fossem queimados[88]. Outros continuaram a fazer o que sempre fizeram, alheios às possíveis repercussões. Em 1956, por ocasião do bicentenário de nascimento de Mozart, Moser foi solicitado a mudar o título de sua palestra "Mozart, o Alemão" para "Mozart Entre as Grandes Nações Musicais" a fim de minimizar o caráter nacional de Mozart e Focar mais sobre as influências externas de suas composições[89].

---

88 *Schiedermair Papers*.
89 Ichthys Verlag para Moser, 1º mar. 1956, *Moser Papers*.

Aparentemente, sem compreender a mensagem implícita nessa solicitação, Moser, depois, publicou um amplo estudo sobre a música das "tribos" alemãs que havia iniciado vinte anos antes. Havia proposto o projeto – com o título provisório "A Música Alemã Segundo Suas Tribos e Regiões" ("Deutsche Musik nach Stammen und Landschaften") – ao conselho editorial da Anhenerbe ss, em 1940. Concebia o estudo como o resultado de outras pesquisas sobre classificações raciais e previa uma ampla repercussão entre os amantes da música e folcloristas e seu uso em escolas, seminários e nos encontros da Juventude Nazista e da Liga dos Professores Nazistas[90]. Plassmann e Sievers estavam bastante entusiasmados com o projeto, mas tiveram de rejeitá-lo em função da saída de Moser da Anhenerbe, e a Cotta Verlag o assumiu[91].

A obra completa chamada *A Música das Tribos Alemãs* (*Die Musik der deutschen Stämme*), de mais de mil páginas, apareceu em 1957. Nela, Moser, imprudentemente, refere-se aos judeus como uma "tribo" específica, embora agora reintegrada como uma das "tribos alemãs", mas com a diferença de não possuir parâmetros geográficos. Sua indiscrição o colocou no centro de uma comunidade musicológica que enviava sinais de desnazificação da pesquisa e das publicações. Moser foi denunciado publicamente pela área quando Blume e a diretoria da Gesellschaft für Musikforschung se recusaram a publicar uma resenha do livro em sua revista, por conta das referências de Moser sobre os judeus[92]. E porque o público da Sociedade distanciou-se da obra, o periódico *Musica* seguiu o exemplo, devolvendo uma resenha encomendada a Fritz Bose[93]. A opinião pública compeliu Moser a se retirar da comissão da Unesco, chefiada por Mersmann, o que também o impediu de contribuir para o *Festschrift* de Richard Münnich (o editor de Berlim Oriental, rejeitou o

---

90 Moser para Plassmann, 20 mar. 1940, BDC Moser (Arquivo Ahnenerbe).
91 Plassmann para Kaiser, 6 abr. 1940; Sievers para Plassmann, 13 maio 1940 e 20 maio 1940, BDC Moser (Arquivo Ahnenerbe); Moser para Hartung, 11 abr. 1941, UAB PA Schering.
92 "A direção da Gesellschaft für Musikforschung, em função de uma recensão do referido livro na revista *Die Musikforschung*, decidiu tomar distância do livro porque deseja, de todas as formas possíveis, se distanciar das observações sobre os judeus feitas nesse livro." "Besprechungen", *Die Musikforschung*, n. 10, 1957, p. 334; ver também a resposta de Moser, p. 463.
93 Moser para Hamel (editor de *Musica*), 18 jun. 1957, *Moser Papers*.

ensaio de Moser por seu livro e também pelo alegado sentimento de hostilidade em relação à RDA e aos poloneses)[94].

Se ele gostou ou não, o fato é que o incidente realçou a figura de Moser como exemplo de um nazista impenitente e, para aqueles que nutriam sentimentos antissemitas, de um herói ou, pelo menos, de um pai-confessor. Quando Alfred Orel ofendeu Eva Badura-Skoda com suas observações antissemitas[95], Badura-Skoda pediu a Moser para intervir a seu favor. Quando Moser interveio, Orel não usou de meias palavras e disse tudo o que pensava a Moser. A jovem mulher, afirmou Orel, não tinha condições de distinguir entre nazismo e antissemitismo, este último constituindo a segunda natureza para qualquer pessoa com seu *background* austríaco e militar. Seu pai, um médico militar, chegou até a conhecer judeus que se consideravam antissemitas: "nós, na velha Áustria, com sua infiltração galícia, estávamos cobertos de razões para assumirmos uma posição de defesa não agressiva. E acho que podemos nos compreender reciprocamente nesse sentido"[96]. Outra colega também se sentiu confortável para confessar seus sentimentos antissemitas a Moser, observando que os judeus haviam "tomado" a casa editorial Bärenreiter e o *Dicionário Grove* e referindo a "impressão desagradável" deixada pela "monografia judaica" de Eric Werner sobre Mendelssohn[97]. O furor em torno do livro de Moser inspirou o voto de confiança de ninguém menos do que o velho nêmesis de Moser, Herbert Gerigk, que assegurou a Moser que publicaria – com o pseudônimo de Herbert Albrecht – uma resenha muito positiva do livro em seu *Ruhr-Nachrichten*[98].

Identificar membros da comunidade cujas atividades políticas eram bem conhecidas e bani-los formalmente ao ostracismo revelou-se um meio fácil e eficiente de desnazificar a pesquisa alemã. O incidente com Moser pareceu deixar claro para a maior parte da comunidade acadêmica internacional que a musicologia alemã havia corrigido seu caminho. Ao insinuar que Moser persistia em seus métodos racistas, Blume

---

94 Moser para Mersmann, 2 maio 1958, *Moser Papers*.
95 Deutsche Verlag für Musik para Moser, 24 maio 1957, *Moser Papers*.
96 Cf. Orel para Moser, 21 set. 1958, *Moser Papers*.
97 [Geraldine de Courcy] para Moser, 24 ago. 1964, *Moser Papers*.
98 Gerigk para Moser, 11 jan. 1958, *Moser Papers*.

atraiu a atenção internacional para a obra do colega e o exibiu como o caso raro de um irremediável ideólogo do racismo e nacionalismo. Paul Henry Lang contribuiu com uma extensa crítica (que, notavelmente, não era uma resenha, mas um editorial) do livro de Moser para o *The Musical Quarterly*. Porém, Lang não se concentrou tanto na concepção sobre os judeus de Moser quanto na sua tentativa de germanizar todas as grandes figuras da música europeia. Aparentemente, Lang não sabia que esse caminho havia sido percorrido por muitos musicólogos renomados ao longo das últimas décadas, atingido seu ápice durante a guerra. Lang rotulou Moser como um renegado incorrigível e louvou os esforços de outros acadêmicos para descolorir o nacionalismo alemão e "explorar a qualidade e a natureza especificamente germânica de sua música, [...] para fins de *insight* e conhecimento e não de autoglorificação".[99]

A imprensa inglesa também apresentou uma avaliação ingenuamente edificante dos musicólogos alemães do pós-guerra. A *Music and Letters*, de 1947, parabeniza a Gesellschaft für Musikforschung por escolher Blume como seu presidente, discorrendo sobre sua suposta resistência ao nazismo:

Já em 1938, o Sr. Ernest Newman, num artigo sobre o estudo de Blume "Music [sic] und Rasse", chamou nossa atenção para "um dos musicólogos alemães vivos mais importantes ... Ele não cede diante de nenhum os mais costumeiros ditirambos sobre a música germânica e nórdica". Essa tentativa – ousada e nobre por parte de Blume – de substituir o absurdo racial do nazismo por uma análise científica sóbria dos fatos foi seguida pela palestra "Wesen und Werden deutscher Musik", realizada por ele em 1944 a pedido das altas autoridades como parte de uma série de palestras públicas sobre "Die Kunst des Reiches". Blume, ciente do apoio de seus amigos antinazistas, mas também das graves consequências que podiam lhe recair em virtude de sua aderência a princípios estritamente científicos, decidiu usar essa oportunidade para desferir um golpe na propaganda musical nazista oficial. É claro que ele não poderia, em 1944, numa palestra pública assistida por altos oficiais nazistas, expressar livremente seu pensamento. Tinha de camuflar o sentido verdadeiro de suas palavras com certo número de jargões da época.

A descrição do conteúdo da palestra não deixa claro, entanto, em que consistiu o "golpe na propaganda musical nazista oficial".

99 Lang, "Editorial", *Musical Quartely*, n. 43, 1957, p. 517.

Na palestra, Blume rejeitou a ideia de polifonia como um traço alemão, o que outros já haviam feito, mas insistiu na germanidade de Haydn, Bruckner e mesmo de Liszt, sintetizando a germanidade como "um forte poder de receptividade, uma tensão interna entre o racional e o irracional, e um empenho pela universalidade"[100], valendo-se, pois, de termos que recordam Wagner e seus seguidores.

Que Moser pudesse ser atacado por procurar a germanidade musical além das fronteiras da Alemanha, ao passo que Blume poderia ser louvado pela "resistência" em suas tentativas "científicas" de isolar as qualidades específicas e inerentes da germanidade musical, marca a futilidade de se tentar desnazificar os estudos musicológicos. Moser e Blume partilhavam do objetivo comum de definir a germanidade musical como uma característica nacional e tinham como premissa sua hegemonia universal.

Pressuposições acerca da superioridade musical alemã sobreviveram nos escritos de outros acadêmicos alemães também, embora expostas em tonalidades mais brandas. Apesar de Hans Engel observar que os estudos acadêmicos não deveriam insular-se na nacionalidade (ainda que a própria história cultural se ate de perto ao coração), insistia sobre a continuidade da publicação da EdM, pois:

Essa é uma tarefa honrosa. Nós alemães, em nosso estado de carência, temos um consolo e uma fonte de orgulho: trata-se da música dada a nós e ao resto do mundo pelos mestres de todos os tempos – passado e presente – mestres que emergiram de nosso *Volk* paradoxal, mas ricamente dotado. Pesquisar suas obras e encorajar seu cultivo é um dever que não beneficiará apenas a Alemanha![101]

De forma mais sutil, Blume reclamou a preservação dos mais nobres legados musicais e musicológicos da Alemanha, augurando que uma "musicologia alemã rejuvenescida conserve o velho espírito da tradição acadêmica alemã"[102]. Realizou uma campanha pela volta da EdM, despolitizando suas origens e louvando a consolidação, pela EdM, de outros projetos Denkmäler.

---

100 Freymann, recensão de Blume, *Wesen und Werden deutscher Musik*; *Music and Letters*, n. 28, 1947, p. 279-280.
101 Cf. Engel, "Die Entwicklung der Musikwissenschaft, 1900-1950", op. cit., p. 22.
102 Blume, "Bilanz", op. cit., p. 19.

Blume não poupou esforços para defender essa consolidação contra as sugestões de totalitarismo. Também negou qualquer conotação "ideológico-partidária" no termo "Erbe" adotado pelo regime nazista, citando o título do livro de Curt Sachs – *Nossa Herança Musical* – como igualmente inofensivo[103].

As metodologias raciais florescidas no Terceiro Reich não foram nunca rejeitadas formalmente. De fato, parte dessa literatura danosa continuou sendo citada como referencial muito tempo depois da guerra. No verbete "Musicologia", de 1961, na MGG, não há menção dos estudos raciais no corpo do texto, mas a bibliografia inclui o texto "Raça e Folclore" ("Rasse- und Volkstumskunde"), lista as obras de Blume, Wellek e Engel discutidas antes, além de um artigo de Bose de 1943 ("Klangstile als Rassenmerkmale", da *Zeitschrift für Rassenkunde*) e uma contribuição do pós-guerra do mesmo autor – um artigo, de 1952, sobre as "diferenças raciais mensuráveis em música" ("Messbare Rassenunterschiede in der Musik"). O verbete "Alemanha" da mesma MGG, mas de 1954, contém um subitem bibliográfico ("Bedingtheit, Wesen, und Organisation der deutschen Musik: Psychologische, stilistische, geistesgeschichtliche Aspekte") que se constitui quase inteiramente de trabalhos surgidos entre 1933 e 1945 e menciona diversas obras que se baseiam fortemente na teoria racial para definir a germanidade (cf. capítulo 7). Inclui até mesmo uma revisão da literatura, feita por Vetter, que critica a ausência de atenção à Questão Judaica.

O gesto simbólico de purgar a musicologia alemã do pensamento ou das iniciativas nacional-socialistas acabou tendo sucesso em salvar a reputação dos estudos acadêmicos do pós-guerra, mas, na prática, tal gesto não foi mais do que ataques *ad hominem*, que não conseguiram operar conversões ideológicas. Nos anos subsequentes, a reputação de muitos indivíduos foi protegida por verbetes assépticos em obras de referências que simplesmente omitiam a descrição de suas atividades e publicações entre 1933 e 1945[104]. Moser, no entanto, continuou a ser

---

103 Ibidem, p. 7-8.
104 É o caso de alguns verbetes biográficos do *New Grove* e do MGG sobre musicólogos ativos no Terceiro Reich, que omitem notadamente numerosos detalhes biográficos e trabalhos do período situado entre 1933 e 1945. Por exemplo, o verbete sobre Müller-Blattau, que deixa de fora seu livro *Germanisches Erbe in deutscher Tonkunst* e não menciona seu posto em Estrasburgo.

um dos exemplos mais citados de um "musicólogo nazista". No começo dos anos de 1980, Wolfgang Boetticher uniu-se a ele quando convidado a participar de uma conferência nos Estados Unidos; *The New York Times* chamou a atenção para suas atividades na Alemanha nazista, forçando-o a se retirar da conferência[105]. Christoph Wolff, musicólogo de Harvard, acompanhou esse evento com um editorial no *Frankfurter Rundschau*, relembrando à comunidade musicológica da Alemanha que os fatos sobre o envolvimento de Boetticher haviam sido divulgados duas décadas atrás e questionando a insuficiência da comunidade para lidar com essas informações[106]. Boetticher e Moser ainda eram símbolos proeminentes do nazismo, em 1990, quando Albrecht Dümling respondeu à crítica do filho de Moser na *Neue Musikzeitung*, procurando explicar a culpa de Moser e Boetticher[107]. Willem de Vries, enquanto preparava um estudo acerca da atuação do Sonderstab Musik na ocupação ocidental, correspondeu-se com Boetticher e lhe perguntou sobre suas atividades passadas. Boetticher garantiu que nunca havia trabalhado para Rosenberg, mas apenas realizado pesquisas como "convidado" do Einsatzstab na época do serviço militar, uma afirmação facilmente refutada pela evidência documental[108].

Figuras como Blume, ao contrário, simplesmente escaparam de tal escrutínio. Besseler também ficou a salvo, não apenas pela limitação do acesso a informações na RDA, mas pelas

---

105 Lewis, "Facing the Music", *New York Times*, 18 fev. 1982.
106 Wolff, "Die Hand eines Handlangers", *Frankfurt Rundschau*, n. 168, 24 jul. 1982.
107 Dümling, "Wies chuldig sind die Musikwissenschaftler", *Neue Musikzeitung*, 3915, out.-nov. 1990. Dümling enumera as transgressões de Moser, muitas das quais não constituem mais que pequenas faltas em suas associações, como publicar em periódicos "não neutros", como *Das innere Reich, Die Zeitwende* e *Volkstum und Rasse*; ser citado em trabalhos sobre música e raça; colaborar com adaptações de operetas que tinham de abolir o cenário original na Polônia, desse modo, "falsificando a história" e "excluindo a Polônia da área de grande cultura". Dümling também designa Boetticher como o "diretor" da divisão musical do Bureau Rosenberg desde 1939. Porém, esse posto permaneceu nas mãos de Gerigk desde sua criação até sua dissolução. Boetticher foi nomeado "Stellenleiter" da "Hauptstelle Musik" em 1939 com 25 anos de idade, porém evidências documentais mostram claramente que ele recebia todas as suas ordens de Gerigk (NSDAP Treasurer para Boetticher, 8 mar. 1939, Partei--Kanzlei para Boetticher, 9 nov. 1942, e Boetticher, "Lebenslauf", 4 jan. 1943, UAB PA Boetticher; Gerigk para Kerksiek [Verwaltungsamt, Amt Rosenberg], 18 jan. 1939; e Boetticher, lista de atividades no NSDAP, 11 nov. 1939, BA NS 15/24.
108 De Vries, *Sonderstab Musik*, p. 199-200.

defesas ardentes por parte de seus antigos estudantes, notadamente a Edward Lowinsky, judeu emigrado e eminente professor da Universidade de Chicago. Lowinsky concedeu um *honoris causa* a Besseler e defendeu apaixonadamente seu professor no obituário que redigiu. Usando todos os argumentos que o próprio Besseler havia empregado em sua defesa durante a desnazificação, Lowinsky louvou especialmente a assistência que Besseler lhe deu para contornar os editos antissemitas do governo nazista. Lowinsky somente admitiu que "se, no começo do governo nacional-socialista, achou-se capaz de uma ação construtiva em termos culturais, pertenceu ao grande número de intelectuais alemães que agiram da mesma forma – e viveu para lamentar seu erro amargamente"[109].

Besseler permaneceu intocável muito tempo após sua morte, em 1969. Quando o editorial de Christoph Wolff mencionou o episódio da marcação dos livros de autores judeus por Besseler, Wolff foi levado a reconsiderar sua afirmação por não ter tido acesso a provas. Sem poder consultar as pastas de Besseler, em Heidelberg, por um alegado "bloqueio de cinquenta anos", Wolff relatou, baseado em informações de segunda mão fornecidas por Ludwig Finscher, em Heidelberg, que,

aparentemente, Besseler não pode, de forma alguma, ser visto como alguém que teve atividades nazistas; que sua situação política em Heidelberg era muito complicada, e que ele estava muito menos implicado criminalmente – se é que estava de algum modo – do que geralmente se admite, e eu próprio me incluo nisso. Em particular, não parece haver documentação comprovando que Besseler teve responsabilidades pessoais por carimbar títulos judeus na biblioteca da Heidelberg[110].

Moser e Boetticher estavam, pois, rotulados, em casa e no exterior, como dois dos poucos nazistas identificáveis, enquanto que as origens nazistas da EdM e da MGG foram rapidamente esquecidas, abrindo as portas para novos apoios para os empreendimentos, e os musicólogos alemães do leste afirmaram ter retomado os estudos musicológicos exatamente onde tinham

---

109 Lowinsky, "Heinrich Besseler (1900-1969)", *Journal of the American Musicological Society*, n. 24, 1971, p. 501.
110 Wolff, Carta para o editor, *Journal of the American Musicological Society*, n. 37, 1984, p. 208-209. Eu pude ver as pastas em questão cinco anos mais tarde, em 1988.

sido interrompidos em 1933[111]. Só recentemente é que alguns musicólogos alemães têm examinado criticamente as presumidas reformas da pesquisa musicológica após 1945, especialmente em relação à concentração na música alemã e à conservação de conceitos raciológicos. Eckhard John, numa pesquisa musicológica realizada em Freiburg, percebeu que Müller-Blattau não mostrou indícios de ter alterado sua visão depois de 1945, persistindo na promoção da ideia da hereditariedade como uma fonte da grandeza musical dos compositores alemães[112]. Albrecht Riethmüller, não limitando sua crítica à EdM, mas questionando o empreendimento das antologias de música nacional em todos os países, notou que o projeto prossegue até os dias de hoje sem nenhuma reflexão sobre a qualidade das obras preservadas ou sobre o propósito das atividades[113].

REVERBERAÇÕES NOS ESTADOS UNIDOS

Apesar do choque do Holocausto, a comunidade internacional, em sua maior parte, parecia desejosa de restabelecer o contato com os colegas alemães após a guerra e contente em adiantar-se nas investigações sobre o papel deles no Estado nazista. Mas alguns judeus emigrados para os Estados Unidos tinham uma visão diferente da situação na Alemanha do pós-guerra. Tendo vivido num ambiente de condescendência com o antissemitismo até emigrarem, tinham uma sensibilidade para os desenvolvimentos correntes que escapa a outros. Willi Apel, por exemplo, fez objeções ao *Die Musik der deutschen Stämme*, de Moser, por razões completamente diferentes das de Lang. Embora não encontrasse sentimentos explicitamente antissemitas no livro, sentia-se incomodado com as implicações mais amplas da problemática insistência em designar os judeus como um grupo à parte[114].

---

111 Brockhaus, "Konzeptionen zur Musikgeschichte", op. cit., p. 2-21.
112 John, "Vom Deutschtum in der Musik", em Dümling; Girth (eds.), *Entartete Musik: Eine kommentierte Rekonstruktion*", p. 152.
113 Riethmüller, "German Music from the Perspective of German Musicology after 1933", *Journal of Musicological Research*, n. 11, 1911, p. 183-184.
114 Cartas de Apel, 10 ago. 1959 e 25 abr. 1960, *Moser Papers*.

Alfred Einstein montou uma lista muito maior daqueles que considerava responsáveis por ajudar o regime nazista. Seguindo de perto o progresso da desnazificação de seus ex-colegas, Einstein formou uma impressão muito negativa da Alemanha pós-guerra, distanciando-se o máximo que pôde. Em 1949, declinou de um convite para falar na Universidade Livre na Berlim Ocidental porque não tinha nenhuma vontade de visitar o "Quarto Reich", e, no mesmo ano, recusou a Medalha de Ouro Mozart oferecida pelo governo austríaco[115]. Em 1948, saiu do ISCM e do IMS em função da influência crescente dos alemães nessas organizações[116]. Ademais, deixou de ter qualquer envolvimento com a vida musical britânica devido ao tratamento favorável dispensado a antigos nazistas pela Inglaterra[117].

Einstein se sentia particularmente incomodado com a falta de discernimento do mundo não alemão diante dos acadêmicos alemães. Insultou Blume por passar por oponente do nazismo e por receber elogios no *Music and Letters*, e advertiu os norte-americanos para não caírem na lábia de Blume[118]. Eisntein sofria com a reintegração de pessoas que considerava particularmente perigosas, indignando-se com Robert Haas, que, após ser forçado a abandonar seu posto na Áustria em virtude de sua ficha política, acabou reabilitado, aparentemente por conta de um artigo seu que apareceu no *The Musical Quarterly* sob editoria de Lang. Einstein também expressou tristeza ao saber que pessoas como Hans Engel e Joseph Müller-Blattau poderiam continuar mantendo cargos acadêmicos[119].

Curt Sachs também não destacou Moser como "uma maçã podre", mas atribuiu responsabilidade à disciplina como um todo. Escreveu a Moser, em 1949, comentando sobre as numerosas cartas que recebeu de alemães que juravam inocência:

---

115 Gerstenberg para Einstein, 21 fev. 1949, pasta 379; Einstein para Slonimsky, 30 mar. 1949, pasta 851; e um esboço de carta para a Internationale Stiftung Mozarteum Salzburg, 16 dez. 1949, pasta 13, *Einstein Papers*.
116 Einstein para Mark Brunswick, 7 dez. 1948, pasta 197; Einstein para Kroll, 16 ago. 1948, pasta 567, *Einstein Papers*.
117 Einstein para Eric Blom, 25 ago. e 10 out. 1948, pasta 167, *Einstein Papers*.
118 Einstein para Blom, 10 out. 1948, pasta 167; Einstein para Slonimsky, 6 jul. 1949, pasta 851, *Einstein Papers*.
119 Einstein para Kroll, 16 ago. 1948, pasta 567; Einstein para Slonimsky, 15 dez. 1947, pasta 851, *Einstein Papers*.

Esses senhores não percebem que existe uma linha reta entre o ardoroso nacionalista e os executores de Auschwitz, ainda que entre um e outro haja alguns poucos metros de distância. Você conhece o *Aprendiz de Feiticeiro*, de Goethe? ... Você também, como tantos outros acadêmicos, ajudou a preparar a mentalidade que por fim conduziu aos matadouros e às câmaras de gás dos campos de concentração nacionais ... Aqueles que virão a constituir a liderança intelectual da Alemanha têm de se confrontar com o fato de que a horrível desgraça que recaiu sobre o mundo e a você próprio causou tanto sacrifício pessoal não foi o ato de alguns poucos fanáticos, mas a explosão de um material incendiário armado por uma geração de pseudoacadêmicos dolosos como Chamberlain, Woltmann ou Günther (os intelectuais estrangeiros consideram essas figuras ridículas) e nutrido por várias gerações de educadores e professores. Apenas quando os alemães aprenderem a amar sua pátria sem berrar a alma alemã e o homem alemão no ouvido dos outros, apenas quando perceberem que o exibicionismo nacional não é uma virtude, mas uma depravação, somente então haverá paz – para a Alemanha e para os outros[120].

Curt Sachs, um sobrevivente do dizimado campo da musicologia comparada alemã, talvez pudesse ver melhor que os outros a inutilidade do nacionalismo alemão e o potencial de crescimento da disciplina longe das tradições acadêmicas alemãs. Ao mesmo tempo, porém, outras vítimas do nacional-socialismo residentes nos Estados Unidos não podiam abandonar completamente seu respeito pelo legado musical e intelectual alemão. Einstein, diferentemente de Sachs, parecia considerar a si próprio um herdeiro da longa e fecunda tradição da musicologia histórica alemã. A despeito de sua íntima familiaridade com o comportamento político de seus colegas alemães, incluindo o notório antissemitismo, Einstein continuou a manter um sóbrio respeito pela ilustração alemã, do passado e do presente. Sua primeira reação à publicação da MGG foi essencialmente positiva, embora a achasse devastada pela linguagem nazista[121], e sua admiração pela musicologia estivesse decididamente reservada ao trabalho de colegas emigrantes e estudiosos da tradição alemã. Ao avaliar a situação dos estudos acadêmicos nos Estados Unidos, destacava o

---

120 Sachs para Moser, 9 abr. 1949 (cópia de Einstein), pasta 812, *Einstein Papers*.
121 Einstein para Slonimsky, 11 mar. 1951, pasta 851, *Einstein Papers*.

trabalho de Bukofzer, Plamenac e Hewitt (um aluno de Besseler) como recentes realizações marcantes da musicologia norte-americana[122].

O respeito de Einstein pela tradição intelectual alemã encontrou ressonância nos Estados Unidos, onde colegas estadunidenses nutriam uma profunda reverência pelos estudos teóricos alemães mesmo antes do afluxo dos refugiados alemães. Desde finais do século XIX, os musicólogos alemães estavam na vanguarda da disciplina como líderes em pesquisa, organização e publicação, e a musicologia estadunidense fora construída sobre as fundações alemãs no começo do século XX. Um pequeno grupo de pesquisadores estadunidenses, a maior parte com treinamento na Alemanha e na Áustria, adotou avidamente a prática dos emigrantes que chegaram nos anos de 1930 ou durante o mais significativo surto de crescimento da disciplina nos Estados Unidos[123]. Numa biobibliografia, recentemente compilada dos 35 nomes de maior impacto da musicologia estadunidense da primeira metade do século XX, treze são fugitivos de Hitler e outros treze – estadunidenses e europeus – tiveram todo ou algum treinamento na Alemanha e em Viena[124]. A chegada dos refugiados alemães levou a uma explosão sem precedente nas atividades musicológicas dos Estados Unidos e só aumentou o respeito pelos estudos teóricos alemães.

O legado da ilustração alemã nos Estados Unidos também ajudou a fomentar a mais alta consideração pela música alemã e, possivelmente, a admissão inconsciente de sua superioridade. Além de estabelecer metodologias alemãs como base para a pesquisa da música do renascimento – como fez Lowinsky, por exemplo –, fortes convicções da superioridade musical alemã

---

122 Einstein para Kroll, 16 maio 1948, pasta 567, *Einstein Papers*.
123 Kerman, *Contemplating Music*, p. 26; Harrison, "American Musicology and the European Tradition", p. 56-57. Harrison lista os emigrados Willi Apel, Manfred Bukofzer, Hans David, Alfred Einstein, Karl Geiringer, Otto Gombosi, Erich Hertzmann, Edward Lowinsky, Hans Nathan, Paul Nettl, Dragan Plamenac, Curt Sachs, Leo Schrade e Emmanuel Winternitz.
124 Hugo Leichtentritt é mencionado em adição a todos aqueles incluídos na lista de emigrantes de Harrison. Dentre os estudiosos treinados na tradição alemã estão Warren Dwight Allen, Theodore Baker, Henry Cowell, George Dickinson, Carl Engel, Charles Warren Fox, Glen Haydon, George Herzog, Otto Kinkeldey, Paul Henry Lang, Oscar Sonneck, Albert Stanley e Oliver Strunk. Steinzor, *American Musicologists*.

abriram caminho para o cânone musicológico estadunidense. Emigrados como Einstein, Geiringer e Schrade encontraram não apenas espaço para o desenvolvimento da disciplina, mas também apoio para uma vida de concertos de música europeia, e particularmente alemã, dos séculos XVIII e XIX, áreas em que eram especializados. Obviamente, os acadêmicos emigrados não podem ser acusados de promoverem as noções nazistas de superioridade alemã. No entanto, não eram de modo algum constrangidos a abandonar sua identidade alemã, sua crença na tradição intelectual alemã ou a internalização do preceito antigo da superioridade musical alemã, nem tinham razões para hesitar em transmitir essa ideologia a seus alunos no processo de disseminação de seus conhecimentos e técnicas.

É fácil ignorar a natureza política do germanocentrismo quando, independente de se ser ou não alemão, o suposto da superioridade musical alemã está internalizado. A aceitação inconsciente é resultado da exposição a uma disciplina desenvolvida por acadêmicos alemães e de uma vida de concertos que continua a sublinhar os feitos dos músicos e compositores alemães. A musicologia estadunidense herdou o conceito germanocêntrico da história da música sem compreender sua relevância política imediata para a época na qual foi originalmente plasmado e sem avaliar criticamente suas ramificações da disciplina estadunidense. A ênfase alemã persiste, autorizadamente, no treinamento dos musicólogos e se manifesta continuamente na altíssima concentração em temas alemães nos eventos e publicações acadêmicas, e também na altíssima proporção de espaço concedido à música alemã em lugares básicos como os livros de história da música.

A IDEIA DE UMA MUSICOLOGIA NAZISTA

As insuficiências do processo de desnazificação decorrentes de uma simplificação excessiva de categorias e a confusão sobre como definir um "nazista" têm sido reconhecidas já faz algum tempo[125], mas elas são compreensíveis, não obstante,

---

125 Uma extensa descrição disso pode ser encontrada em Gibbon, *Denazification*, caps. 3-6. Ver também Tent, op. cit., p. 50-57.

pela combinação de urgência, asco, confusão e um desejo de retaliação nascidos da guerra. A descoberta do holocausto – e sua incongruência com uma sociedade alemã tão longamente respeitada por suas artes, letras e ciências – naturalmente chocou todo o mundo ocidental. Para a comunidade intelectual, distanciar-se dos perpetradores identificáveis e amputar, simplesmente, aqueles doze anos do corpo da rica história cultural da Alemanha era um caminho conveniente para lidar com esse paradoxo.

Baseando-se no suposto de que a musicologia do pós-guerra fora saneada, parecia lógico isolar o período nazista como um episódio à parte, desconexo da história da musicologia. A ideia de uma "musicologia nazista" emergiu para descrever as tendências equivocadas dos dozes anos do Terceiro Reich. O historiador Michael Meyer, talvez um dos primeiros a usar o termo em língua inglesa[126], retratou "os musicólogos nazistas" como acadêmicos de uma torre de marfim forçados a comprometer sua integridade, que retomam padrões anteriores a 1933 só depois da guerra. Julgou identificar a "nazificação" no interesse sem precedente pela obra de Wagner, nas lições acadêmicas sobre canções folclóricas e germanidade e na criação do Instituto Estatal, um "centro de musicologia politizada"[127].

Os problemas nessas generalizações de Meyer são evidentes *per se*. Meyer simplesmente ignorou o interesse pela canção folclórica e pela germanidade antes de 1933, e seu julgamento do Instituto Estatal indica que ele não conhecia o Instituto de Bückeburg nem a continuação dos projetos do Instituto após a Segunda Guerra. Além do mais, Meyer formula suas generalizações sobre as pesquisas wagnerianas a partir dos escritos de não musicólogos, quando, na verdade, os musicólogos haviam sido relativamente reticentes em relação a Wagner[128], com algu-

---

126 A dissertação de 1970 de Meyer *Assumptions and Implementation of Nazi Policy Toward Music* vinha acompanhada de dois artigos sobre musicologia nazista: "The Nazi Musicologist as Myth-Maker in the Third Reich" e "Musicology in the Third Reich: A Gap in Historical Studies".
127 Meyer, "The Musicologists as Myth Maker: Jews and Germans as Ideal Types", em *Politics of Music in the Third Reich*, p.256-281.
128 Kolland, "Wagner-Rezeption", em Mahling; Weismann (eds.), *Bericht über den internationalen*, p. 498.

mas poucas exceções (como Alfred Lorenz e a dissertação, de 1933, do judeu emigrante Hans Nathan).

Deixando essas críticas menores de lado, o conceito de musicologia nazista é problemático porque impede uma avaliação honesta dos acadêmicos e da pesquisa produzida sob o patronato nazista. As pesquisas musicais contemporâneas ainda se baseiam fortemente na obra daqueles que participaram ativamente do Terceiro Reich e não raro utilizam esses estudos referenciais produzidos naqueles anos. Assim, às vezes, um pesquisador pode se deparar com referências inesperadas e aparentemente incongruentes à política da época ou mesmo com o jargão nazista em obras acadêmicas que, apesar disso, são respeitáveis. Leitores da literatura do Terceiro Reich após a guerra têm tido de escolher entre ignorar essas referências ou, como uma reação mais extrema, renunciar ao episódio de 12 anos, encarando-o como um momento isolado de insanidade temporária e então desautorizando esses produtos "politicamente manchados" por serem anticientíficos e indignos de atenção[129]. É possível que alguns até se sintam moralmente obrigados a renegar como um todo a obra dos musicólogos que serviram ativamente a Hitler, incluindo suas publicações anteriores a 1933 e posteriores a 1945. Os nomes de muitos acadêmicos engajados em escritos propagandísticos e atividades colaborativas de guerra não são estranhos aos musicólogos hoje, tanto na Alemanha quanto no exterior, e é compreensivelmente desconfortável descobrir que alguns deles podem ser professores de proeminentes musicólogos ou autores de obras ainda consultadas.

Por mais sedutor que fosse isolar e recusar a era nazista, esse tipo de procedimento subestima as raízes profundas das tendências intelectuais que encontraram correspondência com determinados aspectos da ideologia nazista. Como vimos, as linhas de pensamento acadêmico não tinham como ser desnazificadas, porque a musicologia alemã nunca fora realmente

---

[129] Durante minha pesquisa na Alemanha sobre a musicologia no Terceiro Reich, pude entrevistar pelo menos um musicólogo proeminente que era adepto dessa posição e verifiquei atitudes similares entre os arquivistas. Investigando mais o assunto, pude descobrir que certos musicólogos alemães que tentaram projetos semelhantes ao meu foram impedidos pela musicologia estabelecida na Alemanha. Fui encorajada por eles, pois acreditavam que somente um estrangeiro como eu poderia ter sucesso numa pesquisa sobre esse tema.

nazificada *per se*, mas apenas seguiu um curso iniciado muito antes de 1933. Esse curso poderia prosseguir durante o Terceiro Reich, encontrando apoio estatal devido a seu potencial serviço aos objetivos nazistas. Esse curso não surgiu espontaneamente durante a ascensão de Hitler, nem poderia ser drasticamente reencaminhado após sua queda, continuando, de alguma forma, após 1945. Como os verbetes das seções bibliográficas da MGG indicam, muito da literatura do período permaneceu acessível e foi considerada referencial muito tempo depois do fim da guerra.

Aceitar a ideia de uma musicologia nazista também traz o risco de assumir que a musicologia de qualquer outro contexto histórico ou geográfico não apresenta nenhuma relação com os produtos intelectuais desses doze anos (1933-1945) de estudos acadêmicos alemães. Classificar um grupo de escritos como musicologia nazista permite que tendências intelectuais persistentes evadam-se de um exame crítico. Classificar um pequeno grupo de musicólogos como nazista reforça o sentimento complacente de que qualquer outro musicólogo, por contraste, está imune a influências ideológicas e oportunismos. Isso permite que outros se distanciem daquela produção, independentemente de quais sejam suas opções no interior da tradição acadêmica, e se distanciem do caminho escolhido pelos "nazistas" para atar seus estudos a outros aspectos de suas vidas.

Então, como lidar com o fenômeno nazista na musicologia? Um tratamento mais eficiente seria usar nosso conhecimento sobre o episódio para uma compreensão da natureza da disciplina como um todo. Ao se reexaminar a história da musicologia alemã num contexto mais amplo – atentando-se para as linhas de continuidades anteriores a 1933 e posteriores a 1945 antes de exagerar a descontinuidade –, surge uma chance de que os acadêmicos permaneçam vigilantes quanto às suas próprias responsabilidades, vulnerabilidades e a seu impacto potencial para além dos limites da academia.

Em primeiro lugar, o fenômeno nazista revela a inerente natureza política da musicologia. Dizer que a musicologia nunca foi nazificada não significa dizer que nunca foi política. É muito revelador que a absolvição final de Besseler tenha repousado, em grande medida, na assunção equivocada do "caráter não político de sua disciplina acadêmica"[130]. Ao contrário, pode-se argumentar que a musicologia foi uma disciplina política desde o princípio, particularmente em relação à sua ênfase germanocêntrica, e nunca deixou de ser uma disciplina política. As obras pioneiras do século XIX surgiram num clima político que buscava formular a identidade alemã, e o campo continuou a crescer sob circunstâncias que, repetidamente, demandavam o reforço positivo daquela identidade: a campanha pela unificação, em 1871, a desmoralização que se seguiu à Primeira Guerra, a promoção da superioridade racial alemã, a eliminação dos inferiores sob o regime hitlerista, e a missão de espalhar a cultura alemã pela Europa durante a guerra.

Depois de 1945, as mudanças metodológicas gravitaram em torno das abordagens objetivas, positivistas, como as cronologias e as análises cuidadosas das fontes materiais. Essas mudanças podem ter sido consideradas como um afastamento da musicologia nazista, pois abandonavam o irracional em favor do racional. Não obstante, a ênfase alemã permaneceu intacta. Os métodos podem ter se tornado menos subjetivos, e assim politicamente menos suspeitos, mas os objetos favorecidos por tais métodos continuaram a ser os compositores vistos como os pilares da grandeza alemã, tais como Bach, Beethoven, Mozart e Wagner.

Em segundo lugar, uma vez que aceitemos a natureza política da musicologia, podemos ver como, enquanto disciplina política, ela pode ser vulnerável às interferências políticas. Essa vulnerabilidade é especialmente aguda nos períodos de transições intelectual e política. Nessas épocas, os acadêmicos precisam ficar especialmente alertas quanto às seduções de formas de pensamento politicamente em moda. A situação da musicologia na Alemanha nazista é um exemplo impactante de como a aceitação acrítica de tendências teoréticas e bordões pode fugir ao controle e liberar forças destrutivas. A musicologia viveu uma crise metodológica depois da Primeira Guerra, os acadêmicos buscaram energicamente novos modelos e métodos para a compreensão da música e a adoção apressada de teorias raciais e da retórica política engendrou uma desordem caótica

---

130 Spruchkammer Heidelberg, 25 mar. 1947, UAH PA Besseler.

de inconsistências. Mas os que se adequaram tiveram garantidas a aceitação e as oportunidades de publicação, seguindo cegamente a outros sem prever consequências. O acatamento acrítico e o uso indiscriminado de termos como "alma racial", "alma folclórica", "nórdico", "dinárico", "germânico", "Völkisch", "orgânico", "luta" e "Volksgemeinschaft" criou uma pletora literária aceita apenas em virtude de sua concordância com um conjunto de suposições da moda, independentemente de suas inconsistências lógicas e de seus juízos subjetivos. O efeito inócuo de tal fachada era conseguir facilmente confundir os leitores e ocultar a falta de originalidade e de rigor intelectual. Entre os efeitos mais perniciosos estava o poder que seus assinantes adquiriam de condenar globalmente qualquer coisa ou qualquer um pela simples atribuição do rótulo "judeu" ou "bolchevique".

Em terceiro lugar, a saga da musicologia entre as duas guerras também ilustra vivamente os efeitos das condições socioeconômicas sobre a disciplina musicológica. De 1918 em diante, os musicólogos voltaram seus estudos para a própria herança musical em consequência do fato de terem sido alijados do intercâmbio acadêmico internacional durante a guerra e de se depararem com oportunidades limitadas de viagens de pesquisa para o exterior. Em seu conjunto, o campo se sentiu ameaçado pelas turbulências econômicas, alto desemprego e reformas educacionais que encorajavam o campo tecnológico e outros voltados à prática. Sentindo a pressão para justificar sua existência dentro e fora da academia, a musicologia se concentrou em contribuir com os objetivos nacionalistas para assim divulgar seus serviços à prática musical, à educação em geral e à *Volksgemeinschaft*. Uma vez que o Partido Nacional-Socialista e a máquina estatal criaram fundos de pesquisa e oportunidades de emprego, os musicólogos continuaram a voltar seus interesses para os temas politicamente aceitos. Durante esse processo, contribuíram para a fundação teórica das políticas antissemitas e se beneficiaram enormemente com as realizações de tais políticas.

A musicologia alemã da era Weimar e do Terceiro Reich é um instrutivo antimodelo, que demonstra como os estudos acadêmicos podem se extraviar durante um período de transição. Esse exemplo é especialmente útil, dado que o período consecutivo à Primeira Guerra partilha uma série de características com a musicologia do final de século xx. A musicologia vem passando, recentemente, por uma série de crises metodológicas. Os musicólogos têm reconhecido o quanto a música foi isolada teoricamente enquanto objeto e muitos percebem que o campo está muito atrás de outras disciplinas por não conseguir contextualizar seus temas. Numa tentativa de tirar a música do seu isolamento e compreender suas ramificações mais amplas para além do "texto em si mesmo", os musicólogos têm se voltado a outras disciplinas em busca de modelos teóricos e metodologias. Os benefícios desse processo têm sido abrir e estabelecer uma grande variedade de novas abordagens e possibilitar que os acadêmicos percorram caminhos inteiramente novos. Isso alertou o campo para a natureza política tanto da música quanto dos estudos sobre a música, após um longo período de indulgência na autopercepção de imunidade em relação à política[131].

No entanto, a busca e a aplicação de novos constructos teóricos e conceitos políticos pode ser, não obstante, uma faca de dois gumes, como a aceitação acrítica da teoria racial e da retórica política na Alemanha nazista ilustram tão claramente. Embora certos modelos possam ser muito úteis quando levam os estudiosos a enxergar seus objetos de novos ângulos, uma interpretação errada ou uma confiança excessiva em tais modelos pode transformá-los em panaceias capazes de oferecer respostas fáceis e classificações nítidas para tudo, conduzindo à sua aceitação acrítica. Tal uso equivocado de modelos emprestados também pode servir como cortina de fumaça para inconsistências lógicas – ocultas por trás de um vocabulário vazio de termos especializados – e pode propiciar a condenação arbitrária de qualquer coisa que desafie suas proposições. Conquanto bem menos monodimensional e, no fim das contas, menos nocivo que o uso nazista de palavras como "judeu", "bolchevique", termos como "racista", "elitista", "fascista", "patriarcal", "feminista", "positivista" e "nova musicologia" têm mostrado sinais como nominativos pejorativos em virtude de seu uso acrítico e indiscriminado.

---

131 Ver Bohlman, "Musicology as a Political Act", *Journal of Musicology*, n. 11, 1993.

As últimas décadas do século XX também têm criado um clima socioeconômico que estimula o campo a se redefinir e a se ocupar com questões de carreira. Aqui, novamente, os fatores socioeconômicos da era Weimar e do Terceiro Reich, e as respostas dos musicólogos a essas condições servem como exemplos instrutivos. Tempos de dificuldade econômica são geralmente acompanhados por anti-intelectualismo, e os acadêmicos das humanidades costumam ficar particularmente vulneráveis em tais circunstâncias. Sob a pressão para demonstrar sua relevância, quer dentro da academia, quer num contexto social mais amplo, os estudos acadêmicos podem facilmente sucumbir a agendas políticas ou realinhar seu foco para responder a uma tendência política, ideológica ou intelectual dominante. Em condições sociais voláteis, os riscos de que se venha a comprometer o nível teórico e a integridade moral tornam-se especialmente elevados. Cabe aos acadêmicos manter-se cautelosos diante daquelas orientações teóricas aptas a ganharem popularidade por servir às necessidades de uma agenda política específica. Toda abordagem nova tem de sofrer exame crítico, e os estudiosos devem resistir às tendências populares em função de uma alavancagem da carreira. Acima de tudo, o pensamento de rigor deve ser sensível à exploração de tais tendências para punir um grupo arbitrariamente designado como nêmese, seja ele definido por raça, etnicidade, gênero, orientação intelectual ou credo.

POSFÁCIO
O Mais Abstrato dos Mundos: Sobre Música e Musicologia

> *Nós, os alemães, adotamos o termo filosófico de "em si", e o usamos todos os dias, sem nos preocuparmos muito com a metafísica. Mas aqui temos um caso concreto: música como essa [Abertura Leonore III, em dó maior] é energia em si, é a própria energia, não, porém, como ideia e sim na sua realidade. Pondera, por favor, que isso já é quase a definição de Deus! Imitatio Dei – até me admiro que não a tenham proibido. Ou talvez esteja proibida.*[1]

Caro leitor, o texto que se inicia não será um posfácio convencional, digamos assim. Depois de pensar muito sobre o que poderia ser efetivamente útil tratar e dizer, decidi construi-lo nem como um comentário mais ou menos genérico do texto de Pamela Potter (daqui em diante PP) – explicitando ou debatendo esta ou aquela questão nele contida –, nem como uma contextualização da musicologia brasileira – se é que de fato se poderia falar de um campo musicológico constituído no país. Embora a ideia de trazer à cena o teatro musicológico brasileiro e inseri-lo na seara de *A Mais Alemã das Artes* pudesse ser algo válido e suscitar o interesse do leitor, não seria o que de melhor eu poderia fazer. Em verdade, essa perspectiva não me motiva.

Constituir um desses dois caminhos talvez tivesse sido o mais normal, mas dei forma a outra coisa. Até porque, no posfácio que escrevi para *A Orquestra do Reich*[2], tomei e explorei a palavra teórica de PP, então, nessa ocasião, o texto que ora publicamos. Em *A Mais Alemã das Artes*, a determinação de PP

---

1 Thomas Mann, *Doutor Fausto*, Rio de Janeiro: Nova Fronteira, 2000, p. 113-114.
2 Mischa Aster, *A Orquestra do Reich: A Filarmônica de Berlim e o Nacional- -Socialismo, 1933-1945*, São Paulo: Perspectiva, 2012.

sobre o nascimento da musicologia e sua função – ela a determina como filha dileta da Alemanha romântica nacionalista a serviço da afirmação rácico-musical alemã – foi por mim escavada e comentada e acredito que esse seja o fundamento do livro. Texto que por sua *real* importância – a saber, nos possibilita investigar e compreender a *gênese* e os *caminhos* dessa disciplina ou "ciência" – decidimos tornar palavra portuguesa. Que a musicologia tenha nascido como uma afirmação e sustentação teóricas das glórias e grandeza da música alemã é fato que, daqui em diante, não poderá mais ser ignorado por nossos estudantes e professores de música. Desconhecê-lo é inconsciência que nos faz teóricos da música, no mínimo, menores. É premente, ou mesmo obrigatório, colher de *A Mais Alemã das Artes* seus frutos consistentes, e nem sempre doces.

Então, o que quero ou pretendo nesse posfácio? Meu propósito é tentar mostrar que a uma *arte abstrata* correspondeu uma *"ciência" abstrata*. Ou seja, tomo a música instrumental como a via para a explicitação e compreensão do *modus faciendi* de sua "ciência". Parto da música para entender a lógica da "ciência da música" – parto do objeto para deslindar a teoria desse objeto, parto da vida concreta para tentar deslindar a ciência que nasce para agarrá-lo e lidar com ele.

Para tanto, fundo-me no *Doutor Fausto*, de Thomas Mann. Por quê? Porque o livro guarda, no seu coração, a tentativa mais que fecunda de entender e expor o *substrato* do arco trilhado pela música alemã de Bach a Schoenberg. Tentativa que pela dimensão alcançada fez-se referência histórica imprescindível, obrigatória, concorde-se ou não com as sinalizações de Thomas Mann.

A musicologia é uma "ciência" cujas raízes estão fincadas na música instrumental. O útero artístico que a instaura é essa música. Assim, não nos deve estranhar que as ferramentas musicológicas sejam *determinantemente* técnicas: na medida em que seu objeto é intrinsecamente abstrato – ele próprio estruturado a partir de modelos, padrões formais –, a musicologia não poderia não se constituir e repousar em um ferramental analítico dominantemente técnico e que se move formalmente. Na palavra um tanto exagerada, mas estruturalmente verdadeira: na Musikwissenschaft, a análise harmônica sempre é a chave do problema; se de música "contemporânea" se trata, no entanto, parâmetros como timbre, dinâmica, o respeito pela ordem da série musical etc. ocupam o lugar do harmônico.

Que o leitor discorde inteiramente do que será dito! Esse é um direito inalienável! Mas que não o faça simplesmente por estar ideologicamente interessado. Um dos grandes males da musicologia, e que a distorceu severamente, foi sua filiação ideológica! Nós, que assistimos à falência das esquerdas e de suas ações autocrático-coletivistas, que atassalharam indivíduos e perspectivas de individuação, não mais deveríamos insistir em posições intelectuais dogmáticas, esquizofrênicas, academicistas, que desdenham ou simplesmente desconhecem a personalidade do indivíduo pesquisador ou criador. Prefere-se a abstração metodológica que engendra o estéril e/ou o repetitivo teórico e artístico do que a eventual criatividade consistente de um pesquisador ou músico independente. A academia cultiva essa abstração perniciosa e interessada e então a vanguarda da velhice nasce e renasce infinitamente, com seus gurus vendendo o peixe-elétrico na banquinha evoluída das almas cultíssimas e arrogantes louvadoras do arcano e *profundo*. E, por falar em guru, o gago Kretzschmar.

1. CONFERÊNCIAS ALEMÃS

Nascido nos Estados Unidos, de pais teuto-americanos, Wendel Kretzschmar mudou-se para Kaisersaschern ainda jovem, onde exercia a profissão de organista. Sua imigração para a Alemanha tivera uma razão fundamental: como musicista, sabia que ali era o lugar de se estar; Alemanha, terra da grande arte sonora! Profundamente ligado à música, verdadeiramente preocupado com seus mistérios compositivos, organizava palestras a respeito que invariavelmente eram minguadas de público, porque, "em primeiro lugar, a população desprezasse por princípio quaisquer conferências; em segundo, porque a temática tinha pouco de popular, era antes excêntrica e rebuscada; e, em terceiro, porque a gagueira do palestrante transformava a audição numa viagem agitada, sujeita a naufrágios"[3].

3   T. Mann, op. cit., p. 74.

De fato, "a natureza excessivamente especializada dos temas tratados"[4] afugentava as pessoas. E aqui espontaneamente me ocorre a suspeita: será que apenas a especialização dos temas espantava a gente, ou também a *maneira* "excessivamente especializada" de tratá-los? Um problema absolutamente atual, atente-se.

Num desses encontros, o tema escolhido por Kretzschmar para a tertúlia foi a sonata *opus 111* de Beethoven. Especificamente, o palestrante queria desvendar à plateia de pouco mais de meia dúzia o motivo da inexistência de um terceiro movimento nessa sonata. Ademais, ou exatamente para explicar tal inexistência, Kretzschmar "analisava o fundo espiritual da peça", tentando agarrar e expor, com paixão verdadeira, o tecido humano com o qual o mestre alemão a urdira.

Posso testemunhar, caro leitor, que o organista se atirava com fervor à sua autoposta tarefa de desvelamento musical! Quanto empenho retórico! Quanta adjetivação! Quantas imagens pintadas! A tentativa de traduzir a música de Beethoven o levava *necessariamente* a escavar o arcano, o empurrava para o mundo do intraduzível, da pura subjetividade – ou mais rigorosamente, o conduzia para o cosmos de uma subjetividade compositiva ferrenhamente pessoal e interiorizada em si mesma que, puramente abstratizada por sua natureza, irrompia em pura *abstração*, isto é, em sonoridade, em música, em sonata. Assim considerava Kretzschmar, longamente: nem os críticos contemporâneos de Beethoven, nem seus amigos

puderam acompanhar o venerado gênio mais além daquele cume ao qual, no período de sua maturidade, conduziria a sinfonia, a sonata para piano, o quarteto de cordas do Classicismo, de modo que, em face da produção do último período, chegavam, com o coração confrangido, a considerá-lo resultado de um processo de desagregação, de alheamento, de descida a regiões sinistras, já não familiares, até um *plus ultra*, dentro do qual nada percebiam a não ser a degeneração de tendências sempre latentes. Excesso de introspecção e especulação, desmedida meticulosidade e algum exagero na conversão da música em ciência – aplicada, às vezes, a um objeto tão singelo como o tema da arieta da imensa sequência de variações, que formava a segunda parte dessa sonata [111]. Ora, assim como o tema daquele movimento perpassava

---

4 Ibidem, p. 78.

cem destinos, cem mundos de contrastes rítmicos, elevando-se acima de si mesmo, para finalmente perder-se em vertiginosas alturas, que poderíamos qualificar de transcendentais ou abstratas – assim crescia a arte de Beethoven acima de si própria: dos confortáveis domínios da tradição, subia, diante dos olhares da humanidade, que, espantados, a seguiam a esferas inteiramente pessoais; um ego dolorosamente isolado no absoluto, distanciado até, em virtude da extinção do ouvido, daquilo que os sentidos podem apanhar, o solitário príncipe de um reino de espectros, do qual apenas partiam tremores estranhos em direção aos mais bem-intencionados contemporâneos, e cujas mensagens aterradoras estes só ocasional e excepcionalmente tinham sabido captar[5].

Se algo pode ser colhido com muita clareza das palavras alemãs de Kretzschmar é a ideia de que da música beethoveniana colhe-se o abstrato ou o incapturável do puramente pessoal que deseja e entende transcender e transcender-se. Kretzschmar é quase impiedoso ao venerar o gênio romântico: de um ego dolente, refém da própria alma tornada absoluto e que deseja ir além daquilo que os sentidos podem captar, nasce uma música desmedidamente meticulosa e exageradamente científica. A alma isolada em introspecção absoluta, que se manifesta a partir de um ferramental técnico e virtuosístico hiperbólicos, é música absoluta, a saber, abstração musical – transcendência desejada – de um ego autopensado como absoluto.

Não é mero imperativo da vontade subjetiva do compositor, porém, que em tal dinâmica estética a harmonia surgisse como a mediação fundante da construção sonora. Harmonia e subjetividade caminham a par e passo, mutuando-se e entendendo engendrar, nessa parceria, a musical grandeza germânica presumida e alardeada. Na comparação que procura esclarecer: em Bach – conquanto este seja antes um harmonista do que um polifonista –, o fluxo sonoro pode ser reconhecido e absorvido com naturalidade por quem o ouve. Em palavra quase metafórica, a melodia bachiana conserva uma *dimensão objetiva da vida* que se pode agarrar e fluir; em Beethoven, diferentemente, o *desejo de subjetividade* faz da *expressão harmônica* o centro da composição, estruturando-a. O melódico, então, será o produto de um infinito trabalho de variações e mutações motívico-temáticas, procedimento que tendencialmente subtrai desse motivo

5 Ibidem, p. 77-78.

ou tema inicial sua eventual naturalidade e a anímica objetivas. Nos termos que desdobram o argumento: em função da plasmação de um campo harmônico que se expande e complexifica, e que toma forma pelo trabalho temático, a música, desmedidamente, converte-se em ciência compositiva – em tecido musical espesso, *profundo*, obsessivo. Natureza hiperbólica da composição que é concebida a partir de um terreno harmônico incansavelmente movido, colorido, grandiloquente e, por isso, demanda um trabalho temático igualmente obstinado, denso, tortuoso.

Como meio à substantificação de uma desejada subjetividade radicalizada – e a expansão harmônica que ordena o trabalho compositivo é precisamente movimento que agiganta, multifaceta e intrinca a sonoridade –, esse campo harmônico, que demanda um melódico-motívico multíplice, é música que se subjetiva e exagera, entendendo-se como o batimento anímico da interioridade. O grandiloquente musical enformado é a resposta ao individual sentido como absoluto, como alemão. E se assim o é, o virtuosismo instrumental beethoveniano não se põe como ponto de partida compositivo ou como uma intenção mais ou menos desejada; é, sim, consequência inevitável e inseparável de um modo de pensar e fazer música – o modo romântico. Foi por isso que Kretzschmar "fez questão de gravarmos a antonímia de subjetividade harmônica e objetividade polifônica"[6]. Nesse cenário, enfim, a fruição da obra, do "discurso musical", é esforço que produz uma *devota interioridade espantada às vezes comovida*: lançado num enorme labirinto sonoro etéreo, impalpável, às vezes *sonoramente* cativante, belo, comovente, o ouvinte devotado se entrega aos arcanos sons profundos, a um caleidoscópio do qual talvez goste e no qual alguns momentos específicos o podem de fato emocionar, mover[7].

6   Ibidem, p. 78.
7   Dito isso, eu não poderia deixar de referir que *não* é simplesmente um suposto despreparo cultural das pessoas que as afastam da música de concerto. É obrigatório, hoje, nos perguntarmos se a audição de um jogo sonoro abstrato pode ser culturalmente mais denso e humanamente mais proveitoso do que a fruição de uma simples canção popular. Se não temos – e não devemos ter – uma resposta simplista para essa questão, temos, contudo, que nos munir de muita calma e nos despir de qualquer preconceito ao tentar esboçá-la. A ideia de que a música – e as artes – *evoluem*, e de que essa evolução musical é medida pelo quanto a música é dissonante e, na sequência, pelo quanto é fruto de um *jogo sonoro* de talhe físico-acústico é uma caduquice teórica perversal ▸

Ao analisar a arieta da *opus 111*, Kretzschmar substancia minha tentativa de tracejar o procedimento estético e compositivo do gênio alemão romântico. Especialmente, Kretzschmar joga sobre o problema da prática beethoveniana da variação, prática compositiva de nítida inspiração iluminista que, ao sobrecarregar o tecido musical, indetermina-o *in limine*. Assim considera:

> O tema da arieta, destinado a sofrer aventuras e peripécias, que sua idílica inocência absolutamente *não parece reservar-lhe*, entra logo em cena e exprime-se em dezesseis compassos reduzíveis a um único motivo que, ao fim de sua primeira metade, salienta-se, qual apelo breve, cheio de sentimento – três notas apenas, uma colcheia, uma semicolcheia e uma semínima com ponto de aumento, que poderiam ser escandidas da mesma forma que "Céu azul!" ou "Do-ce amor" ou "Cer-ta vez" – e nada mais. O que então com relação a essa suave enunciação, essa frase de serena melancolia se realiza em matéria de contraponto, rítmica e harmonia, com os quais o mestre a *abençoa e condena*, em que *noites e superclarezas* a atira ou eleva, em que esferas cristalinas, onde frio e calor, calma e êxtase *são uma e a mesma coisa*, talvez se possa qualificar de *vasto, pasmoso, estranho* e *excessivamente magnífico*, sem definir tudo desse modo, porque no fundo é *indefinível*[8].

Ao se debruçar sobre o final do movimento, Kretzschmar acentua a dimensão *expressiva* da obra que, entecida no *excesso meticuloso de sons*, manifesta-se, antes, como *hermético mundo da sonoridade*, como cosmos "*pasmoso*", "*indefinível*". Universo abstrato que alcança mover nossos afetos quando o anímico, ao conseguir se impor aos escolhos sonoros e virtuosísticos que indelevelmente o submergem, de algum modo aflora, comunica. Nos termos do organista,

> quando [a arieta] finda e no decorrer do seu final, depois de tanta raiva, tanta pertinácia, tanta obstinação, tanta extravagância, sobrevém algo que, na sua brandura e bondade, é totalmente inesperado e comovente. O motivo, que, curtido por inúmeras vicissitudes, se despede, e, ao fazê-lo converte-se inteiramente em despedida, grito e aceno de adeus, sofre, no seu ré-sol-sol, uma leve modificação; aplica-se a ele uma pequena

---

▷ Os sábios e gurus musicais se autoproclamam *evoluídos* porque gostam do hermético, do abstrato, do *som* dissonante e puro; o restante da humanidade, asseveram, é pouco culta, ou mesmo estúpida, por isso se regozijam com o atraso da tonalidade (e modalidade)! Quanta sabedoria sonora!

8   T. Mann, op. cit., p. 80. (Grifos nossos.)

ampliação melódica. Após um dó inicial, acolhe, antes do ré, um dó sustenido/.../, e tal acréscimo de um dó sustenido representa o ato mais pungente, mais reconfortante, mais melancólico e mais conciliativo do mundo. É como uma carícia dolorosamente amorosa, que passa pelos cabelos, pela face; um olhar quieto, intenso, que se aprofunda nos olhos do outro, pela última vez. Abençoa o objeto, a fórmula terrivelmente atormentada, conferindo-lhe irresistível humanidade e confiando-a ao coração do ouvinte num adeus, num eterno adeus, pronunciado com tamanha doçura que os olhos se lhe enchem de lágrimas.[9]

Como resposta antecipada a um contra-argumento que espontaneamente poderia ocorrer ao leitor, cito a seguinte passagem da conferência, como conclusão desse tópico.

Na realidade, Beethoven mostrara-se no seu período médio muito mais subjetivo, para não dizer muito "mais" pessoal do que na última fase; muito mais se empenhara então em deixar a expressão pessoal consumir todos os elementos convencionais, formalistas, decorativos, dos quais a música abundava, e em fundi-los na dinâmica subjetiva. A relação que o Beethoven da fase final mantinha – por exemplo nas cinco últimas sonatas para piano – para com a convenção era, apesar de toda a sua unicidade e do caráter monstruoso da linguagem formal, algo totalmente diverso, mais acomodado e mais complacente. Intacta, não modificada pela subjetividade, a convenção aparecia amiúde nas obras tardias sob o aspecto de uma nudez[10].

O que Kretzschmar afirma, pois, é que a dimensão "pessoal" – *romanticamente* pessoal – de Beethoven não lhe é uma característica tardia. A "veneração do sofrimento" – clara identidade romântica, alemã, que pressupõe e engendra a subjetividade isolada, que encontra na insulação a resposta consequente à suposta e combatida banalidade do mundo cotidiano –, é sentimento e ação que estruturam, e assim condicionam, a sensibilidade, o mundo anímico, a alma e espírito do artista romântico. No caso da música, que se torna a religião laica da *intelligentsia* romântica, o artista, necessariamente, é o porta-voz dessa (sua) interioridade sofredora que não enxerga qualquer perspectiva a não ser a de se internar nas próprias entranhas doídas. Dor que, vida isolada – ao menos *ideologicamente* talhado

9   Ibidem, p. 81.
10 Ibidem, p. 78.

o isolamento –, tende ao pessoal hiperbolizado, à negação do gênero. Nada a estranhar que Beethoven acolhesse o cálice do veneno romântico desde jovem, numa aparente contradição face à sua ascética moral de inspiração kantiana. Não é necessário ler suas cartas amorosas para que possamos enxergar sua renúncia heroica ao mundo. De fato, sua arte a expressa muito mais eloquentemente. Talvez, a surdez o tenha tornado o mais romântico entre os românticos. E, se faço essa afirmação, é prudente advertir: o romantismo musical não pode ser pensado e identificado tão somente através de uma abstrata contraposição técnica e/ou estilística entre Beethoven e Schubert, por exemplo. Não é meramente a diferença do tamanho de frases musicais e da forma de tecê-las que desnuda sua lógica. Tão ou mais relevante do que isso para uma aproximação mais efetiva à lógica do Romantismo musical é o nosso entendimento da *função artística* assumida pelos *instrumentos* e seus *virtuoses executores*. Mas isso é temática para outra reflexão.

2. UMA CURTA PONTE

A adesão à música beethoveniana pelos compositores alemães posteriores a Beethoven é um elemento que marcará a vida musical germânica depois de 1827. Posta a universalidade técnica, estilística e estética do gênio alemão, a composição alemã estaria atada a seus supostos e procedimentos, ainda que distinções e rupturas estilísticas necessariamente surgissem. De qualquer modo, Schubert, Schumann e Beethoven, por exemplo, partilharam o mesmíssimo fundamento compositivo, a saber, a música instrumental e virtuosística que produziram é produto de uma subjetividade ilhada em si, que se esquiva da vida social a não ser que ela se realize no interior da casa de um nobre potencialmente mecenas. Ora, não se pode esquecer que Beethoven e as gerações de compositores alemães que o seguiram são homens que plasmaram o romantismo.

Wagner, em sua concepção mais do que hiperbólica da música, desdobrou germanicamente a linhagem beethoveniana. Fazendo da voz, física e estilisticamente, um instrumento, expandindo as cores da harmonia e agigantando a orquestra, a *sonoridade*, Wagner, o músico-libretista de índole harmônico-subjetiva, construiu musicalmente o caminho *mítico-rácico-alemão*. Não foi casual ou meramente uma extravagância pessoal que invocasse os poderes *rendentores* da música, colando à música uma dimensão de talhe mágico-pagã. Como artista da própria alma – como gênio incrustado na subjetividade pessoal concebida como alfa e ômega de sua música –, alcançou o reconhecimento da *intelligentsia* romântica porque esta desejava a afirmação do "alemão", da raça alemã. De Beethoven a Wagner, o caminho não é o do nascimento da contraposição entre música instrumental e música vocal, como se poderia entrever a partir das assertivas teóricas de Wagner. O caminho é o da *hiperbolização da sonoridade*, da *autocracia do som instrumental*, com a orquestra no centro de uma lógica em que música, nacionalismo e raça pura se misturariam e confundiriam crescentemente de modo nada virtuoso[11].

Poderia ser firmado, com alguma licença, que o romantismo – fato essencialmente alemão – foi um processo gradual de interiorização niilista nascido como antídoto venenoso à realidade social medonha da Alemanha, absorvida e *sentida* subjetivamente *tão somente* como brutal. Uma contraprova genérica dessa assertiva: não é esse estado de coisas brutal que provoca a *ira estética* da vanguarda musical germânica expressionista-dodecafônica, que então investe *esteticamente* contra ele em cruzada *autocrática* – aliás, bem ao gosto e modo alemães? Mais especificamente: a *avant garde* musical alemã não vê no envelhecido tonalismo burguês-filisteu – filho de uma sociedade improgressiva e impura –, bem como na resposta que avaliam subjetivista e inconsistente do romantismo frente a essa vida decadente e sem saída, o anticristo que deve ser expurgado do cenário artístico por uma força oposta tão tenaz quanto fora o próprio romantismo? Não bate à nossa porta dodecafônica a hora da irracionalidade tonal ser definitivamente banida, pois exaurida pela barbárie romântico-sentimentaloide? Enfim – entreve e aposta a vanguarda visionária que necessariamente ama e odeia Beethoven ao mesmo tempo –, nossos dias não são os de uma arte *evoluída*? Bem...

11 Cf. Ivancy Chiasin, De Uma Alma Sonora Humaníssima?, em M. Aster, op. cit.

3. CAMINHOS E DESCAMINHOS MUSICAIS

...o Diabo pode dizer as verdades sem nenhum medo! Isso é fato! Ele não tem rabo preso. Nada deve; antes: deve tudo. Por isso, Dele extraímos iluminações divinas! Suas reflexões em relação à música são muito e muito instigantes! Ouçam-No, e se quiserem Lhe dar crédito, por que não? Ou a pureza celestial e acadêmica são mais honestas?

Poucos comentários farei sobre o diálogo, pois ele me parece extremamente decifrável por si. Faço, sim, uma síntese, e não poderia me furtar de tirar algumas conclusões. Ah, sim! Essa conversa entre o Diabo e o grande músico alemão Adrian Leverkühn aconteceu na sala de trabalho do compositor; calculo que ocorreu no curso da primeira década do século XX. Pela extrema importância musical do *pacto* humano e artístico então travado entre eles – que implicou consequências universais –, achei por bem ser generoso nas transcrições que desse longo diálogo ofereço ao leitor. Em verdade, seleciono apenas passagens em que o argumento debatido é a música. Clamo por sua paciência, leitor, principalmente se não fores iniciado no místico terreno da arte dos sons – ou seria *realmente* mais acertado dizer, no diabólico terreno da música instrumental alemã. Vamos lá...

Depois de um largo preâmbulo, o tremente A.L. aceita a ideia de que o Diabo está à sua frente; a determinado momento, necessariamente a conversa toma esse rumo:

[Diabo] /.../Não enfrenta a produção [musical atual] a ameaça de estancar? E o que ainda merece ser levado a sério, entre as coisas lançadas no papel, revela fadiga e desgosto. Causas exteriores de caráter social? Falta de demanda – e, como nos tempos da era pré-liberal, as possibilidades da produção dependem grandemente do acaso do mecenato? Certo, mas isso não basta para explicar tudo. A composição em si ficou por demais difícil, terrivelmente difícil/.../Mas é mesmo assim, meu amigo: a obra-prima, a criação autossuficiente, pertence à arte tradicional, ao passo que a emancipada a nega. O mal começa com o fato de que a vocês fica terminantemente embargado o direito de disporem de todas as combinações de notas outrora empregadas. O acorde de sétima-diminuta? Impossível! Também impossíveis certas notas de passagens cromáticas. Qualquer compositor que se preze traz consigo um cânone do que é proibido, das interdições que cumpre impor-se a si mesmo, esse cânone que aos poucos chega a abranger os recursos da tonalidade e, com isso, de toda a música tradicional. O cânone determina o que está errado ou se tornou chapa gasta pelo uso. Na composição concebida segundo a técnica atual, sons tonais, tríades, sobrepujam quaisquer dissonâncias, e com essa finalidade talvez possam ser utilizados, mas só cautelosamente, *in extremis*, pois o choque será pior do que outrora a mais forte cacofonia. Tudo depende do horizonte técnico. O acorde de sétima diminuta encontra-se no seu lugar adequado e é sumamente expressivo ao começo da *opus 111*. Não achas também que ele corresponde ao nível geral da técnica de Beethoven e à tensão entre o máximo de dissonância, que então se podia arriscar, e a consonância? O princípio da tonalidade e seu dinamismo proporcionam ao acorde seu peso específico. Ele perdeu-o devido a um processo histórico que ninguém conseguirá inverter. Escuta o acorde fóssil! [...] Cada som traz em si o todo e também toda a história. Mas, por isso, acontece que a percepção do nosso ouvido, em matéria do justo e do errado, permanece inelutável e diretamente ligada a ele. A esse único acorde, que em si não está errado, porém absolutamente não tem nenhuma relação abstrata para com o nível técnico geral [atual]; temos nesse caso uma exigência de justeza que a criação dirige ao artista. É um pouco severa, não é? Não se esgotará em breve a ação do artista na realização daquilo que está circunscrito pelas condições objetivas da produção? Em cada compasso que alguém se atreve a imaginar apresenta-se a ele como problema a situação da técnica. A cada instante, a técnica, na sua totalidade, exige dele que se submeta a ela e impõe a única resposta certa, que no momento lhe parece admissível. Chega-se então ao ponto no qual as composições do artista não vão além de respostas dessa espécie e não passam de soluções de rébus técnicos. A Arte *transforma-se em crítica*. Conversão muito nobre, inegavelmente, e que requer muita rebeldia em plena subordinação, muita independência, muita coragem. E o perigo da ausência de criatividade? Qual é sua opinião a respeito dele? Periclita ela ainda ou já se tornou um fato consumado?/.../

[AL] Que é que aguardais? Quereis que eu admire vosso sarcasmo? Nunca duvidei de que saibais comunicar-me o que já sei. Vossa maneira de apresentá-lo tem um propósito claro. Mediante ela, quereis demonstrar-me que, para meus desígnios e minha obra, ninguém me poderá ser útil, a não ser o Diabo, e que somente a ele devo recorrer. Contudo não podereis excluir a possibilidade teórica de uma harmonia espontânea entre as necessidades pessoais e o momento, a saber, a "justeza", a possibilidade de uma concordância natural, que nos permita criarmos livre e despreocupadamente.

[Diabo] (*rindo*): – Uma possibilidade muito teórica, de fato! [...] As dificuldades proibitivas da obra residem no próprio íntimo dela. O movimento histórico do material virou-se contra a obra completa em si. Esta definha no tempo, recusa ampliar-se no tempo, que é o espaço da obra musical, e a deixa vazia. Isso não resulta de nenhuma impotência nem tampouco da capacidade de plasmar; provém, do contrário, de um inexorável imperativo de densidade que abomina o supérfluo, rejeita o fraseado, destroça o ornamento e se dirige contra a extensão temporal, que é a forma vital da obra. [...] Admissível resta unicamente a expressão da dor em seu momento real, expressão não fictícia, não brincalhona, não dissimulada, não transfigurada. A impotência e a miséria cresceram a tal ponto que não é mais permitido realizar com ela jogos imaginários.

[...] Certas coisas não são mais possíveis. A aparência dos sentimentos sob a forma da composição artística, a aparência autossuficiente da própria Música tornaram-se impossíveis e insustentáveis [...] Acabaram-se as convenções preestabelecidas, obrigatórias, que garantiam a liberdade do jogo [...]

[AL] Seria, porém, possível saber disso e voltar a reconhecê-las, fora do limite de qualquer crítica. Poderíamos elevar o jogo à segunda potência, brincando com as formas das quais, como não se ignora, a vida desapareceu.

[Diabo] Claro, claro. A paródia. Ela poderia ser divertida, se não fosse tão merencória no seu niilismo aristocrático. Aguardas de truques dessa espécie muito prazer e grandeza?

[AL] (*retrucando iradamente*) – Não!_

[Diabo] Resposta breve e áspera. Mas, por que essa aspereza? Porque eu te faço, cá entre nós, perguntas amistosas, dirigidas à tua consciência? Porque te mostrei teu coração desesperado e, com a sagacidade de um conhecedor, revelo-te as dificuldades realmente insuperáveis que a composição enfrenta hoje em dia? [...] E justamente eu acabo de assumir o papel de pobre Judas, exibindo-te as dificuldades nas quais se embrenhou a Música, como todas as artes na atualidade. Deveria eu abster-me disso? Mas somente o fiz a fim de mostrar-te que tens vocação para ultrapassá-las, elevando-te acima delas, até o cume da admiração a ti mesmo, e realizando façanhas que te causarão o mais sublime terror.

[AL] Que vaticínio! Hei de cultivar plantas osmóticas.

[Diabo] [...] Teu pendor, meu amigo, para ir em busca do objetivo, da chamada verdade, e para tachar o subjetivo, a vivência pura, de desprovidos de valor, é deveras próprio de um pequeno-burguês, e cumpre superá-lo. Tu me vês, logo existo para ti. Vale então a pena perguntar se realmente existo? Não será real aquilo que produz efeitos? Não serão verdade a vivência e o sentimento? [...]

[Diabo] [...] Em suma, entre nós dois não há necessidade de nenhuma encruzilhada nos boques de Spessart nem tampouco de pentagramas. Temos um pacto e concluímos um negócio. Sigilaste-os com teu sangue; comprometeste-te conosco; foi-te administrado o nosso batismo. Essa minha visita tem por objetivo unicamente a ratificação.

Recebeste de nós tempo, tempo apropriado para um gênio, tempo que permite voos altos; plenos vinte e quatro anos, *ab dato recessi*, ser-te-ão concedidos por nós, para que alcance tua meta. Passados eles, decorridos eles – o que nem se pode prever, já que tamanho tempo é uma eternidade – hemos de levar-te. Em compensação, vamos servir-te e obedecer-te em tudo nesse ínterim, e o Inferno te beneficiará, contanto que *abjures de tudo quanto vive*, de todas as hostes celestes e *de todos os seres humanos*. Pois assim deve ser.

[AL] (*sentindo um frio extremamente glacial*) Como? Isso é novo para mim. Que significa essa cláusula?

[Diabo] Significa renúncia, e nada mais. Pensas, acaso, que os ciúmes têm seu domicílio somente nas alturas e não nas profundezas também? Tu, ó distinta e bem-feita criatura, te prometeste e uniste a nós. *Não te será permitido amar.* [...]

[...] O amor fica proibido, porque esquenta. Tua vida deve ser frígida, e, portanto, não tens o direito de amar pessoa alguma. /.../ A natureza das coisas requer o esfriamento total de tua existência e de tua relação para com os homens, ou melhor, já inere à tua índole. [...] Queremos que fiques tão frio, que nem as chamas da produção criativa sejam bastante quentes para te aquecerem. Nela te refugiarás, para saíres do frio de tua vida[12].

Das assertivas diabólicas colhem-se reflexões e determinações que coagulam os supostos da arte musical de vanguarda. Tentarei ser breve na minha síntese.

1.

A música – a *arte – transformou-se em crítica*! Talvez essa seja a mais decisiva e aguda percepção exposta. A resposta a um cânone técnico *auto-imposto*, que veste o artista comum a camisa de força entendida como a liberdade criativa, impõe-se como eixo compositivo. A partir dessa imposição, dessa lógica estética, avalia o artífice dodecafônico – misto de músico e guardião do templo musical –, está forjada a única possibilidade musical aceitável e adequada ao tempo vivido, está moldado o único procedimento compositivo inovador, coerente, moderno, artístico de fato. Esse é o *modus faciendi* que responde às necessidades de um tempo humano de "impotência e miséria". O rigor implacável, *matemático*, do procedimento

---

12 Ibidem, p. 336-341; 349-351. (Grifos nossos.)

compositivo é a resposta musical superior à ignomínia subjetivista e à superficialidade bestial de uma vida burguesa sem rigor e senso. Perspectiva que converte o indivíduo criador num ser que se subordina a uma *concreta ciência-compositiva* que lhe está *acima* e que ele toma como superior a si *in limine*. Mas a perda do indivíduo soto-posto a um universal (compositivo) abstrato não macula criador e criatura, avalia A.L., porque a Música fez-se verdadeiramente Música, isto é, *fez-se crítica!* Crítica à mediocridade da vida burguesa prosaica, que fornica com um indivíduo pecaminoso! Vida replena de superficialidade filisteia e de música burra, como o jazz; crítica, igualmente, à tonalidade, à arte musical pregressa e saturada de pieguismo. A obra afetivo-evocadora – filha de um homem corrompido pelos imperativos corruptores da ordem burguesa –, cujo sentimento expresso é *decantado*, *esculpido*, musicalmente *mediado* para que então se transfunda em arte, não pode mais ser, ou tem sentido. Verdadeiro, admissível artisticamente de fato apenas a *crueza empírica imediata dos sons*, a dureza e fantasmagoria de sons *em si* que querem ser a própria dor concreta, empírica, isolada; dor humana que quer se transformar em dor musical, artística, mediada pela *dissonância imediata*, pela acridez nascida da relação entre notas. Não há espaço para a *beleza*, que é a mediação, eficaz, pela qual a expressão artística nos alcança e move humanamente. Os tempos são criminosos, então os sons devem ser os do sangue empírico jorrando na minha frente. A acrimônia, a rudeza chocante, a feiura, enfim, são a única verdade que a arte pode plasmar como filha de um tempo maldito. Numa palavra, o ódio vanguardista alemão ao que entende como vaziez da vida romântico-burguesa – uma vida de *supérfluos* – faz sua música "erudita" detestar o próprio fluxo sonoro temporal da música, que é a sua própria natureza e alma, isto é, "*a forma vital da obra*". Em seu lugar, o "inexorável imperativo da densidade", entendido como a *verdadeira* expressão musical da verdade da vida. *Nunca antes na Alemanha* a música fora tão profunda! O material sonoro dodecafônico – aqui compreendido também em suas autovariações e autocombinações – é *per se*. Toda a extensão musical desnecessária deve ser amputada. Nada mais antibeethoveniano, conquanto procedimento musical mediatamente nascido de sua inspiração. Em suma, crítica e técnica se amalgamaram, impondo ao *material compositivo* um predomínio canônico, esteja sobre isso mais ou menos consciente e concorde o compositor. Transgredir o cânone é perder a criticidade necessária. Violá-lo é ser artista menor, porque o próprio material serial é crítico! Então, a resposta musical certa e ilustrada para tempos modernos é um *a priori* genérico-sonoro; o compositor, um revoltado em plena subsunção defendida.

2.

A frieza que à música dodecafônica se cola – e que o Diabo exige como condição *natural* daquele que a produz –, não nasce, como alardeia a rigorista *avant garde*, da incompreensibilidade do público para com o novo. Aliás, diga-se de passagem, para Webern, e não apenas para ele, quase toda a humanidade seria incapaz de apreender a profundidade da música nova. Despreparada, deseducada, prosaica e de gosto supérfluo, a humanidade, ao menos musicalmente, seria incapaz de metabolizar a mensagem arcana que apenas alguns poucos podem ter o privilégio diabólico de *fruir*! De fato, a frieza gélida é filha dileta da inexistência do melódico, ou melhor dito, da existência de uma "melodia" que, abrindo mão do *grau conjunto* – que é, *lato sensu*, o *modus faciendi* da voz da fala[13] – bem como das *relações* entre as notas, é um mosaico atomizado de sons não conectados entre si, ou conectados *formalmente* a partir do imperativo de uma técnica friamente excludente que desse modo obstrui e rechaça o anímico por desestimá-lo ou considerá-lo desimportante, menor. O dodecafônico, assim, nega o genético *modus faciendi* da música, que se consubstancia enquanto exteriorização da vida subjetiva, dos sentimentos sentidos. Que, pois, de tal sonoridade não melódica nasça uma sensação auditiva do fantasmagórico, do estranho, do não humano é constatação que não pode causar espanto.

---

13 Sobre a determinação das relações entre a *voz da fala* e a *voz do canto*, bem como sobre as determinações teóricas a respeito da voz nos gregos e no Renascimento, confira-se meu livro: I. Chasin, *Música Serva D'Alma – Claudio Monteverdi: Ad Voce Umanissima*, São Paulo: Perspectiva, 2009.

Fantasmagoria que é música entendida por seus artífices como música *da objetividade* – como sonoridade-espelho do opróbrio da vida burguesa.

Então, fica interdito o amor, que esquenta, e também a relação com "todos os seres humanos". O sentimento mais próprio para o ato compositivo é a frigidez de uma alma misantrópica que tem de negar a afetividade. Ora, retratar em sons o mundo da miséria implica uma subjetividade fria. Porque a frieza intrínseca permite não apenas focar aquilo que interessa – a objetividade infértil da vida – mas também estar em sintonia com um mundo sem alma. Um homem que não ama, ou que se impõe não amar, é suficientemente imparcial para lidar com essa vida imprópria, bate no mesmo pulso que ela, avalia o Diabo: assim, tanto terá sucesso em retratá-la na sua verdade, quanto se tornará capaz de expurgar todos os excessos subjetivos que da paixão sentida poderiam nascer. A frieza é o estado humano propício para a necessária arte "objetiva" dos tempos modernos, tempos de frio cinismo e valores mesquinhos, considera equivocadamente a ilustrada *avant garde*. Em palavra genérica que vale repropor: "A *natureza das coisas* requer o esfriamento total de tua existência e de tua relação para com os homens, ou melhor, já *inere à tua índole*." Essa condição d'alma, pontue-se, parece ter sido cumprida à risca!

E se assim o é, uma arte refogada nesse caldo frio causará, ou não, "o mais sublime terror" e repulsa? Serenus Zeitblom, o grande e maior amigo e A.L., conhecedor de sua alma, ao comentar *Apocalipsis*, obra madura de A.L. que considera monstruosamente genial, afirma, num misto de admiração profunda e consternação preocupada:

Quantas vezes essa obra intimidante por seu afã de revelar através da música as coisas mais arcanas, a besta no homem tanto como suas ambições mais sublimes, quantas vezes, repito, não lhe pespegaram a acusação de espírito barbaramente sanguinário e, ao mesmo tempo, de anêmico intelectualismo! Digo que "lhe pespegaram", pois seu propósito de acolher em si, em certo sentido, a biografia da Música, desde os seus primórdios pré-musicais, magicamente rítmicos ate à sua mais completa perfeição, contribuiu para expô-la a tal vitupério, talvez não apenas em parte, senão como um todo[14].

14   Ibidem, p. 522.

No afã ardente de dar forma musical a uma *objetividade em sons*, a obra arrogante se cientifica na frieza de uma textura sem decantações ou mediações que se pretende arcanamente profunda na expressão de uma totalidade em síntese. Sua expressividade, porém, presumidamente tomada de seu próprio material, é o desconcertante abstrato, que antes estranha do que comunica ou exprime. Em termos técnicos, extremamente reveladores: *Apocalipsis* "está dominada por um paradoxo (se realmente se trata de tal): a dissonância expressa nela tudo quanto existe de sublime, sério, piedoso e espiritual, ao passo que o harmonioso, o tonal, ficam reservados ao mundo do Inferno, que nesse contexto é, portanto, o mundo da banalidade e do lugar-comum".[15]

Ligar o dissonante ao evoluído, erudito, refinado, arcano, e o consonante ao banal, prosaico, desqualificado é um ato artístico insano, para dizer o mínimo. Mas robora o coração da argumentação exposta: a "expressão" da música dodecafônica tem por fundamento o *abstratamente sonoro*, suposto compositivo que pavimenta a estrada da incomunicabilidade e estranhamento auditivos. Até porque ao se contrapor dissonância e consonância dessa forma, são contrapostos, ato contínuo, vida e arte, popular e erudito, *intelligentsia* e povo. Contraposição não apenas arrogante, mas inteiramente falsa, que não se sustentaria ao empurrão da menor admoestação contrária. Na toada dodecafônica, Kurt Weil é atrasado e decadente, o jazz, música de negros, e o tonal, sob qualquer forma, arte para mentecaptos involuídos.

Em argumento que conclui a reflexão em curso, para A.L., o futuro deveria ser o fim do indivíduo egoísta substituído pela coletividade harmoniosa! Sem dúvida, a técnica dodecafônica combina muito bem com sua perspectiva social. A verdade humana na música moderna supõe um indivíduo não ativo: a subjetividade musical mais adequada à criação é aquela que na frieza prescinde de si mesma e então reflete *efetivamente* o mundo pecaminoso a partir de um arcabouço técnico cujas leis rigorosas se confundem com o ato criador. A acridez e a dureza *abstratas* ingênitas à essa música – abstração que é

---

[15] Ibidem, p. 523-524.

linearidade sonora e estranhamento –, é a feiura que a *avant garde* entende dominar a vida. Se de arte se trata, de obstinada dissonância crua – vertical e horizontal – se trata, então, a fealdade explícita tem de existir. Para a irracional *avant garde*, existe apenas o falso nesse mundo burguês! Serenus, ao louvar com intensidade a última obra de A.L. – *A Lamentação do Dr. Fausto* –, sublinhando sua imensa dimensão expressiva, assevera ao mesmo tempo que

a lamentação do filho do Inferno, a lamentação humana e divina que, partindo do indivíduo, mas ampliando-se cada vez mais e, em certo sentido, apoderando-se do cosmo, há de ser a mais horrenda que jamais tenha sido entoada na terra.
Uma lamentação, uma lamentação! Um *De profundis*, que meu zelo afetuoso julga sem igual[16].

A.L. sofreu sua própria danação. A arte que espelhou o monstruoso humano cobrou seu preço impagável ao criador que pactuou com a soberba, com a autoproclamada clarividência superior, com a evolução musical porque distorcidamente acreditava apenas na fealdade da vida. Imediatamente antes de cair doente – de uma doença da qual nunca se recuperaria –, frente a um auditório público confessava francamente:

Item, meu coração desesperado me fez perder tudo. É bem verdade que eu tinha uma cabeça boa, bastante ágil, e dons que misericordiosamente me haviam sido conferidos de cima. Poderia tê-los utilizado com honestidade e modéstia. Mas sentia com demasiada clareza: esta é a época em que já não é possível realizar uma obra de modo piedoso, correto, com recursos decentes. A Arte deixou de ser exequível sem a ajuda do Diabo e sem fogos infernais sob a panela... Sim, sim, meus caros companheiros, certamente cabe aos nossos tempos a culpa de que a Arte estagna, que se tornou por demais difícil e zomba de si mesma, que tudo se tornou por demais difícil e a pobre criatura de Deus já não percebe nenhuma saída, na sua miséria. Mas quem convidar o Diabo à sua casa, para superar o impasse e irromper para fora, comprometerá sua alma e tomará a carga de culpa dos tempos sobre a própria nuca, de modo que acabará condenado[17].

---

16 Ibidem, p. 675.
17 Ibidem, p. 694-695.

Os tempos são de danação, avalia A.L. , avalia a *avant-garde*. Danação que fizeram da arte mediação tola do irrelevante. O acerto de contas com esse estado de coisas exige o diabólico porque exige força sobre-humana. Mas o pacto com o Diabo é a consumação da arte em vida diabólica, porque esse é o pulso objetivo da vida, que então tem de se fazer música enquanto dissonâncias. O díssono é entronado como o verdadeiramente artístico porque expressão da verdade díssona, avalia A.L. A verdade diabólica é a saída artística. Num mundo onde Deus não pode, à música que tudo vê cumpre plasmar a verdade Dessa ausência. Eis a missão da arte, que então supera o indivíduo egoísta, e assim o tonal, a canção, a melodia, marcas de um mundo putrefato. Na frieza do criador, que não deve amar porque amar é ser indivíduo e esse degenerou, a força de uma música inafetiva. Na palavra dolorosa, que se pergunta se fez o bem ou o mal, mas que não deixa dúvidas sobre o anti-humano da música produzida, mesmo porque não pode haver *Arte* se não houver um *artista apaixonado*: "Conclui [minha] obra em meio ao homicídio e à luxúria, e pode ser que, graças à Misericórdia, ainda chegue a tornar-se bom o que foi criado em maldade"[18].

4. TÔNICAS, DOMINANTES E SUBDOMINANTES

Inicio este tópico pelo reconhecimento daquilo que me parece fundamental, a saber, a musicologia, ou *Musikwissenschaft*, é "ciência" de gene romântico, *germânico*. Na contundência argumentativa de Pamela Potter:

pode-se argumentar que a musicologia foi uma disciplina política desde o princípio, particularmente em relação à sua ênfase germano cêntrica, e nunca deixou de ser uma disciplina política. As obras pioneiras do século XIX surgiram num clima político que buscava formular a identidade alemã, e o campo continuou a crescer sob circunstâncias que, repetidamente, demandavam o reforço positivo daquela identidade: a campanha pela unificação, em 1871, a desmoralização que se seguiu à Primeira Guerra, a promoção da superioridade racial alemã, a

10 Ibidem, p. 699.

eliminação dos inferiores sob o regime hitlerista e a missão de espalhar a cultura alemã pela Europa durante a guerra.

Depois de 1945, as mudanças metodológicas gravitaram em torno das abordagens objetivas, positivistas, como as cronologias e as análises cuidadosas das fontes materiais. Essas mudanças podem ter sido consideradas como um afastamento da musicologia nazista, pois abandonavam o irracional em favor do racional. Não obstante, *a ênfase alemã permaneceu intacta*. Os métodos podem ter se tornado menos subjetivos, e assim politicamente menos suspeitos, mas os objetos favorecidos por tais métodos continuaram a ser os compositores vistos como os pilares da grandeza alemã, tais como Bach, Beethoven, Mozart e Wagner[19].

Em passagem anterior referia:

A musicologia percorreu vias metodológicas quase idênticas às da literatura, oscilando entre os princípios da *Geistesgeschichte* e do neopositivismo, buscando modelos teóricos no campo das ciências e, no decorrer dos anos de 1930, *concentrando-se em definir uma essência alemã presente em todos os períodos da história*. Nacionalismo, teoria racial, glorificação do *Volk* e antissemitismo, elementos tão proeminentes nos anos de 1930, deitam suas raízes nos séculos XVIII e XIX, tanto na literatura alemã quanto na musicologia[20].

Não há exagero, pois, nesta assertiva: a musicologia surge no universo acadêmico e intelectual germânicos como força propulsora que serve ao nacionalismo alemão. Nada a estranhar, absolutamente. Se na Alemanha oitocentista, música, identidade nacional e superioridade rácica reciprocaram-se à exaustão – mutuação que o nazismo explorou e expandiu –, o nascimento nada puro da "ciência" da música é um fato natural, que não demanda grandes malabarismos intelectuais para que sua gênese seja entendida[21].

Se atentarmos para o fato de que tanto 1. a pesquisa sobre a música alemã quanto 2. a infindável escavação inconcludente sobre o que é "alemão" na música alemã ocuparam posição privilegiada seja no interior do pensamento musical alemão – tal

---

19 Ver "A Desnazificação e o Legado Musicológico Alemão", p. 428, supra. (Grifos nossos.)
20 Ver "Introdução", p. 23, supra (Grifo nosso.)
21 Sobre essa questão, bem como sobre os fundamentos estéticos da Orquestra Filarmônica de Berlim, veja-se I. Chasin, "De Uma Alma Sonora Humaníssima?", em M. Aster, op. cit.

preocupação remonta, pelo menos, ao século XVII –, seja na reflexão musicológica propriamente dita, conseguimos entrever o pulso intrinsecamente *germano-cêntrico* da musicologia. Pulso que necessariamente engendrou, e continua a engendrar e difundir, os mais distorcidos procedimentos, reflexões e resultados teoréticos. Apenas dois exemplos – historicamente não distantes de nós – dos descaminhos perpetrados por essa "ciência" ideológica interessada:

[Hugo] Riemann determinou que a música alemã alcançara o *status* de hegemonia mundial apenas no século XIX, após um período de longa dominação italiana. Os acadêmicos que lhe sucederam, no entanto, sentiam-se impelidos a buscar indícios de uma consistente superioridade musical que remontaria aos tempos pré-históricos. Einstein tentou delinear um espírito musical alemão, encontrando seus indícios no "âmago do sentimento musical nórdico", na "hegemonia germânica musical", no Império Romano, no "florescimento alemânico" subsequente e no "prazer pelas consonâncias harmônicas", que remontariam aos tempos do uso do *lur* pelas tribos germânicas anteriores a César[22].

E se Alfred Einstein nos faz literalmente rir quando se põe a investigar a existência de um domínio musical germânico no Império Romano – Einstein, pontue-se, que foi um dos mais importantes e respeitáveis musicólogos alemães –, o ideário do também renomado Hans Moser não causa muita graça. Muitas distorções e perversões teóricas nascidas das cabeças de musicólogos influentes – que agiram para transformar a história da música ocidental em história da música alemã –, são *verdades* que vivemos *ainda hoje* nos conservatórios e universidades mundo afora. O próprio Adorno parece ter um dedo na construção da ideia muito nebulosa, porém ativa, de que a história da música que *de fato conta* teria em Bach – ou eventualmente em Buxtehude – seu começo, passaria pelo Classicismo e Romantismo alemães e desembocaria na vanguarda *alemã* dodecafônica e seus inúmeros derivados posteriores. Munido de tal juízo difuso, mas ampla e implicitamente assumido, a possibilidade de alguém formar para si um arco histórico minimamente consistente está ferida de morte. No Brasil, sublinhe-se, esse arco alemão da história da música é o que

---

22 Cf. Tentativas de Definir "Germanidade" em Música, p. 334-335, supra.

vigora, determinando ideários e práticas. No embaralho *germanocêntrico* e ideologizado de Hans Moser, tão a propósito:

> Moser dava muito mais crédito ao engenho alemão [em seu *Lehrbuch* do que Riemann no seu *Handbuch*], fosse designando certos gêneros como inventos alemães, fosse deixando de reconhecer contribuições não alemãs. Ele sublinhava a contribuição alemã à música para o alaúde e omitia qualquer referência à Espanha, apresentava as suítes como inovações de Froberger e remontava as origens do *lied* à monodia, mas desconhecia a existência da monodia italiana. Subestimava o emprego de formas e estilos italianos por Bach e, embora reconhecesse a contribuição italiana ao desenvolvimento da forma sonata, concebia sua evolução como uma ideia introduzida por Bach em suas invenções e posteriormente desenvolvida por Haydn[23].

Esboçada, pois, a germanidade interessada da musicologia, posso sintetizar a questão-chave para a exposição em curso, a saber: se nascida das entranhas do nacionalismo que assumia gradativamente feições rácicas, como a musicologia não seria essa "ciência" *da* e *para* a música alemã? Assim, a música instrumental, filha dileta das musas românticas, entendida como *A Mais Alemã das Artes*, não poderia deixar de ocupar o corpo e a alma das preocupações musicológicas. Musicologia, portanto, que se desenvolveu, sublinhe-se, na busca de *afirmação* e *projetação* da música instrumental. Movimento de afirmação que se realizaria a partir e no interior de uma aproximação analítica dessa música em termos dominantemente positivistas. Frente ao universo estruturalmente abstrato da música instrumental – abstração artística que marca tanto a música romântica quanto o antirromantismo dodecafônico[24], ambos responsáveis, em diferentes proporções certamente, pelo *background* que enraizou e sustentou o nascimento da musicologia – tal "ciência", então, teria dois "caminhos de acesso" a esse cosmos instrumental: ou se voltaria à *matéria técnica* da obra, e a partir daí forjaria suas ferramentas investigativas e constituiria seu horizonte teórico, ou incorporaria a filosofia e a ciência da história como instrumentos analíticos fundantes. Mas, se

---

23 Cf. Tentativas de Definir "Germanidade" em Música, p. 360, supra.
24 Sobre a questão da relação e das diferenças entre a música instrumental e a música vocal, veja-se I. Chasin, *Música Serva D'Alma*.

tomasse esse segundo caminho perderia aquilo que mais desejava ser – uma ciência autônoma. A "ciência da música" enformou-se, precisamente, no movimento de caça por um *status* científico e metodológico independentes; almejava, como ainda hoje almeja, antes e acima de tudo, sua *especificidade* científica, ou o reconhecimento, pela academia, da existência de seu estatuto científico próprio, peculiar, rigorosamente musicológico.

Marque-se, porquanto questão fundamental para que se alcance alguns porquês da musicologia: tendo por seu *referencial* objeto de pesquisa o arcano sonoro – o mundo da *superior* música instrumental alemã, produto maturado pela estética musical romântica –, o tratamento dessa matéria a partir de um enfoque cientificista, positivista, era a via teorética com muito mais chance de vingar. Ora, como afirmar a grandeza e sentido de uma obra abstrata se não pela tangente, isto é, por seus elementos técnico-constitutivos tornados a "explicação" total de uma dinâmica? Em termos semelhantes, como a musicologia – parida por uma cultura marcada pelo culto pagão à música instrumental, onde o dodecafonismo é desdobramento do legado romântico ao roborar e *desenvolver* tal culto, moldando assim uma atmosfera muito adequada e generosa a uma "ciência" da música instrumental –, como a musicologia, portanto, poderia não ser a "ciência" *positivista a partir e no interior da música instrumental*? A musicologia foi o impulso teorético a uma práxis vigente que determinou suas opções, formas e resultados analíticos.

Daí, então, a importância que a harmonia assume como ferramenta investigativa, harmonia que, como lucidamente marcava Kretzschmar, é o *campo musical próprio da subjetividade*[25]. Ora, a música beethoveniana não se ordena, do ponto de vista de sua estrutura e fluxo, a partir do campo harmônico, ou com um exagerado pendor a operar cientificamente? Não nos pode estranhar, então, que na musicologia a harmonia ocupe lugar de honra. A "ciência" da música faz da harmonia mediação essencial à demonstração da lógica, grandeza e profundidade *artísticas* das obras. Na gênese musicológica está o campo harmônico como ferramenta analítica fundante na medida em que sua exploração e expansão são um fim compositivo, uma busca artística que se realiza como perspectiva primária do compositor. Nessa música, pois, *subjetivismo e cientificidade* se aproximam, articulam e mutuam, por mais estranho que isso possa parecer. Explorando caminhos harmônicos – realizados enquanto condição estrutural da criação artística –, a obra então se enforma como orgânica harmônica. Sua dimensão mimético-melódica, por sua vez, encontrará lógica e fluxo a partir e no interior das prerrogativas e tendências acórdicas. E se assim o é – vale realizar esta brevíssima digressão –, onde as *Quatro Estações* se diferenciariam da *Appassionata*? Na melodia, na concepção da melodia! Isto é, diferenciam-se pelo fato de que o melódico-anímico da música desse veneziano é *imediato*, *natural*. A concessão ao instrumental-virtuosístico, ao *subjetivo-pessoal*, não se transfundiu no coração compositivo da obra, subordinando o anímico eventualmente expresso. Em termos meramente assertivos, pois nesse contexto eu não poderia desenvolver a questão: na abstração intrínseca da música beethoveniana predomina o arcano, o *eu do artista*; na abstrata música instrumental vivaldiana, o campo melódico é um universo anímico mais aparente, translúcido, claro, comunicável. Conquanto a música instrumental carregue em si, por sua própria natureza, uma abstração indecifrável, na melodia vivaldiana o elemento anímico – que não corre na direção do hermético – tende a fluir, predominantemente, na superfície da obra, fato que aproxima obra e ouvinte. Predominância que não poderia ser afirmada no caso da música instrumental de Bach, pontue-se. Tornando, pois, ao eixo argumentativo em curso, tônicas, dominantes e subdominantes, pensadas pela musicologia quase como entidades transcendentais com vida própria, teriam de armar sua análise, que enfrentará os outros elementos constitutivos do discurso sonoro a partir e em função do harmônico, tenha ele ou não a predominância compositiva a cada caso. De fato, o peso conferido pela musicologia ao harmônico não raras vezes embaça e emagrece a análise técnico-positivista elaborada, ênfase que dá vida – advirta-se – a uma "metodologia" ou procedimento analítico canônico, inflexível, empobrecedor do exame teórico elaborado – faz da obra um esqueleto, o qual explicaria suas carnes. Sem dúvida que a harmonia, a partir do século XVIII, passa a exercer um protagonismo compositivo, mas isso não significou, simplesmente, que as funções harmônicas passaram a ser a chave-mágica isolada da construção da obra, portanto de sua explicação. Os pilares de uma casa não são a casa, são os pilares. Por isso, mencione-se ao final dessa argumentação, a musicologia se depara com tantos obstáculos analíticos quando se emaranha pelos labirintos da música da *avant garde*. Despossuída, de fato, de um campo harmônico que se possa considerar como tal, o aparato analítico se sente nu, sem bússola. A solução que provê, porém, não é crítica. Frente a uma nova materialidade, plasma parâmetros analíticos e conceitos musicais que possam dar conta formal dessa especificidade material. Jamais avança na direção de uma análise que ate o necessário exame e escavação teóricos da materialidade da obra à vida humana, a não ser quando toma ferramentas filosóficas. Mas aí, estamos no limiar da musicologia não mais como musicologia.

Seja como for, o que quero deixar consolidado nessa exposição é o fato de que a análise musicológica nasce sob o signo da tecnicidade, elaborando teoricamente apenas a partir e no interior do material da obra e de suas combinações. Mas haveria de ser diferente? Poderia a musicologia, por sua alma positivista, não ter na materialidade empírica da construção sonora o substrato de sua análise? Em termos mais gerais, por ter na música instrumental romântica seu referencial artístico, como a ciência da música não seria a ciência abstrata de uma abstração? Então, o positivismo musicológico estava contratado, até porque a musicologia nascente asseverava que o pensamento musical romântico vigente era a expressão cabal da ausência de rigor científico. Entendendo explicitar a lógica de uma obra instrumental ao lhe associar determinadas imagens poéticas e sentimentos porque o mundo anímico era tido como sua essência, essa forma romântica de se aproximar analiticamente da música devia ser superada posto seu subjetivismo insuperável, proclamava o rigorismo musicológico que se constituía. Imersa no positivismo em voga, a ciência da música "reproduziria" seus fundamentos metodológicos, opostos aos procedimentos teórico-musicais de um romantismo pré positivista.

Sua alma cientificista, porém, não era inteiramente fiel a si mesma, e menos ainda à música. A busca perene da *Musikwissenschaft* por caminhos metodológicos "adequados" a si, bem como sua constante subdivisão em subáreas – por exemplo, musicologia comparada, musicologia histórica, etnomusicologia e assim por diante –, revelam a precariedade teórica do universo musicológico, sempre oscilante e extremamente sensível a modismos. Não afirmo com isso, porque seria um despropósito, que a musicologia não tenha produzido pesquisas e estudos musicais relevantes e impulsionado o conhecimento de iniciados e não iniciados tanto em relação à teoria quanto à prática musical de qualquer tempo. O que tento referir é que a musicologia não é uma ciência, nem poderia ser. Sua busca obstinada e inconcludente por autonomia teórica reflete, antes, a fraqueza científica de seus pressupostos e fundamentos. Satisfazendo-se com respostas técnicas e/ou estilísticas e nunca esboçando nem mesmo a preocupação com o significado ou sentido humano da obra de arte, o suposto e resultado da musicologia é a materialidade da obra transfundida em música. Nos termos de Potter, aos quais precisamos atentar:

uma vez que aceitemos a natureza política [eu diria, *ideológica*] da musicologia, podemos ver como, enquanto disciplina política, ela pode ser vulnerável às interferências políticas. Essa vulnerabilidade é especialmente aguda nos períodos de transições intelectual e política. Nessas épocas, os acadêmicos precisam ficar especialmente alertas quanto às seduções de formas de pensamento politicamente em moda. A situação da musicologia na Alemanha nazista é um exemplo impactante de como a aceitação acrítica de tendências teóricas e bordões pode fugir ao controle e liberar forças destrutivas. A musicologia viveu uma crise metodológica depois da Primeira Guerra, os acadêmicos buscaram energicamente novos modelos e métodos para a compreensão da música e a adoção apressada de teorias raciais e da retórica política engendrou uma desordem caótica de inconsistências. Mas os que se adequaram tiveram garantidas a aceitação e as oportunidades de publicação, seguindo cegamente a outros sem prever consequências. O acatamento acrítico e o uso indiscriminado de termos como "alma racial", "alma folclórica", "nórdico", "dinárico", "germânico", "Völkisch", "orgânico", "luta" e "Volksgemeinschaft" criou uma plétora literária aceita apenas em virtude de sua concordância com um conjunto de suposições da moda, independentemente de suas inconsistências lógicas e seus juízos subjetivos. O efeito inócuo de tal fachada era conseguir facilmente confundir os leitores e ocultar a falta de originalidade e rigor intelectual. Entre os efeitos mais perniciosos estava o poder que seus assinantes adquiriam de condenar globalmente qualquer coisa ou qualquer um pela simples atribuição do rótulo "judeu" ou "bolchevique"[26].

A "aceitação acrítica de tendências teoréticas" e suas recorrentes "crises metodológicas" são a contrapartida da ausência de um estatuto científico efetivo. Sua vulnerabilidade intelectual, pois, não é parida por sua dimensão política, mas sua natural condição de existência. Tratar e validar o mundo das abstrações subjetivas a partir de um prisma positivista, tecnicista, isto é, *tautologicamente*, não poderia não lhe acarretar ingênita debilidade metodológica e determinativa. Da abstração da música para a abstração de sua ciência – situação nada estranha. Na palavra que robora a argumentação anterior: o século XIX alemão não firma apenas a música instrumental beethoveniana e a sequente até Wagner e Brahms enquanto suposto e resultado de sua identidade superior, gesta também o expressionismo e o dodecafonismo, igualmente música abstrata. Nesse contexto, o surgimento de uma "ciência" *do som* é processo coerente e divisado. As análises harmônica, melódica, contrapontística, temática, frásica etc. da musicologia se debruçam sobre a *materialidade* de seu objeto equivocamente tratada e apresentada enquanto a própria obra. Os sons são a obra, sustenta a musicologia. Mas na música instrumental romântica ou naquela de A.L. haveria algo para além da própria materialidade imediata dos sons? Sim, irrupções anímicas emergem (na música de A.L. se deveria falar da emersão de estranhamentos), subsumidas ao autonômico mundo dos sons instrumentais. A musicologia não as capta e compreende efetivamente; ela esmiúça analiticamente o mundo dos sons de uma obra e acena, *lato sensu*, à sua expressividade, mas não consegue perceber a diferença que existe entre *sons* e *sons anímicos*. Em verdade, nem mesmo entreve a existência dessa distinção, pois ambos *confundem-se* na malha sonora, que assim se abstratiza radicalmente. A negação inartística do fluxo temporal da música dodecafônica é o avesso da superabundância sonora beethoveniana, que traga o eventual anímico, pulveriza-o, manietando-o necessariamente.

[20] Cf. A Desnazificação e o Legado Musicológico Alemão, p. 440 q.s., supra.

As ferramentas analíticas da musicologia são insuficientes para enxergar e tratar disso. Podem, sem dúvida, tratar dos sons. Mas tratar dos sons e da estrutura compositiva não é explicar a obra *artisticamente*, e então a abstração dos sons musicais é reciprocada pela abstração determinativa da letra teórica, que ratifica o arcano sonoro plasmado. Dito mais especificamente, como resposta ao arcano sonoro, o arcano analítico, onde pululam, *abstratos*, tônicas e dominantes, contrapontos, frases, temas, contratemas, cadências, modulações, marchas harmônicas. Na palavra de Riethmüller, que ao falar sobre o léxico próprio da "ciência" da música e da superioridade presumida dos alemães, assim constata, sabiamente:

A comunicação e propagação dessa crença [alemã na superioridade de sua música] conta com a linguagem, que nesses casos emprega categorias *nebulosas* e *indefinidas*, que tão mais efetivas quanto mais ambíguas. *A indeterminação, começando pela própria palavra "alemão", persiste.* A grade terminológica inclui palavras e expressões tais como o *sinfônico* (ou sinfonia), o *espiritual* (*Geistiges*), *lógica musical, trabalho temático, contraponto/polifonia, gravidade, profundidade, Innerlichkeit, música pura, música absoluta*, e outros – todos apresentados como traços nacionais (o que não são, é claro) e empregados como sinônimos íntimos da música alemã. Juntos eles formam um plexo que *sugere superioridade musical*, o que, por sua vez, sustenta a crença de que a música é "a mais alemã das artes", que o ocidente encontra sua realização musical na composição alemã, e assim por diante[27].

"Nebulosidade e indefinição" determinativas, em suma, que eivam a reflexão musicológica, ciência abstrata parida por uma arte abstrata. Na abrangente consideração de Potter, que prepara a conclusão deste texto:

a saga da musicologia entre as duas guerras também ilustra vivamente os efeitos das condições socioeconômicas sobre a disciplina musicológica. De 1918 em diante, os musicólogos voltaram seus estudos para a própria herança musical em consequência do fato de terem sido alijados do intercâmbio acadêmico internacional durante a guerra e de se depararem com oportunidades limitadas de viagens de pesquisa para

---

27 Albrecht Riethmüller, "Is That Not Something for Simpliccimus!?" The Belief in Musical Superiority, em Celia Applegate; Pamela Potter (orgs.), *Music & German National Identity*, Chicago: The University of Chicago Press, 2002, p. 297. (Grifos nossos.)

o exterior. Em seu conjunto, o campo se sentiu ameaçado pelas turbulências econômicas, alto desemprego e reformas educacionais que encorajavam o campo tecnológico e outros voltados à prática. Sentindo a pressão para justificar sua existência dentro e fora da academia, a musicologia se concentrou em contribuir com os objetivos nacionalistas para assim divulgar seus serviços à prática musical, à educação em geral e à *Volksgemainschaft*. Uma vez que o Partido Nacional-Socialista e a máquina estatal criaram fundos de pesquisa e oportunidades de emprego, os musicólogos continuaram a voltar seus interesses para os temas politicamente aceitos. Durante esse processo, contribuíram para a fundação teórica das políticas antissemitas e se beneficiaram enormemente com as realizações de tais políticas.

A musicologia alemã da era Weimar e do Terceiro Reich é um instrutivo antimodelo, que demonstra como os estudos acadêmicos podem se extraviar durante um período de transição. Esse exemplo é especialmente útil, dado que o período consecutivo à Primeira Guerra partilha uma série de características com a musicologia do final de século XX. A musicologia vem passando, recentemente, por uma série de crises metodológicas. Os musicólogos têm reconhecido o quanto a música foi isolada teoricamente enquanto objeto e muitos percebem que o campo está muito atrás de outras disciplinas por não conseguir contextualizar seus temas. Numa tentativa de tirar a música do seu isolamento e compreender suas ramificações mais amplas para além do "texto em si mesmo", os musicólogos têm se voltado a outras disciplinas em busca de modelos teóricos e metodologias. Os benefícios desse processo têm sido abrir e estabelecer uma grande variedade de novas abordagens e possibilitar que os acadêmicos percorram caminhos inteiramente novos. Isso alertou o campo para a natureza política tanto da música quanto dos estudos sobre a música, após um longo período de indulgência na autopercepção de imunidade em relação à política[28].

A última consideração. Poderíamos não concordar com Kretzschmar, e isso faz parte do debate honesto. Mas quando suas palavras são colocadas em perspectiva, damo-nos conta de que deveríamos atentar com mais cuidado a elas.

O mundo arrogante e superior da *intelligentsia* alemã degenerou em nacionalismo e nazismo. A musicologia serviu-lhes como alguma coisa entre uma filóloga e um capataz e tudo indica que ela insiste em se manter à parte da vida cotidiana, tendendo a negar o popular e tudo aquilo que não lhe parece suficientemente hermético, refinado, *profundo*. Aliás, diga-se

---

28 Cf. A Desnazificação e o Legado Musicológico Alemão, p. 429-430, supra.

a propósito, o problema da artificialidade incomodativa das vozes eruditas, a dureza e arrogância sonora das orquestras e de sua postura no palco, o hiato entre a música erudita e os seres humanos não iluminados tornam-se crescentemente matéria de discussão. E isso ocorre porque mudanças irrompem no universo "erudito", mutações que jogam na direção de alguma humanização na esfera da mais alemã das artes!

No Brasil, a *Musikwissenschaft* não é mais do que um punhado de pessoas enclausuradas nas academias que se engalfinham em polêmicas que em nada ressoam na vida ou na alma dos não iniciados. Talvez essa seja sua maldição: a musicologia deve viver na frieza analítica de si. Não pode permitir as diferenças, pois elas poluem a pureza da arte e da teoria! Não pode amar, porque o amor esquenta! E o calor da vida pode macular seu destino maior: a decifração do saber musical arcano.

Dessa situação, hoje, não há saída generosa. Mas a consciência da gênese da musicologia e do talhe de sua reflexão poderá silhuetar, aos menos preconceituosos, caminhos musicais com mais história e menos *germanidade*. Indiquei a publicação de *A Mais Alemã das Artes* e participei de sua tradução por isso. Essa possibilidade existe, ainda que seja distante. Se a nossa universidade não desconhecer o livro e seu posfaciador já seria uma vitória. Verdadeiramente! Mas eu não espero vitórias. Não mesmo! Pessoalmente, já estou há muito derrotado – quem ler este posfácio concordará comigo. Se a arquitetura não é pedra, a música não é som, de sorte que a ciência da música não deveria ser a ciência do som musical. Dizer isso é estar só, e provavelmente ser ignorado! Assim deve ser.

Ibaney Chasin

Bibliografia

Documentos não publicados

ARCHIVE OF THE GESELLSCHAFT DER MUSIKFREUNDE. Exh. Nrs. 101, 103.
BERLIN DOCUMENT CENTER. Arquivos de Heinrich Besseler, Herber Birtner, Karl Blessinger, Friedrich Blume, Wolfgang Boetticher, Fritz Bose, Richard Eichenauer, Gotthold Frotscher, Wilibald Gurlitt, Alfons Kreichgauer, Hans Joachim Moser, Joseph Maria Müller-Blattau, Alfred Quellmalz, Erich Schenk, Alexander Schmorell, Johann Wolfgang Schottländer, Erich Schumann, Max Seiffert, Hermann Stephani e Johannes Wolf.
BUNDESARCHIV KOBLENZ. NS 15/21-21a, NS 15/24-26, NS 15/38, NS 15/59, NS 15/153, NS 15/73-74, NS 15/99, NS 15/101, NS 15/131, NS 15/149a, NS 15/185, NS 15/189-190, NS 21/220, NS 21/717, R 21/209, R 21/464, R 21/625, R 21/10185; R 21/11058, R 51/8-9, R 55/240, R 55/1141.
EINSTEIN, Alfred. *Papers. Memorabilia*, Biblioteca de Música da Universidade da Califórnia, Berkeley.
GEHEIMES STAATSARCHIV PREUSSISCHER KULTURBESITZ, Berlim. 1/76: 880; Rep. 76/254.
KROYER, Theodor. *Papers*. Handschriften- und Inkunabelabteilung, Bayerische Staatsbibliothek, Munique.
MOSER, Hans Joachim. *Papers*. Musikabteilung, Staatsbibliothek Preussischer Kulturbesitz, Berlim.
NIEDERSÄCHSISCHES STAATSARCHIV BÜCKEBURG. L4/7355, L4/7356.
SANDBERGER, Adolf. *Papers*. Handschriften- und Inkunabelabteilung, Bayerische Staatsbibliothek, Munique.
____. *Papers*. Niedersächsisches Staatsarchiv Bückeburg.
SCHIEDERMAIR, Ludwig. *Papers*. Musikwissenschaftliches Seminar, Universität Bonn.

STAATLICHES INSTITUT FÜR MUSIKFORSCHUNG, Preussicher Kulturbesitz, Berlim. Cópias de materiais do arquivo.
UNIVERSITÄTSARCHIV BERLIN. Arquivos de Wolfgang Boetticher, Fritz Bose, Werner Danckert, Max Friedländer, Gotthold Frotscher, Alfons Kreichgauer, Hans Joachim Moser, Helmut Osthoff, Arnold Schering, Erich Schumann, Georg Schünemann e Johannes Wolf. Philosophische Fakultät, arquivo 1471. Professoren, arquivo 1478.
UNIVERSITÄTSARCHIV BONN. Arquivos da faculdade sobre Adolf Bauer, Ludwig Schiedermair e Leo Schrade. Arquivos do curador sobre Ludwig Schiedermair e Leo Schrade. Arquivos do reitor sobre Ludwig Schiedermair.
UNIVERSITÄTSARCHIV FREIBURG. Arquivos pessoais de Wilibald Gurlitt, John Meier, Joseph Maria Müller-Blattau e Hermann Zenck. Reg. Akten v 1/159 (Die ausserordentliche Professur für Musikwissenschaft und das musikwissenschaftliche Seminar).
UNIVERSITÄTSARCHIV HEIDELBERG. Arquivos pessoais de Heinrich Besseler, Theodore Kroyer e Hans Joachim Moser. Arquivo B-7559 (Plm. Extraordinariat für Musikwissenschaft). Arquivo B-6633/1 (Musikwissenschaftliches Seminar).
UNIVERSITÄTSARCHIV KÖLN. Arquivos sobre musicólogos e sobre o Departamento de Musicologia.
UNIVERSITÄTSARCHIV LEIPZIG. B1/14[27] Bd. 1, B2/20[21], B2/22[46], PA 5, PA 260, PA 272, PA 661, PA 925 e PA 2926. Arquivo de divulgação da Philophische Fakultät 1350.
UNIVERSITÄTSARCHIV MÜNCHEN. Arquivos pessoais de Rudolf Ficker, Kurt Huber, Alfred Lorenz, Adolf Sandberger, Gustav Friedrich Schmidt e Otto Ursprung. Arquivos da faculdade sobre Hans Engel, Rudolf Ficker e Gustav Friedrich Schmidt. Arquivo da faculdade para Musikwissenschaftliches Seminar.
UNIVERSITÄTSARCHIV WIEN. Arquivos pessoais de Robert Lach e Wilhelm Fischer. Arquivos do decanato 78, 172, 240, 314, 680.
UNIVERSIDADE DE NEBRASKA-LINCOLN. Arquivo da Universidade/Coleção Rosenberg.
URSPRUNG, Otto. *Papers*. Handschriften- und Inkunabelabteilung, Bayerische Staatsbibliothek, Munique.
ZENTRALES STAATSARCHIV POTSDAM. Reichministerium für Wissenschaft, Erziehung und Volksbildung (49-01) Nr. 933, 2176, 2909, 3117, 1782, 1475, 12307, H663.

Periódicos e revistas

Akademische Blätter
Der Ackermann aus Böhmen
Allgemeine Kölnische Rundschau
Allgemeine Musikzeitung
Amtliche Mitteilungen der Reichsmusikkammer
Archiv für Musikforschung
Archiv für Musikwissenschaft
Der Auftakt

Bayerische Staatszeitung
Berichte des Forschungsinstituts für Osten und Orient
Berliner Tageblatt
Der Blockflötenspiegel: Arbeitsblatt zur Belebung historischer instrumente in der Jugend- und Hausmusik
Böhmen und Mähen
Bundeszeitung des Deutschen Mandolinen- und Gitarrenspieler-Bundes
Collegium Musicum
Der deutschen Erzieher
Deutsche Militär-Musiker Zeitung
Deutsche Monatshefte in Norwegen
Deutsche Musikkultur
Das deutsche Podium
Deutsche Rundshau
Deutsche Tonkünstler-Zeitung
Deutsche Vierteljahrsschrift für Literaturwissenschaft und Geistesgeschichte
Deutsche Welt. Monatshefte des Vereins für das Deutschtum im Ausland
Deutsche Wissenschaft, Erziehung und Volksbildung: Amtsblatt des Reichs- und Preussischen Ministeriums für Wissenschaft, Erziehung und Volksbildung und der Unterrichtsverwaltung der anderen Länder
Deutsche Zeitschrift
Deutsche Musikjahrbuch
Deutsche Volkstum
Deutschlands Erneuerung
Düsseldorfer Nachrichten
Düsseldorfer Tageblatt
Forschungen und Fortschritte
Der Friede
Geistige Arbeit
Germanien
Germanische Wiedererstehung
Die Gitarre: Zeitschrift zur Pflege des Gitarren- und Lautenspiels und der Hausmusik
Händel Jahrbuch
Hochland
Die Hochschule
Das Innere Reich
Jahrbuch der Musikbibliothek Peters
Jahrbuch für Volksliedforschung
Journal of the American Musicological Society
Die Kirchenmusik
Die Laute: Monatsschrift zur Pflege des deutschen Liedes und guter Hausmusik
Lauten-Almanach : Ein Jahr- und Handbuch für alle Lauten- und Gitarrenspieler
Der Lautenspieler
Literarischer Handweiser
Logos
Melos
Der Mittag
Mitteilungen der Internationalen Gesellschaft für Musikwissenschaft

Münchner Zither-Zeitung: Fachblatt für Zitherspiel
Muse des Saitenspiels: Fach- und Werbe-Monatsschrift für Zither-, Gitarren- und Schossgeigenspiel
Music and Letters
The Musical Quarterly
Die Musik
Musik im Kriege
Musik und Volk
Musik in Jugend und Volk
Die Musikantengilde
Der Musikerzieher
Die Musikerziehung
Die Musikforschung
Die Musikpflege
Musik-Woche
Nationalsozialistische Monatshefte
Niederdeusche Welt
Neue Zeitschrift für Musik
Neues Musikblatt
Neues Wiener Journal
Orchester
Österreichische Rundschau
Ostland
Die Pause
Rheinische Blätter
Sächsische Schulzeitung
Sammelbände der Internationalen Musikgesellschaft
Schallkiste:Illustrierte Zeitschrift für Hausmusik
Die Schildgenossen
Schweizerische Rundschau
Die Sendung
Signale für die musikalische Welt
Skizzen
Die Sonne: Monatsschrift für nordische Weltanschauung und Lebensgestaltung
Unser Wille und Weg
Vierteljahrsschrift für Musikwissenschaft
Volk und Welt
Völkische Musikerziehung
Volksdeutsche Forschung
Die Volksmusik
Wartheland: Zeitschrift für Aufbau und Kultur im deutschen Osten
Zeitschrift der Internationalen Musikgesellschaft
Zeitschrift für deutsche Bildung
Zeitschrift für deutsche Geisteswissenschaft
Zeitschrift für Hausmusik
Zeitschrift für Volkskunde
Zeitschrift für Musik
Zeitschrift für Musikwissenschaft
Die Zupfmusik

Bibliografia Primária

ADLER, Guido. *Methode der Musikgeschichte*. Leipzig: Bretkopf & Härtel, 1919.
____. *Der Stil in der Musik*. 2. ed. Leipzig: Breitkopf & Härtel, 1929.
ANRICH, Ernst. *Universität als geistige Grenzfestungen*. Stuttgart: Kohlhammer, 1936.
DIE ANSCHLUSSFRAGE *in ihrer kulturellen, politischen und wirtschaftlichen Bedeutung als europäisches Problem*. Vienna: Universitäts-Verlags Buchhandlung, 1930.
BANNES, Joachim. *Hitlers Kampf und Platons Staat: Eine Studie über den ideologischen Aufbau der nationalsozialistischen Freiheitsbewegung*. Leipzig, 1933.
BEKKER, Paul. *Das Deustsche Musikleben*. Berlin: Schuster & Loeffler, 1916.
____. *Musikgeschichte als Geschichte der musikalischen Formwandlungen*. Stuttgart: Deutsche Verlags-Anstalt, 1926.
BERICHT ÜBER den 1: *Musikwissenschaftlichen Kongress der Deutschen Musikgesellschaft in Leipzig vom 4. Bis 8. Juni 1925*. Leipzig: Breitkopf & Härtel, 1926.
BERICHT ÜBER *den Musikwissenschaftlichen Kongress in Basel*. Leipzig: Breitkopf & Härtel, 1925.
BERTEN, Walther. *Musik und Musikleben der Deutschen*. Hamburg: Hanseatische Verlagsanstalt, 1933.
BLESSINGER, Karl. *Mendelssohn, Meyerbeer, Mahler: Drei Kapitel Judentum in der Musik als Schlüssel zur Musikgeschichte des 19. Jahrhunderts*. Berlin: Hahnefeld, 1939.
____. *Judentum und Musik. Ein Beitrag zur Kultur- und Rassenpolitik*. Berlin: Hahnefeld, 1944.
BLUME, Friederich. *Das Rasseproblem in der Musik: Entwurf zu einer Methodologie musikwissenschaftlicher Rasseforschung*. Wolfenbüttel: Kallmeyer, 1939.
____. *Zur Lage der deutschen Musikforschung. Denkschrift dem Herrn Bundepräsidenten der Bundesrepublik Deutschland, der Regierung der Bundesrepublik Deutschland, dem Bundesrat der Bundesrepublik Deutschland, dem Bundstag der Bundesrepublik Deustschland, den Regierungen der westdeutschen Länder, dem Deutschen Städtetag, der Evangelischen Kirche Deutschlands und den deutschen evangelischen Landeskirchen sowie den Bischöfen der römisch-katholischen Kirche in Deutschland vorgelegt von der Gesellschaft für Musikforschung*. Kassel: Bärenreiter, 1952.
BÜCKEN, Ernst. *Führer und Probleme der neuen Musik*. Köln: Tonger, 1924.
____. *Deutsche Musikkunde*. Potsdam: Athenaion, 1935.
____. *Die Musik der Nationen*. Leipzig: Kröner, 1937.
____. *Musik der Deutschen*. Köln: Staufen, 1941.
BORCHMEYER, Dieter (ed.). *Richard Wagner Dichtungen und Schriften*. Frankfurt: Insel, 1983.
DEUTSCHE WISSENSCHAFTEN: *Arbeit und Aufgabe. Dem Führer und Reichskanzler zum 50. Geburtstag*. Leipzig, 1939.
DEUTSCHE WISSENSCHAF ERZIEHUNGUND *Volksbildung: Amtsblatt des Reichsministeriums für Wissenschaft Erziehungund Volksbildungund der Unterrichtsverwaltungen der Länder (Nichtamlicher Teil)*, n. 3, 1937.
EICHENAUER, Richard. *Musik und Rasse*. 2. ed. Munich: Lehmann, 1937.
EINSTEIN, Alfred. *Geschichte der Musik*. Leipzig: B.G. Teubner, 1920.

ENGEL, Hans. *Deutschland und Italien in ihren musikgeschichtlichen Beziehungen*. Regensburg: Bosse, 1944.

FELLERER, Karl Gustav. *Deutsche Gregorianik im Frankenreich*. *Kölner Beitträge zur Musikforschung*. Regensburg: Bosse, 1941.

____. *Edvard Grieg*. Potsdam: Athenaion, 1942.

FESTSCHRIFT ARNOLD SCHERING zum sechzigsten Geburtstag. Berlin: Glas, 1937.

FESTSCHRIFT HERMANN KRETZSCHMAR zum 70. Geburtstag. Leipzig: Peters, 1918.

GERIGK, Herbert; STENGEL Theophil (eds.). *Lexikon der Juden in der Musik*. Veröffentlichungen des Instituts der NSDAP zur Erforschung der Judenfrage, n. 2. Berlin: Hahnefeld, 1940.

GOLTHER, Wolfgang (ed.). *Richard Wagner Gesammelte Schriften*. Leipzig: Bong & Co., 1913.

GOSLICH, Siegfried (ed.). *Musikalische Volksbildung: Volksmusicaliche Werkreihe Serie 3. Lehwerk für den Lehrer*. Hamburg: Hanseatische, 1943.

HASE, Hellmuth von (ed.). *Jahrbuch der deutschen Musik 1943*. Leipzig/Berlin: Breitkopf & Härtel/Hesse, 1943.

HEINSHEIMER, Hans; STEFAN, Paul (eds.). *25 Jahre Neue Musik: Jahrbuch 1926 der Universal-Edition*. Vienna: Universal, 1926.

HINKEL, Hans (ed.). *Handbuch der Reichskulturkammer*. Berlin: Deutscher Verlag für Politik und Wirtschaft, 1937.

HOFFMANN, Hans; RÜHLMANN, Franz (eds.). *Festschrift Fritz Stein zum 60: Geburtstag*. Braunschweig: Litolff, 1939.

HÜBBENER, Anatol von. *Die NS.-Gemeinschaft "Kraft durch Freude": Aufbau und Arbeit*. Berlin: Junker & Dünnhaupt, 1939. Schriften der Hochschule für Politik, 27/28.

KESTENBERG, Leo. *Jahrbuch der deutschen Musikorganisationen 1931*. Berlin: Max Hesse, 1931.

KOMMA, Karl Michael. *Johann Zach und die tschechischen Musiker im deutschen Umbruch des 18. Jahrhunderts*. Studien zur Heidelberger Musikwissenschaft, n. 7. Kassel: Bärenreiter, 1938.

KRETZSCHMAR, Hermann. *Musikalische Zeitfragen*. Leipzig: C.F. Peters, 1903.

____. *Einführung in die Musikgeschichte*. Leipzig: Breitkopf & Härtel, 1920. (Kleine Handbücher der Musikgeschichte nach Gattungen, v. 7.)

LEICHTENTRITT, Hugo. *Händel*. Stuttgart: Deutsche, 1924.

LORENZ, Alfred. *Abendländische Musikgeschichte im Rhythmus der Generationen*. Berlin: Hesse, 1928,

MARPURG, Friedrich Wilhelm. *Des critischen Musicus an der Spree*. 5. ed. (1 abr. 1749); 43. ed. (23 dez. 1749); e 44. ed. (30 dez. 1749). Berlin, 1750; rpt. Hildesheim: Georg Olms, 1970.

____. *Historisch-Kritische Beyträge zur Aufnahme der Musik*. Berlin, 1754-1778; rpt. Hildesheim: Georg Olms, 1970.

MERSMANN, Hans. *Musik der Gegenwart*. Berlin: Julius Brand, 1924.

____. *Eine deutsche Musikgeschichte*. Potsdam: Sanssouci, s/d.

MIZLER, Lorenz. *Neu eroeffnete musikalische Bibliothek*. Leipzig, 1739-1754.

MORGENROTH, Alfred (ed.). *Von deutscher Tonkunst: Festschrift zu Peter Raabes 70. Geburtstag*. Leipzig: C.F. Peters, 1942.

MOSER, Hans Joachim. *Geschichte der deutschen Musik: Von den Anfängen bis zum Beginn des Dreissigjährigen Krieges*. V. 1, 3. ed. Stuttgart: Cotta, 1923

____. *Geschichte der deutschen Musik: Vom Beginn des dreissigjährigen Krieges bis zum Tode Joseph Haydns*. Pt. 1, v. 2, 2. e 3. eds. Stuttgart/Berlin: Cotta, 1923.

____. *Geschichte der deutschen Musik. Vom Auftreten Beethovens bis zur Gegenwart*. 2 ed., v. 3. Berlin: Cotta, 1928; 3 ed., v. 2, pt. 2. Stuttgart / Berlin: Cotta, 1924.

____. *Lehrbuch der Musikgeschichte*. Berlin: Hesse, 1936.

____. *Kleine deutsche Musikgeschichte*. Stuttgart: Cotta, 1938.

____. *Georg Friedrich Händel*. Kassel: Bärenreiter, 1941.

____. *Die Musik der deutschen Stämme*. Vienna: Wancura, 1957.

MÜLLER-BLATTAU, Joseph. *Das deutsche Volkslied*. Berlin: Max Hesse, 1932.

____. *Einführung in die Musikgeschichte*. Berlin: Vieweg, 1932.

____. *Georg Friedrich Händel. Die Grossen Meister der Musik*. Ed. Ernst Bücken. Potsdam: Athenaion, 1933.

____. *Germanisches Erbe in deutscher Tonkunst*. Berlin: Vieweg, 1938.

____. *Geschichte der deutschen Musik*. Berlin: Vieweg, 1938.

PLASSMANN, J.O.; TRATHNIGG, G. (eds.). *Deutsches Land kehrt heim: Ostmark und Sudetenland als germanischer Volksboden*. Berlin: Ahnenerbe-Stiftung, 1939. Deutsches Ahnenerbe Serie C: Volkstümliche Schriften, n. 3.

RAABE, Peter. *Kulturwille im deutschen Musikleben*. Regensburg: Bosse, 1936. (Von deutscher Musik, n. 49.)

RIEMANN, Hugo. *Altertum und Mittelalter (bis 1300)*. V. 1: *Handbuch der Musikgeschichte*. 3 ed. Leipzig: Breitkopf & Härtel, 1923.

____. *Das Generalbasszeitalter: Die Monodie des 17. Jahrhunderts und die Welthrrschaft der Italiener*. V. 2: *Handbuch der Musikgeschichte*. 2. ed. Leipzig: Breitkopf & Härtel, 1922.

____. *Die Musik des 18. Und 19. Jahrhunderts: Die grossen deutschen Meister*. Pt. 3, v. 2: *Of Handbuch der Musikgeschichte*. 2 ed. Leipzig: Breitkopf & Härtel, 1922.

____. *Grundriss der Musikwissenschaft*. 4. ed. Leipzig: Quelle & Meyer, 1928.

ROSENBERG, Alfred. *Georg Friedrich Händel. Rede bei der Feier des 250. Geburtstages Händels am 22. Februar 1935 in Halle*. Wolffenbüttel: Kallmeyer, 1937. (Schriftenreihe des Händelhauses in Halle, n. 1.)

SCHEIBE, Johann Adolf. *Critischer Musicus*. 1. ed. (5 mar. 1737); 6. ed. (14 maio 1737); 15. ed. (17 set. 1737); 16. ed. (1 out. 1737); 59. ed. (13 out. 1739); e 77. ed. (16 fev. 1740). Leipzig: Breitkopf, 1745.

SCHENK, Erich. *Johann Strauss*. Potsdam: Athenaion, 1940.

SCHERING, Arnold. *Deutsche Musikgeschichte im Umriss*. Leipzig: Siegel, 1917.

____. *Einführung in die Kunst der Gegenwart*. Leipzig: E.A. Seemann, 1919.

____. *Von grossen Meistern der Musik*. Leipzig: Koehler & Amelang, 1940.

SCHREIBER, Georg. *Die Not der deutschen Wissenschaft und der geistigen Arbeiter: Geschehnisse und Gedankenn zur Kulturpolik des Deustschen Reiches*. Leipzig: Quelle & Meyer, 1923.

SCHUMANN, Otto. *Geschichte der deutschen Musik*. Leipzig: Bibliographisches Institut, 1940.

SCHÜNEMANN, Georg. *Geschichte der deutschen Schulmusik*. Handbücher der Musikerziehung. 2. ed. Leipzig: Kistner & Siegel, 1931.

SEIFFERT, Max. *Ein Archiv für deutsche Musikgeschichte. Rede gehalten bei der Feier des alleröchsten Geburtstages seiner Majestät des Kaisers und Königs am 27. Januar 1914*. Berlin: Mittler, 1914.

STENOGRAPHISCHE BERICHTE *über die öffentlichen Sitzungen der Stadtverordnetenversammlungen der Stadt Berlin.*
STUMME, Wolfang (ed.). *Musik im Volk: Grundfragen der Musikerziehung.* Berlin: Vieweg, 1939; 2. ed.: *Musik im Volk: Gegenwartsfragen der deutschen Musik.* Berlin: Vieweg, 1944.
VETTER, Walther. *Der humanistische Bildungsgedanke in Musik und Musikwissenschaft.* Langensalza: Beyer, 1928.
WALDMANN, Guido (ed.). *Zur Tonalität des deutschen Volksliedes: Herausgegeben im Auftrage der Reichsjugendführung.* Wolfenbüttel: Kallmeyer, 1938.
WELLEK, Albert. *Typologie der Musikbegabung im deutschen Volke: Grundlegung einer psychologischen Theorie der Musik und Musikgeschichte.* Munich: C.H. Beck, 1939.
WOLF, Johannes. *Geschichte der Musik in allgemeinverständlicher Form.* 3 v., 2. ed. Leipzig: Quelle & Meyer, 1934. (Plus *Sing und Spielmusik aus älterer Zeit.*)
ZIEGLER, Hans Severus. *Entartete Musik: Eine Abrechnung.* 2. ed. Düsseldorf: Völkischer, 1939.

Bibliografia Secundária

ABENDROTH, Wolfgang. Die deutschen Professoren und die Weimarer Republik. In: TRÖGER, Jörg (ed.). *Hochschule und Wissenschaft im Dritten Reich*, Frankfurt: Campus, 1986.
AMZOL, Stephan. Aufstieg und Verfall: Unterhaltungsmusik im Rundfunk der Weimarer Republik. *Musik und Gesellschaft*, n. 37, 1987.
____. Zur Rolle des Rundfunk der Weimarer Republik als ästhetische Avantgarde. In: MEHNER, Klaus; Lucchesi, Joachim (eds.). *Studien zur Berliner Musikgeschichte: Musikkultur der zwanziger Jahre.* Berlin: Henschel, 1989.
APPLEGATE, Celia. What Is German Music? Reflections on the Role of Art in the Creation of a Nation. *German Studies Review: Special Issue, German Identity*, winter 1992.
BAIR, Henry. National Socialism and Opera: The Berlin Opera Houses, 1933-1939. *Opera*, n. 35, 1984.
BANKIER, David. *The Germans and the Final Solution: Public Opinion under Nazism.* Oxford: Blackwell, 1992.
BENZ, Wolfgang. Postwar Society and National Socialism: Remembrance, Amnesia, Rejection. *Tel Aviver Jahrbuch für deutsche Geschichte*, n. 19, 1990.
BERGEN, Doris. *Twisted Cross: The German Christian Movement in the Third Reich.* Chapel Hill: University of North Carolina Press, 1996.
BERGHAHN, Volker R. *Modern Germany: Society, Economy and Politics in the Twentieth Century.* 2. ed. Cambridge: Cambridge University Press, 1987.
BLEUEL, Hans Peter. *Deutschlands Bekenner: Professoren zwischen Kaiserreich und Diktatur.* Bern: Scherz, 1968.
BLUME, Friedrich. Musicology in German Universities. *Current Musicology*, n. 9, 1969.
BOHLMAN, Philip. Musicology As a Political Act. *Journal of Musicology*, n. 11, 1993.

BOLLMUS, Reinhard. *Das Amt Rosenberg und seine Gegner: Zum Machtkampf im nationalsozialistischen Herrschaftssystem. Studien zur Zeitgeschichte herausgegeben vom institut für Zeitgeschichte*. Stuttgart: Deutsche Verlags-Anstalt, 1970.

____. Zum Projekt einer nationalsozialistischen Alternativ-Universität: Alfred Rosenbergs "Hohe Schule". In: HEINEMANN, Manfred (ed.). *Erziehung und Schulung im Dritten Reich. Teil 2: Hochschule, Erwachsenbildung*. Stuttgart: Klett-Cotta, 1980.

BOWER, Tom. *Blind Eye to Murder: Britain, America and the Purging of Nazi Germany – A Pledge Betrayed*. London: Andre Deutsch, 1981.

BRACHER, Karl Dietrich. Die Gleichschaltung der deutschen Universität. *Universitätstage 1966: Nationalsozialismus und die deutsche Universität*. Berlin: DeGruyter, 1966.

____. *The German Dictatorship: Origins, Structure, and Effects of National Socialism*. Tradução de Jean Steinberg. New York: Praeger, 1970.

BROCKHAUS, Heinz Alfred. Konzeptionen zur Musikgeschichte. *Wissenschaftliche Zeitschrift der Humbold-Universität zu Berlin: Gesellschafts- und Sprachwissenschaftliche Reihe*, n. 29 1980.

BUNGE, Fritz. *Musik in der Waffen-SS*. Osnabrück: Munin, 1975.

BURKHOLDER, Peter. Museum Pieces: The Historicist Mainstream in Music of the Last Hundred Years. *Journal of Musicology*, n. 2, 1983.

BURLEIGH, Michael. *Germany Turns Eastwards: A Study of Ostforschung in the Third Reich*. Cambridge: Cambridge University Press, 1988.

CONNOR, Ian. Denazification in Post-War Germany. *European History Quarterly*, n. 21, 1991.

CRAIG, Gordon. *Germany 1866-1945*. New York: Oxford University Press, 1980.

DE VRIES, Willem. *Sonderstab Musik: Music Confiscations by the Einsatzstab Reichsleiter Rosenberg under the Nazi Occupacion of Western Europe*. Tradução de UvA Vertalers, Lee K. Mitzman. Amsterdam: Amsterdam University Press, 1996.

DOWER, Catherine (ed.). *Alfred Einstein on Music: Selected Music Criticisms*. New York: Greenwood, 1991. (Contribution to the Study of Music and Dance, n. 21.)

DRECHSLER, Nanny. *Die Funktion der Musik im Deutschen Rundfunk, 1933-1945*. Pfaffenweiler: Centaurus, 1988.

DRUX, Herbert. *Kölner Universitätskonzerte, 1939-1970*. Köln, 1970.

DUMBACH, Annette; NEWBORN, Jud. *Shattering the German Night: The Story of the White Rose*. Boston: Little Brown, 1986.

DÜMLING, Albrecht; GIRTH, Peter (eds.). *Entartete Musik: Eine kommentierte Rekonstruktion*. Düsseldorf: Kleinherne, 1988.

____. Wie schuldig sind die Musikwissenschaftler: Zur Rolle von Wolfgang Boetticher und Hans-Joachim Moser im NS-Musikleben. *Neue Musikzeitung*, 39/5, out.-nov. 1990.

DÜWELL, Kurt. Kultur und Kulturpolitik in der Weimarer Republik. In: SCHULZ, Gerhard (ed.). *Weimarer Republik: Eine Nation im Umbruch*. Freiburg: Ploetz, 1987.

EGGERS, Philipp. 16 Bildungswesen. *Deutsche Verwaltungsgeschichte. Band 4: Das Reich als Republik and in der Zeit des Nationalsozialismus*. Stuttgart: Deutsche Verlags-Anstalt, 1985.

ELLIS, Donald Wesley. *Music in the Third Reich: National Socialist Aesthetic Theory as Governmental Policy*. Ph.D. diss., University of Kansas, 1970.

ELSTE, Martin Zwischen Privatheit und Politik: Die Schallplatten Industrie im NS-Staat. In: HEISTER, Hanns-Werner; KLEIN, Hans-Günter (eds.). *Musik und Musikpolitik im faschistischen Deutschland*. Frankfurt: Fischer, 1984.

ERDMANN, Karl Dietrich. *Das Ende des Reiches und die Entstehung der Republik Österreich, der Bundesrepublik Deutschland und der Deutschen Demokratischen Republik*. 9. ed. Munich: DAV, 1980. Handbuch der deutschen Geschichte, n. 22.

ERICKSEN, Robert P. Religion und Nationalsozialismus im Spiegel der Entnazifizierungsakten der Göttinger Universität. *Kirchliche Zeigeschichte*, n. 7, 1994.

EVANS, Joan. Die Rezeption der Musik Igor Strawinskys in Hitlerdeutschland. *Archiv für Musikwissenschaft*, n. 55, forthcoming, 1998.

FALLON, Daniel. *The German University: A Heroic Ideal in Conflict With the Modern World*. Boulder: Colorado Associated University Press, 1980.

FELDMAN, Gerald D. *The Great Disorder: Politics, Economics, and Society in the German Inflation*. New York: Oxford University Press, 1993.

FISCHER, Georg; SCHOLTZ, Harald. Stellung und Funktion der Erwachsenenbildung im Nationalsozialismus. In: HEINEMANN, Manfred (ed.). *Erziehung und Schulung im Dritten Reich. Teil 2: Hochschule, Erwachsenenbildung*. Stuttgart: Klett-Cotta, 1980.

FISCHER-DEFOY, Christine. *Kunst Macht Politik: Die Nazifizierung der Kunst- und Musikhochschulen in Berlin*. Berlin: Elefanten, 1987.

FITZGIBBON, Constatin. *Denazification*. London: Michael Joseph, 1969.

FORMAN, Paul. Scientific Internationalism and the Weimar Physicists: The Ideology and Its Manipulation in Germany after World War I. *Isis*, n. 64, 1973.

FREEDEN, Herbert. *Die jüdische Presse im Dritten Reich*. Frankfurt: Jüdischer Verlag bei Athenäum, 1987.

GALLIN, Alice. *Midwives to Nazism: University Professors in Weimar Germany 1925-1933*. Macon: Mercer University Press, 1986.

GAY, Peter. *Weimar Culture: The Outsider As Insider*. New York: Harper & Row, 1968.

GILES, Geoffrey. The Rise of the National Socialist Students' Association and the Failure of Political Education in the Third Reich. In: STACHURA, Peter D. (ed.). *The Shaping of the Nazi State*. London/New York: Croom Helm/Barnes & Noble, 1978.

____. German Students and Higher Education Policy in the Second World War, *Central European History*, n. 17, 1984.

____. *Students and National Socialism in Germany*. Princeton: Princeton University Press, 1985.

GILLIAM, Bryan. The Annexation of Anton Bruckner: Nazi Revisionism and the Politics of Appropriation, *Musical Quarterly*, n. 78, 1994.

____. Stage and Screen: Kurt Weill and Operatic Reform in the 1920s. In: GILLIAN, Bryan (ed.). *Music and Performance during the Weimar Republic*. Cambridge: Cambridge University Press, 1994. Cambridge Studies in Performance Practice.

GROHNERT, Reinhardt. *Die Entnazifizierung in Baden 1945-1949: Konzeption und Praxis der "Epuration" am Beispiel eines Landes der französischen*

Besatzungszone. Stuttgart: W. Kohlhammer, 1991. (Veröffentlichugen der Kommission für Geeschichtliche Landskunde in Baden-Württemberg. Series B, n. 123.)

GUTTSMAN, W.L. *Workers' Culture in Weimar Germany: Between Tradition and Commitment*. New York: Berg, 1990.

HAILEY, Christopher. Rethinking Sound: Music and Radio in Weimar Germany. In: GILLIAM, Bryan (ed.). *Music and Performance during the Weimar Republic*. Cambridge: Cambridge University Press, 1994. Cambridge Studies in Performance Practice.

HARRISON, Frank Ll. American Musicology and the European Tradition. In: HARRISON, Frank Ll.; HOOD, Mantle; PALISCA, Claude V. *Musicology*. Englewood Cliffs: Prentice Hall, 1963.

HARTSHORNE, Edward Yarnall. *The German Universities and National Socialism*. Cambridge: Harvard University Press, 1937.

HEIBER, Helmut. *Universität unterm Hakenkreuz. Teil I: Der Professor im Dritten Reich*. Munich: K.G. Saur, 1991.

HERMAND, Jost. *Literaturwissenschaft und Kunstwissenschaft*. Stuttgart: Metzlersche, 1971.

HERZSTEIN, Robert Edwin. *The War That Hitler Won: The Most Infamous Propaganda Campaign in History*. New York: Putnam, 1978.

HINTON, Stephen. *The Idea of Gebrauchsmusik: A Study of Musical Aesthetics in the Weimar Republic (1919-1933) with Particular Reference to the Works of Paul Hindemith*. New York: Garland, 1989. (Outstanding Dissertations in Music from British Universities.)

HOLTMEYER, Gerd. *Schulmusik und Musiklehrer an der höheren Schule. Eine Beitrag zur Geschichte des Musikpädagogen in Preussen*. Ph.D. diss., Universität zu Köln, 1975.

HUBER, Clara (ed.). *Kurt Huber zum Gedächtnis: Bildnis eines Menschen, Denkers und Forschers*. Regensburg: Habbel, 1947.

IGGERS, George. *The German Conception of History: The National Tradition of Historical Thought from Herder to the Present*. Rev. ed. Middletown: Wesleyan University Press, 1983.

JARAUSCH, Konrad. *The Unfree Professions: German Lawyers, Teachers, and Engineers, 1900-1950*. New York: Oxford University Press, 1990.

JELAVICH, Peter. *Berlin Cabaret*. Cambridge: Harvard University Press, 1993.

JOHN, Eckhard. Vom Deutschtum in der Musik. In: DÜMLING, Albrecht; GIRTH, Peter (ed.). *Entartete Musik: Eine kommentierte Rekonstruktion*. Düsseldorf: Kleinherne, 1988.

_____. Musik und Konzentrationslager: Eine Annäherung. *Archiv für Musikwissenschaft*, n. 48, 1991.

KARBAUM, Michael. *Studien zur Geschichte der Bayreuther Festspiele (1876-1976)*. Regensburg: Bosse, 1976.

KATER, Michael. *Das "Ahnenerbe" der SS 1935-1945: Ein Beitrag zur Kulturpolitik des Dritten Reichs. Studien zur Zeitgeschichte herausgegeben vom Institut für Zeitgeschichte*. Stuttgart: Deutsche Verlags-Anstalt, 1974.

_____. *Stutudentenschaft und Rechtsradikalismus in Deutschland 1918-1933*. Hamburg: Hoffmann und Campe, 1975.

_____. "Bürgerliche Jugendbewegung un Hitlerjugend in Deutschland von 1926 bis 1939", *Archiv für Sozialgeschichte*, n. 17, 1977.

____. Die Studenten auf dem Weg in den Nationalsozialismus. In: TRÖGER, Jörg (ed.), *Hochschule und Wissenschaft im Dritten Reich*. Frankfurt: Campus, 1986.
____. Problems of Political Reeducation in West Germany, 1945-1960. *Simon Wiesenthal Center Annual*, n. 4, 1987.
____. *Doctors under Hitler*. Chapel Hill: University of North Carolina Press, 1989.
____. *Different Drummers: Jazz in the Culture of Nazi Germany*. Oxford: Oxford University Press, 1992.
____. Carl Orff im Dritten Reich, *Vierteljahrshefte für Zeitgeschichte*, n. 43, 1995.
____. *The Twisted Muse: Musicians and Their Music in the Third Reich*. New York: Oxford University Press, 1997.
KATZ, Jacob. *From Prejudice to Destruction: Anti-Semitism, 1700-1933*. Cambridge: Harvard University Press, 1980.
KELLER, Hermann; Adler, Karl et al. *Musikerziehung: Vorträge, gehalten auf der Süddeutschen Tagung für Musikerziehung in Stuttgart, 30. Mai bis 2. Juni 1928*. Kassel: Bärenreiter, 1929.
KERMAN, Joseph. *Contemplating Music: Challenges to Musicology*. Cambridge: Harvard University Press, 1985.
KERSHAW, Ian. *The Nazi Dictatorship: Problems and Perspective of Interpretation*. 3. ed. London: Edward Arnold, 1993.
KLÖNNE, Arno. *Jugend im Dritten Reich. Die Hitler-Jugend und ihre Gegner*. Düsseldorf: Diederichs, 1982.
KOEHL, Robert L. RKFDV: *German Resettlement and Population Policy 1939-1945*. Cambridge: Harvard University Press, 1957.
KOGON, Eugen. *Der SS-Staat: Das System der deutschen Konzentrationslager*. 18 ed. Munich: Heyne, 1974.
KOLLAND, Dorothea. *Die Jugendmusikbewegung. "Gemeinschaftsmusik": Theorie und Praxis*. Stuttgart: Metzler, 1979.
KOLLAND, Hubert. Wagner-Rezeption im deutschen Faschismus. In: MAHLING, Christoph-Hellmut; WEISMANN, Sigrid (eds.). *Bericht über den internationalen musikwissenschaftlichen Kongress Bayreuth 1981*. Basel: Bärenreiter, 1984.
LÄMMERT, Eberhard. Germanistik eine deutsche Wissenschaft. In: ABENDROTH, Wolfgang, *Nationalsozialismus und die deutsche Universität*.Berlin: De Gruyter, 1966. (Universitätstage 1966: Veröffentlichungen der Freien Universität Berlin)
LANGE, C.F. *Gross-Berliner Tagebuch 1920-1933*. Berlin: Berlinische Verlagsbuchhandlung, 1951.
LAQUEUR, Walter. *Young Germany: A History of the German Youth Movement*. New York: Basic Books, 1962.
____. *Weimar: A Cultural History 1918-1933*. New York: Putnam, 1974.
LEWIS, Anthony. Facing the Music. *New York Times*, 18 fev. 1982, p. A23.
LIXFELD, Hannsjost. *Folklore and Fascism: The Reich Institut for German Volkskunde*. Edição e Tradução de James R. Down. Bloomington: Indiana University Press, 1994.
LOVISA, Fabian R. *Musikkritik im Nationalsozialismus: Die Rolle deutschsprachiger Musikzeitschriften 1920-1945*. Laaber: Laaber, 1993. (Neue Heidelberger Studien zur Musikwissenschaft, n. 22)
LUNDGREEN, Peter. Hochschulpolitik und Wissenschaft im Dritten Reich. In: LUNDGREEN, P. (ed.). *Wissenschaft im Dritten Reich*. Frankfurt: Suhrkamp, 1985.
MAIER, Hans. Nationalsozialistische Hochschulpolitik. KUHN, Helmut. *Die deutsche Universität im Dritten Reich*. Munich: Piper, 1966.

MAREN-GRISEBACH, Manon. *Methoden der Literaturwissenschaft*. 6. ed. Munich: Francke, 1977.

MEYER, Michael. *Assumptions and Implementation of Nazi Policy toward Music*. Ph.D. diss., University of California at Los Angeles, 1970.

____. The Nazi Musicologist as Myth-Maker in the Third Reich. *Journal of Contemporary History*, n. 10, 1975.

____. Musicology in the Third Reich: A Gap in Historical Studies. *European Studies Review*, n. 8, 1978.

____. *The Politics of Music in the Third Reich*. New York: Peter Lang, 1991. (American University Studies, Series 9. History, n. 49.)

MOSER, H.J. *Das musiklische Denkmälerwesen in Deutschland*. Kassel: Bärenreiter, 1952.

MOSSE, George. *The Crisis of German Ideology: Intellectual Origins of the Third Reich*. New York: Grosset and Dunlap, 1964.

MUCK, Peter (ed.). *Einhundert Jahre Berliner Philharmonisches Orchester: Darstellung in Dokumenten*. Tutzing: Schneider, 1982.

NEWHOUSE, Martin J. Artists, Artisants, or Workers? Orchestral Musicans in the German Empire. Ph. D. diss., Columbia University, 1979.

NOAKES, J.; PRIDHAM, G. (eds.). *Nazism: A History in Documents and Eyewitness Accounts, 1919-1945. Volume 1: The Nazi Party, State and Society, 1919-1939*. New York: Schocken Books, 1990.

OELLERS, Norbert. Dichtung und Volkstum: Der Fall der Literaturwissenschaftem. In: ALLEMANN, Beda (ed.) *Litertur und Germanistik nach der ´Machtübernahme': Colloquium zur 50. Wiederkehr des 30. Januar 1933*. Bonn: Bouvier, 1983.

OESTERLE, Anke. The Office Ancestral Inheritance and Folklore Scholarship. In: *The Nazification of an Academic Discipline: Folklore in the Third Reich*. Edição e tradução de James R. Dow e Hannsjost Lixfeld. Bloomington: Indiana University Press, 1994.

OLSZEWSKI, Henryk. *Zwischen Begeisterung und Widerstand: Deutsche Hochschullehrer und der Nationalsozialismus*. Posen: Instytut Zachodni, 1989.

PEDERSEN, Sanna. On the Task of the Music Historian: The Myth of the Symphony after Beethoven. *Repercussions*, n. 2, 1993.

PETROPOULOS, Jonathan. *Art As Politics in the Third Reich*. Chapel Hill: University of North Carolina Press, 1996.

PETRY, Christian. *Studenten aufs Schafott: Die Weisse Rose und ihr Scheitern*. Munich: Piper, 1968.

PLANTINGA, Leon. *Schumann As Critic*. New Haven: Yale University Press, 1967.

POTTER, Pamela M. Wissenschaftler im Zwiespalt. In: DÜMLING, Albrecht; GIRTH, Peter (eds.). *Entartete Musik: Eine kommentierte Rekonstruktion*. Düsseldorf: Kleinherne, 1988.

____. The Deutsche Musikgesellschaft, 1918-1938. *Journal of Musicological Research*, n. 11, 1991.

____. German Musicology and Early Music Performance, 1918-1993. In: GILLIAM, Bryan (ed.). *Music and Performance during the Weimar Republic*. Cambridge: Cambridge University Press, 1994. (Cambridge Studies in Performance Practice.)

____. Did Himmler *Really* Like Gregorian Chant? The ss and Musicology. *Modernism/Modernity*, 2/3, 1995. Special Issue on Fascism and Culture, Part One.

_____. The Nazi "Seizure" of the Berlin Philharmonic, or the Decline of a Bourgeois Musical Institution. In: CUOMO, Glenn R. (ed.). *National Socialist Cultural Policy*. New York: St. Martin's, 1995.

_____. Musicology under Hitler: New Sources in Context. *Journal of the American Musicological Society*, n. 49, 1996.

PRIEBERG, Fred K. *Musik im NS-Staat*. Frankfurt: Fischer, 1982.

PULZER, Peter. *Jews and the German State: The Political History of a Minority, 1848-1933*. Oxford: Blackwell, 1992.

REIMANN, Bruno W. Die "Selbst-Gleichschaltung" der Universitäten 1933. In: TRÖGER, Jörg (ed.). *Hochschule und Wissenschaft im Dritten Reich*. Frankfurt: Campus, 1986.

RIETHMÜLLER, Albrecht. Die Bestimmung der Orgel im Dritten Reich. Fünfte Colloquium der Walcker-Stiftung für orgelwissenschaftliche Forschung, 5-7 maio 1983, Göttweig. *Orgel und Ideologie. Bericht über das fünfte Colloquium...*, . Murrhardt: Musikwissenschaftliche Verlags-Gesellschaft, 1984.

_____. German Music from the Perspective of German Musicology after 1933. *Journal of Musicological Research*, n. 11, 1991.

_____. Musik, die "deutscheste" Kunst. In: BRAUN, Joachim; KARBUSICKÝ, Vladimir; HOFFMANN, Heidi Tamar (eds.), *Verfemte Musik: Komponisten in den Diktaturen unseres Jahrhunderts*. Frankfurt: Peter Lang, 1995.

_____. *Die Walhalla und ihre Musiker*. Laaber: Laaber, 1993.

RINGER, Fritz. *The Decline of the German Mandarins: The German Academic Community, 1890-1993*. Cambridge: Harvard University Press, 1969.

ROBINSON, J. Bradford. Jazz Reception in Weimar Germany: In Search of a Shimmy Figure. In: GILLIAM, Bryan (ed.). *Music and Performance during the Weimar Republic*. Cambridge: Cambridge University Press, 1994. (Cambridge Studies in Performance Practice.)

ROTHFEDER, Herbert P. *A Study of Alfred Rosenberg's Organization for National Socialist Ideology*. Ph.D. diss., University of Michigan, 1963.

SACHS, Joel. Some Aspects of Musical Politics in Pre-Nazi Germany. *Perspectives of New Music*, n. 9, 1970.

SCHAAL, Richard. *Das Schrifttum zur musikalischen Lokalgeschichtsforschung*. Kassel: Bärenreiter, 1947.

SCHNAUBER, Cornelius. Introduction. In: GILMAN, Sander L. (ed.). *NS- Literaturtheorie: Eine Dokumentation*. Frankfurt: Athenäum, 1971.

SCHNEIDER, Albrecht. Germany and Austria. In: MEYERS, Helen (ed.). *Ethnomusicology: Historical and Regional Studies*. New York: W.W. Norton, 1993. (Norton/Grove Handbooks in music.)

_____. Musikwissenschaft in der Emigration. In: HEISTER, Hanns-Werner; ZENCK, Claudia Maurer; PETERSEN, Peter (eds.). *Musik im Exil: Folgen des Nazismus für die internationale Musikkultur*. Frankfurt: Fischer, 1993.

SCHOLTZ, Wilhelm; JONAS-CORRIERI, Waltraut (eds.). *Die deutsche Jugendmusikbewegung in Dokumenten ihrer Zeit von den Anfängen bis 1993*. Wolfenbüttel: Möseler, 1980.

SCHWARZ, Boris. *Music and Musical Life in Soviet Russia, 1917-1970*. New York: W.W. Norton, 1972.

SCHWERTER, Werner. Heerschau und Selektion. In: DÜMLING, Albrecht; GIRTH, Peter (ed.). *Entartete Musik: Eine kommentierte Rekonstruktion*. Düsseldorf: Kleinhorne, 1988.

SONTHEIMER, Kurt. *Antidemokratisches Denken in der Weimarer Republik: Die politischen Ideen des deutschen Nationalismus zwischen 1918 und 1933*. 2. ed. Munich:Nymphenburger, 1968.

SPONHEUER, Bernd. Musik auf einer "kulturellen und physischen Insel": Musik als Überlebensmittel im Jüdischen Kulturbund 1933-1941. In: WEBER, Horst (ed.). *Musik in der Emigration 1933-1945: Verfolgung – Vertreibung – Rückwirkung*. Stuttgart: Metzler, 1994.

STACHURA, Peter D. *The German Youth Movement, 1900-1945*. New York: St. Martin's, 1981.

STAR OF KNOWLEDGE, A. *Time*, 24 abr. 1950.

STEINWEIS, Alan. *Art, Ideology, and Economics in Nazi Germany: The Reich Chambers of Music, Theater, and the Visual Arts*. Chapel Hill: University of North Carolina Press, 1993.

STEINZOR, Curt Efram (comp.). *American Musicologists, c. 1890-1945: A Bio-Bibliographical Sourcebook to the Formative Period*. New York: Greenwood, 1989. (Music Reference Collection, n. 17.)

SUPPAN, Wolfgang. *Volkslied*. Sammlung Metzler, Realienbücher für Germanisten Abt. E: Poetik. Stuttgart: Metzler, 1966.

TENT, James F. *Mission on the Rhine: Reeducation and Denazification in American-Occupied Germany*. Chicago: University of Chicago Press, 1982.

TREZIAK, Ulrike. *Deutsche Jugendbewegung am Ende der Weimarer Republik: Zum Verhältnis von Bündischer Jugend und Nationalsozialismus*. Frankfurt: Dipa, 1986.

VOSSKAMP, Wilhelm. Kontinuität und Diskontinuität: Zur deutschen Literaturwissenschaft im Dritten Reich. In: LUNDGREEN, Peter (ed.). *Wissenschaft im Dritten Reich*. Frankfurt: Suhrkamp, 1985.

WAGNER, Karl. *Das Mozarteum: Geschichte und Entwicklung einer kulturellen Institution*. Innsbruck: Helbling, 1993.

WALDMANN, Guido (Hrgs.). *Rasse und Musik: Unter Mitarbeit von Joachim Dukart*. Berlin: Chr. F. Vieweg, 1939.

WEINBERG, Gerhard. *A World at Arms: A Global History of World War II*. Cambridge: Cambridge University Press, 1994.

WEINER, Marc A. *Undertones of Insurrection: Music, Politics, and the Social Sphere in the Modern German Narrative*. Lincoln: University of Nebraska Press, 1993.

WELSH, Helga. *Revolutionärer Wande auf Befehl? Entnazifizierungs- und Personalpolitik in Thüringen und Sachsen (1945-1948)*. Munich: R. Oldenbourg, 1989. (Schriftenreihe der Vierteljahrshefte für Zeitgeschichte, n. 58.)

WERNER, Michael G. "Das Fest unserer Zeit" : Händel-Inszenierungen in den 1920er Jahren und ihre Implikationen für das nationalsozialistische Thingspiel. In: CSOBÁLDI, P.; GRUBER, G.; KÜHNEL, J.; MÜLLER, U.; PANAGL, O.; SPECHTLER., F.V. (eds.). *"Und Jedermann erwartet sich ein Fest" Fest, Theater, Festspiele. Gesammelte Vorträge des Salzburger Symposions 1995*. Salzburg: Müller-Speiser, 1996.

WILLIAMS, Peter. The Idea of *Bewegung* in the German Organ Reform Movement of the 1920. In: GILLIAM, Bryan (ed.). *Music and Performance during the Weimar Republic*. Cambridge: Cambridge University Press, 1994. (Cambridge Studies in Performance Pratice.)

WILLIS, F. Roy. *The French in Germany, 1945-1949*. Stanford: Stanford University Press, 1962.

WOLFF, Christoph. Die Hand eines Handlangers. "Musikwissenschaft" im Dritten Reich. *Frankfurter. Rundschau*, n. 168, 24 jul.1982, "Zeit und Bild" (weekend supplement), p. 2. Rpt. In: DÜMLING, Albrecht; GIRTH, Peter. *Entartete Musik: Eine kommentierte Rekonstruktion*. Düsseldorf: Kleinherne, 1988.

WULF, Joseph. *Musik im Dritten Reich: Eine Dokumentation*. Berlin: Ullstein, 1966, 1983.

Abreviações

As abreviações abaixo, para materiais de arquivos, organizações e publicações frequentemente citadas, figuram nas notas de rodapé. A localização das coleções de arquivos encontram-se listadas na bibliografia.

AfMf	*Archiv für Musikforschung*
AfMw	*Archiv für Musikwissenschaft*
AMZ	*Allgemeine Musikzeitung*
BA	Bundesarchiv Koblenz
BDC	Berlin Document Center
BSB	Bayerische Staatsbibliothek
CM	*Collegium Musicum*
DASB	Deutscher Arbeiter-Sängerbund (Liga dos Trabalhadores Cantores Alemães)
DGMW	Deutsche Gesellschaft für Musikwissenschaft (Sociedade Alemã de Musicologia)
DJ	*Die deutsche Jugendmusikbewegung in Dokumenten ihrer Zeit von den Anfängen bis 1933*. W. Scholtz; W. Jonas-Corrieri (Hrsg.). Wolfenbüttel: Möseler, 1980.
DMG	Deutsche Musikgesellschaft (Sociedade de Música Alemã)
DMjb	*Deutsches Musikjahrbuch*
DMK	*Deutsche Musikkultur*

DTB	Denkmäler der Tonkunst in Bayern (Monumentos de Música na Bavá30ria)
DTO	Denkmäler der Tonkunst in Österreich (monumentos de Música na Áustria)
DTZ	*Deutsche Tonkünstler-Zeitung*
EdM	Erbe deutscher Musik (Herança de Música Alemã)
FA	Fakultiitsakte
Gn	*Germanien*
GstA	Geheimes Staatsarchiv Preussischer Kulturbesitz
HJ	Hitler-Jugend
IMS	International Music Society/International Musicological Society
ISCM	International Society for Contemporary Music
JbMP	*Jahrbuch der Musikbibliothek Peters*
KdF	NS-Gemeinschaft "Kraft durch Freud" (Comunidade Nacional Socialista "Força Através da Alegria")
M	Mark (marco alemão, unidade monetária alemã entre 1948 e 2002)
MGG	*Die Musik in Geschichte und Gegenwart*. F. Blume (Hgrs.). Kassel: Bärenreiter, 1949-1968; suppl. 1973-1979.
MJV	*Musik in Jugend und Volk*
Mk	*Die Musik*
MPf	*Die Musikpflege*
New Grove	*The New Grave Dictionary of Music and Musicians*. S. Sadie (ed.). London: Macmillan, 1980
NSDAP	Nationalsozialistische deutsche Arbeiterpartei (Partido Nacional-Socialista dos Trabalhadores Alemães, conhecido como Partido Nazista)
NSLB	Nationalsozialistischer Lehrerbund
NSM	*Nationalsozialistische Monatshefte*
NStA	Niedersächsisches Staatsarchiv Bückeburg
NSV	Narionalsozialistische Volkswohlfahrt
PA	Personalakte
Phil. Fak.	Philosophische Fakutät
PPK	Parteiamtliche Prüfungskommission zum Schutze des NS-Schrifttums
REM	Reich Education Ministry. Referido como Reichsministerium für Wissenschaft, Kunst, und Volksbildung; Reichs- und Preussisches Minisrerium für Wissenschaft, Erziehung und Volksbildung; and Reichsministerium für Wissenschaft, Erziehung und Volksbildung.
RKF	Reichskommissar für die Festigung des deutschen Volkstums (Comissão do Reich Para a Segurança da Nação Alemã)
RM	Reichmark (marco, unidade monetária alemã de 1924 a 1948)
RMK	Reichsmusikkammer

RSK	Reichsschrifttumskammer
RuSHA	Rasse- und Siedlungshauptamt
SA	Sturmabteilung (lit. Destacamento Tempestade, organização do Partido Nazista)
SD	Sicherheitsdienst (lit., Serviço de Segurança, órgão de inteligência do Partido Nazista)
SIM	Archive, Staatliches Institut für Musikforschung
SS	Schutzstaffel (lit. Tropa de Proteção, organização paramilitar do Partido Nazista)
UAB	Universitätsarchiv Berlin
UABonn	Universitätsarchiv Bonn
UAF	Universitätsarchiv Freiburg
UAH	Universitätsarchiv Heidelberg
UAK	Universitätsarchiv Köln
UAL	Universitätsarchiv Leipzig
UAM	Universitätsarchiv München
UAW	Universitätsarchiv Wien
UNL	Universidade de Nebraska, Lincoln
VME	*Völkische Musikerziehung*
ZfH	*Zeitschrift für Hausmusik*
ZfM	*Zeitschrift für Musik*
ZfMW	*Zeitschrift für Musikwissenschaft*
ZStA	Zentrales Staatsarchiv Potsdam

Índice Remissivo

Abert, Hermann, 56, 104, 133, 151, 154, 361
Abraham, Otto, 287
Adler, Guido, 133-134, 161-162, 177, 278
Adolf de Shaumburg-Lippe, 94, 101
    música amadora, 6-13, 65-73, 320, 322, 356
Ambros, August Wilhelm, 51
Anglès, Higini, 107, 136, 137, 138
Apel, Willi, 159, 420
arquivos da canção folcórica
    em Berlim, 117, 335;
    de Freiburg, 117, 177, 260, 407
arquivos de documentação sonora
    de Berlim, 263, 286, 289
    de Varsóvia, 228, 260
Associação dos Compositores e Professores de Música Alemães do Reich, 58, 77, 395
atonalidade, 2, 29, 30, 39, 60-61, 355
Áustria, 122, 177-178, 188-190, 255-257, 377

Bach, Friedrich, 97
Bach, Johann Sebastian
    germanidade de, 296, 307-308, 355, 359-360, 362, 367
    obras de, 216, 242, 356
Badura-Skoda, Eva, 414

Becker, C.H., 53, 149, 179
Becking, Gustav, 253, 350, 381
Beethoven, Ludwig van,
    germanidade de, 35, 156, 197, 296, 330, 369
    pesquisa sobre, 197, 216, 261, 300
Bekker, Paul, 238, 265, 281, 283, 347
Bélgica, 156, 194, 226, 227, 379
Berlioz, Hector, 376
Berten, Walther, 283, 342
Besseler, Heinrich, 84-85, 198, 209, 269, 409
    no Instituto de Berlim, 119-120, 123, 262-263
    desnazificação de, 396-397, 399-400, 402-404, 418-419, 427-428
    em Heidelberg, 150, 165-166, 194
    na história da música, 187, 283
    políticas de, 84-85, 125-126, 130, 136-140, 402
Biber, Heinrich, 378
Biblioteca Warburg, 172
biologia, 77, 298, 308-310, 358
Birtner, Herbert, 154, 194
Blech, Leo, 339
Blessinger, Karl, 60, 73, 81-82, 239, 310-313, 373
Blume, Friedrich
    carreira de, 51-52, 182, 193-194, 211, 243, 302-303, 390-391, 400-401, 416, 421

na musicologia, 51, 71, 89, 90, 324, 388-389, 390, 410-411, 413-414
sobre raça, 234, 302-310
Boetticher, Wolfgang, 249-250, 309, 323-324, 400-401, 418
Bose, Fritz, 174, 219-224, 228-229, 288, 298, 317, 417
Brahms, Johannes, 129
Brand, Max, 42
Brecht, Bertolt, 29, 42
Breitkopf & Härtel, 127-128, 140
Bruckner, Anton, 256, 261
Brückner, Hans, 166, 238
Bückeburg, 94-96, 98-99, 112-113, 114-115, 183-184
Bücken, Ernst
  carreira de 74-75, 151, 164-165, 405
  escritos de, 75-76, 156, 278, 300-301, 314, 343-345, 346, 350, 362-363
Bukofzer, Manfred, 172, 290, 390, 423
Buxtehude, Dietrich, 307

cabaré, 39, 41
Câmara de Música do Reich, 17-18, 32-33, 36-37, 40, 236-237, 370
  e musicologia, 78, 82, 217
  periódicos surbonidados a, 69-70, 141-142
campos de concentração, 46, 218-219, 230
canto coral, 6-9, 23, 67-68, 69-70
canto gregoriano, 232-234, 297, 305-306, 309, 360
censura, 35-40, 213-214, 237, 325-326, 348
Chamberlain, Houston Stewart, 292, 354
Chrysander, Friedrich, 51, 134
Clauss, L.F., 293, 308
collegium musicum, 73, 124-126, 193-196
Comissão de História da Música. *Ver* Prússia
Comissão do Reich Para a Segurança da Nação-RKF, 227, 234-235
compositores, 57-61
cristãos alemães, 37, 393
crítica musical, 209-210, 213-215, 282-283

Danckert, Werner
  carreira de, 174-175, 235, 240, 244, 261, 406-407
  na música folclórica, 131, 319, 352, 355-356, 376
Danzig, 97, 155, 225, 264, 378-379

Darré, Richard Walther, 219, 354
David, Hans, 390
darwinismo, 280-281
De Vries, Willem, 418
Denkmäler, 50, 72, 91-92, 98, 119-121, 349-350, 416
Dent, Edward, 136, 137-138, 140, 369, 372
Deutsch, Otto Erich, 390
Deutsche Akademie, 258-259, 265, 267
Deutsche Christen, 37, 393
Deutsche Musikgesellschaft (DMG), 50-51, 74, 104-111, 126-132, 265
Deutsche Sängerschaft, 7, 18-19
Deutsches Arbeitsfront -DAF (Frente de Trabalho Alemã), 19, 123-124
  e Deutsches Volksbildungswerk, 81, 217, 237
  e Kraft durch Freud-KdF, 19, 27, 46
Deutsches Volksbildungswerk, 19, 81, 217, 237
Dilthey, Wilhelm, 275-277
Dittersdorf, Carl Ditters von, 378
Drewes, Heinz, 215-216, 255, 266-267, 379
Dümling, Albrecht, 418
Dunstable, John, 376

educação musical, 6, 13, 24-26, 61-65, 78-81, 282, 319-320, 332
Ehmann, Wilhelm, 90, 187, 195-196, 320
Eichenauer, Richard, 222-223, 295-297, 303-304, 308, 310, 325, 343, 374
Einstein, Alfred
  carreira de, 108-109, 138, 159-161, 211
  sobre música e musicologia, 106, 135, 248, 280-281, 334-335, 421-422, 423-424
Emsheimer, Ernst, 290
Engel, Hans
  carreira de, 91, 259, 265, 380, 394, 395, 411
  sobre musicologia, 91, 309-310, 387, 416
Engelke, Bernhard, 380
Ericksen, Robert, 393
Escritório de Avaliação Musical do Reich, 40
Estados Unidos, 3-4, 11, 299, 339-340, 392, 402-403, 409-410, 420-424

Fall, Leo, 29
Fellerer, Karl Gustav, 188, 198, 239, 244, 247, 400
  sobre música, 282, 341-342, 360, 373, 379, 380

sobre musicologia, 77, 153, 288-289
sobre política, 83-84, 212-213
Festival de Bayreuth, 45-46
Ficker, Rudolf, 180-181, 214, 405
filme, 38, 41-42, 88
filologia, xxvi, 56, 68, 186, 316
Finkensteiner Bund, 10, 12
Finscher, Ludwig, 419
Fischer, Erich, 287
Fischer, Wilhelm, 161, 177
Fleischer, Oskar, 222, 353-354
folclore, estudo de, xxvii-xxviii, 232-233, 315-316, 320-321
Forkel, Johann Nikolaus, 321
Fortner, Wolfgang, 241
França, 247, 332, 338-339
Franck, César, 376
Friedländer, Max, 67, 315
Fristch, Theodor, 238, 291-292
Froberger, Johann Jakob, 359
Frotscher, Gotthold, 175, 191, 259, 392-393, 402, 407
  escritos de, 49, 89, 253, 302, 320, 352, 372, 376
Führerprinzip, 109-110, 179
Fulda, Adam von, 335
Fürstliches Institut. *Ver* Instituto de Pesquisa Musicológica
Furtwängler, Wilhelm, 236-237
Fux, Johann Joseph, 126

Gassmann, Florian Leopold, 378
Gay, Peter, 2
Gebrauchsmusik, 6, 71, 73, 78, 120, 283
Geiringer, Karl, 178, 325, 424
Geistesgeschichte, xxiii, 274-275, 285-286, 300-301, 322-323, 361
Gerber, Rudolf, 91, 242-243, 267
  escritos de, 129, 313-314, 324, 377
Gericke, H.P., 259
Gerigk, Hebert, 87, 197, 214, 242-243, 261-267, 379
  carreira de, 141, 237-241, 244-245, 269-270, 363, 414
Gerson-Kiwi, Edith, 290
Gerstenberg, Walter, 138
Gesellschaft für Musikforschung, 388, 314
Gestapo, 35, 39, 172, 177, 218
Gluck, Christoph Willibald, 215, 296

Goebbels, Joseph, 17, 39, 213-214, 221, 236
  e música, 28, 111, 247, 322
Gombosi, Otto, 136, 140, 159
Göring, Hermann, 246
Goslich, Siegfried, 80-81, 212, 217, 320, 323-324
Gottron, Adam, 387
Gradenwitz, Peter, 325
Grécia, antiga, 83, 84-85, 295-296
Gumbel, Emil, 166-167
Günther, Hans F.K., 292-293, 307-308, 354, 422
Günther, Siegfried, 299
Gurlitt, Wilibald, 64, 137-138, 155, 323, 324-325, 341-342
  carreira de, 150, 170-172, 176, 195-196, 402, 411

Haas, Robert, 189-192, 421
Haba, Alois, 60, 61
Halbig, Hermann, 79-80
Halm, August, 68
Haendel, George Frideric, 75, 216, 296, 353, 374-375
  germanidade de, 363-373
Hanslick, Edward, 134, 161
Hase, Hellmuth von, 127-128, 142
Hausmusik, 9, 11, 24, 66-67, 69, 70-71, 338
Haydn, Josef, 216, 296, 335, 359-360, 416
Heidegger, Martin, 167, 283
Heine, Heinrich, 398
Heinitz, Wilhelm, 222, 288
Helmholtz, Hermann von, 158
Hensel, Walter, 10
Hermand, Jost, 276
Hertzmann, Erich, 159
Hess, Rudolf, 114, 180, 262, 397
Heuss, Alfred, 340, 366-367
Hewitt, Helen, 423
Hickmann, Hans, 290
Hiller, Johann Adam, 371
Himmler, Heinrich, 218-220, 223-224, 227-228, 232, 234, 245
Hindemith, Paul, 29, 68, 236, 325
Hinton, Stephen, 282-283
hiperinflação, 101-102, 107, 163, 208-209
historia da arte, 276-281, 284-285
Hitler, Adolf, 45-46, 90, 167-168, 216-217, 256-257, 366
  e Rosenberg, 236, 244, 264

Hochschulverband, 166-167, 180
Hofer, Karl, 30
Hofmannsthal, Hugo von, 162
"Hohe Schule der Partei", 244-246
Holanda, 226, 227, 246, 307, 379
Hornbostel, Erich von, 158, 170, 287, 390
  alunos de, 221, 290
"Horst Wessel", canção, 86, 195, 342, 357
Huber, Kurt, 137-138, 187, 201-205, 261-262, 390, 395
  na música, 316, 318-319, 358-359
Humboldt, Wilhelm von, 146, 274
Husmann, Heinrich, 212, 243, 394

indústria fonográfica, 38, 110, 362, 389
Inglaterra, 370-374, 400, 408, 415, 421
Instituto de Pesquisa Musicológica, 94-103, 112-126, 201-202, 267-268, 318-319, 425-426
  colaborações de, 231-232, 257-263
Itália, 139, 227-234, 328-329, 380
Iugoslávia, 194-195, 233-236, 259-261, 379-381

Jammers, Ewald, 234, 309
jazz, 11, 28-29, 31-32, 37-40, 83, 312, 339-340
Jeppesen, Knud, 140
Joachim, Joseph, 347, 374, 399
Jöde, Fritz, 10-12, 24-26, 68
John, Eckhard, 420
Jornadas Partidárias de Nuremberg, 21, 366
judeus, 246, 394-395, 398
  antissemitismo e, XXIII, 26, 29-34, 62, 163-164, 199-200, 265, 292-293, 297, 323-324, 339, 373-375, 381
  emigração dos, 135-140, 159, 178, 200-201, 289-290, 420-424
  na música, 32-33, 237-241, 252, 262, 325, 348, 364, 404, 413-414
  e universidades, 156-162, 169-173
Jugendmusikbewegung, 9-12, 21-26, 68
Juventude Hitlerista, 21-26, 124, 224, 371.
  Ver também Liderança Jovem do Reich

Kahl, Willi, 243
Kampfbund für deutsche Kultur, 213, 240
Kater, Michael, 31, 38
Kaufmann, Walter, 290
Keller, Hermann, 138
Kestenberg, Leo, 8, 13, 136

Kinsky, Georg, 159
Kircher, Athanasius, 358
Klee, Paul, 30
Klemperer, Otto, 29
Knepler, Georg, 406
Köhler, Wolfgang, 290
Kolinski, Mieczylaw, 290
Komma, Karl Michael, 125, 378
Königsberg, 193, 394
Kopsch, Julius, 366
Korte, Werner, 79, 86, 130, 240, 323, 411
Kraft durch Freud- KDF (Força Através da Alegria), 19, 20, 27, 46
Kreichgauer, Alfons, 131, 175, 290, 394
Krenek, Ernst, 29, 42, 61, 262
Kretzschmar, Hermann, 55, 79-80, 89-90, 284
Kroyer, Theodor, 59, 109, 129, 137, 138, 387
  carreira de, 150-151, 152, 164-165, 183-184
Kurth, Ernst, 68

Lach, Robert, 161-162, 189-190, 293-294, 305, 377, 394-395
Lachmann, Robert, 159, 199, 290
Lang, Paul Henry, 415, 421
Lasso, Orlando di, 336
lei do serviço público, 170-171, 173-174, 220-221
Leichtentritt, Hugo, 159, 210, 365
Leifs, Jón, 355
Leipzig, 106-107, 151-154, 410
Leis de Nuremberg, 170-173
Leste Europeu, 155, 228-229, 251-257, 378-379
Leux-Henschen, Irmgard, 97, 298
Liderança Estudantil do Reich, 165, 237, 249
Liderança Jovem do Reich, 21, 141, 256, 356
  e musicologia, 69, 392-393
  Ver também Juventude Hitlerista
Liga de Cultura Judaica, 34-35
Liga dos Cantores-Trabalhadores Alemães (DASB), 8
Liga dos Docentes Nazistas, 180, 182-183, 242
Liga dos Estudantes Nazistas, 27, 163-164, 180
Liga dos Professores Nazistas, 140-141, 259
Lipphardt, Walther, 68
Liszt, Franz, 242, 376, 416
literatura, estudo de, XXVI, 275-276
Liuzzi, Fernando, 85

Lorenz, Alfred, 186-187, 281-282, 289, 295, 300, 323, 405
Lorenz, Ottokar, 295, 300
Lortzing, Albert, 45, 363
Lowinsky, Edward, 159, 395, 419, 423
lur, 222-223, 295-296, 348, 354
Lutero, Martinho, 70, 354

maçons, 138, 139, 246, 312, 398
Mahler, Gustav, 35, 60
    denigrido por judeidade, 33, 297, 302, 311-312, 339, 347, 377
Mann, Thomas, 148, 332
Marx, Karl, 33
Meier, John, 117, 260-261, 315, 317
Mendelssohn, Felix, 35, 40, 280, 347, 360, 339
    denigrido por judeidade, 33, 130, 302, 311, 339
Mersmann, Hans, 59, 60, 63, 68, 281, 342-343, 413
    e música folclórica, 315, 319
Metzler, Fritz, 356
Meyer, Ernst Hermann, 395, 406
Meyer, Michael, 87-88, 425-426
Meyer-Baer, Käthi, 159
Meyerbeer, Giacomo, 35, 297, 311
Miederer, Martin, 261, 398, 400, 403
Milhaud, Darius, 139
Ministério da Educação do Reich, 76-77, 112, 179-180, 183-192, 242
    e musicologia, 114-120, 127, 132, 136-140, 217-218, 260-261
Ministério da Propaganda, 17, 44, 74-76, 213-214, 258
    e musicologia, 111, 215-218, 255-257, 379-380
    e Rosenberg, 240-241, 247, 265-266
    Ver também Câmara de Música do Reich
Ministério do Interior do Reich, 14, 102-103, 114, 140, 185
Morgenroth, Alfred, 215
Moscheles, Ignaz, 374
Moser, Hans Joachim, 3, 160-161, 216-217, 225-226, 265-266, 270-271, 397-400, 407-408, 413- 414, 418
    sobre música, 33, 253-255, 336-339, 345-349, 350-351, 354, 359, 361-362, 372-374, 379-380, 412-416
    na vida musical, 3-5, 55, 58, 61, 65-66, 73, 253-254, 282

Mozart, Wolfgang Amadeus, 35, 45, 130, 256, 266, 296
Müller-Blattau, Joseph
    carreira de, 68, 154, 170-171, 176-177, 187, 192, 211, 224, 411
    escritos de, 62, 88 259, 289, 316, 336, 345, 357, 371, 420
Münnich, Richard, 413-414
"Música Degenerada", exposição, 27-31
música folclórica, 10, 63-64, 77, 258-260, 341-342
    pesquisa em 221, 228-232, 302, 313-321, 351-359
música militar, 9, 20-21, 187, 194-195, 282-283
música popular, 40-43, 62, 78-79, 302, 319
musicologia comparativa. *Ver* musicologia sistemática
musicologia sistemática, 161, 188, 190, 277, 422
    em Berlim, 158, 174-175, 285-291
Musikantengilde, 10-11
Musik in Geschichte und Gegenwart, 126, 264, 417, 422-423

Nagel, Willibald, 153
Nathan, Hans, 425-426
Neefe, Christoph Gottlob, 97
Nef, Karl, 105
neokantianos, 275
Nettl, Paul, 159
Noack, Friedrich, 243
Notgemeinschaft der deutschen, Wissenschaft, 102

Oesterle, Anke, 231
Offenbach, Jacques, 35, 297, 312
ópera, 42, 45, 296
Ópera Kroll, 29, 44
opereta, 11, 29, 42, 216, 242, 266
Orel, Alfred, 60, 191-192, 363, 414
Orff, Carl, 395
órgão, 20-21, 176-177
Orquestra Sinfônica Nacional-Socialista do Reich, 19
Osthoff, Helmuth, 183, 197, 244-245, 247, 392

Palestrina, Giovanni Pierluigi da, 296
Partido Nazista, 183, 259, 263, 264
    musicologistas no, 168, 174, 189-190, 196, 221, 394, 396, 397, 402, 405

Passarge, Siegfried, 293
Paumann, Konrad, 335
pensamento *völkisch*, 314, 318, 322, 353
periódicos, xxv-xxvi, 57, 69-70, 77, 140-142, 224, 237
  da DMG, 105-106, 122-123, 127, 159
  Neue Zeitschrift für Musik, 330, 340
  do Instituto de Pesquisa, 96-97, 102-103, 124, 259, 277-278, 299-300, 388-389
Pfitzner, Hans, 27-28, 241-242, 340, 362
Pietzsch, Gerhard, 85-86, 130
Plemenac, Dragan, 140, 423
Plassmann, Joseph Otto, 219, 225- 226, 232, 413
Polônia, 250, 253-254, 328, 376, 378-379
Pommer, Joseph, 317
Primeira Guerra Mundial, 2-3, 148, 381, 428
  e musicologia, 50-51, 54, 104, 132, 208-209, 210-211
processos de Nuremberg, 392
Proksch, Otto, 167
Prunières, Henri, 139
Prússia
  Academia das Artes, 31, 43-44, 117
  Academia de Ciências, 102,-117
  Ministério das Ciências, Arte e Educação Pública, 13, 43, 53, 102, 112, 149, 151
  Comissão de História da Música, 43-44, 98-99, 117
psicologia, 277, 286-287, 309-310, 318, 351
publicação de séries, 96-97, 126, 224, 234, 239, 258-259, 362-363
Puccini, Giacomo, 45
Pulikowski, Julian, 227-228, 260, 317, 319
Purcell, Henry, 373

Quellmalz, Alfred, 77, 219, 223, 229-235, 259, 320
Questão Judaica, 4, 241, 300-301, 311-313, 342-343, 347, 370, 374-375

Raabe, Peter, 82, 200, 340
raça, 185-186, 218-220, 290-294
  em musicologia, 59-60, 76-78, 115, 128-130, 221, 293-311, 342-348, 353-354, 356-359, 370-373, 376-377
rádio, 12, 24, 37-38, 41, 88-89, 110, 389
Rameau, Jean-Philippe, 296
Ranke, Leopold, 274

Rau, C.A., 100-101, 102, 113, 116
Reger, Max, 259, 297
Reichsmusiktage, 27-28, 128-132, 301
Reichs-Rundfunk-Gesellschaft, 41
Reichsverband der gemischten Chöre Deutschlands, 7, 18
República Democrática Alemã (RDA), 409, 414
República Federal da Alemanha (RFA), 389, 410
Rickert, Heinrich, 275
Riefenstahl, Leni, 45
Riemann, Hugo, 51, 105, 151, 154
  sobre música, 278-279, 334-335, 343-344, 359, 364
Riethmüller, Albrecht, xvii, 420
Rietsch, Hermann, 105
Ringer, Fritz, 52
Rock, Christa Maria, 166, 238
Rosa Branca, 199-200, 202-205
Rosenberg, Alfred Einsatzstab de, 244-251, 418
  sobre música, 213, 370
  e Bureau Rosenberg, 37, 87, 141, 235-246, 249
  e universidades, 174-175, 182-183, 242, 244
Rotary Club, 243
Rust, Bernhard, 112, 114-115, 185-191

SA (Sturmabteilung), 18, 20, 39, 124
  musicologistas e, 195, 394, 403
Sachs, Curt, 138, 158-159, 170, 278, 287, 289, 290, 421-422
Saint-Säens, Camille, 59
Sandberger, Adolf, 108, 121, 160, 181, 265
Scheibe, Johann Adolf, 328-329, 339, 340
Scheidt, Samuel, 336
Schein, Johann Hermann, 126, 336
Schenk, Erich, 76, 132, 189, 194, 232-234, 238, 239, 240
Schenker, Heinrich, 324, 325
Schering, Arnold, 58, 59, 67, 108, 109-111, 154, 175, 176, 182
  escritos de, 58, 59, 210, 281, 294-295, 336, 369
Schiedermair, Ludwing, 74, 150, 173, 177, 197, 247, 267
  desnazificação de, 395-396, 405, 412
  e DMG, 108, 127-128, 131

sobre musicologia, 76, 350, 389
Schirach, Baldur von, 163, 256
Schlemmer, Oskar, 30
Schmidt, Gustav Friedrich, 168, 405
Schmidt-Görg, Joseph, 177, 198
Schmitz, Arnold, 243, 258
Schmitz, Eugen, 66-67
Schneider, Marius, 137, 221, 287, 289
Schneider, Max, 96, 122
Schoenberg, Arnold, 30-31, 33, 59, 61, 79, 87, 297, 339, 347
Schottländer, Johann Wolfgang, 220
Schrade, Leo, 64, 170, 172-173, 177, 424
Schreker, Franz, 29, 33, 339
Schubert, Franz, 296, 336
Schultz, Helmut, 152, 302, 410
Schultze-Naumburg, Walther, 79-80
Schumann, Erich, 174, 175-176, 265, 290
Schumann, Otto, 342
Schumann, Robert, 250, 280, 297, 330, 398
Schünemann, Georg, 137, 182, 119, 217, 243, 247, 250, 254
    sobre música, 62, 67, 282, 287, 357
Schütz, Heinrich, 335, 336, 367
Segunda Guerra Mundial, 39, 197, 370-371, 375-381, 383-384, 386-387
Seiffert, Max, 94, 95, 96, 97, 112-114, 116-117, 230, 248-249
Senn, Walter, 232, 233
Serviço de Segurança (SD), 218, 227, 245
Sibelius, Jean, 379
Sievers, Wolfram, 219, 228, 229, 232, 413
Smijers, Albert, 140
Sociedade Internacional de Música, 54, 104, 105-106
Sociedade Internacional de Musicologia, 134-138, 139
Spanke, Hans, 387
Spitta, Philipp, 51, 134, 158
Spohr, Ludwig, 261
ss (Schutzstaffel), 218-235, 266, 270
Staatliches Institut. *Ver* Instituto de Pesquisa Musicológica
Stäblein, Bruno, 62, 234
Stamitz, Johann, 230
Steglich, Rudolf, 74-75, 85, 86, 122, 130, 365, 369, 371
Stein, Fritz, 67, 78, 80, 114, 116, 118, 243, 267-268

Steinweis, Alan, x, 36
Stengel, Theophil, 237
Stephani, Hermann, 369
Straus, Oscar, 29
Strauss, Johann, 363
Strauss, Richard, 33, 42, 60, 162, 236, 254
Strobel, Heinrich, 29
Stuckenschmidt, Hans Heinz, 254
Stumme, Wolfgang, 25, 356
Stumpf, Carl, 158, 281, 286, 287
Sudetos, 122, 125, 225, 253, 363, 377

Tchecoslováquia, 254, 377-378
tecnologia, 3, 62, 88, 341
Therstappen, Hans Joachim, 129
Tirol do Sul. *Ver* Itália
Toch, Ernst, 29
Trienes, Walter, 184

Unger, Hermann, 197, 341
União dos Docentes Alemães, 167, 180, 182
União dos Estudantes Alemães, 163, 166, 170
União Soviética, 39, 392, 394, 404-408
Union Musicologique, 133
Universidade de Berlim, 158, 174-176, 187, 286-287, 289
Universidade de Bonn, 150, 173, 177, 187, 198
Universidade de Colônia, 151-152, 164-165, 183-184, 187-188, 198
Universidade de Freiburg, 150, 170-172, 176-177, 187, 195, 260-261, 401, 411
Universidade de Heidelberg, 150, 187, 198-199, 396, 402-403, 419
Universidade de Marburg, 154, 194, 411
Universidade de Munique, 180-181, 186-187, 202-203, 404-405
Ursprung, Otto, 136, 387, 395

Valentin, Erich, 77, 213, 254, 256
Verdi, Giuseppe, 45, 265, 363
Vetter, Walther, 129, 346, 406, 410, 417
Viena, 134, 161, 162, 177, 178, 189, 190, 191, 396, 398

Wachsmann, Klaus, 290
Wagenseil, Georg Christoph, 378
Wagner, Peter, 105, 320
Wagner, Richard, 29, 45-46, 297, 425
    escritos de, 33, 311, 331, 382

Waldmann, Guido, 259, 310, 356, 357
Wallaschek, Richard, 161, 286
Walter, Bruno, 33
Wandervogel, 10
Weber, Carl Maria von, 259, 362, 363
Weber, Max, 275
Weber, Werner, 114, 119, 397, 400
Webern, Anton, 29
Wehrmacht, 20, 124, 326
Weill, Kurt, 29, 42
Weissmann, Adolf, 29, 294
Wellek, Albert, 351, 417
Wellesz, Egon, 64, 161, 177, 277
Werner, Theodor, 101, 103, 130, 210
Wertheimer, Max, 287, 290

Windelband, Wilhelm, 275
Wiora, Walter, 177, 230, 241, 259, 359, 376
Wittmann, Gertraud, 230
Wolf, Hugo, 363
Wolf, Johannes, 55, 56, 108, 136, 173, 175-176, 199-200
 escritos de, 55, 56, 59, 63, 66, 285, 287, 364
Wolff, Christoph, 418
Woltmann, Ludwig, 422
Wüst, Walther, 203, 219, 223

Zenck, Hermann, 152, 183, 198, 394
Ziegler, Hans Severus, 28, 29, 30, 32
Zimmermann, Reinhold, 380, 381
Zweig, Stefan, 34

MÚSICA NA PERSPECTIVA

Balanço da Bossa e Outras Bossas
Augusto de Campos (D003)

A Música Hoje
Pierre Boulez (D055)

Conversas com Igor Stravinski
Igor Stravinski e Robert Craft (D176)

A Música Hoje 2
Pierre Boulez (D217)

Jazz ao Vivo
Carlos Calado (D227)

O Jazz como Espetáculo
Carlos Calado (D236)

Artigos Musicais
Livio Tragtenberg (D239)

Caymmi: Uma Utopia de Lugar
Antonio Risério (D253)

Indústria Cultural: A Agonia de um Conceito
Paulo Puterman (D264)

Darius Milhaud: Em Pauta
Claude Rostand (D268)

A Paixão Segundo a Ópera
Jorge Coli (D289)

Óperas e Outros Cantares
Sergio Casoy (D305)

Filosofia da Nova Música
Theodor W. Adorno (E026)

O Canto dos Afetos: Um Dizer Humanista
Ibaney Chasin (E206)

Sinfonia Titã: Semântica e Retórica
Henrique Lian (E223)

Música Serva d' Alma: Claudio Monteverdi
Ibaney Chasin (E266)

A Orquestra do Reich
Misha Aster (E310)

A Mais Alemã das Artes
Pamela M. Potter (E327)

Para Compreender as Músicas de Hoje
H. Barraud (SM01)

Beethoven: Proprietário de um Cérebro
Willy Corrêa de Oliveira (SM02)

Schoenberg
René Leibowitz (SM03)

Apontamentos de Aprendiz
Pierre Boulez (SM04)

Música de Invenção
Augusto de Campos (SM05)

Música de Cena
Livio Tragtenberg (SM06)

A Música Clássica da Índia
Alberto Marsicano (SM07)

Shostakóvitch: Vida, Música, Tempo
Lauro Machado Coelho (SM08)

O Pensamento Musical de Nietzsche
Fernando de Moraes Barros (SM09)

Walter Smetak: O Alquimista dos Sons
Marco Scarassatti (SM10)

Música e Mediação Tecnológica
Fernando Iazzetta (SM11)

A Música Grega
Théodore Reinach (SM12)

Estética da Sonoridade
Didier Guigue (SM13)

O Ofício do Compositor Hoje
Livio Tragtenberg (org.) (SM14)

Música: Cinema do Som
Gilberto Mendes (SM15)

A Ópera Barroca Italiana
Lauro Machado Coelho (HO)

A Ópera Romântica Italiana
Lauro Machado Coelho (HO)

A Ópera Italiana após 1870
Lauro Machado Coelho (HO)

A Ópera Alemã
Lauro Machado Coelho (HO)

A Ópera na França
Lauro Machado Coelho (HO)

A Ópera na Rússia
Lauro Machado Coelho (HO)

A Ópera Tcheca
Lauro Machado Coelho (HO)

A Ópera Clássica Italiana
Lauro Machado Coelho (HO)

A Ópera nos Estados Unidos
Lauro Machado Coelho (HO)

A Ópera Inglesa
Lauro Machado Coelho (HO)

As Óperas de Richard Strauss
Lauro Machado Coelho (HO)

O Livro do Jazz: De Nova Orleans ao Século XXI
Joachim E. Berendt e Günther Huesmann (LSC)

Rítmica
José Eduardo Gramani (LSC)

Este livro foi impresso na cidade de São Bernardo do Campo,
nas oficinas da Bartira Gráfica e Editora, em agosto de 2015,
para a Editora Perspectiva.